Kroatien

Vesna Marić

Anja Mutić

ÖSTERREICH

ZAGORJE (S. 106)
Die reizvollen Hügel und die mittelalterlichen Burgen dieses Landstrichs nordwestlich von Zagreb sind einen Abstecher wert

ZAGREB (S. 70)
In der Hauptstadt ist die herrliche Mischung aus Kunst und Kultur, Musik und Architektur überall spürbar

ISTRIEN (S. 170)
In Istrien erlebt man die Vorzüge des Slow Food – mit Trüffeln, wildem Spargel und exzellenten Weinen aus der Region

NATURPARK UČKA (S. 142)
Hier ist alles möglich: Wandern, Radeln, Gleitschirmfliegen, Reiten, Besuch in einem Schäferdorf oder Fachsimpeln mit einem Kräuterkundigen

ITALIEN

SLOWENIEN

INSEL CRES (S. 151)
Köstlichen Lammbraten genießen, durch Urwälder wandern – und vielleicht einen Gänsegeier erspähen

RAB (S. 163)
Unzählige Kirchen säumen die hübschen Kopfsteinpflastergassen im mittelalterlichen Viertel von Rab

INSEL PAG (S. 226)
Auf Pag gerät man ins Schwärmen: über die Landschaft, die Strandpartys oder einfach über den berühmten Käse

ZADAR (S. 205)
Zadar bietet Verlockendes: romanische Architektur, großartige Bars und Clubs und ein fantastisches Sommerfestival

NATIONALPARK PLITWITZER SEEN (S. 215)
An stillen Seen, auf einsamen Waldwegen oder zu Füßen donnernder Wasserfälle kommen auch hektische Besucher endlich zur Ruhe

SPLIT (S. 240)
Durch den Diokletianpalast schlendern, am Strand von Bačvice in der Sonne liegen, shoppen gehen oder die unzähligen Bars und Kneipen erforschen

INSEL VIS (S. 265)
Köstliche Speisen und eine sehr entspannte Atmosphäre locken auf die am wenigsten vom Tourismus berührte Insel Dalmatiens

INSEL HVAR (S. 277)
Im vornehmen Hvar tafeln Touristen stilvoll, die Unterkünfte sind luxuriös und auch das Sonnenbad genießt man mit Eleganz

ITALIEN

ADRIA

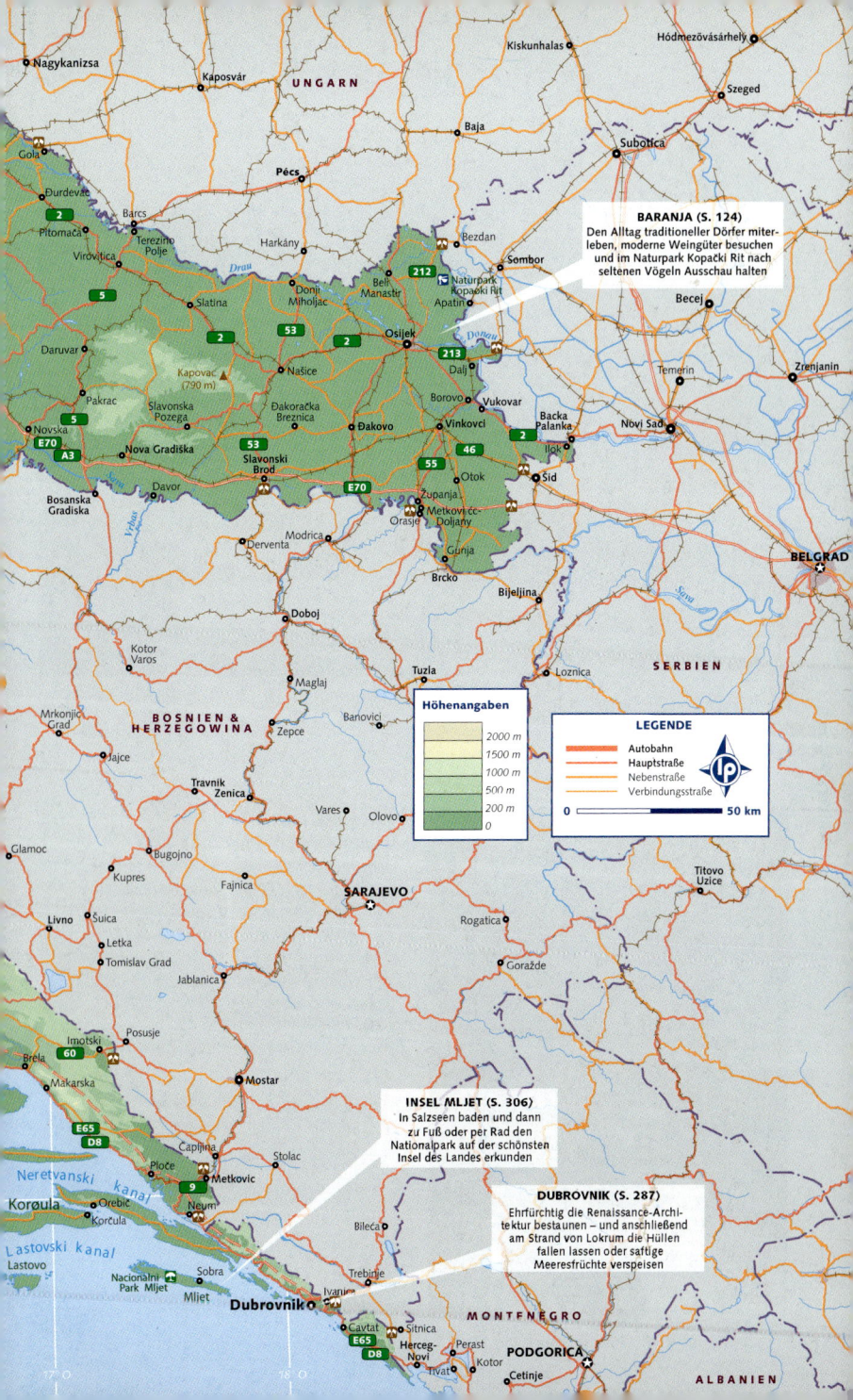

BARANJA (S. 124)
Den Alltag traditioneller Dörfer miterleben, moderne Weingüter besuchen und im Naturpark Kopački Rit nach seltenen Vögeln Ausschau halten

INSEL MLJET (S. 306)
In Salzseen baden und dann zu Fuß oder per Rad den Nationalpark auf der schönsten Insel des Landes erkunden

DUBROVNIK (S. 287)
Ehrfürchtig die Renaissance-Architektur bestaunen – und anschließend am Strand von Lokrum die Hüllen fallen lassen oder saftige Meeresfrüchte verspeisen

Höhenangaben
2000 m
1500 m
1000 m
500 m
200 m
0

LEGENDE
Autobahn
Hauptstraße
Nebenstraße
Verbindungsstraße

0 — 50 km

UNGARN

SERBIEN

BOSNIEN & HERZEGOWINA

MONTENEGRO

ALBANIEN

BELGRAD

SARAJEVO

PODGORICA

Nagykanizsa · Kaposvár · Kiskunhalas · Hódmezővásárhely · Szeged · Baja · Subotica · Pécs · Harkány · Bezdan · Sombor · Becej · Gola · Đurđevac · Barcs · Virovitica · Terezino Polje · Slatina · Donji Miholjac · Beli Manastir · Apatin · Naturpark Kopački Rit · Pitomača · Daruvar · Našice · Osijek · Dalj · Temerin · Zrenjanin · Slavonska Požega · Đakovačka Breznica · Đakovo · Borovo · Vukovar · Bačka Palanka · Novi Sad · Pakrac · Ilok · Šid · Nova Gradiška · Slavonski Brod · Vinkovci · Otok · Bosanska Gradiska · Davor · Županja · Metković · Doljany · Orašje · Modrica · Derventa · Gunja · Brčko · Bijeljina · Doboj · Tuzla · Loznica · Kotor Varoš · Maglaj · Mrkonjić Grad · Jajce · Zepce · Banovici · Sava · Travnik · Zenica · Vares · Olovo · Glamoc · Bugojno · Kupres · Fajnica · Titovo Uzice · Livno · Šuica · Rogatica · Letka · Tomislav Grad · Goražde · Jablanica · Posusje · Imotski · Brela · Makarska · Mostar · Capljina · Stolac · Ploče · Metković · Korčula · Orebić · Neum · Bileća · Korčula · Lastovo · Nacionalni Park Mljet · Sobra · Trebinje · Mljet · Ivanica · Dubrovnik · Cavtat · Sitnica · Herceg-Novi · Perast · Kotor · Tivat · Cetinje

Draw · Donau · Velika · Kapovac (790 m) · Neretvanski kanal · Lastovski kanal · Lastovo

Unterwegs

VESNA MARIĆ Hauptautorin
Ich kann nicht genug von Dubrovnik bekommen. Erst kürzlich bin ich wieder durch den Stadtteil Ploče gelaufen und war begeistert vom Blick auf die Strände und die Kulisse der Altstadt (S. 291).

ANJA MUTIC

Ich denke über den Sinn des Lebens nach und genieße einen der seltenen und wertvollen Augenblicke der Entspannung. Am besten kann man das auf der hinteren Terrasse von Kamene Priče in der istrischen Stadt Bale (s. Kasten S. 190). Umgeben von altem Gemäuer und einer Fülle von Sehenswürdigkeiten kann man hier stundenlang in einem Caféstuhl sitzen und nachdenken, schreiben, sich unterhalten, essen, trinken, träumen, Musik hören ... hier ist alles möglich.

Biographien der Autoren auf S. 326.

Kroatische Highlights

Zurzeit ist Kroatien in aller Munde, und jeder, der schon mal dort war, kennt sein ganz persönliches Traumziel. Wir haben Reisende und Lonely Planet Mitarbeiter danach befragt.

MARTIN MOOS

1 DAS JUWEL IM TAL

In einem Tal zwischen Bergen liegen die Plitwitzer Seen (S. 215,216) – kristallblaue Seen, die miteinander durch wild rauschende Wasserfälle verbunden sind. Bei einer Wanderung über die vielen Bohlenwege zwischen den Seen kann sich jeder abseits der Massen seinen eigenen Lieblingsplatz suchen, um das Naturschauspiel in Ruhe zu genießen.

Snjezana Pruginic, Kanada

ANDREW BURKE

WAYNE WALTO

HÖLGER LE

MLJET: ODYSSEUS' ZUFLUCHTSORT

Angeblich hat Odysseus sieben Jahre auf der Insel Mljet (S. 306) an der Seite der Zauberin Calypso verbracht. Wer die Insel besucht, kann dies gut verstehen: Denn wer durch die Pinienwälder wandert und im smaragdgrünen Meerwasser badet, fühlt sich wie ein Teil dieser Legende.

Colleen Kerney, USA

3

2

INSEL HVAR

Am besten genießen kann man die üppige Flora, die felsigen Strände und die wilde Schönheit der Insel Hvar (S. 277) von der venezianischen Festung oberhalb der mittelalterlichen Altstadt aus.

Lisa Vitaris, Australien

4

ALL DAS IST DUBROVNIK

Bei dem Rundgang um die Stadtmauern von Dubrovnik (S. 295) bieten sich herrliche Ausblicke auf felsige Inseln, grüne Berge und das glitzernde Meer. Dazu sieht man die Frauen, wie sie auf zwischen den Gebäuden gespannten Leinen ihre Wäsche aufhängen. Ein malerisches Bild!

Lisa Vitaris, Australien

DIE VIELEN FACETTEN ZAGREBS

Kroatiens Hauptstadt ist ein Kreuzungspunkt zwischen Mitteleuropa, der Adriaküste und dem restlichen Balkan. Die größte kroatische Stadt, die aus einer Ober- und einer Unterstadt besteht, zeigt viele unterschiedliche Facetten (S. 70) – großartige Bauwerke und Museen, schöne Parkanlagen und herrliche Ausblicke auf die Stadt von den umliegenden Hügeln.

Michael Sabelli, Kanada

ANDREW BURKE

ISTRISCHE GENÜSSE

Essengehen in Istrien mit seinen Trüffeln, dem Olivenöl und dem Wein ist ein großes Vergnügen. Slow Food ist hier gerade besonders angesagt, vor allem in den besseren Restaurants, in traditionellen Tavernen und umgebauten alten Ölmühlen.

Anja Mutić, Lonely Planet Autorin, USA

WAYNE WALTON

WAYNE WALTON

POREČ

Vor der Küste bei Poreč liegen viele Inseln, manche sind nahezu unberührt, andere mit großen Hotels bebaut. Die Stadt selbst rühmt sich einer Kirche, die zum Weltkulturerbe zählt (S. 188).

Lisa Vitaris, Australien

ANDREW BURKE

WINDSURFEN VOR BOL

Endlose Strände, Zlatni Rat, Sonne und Surfen: Bol (S. 273) ist ein Inselparadies! Ach ja, und nicht vergessen: ein Besuch in der Cocktailbar am Hafen!

Kevin Toogood, Großbritannien

9

8

LECKEREIEN VOM FEINSTEN

Ein Muss sind die Konditoreien *(slastičarna)* und im Sommer natürlich auch die Eisdielen. Dort stehen meist 10 bis 20 hausgemachte Eissorten *(sladoled)* zur Auswahl, die durchaus mit dem italienischen *gelato* konkurrieren können.

Andreja Zebic, Kanada

10

NATIONALPARK KRKA

Skradinski Buk (S. 237) ist mit seinem klaren und schnell fließenden Wasser und den Kaskaden ein magischer Ort. Ich kam aus dem Staunen nicht mehr heraus, als wir auf Holzplanken all die rauschenden Bäche inmitten von so viel Grün überquerten. Für mich waren es die schönsten Wasserfälle meines Lebens! Wir konnten nicht widerstehen und stürzten uns wie so viele andere ins Wasser.

Tom Hall, Lonely Planet Mitarbeiter, Großbritannien

MALERISCHES CAVTAT

Nur eine kurze Autofahrt südlich von Dubrovnik liegt das wunderschöne Städtchen Cavtat (S. 309). Je mehr man sich dem Zentrum rund um den Hafen nähert, umso friedlicher wird es. Hier gibt es viele Kiesstrände, Cafés und Restaurants mit Meerblick, und am Abend ist man schnell in Dubrovnik.

Maja Thompson, Großbritannien

JON DAVISON

EIN BESUCH IN VARAŽDIN

Varaždin ist vor allem wegen seiner Festung, seiner Altstadt, seiner Barockabende im September und seines Friedhofs bekannt (S. 107) – des schönsten, den man sich vorstellen kann. In dieser Stadt herrscht eine Atmosphäre, die jedem das Gefühl gibt, zu Hause zu sein.

Željka Banicek, Kroatien

WILMAR PHOTOGRAPHY / ALAMY

WAYNE WALTON

13 SPLIT: CAFÉS UND EIN PALAST

Innerhalb und außerhalb des Diokletianpalastes (S. 245) sind zwischen den unzähligen Touristen viele Nonnen unterwegs. Palmen und Caféstühle säumen die Hafenpromenade und spenden den reichlich verdienten Schatten nach der Rückkehr vom nahe gelegenen Marjan-Hügel.

Lisa Vitaris, Australien

ZADAR

Zadar ist eine tolle mittelalterliche Stadt mit einer autofreien Festung und zahlreichen Sehenswürdigkeiten quer durch alle Epochen. An einer Seite der in die Adria ragenden Stadt gibt es ein Windspiel (eine sogenannte Meeresorgel, S. 209), das in eine stufenförmige Uferpromenade zum Meer hinunter eingebaut wurde.
Michael Sabelli, Kanada

ANDREW BURKE

15

IMPACT PHOTOS / ALAMY

14 ## NÖRDLICHES CRES

Ich habe mich verliebt in die Tramuntana-Region im Norden von Cres. Von der uralten Stadt Beli führen zahlreiche Wanderwege durch die ursprünglichen alten Wälder und zu verlassenen Dörfern. Jeden Augenblick erwartet man, dass eine Elfe hinter einer der riesigen Eichen hervorspringt.
Anja Mutić, Lonely Planet Autor, USA

TIM HUGHES

16 ## MIT DER FÄHRE

Mit der Nachtfähre entlang der kroatischen Küste zu fahren, hat zwei große Vorteile: Erstens steckt man nicht eingepfercht in einem überfüllten Bus, und zweitens kann man nach dem Sonnenaufgang eine der schönsten Küsten der Welt genießen.

Kate West, Australien

EIN GLÄSCHEN SLJIVO

In der Regel bekommt man überall alkoholische Getränke. Häufig wird ein Gläschen Slivowitz *(šljivovica)* angeboten, der Pflaumenschnaps. Auch wenn der Sljivo in einem Trinkglas kredenzt wird, darf man ihn nur in Schlückchen zu sich nehmen.

Andreja Zebic, Kanada

18

RICHARD I'ANSO

ANNE DOWIE

17 ## KORČULA

Korčula (S. 312) ist überraschend und eindrucksvoll. Die Stadt mit ihren hohen und engen Gassen hat so viel Atmosphäre, dass die Einheimischen sie in Flaschen abfüllen und damit ein Vermögen verdienen könnten. Und das hausgemachte Eis ist unglaublich gut.

lisad

JAN STROM

19 ## DAS KRISTALLKLARE WASSER VON MAKARSKA

Die Küste östlich und westlich von Makarska wird von allen als traumhaft beschrieben. Doch die Makarska Riviera (S. 261) hat unbestritten das kristallklarste Wasser, das man je gesehen hat. Wirklich!

Branka King, Australien

Inhalt

Regionalkarten

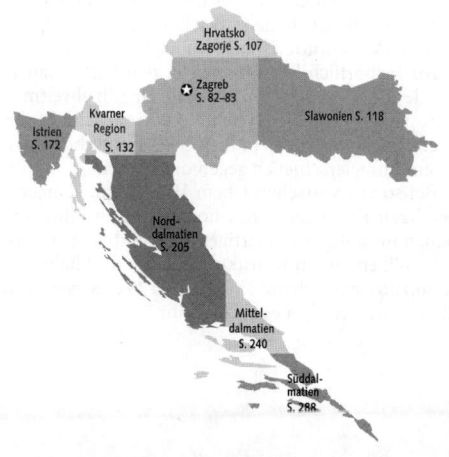

Hrvatsko Zagorje S. 107

Zagreb S. 82–83

Kvarner Region S. 132

Slawonien S. 118

Istrien S. 172

Nord-dalmatien S. 205

Mittel-dalmatien S. 240

Süddal-matien S. 288

Reiseziel Kroatien

Kroatien liegt genau an der Schnittstelle zwischen Mitteleuropa und dem Balkan. Schon seit längerem leidet das Land unter einer Art Hassliebe zur EU, aber auch zu seinen übrigen Nachbarn. Kroatien sollte bereits Mitglied der NATO werden, aber der Beitrittstermin wurde auf 2009 verschoben. Den Beitritt Kroatiens zur EU erschweren nicht zuletzt die noch immer ungelöste Frage der Fischereirechte, aber auch offene Grenzstreitigkeiten mit dem Nachbarn Slowenien. Wann es so weit sein wird, ist derzeit noch unklar – 2010? 2011? 2012? Erst im März 2008 begann der Prozess gegen Ante Gotovina, den kroatischen General, dessen Auslieferung seit 2005 eine der Vorbedingungen für Beitrittsverhandlungen Kroatiens mit der EU war. Angeklagt wird er wegen der Vertreibung der Serben aus der Krajina im Jahr 1995. In seiner Heimat rund um Zadar gilt er allerdings weiterhin als eine Art Volksheld, was die Anklage politisch delikat macht.

Noch immer in der Schwebe sind auch juristische Probleme – der Kampf gegen die Korruption, die Schaffung der notwendigen Voraussetzungen für eine Privatisierung von Staatseigentum. Ohne Klärung dieser Problemfelder rückt die EU-Mitgliedschaft in weitere Ferne. Zumindest bis dahin bleibt das Alltagsleben der Kroaten schwierig, denn ein Durchschnittseinkommen von 6000 Kn reicht meist nicht aus, um eine Familie zu ernähren. Die Arbeitslosenrate liegt bei stattlichen 11,18 %. Die Statistiken zeigen, dass die Zustimmung zur einst so ersehnten EU-Mitgliedschaft mittlerweile nur noch bei etwa 50 % liegt und wohl weiterhin sinken dürfte. Viele Kroaten merken zu Recht, dass ihre Fortschritte bei der Annäherung an die EU sehr viel sorgfältiger analysiert werden als die manch anderer EU-Beitrittsstaaten, denn die EU ist nach der großen Erweiterung in den Jahren 2004 und 2007 ausgesprochen vorsichtig geworden.

Dennoch steht es gut um die Wirtschaft Kroatiens, das Bruttosozialprodukt ist in den letzten Jahren ständig gewachsen. Grund dafür ist in erster Linie die blühende Tourismusindustrie und die damit einhergehende Entwicklung. Das Land hat es, von wenigen Ausnahmen einmal abgesehen, geschafft, sich wirtschaftlich zu entwickeln und dabei dennoch die Schönheit der Landschaft zu erhalten – also genau das, was Investoren anlockt. Jahr für Jahr schießen neue Luxushotels aus dem Boden, vor allem auf Hvar und in Dubrovnik. Auch die Entwicklung bei günstigen Pauschalreisen und im Bereich des Agrotourismus (vor allem in Istrien) verläuft schwungvoll.

Auch sportlich hat Kroatien in den letzten Jahren viel erreicht – 2007 wurde die kroatische Mannschaft Handballweltmeister, bei der Fußball-Europameisterschaft erreichte die kroatische Mannschaft immerhin das Viertelfinale nach einem Sieg über Deutschland, verlor aber leider nach einem Elfmeterschießen gegen die Türkei.

Bei so viel wirtschaftlichem Wachstum, sportlichen Erfolgen, einer lebendigen Kulturszene mit hochkarätigen Film- und Musikfestivals, mit seinen unzähligen großartigen Bars und Restaurants und nicht zuletzt mit dem Willen, die Infrastruktur und die nachhaltige Entwicklung weiterhin voranzutreiben, scheint Kroatien der Welt sagen zu wollen: „Was schert uns die EU, wir schaffen es auch alleine."

KURZINFOS

Bevölkerung: 4,5 Mio.

Fläche: 56 538 km^2

Staatsoberhaupt:
Präsident Stjepan Mesić

BIP-Wachstumsrate: 5 %

Inflation: 2,9 %

Durchschnittliches
Monatsnettogehalt:
6000 Kn

Arbeitslosenrate: 11,18 %

Haupthandelspartner:
Italien

Bevölkerungswachstums-
rate: −0,04 %

Lebenserwartung:
Männer 71 Jahre,
Frauen 78,5 Jahre

Bevor es losgeht

Kroatien ist, wie man sich leicht denken kann, vor allem in den Sommermonaten ein beliebtes Reiseziel. Besonders in der Hochsaison (im Juli und August) füllen sich die schicken Hotels, die kleinen Pensionen und die Campingplätze am Meer mit Besuchern. Wer in diesen zwei Monaten reist, sollte lieber eine Unterkunft im Voraus buchen, vor allem, wenn eine der Inseln das Ziel ist. Im Frühjahr und im Herbst geht es weniger lebhaft zu, was natürlich sehr reizvoll sein kann. Man hat den ganzen Strand für sich, relativ freie Auswahl bei der Unterkunft, und die Stille in den leeren Museen und Kirchen ist äußerst erholsam.

Dennoch hat auch die Hochsaison ihre Vorteile. Die Öffnungszeiten sind allgemein länger und die Verkehrsverbindungen besser, die Fähren und Katamarane fahren häufiger und schneller, und wenn man Strandpartys und Sommerspaß sucht, dann ist dies die ideale Reisezeit. Außerhalb der Saison kann es mitunter durchaus kompliziert werden, von einer Insel zur anderen zu gelangen; nicht alle Fähren verkehren dann täglich. Im Juli und August kann man dagegen sehr flexibel planen; von September bis Juni sieht das dann oft ganz anders aus.

REISEZEIT

Weitere Infos s. Klimatabellen auf S. 329.

Zwar ist im Juli und August Hochsaison, aber im Frühjahr und Frühherbst ist es an der Küste besonders schön. Die Adria ist im April zwar noch zu kühl zum Hineinspringen, doch im Mai ist das Baden schon möglich, vor allem in der Mitte und im Süden Dalmatiens. Im September erreichen die Wassertemperaturen so gut wie immer 23 °C. Erfreulicherweise sinken außerhalb der Saison aber zumindest die Unterkunftspreise.

Städte wie Zagreb haben zudem im Frühjahr und Herbst kulturell viel zu bieten. Dort findet die Biennale für zeitgenössische Musik statt, das Filmfestival von Zagreb, verschiedene Straßenfeste oder das Queer Zagreb FM Festival (s. S. 92). Mai und Juni sind für die meisten Freizeitaktivitäten bestens geeignet. Die Preise für Unterkünfte liegen noch recht niedrig, aber die langen, sonnigen Tage sind schon überaus angenehm. Allerdings rücken die Ferien näher, und das heißt, dass in dieser Zeit viele Schulklassen ihre Ausflüge unternehmen. Gut möglich also, dass man Ende Mai und Anfang Juni auf lebhafte Schülergruppen trifft. In der Nähe kultureller Highlights sind Hotels und Verkehrsmittel manchmal voll von ausgelassenen Jugendlichen und ihren gestressten Aufpassern.

Juli und August sind die teuersten Reisemonate. Die Unterkunftspreise schießen in die Höhe, beliebte Städte, Sehenswürdigkeiten, Hotels und Restaurants sind voller Menschen, und viele Strände sind überfüllt. Einen Vorteil hat diese Zeit allerdings: Es gibt zusätzliche Schiffsverbindungen zu den Inseln.

Vielleicht ist der September alles in allem der beste kroatische Reisemonat. Das Wasser ist warm (das Wetter auch), Menschenansammlungen sind selten und alles wird insgesamt preisgünstiger. Wer frisches Obst aus dieser Region liebt, findet zu der Zeit jede Menge Feigen und Granatäpfel. Manche Leute reisen auch gern im Oktober, ein Monat, in dem sich Einheimische und Besucher wirklich entspannen können. Zum Zelten ist es dann zwar manchmal schon etwas zu kühl, aber das Wetter an der Küste ist meistens immer noch recht gut, und private Unterkünfte zu günstigen Preisen findet man überall.

AN ALLES GEDACHT?

■ Gummischuhe für den steinigen Untergrund am Meer.

■ Sonnenschutzmittel mit hohem Schutzfaktor.

■ Gültige (Auslands-)Krankenversicherung (S. 336).

■ Ein Mittel gegen Übelkeit für den Fall, dass die Schiffsfahrt etwas unruhig werden sollte.

■ Ein kleiner Rucksack für Tagesausflüge.

PREISE

Kroatien ist kein wirklich günstiges Reiseland. Will man nicht in einer Jugendherberge, einer Privatunterkunft oder auf dem Campingplatz übernachten, sollte man zumindest berücksichtigen, dass besonders die neuen, renovierten und schicken Hotels hinsichtlich Preisen und Komfort das gleiche Niveau haben wie in anderen europäischen Ländern. Die Preise für Übernachtungen, Schiffsfahrten und sonstige touristische Angebote schießen im Sommer in die Höhe, die Höchstpreise zahlt man im Juli und August. In der Hauptsaison kostet ein Doppelzimmer dann zwischen 250 und 300 Kn in einer Privatunterkunft, zwischen 500 und 1000 Kn in einem 3-Sterne-Hotel und mehr als 2000 Kn in einem Hotel der gehobenen Kategorie. Am höchsten sind die Preise in Dubrovnik und Hvar, weil diese Orte bei Touristen besonders beliebt sind und die Anzahl guter Hotels dieser Nachfrage entspricht. Die Zimmerpreise in Zagreb und im Landesinneren liegen das ganze Jahr über ungefähr auf dem gleichen Niveau, wobei Übernachtungen in Slawonien und dem Zagorje günstiger sind als an der Küste und in der Hauptstadt. Allerdings verlangen Privatanbieter oft einen Zuschlag von 30 % auf ein Zimmer, wenn man weniger als drei Nächte bleibt, und manche bestehen sogar auf einem Mindestaufenthalt von sieben Nächten. Deshalb sollte man vorher immer nachfragen. In Hotels gibt es solche Konditionen für Kurzaufenthalte nicht. Mietwagen sind im Vergleich zu den EU-Nachbarländern erstaunlich teuer, übrigens auch in Montenegro und Bosnien-Herzegowina. Die Preise beginnen bei 325 Kn pro Tag und werden bei längeren Mietzeiten günstiger.

Ein Konzert-, Theater- oder Museumsbesuch ist dagegen nicht besonders teuer (Konzert- und Theaterkarten kosten zwischen 60 und 200 Kn, der Eintritt ins Museum zwischen 15 und 35 Kn). Schiffsfahrten sind ebenfalls preisgünstig, es sei denn, man will das Auto mitnehmen. Eine Fahrt mit dem Überlandbus kostet im Durchschnitt 40 bis 80 Kn. Eine Pizza bekommt man problemlos für 30 Kn und einen Teller Pasta für 50 bis 60 Kn, auch in den etwas teureren Restaurants. Fisch, Fleisch und andere Lebensmittel kosten ungefähr genauso viel wie in anderen europäischen Ländern auch.

Rucksackreisende, die an einem Ort bleiben, müssen etwa 350 Kn pro Tag einplanen. Wer an der Küste entlangreist, in einer netten Privatunterkunft nächtigt und in Mittelklasse-Restaurants isst, bezahlt pro Tag etwa 500 Kn, und wer in sehr guten Hotels bzw. Restaurants einkehrt, etwa doppelt so viel. Für Familien und Freunde, die zusammen reisen, ist es jedenfalls besser, ein Apartment zu mieten, statt im Hotel unterzukommen. Ein Einzimmer-Apartment an der Küste für drei Personen kostet bis zu 600 Kn pro Nacht.

In einem guten Mittelklasse-Restaurant zahlt man zwischen 35 und 55 Kn für eine Vorspeise und 80 bis 120 Kn für ein Fisch- oder Fleischgericht als Hauptgang. Das Brot wird meist extra berechnet, und einige Lokale verlangen einen Zuschlag für die Bedienung, der auf der Speisekarte ausgewiesen sein sollte. Fisch und Meeresfrüchte sind teurer und werden normalerweise

---

WAS KOSTET WIE VIEL?

Überlandfahrt im Bus: 150–300 Kn

Kaffee in einem Café: 10 Kn

Pizza: 30 Kn

Museumsbesuch: 15–35 Kn

Inselfähre: 25–50 Kn

Weitere Hinweise im Lonely Planet Index auf der vorderen Umschlaginnenseite.

nach Gewicht berechnet. Eine durchschnittliche Portion wiegt 250 g, aber manchmal wird der Gast auch gebeten, einen ganzen Fisch aus dem Angebot auszuwählen. Man darf den Kellner dann durchaus bitten, den Fisch auszuwiegen, sodass man den Preis abschätzen kann. Tintenfisch kostet etwa 300 Kn pro Kilo, für Fisch und Krabben werden zwischen 320 und 380 Kn pro Kilo verlangt.

VERANTWORTUNGSVOLL REISEN

Lonely Planet hat seit den Anfängen 1973 seine Leser darin bestärkt, Rücksicht zu nehmen, verantwortungsvoll zu reisen und sich ganz auf die Faszination unabhängigen Reisens einzulassen. Der Reiseverkehr nimmt weltweit in einem unglaublichen Tempo zu, doch der Verlag ist immer noch von den Vorteilen dieser Entwicklung überzeugt. Dennoch sollte jeder Einzelne sehr genau überlegen, welche Folgen die eigene Reise für die globale Umwelt und die Wirtschaft, Kultur und das Ökosystem des jeweiligen Landes haben kann.

An- und Weiterreise

Nach Kroatien muss man nicht unbedingt mit dem Auto oder mit dem Flugzeug reisen. Es gibt von allen europäischen Ländern aus Zugverbindungen nach Zagreb, und die Küste ist außerdem von Italien gut mit der Fähre erreichbar. Fähren tragen allerdings erheblich zur Meeresverschmutzung bei und sind nicht gerade umweltfreundlich.

Entspannt reisen

Es gibt Zug- und vor allem Busverbindungen zu jedem Ort des Landes, so dass Inlandsflüge in Kroatien eigentlich überflüssig sind. Vor kurzem erst wurde eine Autobahn von Zagreb zur Küste gebaut, d.h. die Fahrt mit dem Bus oder Auto ist noch einfacher als früher. Außerdem ist Kroatien ja ohnehin ein kleines Land, eine Reise im Inland dauert also höchstens einmal ein paar Stunden (es sei denn, man möchte an einem Stück von Zagreb im Norden bis nach Dubrovnik fahren).

Am besten sucht man sich einen Ort als Ausgangsbasis und unternimmt von dort aus Tagesausflüge. Viele Besucher segeln auch einfach von Insel zu Insel, und besonders Entschlossene steigen dafür sogar in ein Kanu und rudern von einer Insel zur nächsten. Andere erkunden das Land zu Fuß, was gerade im Frühjahr und Herbst wunderschön ist.

Unterkunft & Essen

Da Kroatiens Attraktivität weiter zunimmt, gibt es in einigen Küstenorten zunehmend große Hotelanlagen, die darauf ausgerichtet sind, möglichst viele Touristen anzuziehen. Dies mag für deren Betreiber vorteilhaft sein, wirkt sich aber negativ auf die kleinen, familiär geführten Hotels , Pensionen und Restaurants aus, die ja eigentlich den besondere Atmosphäre und den Charme eines Ortes ausmachen. Am besten übernachtet man also im Hinblick auf das eigene Urlaubserlebnis in kleineren Hotels und Pensionen oder auch auf umweltfreundlich geführten Campingplätzen, wie z. B. auf dem Platz Natural Holiday vor der Insel Vis (S. 265).

In kleinen Restaurants ist das Essen fast immer besser als in den auf Touristenströme ausgerichteten Restaurants, wo viele Gerichte auf der Speisekarte stehen und das Bestellte zu schnell auf dem Tisch steht. Eine Faustregel: Werden eher wenige Gerichte angeboten, sind die Zutaten meist frischer. Wer in kleinen Familienrestaurants speist und nach dem gleichen Prinzip sein Nachtquartier wählt, unterstützt die Wirtschaft vor Ort und hilft, die Lage der einheimischen Bevölkerung zu verbessern.

> „Eine Faustregel: Werden eher wenige Gerichte angeboten, sind die Zutaten meist frischer."

TOP 10

Slowenien • Zagreb
KROATIEN

NATURWUNDER

Kroatien ist vor allem dank seiner Natur ein so wunderschönes Land – es gibt Wasserfälle, Wälder, Berge und natürlich die herrliche Adriaküste.

1 Nationalpark Plitwitzer Seen (S. 215)

2 Trüffelsaison in Istrien (s. Kasten S. 195)

3 Nationalpark Krka (S. 235)

4 Inselgruppe der Kornaten (S. 237)

5 Frischer Fisch und Meeresfrüchte (S. 57)

6 Nationalpark Paklenica (S. 219)

7 Insel Mljet (S. 306)

8 Elafitische Inseln (S. 305)

9 Insel Cres (S. 151)

10 Insel Susak (S. 149)

TOP-FESTIVALS

Kroaten feiern gern Feste und lieben Kulturfestivals. Einen Überblick findet man auf S. 326.

1 Karneval in Rijeka im Februar (S. 136) – am besten verkleidet mitfeiern.

2 Karwoche in Korčula (S. 315) – alte religiöse Traditionen werden hier lebendig.

3 Strossmartre, Zagreb, Juni (S. 92) – unkonventionelles Straßenfest.

4 Garten-Festiaval, Zadar, 4.–6. Juli (S. 211)

5 Die Fiera auf Rab, 25. –27. Juli (S. 167) – mittelalterliches Fest.

6 Filmfestival von Motovun, Ende Juli/Anfang August (S. 202) – Kroatiens schönstes Filmfestival.

7 Pager Karneval in der Stadt Pag, 31. Juli (S. 229) – noch mehr Kostüme und Tanz.

8 Sommerfestspiele in Dubrovnik, Juli und August (S. 296) – jede Menge Kultur und Live-Veranstaltungen in Kroatiens schönster Stadt.

9 Vollmondfest, Zadar, August (S. 211) – im Mondschein wird die ganze Nacht gefeiert.

10 Varaždiner Barockabende, Varaždin, September (S. 110) – Barockmusik und kulturelles Highlight. (S. 110)

DIE BESTEN STRÄNDE

Ideal, um den allerneuesten Bikini vorzuführen oder die Kleidung ganz wegzulassen.

1 Brela (S. 264) – an diesem Strand aus Kies ist der Sonnenuntergang noch schöner.

2 Pakleni-Inseln (S. 281) – Strände im Schatten von Kiefernwäldern, reizvoll für Leute mit und ohne Badekleidung.

3 Insel Lokrum (S. 305) – felsiger Strand, gut auch zum Nacktbaden; es ist immer ruhig und das Wasser ist wunderbar klar.

4 Veliko Jezero auf der Insel Mljet (S. 306) – es geht weniger um den Strand als um den Ort, an dem man badet: ein wunderschöner Salzsee mitten auf einer Insel.

5 Bačvice in Split (S. 245) – lebendig, fröhlich und landestypisch.

6 Baška auf Krk (S. 162) – fantastischer feiner Kiesstrand vor einer Bergkulisse.

7 Lubenice auf Cres (S. 154) – klein, abgeschieden, wunderschön und schwer zu erreichen.

8 Beli auf Cres (S. 155) – kristallklares Wasser in einer hübschen kleinen Bucht, die man nur mit wenigen teilen muss.

9 „Paradiesstrand" in Lopar, auf der Insel Rab (S. 169) – traumhafter seichter Sandstrand im Schatten von Kiefern.

10 Kap Kamenjak (S. 176) – 30 km unberührte Buchten, Kiesel und Felsen.

REISELEKTÜRE

Wer gerne mehr über ein Urlaubsland lesen und erfahren möchte, kann auf eine große Anzahl sehr guter Bücher über Kroatien oder Bücher von kroatischen Autoren zurückgreifen.

Da ist zunächst der klassische Reisebericht der Engländerin Rebecca West, *Schwarzes Lamm und Grauer Falke*, zu nennen. Das Buch wurde 1941 in den Wirren des Zweiten Weltkriegs verfasst. Die Autorin berichtet von ihren Reisen durch Kroatien, Serbien, Bosnien, Makedonien und Montenegro und fügt ihre Erlebnisse zu einer nahtlos erzählten Geschichte zusammen. Der britische Autor Tony White ist in *Another Fool in the Balkans* (2006) den Spuren von Rebecca West gefolgt und vergleicht das moderne Kroatien mit dem Land jener Tage.

Gemeinsam mit Borivoj Radaković und Matt Thorne hat White außerdem Croatian Nights (2005) herausgegeben, eine sehr gute Sammlung von 19 Kurzgeschichten bekannter kroatischer und britischer Autoren, darunter Gordan Nuhanović, Vladimir Arsenijević, Zoran Ferić, Toby Litt und Edo Popović.

Interessant sind auch die Titel zweier wichtiger kroatischer Autorinnen, Dubravka Ugrešić and Slavenka Drakulić. Ugrešić (www.dubravkaugresic.com) veröffentlichte 2007 das Buch *Keiner zu Hause*. Es ist eine Kombination aus Erinnerungen und Reisebericht und enthält Geschichten über ihre Reisen durch Europa und USA sowie Essays über Literatur, Geopolitik und das Verhältnis von Ost und West. Drakulić *Café Paradies oder die Sehnsucht nach Europa* (1999) ist wunderbar zu lesen und beschreibt auf witzige Art, wie die westliche Kultur sich überall in Osteuropa ausbreitet, während der Westen seinerseits gegenüber der östlichen Kultur eher skeptisch bleibt.

In der Sammlung von Erzählungen Tito ist tot (2002) hat die aus Dalmatien stammende Autorin Marica Bodrozic auf eine sehr persönliche und bewegende Art Erinnerungen festgehalten. Sie beschreibt die Atmosphäre ihrer Heimat, Fantasien über das ferne Leben der Gastarbeiterväter und den Zerfall des Landes.

Der Schriftsteller Miljenko Jergonic hat zwei für Kroatienreisende ebenfalls lesenswerte Bücher geschrieben. Das Walnusshaus (2008) ist eine opulente Familiensaga, die in Dubrovnik angesiedelt ist und in der viele Schicksale zu einem Ganzen verwoben werden. In Buick Rivera (2007) geht es ihm darum, die Wunden der Jugoslawienkriege im Kleinen begreifbar zu machen.

Das Buch Gold, Frankincense and Myrrh von Slobodan Novak wurde 1968 in Jugoslawien veröffentlicht und kürzlich ins Englische übersetzt. Auf der Insel Rab liegt eine alte Frau im Sterben. Ihr Pfleger, der Erzähler der Geschichte, blickt auf sein Leben zurück, auf Liebe, Politik, Religion, Pflichten und Erinnerungen. Das Buch von Novak wird als Schlüsselroman der Literatur des 20. Jhs. gesehen und mit Werken von Tschechow, Borges, Beckett und Kiš verglichen.

Croatia: Travels in Undiscovered Country (2003) von Tony Fabijančić erzählt vom Leben auf dem Lande im heutigen Kroatien.

INFOS IM INTERNET

Adriatica.net (www.adriatica.net) Umständliche Navigation, aber über diese Website lassen sich Zimmer, Apartments, Hotels und Leuchttürme an der gesamten Küste mieten.

Balkanology (www.balkanology.com/croatia) Viele Informationen über Reisen nach Kroatien und in die Nachbarregionen.

Kroatische Zentrale für Tourismus (www.croatia.hr) Der beste Ausgangspunkt für die persönliche Urlaubsplanung.

> „Das Buch von Novak wird als Schlüsselroman der Literatur des 20. Jhs. gesehen und mit Werken von Tschechow, Borges, Beckett und Kiš verglichen."

Reiserouten
KLASSISCHE ROUTEN

VOM FESTLAND ZUR KÜSTE: KROATIEN KOMPAKT
Zwei Wochen/ Von Zagreb nach Dubrovnik

Die Route beginnt in der kroatischen Hauptstadt **Zagreb** (S. 70), für das man ein verlängertes Wochenende einplanen sollte, um das Nachtleben, die Restaurants und einige der Museen genießen zu können. Dann geht es in Richtung Süden zum **Nationalpark Plitwitzer Seen** (S. 215), der mit seinen unzähligen Wasserfällen und Seen zum UNESCO-Weltnaturerbe erklärt wurde. Nach einem Tag im Park folgt **Zadar** (S. 205). Die Stadt bietet von allem etwas: Sie hat Geschichte, ist trotzdem aber modern und lebendig – und liegt abseits der touristischen Hauptrouten. Von hier aus lohnt sich ein Tagesausflug zur Insel **Pag** (S. 226)– sei es, um den legendären Käse zu probieren oder im Hochsommer eine der Strandpartys zu besuchen. Nächstes Ziel sind die Wasserfälle im **Nationalpark Krka** (S. 235), die zu einem Bad einladen, oder ein Ausflug zum eindrucksvollen Archipel der **Kornaten** (S. 237). Unbedingt empfehlenswert sind ein Bummel durch das liebenswerte **Trogir** (S. 256) und ein Besuch der römischen Ruinen in **Solin** (S. 255). Dann geht es weiter auf der kurvenreichen Küstenstraße bis nach **Dubrovnik** (S. 287). Die Stadt ist so atemberaubend schön, dass es einem den Atem verschlägt.

Die rund 600 km lange Strecke bietet einen Querschnitt durch die Schönheiten Kroatiens: die Urbanität Zagrebs, die rauschenden Wasserfälle und stillen Seen der Nationalparks, weiter im Süden die Küstenstädte Zadar, Trogir, Split und Dubrovnik.

ZAGREB

Nacionalni Park Plitvička jezera

Pag

Zadar

Nacionalni Park Krka

Kornati Otoci

Trogir · Solin
Split

A D R I A

Dubrovnik

DAS BESTE DER KÜSTE   Zwei Wochen/Von Poreč nach Dubrovnik

Die Reise beginnt in **Poreč** (S. 187), wo man unbedingt die berühmte Euphrasius-Basilika besichtigen sollte. Von dort geht es weiter nach **Rovinj** (S. 181) mit seinem venezianisch geprägten Stadtkern (S. 181), bevor man sich bei **Crveni Otok** (S. 186) in die Fluten stürzt.

Nach einem Bummel durch die Straßen von Rovinj geht es weiter nach **Pula** (S. 177). Vor dem Strandbesuch lohnen die römischen Ruinen und das Amphitheater eine Besichtigung. Nach zwei Tagen in Pula führt die Fahrt Richtung Norden nach **Opatija** (S. 139), einem Ferienort aus der k.u.k.-Zeit. Von der Strandpromenade aus bieten sich schöne Blicke auf die Kvarner Bucht. Wer zur stillen Insel **Rab** (S. 163) übersetzen will, besteigt im nahe gelegenen **Rijeka** (S. 131) einen Katamaran. Nach einer Stadtbesichtigung bietet sich der **Paradise Beach** (S. 169) bei Lopar zum Erholen an. Anschließend geht es weiter in das historische **Zadar** (S. 205) mit all seinen Museen, Kirchen, Flaniermeilen, Cafés und Bars. Südlich von Zadar liegt dann die schöne Stadt **Split** mit dem Diokletian-Palast (S. 240), ein guter Ausgangspunkt für die Strände rund um **Brela** (S. 265) und die Inseln vor der Küste. Auf der Insel Brač ist das hübsche **Bol** (S. 273) sehenswert, anschließend geht es weiter zur Insel und Stadt **Hvar** (S. 277). Interessant sind auch die nahe gelegenen **Pakleni-Inseln** (S. 281), wo Sonnenbaden angesagt ist. Wem der Sinn nach Ruhe steht, fährt weiter zur Nachbarinsel **Vis** (S. 265). Zurück in Split, führt der Weg weiter gen Süden nach **Dubrovnik** (S. 287) mit seinen glänzenden marmorgepflasterten Straßen und den eindrucksvollen historischen Bauwerken. Unbedingt eingeplant werden sollte noch der Ausflug zur Insel **Mljet** (S. 306): Durch sein vieles Grün, die Salzseen und die Ruhe ist die Insel ideal, um am Ende der Reise die Seele baumeln zu lassen.

Sonnenhut, dunkle Brille und Lichtschutzcreme dürfen bei dieser 660 km langen Fahrt entlang der Küste nicht fehlen, denn hier scheint die Sonne fast immer. Der Weg führt durch alte Fischerdörfer, historische Städte, entlang einer dramatischen und zerklüfteten Küste und auf einige der wunderschönen Adriainseln vor der Küste.

UNBEKANNTE ROUTEN

DIE SCHÖNHEIT DES LANDESINNEREN

Zwei Wochen/
Von Zagreb nach Osijek

Die Fahrt beginnt in der dynamischen Hauptstadt **Zagreb** (S. 70) mit ihren Museen, der spannenden Kunstszene und dem Nachtleben. Nächstes Ziel ist das bezaubernde Städtchen **Samobor** (S. 104) mit guten Möglichkeiten zum Wandern rund um die Stadt. Fast schon Pflicht ist es, den leckeren Kuchen zu probieren. Eher selten besucht ist das nächste Ziel, das **Zagorje** (S. 106) – eine bukolische Landschaft mit Wäldern, Weiden und Bauernhöfen. Ausgangspunkt ist der Ort **Klanjec** (S. 116) mit seinem Stadtmuseum, das dem Künstler Antun Augustinčić gewidmet ist. **Kumrovec** ist der Geburtsort von Josip Broz Tito, dem berühmtesten Sohn Kroatiens (S. 116) – es ist kein kommunistischer Wallfahrtsort, sondern ein schlichtes kroatisches Dorf. Wer ein Faible für Geschichte hat, sollte die **Burg Trakošćan** (S. 113) besichtigen und anschließend noch die Burg in **Varaždin** (S. 107) besuchen. Anschließend locken die Fluten des **Varaždinske Toplice** (S. 111). Auf dem Weg in Richtung Süden lohnt sich ein Stopp bei der Wallfahrtsstätte **Marija Bistrica** (S. 116) mit ihren herrlichen Ausblicken auf die Umgebung. An der Ostgrenze des Landes liegt die ungarisch geprägte Stadt **Osijek** (S. 119) an der Drava. Nach Besichtigung der Stadtarchitektur empfiehlt sich ein Tagesausflug in den **Naturpark Kopački Rit** (S.124). Zum Abschluss der Fahrt bietet sich ein Tagesausflug nach **Đakovo** (S. 124) an, Reiter können auf einem der majestätischen Lippizanerpferde die Region erkunden.

Genug von Sonne, Meer und bunten Horden? Es gibt eine Alternative, denn die 660 km lange Fahrt in das Landesinnere ist eine Art touristische Fundgrube. Zwischen den sanft geschwungenen Hügeln des Zagorje und der offenen Landschaft Slawoniens liegen überall Burgen, Kurorte, sehenswerte Dörfer und ein ungewöhnlicher Naturpark. Sehr angenehm ist auch das Fehlen der Menschenmassen.

MASSGESCHNEIDERTE TOUREN

GAUMENFREUDEN OHNE ENDE

In Kroatien warten jede Menge Gaumenfreuden auf Gourmets. **Zagreb** (S. 70) und das Landesinnere sind kulinarisch stark von der ungarischen und österreichischen Küche beeinflusst und glänzen mit Gulasch und *paprikaš* (Paprika-Eintopf mit Wein und Kräutern). Aber auch die Schweinshaxen mit Meerrettich sind nicht zu verachten. Dann geht es weiter nach **Samobor** (S. 104), wo schon die Eierpfannkuchen *(kremšnite)* warten, ganz zu schweigen von den *štrukle* (Fladenbrot mit Hüttenkäse), Spanferkel oder Lamm vom Rost in der Region Zagorje. Im Zagorje und **Slawonien** (S. 117) wird Wild gerne mit Buchweizen gegessen, Truthahn hingegen mit gebratenen Nudeln *(mlinci)*. Sehr beliebt sind auch *kulen* (Paprikawürste).

Die kulinarische Krone trägt **Istrien** (S. 170) wegen seiner Trüffeln, seinem luftgetrockneten Schinken, den großen Oliven und den Weinen. Die dalmatinische Insel **Pag** (S. 226) ist berühmt für ihren Käse, **Split** (S. 240) hingegen für sein *brodet* (Fischeintopf mit Wein und Kräutern) und die Meeresfrüchte mit der Soße namens *na buzaru* (mit Wein, Knoblauch und Petersilie zubereitet). Auf der Insel **Mljet** (S. 306) empfehlen sich Tintenfisch, Zicklein und Lammfleisch. Auf der Halbinsel **Pelješac** (S. 319) werden die besten Meeresfrüchte ganz Kroatiens serviert, denn dort gibt es Muschel- und Austernfarmen.

KLETTERN, TAUCHEN, SURFEN UND WANDERN

Ein beliebtes Ziel für Wanderer sind an den Wochenenden die Hügel rund um **Samobor** (S. 104), echte Naturliebhaber bevorzugen aber den nicht so frequentierten **Nationalpark Risnjak** (S. 143). **Rovinj** (S. 181) hingegen ist beliebt wegen seiner Tauchmöglichkeiten, vor allem das Schiffswrack der *Baron Gautsch* aus dem Ersten Weltkrieg zieht Taucher an. Wer von Lovran aus den Berg Vojak im **Naturpark Učka** (S. 142) besteigt, wird mit herrlichen Aussichten auf die Kvarner Bucht belohnt. **Mali Lošinj** (S. 145) ist überzogen mit einem Netz von Mountainbikewegen, das nahe gelegene **Susak** (S. 149) ist bekannt für sein Riff, das auch für Tauchanfänger geeignet ist. Der **Nationalpark Paklenica** (S. 219) wiederum ist ein Mekka für Felskletterer und Startpunkt für Wanderungen im Velebit-Gebirge. Die Insel **Dugi Otok** (S. 223) bietet eine spektakuläre Unterwasserlandschaft für erfahrene Höhlentaucher. Rund um die **Pakleni-Inseln** (S. 281) vor Hvar erstrecken sich ein Riff und ein Unterwas
sercanyon, den man erkunden kann. Entlang der **Makarska Riviera** (S. 261) gibt es Klettermöglichkeiten, Wanderer zieht es auf den **Biokovo** (S. 262). Der Ort **Bol** (S. 273) auf der Insel Brač ist das Windsurfer-Mekka des Landes, neuerdings in Konkurrenz mit **Viganj** (S. 320) auf Pelješac. Radfahrer lieben den **Nationalpark Mljet** (S. 306).

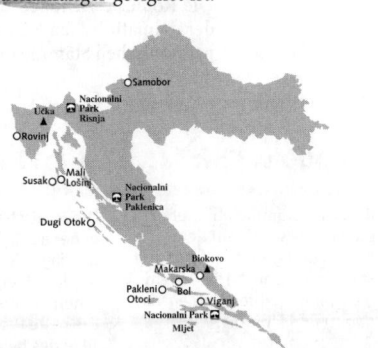

Geschichte

Kroatiens Geschichte ist eine lange Folge schwieriger historischer Erfahrungen. Schon immer kamen Menschen und gingen wieder, sie fielen in das Land ein, trieben Handel und siedelten sich an. Es gab lange Phasen, in denen fremde Völker die Kroaten beherrschten, sodass diese sich zur Wehr setzen mussten – dazu zählten die Venezianer, Osmanen, Ungarn und Habsburger. Ihre schwierige Vergangenheit hat die Kroaten geprägt und die Eigenart des Landes erheblich beeinflusst.

FRÜHE BEWOHNER

Vor etwa 30 000 Jahren war Kroatien Siedlungsgebiet der Neandertaler, die dort durch die Wälder Slawoniens zogen. Im Kroatischen Naturkundemuseum (S. 86) in Zagreb werden die Funde aus dieser Epoche ausgestellt, der „Prähistorische Park" in Krapina (S. 114) vermittelt eine gute Vorstellung von ihrem Leben.

Im 3. Jt. v. Chr. wurde Vučedol bei Vukovar zum Ausgangspunkt einer relativ weit entwickelten Kultur, die sich allmählich in Mitteleuropa ausbreitete. Etwa zur gleichen Zeit entstand auf Hvar eine frühe, eindeutig mediterrane Kultur.

Die Bezeichnung Adria geht auf den illyrischen Stamm der Ardiaier zurück.

Die Illyrer nahmen um 1000 v. Chr. eine Schlüsselrolle im Gebiet des heutigen Kroatien, Serbien und Albanien ein. Die Historiker streiten sich über die Ursprünge der Illyrer und darüber, ob es sich um ein kulturell homogenes Volk handelte oder um einen losen Verband von verschiedenen Stämmen. Wie auch immer, die Illyrer mussten sich mit den Griechen auseinandersetzen, die im 4. Jh. v. Chr. Handelskolonien an der adriatischen Küste, u. a. auf Vis, errichtet hatten, sowie mit den Kelten, die von Norden her nach Süden drängten.

Die illyrische Königin Teuta neigte zur Selbstüberschätzung und machte 231 v. Chr. einen fatalen Fehler, indem sie versuchte, die griechischen Kolonien zu erobern. Die Griechen baten die Römer um militärische Hilfe, diese nutzten die Chance, um sich in der Region immer weiter auszubreiten. 168 v. Chr. besiegten sie Gentius, den letzten König der Illyrer, danach wurden die Illyrer allmählich latinisiert.

ROM, ANSCHLIESSEND BYZANZ

Die Römer errichteten die Provinz Illyricum und dehnten ihre Macht an der dalmatinischen Küste immer weiter aus. 11 v. Chr. unterwarfen sie die pannonischen Stämme im Landesinneren – ihr Reich erstreckte sich nun bis

ZEITACHSE

300 v. Chr.	11 v. Chr.	257 n. Chr.
Illyrische Stämme übernehmen die Vorherrschaft auf dem Balkan und gründen dort Stadtstaaten, u .a. auch Histri (dem die Halbinsel ihren Namen verdankt) und Liburnia.	Die römische Provinz Illyricum, in der auch das heutige Dalmatien lag, erstreckt sich nach der Niederschlagung der pannonischen Stämme bis zur Donau. Die neue Provinz umfasst große Teile des heutigen Kroatiens.	Salona, die Hauptstadt der römischen Provinz, wird mit einer Einwohnerzahl von 10 000 Menschen das erste Bistum der Provinz Dalmatia. 30 Jahre später wird der Bischof von Salona zum Papst ernannt.

WER SIND DIE KROATEN?

Die genaue Herkunft der Kroaten ist immer noch ein Rätsel. Sie sind zwar eindeutig verwandt mit anderen slawischen Völkern, aber sie selbst nennen sich Hrvat, ein eindeutig nicht-slawisches Wort. Eine Theorie besagt, dass der Begriff Hrvat eigentlich persischen Ursprungs ist. Die Kroaten sind ein slawischer Stamm, und es waren die persisch sprechenden Alanen aus Zentralasien, die den Stamm in der kurzen Zeit ihrer Herrschaft so bezeichneten.

zur Donau. Das Gebiet wurde später neu in die Provinzen Dalmatia (das frühere Illyricum), Pannonia Inferior und Pannonia Superior aufgeteilt, es entsprach im Wesentlichen dem Landesinneren des heutigen Kroatien.

Die Stadt Salona (heute Solin) wurde unter römischer Herrschaft Verwaltungszentrum. Andere wichtige Städte waren Jadera (Zadar), Parentium (Poreč) und Polensium (Pula). Das Amphitheater in Pula (S. 175) erinnert auf anschauliche Weise an den einstigen Ruhm – und die damalige Begeisterung für blutige Spiele.

Die Römer bauten ein Netz an Verbindungsstraßen zum Ägäischen und Schwarzen Meer und zur Donau, was den Handel erleichterte und zur Ausbreitung der römischen Kultur beitrug. Gleichzeitig wurde damit aber auch die Ausbreitung des Christentums beschleunigt, dessen Ausübung die Römer ursprünglich verfolgt hatten.

Am Ende des 3. Jhs. v. Chr. gab es zwei mächtige Kaiser, die aus Dalmatien stammten. Diokletian, der 285 v. Chr. Kaiser geworden war, versuchte die Regierung des unüberschaubaren Reiches zu vereinfachen. Er teilte deshalb das Reich in zwei administrative Hälften und machte Maximian zum Mitregenten. Damit schuf er eine der Grundlagen für die spätere Teilung in ein Oströmisches und ein Weströmisches Reich. 305 n. Chr. zog Diokletian sich in seinen Palast nach Spalato (Split, s. S. 243) zurück – der Palast gilt heute als das bedeutendste Relikt der römischen Kultur in Osteuropa.

Der letzte römische Herrscher, der noch einmal ein geeintes Reich regierte, war Theodosius der Große, der die Bedrohung von Norden durch die Westgoten geschickt abwehrte. Nach seinem Tod 395 v. Chr. wurde das Reich offiziell in einen West- und ein Ostreich geteilt – entlang einer bereits von Diokletian vorgegebenen Trennungslinie. Aus der Osthälfte ging das Byzantinische Reich hervor, das bis 1453 existierte. Invasionen der Westgoten, Hunnen und Langobarden führten zum endgültigen Zerfall des Weströmischen Reiches im 5. Jh.

Im Buch Croatia: A Nation Forged in War *von Marcus Tanner wird die komplexe Geschichte von der römischen Herrschaft bis zur Regierungszeit Tuđmans verständlich erläutert. Das Buch ist eine lebendige, gut lesbare Darstellung der historischen Herausforderungen und Probleme des Landes.*

DIE ANKUNFT DER SLAWEN

Die Kroaten und Slawen folgten diesen „barbarischen" Stämmen. Sie wanderten aus ihrem Ursprungsgebiet nördlich der Karpaten nach Süden und füllten

395	614	845–864
Nach dem Tod Theodosius' des Großen kommt es zur Spaltung des Römischen Reiches. Die heutigen Staaten Slowenien, Kroatien und Bosnien fallen an das Weströmische Reich – Serbien, der Kosovo und Mazedonien an Ostrom.	Die Awaren, räuberische Stämme aus Zentralasien, plündern Salona und Epidaurus. Manche Historiker meinen, dass slawische Stämme, u. a. auch die Kroaten, ihnen folgten. Andere glauben, die Kroaten hätten die Awaren abwehren sollen.	Trpmir begründet die erste kroatische Herrscherdynastie. Er besiegt das mächtige Bulgarien und fügt auch den Byzantinern einige schwere Niederlagen zu. Unter Trpmirs Herrschaft vergrößert sich Kroatien bis weit nach Bosnien hinein.

damit das Machtvakuum des auseinander fallenden Römischen Reiches. Es gibt keine genauen historischen Angaben, aber vermutlich machten sie sich im frühen 7. Jh. auf den Weg über die Donau Richtung Süden. Um die gleiche Zeit hatten die Awaren (eurasische Nomaden) den Balkan überrollt und damit die Grenzen des Byzantinischen Reiches erreicht. Sie waren für die Zerstörung der frühen römischen Städte Salona und Epidaurus verantwortlich, deren Einwohner nach Spalato bzw. Ragusa (Dubrovnik) flohen.

Mitte des 7. Jhs. hatten die Slawen sich eindeutig in zwei Bevölkerungsgruppen aufgeteilt: die Kroaten, die sich in Pannonien und Dalmatien in der Nähe der dalmatinischen Städte Jadera, Aeona (Nin) und Tragurium niederließen, und die Serben, die im zentralen Balkangebiet siedelten. Im 8. Jh. waren die dalmatinischen und pannonischen Kroaten in zwei mächtigen Stämmen organisiert, die jeweils von einem Fürsten (*knez*) angeführt wurden. Das weitere Schicksal der Awaren liegt im Dunkeln.

DAS CHRISTENTUM & DIE KROATISCHEN KÖNIGE

Die Franken waren unter Karl dem Großen nach und nach bis nach Mitteleuropa vorgedrungen und eroberten 800 n. Chr. Dalmatien; es kam zu Massentaufen der bisher heidnischen Kroaten. Nach dem Tod Karls des Großen 814 erhoben sich die pannonischen Kroaten erfolglos gegen die fränkische Herrschaft – ohne Unterstützung seitens der dalmatinischen Kroaten. Deren wichtigste Küstenstädte blieben im Herrschaftsbereich von Byzanz.

Die Dalmatiner gehören zu den ältesten bekannten Hunderassen. Es gibt jedoch keinen endgültigen Beweis dafür, dass sie aus Dalmatien stammen. Manche Experten gehen davon aus, dass die Hunde ursprünglich von den Roma nach Dalmatien gebracht worden sind.

Trpimir, Knez zwischen 845 und 864, wird allgemein als der Begründer der ersten kroatischen Herrscherdynastie angesehen. Seine Nachfolger behaupteten sich erfolgreich gegen die konkurrierenden Mächte an der Adria. Als sich Branimir gegen die byzantinische Herrschaft erhob, brachte das den Kroaten das Wohlwollen von Papst Johannes VIII. ein. Dadurch gerieten sie in den Einflussbereich des Vatikans. Der Katholizismus wurde ein wesentliches Merkmal der kroatischen Identität.

Es war Tomislav, dem es erstmals gelang, die Kroaten in Pannonien und Dalmatien zu einigen. Quasi als Belohnung krönte er sich selbst 925 zum König, während seine Vorgänger alle den Titel eines *Knez* geführt hatten. Sein Herrschaftsgebiet umfasste grob das heutige Staatsgebiet von Kroatien sowie Teile Bosniens und die Küste Montenegros.

Die Dinge nahmen aber eine andere Wendung, als sich Byzantiner und Venezianer im 11. Jh. wieder an der dalmatinischen Küste festsetzten und gleichzeitig die Ungarn als neue Gegner im Norden auftauchten und nach Pannonien vordrangen. Krešimir IV. (reg. 1058–1074) wendete das Blatt und gewann Dalmatien zurück, aber Kroatien konnte nur zeitweilig die Situation für sich nutzen. Zvonimir und Stjepan, die Nachfolger Krešimirs, blieben ohne Erben, was die Ungarn erfolgreich ausnutzten, um ins Land vorzudringen und die Ära der kroatischen Könige Ende des 11. Jhs. zu beenden.

869	910–928	1000
Auf Anweisung von Byzanz entwickeln die makedonischen Mönche Method und Kyrill das kyrillische Alphabet, damit die Ausbreitung des Christentums unter den slawischen Völkern beschleunigt werden kann.	Tomislav ernennt sich zum König. Er vergrößert sein Herrschaftsgebiet auf Kosten der Ungarn und durch seinen Sieg über den bulgarischen Zaren Simeon. Es gelingt Tomislav, die pannonischen und dalmatinischen Kroaten zu vereinen.	Venedig nutzt die Instabilität in Kroatien aus und beginnt, sich an der dalmatinischen Küste auszubreiten. Dies ist der Anfang eines langen Kampfes der Venezianer mit anderen Mächten um die Kontrolle über Dalmatien.

DIE HERRSCHAFT DER VENEZIANER

Fast 800 Jahre lang versuchten die Dogen von Venedig, die kroatische Küste zu beherrschen, zu kolonisieren und auszubeuten. In den Städten an der Küste und auf den Inseln – von Rovinj im Norden bis Korčula im Süden – ist der venezianische Einfluss in der Architektur, in der Kochkunst und Kultur unverkennbar. Dennoch war dies, wie auch in anderen von den Venezianern beherrschten Gebieten, für die Bewohner keine erfreuliche Zeit.

Die venezianische Herrschaft in Dalmatien und Istrien war eine Phase nahezu ununterbrochener wirtschaftlicher Ausbeutung. Die Venezianer vernichteten systematisch den natürlichen Baumbestand, um ihre Schiffe bauen zu können. Durch staatliche Monopole wurden die Preise für Olivenöl, Feigen, Wein, Fisch und Salz künstlich niedrig gehalten, sodass venezianische Käufer Rohstoffe billig einkaufen konnten, gleichzeitig wurden regionale Händler und Produzenten in die Armut getrieben. Der regionale Schiffsbau wurde konsequent unterbunden, weil die Venezianer keine Konkurrenz zu ihren Schiffen duldeten. Es wurden weder Straßen noch Schulen gebaut noch in die Wirtschaft der Region investiert.

BEGEHRLICHE NACHBARN: UNGARN & VENEDIG

Der ungarische König Koloman verfügte 1102 die Pacta conventa, in denen festgelegt wurde, dass Ungarn und Kroatien getrennte Teile sein sollten, die aber der Herrschaft eines einzigen – des ungarischen – Königs unterstanden. Zwar erhielt Kroatien einen Vizekönig oder Gouverneur (*ban*) und ein Parlament (*sabor*), tatsächlich aber verdrängten die Ungarn zunehmend den kroatischen Adel.

Unter den Ungarn, die die Bezeichnung Slawonien für Pannonien einführten, wurden die Städte im Binnenland – vor allem Zagreb, Vukovar und Varaždin – blühende Kultur- und Handelszentren. 1107 gelang es Koloman, den dalmatinischen Adel hinter sich zu scharen und auch die Herrschaft an der Küste zu übernehmen. Sie war für die bis dato auf das Binnenland beschränkten ungarischen Könige schon lange ein Objekt der Begierde gewesen. Kolomans starkes Interesse an einem Zugang zum Meer führte aber auch dazu, dass er den dalmatinischen Städten mehr Autonomie als anderen zugestehen musste.

Doch Venedig, das sich eine Zeitlang zurückgehalten hatte, kehrte schon bald zurück. Nach Kolomans Tod 1116 wurde die Stadt Biograd, nur wenig südöstlich von Zadar gelegen, und die Inseln Lošinj, Pag, Rab und Krk erneut von den Venezianern angegriffen.

Inzwischen war Zadar die größte und reichste Stadt Dalmatiens geworden, und in der Lage, Ende des 12. Jhs. zwei Angriffe venezianischer Flotten abzuwehren. Ein rachsüchtiger venezianischer Doge beauftragte (und bezahlte) die Ritter des vierten Kreuzzuges dafür, Zadar anzugreifen und einzunehmen. Sie erfüllten ihren Auftrag und zogen anschließend weiter nach Konstantinopel.

Der Balkan. Kleine Weltgeschichte vom bekannten Historiker Mark Mazower ist eine sehr lesenswerte Einführung ins Thema. Der Leser erhält einen guten Überblick über die Geografie, Kultur und die allgemeine historische Entwicklung der Balkanregion.

1058–1074	1091–1102	1242
Krešimir IV. wird vom Papst als König von Dalmatien und Kroatien anerkannt. Als bald danach das Große Schisma von 1054 zur Spaltung in die orthodoxe und die katholische Kirche führt, gerät Kroatien in den katholischen Einflussbereich.	Der ungarische König Ladislaus beansprucht den slawonischen Thron. Sein Nachfolger Koloman besiegt den kroatischen König Petar und festigt die ungarische Herrschaft über Kroatien mit den *Pacta conventa*.	Im Mongolensturm werden Ungarn und Kroatien verwüstet, beide Königshäuser verlieren ihre Macht. Der Adel, darunter die Familien der Šubić und der Frankopanen, füllt die Lücke und wird politisch und wirtschaftlich sehr einflussreich.

DIE REPUBLIK RAGUSA

Während der Großteil der dalmatinischen Küste viele Jahre unter der Herrschaft der Venezianer litt, hatten die Menschen der eigenständigen Republik Ragusa, dem heutigen Dubrovnik, ein angenehmes Leben. Die herrschende Oberschicht verband Geschäftssinn mit diplomatischem Geschick und sorgte dafür, dass der winzige Stadtstaat sich für seine Verhältnisse gut behaupten konnte und eine wichtige Rolle über die unmittelbare Umgebung hinaus spielte.

Die Einwohner Ragusas baten den Papst 1371 um die Erlaubnis, mit den Türken Handel treiben zu dürfen und errichteten in der Folge Handelszentren im gesamten osmanischen Reich. Der blühende Handel förderte die Künste und die Wissenschaften. Die Menschen in Ragusa, die einmal als „mild und edel" beschrieben wurden, waren für ihre Zeit äußerst liberal. Sie schafften den Sklavenhandel im 15. Jh. ab und erzielten wissenschaftliche Fortschritte. So führten sie z. B. 1377 ein System zur Einhaltung der Quarantäne ein.

Probleme bereite die prekäre politische Lage der Republik, die sich zwischen der türkischen und der venezianischen Interessenssphäre behaupten musste. Ein Erdbeben 1667 führte zu großen Zerstörungen, 1808 eroberte Napoleon schließlich die Republik.

Der in Šibenik geborene Faust Vrančić (1551–1607) baute den ersten funktionstüchtigen Fallschirm.

Neue Unruhen zeichneten sich am Horizont ab: 1242 hatten die mongolischen Horden Mitteleuropa und damit auch Ungarn überrannt. König Bela IV. floh vor dem Ansturm und verschanzte sich in Trogir, konnte aber nicht verhindern, dass das kroatische Binnenland von den Mongolen verwüstet wurde. Wie immer beobachteten die opportunistischen Venezianer die Ereignisse von außen und nutzten die Verwirrung, um ihre Kontrolle über Zadar zu festigen. Der Tod König Belas 1270 führte zu einem weiteren Machtkampf innerhalb des kroatischen Adels, der es Venedig ermöglichte, Šibenik und Trogir in Besitz zu nehmen.

Die Krawatte ist eine Weiterentwicklung des Halstuchs, das ursprünglich in Kroatien zur militärischen Uniform gehörte und von den Franzosen im 17. Jh. übernommen wurde. Die Bezeichnung „Krawatte" ist eine Verknüpfung von Kroate und Hrvat.

König Ludwig I. von Ungarn (1342–1382) erlangte die Kontrolle über das Land zurück und brachte Venedig sogar dazu, sich aus Dalmatien zurückzuziehen. Doch der ungarische Sieg war nur von kurzer Dauer. Nach Ludwigs Tod brachen neue Konflikte aus, und der kroatische Adel stellte sich geschlossen hinter Ladislaus von Neapel, der 1403 in Zadar zum König gekrönt wurde. Da er knapp bei Kasse war, verkaufte Ladislaus bald darauf Zadar für die läppische Summe von 100 000 Dukaten an Venedig und erklärte seinen Verzicht auf Dalmatien. Anfang des 15. Jhs. konnte Venedig seine Herrschaft über die dalmatinische Küste südlich von Zadar also noch einmal festigen; der Küstenstreifen blieb bis zur Invasion Napoleons 1797 in venezianischer Hand. Nur den gewieften Bürgern von Ragusa (Dubrovnik) gelang es, ihre Unabhängigkeit zu behalten.

HERANRÜCKENDE OSMANEN

Eigentlich hatte Kroatien genug damit zu tun, sich mit den Venezianern, den Ungarn, Mongolen und allen anderen herumzuschlagen, die die Reste

14. Jh.	1358	1409
Die ungarische Anjou-Dynastie unter Karl und Ludwig stellt die königliche Autorität in Kroatien wieder her. Es gelingt ihnen, die Venezianer zu vertreiben. Venedig ist damit ausgeschaltet, wenn auch nur vorübergehend.	Ragusa (das heutige Dubrovnik) befreit sich selbst aus den Klauen Venedigs. Es entsteht eine fortschrittliche, liberale Stadtrepublik, die sich geschickt gegenüber den Venezianern und Osmanen behauptet.	Ladislaus von Neapel besteigt den kroatischen Thron, weicht aber vor Streitigkeiten und verkauft Dalmatien an Venedig. Innerhalb eines Jahrzehnts vergrößert sich der Machtbereich der Venezianer auf die Küste zwischen Zadar und Ragusa.

des ursprünglichen kroatischen Reiches an sich bringen wollten. Im 14. Jh. kam jedoch noch eine weitere Bedrohung aus dem Osten dazu: Die Türken waren im frühen 14. Jh. aus Anatolien herangerückt und hatten den gesamten Balkan in Besitz genommen. Die Serben wurden 1389 in Kosovo Polje (Amselfeld) überrollt, ein hastig geplanter Kreuzzug gegen die Türken wurde 1396 in Ungarn niedergeschlagen, mit Bosnien machte man 1463 kurzen Prozess, und als der kroatische Adel 1493 schließlich den Osmanen in Krbavsko Polje gegenüberstand, wurde er fast komplett ausgelöscht.

Obwohl die verbliebenen Adelsfamilien Geschlossenheit demonstrierten, fiel eine Stadt nach der anderen an die Sultane. In der wichtige Diozöse Zagreb sorgte die starke Befestigung der Kathedrale in Kaptol dafür, dass sie unversehrt blieb, während die Grenzstadt Knin 1521 erobert wurde. Fünf Jahre später griffen die Osmanen die Ungarn in Mohács an. Wieder siegten die Türken, die Armee der Ungarn fiel in die Bedeutungslosigkeit – gleichzeitig bedeutete dies das Ende der ungarischen Herrschaft über Kroatien. Das bat daraufhin die Österreicher um Hilfe und wurde prompt dem Habsburgerreich angegliedert, d. h. von Wien aus regiert.

Dennoch beherrschten die Habsburger am Ende des Jahrhunderts nur einen schmalen Streifen im nördlichen Kroatien um Zagreb (damals Agram genannt), Karlovac und Varaždin. Die adriatische Küste wurde zwar von den Türken bedroht, aber nie erobert – die Republik Ragusa schaffte es, die ganze Zeit über unabhängig zu bleiben.

Die türkischen Angriffe auf dem Balkan hatten schlimme Folgen. Städte wurden zerstört, Menschen wurden versklavt und gezwungen, ins türkische Heer einzutreten, durch die Flüchtlingsströme entstanden verheerende Schäden. Die Habsburger versuchten deshalb, eine Pufferzone gegen die Osmanen aufzubauen. Sie errichteten die Vojna Krajina (Militärgrenze), eine Festungskette südlich von Zagreb, und schufen damit ein Gebiet, in dem eine überwiegend aus Walachen und Serben bestehende Armee den Osmanen gegenüberstand.

Genau ein Jahrhundert nach der Niederlage durch die Osmanen gelang es den Kroaten, den Spieß umzudrehen. In Sisak besiegte die habsburgische Armee (auch mit Hilfe von kroatischen Soldaten) 1593 die Türken. 1699 mussten diese in Sremski Karlovci erstmals um Frieden bitten, die türkische Vormachtstellung in Südosteuropa wurde damit geschwächt. Die Habsburger gewannen bald danach Slawonien zurück und vergrößerten so die Krajina, das spätere Kronland Krain. Während die Bedrohung durch die Türken weitgehend vorbei war, versuchten die Ungarn, ihre Stellung in der Hackordnung des Habsburgerreiches wiederherzustellen und beanspruchten die Macht über Kroatien. Es war eine vergleichsweise stabile Phase, in der die landwirtschaftliche Produktion sich weiterentwickelte, doch sowohl die kroatische Kultur als auch die Sprache wurden vernachlässigt. Zudem wurden die Venezianer, die die osmanischen Schiffe nicht mehr fürchten mussten, erneut zu einer Plage entlang der dalmatinischen Küste.

Misha Glenny erklärt in seinem Buch: *The Balkans: Nationalism, War & the Great Powers, 1804–1999*, wie die Einmischung von außen sich historisch auf dem Balkan ausgewirkt hat. In *Jugoslawien. Der Krieg, der nach Europa kam* untersucht er die komplizierten politischen und historischen Hintergründe und das Wiedererwachen der kulturellen Unterschiede, das zu den Kriegen in den 1990er-Jahren geführt hat.

Der Kugelschreiber und der Füller wurden 1906 vom Kroaten Slavoljub Penkala (1871–1922) erfunden, der außerdem die Wärmflasche und ein Bleichmittel für Wäsche entwickelte.

1493	1526–1527	1537–1540
In Krbavsko Polje kämpft eine kroatisch-ungarische Armee gegen die Türken, wird aber vernichtend geschlagen, sodass Kroatien türkischen Überfällen ungeschützt ausgesetzt ist. Hungersnöte sind die Folge.	In der Schlacht von Mohács gelingt es den übermächtigen Türken, den ungarischen Adel zu vernichten. Damit endet die Herrschaft Ungarns über Kroatien. Ungarnkönig Ludwig stirbt ohne Erben, die Habsburger übernehmen die Macht.	Die Türken unter Sultan Suleyman nehmen Klis ein, die letzte kroatische Bastion in Dalmatien. Der Vormarsch der Türken endet in Sisak, unmittelbar südlich von Zagreb. Es ist unklar, warum die Türken nie versucht haben, Zagreb einzunehmen.

NAPOLEON & DIE ILLYRISCHEN PROVINZEN

Weil Habsburg nach der französischen Revolution Bestrebungen zur Wiederherstellung der französischen Monarchie unterstützte, marschierte Napoleon 1796 in die italienischen Besitzungen Österreichs ein. 1797 eroberte er Venedig; dann willigte er im Abkommen von Campo Formio ein, Dalmatien im Austausch gegen andere Zugeständnisse an Österreich abzutreten. Die Hoffnungen der Kroaten auf eine Vereinigung Dalmatiens mit Slawonien wurden aber schon bald zunichte gemacht, denn die Habsburger hatten nicht die Absicht, die getrennte Verwaltung der beiden Gebiete aufzugeben.

Nikola Tesla (1856 bis 1943), der Erfinder der Wechselstromtechnik und des ersten Radiosenders, wurde in Kroatien geboren. Das Tesla, die Einheit der magnetischen Induktion, wurde nach ihm benannt.

Österreich kontrollierte Dalmatien allerdings nur bis zu Napoleons Sieg über die österreichischen und preußischen Streitkräfte bei Austerlitz im Jahr 1805. Dann musste es die kroatische Küste an Frankreich abtreten. Ragusa (das heutige Dubrovnik) ergab sich schon bald den französischen Truppen, die sich darüber hinaus auch Kotor in Montenegro sicherten. Napoleon benannte die eroberten Gebiete in „Illyrische Provinzen" um und machte sich mit der für ihn typischen Eile daran, das arg vernachlässigte Land zu sanieren. Die kahlen und unfruchtbaren Hügel wurden wieder aufgeforstet. Da fast alle Einwohner Analphabeten waren, richtete die neue Regierung Grundschulen, weiterführende Schulen und eine Hochschule in Zadar ein. Straßen und Krankenhäuser entstanden, und die Bauern experimentierten jetzt mit ganz neuen Feldfrüchten. Trotzdem war das französische Regime unbeliebt: zum einen, weil der Klerus den kirchenfeindlichen Franzosen ablehnend gegenüberstand, und zum anderen, weil die Bevölkerung hohe Steuern für die Finanzierung der Reformen zahlen musste.

Der Zusammenbruch des Napoleonischen Reiches nach dessen Niederlage im Russlandfeldzug führte zum Wiener Kongress von 1815, der die Ansprüche Österreichs auf Dalmatien anerkannte und den Rest Kroatiens unter die Rechtshoheit der ungarischen Provinzen Österreichs stellte. Für Dalmatien bedeutete das eine Rückkehr zu den alten Verhältnissen, da die Österreicher der früheren venezianisch-italienischen Elite wieder zur Macht verhalfen. Die Kroaten im Norden wurden im Zuge einer Madjarisierung von ihrem mächtigen Nachbarn bedrängt, die ungarische Sprache und Kultur zu übernehmen.

Napoleon begeisterte sich für die Aufklärung und förderte deshalb die Entstehung eines südslawischen Bewusstseins. Das Gefühl einer gemeinsamen Identität manifestierte sich in den 30er-Jahren des 19. Jhs. in der „illyrischen Bewegung", die sich für die Wiederbelebung der kroatischen Sprache einsetzte. Napoleons Plan ging weiter: Er wollte, dass auch die serbische Kultur gepflegt würde, aber da Serbien unter osmanischer Herrschaft blieb, konzentrierten sich seine Bemühungen zunächst auf Kroatien. Traditionell sprach die dalmatinische Oberschicht Italienisch, im Norden wurde Deutsch oder Ungarisch gesprochen. Nach Gründung der ersten illyrischen Zeitung 1834, die im Zagreber Idiom verfasst worden war, forderte der kroatische *sabor*, slawische Sprachen an den Schulen zu unterrichten.

1593	1671	1699
In Sisak gelingt es den Habsburgern erstmals, einen wichtigen Sieg über die Türken zu erringen. So beweisen sie, dass die Türken nicht unbesiegbar sind, und leiten damit den langen, aber langsamen Rückzug der Osmanen ein.	Eine Abordnung, angeführt von Franjo Frankopan und Petar Zrinski, wird von den Habsburgern abgewiesen. Sie wollen Kroatien von der Vorherrschaft der Ungarn befreien, werden aber am Galgen hingerichtet, ihr Land wird konfisziert.	Im Vertrag von Karlovci verzichten die Türken auf alle Ansprüche auf Kroatien. Statt jedoch zuzulassen, dass Kroatien die Kontrolle über sein Territorium erhält, beanspruchen Venedig und Ungarn das gesamte frei werdende Land für sich.

Nach der Revolution 1848 in Paris begannen auch die Ungarn, sich für Reformen im Habsburgerreich einzusetzen. Die Kroaten wiederum sahen dies als Chance, Autonomie zu erlangen und Dalmatien, die Krajina und Slawonien zu einigen. Die Habsburger reagierten mit Lippenbekenntnissen auf diese Wünsche und ernannten Josip Jelačić zum Ban von Kroatien. Er rief sofort Wahlen aus, forderte eine Vollmacht und erklärte den ungarischen Agitatoren den Krieg, um sich bei den Habsburgern einzuschmeicheln. Jelačić wurde im Zentrum von Zagreb (S. 87) in kriegerischer Pose verewigt, die Habsburger jedoch ignorierten stillschweigend seine Forderungen nach Autonomie.

TRÄUME VON JUGOSLAWIEN

Nach 1848 machte sich Ernüchterung breit, und als 1867 die Doppelmonarchie Österreich-Ungarn aus der Taufe gehoben wurde, wuchs die Enttäuschung weiter. Die Krone unterstellte Kroatien und Slawonien der ungarischen Administration, während Dalmatien mit Häfen wie Makarska weiterhin zu Österreich gehörte.

Die eingeschränkte Selbstverwaltung, die den Kroaten vorher immerhin zugestanden war, verschwand – und mit ihr 55 % der Staatseinkünfte, die jetzt für die kaiserliche Schatzkammer bestimmt waren.

Die große Unzufriedenheit sorgte Ende des 19. Jhs. für eine Spaltung der Kroaten in zwei Lager, die ein ganzes Jahrhundert lang bestehen bleiben sollte. Die alte „illyrische" Bewegung ging in der Nationalpartei auf, die von Bischof Josip Juraj Strossmayer geführt wurde. Strossmayer war der Überzeugung, dass Habsburg und Ungarn die Konflikte zwischen Serben und Kroaten künstlich schürten; die Wünsche beider Völker könnten nur durch eine *jugoslavenstvo* (die Vereinigung der Südslawen) in Erfüllung gehen. Strossmayer unterstützte den serbischen Unabhängigkeitskampf in Serbien, zog allerdings ein jugoslawisches (also südslawisches) Staatsgebilde innerhalb des Reiches einer vollständigen Unabhängigkeit vor. Im Gegensatz dazu strebte die Partei des Rechts unter Führung des militanten Serbenfeindes Ante Starčević ein unabhängiges Kroatien an, bestehend aus Slawonien, Dalmatien, der Krajina, Slowenien, Istrien und Teilen von Bosnien und Herzegowina.

Die orthodoxe Kirche unterstützte damals die Serben bei ihrer Suche nach einer nationalen Identität, deren Basis die Religion bilden sollte. Bis ins 19. Jh. hatten sich die orthodoxen Bewohner Kroatiens als Walachen, Morlachen, Serben, Orthodoxe oder Griechen gesehen. Unter dem politischen Druck entwickelte sich das Bewusstsein einer eigenständigen serbisch-orthodoxen Identität innerhalb Kroatiens.

Gemäß dem Motto „Teile und herrsche" bevorzugte der von Ungarn ernannte *ban* eindeutig die Serben und die orthodoxe Kirche. Allerdings

Ivan Vučetić (1858–1925), der Erfinder der Daktyloskopie (Identifizierung mittels Fingerabdruck), wurde auf der Insel Hvar geboren.

1780–1790	1797–1815	1830–1850
Unter den Habsburgern beginnt ein Prozess der Germanisierung. Sie ordnen an, dass in der gesamten Verwaltung Deutsch gesprochen wird. Dies erweist sich jedoch als kontraproduktiv: Das Nationalgefühl bei den nicht-deutschen Untertanen wächst unaufhaltsam.	Die Eroberung durch Napoleon bedeutet das Ende der Republik Venedig. Venezianische Herrschaftsgebiete werden zunächst den Österreichern zugesprochen, doch 1806 erobert Napoleon die adriatische Küste, die „illyrischen Provinzen".	Es entwickelt sich ein südslawisches Bewusstsein, das darauf abzielt, die Ungarisierung und Germanisierung unter den Habsburgern rückgängig zu machen. Die Gruppe „Kroatische Nationale Wiedergeburt" ist Teil dieser Bewegung.

Eine kuriose oder vielleicht respektvolle Präsentation von Tito (wer will das schon unterscheiden) findet sich auf der Homepage www.titoville. com. Dort sind Bilder zu sehen, die ihn in der Pose des Staatsmannes zeigen, außerdem finden sich dort Abschriften seiner Reden, aber auch eine Liste seiner „Frauen" und Witze über ihn.

ging seine Strategie nicht auf: Die Kroaten organisierten ihren Widerstand, zunächst in Dalmatien. Kroatische Abgeordnete aus Rijeka und serbische Abgeordnete aus Zadar verbündeten sich 1905 und forderten die Vereinigung von Dalmatien und Slawonien, wobei die Serben als Nation gleiche Rechte erhalten sollten. Die Idee der Vereinigung war in der Welt und breitete sich aus. 1906 übernahmen kroatisch-serbische Koalitionen die Gemeindeverwaltungen in Dalmatien und Slawonien und wurden nun auch in Ungarn als ernsthafte Bedrohung wahrgenommen. Während der Balkankriege von 1912/13 nahm Europa mit Respekt zur Kenntnis, dass es dem unabhängig gewordenen Serbien gelang, weit ins Territorium des Osmanischen Reiches vorzudringen.

DAS KÖNIGREICH DER SERBEN, KROATEN & SLOWENEN

Mit dem Ausbruch des Ersten Weltkriegs lagen die Zukunftsaussichten Kroatiens im Ungewissen. Um ihr Land nicht erneut in die Hände der Großmächte zu geben, bereitete eine kroatische Delegation gemeinsam mit der serbischen Regierung die Einführung einer parlamentarischen Monarchie für beide Länder vor. Dieses „Jugoslawische Komitee" wurde nach dem Zusammenbruch von Österreich-Ungarn zur Nationalversammlung der Slowenen, Kroaten und Serben mit Sitz in Belgrad. Obwohl viele Kroaten den Serben gegenüber misstrauisch blieben, waren sie sich über die Ziele der Italiener rasch im Klaren: Italien hatte sich im November 1918 unverzüglich Pula, Rijeka und Zadar einverleibt. Vor die Wahl gestellt, ihr Schicksal in die Hände Italiens oder Serbiens zu legen, entschieden sich die Kroaten daher für Serbien.

Bald gab es erste Probleme mit dem neuen serbischen Königreich unter König Alexander, die sich aus der unterschiedlichen (Wirtschafts-)Geschichte ergaben: Von Währungsreformen profitierten die Serben auf Kosten der Kroaten. In einem Abkommen wurden Istrien, Zadar und einige Inseln an Italien abgetreten.

Die neue Verfassung sah kein kroatisches Parlament mehr vor und konzentrierte die Macht in Belgrad; in den neuen Wahlbezirken waren die Kroaten unterrepräsentiert, an eine weitergehende Autonomie als unter den Habsburgern war nicht zu denken.

Der Widerstand gegen dieses zentralistische Regime wurde von dem Kroaten Stjepan Radić angeführt, der zwar ein vereintes Jugoslawien anstrebte, aber in Form einer föderalen Demokratie. Seine Allianz mit dem Serben Svetozar Pribićevic erwies sich als ernst zu nehmende Bedrohung für Belgrad; 1928 wurde der Abgeordnete Radić während einer Parlamentssitzung erschossen. Die Angst vor einem Bürgerkrieg ausnutzend, rief König Alexander am 6. Januar 1929 eine Art Königsdiktatur aus. Er verbot die politischen Parteien und löste die parlamentarische Regierung auf; alle Hoff-

1867	1905	1908
Das Habsburgerreich gesteht Ungarn eine eigene Regierung zu, die Doppelmonarchie Österreich-Ungarn entsteht. Dalmatien fällt an Österreich, während Slawonien von den Ungarn regiert wird.	Das steigende kroatische Nationalbewusstsein manifestiert sich in der Resolution von Rijeka, die eine Wiedervereinigung von Dalmatien und Slawonien fordert. Bald darauf entsteht ein Parteienbündnis, die Kroatisch-Serbische-Koalition.	Österreich-Ungarn annektiert Bosnien und Herzegowina und bringt so die slawischen Muslime auf dem Balkan in seinen Einflussbereich. Unbeabsichtigt entsteht so der Kern der späteren jugoslawischen Föderation.

TITO

Josip Broz wurde 1892 in Kumrovec als Sohn eines kroatischen Vaters und einer slowenischen Mutter geboren. Als der Zweite Weltkrieg ausbrach, wurde er in die österreichisch-ungarische Armee eingezogen und von den Russen gefangen genommen. Er entkam kurz vor der Revolution 1917, wurde Kommunist und trat in die Rote Armee ein. 1920 kehrte er nach Kroatien zurück und wurde Mitglied in der Gewerkschaftsführung der Metallarbeiter.

Als Sekretär des Zagreber Komitees der verbotenen Kommunistischen Partei setzte er sich dafür ein, die Partei zu einigen und die Zahl der Mitglieder zu erhöhen. Als die Nazis 1941 einmarschierten, nahm er den Namen Tito an und organisierte kleine Guerillagruppen, die den Kern der Partisanenbewegung bildeten. Sie wurde von den Briten und Amerikanern unterstützt, als sich zeigte, dass Titos Aktionen erfolgreich waren. Die Sowjetunion wies, trotz der gemeinsamen kommunistischen Ideologie, wiederholt seine Bitten um Hilfe zurück.

1945 wurde er Ministerpräsident des wieder errichteten Jugoslawien. Er hielt zwar an der kommunistischen Ideologie fest und verhielt sich loyal gegenüber Russland, doch achtete er darauf, unabhängig zu bleiben. 1948 überwarf er sich mit Stalin und schlug gegenüber dem Westen einen versöhnlichen Kurs ein.

Das Problem, das Tito am meisten Kopfschmerzen bereitete, waren die Rivalitäten innerhalb Jugoslawiens. Er versuchte, das Problem zu lösen, indem er Dissens grundsätzlich unterdrückte und dafür sorgte, dass die ethnischen Gruppen in den oberen Rängen der Regierung in etwa gleichmäßig vertreten waren. Als überzeugter Kommunist betrachtete er ethnisch begründete Auseinandersetzungen als Abweichungen, die dem Streben nach Allgemeinwohl schadeten.

Tito war sich sehr wohl bewusst, dass die ethnischen Spannungen unter der Oberfläche des gemeinsamen Staates weiterhin existierten. Die Vorbereitungen für seine Nachfolge begannen bereits in den frühen 1970er-Jahren, als er versuchte, ein Machtgleichgewicht zwischen den verschiedenen Bevölkerungsgruppen Jugoslawiens herzustellen. Er führte eine kollektive Präsidentschaft ein, die jährlich wechseln sollte, musste jedoch feststellen, dass ein solches System nicht funktionsfähig war. Die späteren Ereignisse zeigten, wie sehr Jugoslawien auf seinen intelligenten, charismatischen Führer angewiesen war.

Als Tito im Mai 1980 starb, wurde sein Leichnam von Ljubljana (Slowenien) nach Belgrad (Serbien) gebracht. Tausende von Trauernden standen an den Straßen, um den Mann zu ehren, der 35 Jahre lang ein schwieriges Land geeint hatte. Es war das letzte Mal, dass die verschiedenen Nationalitäten trotz aller gegenseitigen Ressentiments ein Gefühl der Gemeinsamkeit demonstrierten.

nungen auf einen demokratischen Wandel waren damit zunichtegemacht. Unterdessen gewann die Kommunistische Partei immer größeren Zulauf; zu ihrem Vorsitzenden wurde 1937 Josip Broz Tito gewählt.

ZWEITER WELTKRIEG & DAS AUFKOMMEN DER USTAŠA

Einen Tag nach der Einführung der Diktatur durch den Monarchen rief ein bosnischer Kroate, Ante Pavelić, in Zagreb die Kroatische Befreiungsbewe-

1918	1920	1928
Das Königreich der Serben, Kroaten und Slowenen entsteht, nachdem die Serben und andere Völker sich von Österreich-Ungarn losgelöst haben. Prinz Aleksander Karađorđević wird König. Montenegro und Mazedonien werden einbezogen.	Stjepan Radić gründet die Kroatisch Republikanische Bauernpartei, die zum wichtigsten Sprachrohr kroatischer Interessen gegenüber der serbischen Vorherrschaft wird. Im gleichen Jahr wird auch die Kommunistische Partei gegründet.	Im Juni schießt ein montenegrinischer Abgeordneter auf Stjepa Radić, den Vorsitzenden der Bauernpartei, und auf vier weitere kroatische Abgeordnete. Radić erliegt fünf Wochen später seinen Verletzungen.

gung Ustaša ins Leben, die sich an Mussolini orientierte. Deren Ziel war ein unabhängiger kroatischer Staat, der notfalls auch mit Gewalt herbeigeführt werden sollte. Aus Angst vor einer Verhaftung floh Pavelić sofort nach Sofia und nahm Kontakt mit anti-serbischen Revolutionären in Mazedonien auf, bevor er nach Italien weiterfuhr. Dort errichtete er mit dem Einverständnis Mussolinis Ausbildungslager für seine Organisation. Nach mehreren Übergriffen auf Serbien gelang es der Ustaša 1934, König Alexander während eines Staatsbesuches in Marseille zu ermorden. Italien reagierte auf französischen Druck mit der Auflösung der Lager und der Verhaftung Pavelićs und vieler seiner Anhänger.

Als Deutschland am 6. April 1941 in Jugoslawien einmarschierte, übernahm die Ustaša jedoch unter Ante Pavelić formal die Regierungsgeschäfte; Unterstützung kam jetzt wieder aus Italien, das sich einen Gebietszuwachs in Dalmatien erhoffte. Unmittelbar nach der Regierungsübernahme durch die Ustaša verabschiedete der Unabhängige Staat Kroatien (NDH = Nezavisna Država Hrvatska) unter der Führung von Pavelić zahlreiche Erlasse, die darauf abzielten, die „Feinde" des Regimes, vor allem Juden, Roma und Serben, zu verfolgen und zu eliminieren. Die meisten Juden wurden zwischen 1941 und 1945 zusammengetrieben und in Vernichtungslager verfrachtet.

Auch den Serben ging es nicht besonders gut. Im Programm der Ustaša war ausdrücklich festgehalten, dass „ein Drittel der serbischen Bevölkerung getötet, ein Drittel ausgewiesen und das letzte Drittel zum Katholizismus bekehrt werden sollte" – ein Plan, der mit erschreckender Brutalität umgesetzt wurde. Viele Dörfer führten ihre eigenen Pogrome durch, Vernichtungslager wurden eingerichtet. Am gefürchtetsten war der einem KZ nachgebaute Großkomplex von Jasenovac (südlich von Zagreb), wo Juden, Roma und antifaschistische Kroaten umgebracht wurden. Die genaue Zahl serbischer Opfer ist umstritten. Kroatische Historiker neigen dazu, die Zahl niedrig zu schätzen, während serbische Historiker sie häufig sehr hoch ansetzen. Insgesamt wurde einer von sechs Serben getötet.

Croatia Through History von Branka Magaš eröffnet einen sehr detaillierten und tiefen Einblick in die kroatische Geschichte, wobei die Autorin sich auf Schlüsselereignisse konzentriert und die allmähliche Entwicklung der nationalen Identität nachvollziehbar macht.

TITO & DIE PARTISANEN

Nicht alle Kroaten hielten diese Politik für richtig, manche wandten sich offen dagegen. Das Ustaša-Regime fand die größte Unterstützung in der Region Lika südwestlich von Zagreb sowie im Westen der Herzegowina. Doch Pavelićs Zugeständnis, einen beträchtlichen Teil Dalmatiens an Italien abzutreten, war sehr unpopulär; die Ustaša fand dort so gut wie keine Unterstützung.

Serbische Tschetnik-Milizen unter der Führung von General Draža Mihailović organisierten einen bewaffneten Widerstand gegen das Regime. Was als antifaschistischer Aufstand begann, führte aber schon bald zu Massakern unter Kroaten im Osten Kroatiens und in Bosnien.

1929	1941	1943
König Aleksander I. löst das Parlament auf. Der Staat heißt nun Königreich Jugoslawien. Als Reaktion auf die weitgehend diktatorische Regierung des Königs gründet Ante Pavelić die faschistische Ustasa	Ante Pavelić ruft den unabhängigen Staat Kroatien (NDH) aus, einen Marionettenstaat der Nationalsozialisten. Unter der Führung von Pavelićs Ustaša beginnt eine Verfolgung der Serben, Roma und Juden. Viele Serben leisten Widerstand.	Die kommunistischen Partisanen Titos sind erfolgreich und bilden eine antifaschistische Volksfront. Sie fordern Gebiete von den sich zurückziehenden italienischen Brigaden zurück. Briten und Amerikaner unterstützen die Bewegung.

Es waren die Partisanen der Volksbefreiungsarmee unter ihrem Führer Josip Broz (Tito; S. 35), die den Faschismus am wirksamsten bekämpften. Diese waren aus der verbotenen kommunistischen Partei hervorgegangen und zogen vom Regime verfolgte jugoslawische Intellektuelle, von den Tschetnik-Massakern angewiderte Kroaten und von der Ustaša verfolgte Serben an. Dazu gesellten sich Antifaschisten verschiedenster Couleur. Die Partisanen fanden breite Unterstützung in der Bevölkerung – auch, weil sie bereits in einem frühen Manifest das Ziel formuliert hatten, das Nachkriegs-Jugoslawien als lockere Föderation zu gründen.

Die Alliierten unterstützten zunächst die serbischen Tschetniks, merkten aber bald, dass der Kampf der Partisanenbewegung gegen die Nazis viel zielgerichteter und entschlossener war. Dank der diplomatischen und militärischen Unterstützung Churchills und anderer Alliierter gelang es den Partisanen bis 1943, den größten Teil Kroatiens unter ihre Kontrolle zu bringen. Sie bauten Kommunalverwaltungen in den von ihnen eroberten Territorien auf, was sich später bei der Regierungsübernahme als sehr nützlich erwies. Am 20. Oktober 1944 marschierten sie mit der Roten Armee in Belgrad ein. Als nach der Kapitulation der Deutschen 1945 Pavelić und die Ustaša flohen, rückten sie auch in Zagreb ein.

The Labyrinth von Blanka Raguz ist eine Geschichte vom Erwachsenwerden während der tragischen Ereignisse in Vukovar. Es ist eine ungeschminkte, doch zutiefst menschliche Darstellung von Ereignissen, von denen Außenstehende nur wenig wissen.

Die verbliebenen Truppen der NDH-Armee versuchten verzweifelt, nicht in die Hände der Partisanen zu fallen und versuchten, nach Österreich zu fliehen. Eine kleine britische Einheit traf auf die 50 000 Mann starken Milizen und versprach ihnen, sie außerhalb Jugoslawiens zu internieren. Das war eine Falle: Die Milizen wurden gezwungen, in Zügen nach Jugoslawien zurückzukehren, wo die Partisanen sie bereits erwarteten. Das folgende Massaker kostete mindestens 30 000 Männern das Leben (die genaue Zahl ist unbekannt) – ein dunkles Kapitel, das einen bleibenden Makel bei der jugoslawischen Regierung hinterließ.

JUGOSLAWIEN

Titos Versuch, die Kontrolle über die italienische Stadt Triest und Gebiete im Süden Österreichs zu übernehmen, scheiterte am Widerstand der Alliierten. Dalmatien und Istrien allerdings wurden nach dem Krieg Teil des Nachkriegsjugoslawien. Bei der Gründung der Föderativen Volksrepublik Jugoslawien ging es Tito darum, einen Staat zu schaffen, in dem keine ethnische Gruppe politisch eine dominante Rolle spielen sollte. Kroatien wurde – neben Mazedonien, Serbien, Montenegro, Bosnien-Herzegowina und Slowenien – eine von sechs Republiken einer eng miteinander verflochtenen Föderation. Tito konnte das zerbrechliche Gleichgewicht jedoch nur erhalten, indem er einen Ein-Parteien-Staat schuf und jegliche Opposition rigoros unterband.

Während der 1960er-Jahre wurde die Machtkonzentration in Belgrad zunehmend zu einem Reizthema, weil Geld aus den reichen Republiken

1945–1948	1960–1970	1971
Gründung der Volksrepublik Jugoslawien. Bald kommt es zum Bruch mit Stalin, Tito bewegt sich zwischen den Blöcken. Der wirtschaftliche Mittelweg der Arbeiterselbstverwaltung und die blockfreie Bewegung kennzeichnen diesen Kurs.	Die Unzufriedenheit der Kroaten mit Belgrad sorgt für Spannungen. Protestiert wird dagegen, dass Geld aus Kroatien in die ärmeren Provinzen fließt und Serben in der kroatischen Regierung, im Militär und der Polizei überrepräsentiert sind.	Im „Kroatischen Frühling" fordern Reformer der Kommunistischen Partei sowie Studenten und Nationalisten größere wirtschaftliche und staatliche Unabhängigkeit für Kroatien.

Slowenien und Kroatien in die ärmeren autonomen Provinzen Kosovo und Bosnien-Herzegowina umverteilt wurde. Das Problem war vor allem ein kroatisches: Das Geld, das nach Belgrad floss, hatten sie im gutgehenden Tourismusgeschäft an der Adria verdient. Außerdem waren die Serben in der kroatischen Regierung sowie in der Armee und der Polizei sichtlich überrepräsentiert.

Diese Spannungen erreichten einen Höhepunkt im „Kroatischen Frühling" 1971: Angeführt von Reformern der Kommunistischen Partei Kroatiens forderten Intellektuelle und Studenten größere wirtschaftliche Autonomie und eine Verfassungsreform zur Lockerung der Bindung Kroatiens an Jugoslawien. Aber auch nationalistische Ideen spielten eine Rolle. Tito schlug zurück und ging scharf gegen die Liberalisierungsbestrebungen vor, die in ganz Jugoslawien immer lauter geäußert wurden. Für die Serben war diese Protestbewegung gleichbedeutend mit einer Wiederbelebung der Ustaša. Im Gegenzug gaben inhaftierte Reformer den Serben die Schuld an ihrem Schicksal. Damit war die Bühne für den Aufstieg des Nationalismus und den Krieg in den 1990er-Jahren geschaffen. Titos Verfassungsänderung von 1974, die den Republiken größere Autonomie zugestand, konnte diese Entwicklung nicht mehr aufhalten.

DER ZUSAMMENBRUCH JUGOSLAWIENS

Als Tito 1980 starb, hinterließ er ein instabiles Land. Die wirtschaftliche Lage war desolat, der Versuch, einer rotierenden Präsidentschaft zwischen den sechs Republiken konnte Titos stabilisierende Autorität nicht ersetzten. Die Autorität der Zentralregierung sank in gleichem Maße, wie die wirtschaftlichen Probleme zunahmen – das lange unterdrückte Misstrauen zwischen den einzelnen ethnischen Gruppierungen trat schon bald offen zutage.

1989 schürte die Unterdrückung der albanischen Minderheit im serbischen Kosovo erneut die Angst vor einer serbischen Hegemonie; in dieser Krise zeichnete sich bereits das nahende Ende des föderativen Jugoslawiens ab. Als die politischen Verhältnisse sich überall in Osteuropa änderten, suchte nicht nur Slowenien die Autonomie, auch viele Kroaten fanden die Zeit reif für einen autonomen Staat Kroatien.

Bei den Wahlen in Kroatien im April 1990 erhielt die Kroatische Demokratische Union (HDZ, Hrvatska Demokratska Zajednica) unter Führung von Franjo Tuđman 40 % der Stimmen. Die Kommunistische Partei, die sich auf die Serben und auf Wähler in Istrien und Rijeka stützte, erhielt nur 30 % der Stimmen. Am 22. Dezember 1990 trat eine neue kroatische Verfassung in Kraft, die den Serben den Status eines „konstitutiven Volkes" aberkannte und sie zu einer Minderheit in Kroatien degradierte.

Der Umstand, dass die Verfassung Minderheiten keine Rechte einräumte und dass Serben sofort in großer Zahl aus dem Staatsdienst entlassen wur-

Richard Holbrooke berichtet in Meine Mission. Vom Krieg zum Frieden in Bosnien über die Ereignisse, die zum Daytoner Friedensvertrag geführt haben. Der amerikanische Diplomat, der die kriegführenden Parteien an den Verhandlungstisch brachte, um einen Vertrag zustande zu bringen, beurteilt die beteiligten Personen und die politischen Vorgänge aus dieser besonderen Position heraus.

1980	1989	1991
Präsident Tito stirbt. Es herrscht ehrliche Trauer in der Bevölkerung, viele Länder bekunden ihr Mitgefühl. Jugoslawien leidet unter Inflation, Arbeitslosigkeit und Auslandsschulden – sie bilden den Hintergrund für die späteren Schwierigkeiten.	In Osteuropa bricht das kommunistische System zusammen. Franjo Tuđman gründet die Kroatische Demokratische Union (HDZ), die erste nichtkommunistische Partei Jugoslawiens. 1990 leistet Tuđman seinen Amtseid als Präsident.	Das kroatische Parlament ruft die Unabhängigkeit Kroatiens und der Krajina aus. Die Serben der Krajina erklären ihre Unabhängigkeit; Slobodan Milošević träumt von einem Großserbien. Es kommt zum Krieg zwischen Kroaten und Serben.

den, erklärt, warum die 600 000 kroatischen Serben umgehend ihrerseits Autonomie einforderten. Anfang 1991 inszenierten serbische Extremisten gewalttätige Proteste, um eine militärische Intervention der jugoslawischen Volksarmee zu provozieren. Beim Referendum im Mai 1991 (das von den Serben boykottiert wurde) stimmten 93 % der Kroaten für die Unabhängigkeit. Als Kroatien dann allerdings am 25. Juni 1991 tatsächlich seine Unabhängigkeit erklärte, sagte sich die serbische Enklave Krajina im Gegenzug von Kroatien los. Ohnehin war es eine unruhige Zeit: Die Berliner Mauer war gefallen, die DDR existierte nicht mehr, und 1991 wurde die Sowjetunion aufgelöst.

Das Buch Dubrovnik: A History von Robin Harris ist eine detaillierte, fundierte Beschreibung dieser wunderbaren Stadt. Der Autor setzt sich mit Ereignissen, Personen und Entwicklungen auseinander, die den architektonischen und kulturellen Charakter der „Perle der Adria" geprägt haben.

DER KRIEG UM KROATIEN

Auf Druck der EU erklärte sich Kroatien zu einem dreimonatigen Moratorium bei der Durchsetzung seiner Unabhängigkeit bereit. Dennoch brachen in der Krajina, Baranja und in Slawonien schwere Kämpfe aus und lösten den sogenannten Heimatkrieg aus. Die von Serben dominierte jugoslawische Volksarmee begann, sich ohne offiziellen Befehl zugunsten von serbischen Freischärlern einzumischen – unter dem Vorwand, Gewalt gegen ethnische Gruppen zu verhindern. Als die kroatische Regierung eine Blockade von militärischen Anlagen des jugoslawischen Staates anordnete, blockierte die jugoslawische Marine die adriatische Küste und belagerte die strategisch wichtige Stadt Vukovar an der Donau. Im Laufe des Sommers 1991 fiel ein Viertel Kroatiens an serbische Milizen und die von Serben geführte jugoslawische Volksarmee.

Später im selben Jahr griffen die jugoslawische Armee und montenegrinische Milizen Dubrovnik an (s. Kasten S. 291). Zudem wurde der Präsidentenpalast in Zagreb von Raketen aus jugoslawischen Kampfflugzeugen getroffen – offensichtlich, um Präsident Tuđman zu töten. Nach drei Monaten endete das Moratorium und Kroatien erklärte sich zum unabhängigen Staat. Als Vukovar bald darauf fiel, ging die jugoslawische Armee in einer Weise vor, die zu den brutalsten Aktionen der Balkankriege gerechnet wird (s. Kasten S. 127). In den sechs Monaten des Kroatienkriegs starben etwa 10 000 Menschen, Hunderttausende flohen und Zehntausende von Häusern und Wohnungen wurden zerstört.

Am 3. Januar 1992 trat ein von der UN ausgehandelter Waffenstillstand in Kraft, der demilitarisierte „Schutzzonen" vorsah und im Wesentlichen eingehalten wurde. Die jugoslawische Armee zog sich aus ihren Stützpunkten in Kroatien zurück, die Spannungen nahmen ab. Gleichzeitig gab die EU dem Drängen Deutschlands nach: Kroatien wurde als souveräner Staat anerkannt. Es folgte die Anerkennung seitens der USA, im Mai 1992 wurde Kroatien Mitglied der UN.

Der Friedensplan für die Krajina sollte eigentlich zur Entwaffnung der serbischen paramilitärischen Einheiten, der Rückführung der Flüchtlinge

1992	1994	1995
Die EU erkennt die Unabhängigkeit Kroatiens an. Das Land wird in die UN aufgenommen in der Hoffnung, dass die Anerkennung weitere Kämpfe verhindert. Es kommt erneut zum Krieg mit dem Nachbarland Bosnien.	Im März unterzeichnen in Washington der kroatische Präsident Franjo Tuđman und als Vertreter Bosniens Alija Izetbegovic die Verträge zur Gründung der Bosnisch-Kroatischen Föderation.	In einer Militäraktion erobern kroatische Einheiten verlorenes Gelände zurück und vertreiben die Serben aus der Krajina. Diese Umkehrung der militärischen Kräfteverhältnisse führt zum Friedensvertrag von Dayton.

und der Wiederangliederung an Kroatien führen. Stattdessen führte er nur zu einem Einfrieren des Status Quo und bot keine dauerhafte Lösung. Im Januar 1993 startete die kroatische Armee eine Offensive im Süden der Krajina, drängte die Serben in bestimmte Gebiete zurück und eroberte erneut strategisch wichtige Punkte. Die Serben der Krajina schworen aber, sich niemals der Regierung in Zagreb zu unterstellen. Im Juni 1993 stimmte sie mit überwältigender Mehrheit dafür, sich den bosnischen Serben (und damit letztlich Großserbien) anzuschließen. Fortlaufende „ethnische Säuberungen" führten dazu, dass von ursprünglich 44 000 in der Krajina ansässigen Kroaten nur 900 übrig blieben. Ein umfassender Waffenstillstand im Frühjahr 1994 führte zu einer deutlichen Reduzierung der Gewalt in der Region.

Auch das benachbarte Bosnien war in dieser Zeit der Gewalt der jugoslawischen Armee und der serbischen Paramilitärs ausgesetzt. Anfangs kämpften bosnische Kroaten und Muslime angesichts des serbischen Vormarsches Seite an Seite; 1993 fiel dieses Bündnis auseinander und beide Lager begannen, sich gegenseitig zu bekämpfen. Die bosnischen Kroaten waren – mit dem schweigenden Einverständnis der Regierung in Zagreb – verantwortlich für mehrere furchtbare Ereignisse in Bosnien, u. a. der Zerstörung der alten Brücke von Mostar. Dieser Brandherd wurde gelöscht, als die USA die Entstehung einer muslimisch-kroatischen Föderation 1994 unterstützten, während die Weltöffentlichkeit voller Entsetzen auf die serbische Belagerung Sarajevos blickte.

Während die grauenvollen Ereignisse in Bosnien-Herzegowina noch im Gange waren, begann die kroatische Regierung, insgeheim ihre Streitkräfte mit ausländischen Waffen aufzurüsten. Am 1. Mai 1995 besetzten kroatische Armee und Polizei den Westen Slawoniens (das Gebiet östlich von Zagreb) und gewannen innerhalb weniger Tage die Kontrolle über die gesamte Region. Die Krajina-Serben antworteten darauf mit Granatangriffen auf Zagreb, bei denen sieben Menschen getötet und 130 weitere verletzt wurden. Bei der kroatischen Gegenoffensive flohen ca. 15 000 Serben aus Westslawonien.

Die Regierung in Belgrad schwieg zu dieser Militäraktion und signalisierten damit, dass die Serben der Krajina ihre Unterstützung verloren hatten. Das wiederum ermutigte die Kroaten, noch weiter vorzudringen. Am 4. August starteten sie einen schweren Angriff auf die aufständische Hauptstadt Knin. Die serbische Armee floh in den bosnischen Norden, zusammen mit 150 000 Zivilisten, deren Familien seit Generationen in der Krajina verwurzelt waren. Die Operation endete nach wenigen Tagen, aber es folgten Monate des Terrors. Serbische Dörfer wurden niedergebrannt und Plünderungen waren an der Tagesordnung – es schien, als ob die Flüchtlingsbewegung unumkehrbar gemacht werden sollte. Das Friedensabkommen von Dayton, das im Dezember 1995 in Paris unterzeichnet wurde, bestätigte die alten Grenzen Kroatiens und sorgte für die Wiedereingliederung Ostslawoniens. Die Übergangsphase verlief relativ ruhig, aber beide Bevölkerungsgruppen betrachten einander nach wie vor mit Argwohn und Feindseligkeit.

1999	2003	2005
Der erste Präsident Kroatiens, Franjo Tuđman, stirbt. Bei den Wahlen im folgenden Januar erringt die Koalition der gegen Tuđman gerichteten Parteien einen klaren Sieg. Die Koalition der Mitte wird von Ivica Račan und Stipe Mesić angeführt.	Die HDZ übernimmt wieder die Regierungsgewalt, wobei sie den nationalistischen Ballast der Tuđman-Ära aufgibt. Die Partei hat einen Plan zur Wirtschaftsreform und strebt die Mitgliedschaft in der EU und der NATO an.	Der als Kriegsverbrecher gesuchte Ante Gotovina wird festgenommen und dem Internationalen Strafgerichtshof übergeben. Die Verhaftung Gotovinas, den manche Kroaten als Kriegshelden feiern, ist in Kroatien umstritten.

SCHRITTE DER ANNÄHERUNG AN EUROPA

Obwohl sich die Lage in Kroatien stabilisiert hat, wurde eine der wichtigsten Bestimmungen des Abkommens – das Versprechen der kroatischen Regierung, den serbischen Flüchtlingen die Rückkehr zu erleichtern – bisher nur zu einem geringen Teil umgesetzt. Die Zentralregierung in Zagreb hat zwar die Rückkehr der Flüchtlinge gemäß den Forderungen der internationalen Gemeinschaft zu einem vorrangigen Ziel erklärt, doch wurden ihre Bemühungen von den Kommunalbehörden sabotiert, denen die ethnische Reinheit ihrer Region ein wichtiges Anliegen war. In vielen Fällen haben aus Bosnien-Herzegowina geflohene Kroaten die von den früheren serbischen Eigentümern verlassenen Häuser in Besitz genommen. Serben, die auf die Rückgabe ihres Eigentums pochen, sehen sich mit unüberwindlichen juristischen Hürden und mit großen Problemen bei der Arbeitssuche im boomenden Kroatien konfrontiert. Auch zwölf Jahre nach dem Ende der Feindseligkeiten ist nur die Hälfte der Serben in ihre Heimat zurückgekehrt.

Die Popularität von Franjo Tuđman, der während des Krieges der mächtigste Mann auf der politischen Bühne gewesen war, sank rapide, als das Land nicht mehr bedroht war. Sein autoritärer Regierungsstil, die Kontrolle der Medien, die Verwendung alter Symbole der NDH und die Neigung, auf die äußerste Rechte zu hören – all das fand nur noch wenig Unterstützung. 1999 schlossen sich die Oppositionsparteien gegen Tuđman und die HDZ zusammen. Als er Ende 1999 unterwartet verstarb, wurden die geplanten Wahlen auf Januar 2000 verschoben. Die Wähler entschieden sich für eine Mitte-Links-Koalition, verdrängten die HDZ und wählten stattdessen den Kandidaten der Mitte – Stipe Mesić – zu ihrem neuen Präsidenten.

Das Wahlergebnis zeigte, dass Kroatien eine Richtungsänderung hin zum Westen und zur Integration in das moderne Europa vollzogen hatte. Allmählich lebte auch die Tourismusindustrie wieder auf, und die Wirtschaft öffnete sich für den Wettbewerb mit dem Ausland. Diese westliche Orientierung geriet etwas ins Wanken, als zwei kroatische Generäle für Verbrechen gegen die serbische Bevölkerung der Krajina vom UN-Kriegsverbrechertribunal angeklagt wurden. Die Auslieferung von General Norac nach Den Haag 2001 erwies sich als ein Thema, das die Kroaten spaltete, und ist ein möglicher Erklärungsgrund für die Rückkehr der HDZ an die Macht bei den Wahlen 2003. Die HDZ-Politiker hatten Abstand vom harten Kurs der Tuđman-Ära genommen. Sie konzentrierten sich, ebenso wie die Parteien der Mitte, auf wirtschaftliche Reformen und die Aufnahme in die EU und die NATO. Der friedliche Machtwechsel belegte nach Auffassung der EU, dass die kroatische Demokratie deutliche Fortschritte gemacht hatte. Die Auslieferung von General Ante Gotovina an Den Haag 2005 war die wichtigste Bedingung für Mitgliedsverhandlungen mit der EU. Doch es gibt verschiedene Hürden, die die Gespräche verzögern, u. a. die Notwendigkeit einer Reform des Justizsystems und die wirksame Bekämpfung der Korruption. Nach dem bisherigen Vorschlag könnte die Aufnahme zwischen 2009 und 2012 stattfinden.

2006	2007	2008
Die kroatische Fußballnationalmannschaft, die 1998 Weltmeisterschafts-Dritter war, scheidet im Juni in Deutschland bereits in der Vorrunde aus. Der erhoffte EU-Beitritt zwingt das Land zu weiteren Reformen.	Bei den Parlamentswahlen im November 2007 gibt es ein Kopf-an-Kopf-Rennen zwischen der HDZ und den Sozialdemokraten der SDP.	Kroatien wird als Beitrittskandidat für die NATO genannt. Premierminister bleibt weiterhin Ivo Sanader von der HDZ.

Kultur

MENTALITÄT

Wie bei allen Völkern der Erde sind auch bei den Kroaten die „typischen" nationalen Charaktermerkmale recht uneinheitlich ausgeprägt. Dafür sorgen regionale Besonderheiten und unterschiedliche historische Traditionen. So herrscht im binnenländischen Nordteil mit der Hauptstadt Zagreb eine eher ernste, mitteleuropäische Denkweise vor, die sich z. B. darin äußert, dass Arbeit und individueller Wohlstand Vorrang vor Muße und Vergnügen genießen – gepaart mit einer Vorliebe für herzhafte Mahlzeiten. Die Architektur vieler älterer Gebäude erinnert an die jahrhundertelange Vorherrschaft Österreichs. Dagegen dominiert in der Küstenregion im Westen und Süden (wo die Mehrzahl der größeren Städte liegt) eine entspanntere, mediterrane Atmosphäre. Istrien, wo neben Kroatisch auch Italienisch gesprochen wird, ähnelt in mancher Hinsicht sehr den benachbarten Provinzen Italiens, und in Dalmatien herrscht nicht nur bei den Feriengästen, sondern auch im Alltag eine ungezwungene, lockere Atmosphäre. Geschäfte und Büros beginnen sich hier oft schon ab 15 Uhr zu leeren, weil die Beschäftigten lieber am Strand oder auf einer Caféterrasse sitzen, um die Sonne zu genießen. Wer beruflich mit Touristen zu tun hat, spricht meist Deutsch, Englisch und Italienisch, wobei gerade bei jungen Leuten die Verständigung auf Englisch wohl am besten funktioniert.

Die allermeisten Kroaten identifizieren sich kulturell eindeutig mit dem westlichen Europa und legen vor allem Wert darauf, dass sie „westlicher" geprägt sind als ihre Nachbarn in Bosnien-Herzegowina und Serbien. Die Überzeugung, dass ihr Land den letzten Außenposten Westeuropas an der Grenze zum osmanischen Osten darstellt, ist in allen Bevölkerungskreisen nach wie vor sehr lebendig, auch wenn der überwältigende Zuspruch, den die in den 1990er-Jahren noch verpönte serbische Turbofolkmusik (S. 50) neuerdings erlebt, die Berechtigung solcher Vorstellungen ein wenig infrage stellt. Es sieht so aus, als würde mit dem Abflauen der Spannungen nach den Jahren der Bruderkriege in einigen Teilen der kroatischen Gesellschaft das Bewusstsein für die Gemeinsamkeiten der Balkanvölker wieder zum Leben erwachen.

Die Meinungen in Bezug auf einen Beitritt Kroatiens zur EU sind geteilt. Nach wie vor sind die meisten Menschen von der Aussicht auf eine Mitgliedschaft im europäischen Club begeistert, doch die Begeisterung beginnt nachzulassen. Schuld ist zum einen die in den Augen mancher Kroaten „endlose Liste von Bedingungen", die ihre Heimat vorab erfüllen soll, zum anderen die Befürchtung, dass der für irgendwann zwischen 2009 und 2012 vorgesehene Beitritt in unerreichbare Ferne rückt. Natürlich ist es vor allem die jüngere Generation, die der Aufnahme in die EU entgegenfiebert, während die Älteren den Verlust an wirtschaftlicher Eigenständigkeit beklagen, den eine Mitgliedschaft unweigerlich mit sich bringen würde.

Wenn Kroaten über sich selbst und ihr Land sprechen, fällt häufig das Wort „normal". „Wir wollen ein normales Land sein", sagen sie dann beispielsweise. Nicht als fanatische, Fahnen schwenkende Nationalisten möchten sie gesehen werden, sondern als „normale Leute", die einfach nur in Frieden leben wollen.

Die Vorbehalte des Auslands und jede Art von Isolierung empfinden sie darum als besonders schmerzlich, und so haben sie sich schließlich zögernd dem internationalen Druck gebeugt und angefangen, ihre Kriegsverbrecher auszuliefern.

Einen ausführlichen Einblick in das Kulturleben Kroatiens vermittelt – auf Kroatisch und Englisch – die Website www.culturenet.hr..

Übersichtliche Informationen bietet die Website der kroatischen Auswandererstiftung (www.matis.hr) auf Kroatisch, Englisch und Spanisch..

Einen Überblick über regelmäßige kulturelle Veranstaltungen in Kroatien findet man auch unter de.wikipedia.org/wiki/Bedeutende_kulturelle_Veranstaltungen_in_Kroatien).

Lohnend ist auch die Seite des Reisebüros Generalturist (www.generalturist.com).

Regionale Unterschiede gibt es bei der Beurteilung des Unabhängigkeitskrieges in den 1990er-Jahren, den die Kroaten „Heimatkrieg" oder auch „Patriotischen Krieg" nennen. Die Zerstörung Vukovars, die ethnischen Säuberungen in der Krajina und die Beschießung Dubrovniks und Osijeks haben in den betroffenen Gegenden tiefe Verletzungen hinterlassen. Wer dort Zweifel daran äußert, dass in diesem Krieg die Kroaten immer die Guten und die Serben die Bösen waren, macht sich keine Freunde. In anderen Landesteilen sind die Menschen für ein offenes Gespräch über die Geschehnisse rund um den Bruderkrieg eher zugänglich.

Die große Mehrheit der Kroaten gehört der katholischen Kirche an. Daneben gibt es rund 195 000 serbisch-orthodoxe Christen und kleine Gruppen von Muslimen und Juden.

LEBENSART

Kroaten lieben die angenehmen Seiten des Lebens und sind sehr darauf bedacht, einen guten Eindruck zu hinterlassen. Die Straßen sind sauber, die Kleider schick, und auch wenn das Geld knapp ist, würden die meisten eher auf Kino und Restaurant verzichten als auf einen Einkaufstrip nach Italien oder Österreich, um sich mit modischen Kleidungsstücken einzudecken. Noch unverzichtbarer sind für viele die stundenlangen Aufenthalte im Café oder ihrem Stammlokal, und so mancher ausländische Gast fragt sich, was das Land eigentlich am Laufen hält, wenn scheinbar alle ständig nur Pause machen. Vielleicht verhilft ihnen ja der reichlich genossene Kaffee zu besonderen Höchstleistungen, wenn sie an ihren Arbeitsplatz zurückkehren.

> 32% der Frauen und 34% der Männer in Kroatien sind Raucher.

Die meisten Kroaten wohnen in den eigenen vier Wänden, denn in den Jahren nach der Abkehr vom Kommunismus verkaufte der Staat sehr viele Wohnhäuser zu günstigen Preisen an die Bewohner. Dass junge Menschen bis weit ins Erwachsenenalter bei ihren Eltern leben, entspricht der Tradition und gilt als völlig normal. Speziell die Söhne des Hauses bleiben – zumindest in ländlichen Gegenden und Kleinstädten – auch nach der Eheschließung häufig im Elternhaus, und die Gattin zieht bei ihnen ein. Überhaupt sind Familienbande den Kroaten überaus wichtig; das schließt auch die Beziehungen zu entfernteren Verwandten ein.

Auch wenn sich die Einstellungen z. B. gegenüber Homosexuellen allmählich ändern, ist den überwiegend streng katholischen Kroaten die traditionelle Sexualmoral noch fest verankert. Bei einer Umfrage stimmten vor kurzem nur 58 % der Aussage zu, Schwule seien in ihren Augen „normale Menschen mit einer anderen sexuellen Orientierung". Die Übrigen bezeichneten sie schlicht als pervers. Einheimische Homosexuelle halten sich zumeist sehr bedeckt, denn sie fürchten sich vor Schikanen.

WIRTSCHAFT

Nach einer langen Phase der Instabilität, die in den späten 1990er-Jahren in einer Serie von Korruptions- und Privatisierungsskandalen gipfelte, hat die kroatische Wirtschaft ein ruhigeres Fahrwasser erreicht. Die verbreitete Korruption ist zwar nach wie vor ein Problem, doch die Behörden haben bei der Aufklärung und Verfolgung gewichtiger Fälle Fortschritte gemacht – eine Entwicklung, die ausländischen Investoren entgegenkommt. Noch verlockender denen allerdings die Aussicht auf einen baldigen Beitritt des Landes zur EU, und so engagieren sich österreichische und italienische Unternehmen im Bankensektor, deutsche im Telekommunikationsbereich und ungarische in der Ölindustrie. So manche kroatische Firma profitiert außerdem bis heute von ihrer Bekanntheit im gesamten früheren Jugoslawien, und Unternehmen wie der Lebensmittelverarbeiter Podravka, der Pharmahersteller Pliva und das Versicherungsunternehmen

Croatia Osiguranje agieren erfolgreich auf ausländischen Märkten. Eine der wichtigsten Branchen ist natürlich nach wie vor der Tourismus, der allein mehr als 20 % des Bruttoinlandsprodukts erwirtschaftet.

Doch für den durchschnittlichen Kroaten ist das Leben nicht gerade leicht. Die Arbeitslosenrate ist in den letzten Jahren zwar gesunken, mit 11,18 % aber immer noch hoch, Renten und Arbeitslosengeld sind lächerlich niedrig, und die Lebenshaltungskosten steigen unaufhaltsam. Mehr als 11 % der Bevölkerung leben unterhalb der Armutsgrenze, die meisten davon in den ländlichen Regionen.

BEVÖLKERUNG

Nach den Daten der letzten Volkszählung im Jahr 2001 hatte Kroatien rund 4,5 Mio. Einwohner – fast eine halbe Million weniger als vor der Unabhängigkeit. Von den etwa 280 000 Serben, die bis 1995 das Land verlassen haben (ca. 50 % der serbischen Bevölkerung Kroatiens), sind bislang nur schätzungsweise 110 000 zurückgekehrt. Auch 120 000 bis 130 000 Kroaten sind während der Krisenjahre nach der Unabhängigkeitserklärung ausgewandert; dafür kamen ungefähr ebenso viele kroatische Flüchtlinge aus Bosnien-Herzegowina und etwa 30 000 weitere aus der serbischen Vojvodina ins Land. Die Volkszählung 2001 ergab eine Bevölkerungsverteilung von 89,6 % Kroaten, 4,5 % Serben, 0,5 % Bosniaken, 0,4 % Ungarn, 0,3 % Slowenen, 0,2 % Tschechen, 0,2 % Roma, 0,1 % Albanern, 0,1 % Montenegrinern und 4,1 % Angehörigen anderer Nationalitäten. Der Anteil der Serben ist in Ostslawonien am höchsten, wo auch die meisten Ungarn und Tschechen leben. Italiener sind am stärksten in Istrien vertreten, in Zagreb, Istrien und einigen Städten Dalmatiens findet man ebenfalls viele Albaner, außerdem muslimische Bosniaken und Roma. Etwa 59 % der Einwohner Kroatiens leben in Städten.

Verantwortlich für den anhaltenden Bevölkerungsschwund sind der Krieg und die für viele deprimierenden Zukunftsaussichten; vor allem gebildete junge Leute zieht es ins Ausland, wo sie sich bessere Chancen erhoffen. Einige Experten vermuten, dass in 50 Jahren nur 13 % der kroatischen Bevölkerung jünger als 14 Jahre alt sein werden und der Anteil der 25- bis 64-jährigen Einwohner auf 54 % zurückgehen wird. Einfache Auswege aus dieser Situation sind nicht in Sicht, doch die Regierung hofft, den Kindern kroatischer Gastarbeiter im Ausland die Rückkehr in die alte Heimat schmackhaft machen zu können.

Rund 1 Mio. Kroaten lebt in den anderen Staaten des früheren Jugoslawien, vor allem in Bosnien-Herzegowina, in der nördlichen Vojvodina in Serbien und rund um die Bucht von Kotor in Montenegro. Weitere 2,3 Mio. wohnen in anderen Ländern der Welt, darunter fast 1,5 Mio. in den USA, 270 000 in Deutschland, 240 000 in Australien, 150 000 in Kanada und 150 000 in Argentinien. Im österreichischen Burgenland lebt eine kleine kroatische Volksgruppe, die dort zur Zeit Maria Theresias angesiedelt wurde. Am bekanntesten ist die Gemeinde Oslip im Bezirk Eisenstadt-Umgebung.

Die größten kroatischen Kolonien außerhalb Europas gibt es in Pittsburgh und Buenos Aires. Im Ausland lebende Staatsbürger dürfen an den Parlamentswahlen teilnehmen, und nicht wenige tun es auch. Viele von ihnen sind stramme Nationalisten und geben ihre Stimme vorzugsweise den Rechtsparteien.

SPORT

Fußball, Tennis und Skisport sind in Kroatien äußerst beliebt, und in jeder dieser Sportarten hat das Land eine erstaunlich große Zahl an Weltklasseathleten hervorgebracht. Im Handball war es 2009 Vizeweltmeister.

Analphabeten sind eine Seltenheit: 98,5 % der Einwohner Kroatiens können lesen und schreiben.

Basketball

An zweiter Stelle in der Gunst der Sportfans (nach dem Fußball) steht jedoch weder Tennis noch Skisport oder Handball, sondern Basketball. Das Zagreber Team Cibona und die Mannschaften aus Split und Zadar sind dem Publikum in ganz Europa ein Begriff, auch wenn die größten Erfolge kroatischer Basketballer gut 20 Jahre zurückliegen. Damals in den 1980er-Jahren gehörten Spielerstars wie Dražen Petrović, Dino Rađa und Toni Kukoč zum Aufgebot von Cibona, und so gewann der Club zweimal den Europapokal der Landesmeister und zweimal den der Pokalsieger. Im Internet stehen ausführliche Informationen über die kroatische Basketballszene – auf Kroatisch und Englisch – auf der Website www.kosarka.hr (Vorsicht, Viren!) sowie – leider ausschließlich auf Kroatisch – auf der Homepage des Kroatischen Basketballbunds www.hbs-cbf.hr.

Fußball

Der bei weitem beliebteste Publikumssport bietet immer wieder Anlass für patriotische Gefühlsstürme und gelegentlich auch für Kundgebungen der politischen Opposition. Als Franjo Tuđman 1990 an die Macht kam, befand er den Namen des Fußballclubs Dinamo Zagreb für „zu kommunistisch" und ließ den Verein in Croatia Zagreb umbenennen. Die Fans reagierten empört, und wütende junge Leute nutzten den Streit für Demonstrationen gegen Tuđmans Regiment. Die nachfolgende Regierung gab dem Verein seinen ursprünglichen Namen zurück, doch bis heute sind in Zagreb Graffiti mit der Inschrift *Dinamo volim te* (Dinamo, ich liebe dich) zu lesen, mit denen die Fans gegen die Umbenennung protestiert hatten. Dinamos stärkster Rivale ist Hajduk Split, dessen Name an balkanische Söldner erinnert, die im 16. und 17. Jh. gegen die Osmanen kämpften. Die Fans der beiden Vereine sehen in den Anhängern der jeweils anderen Mannschaft ihre Gegner und Feinde, und wenn beide Vereine aufeinandertreffen, kommt es nicht selten zu Ausschreitungen.

Die Nationalmannschaft schlug sich unter der Leitung des jungen Nationaltrainers Slaven Bilić, der in den 1990er-Jahren für den Karlsruher SC in Deutschland spielte, bei der Europameisterschaft 2008 sehr eindrucksvoll und gewann alle Vorrundenspiele – selbst gegen den späteren Vizemeister Deutschland –, wurde dann aber im Viertelfinale von den Türken besiegt. Ihren größten Triumph feierte sie allerdings im Jahr 1998 mit dem Gewinn des dritten Platzes bei der Weltmeisterschaft in Frankreich – nach spektakulären Siegen über so hochkarätige Teams wie Deutschland und die Niederlande. Dazu kam der Titel des Torschützenkönigs für Davor Šuker, der im Lauf des Turniers sechs Treffer erzielte. Am Ende seiner Karriere hatte dieser Starfußballer 46 Länderspieltore geschossen, davon 45 für Kroatien, und ist damit bis heute der beste Torschütze der Nationalmannschaft. Weltstar Pelé zählte ihn im März 2004 zu den 125 größten lebenden Fußballern der Welt.

Tennis

„Ich weiß nicht, was die in Kroatien im Wasser haben, aber es scheint, als sei dort jeder Spieler mehr als sieben Fuß (2,13 m) groß", meint der amerikanische Tennisstar Andy Roddick.

Das stimmt natürlich nicht so ganz. Doch Kroatien hat in der Tat mehrere richtig große Tennisspieler vorzuweisen – in jeder Hinsicht.

Der Sieg des 1,93 m großen Goran Ivanišević in Wimbledon versetzte das Land und besonders Ivaniševićs Heimatstadt Split in einen wahren Freudentaumel. Der aufschlagstarke Star mit der starken Persönlichkeit, der das Publikum auf dem Platz mit Flüchen und Späßen unterhielt, gehörte in den 1990er-Jahren fast durchweg zu den zehn besten Spielern der Weltrangliste.

Zahlen und Daten über die aktuelle Saison in der nationalen Ersten Liga unter www.fussballdaten.de/kroatien. Genauere Informationen gibt es auf der Homepage der Ersten Liga (www.prva-hnl.hr) – allerdings nur auf Kroatisch. Links führen u.a. zu Dinamo Zagreb (www.nk-dinamo.hr, auch auf Englisch). Der nationale Fußballverband informiert – nur auf Kroatisch – unter www.hns-cff.hr.

Verletzungen zwangen ihn 2004 zum Rückzug, doch auch ohne ihn zeigt Kroatien bei Spitzenturnieren weiterhin Flagge: 2005 gewannen Ivan Ljubičić und Mario Ančić den Daviscup. Der in Bosnien-Herzegowina geborene Ljubičić floh bei Ausbruch des Bürgerkriegs nach Kroatien und entwickelte in Rijeka seinen raketenartigen Aufschlag. Dem 22-jährigen Ančić aus Split hat kein Geringerer als der große Ivanišević selbst den Beinamen „Baby Goran" verliehen.

Bei den Tennisdamen liegen die größten Erfolge schon ein paar Jahre zurück. 1997 gewann Iva Majoli aus Zagreb mit ihrem aggressiven Grundlinienspiel die French Open, doch das blieb ihr einziger Sieg bei einem Grand-Slam-Turnier.

Tennis ist in Kroatien mehr als nur ein Publikumsspektakel. An der Küste gibt es zahllose Aschenplätze, die nur selten leer bleiben. Das größte Turnier des Landes sind die Offenen Tennismeisterschaften von Umag in Istrien, die im Juli stattfinden.

Skisport

Janica Kostelić aus Zagreb ist die talentierteste Skisportlerin, die Kroatien je hervorgebracht hat, und genießt zu Hause den Status einer Nationalheldin. Nach dem Gewinn des Weltcups im Alpinski im Jahr 2001 holte sie im Alter von 20 Jahren bei den Olympischen Winterspielen 2002 eine Silber- und drei Goldmedaillen – das erste olympische Edelmetall für kroatische Wintersportler überhaupt und zugleich das erste Mal, dass eine Frau im Skisport drei Goldmedaillen von einer einzigen Olympiade nach Hause brachte. Eine Knieverletzung und die Entfernung der Schilddrüse in den folgenden Jahren hinderten sie nicht daran, auch bei den Winterspielen in Turin 2006 aufzutrumpfen: In der Alpinen Kombination gewann sie Gold, im Super-G Silber.

Vielleicht liegt es ja an den Genen, denn die ganze Familie ist wintersportverrückt. Janica Kostelićs Bruder Ivica wurde 2002 Sieger im Slalomweltcup der Herren und gewann in Turin die Silbermedaille in der Alpinen Kombination.

Seit der Unabhängigkeit im Jahr 1991 war Kroatien bei allen Olympischen Sommer- und Winterspielen mit einem eigenen Nationalteam vertreten.

MEDIEN

Kroatiens Medienlandschaft hat sich gegenüber den Zeiten harscher Zensurmaßnahmen stark verändert. Heute befindet sich nur noch die Zagreber Zeitung *Vjesnik* in staatlichem Besitz; sie ist die angesehenste Tageszeitung des Landes – mit einer treuen, wenn auch relativ kleinen Leserschaft. Die kroatischen Blattmacher haben inzwischen gemerkt, dass der Kampf um Anzeigenkunden nicht unbedingt einfacher ist als der gegen Zensur und Diktatur, und so versuchen die zwei größten privaten Tageszeitungen *Večernji List* und *Jutarnji List* die Inserenten mit einer Mischung aus Politik, Skandalen und Showbusiness zu ködern. Auf dem Zeitschriftenmarkt kämpfen vor allem die beiden Hochglanzmagazine *Globus* und *Nacional* um Leser und Marktanteile. Die wichtigsten Blätter des Landes sind eigenständig und zumeist in kroatischem Besitz; nur *Večernji List* hat einen österreichischen Eigentümer.

Die 2006 gestartete kroatische Version der Gratiszeitung *Metro, mit dem Namen Metro Express,* hat sich binnen kurzer Zeit eine nicht unerhebliche Leserschar erobert, geriet aber trotzdem bereits mehrfach in große finanzielle Schwierigkeiten. Im August 2007 stellten die Herausgeber deshalb auf wöchentliche Erscheinungsweise um, kehrten jedoch bald wieder zum täglichen Rhythmus zurück und setzten dann im Juli 2008 alle 20 Journalisten vor die Tür – verbunden mit der Ankündigung, nun doch wieder zur wöchentlichen Erscheinungsweise übergehen zu wollen.

Im Radio sind neben den drei landesweiten staatlichen Radioprogrammen HR 1, HR 2 und HR 3 etwa 150 weitere, aber private Sender zu hören, die teils auf lokaler, teils ebenfalls auf nationaler Ebene tätig sind. Im Fernsehen konkurriert das staatliche Programm HRT mit den Privatkanälen Nova und RTL, einem Ableger der deutschen RTL-Gruppe. Beide wurden anfangs hoffnungsvoll als Bereicherung der kroatischen Fernsehlandschaft begrüßt, doch beim Wettstreit um attraktive Formate haben sie inzwischen drastisch an Zuschauern und damit an Profit eingebüßt. Demgegenüber hat sich der Staatssender HRT, der unter Präsident Tudman vor allem Regierungs-propaganda verbreitete, zu einem ansehnlichen öffentlichen Programm gemausert. Finanziert wird er durch eine Gebühr, die alle Haushalte mit einem Fernsehgerät zahlen müssen.

RELIGION

Bei der letzten Volkszählung bezeichneten sich 87,8 % der Bevölkerung Kroatiens als katholisch, 4,4 % als orthodox, 1,3 % als Moslems, 0,3 % als evangelisch und 6,2 % als keiner oder einer anderen Religionsgemeinschaft zugehörig. Während die Kroaten zum allergrößten Teil römisch-katholisch sind, gehören die Serben fast durchweg der serbisch-orthodoxen Kirche an – ein Unterschied, dessen Ursprünge bis ins frühe Mittelalter zurückreichen, als die slawischen Volksstämme teils von katholischen, teils von orthodoxen Missionaren zum Christentum bekehrt wurden, und der entscheidend dazu beigetragen hat, dass die beiden so eng verwandten Völker nie ein echtes Zusammengehörigkeitsgefühl entwickelt haben. Ost- und Westkirche hatten sich schon seit dem 6. Jh. in Theologie und Kirchenrecht Zug um Zug voneinander entfernt. So erkannte die Orthodoxie nie die Oberhoheit des Papstes an, für Gemeindepriester gab und gibt es keinen Zölibat, und Ikonen werden als heilige Gegenstände verehrt.

Die Kroaten betrachten den Katholizismus als eines der wichtigsten Merkmale ihrer nationalen Identiät. Schon im 9. Jh. unterstellten ihre Herrscher das Land der geistlichen Oberhoheit des Papstes und stifteten Kirchen und Klöster. Im Gegenzug erkannte Rom den Staatscharakter Kroatiens und später auch den Königstitel seiner Fürsten an. Darüber hinaus gelang es der kroatischen Kirche, die angestammte slawische Sprache mitsamt der von den ersten christlichen Missionaren eingeführten glagolitischen Schrift in Gottesdienst und religiöser Literatur beizubehalten und gegen das in der katholischen Welt vorgeschriebene Latein zu verteidigen. Im 19. Jh. wurde die Kirche dann zur tragenden Stütze des Nationalgedankens und der Bewegung gegen die Fremdherrschaft.

Während des Zweiten Weltkriegs entwickelte sich die leidenschaftliche Frömmigkeit der kroatischen Nationalisten auf unheilvolle Weise zur mörde-rischen Intoleranz des Ustaša-Regimes. Die tätige Mitwirkung von Priestern und Kirchengemeinden bei den „ethnischen Säuberungen" gegen Juden und Serben waren für Tito ein gewichtiger Grund, nach seinem Sieg die Religion – und damit, wie er hoffte, auch den Nationalismus – zu unterdrücken. Die religiöse Betätigung war zwar nicht verboten, doch wer im sozialistischen Jugoslawien Karriere machen wollte, hielt sich von Gottesdiensten lieber fern. Kein Wunder, dass der Vatikan 1991 zu den ersten Staaten weltweit gehörte, die das unabhängige Kroatien mit Beifall offiziell anerkannten.

Im kulturellen und politischen Leben des heutigen Kroatien genießt die katholische Kirche große Wertschätzung, die der Vatikan mit besonderer Aufmerksamkeit für Kroatien beantwortet. Bei einer Umfrage bezeichneten sich fast 76 % der kroatischen Katholiken als aktiv religiös, und rund 30 % – also mehr als doppelt so viele wie in Deutschland – gehen jede Woche zum Gottesdienst.

Die Kirchen sind sonntags meist recht gut gefüllt, religiöse Feste werden mit Inbrunst gefeiert, und die katholische Kirche genießt mehr Vertrauen als jede andere gesellschaftliche Institution außer dem Militär. Priesterseminare und Klöster im In- und Ausland können sich über einen stetigen Zustrom an jungen Kroaten freuen, die sich für ein Leben im geistlichen Stand entschieden haben.

Der frühere Präsident Tuđman pflegte während seiner Amtszeit eine besonders enge Beziehung zur katholischen Kirche und handelte mit dem Vatikan mehrere Verträge über das Verhältnis von Kirche und Staat in Kroatien aus. Zu deren wichtigsten Bestimmungen gehören die Gleichstellung von kirchlicher und standesamtlicher Eheschließung, die Einführung des Religionsunterrichts als Pflichtfach in den staatlichen Schulen und die Rückgabe von unter Tito verstaatlichtem Kirchenbesitz. Darüber hinaus verpflichtete sich der Staat zur finanziellen Unterstützung kirchlicher Aktivitäten.

Die innigen Beziehungen zwischen Kroatien und dem Vatikan zeigten sich auch darin, dass Papst Johannes Paul II. das Land nach 1991 dreimal mit einem Besuch bedachte. Der Bedeutungsverlust, den die Kirche im säkularisierten Europa vielerorts erleidet, macht den starken Katholizismus in Kroatien zu einer zunehmend wichtigen Stütze des Vatikans.

FRAUEN

Die in Slawonien aufgewachsene Schriftstellerin Julijana Matanović erzählt in ihrem Episodenroman *Zašto sam vam lagala* (deutsch: *Warum ich euch belogen habe*) von ihrer Kindheit in den 1960er- und 1970er-Jahren.

Kroatiens Frauen sind in vielen Bereichen benachteiligt. Während sie im sozialistischen Jugoslawien Titos zu politischem Engagement ermutigt wurden und im kroatischen Sabor, dem Parlament der Teilrepublik, bis zu 18 % der Abgeordneten stellten, liegt der Frauenanteil im heutigen Abgeordnetenhaus bei nur noch 8 %. Bei diesem Übergewicht des männlichen Geschlechts in der Politik verwundert es nicht, dass sich nur etwa 20 % der Kroaten *und* Kroatinnen eine Frau als Staatsoberhaupt vorstellen können.

Um finanziell über die Runden zu kommen, müssen immer mehr Ehefrauen und Mütter Geld verdienen: Die Erwerbsquote der Frauen liegt bei 48 % (rund 15 % niedriger als in Deutschland), doch in Führungspositionen sind sie kaum vertreten; nur 66 % der Frauen und 42 % der Männer würden vorbehaltlos eine Chefin akzeptieren. Dafür bleibt die Hausarbeit in den allermeisten Haushalten reine Frauensache.

Eva Sköld Westerlinds Bild- und Textband *Carrying the Farm on Her Back: A Portrait of Women in a Yugoslav Village* zeichnet das Leben von drei Generationen kroatischer Landfrauen im Gebirge nach.

Im konservativen Milieu der Dörfer geht es den Frauen schlechter als in den größeren Städten, und die Folgen des Unabhängigkeitskrieges haben sie härter getroffen als die Männer. Vor allem in Ostslawonien wurden viele Fabriken geschlossen, bei denen besonders viele Frauen beschäftigt waren. Sexuelle Belästigung am Arbeitsplatz und Misshandlungen in der eigenen Familie sind bis heute an der Tagesordnung, und die Gesetze sehen für die Betroffenen meist keinen Anspruch auf Entschädigung vor.

KUNST & KULTUR

Von den klassischen Genres – Theater, Ballett, klassische Musik und bildende Künste – über moderne Spielarten wie Pop-, Rock- und elektronische Musik, avantgardistische und experimentelle Bühnenkunst bis hin zur Mode und literarischen Lesungen: Kunst und Kultur haben für die meisten Kroaten einen hohen Stellenwert. Folkloremusik und traditionelles Kunsthandwerk sind wesentlich beliebter als in anderen europäischen Ländern.

Literatur

Die kroatische Sprache entwickelte sich in den Jahrhunderten nach der Einwanderung südslawischer Stämme nach Slawonien und Dalmatien aus einem Dialekt der gemeinsamen Sprache der Slawen. Die ersten schriftlichen Texte in einer slawischen Sprache, dem sogenannten Kirchenslawisch, entstanden

---

CD-TIPPS

▪ *Croatie: Musiques d'autrefois* eignet sich bestens als Einstieg in die traditionelle kroatische Musik, die die CD in ihrer ganzen Bandbreite vorführt. Ähnliches gilt für die CD *Croatian Folksongs and Dances*, auf der ältere Aufnahmen zusammengestellt sind.

▪ *Lijepa naša tamburaša* präsentiert eine Auswahl slawonischer Lieder zum Klang der *tamburica* (der landestypischen vier- bis sechssaitigen Mandoline).

▪ *Omiš 1967–1995* bietet einen Überblick über verschiedene Varianten des *klapa*-Gesangs (des vielstimmigen dalmatinischen A-cappella-Chorgesangs).

▪ *ripovid o Dalmaciji* enthält eine hervorragende Auswahl von *klapa*-Gesängen, bei denen der Ursprung dieser Musikgattung im kirchlichen Chorgesang besonders klar zu erkennen ist.

---

jedoch erst nach 860. Um die heidnischen Stämme zum Christentum zu bekehren, hatten die beiden griechischen Missionare Konstantinos (der sich später Kyrillos nannte) und Methodios deren Sprache gelernt, und Konstantinos hatte für die bis dahin schriftlosen Slawen eine Schrift entwickelt, die als Glagoliza bekannt wurde, aber schon bald durch das kyrillische Alphabet ersetzt wurde. Nur in Kroatien hielt sie sich jahrhundertelang, und so ist auch das älteste bekannte Beispiel eines Textes in kroatischer Sprache – eine um 1100 entstandene Inschrift auf einer Steinplatte aus einem Benediktinerkloster auf der Insel Krk – in glagolitischer Schrift geschrieben. In Teilen Dalmatiens und Istriens blieb die Glagoliza für liturgische und andere kirchliche Zwecke noch bis ins 20. Jh. in Gebrauch.

> Ivan Gundulić (1589 bis 1638) aus Ragusa (Dubrovnik) gilt weithin als Kroatiens bedeutendster Dichter.

DICHTER & DRAMATIKER

Die kroatische Literatur erlebte ihre erste Blütezeit unter dem Einfluss der italienischen Renaissance in Dalmatien. Die Werke des gelehrten Humanisten und Dichters Marko Marulić (1450–1524) aus Split genießen in Kroatien bis heute große Wertschätzung. Sein Versepos *Judita* ist das erste literarische Werk eines kroatischen Verfassers in seiner Muttersprache. Als bedeutender Dichter des Landes gilt Ivan Gundulić (1589–1638) aus Ragusa (Dubrovnik). In dem Versepos *Osman* (deutsch *Die Osmanide*) feierte er den polnischen Sieg über das türkische Heer im Jahr 1621, den er als Vorboten des Untergangs des verhassten Osmanischen Reiches sah. Die von den Idealen der humanistischen Renaissance geprägten Stücke des Geistlichen und Dichters Marin Držić (1508–1567), zum Beispiel die Komödie *Dundo Maroje*, werden besonders in seiner Heimatstadt Dubrovnik bis heute gespielt.

In der Zeit nach den Kriegen der 1990er-Jahre ist die lyrische, manchmal auch satirische *Vesna Parun* zur wichtigsten Stimme der kroatischen Dichtkunst geworden. Während sie von der jugoslawischen Regierung wegen ihrer „bürgerlich-dekadenten" Lyrik noch oft schikaniert wurde, haben ihre Gedichte angesichts des Irrsinns der Kriegsjahre vor allem in der nachwachsenden Generation vielen Lesern Trost gespendet.

> Vedrana Rudans Roman *Uho, grlo, nož* („*Ohr, Hals, Messer*"; englisch: *Night*) aus dem Jahr 2004 präsentiert den wütenden Monolog einer Frau über 50, die an einem Wendepunkt ihres Lebens steht und Bilanz zieht – nicht nur über ihre private Situation, sondern auch über gesellschaftliche und politische Entwicklungen in Kroatien. Die Autorin stammt aus Opatija in Istrien.

SCHRIFTSTELLER

Die herausragende Gestalt der kroatischen Literaturgeschichte aber ist der Romanautor und Dramatiker Miroslav Krleža (1893–1981), ein überzeugter und zeitlebens politisch aktiver Marxist, der sich allerdings 1967 mit der Unterzeichnung eines Manifests zur Gleichberechtigung der kroatischen mit der serbischen Sprache in Opposition zu Titos Regierung begab.

MUSIK FÜR BRÜDER & FREUNDE ODER EINFACH NUR UNFUG?

Turbofolk, eine überdrehte moderne Variante serbischer Folkloremusik, lässt sich eigentlich keiner der gängigen Musikrichtungen zuordnen; er ist eine Klasse für sich. Die rasanten Klänge haben ihren Ursprung im Serbien der Ära Milošević und fanden dort schnell ein begeistertes Publikum. Heute sind sie in Kroatien ebenso beliebt wie in Serbien, Montenegro, Mazedonien oder Bosnien-Herzegowina und damit ein unschätzbares neues Element der Gemeinsamkeit im früheren Jugoslawien nach den blutigen Bruderkämpfen der 1990er-Jahre. Als Königin des Turbofolk gilt allgemein und unangefochten Svetlana „Ceca" Ražnatović, die Witwe des serbischen Milizenführers „Arkan", der wegen Verbrechen gegen die Menschlichkeit vor dem Internationalen Strafgerichtshof in Den Haag angeklagt wurde. Sie hat zahlreiche Alben produziert und füllt bei ihren Auftritten die größten Stadien der Region. Nicht zu Unrecht haftet der Turbofolkszene die Aura von Mafiatypen an; Ceca selbst wurde wegen ihrer Verbindungen zu Mitgliedern des Zemun-Clans (der 2003 für den Mord am serbischen Regierungschef Zoran Đinđić verantwortlich zeichnete) verhaftet, später allerdings von allen Vorwürfen entlastet. Doch nicht ohne Grund haben manche *folkoteke* – die Turbofolkclubs – Metalldetektoren an ihren Türen und werden besonders in Bosnien-Herzegowina gelegentlich zum Schauplatz von Bombenanschlägen, mit denen vermutlich örtliche Mafiaclans „offene Rechnungen begleichen". Viele Intellektuelle betrachten Turbofolk als Zeichen eines um sich greifenden kulturellen Flachsinns, doch das ändert nichts an der stetig wachsenden Popularität dieser Musik.

In seinen Werken beschäftigte er sich immer wieder mit den Problemen des gesellschaftlichen Wandels in Jugoslawien. Zu seinen bekanntesten Romanen gehören *Povratak Filipa Latinovicza* (1932; deutsch *Die Rückkehr des Philip Latinovicz*) und *Zastave* (1963–1965; „Die Fahnen"), eine mehrbändige Saga über das Leben einer Familie der kroatischen Mittelschicht um das Jahr 1900.

In gewisser Weise gehört aber auch Ivo Andrić (1892–1975) zur Literaturgeschichte Kroatiens, der 1961 für seine Trilogie zur bosnischen Geschichte – *Na Drini ćuprija*, *Travnička hronika* und *Gospođica* (*Die Brücke über die Drina*, *Wesire und Konsuln* und *Das Fräulein*) – den Literaturnobelpreis erhielt. Als kroatischer Katholik in Bosnien geboren, schrieb er auf Serbisch, lebte in Belgrad und empfand sich selbst als Jugoslawe.

Für die Schriftsteller von heute sind vielfach die Unabhängigkeit des Landes und ihre Folgen die prägendsten Erfahrungen. Die Journalistin Alenka Mirković schrieb einen eindrucksvollen Erlebnisroman über die Belagerung von Vukovar, Goran Tribuson schildert die Veränderungen der kroatischen Gesellschaft nach dem Krieg der 1990er-Jahre in der Form eines Thrillers, und Pavao Pavličić bedient sich in *Zaborav* (*Das Vergessen*) einer Kriminalgeschichte, um die Probleme der kollektiven historischen Erinnerung zu beleuchten. Ihr in den USA ansässiger Kollege Josip Novakovich verarbeitet in seinem Werk die Sehnsucht nach der kroatischen Heimat. Sein beliebtester Roman *April Fool's Day* (2004; *Die schwierige Sache mit dem Glück*) ist eine couragierte und absurde Abrechnung mit den jüngsten jugoslawischen Kriegshändeln. Und auch die Journalistin Slavenka Drakulić beschreibt in ihrem großartigen Essayband *Café Europa & Life after Communism* (1996; *Café Paradies oder Die Sehnsucht nach Europa*), wie sich das Leben seit der Unabhängigkeit verändert hat. Ihre oft provokativen, aber immer witzigen und intelligenten Bücher und Aufsätze zu politischen und soziologischen Themen sind immer wieder lesenswert.

Aus dem selbst gewählten Exil in den Niederlanden kommentiert die Autorin Dubravka Ugrešić (www.dubravkaugresic.com) das Geschehen in ihrer Heimat. Sie gilt in Kroatien als umstritten, während sie im Ausland gefeiert wird. Besonders bekannt wurde sie durch den Essayband *Kultura laži (1996; Die Kultur der Lüge)* und den Roman *Ministarstvo boli (2004; Das Ministerium der Schmerzen). 2005 veröffentlichte sie das Buch Nikog nema doma (Keiner zu Hause),* eine Sammlung von *Kolumnen* und *Essays* über ihre Beobachtungen auf Reisen durch Europa und die USA und über das Verhältnis zwischen Ost und West.

Der in Sarajevo geborene, aber in Kroatien ansässige Miljenko Jergović ist für seinen bitter-komischen und zugleich anrührenden Schreibstil bekannt. Seine Kurzgeschichtenbände *Sarajevski Marlboro (1994; Sarajevo Marlboro)* und *Mama Leone (1999; Mama Leone)* erwecken in eindrucksvoller Weise die gesellschaftliche Atmosphäre im Jugoslawien der Vorkriegsjahre zum Leben.

Wer sich im Englischen heimisch fühlt, dem vermittelt die von Tony White, Borivoj Radaković und Matt Thorne herausgegebene Anthologie *Croatian Nights* (2005) einen guten Einblick in die Themen der zeitgenössischen kroatischen Literatur. Das Buch ist ein britisch-kroatisches Gemeinschaftsprojekt, und so umfasst die Autorenliste der 19 Kurzgeschichten neben bekannten kroatischen Namen wie Gordan Nuhanović, Vladimir Arsenijević, Jelena Čarija, Zoran Ferić, Miljenko Jergović und Zorica Radaković auch britische wie Toby Litt, Anna Davis, Tony White, Ben Richards und Niall Griffiths.

Auf dem deutschsprachigen Buchmarkt waren vergleichbare Sammelbände lange Zeit Mangelware, doch das hat sich geändert, seit Kroatien 2008 auf der Leipziger Buchmesse als Gastland im Mittelpunkt stand. Die Anthologie Kein Gott in Susedgrad. Neue Literatur aus Kroatien, die der Zagreber Verleger Nenad Popović für deutsche Leser zusammengestellt hat, präsentiert ein überraschend vielfältiges Bild der jungen kroatischen Literatur. Die elf Autoren – Stanko Andrić, Tomica Bajsić, Vlado Bulić, Boris Dežulović, Zoran Ferić, Tatjana Gromača, Simo Mraović, Robert Perišić, Roman Simić, Dalibor Šimpraga und Igor Štiks – sind alle zwischen 1960 und 1980 geboren und damit besonders vom Zerfall Jugoslawiens betroffen, dessen Existenz sie in ihrer Kindheit als Selbstverständlichkeit erlebt haben. Ihre Geschichten drehen sich zwar keineswegs alle um politische Themen, aber die politische Entwicklung der Kriegs- und Nachkriegsjahre spielt mehr oder weniger offenkundig doch immer eine gewichtige Rolle.

Deutschsprachige Autoren, darunter einige kroatischer Herkunft, sind in dem Band Südliche Luft. 20 Liebeserklärungen an Kroatien vertreten, den Alida Bremer, Silvija Heinzmann und Dagmar Schruf herausgegeben haben. Anders als es der Titel vermuten lässt, ist das Buch keine lockerleichte Strandlektüre, sondern bemüht sich – wenn auch in der Form etwas geschmeidiger und weniger experimentierfreudig als sein kroatisches Pendant – um einen gründlichen Blick auf verschiedene Orte und Phänomene der kroatischen Gegenwart, meist vor dem Hintergrund eigener Erfahrungen und Erinnerungen aus der Zeit des sozialistischen Jugoslawien. Die Beiträge stammen von Nessa Altura, Marica Bodrožić, Liane Dirks, Maximilian Dorner, Erica Fischer, Katja Gasser, Franziska Gerstenberg, Veit Heinichen, Wladimir Kaminer, Ranka Keser, Beatrix Kramlovsky, Nicol Ljubić, Benno Meyer-Wehlack, Ilma Rakusa, Ingo Schulze, Erich Wolfgang Skwara, Hans Thill, Richard Wagner und Juli Zeh.

Kurz gefasste aktuelle Informationen über kroatische Literatur in deutscher Sprache sind im Internet unter www.crobuch.de zu finden. Die Texte stammen meist von Verlagen oder Veranstaltern, konzentrieren sich also auf die positiven Seiten der vorgestellten Werke.

Die preisgekrönte Schriftstellerin Dubravka Ugrešić und vier ihrer Kolleginnen wurden von einer kroatischen Zeitschrift als „Hexen" attackiert, weil sie während des Unabhängigkeitskrieges nicht mit voller Überzeugung die kroatische Seite unterstützten.

Der Film *Što je muškarac bez brkova?* (2005; deutsch: *Was ist ein Mann ohne Schnäuzer?*) von Regisseur Hrvoje Hribar beobachtet eine junge Witwe, einen alternden, ebenfalls verwitweten heimgekehrten Auswanderer und den Seelsorger einer bankrotten Kirchengemeinde, die mit den Problemen des Lebens in der Nachkriegszeit der 1990er-Jahre zu kämpfen haben, aber auch mit den Schmerzen unerwiderter Liebe.

Orson Welles' meisterhafter Streifen *Le procès* (deutsch: *Der Prozess*) wurde großenteils in Zagreb gedreht.

Kino

Im jugoslawischen Kino spielten stets serbische Regisseure die erste Geige. Nur zwei Kroaten errangen damals eine gewisse Berühmtheit: Kresimir „Krešo" Golik (1922–1998), der Schöpfer erfolgreicher Komödien wie *Plavi 9* (1950; *Die blaue 9*) und *Tko pjeva zlo ne misli* (1970; *Böse Menschen haben keine Lieder*), und Branko Bauer (geb. 1921), der Thriller, Kriegsdramen und Abenteuerfilme drehte. Als Domäne kroatischer Filmemacher galt eher das experimentelle und „intellektuelle" Kino, wo große Publikumserfolge relativ selten waren. Auf diesem Gebiet gehörten vor allem Branko Babaja, Zvonimir Berković, Lordan Zafranović und Vatroslav Mimica zu den bekannten Größen.

Unter Franjo Tuđmans Herrschaft geriet das Kino des jungen Landes in eine schwere Krise, und die 1990er-Jahre werden in der Geschichte der kroatischen Filmkunst allgemein als Tiefpunkt betrachtet.

In den letzten Jahren haben sich u. a. Vinko Brešan (geb. 1964) und Goran Rušinović (geb. 1968) einen Namen gemacht. Brešans Filme *Kako je počeo rat na mom otoku* (1996; „Wie der Krieg auf meiner Insel angefangen hat") und *Maršal* (1999; *Marschall Titos Geist*) waren in Kroatien enorme Publikumserfolge. Goran Rušinović schuf mit *Mondo Bobo* (1997) einen stilvollen Schwarzweiß-Krimi mit Anklängen an die Filme von Jim Jarmusch und Shinya Tsukamoto, der zum ersten unabhängig produzierten abendfüllenden Spielfilm seit der Unabhängigkeit des Landes avancierte.

Im neuen Jahrtausend konnten vor allem Dalibor Matanićs Thriller *Fine Mrtve Djevojke* (2002; *Schöne tote Mädchen*) und Rajko Grlićs Militärgroteske *Karaula* (2006; *Border Post oder auch „Der Grenzposten"*), die sich respektlos über die ehemalige jugoslawische Volksarmee lustig machte, Erfolge an den heimischen Kinokassen feiern.

Musik

TRADITION & FOLKLORE

Kroatien hat zwar auch auf dem Gebiet der klassischen Tonkunst viele herausragende Komponisten und Musiker hervorgebracht – viel bekannter ist aber seine reiche Tradition auf dem Gebiet der Folkloremusik. Sie ist von Einflüssen aus den Nachbarvölkern geprägt, die bis ins Mittelalter zurückreichen, als Ungarn und Venezianer um die Vorherrschaft über das Land kämpften, und hat ihrerseits Komponisten wie Joseph Haydn (1732–1809) beeinflusst, der in der Nähe einer kroatischen Enklave im heutigen Österreich geboren wurde. In vielen seiner klassischen Stücke finden sich deutliche Anklänge an kroatische Volkslieder.

Als *das* typische Instrument der kroatischen Folkloremusik gilt die *tamburica,* eine Mandoline mit vier bis sechs Saiten, die gezupft oder mit einem Plektron angeschlagen werden. Das im 17. Jh. von den Türken übernommene Instrument fand im östlichen Slawonien rasch Freunde und wurde später zu einem Symbol kroatischen Nationalbewusstseins.

Aber auch in der jugoslawischen Ära hörte man die Tamburica gern; bei Hochzeiten und auf Dorffesten gehörten ihre Klänge einfach dazu. In den 1980er-Jahren hielten Elektro- und Bassgitarren Einzug in viele traditionellen Ensembles, und auch die Musik klingt seither zunehmend moderner.

In der Gesangskunst dominiert die Tradition der *klapa* (wörtlich übersetzt „Gruppe von Leuten"), deren Wurzeln im kirchlichen Chorgesang liegen. Die besonders in Split und den umliegenden ländlichen Gebieten Dalmatiens beliebten Chöre singen ohne Instrumentalbegleitung und tragen bis zu zehnstimmige, aber stets sehr harmonische Lieder über Liebe, Leid und Weltschmerz vor. Ursprünglich bestanden sie ausschließlich aus Männern, doch neuerdings treten zunehmend auch Frauenensembles auf; gemischte Chöre sind dagegen äußerst selten. Mehr zu diesem Thema auf S. 248.

Eine weitere, stark von den Klängen der benachbarten Ungarn beeinflusste Musiktradition stammt aus der Region Međimurje im Nordosten des Landes. Die meist von einer *citura* (Zither) begleiteten Lieder mit ihren langsamen und melancholischen Melodien drehen sich ebenfalls vorzugsweise um das beliebte Thema Liebeskummer. Und auch dieser Tradition haben junge Künstler in den letzten Jahren neues Leben eingehaucht, so z. B. die Sängerinnen Lidija Bajuk und Dunja Knebl, die sich intensiv der Erneuerung dieses Genres gewidmet und damit viele Fans gewonnen haben.

Zu den landestypischen Tänzen gehört beispielsweise der *drmeš*, eine Art schneller Polka, die paarweise in kleinen Gruppen getanzt wird. Auch die dalmatinische *poskočica* ist ein Paartanz, bei dem die Beteiligten nach Ansage verschiedene Figuren vorführen. Das *kolo* (Reigen) dagegen ist ein lebhafter, von Geigenklängen nach Art der Roma begleiteter slawischer Rundtanz, wobei Männer und Frauen abwechselnd im Kreis stehen (bzw. tanzen). Ebenso wie die Folkloremusik werden die traditionellen Tänze vor allem bei örtlichen und landesweiten Festivals gepflegt. Besonders sehenswert ist hier das Internationale Folklorefestival (S. 92), das im Juli in Zagreb stattfindet. Wer es verpasst, muss sich aber nicht grämen: Die Musik- und Folkloregruppen gehen jeden Sommer auf Tournee und kommen in den meisten Städten an der Küste und auf den Inseln irgendwann vorbei. Die örtlichen Fremdenverkehrsbüros wissen Bescheid.

POP, ROCK & DER GANZE REST

Kroatiens Pop- und Rockszene ist mit einer Fülle einheimischer Talente gesegnet. Zu den bekanntesten Namen gehört sicher die Gruppe Hladno Pivo („Kühles Bier"), die ihre flotten, kraftvoll-punkigen Klänge mit satirischen politischen Texten würzt. Für Furore hat auch die Indierockband Pips, Chips & Videoclips gesorgt, weniger mit ihrem albernen Namen als mit dem Titel „Dinamo, ja te volim" („Dinamo, ich liebe dich"), der auf Präsident Tuđmans Bemühungen anspielt, Zagrebs beliebten Fußballverein umzubenennen (S. 44). Das Stück verhalf der Gruppe zum Durchbruch, doch seither hat sie auf politische Lieder weitgehend verzichtet. Die Zagreber Truppe Vještice („Die Hexen") wiederum mischt Punkrock mit Folkloreklängen aus Međimurje und südafrikanischem Township-Jive.

Auch außerhalb der Hauptstadt ist die Szene höchst aktiv. So singt die Band Gustafi ihre Lieder im istrischen Dialekt und spielt dazu eine Mischung aus amerikanischem Folkrock und Melodien aus der eigenen Region. Die faszinierend verrückte Truppe Let 3 aus Rijeka dagegen ist berühmt-berüchtigt für ihre abgedrehten und oft ziemlich provokativen Stücke, noch mehr aber für ihre Liveauftritte, bei denen die Künstler nicht selten nackt erscheinen – bekleidet nur mit altertümlichen Hundemaulkörben vor dem Geschlechtsteil und gelegentlich einem Korken im Hinterteil (doch, wirklich). TBF (The Beat Fleet) versteht sich als Splits Antwort auf Hip-Hop; in ihren Texten geht es um aktuelle Themen, Familienstreitigkeiten, Liebesleid, aber auch um gute Zeiten und dergleichen – alles im örtlichen Slang. Witzig ist auch der aus Bosnien stammende, aber in Kroatien ansässige Hiphopper Edo Maajka.

Die Verbindung von Jazz- und Popklängen mit traditionellen Folkloremelodien ist auf dem kroatischen Markt seit einigen Jahren überaus beliebt. Zu den bekanntesten Namen in dieser Szene zählen Tamara Obrovac, ein Gesangstalent aus Istrien, und Mojmir Novaković, der frühere Sänger der populären Band Legen. Als Königin der kroatischen Popmusik gilt die Sängerin Severina, nicht zuletzt wegen ihrer äußeren Erscheinung und ihres ereignisreichen Privatlebens, das der Klatschpresse des Landes immer wieder reichlich Material liefert. Ähnlich großer Beliebtheit erfreut sich aber auch ihr Kollege Gibonni, ein Schlagerstar in der Tradition des legendären Oliver Dragojević, der sein Publikum seit über 40 Jahren mit chansonartigen Liedern begeistert. Alle drei – Severina, Gibonni und Dragojević – stammen aus Split in Dalmatien.

Die Musik gehört zu den wenigen Dingen, die die zerstrittenen Völker des früheren Jugoslawien bis heute verbinden. So schrieb der Bosnier Goran Bregović für die Filme seines Landsmanns, den Regiseeur Emir Kusturica eine Reihe hinreißender Melodien, die in der ganzen Region nach wie vor äußerst beliebt sind.

Architektur

Die Römer haben Dalmatien einen reichen Bestand an eindrucksvollen Ruinen hinterlassen, und die Euphrasius-Basilika in Poreč (S. 188) ist ein bedeutendes Beispiel byzantinischer Baukunst. Auch die ältesten eindeutig kroatischen Spuren in der Architektur finden sich in der Küstenregion: Das Taufbecken des Fürsten Višeslav in der Kirche Sveti Križ (Hl. Kreuz) in Nin aus dem frühen 9. Jh. ist mit einem reich verschlungenem *pleter-* (Flechtband-)Ornament verziert, wie es von älteren Schmuckgegenständen bekannt ist und im Frühmittelalter häufig zur Dekoration der Portale und der Einrichtung von Kirchen verwandt wurde – vom späten 10. Jh. an bereichert um Ranken- und Blättermuster. Diese Ornamente gelten als so charakteristisch für die kroatische Kulturgeschichte, dass der frühere Präsident Tuđman sie in seinem ersten Wahlkampf als Emblem nutzte, um sich als Vertreter einer traditionellen nationalen Kultur zu profilieren.

Die schönsten vorromanischen Baudenkmäler sind wiederum durchweg an der dalmatinischen Küste versammelt. Zu den ältesten gehört die um 800 erbaute Kirche Sveti Križ in Nin mit kreuzförmigem Grundriss, Zentralkuppel und zwei Apsiden – ein Baustil, der an orthodoxe Kirchen erinnert und den nachhaltigen Einfluss der byzantinischen Kultur im frühmittelalterlichen Kroatien deutlich macht. Das zeigen auch ähnlich aufgebaute kleinere Gotteshäuser aus dem 10. und 11. Jh. auf den Inseln Šipan und Lopud. Ungewöhnlicher sind die als Rund- oder Zentralbau errichteten Kirchen. Das bedeutendste Beispiel ist die Kirche Svetog Donat (St. Donatus) in Zadar (S. 208) aus dem 9. Jh. mit einem kreisrunden Grundriss, an den sich drei halbkreisförmige Apsiden anschließen, aber auch in Split, Trogir und Ošalj sind zumindest Überreste solcher Kirchen zu sehen.

Die Romanik hielt sich in Kroatien noch lange, nachdem im westlichen Europa bereits die Gotik Einzug gehalten hatte. Erst im 13. Jh. machten sich die ersten gotischen Einflüsse bemerkbar, anfangs allerdings stets in Verbindung mit romanischen Formen. Das wohl schönste Beispiel für diesen Stilmix ist das Westportal der Kathedrale Svetog Lovre (St. Laurentius) in Trogir (S. 258), ein Werk des Bildhauers Meister Radovan. Die Darstellung gewöhnlicher Menschen, die alltägliche Arbeiten verrichten, bedeutete einen entschiedenen Bruch mit der byzantinischen Tradition und ihren ausschließlich religiösen Motiven. Noch stark romanisch geprägt ist das wundervolle Holzportal der Kathedrale Svetog Duje (St. Domnius) in Split (S. 246) mit 28 rechteckigen Reliefs von Andrija Buvina. Im Norden des Landes zog die Gotik Ende des 13. Jhs. mit dem Neubau der Kathedrale Mariä Himmelfahrt (damals St. Stephanus) in Zagreb (S. 84) ein. Das heutige Kirchengebäude stammt zwar im Wesentlichen aus dem 19. Jh., doch in der Sakristei sind noch Reste des damaligen Bauwerks erhalten.

Zum bedeutendsten Vertreter der kroatischen Baukunst im 15. Jh. wurde der in Zadar geborene Architekt und Bildhauer Juraj Dalmatinac. Sein großartigstes Werk ist die Kathedrale Sveti Jakov (St. Jakobus) in Šibenik

Das Buch *Die Kunstschätze Kroatiens* (im Original: *Vrhunska umetnost Hrvatske*) von Radovan Ivančević bietet einen ausgezeichneten Überblick über die kroatische Kunstgeschichte.

(S. 232), die den Übergang von der Spätgotik zur Renaissance markiert. Dalmatinac schmückte die Apsiden mit einem Fries aus überaus realistisch wirkenden Porträtköpfen, die örtliche Persönlichkeiten darstellen, und schuf die Voraussetzungen für das nach seinem Tod ohne Bauholz und Ziegel nur aus Steinplatten errichtete Dachgewölbe.

In der unabhängigen Stadtrepublik Ragusa (Dubrovnik) allerdings konnte sich die Renaissance voll entfalten. In der zweiten Hälfte des 15. Jhs. begannen sich Elemente des neuen Stils in die spätgotischen Formen zu mischen. Ein gelungenes Beispiel aus dem frühen 16. Jh. ist der Sponza-Palast (S. 293), der zeitweise als Zoll- und Münzamt diente. Etwa um 1550 setzte sich die Renaissancearchitektur dann in den Palästen und Sommerresidenzen des reichen Stadtadels in und um Ragusa endgültig durch. Leider wurden die meisten dieser Bauten beim großen Erdbeben des Jahres 1667 zerstört, und so gelten heute das teils gotische, teils romanische Franziskanerkloster (S. 291), die im 15. Jh. aufgestellte Orlando-Säule (S. 293), der Große Onofrio-Brunnen (S. 291), die barocke Stadtkirche Sveti Vlaho (St. Blasius; S. 294), die Jesuitenkirche Svetog Ignacije (St. Ignatius; S. 294) und die Kathedrale Velika Gospa (Unserer Lieben Frau; S. 294) als Dubrovniks wichtigste Sehenswürdigkeiten.

Der Norden Kroatiens hat seine attraktivsten Baudenkmäler dem im 17. Jh. von den Jesuiten eingeführten Barockstil zu verdanken. Die Stadt Varaždin, jahrhundertelang wirtschaftlicher Mittelpunkt der Region und im 18. Jh. zeitweilig sogar Kroatiens Hauptstadt, profitierte auch kulturell von ihrer verkehrsgünstigen Lage: Künstler, Architekten und Kunsthandwerker aus den nördlichen Nachbarländern kamen in die Stadt, und einheimische machten sich im Ausland einen Namen. Die Verbindung von wirtschaftlichem Wohlstand und kultureller Kreativität ließ Varaždin zum Zentrum der Barockkunst in Kroatien werden. Davon zeugen die sorgfältig restaurierten Häuser und Kirchen und das Museum in der eindrucksvollen alten Burg.

Sehenswerte Barockbauten gibt es aber auch in Zagreb. In der historischen Oberstadt stehen u. a. die Jesuitenkirche Sveta Katarine (St. Katharina; S. 85) und die restaurierten Palais, in denen heute das Kroatische Geschichtsmuseum (S. 87) und das Kroatische Museum für Naive Kunst (S. 87) untergebracht sind. In der Umgebung der Stadt bauten sich damals reiche Adelsfamilien ansehnliche Schlösser und Herrenhäuser, z. B. in Brezovica, Miljana, Lobor und Gornja Bistra.

Malerei & Bildhauerei

Der Maler Ivan von Kastav schuf im 15. Jh. bedeutende Fresken in mehreren Kirchen Istriens, allerdings vor allem im heute slowenischen Teil der Halbinsel. Sein Kollege Vincent von Kastav, der der gleichen Künstlerschule zugerechnet wird, schmückte etwa zur gleichen Zeit die kleine Kirche Sveta Marija na Škriljinah (St. Maria in den Felsen) bei Beram mit Wandgemälden, u. a. mit einem bemerkenswerten *Totentanz*.

In Dalmatien wurde die Kunst damals wesentlich vom Einfluss der italienischen Renaissance geprägt, und gleichzeitig begannen dalmatinische Künstler ihrerseits in Italien Karriere zu machen und brachten dort ihre eigenen Traditionen ein. Beispiele sind der Architekt Lucijan Vranjanin und der Bildhauer Franjo Vranjanin, die sich Luciano und Francesco Laurana nannten, der Maler Andrija Medulić und der auf kleinformatige Malerei in Miniaturen spezialisierte Julije Klović.

Sie alle hatten ihre Heimat unter dem Eindruck des Vordringens der Türken verlassen, und so sind ihre Werke heute vor allem in den Museen von London, Paris und Florenz zu besichtigen und nur zu einem kleinen Teil in Kroatien.

Der wohl bedeutendste Maler dieser Zeit war der Kroate Vlaho Bukovac (1855–1922), der jahrelang in Paris arbeitete, bevor er 1893 nach Zagreb kam, wo er lebensvolle Porträts und Historiengemälde schuf. Anfang des 20. Jhs. machten die jung verstorbenen Maler Miroslav Kraljević (1885–1913) und Josip Račić (1885–1908) auf sich aufmerksam, und der Bildhauer Ivan Meštrović (1883–1962) brachte es gar zu großem internationalem Ruhm, bekannt ist sein Monument *Der Sieger* in Belgrad. Dabei befassen sich viele seiner Meisterwerke mit spezifisch kroatischen Themen. Auch sein Kollege Antun Augustinčić (1900–1979) erwarb sich weltweite Anerkennung, u. a. mit seinem Denkmal *Frieden* vor dem Hauptquartier der UN in New York. In Klanjec (S. 116) nördlich von Zagreb sind einige seiner Arbeiten in einem kleinen Museum ausgestellt.

Nach dem Ersten Weltkrieg experimentierten viele Künstler mit dem abstrakten Expressionismus, doch zu weit größerer Bekanntheit brachte es die naive Malerei der Schule von Hlebine, die der Künstlerverein *Zemlja* („Erde") 1931 in einer Zagreber Ausstellung der Öffentlichkeit präsentierte. Die Gemälde der jungen Bauern Ivan Generalić (1914–1992) und Franjo Mraz (1910–1981) waren Ausdruck des Bedürfnisses nach einer einfühlsamen Kunst, die alle Menschen ansprechen sollte und von ihnen verstanden werden konnte. Bald schlossen sich weitere Künstler wie der Maler Mirko Virius (1889–1943) und der Bildhauer Petar Smajić (1910–1985) der Gruppe an und setzten sich mit ihr für die Anerkennung und Beachtung naiver Kunst ein.

Die abstrakte Kunst spielte auch nach dem Zweiten Weltkrieg eine gewichtige Rolle. Zum berühmtesten Maler der Moderne in Kroatien wurde Edo Murtić (1921–2005), der sich von Farben und Licht der Landschaft Dalmatiens und Istriens inspirieren ließ. 1959 gründeten Marijan Jevsovar (1922–1988), Ivan Kožarić (geb. 1921) und Julije Knifer (1921–2004) zusammen mit anderen Künstlern die Gruppe Gorgona, die die Grenzen der abstrakten Kunst in Richtung eines sehr viel weiter gefassten Kunstbegriffs zu überschreiten versuchte. In Dubrovnik formierte sich ein künstlerisches Dreigestirn, dem neben Antun Masle (1919–1967) und Ivo Dulčić (1916–1975) der für seine farbenfrohen Landschaftsbilder und Stillleben bekannte Đuro Pulitika (1922–2006) angehörte.

Aus den avantgardistischen Tendenzen der Nachkriegszeit entwickelten sich Installationskunst und Minimalismus, Konzept- und Videokunst. Zu den herausragenden Gestalten der heutigen Kunstszene gehört sicher Lovro Artuković (geb. 1959), dessen surreale Sujets mit einer sehr realistischen Darstellungsweise kontrastieren. Bekannte Namen der Videoszene sind z. B. Sanja Iveković (geb. 1949) und Dalibor Martinis (geb. 1947). Die Multimediaarbeiten von Andreja Kulunčić (geb. 1968) und die Installationen von Sandra Sterle (geb. 1965) haben ebenfalls internationale Aufmerksamkeit gefunden, während Slaven Toljs Performances wohl am ehesten als „Extremkunst" zu bezeichnen sind. Die Fotografin Lana Šlezić (geb. 1973) schließlich lebt und arbeitet eigentlich in New York, doch viele ihrer sehenswerten Bilder sind in Kroatien entstanden.

Einen hervorragenden Überblick über die kroatische Kunstgeschichte der letzten 200 Jahre bietet die in den letzten Jahren rekonstruierte Moderna Galerija (Moderne Galerie) in Zagreb (S. 89).

Essen & Trinken

Wer bei kroatischer Küche an fettige Steaks mit Salzkartoffeln und Sauerkraut als Beilagen denkt, liegt falsch. Zwar hält die kroatische Küche klar an ihren osteuropäischen Wurzeln fest und ist wie alle Balkanküchen fleischorientiert, aber bietet darüber hinaus eine breite Palette an schmackhaften Gerichten. Sie spiegeln all jene Kulturen wider, die das Land im Laufe seiner Geschichte beeinflusst haben. Auffällig ist die scharfe Trennung zwischen der italienisch geprägten Küche entlang der Küste und den Gerichten im Landesinnern, die unschwer erkennbar ungarische, österreichische und türkische Einflüsse aufweisen. Von gegrilltem Barsch mit viel Olivenöl in Dalmatien bis zum herzhaften Gulasch mit Paprika in Slawonien ist für jeden Geschmack etwas dabei. Jede Region preist stolz ihre eigene Spezialität an. Aber wohin man auch kommt: Überall beeindruckt die generell gute Qualität des Essens, das mit frischen, saisonalen Zutaten zubereitet wird.

Preis und Qualität der Gerichte variieren im mittleren Segment nur wenig. Wer bereit ist, mehr Geld auszugeben, kann stundenlang Slow-Food-Delikatessen schlemmen oder herzhafte moderne Kreationen junger, aufstrebender Köche genießen. Für die einheimischen Gäste im Restaurant gibt es eine klare finanzielle Obergrenze. Daher liegen die meisten Restaurants weiterhin in der Mitte des Preisspektrums – wenige sind spottbillig und nur wenige superteuer. Aber egal, wie hoch das eigene Budget ist – es ist fast unmöglich, irgendwo in Kroatien richtig schlecht zu essen! Ein weiterer Pluspunkt: Das Essen lässt sich meistens bei warmem Wetter unter freiem Himmel genießen.

Die Kroaten sind zwar nicht wirklich experimentierfreudig in Bezug auf's Essen, dafür aber leidenschaftliche Esser. Sie können Stunden damit verbringen, über die Güte des Lamms oder den erstklassigen Fisch zu diskutieren und sich darüber auszulassen, warum das Lamm (oder der Fisch) alles andere in den Schatten stellen. So langsam entwickelt sich in Kroatien eine Feinschmeckerkultur, wozu vor allem die Slow-Food-Bewegung (S. 58) beigetragen hat. Sie legt großen Wert auf frische saisonale Produkte und den Spaß am stundenlangen Dinieren.

Istrien und die Region Kvarner haben schnell die Spitze der Gourmetleiter erklommen, aber andere Regionen stehen ihnen nur wenig nach. Es gibt eine neue Generation an Köchen, die traditionelle kroatische Gerichte modernisieren und den Kult um die Promi-Köche verstärken (ja, dieses Phänomen gibt es inzwischen sogar in Kroatien!). Die Erzeugung von Wein und Olivenöl hat eine Renaissance erfahren, rund um die beiden Naturprodukte ist im ganzen Land ein Netz an ausgeschilderten Themenstraßen entstanden.

Das Salz, das in den Salzpfannen von Pag und Ston gewonnen wird, ist das sauberste des Mittelmeers.

TYPISCHES & SPEZIALITÄTEN

Zagreb und das nordwestliche Kroatien bevorzugen herzhafte Fleischgerichte, die es auch genau so gut in Wien geben könnte. Saftiges *pečenje* (am Spieß gebratenes und gebackenes Fleisch) wird entweder aus *janjetina* (Lamm), *svinjetina* (Schweinefleisch) oder *patka* (Ente) gezaubert. Als Beilage gibt es oft *mlinci* (gebackene Nudeln) oder *pečeni krumpir* (Bratkartoffeln). Fleisch, das unter einer *peka* (gewölbter Topfdeckel) ganz langsam gegart wird, ist besonders lecker, muss aber in vielen Restaurants im Voraus bestellt werden. *Purica* (Truthahn) mit *mlinci* steht praktisch auf jeder Speisekarte in Zagreb und in der Region Zagorje, zusammen mit *zagrebački odrezak* (paniertes, mit Schinken und Käse gefülltes Kalbsteak) – einer weiteren kalorienreichen Spezialität. *Sir i vrhnje* (Frischkäse mit Sahne), das auf den Märkten erhältlich

SLOW FOOD

Es war nur eine Frage der Zeit, bis das Fast Food mit seinem industrialisierten Plastikkonzept beim Essen Konkurrenz erhielt. Und diese Konkurrenz zum Fast-Food-Trend, der die ganze Welt umspannt hat, ist – wie könnte es anders sein – das „Slow Food". Die Slow-Food-Bewegung begann ursprünglich in Italien in den 1980er-Jahren und ist inzwischen in über 120 Ländern vertreten. Sie hat sich zum Ziel gesetzt, die Kultur bestimmter regionaler Küchen zu erhalten und pflegen. Der Schwerpunkt liegt dabei auf einheimischen Pflanzen, Samen und Tieren, die auf traditionelle Weise gezogen bzw. gezüchtet werden.

Es gibt unzählige Auslegungen des Begriffs Slow Food. Kroatien hat seine eigene Variante und konzentriert sich auf regionale, frische und saisonale Zutaten. Auf das Ritual des Essens wird viel Augenmerk gelegt; Gleiches gilt für die Präsentation. Die einzelnen Gänge werden in kleinen Portionen und in einer bestimmten Reihenfolge serviert. Zwischen den Gerichten gibt es eine längere Pause; zu jedem Gang wird der passende Wein serviert. Bei der kulinarischen Erfahrung geht es darum, Freude am Essen zu haben und zu verstehen, wo das Essen herkommt.

Als Nenad Kukurin, der Besitzer des Restaurants Kukuriku (S. 137) in Rijeka dieses Konzept vor über zehn Jahren einführte, wurde er als „Gastro-Terrorist" bezeichnet. Inzwischen ist das Lokal Kukuriku ein Feinschmeckerziel und bereits Grund genug, an den Golf von Kvarner zu reisen. Brot und Pasta sind hier selbst gemacht, die Kräuter stammen aus dem Restaurantgarten und die restlichen Zutaten frisch vom Markt. Der Besitzer geht täglich auf den Markt von Rijeka und bespricht sich von dort aus telefonisch mit seinem Chefkoch. Gemeinsam stellen sie an Ort und Stelle das Tagesmenü zusammen – je nachdem, was auf dem Markt gerade angeboten wird. Ob man nun wilden Spargel aus Učka, Trüffel aus dem Wald von Motovun oder Lamm aus dem benachbarten Dorf genießt: Die Zutaten sind garantiert unverfälscht und werden ohne große Veränderung serviert. Wie sagt Nenad Kukurin so schön: „Der Sinn eines guten Essens ist, dass man sich danach leicht und glücklich fühlt."

ist, gilt als ein weiterer Klassiker. Wer Süßes mag, wird sich über die häufige Nachspeise *palačinke* – dünne Pfannkuchen mit verschiedenen Füllungen und Belägen – freuen.

Die slawonische Küche ist schärfer als die anderer Regionen; Paprika und Knoblauch werden in großen Mengen verwendet. Der ungarische Einfluss ist hier am stärksten sichtbar: Viele typische Gerichte wie *čobanac* (Fleischgulasch) sind im Prinzip eine Version des *gulaš* (Gulasch). Die nahe gelegene Drau liefert frischen Fisch (wie etwa Karpfen, Hecht und Barsch), der in einer Paprikasoße gekocht und zusammen mit Nudeln in dem Gericht *fiš paprikaš* serviert wird. Eine weitere Spezialität ist *šaran u rašljama* (Karpfen auf einem gegabeltem Zweig), der in seinem eigenen Saft über einem offen Feuer gegart wird. Die Wurst der Region ist besonders berühmt, vor allem *kulen*, eine Wurst mit Paprikageschmack, die über neun Monate geräuchert und getrocknet wird und dann meist zusammen mit Frischkäse, Paprikaschoten, Tomaten und *turšija* (eingelegtes Gemüse) gereicht wird.

Die Küche entlang der Küste ist typisch mediterran: Olivenöl, Knoblauch, frischer Fisch/Meeresfrüchte und Kräuter werden reichlich verwendet. Besonders zu empfehlen: leicht panierter und gebratener *lignje* (Tintenfisch) als Hauptgericht. Der Tintenfisch von der Adria ist generell teurer als der Tintenfisch aus anderen Ländern. Das Essen beginnt oft mit einem Nudelgericht wie etwa Spaghetti oder *rižoto* (Risotto) mit Meeresfrüchten. Eine besondere Vorspeise ist *paški sir* (Pager Käse; S. 228), ein würziger Hartkäse von der Insel Pag. Dalmatinisches *brodet* (Fischsuppe aus verschiedenen Fischsorten mit Polenta, auch *brodetto* genannt) ist eine weitere regionale Spezialität; oft wird die Suppe jedoch nur als Portion für zwei Personen angeboten. Dalmatinisches *pašticada* (Rindergulasch mit Wein und Gewürzen, dazu gibt es Gnocchi) erscheint auf Speisekarten an der Küste wie auch im

Das Geheimnis des würzigen Geschmacks von *paški sir* (Pager Käse) sind die Wildkräuter, die die Schafe fressen, während sie Milch geben.

Inland. Lamm von den Inseln Cres und Pag gilt als das beste Kroatiens: Die Tiere werden dort mit frischen Kräutern gefüttert, die das Fleisch besonders schmackhaft machen.

Die istrische Küche ist bei internationalen Feinschmeckern in den letzten Jahren zunehmend beliebter geworden. Das liegt an der langen gastronomischen Tradition, den frischen Zutaten und den einzigartigen Spezialitäten. Typische Gerichte sind z. B. *maneštra*, eine dicke Gemüse-Bohnen-Suppe vergleichbar der Minestrone, *fuži* – von Hand gerollte Pasta, die oft mit *tartufi* (Trüffel) oder *divljač* (Wild) serviert wird–, und *fritaja* (Omelett, meist mit saisonalem Gemüse wie etwa wildem Spargel). Dünne Scheiben von geräuchertem *pršut* (Prosciutto) aus Istrien – auch in Dalmatien ausgezeichnet – gibt es oft als Vorspeise. Der Schinken ist recht teuer, weil so viele Stunden und so viel Arbeit für das Räuchern aufgewendet werden müssen. Istrisches Olivenöl ist international anerkannt und vielfach prämiert. Der Fremdenverkehrsverband hat eine Olivenölroute ausgewiesen; die an der Route liegenden örtlichen Olivenölbauern können besucht und das Öl direkt vor Ort gekostet werden. Zu den besten saisonalen Zutaten gehören im Herbst weiße Trüffel (s. Kasten. S. 195) und im Frühling der wilde Spargel.

Pizza ist in Kroatien oft eine gute Wahl. Es gibt sowohl dünne knusprige Pizzen als auch Sorten mit einer dicken Kruste; die Zutaten sind immer frisch. Als Imbiss gibt es *ćevapčići* (kleine gewürzte Würstchen aus Rinder-, Lamm- oder Schweinehack), *pljeskavica* (eine ex-jugoslawische Version des Hamburgers), *ražnjići* (ein Schweinefleischspieß) und *burek* (dicke Teigblätter, die mit Hackfleisch oder geriebenem Käse gefüllt werden).

Forscher haben nachgewiesen, dass die renommierten Austern der Region Ston auf Pelješac dort seit der Zeit der Römer geerntet werden.

GETRÄNKE

Kroatien ist berühmt für seinen *rakija* (Schnaps), von dem es verschiedene Geschmackssorten gibt. Die beliebtesten sind *loza* (Weinbrand), *šljivovica* (Pflaumenschnaps) und *travarica* (Kräuterschnaps). Die istrische Grappa ist ausgezeichnet und wird in vielfältigen Geschmacksrichtungen von *medica* (Honig) bis *biska* (Mistel) sowie verschiedenen Beeren angeboten. Die Insel Vis ist für ihren leckeren *rogačica* (Johannisbrotschnaps) bekannt. Es ist üblich, vor dem Essen etwas Hochprozentiges zu trinken. Andere beliebte Getränke sind *vinjak* (Kognac), maraschino (Kirschlikör aus Zadar), *prosecco* (süßer Dessertwein) und *pelinkovac* (Kräuterlikör).

Die beiden besten Biersorten (*pivo*) sind das Ožujsko aus Zagreb und das Karlovačko aus Karlovac. Die kleine Brauerei Velebitsko ist bei Kennern beliebt, ihr Bier aber nur in wenigen Bars und Geschäften erhältlich, und das meistens nur auf dem kroatischen Festland. Am besten schon mal *živjeli!* (Prost!) üben.

Wein ist ein wichtiger Bestandteil kroatischer Mahlzeiten, aber Weinliebhaber dürften den Kopf darüber schütteln, dass die Kroaten ihren Wein mit Wasser verdünnen. Das entsprechende Getränkt nennt sich in Dalmatien *bevanda* (Rotwein mit Wasser) und im festländischen Kroatien (insbesondere im Zagorje) *gemišt* (Weißweinschorle). Dabei ist diese Verwässerung gar nicht notwendig. Obwohl nicht Weltklasse, so sind kroatische Weine durchaus trinkbar und zuweilen sogar hervorragend. Fast jede Region produziert ihren eigenen Wein, aber istrische Weine sind die besten. Die Hauptreben sind die weiße *malvazija*, der rote *teran* und der süße *muškat*. Der Fremdenverkehrsverein hat Weinrouten auf der Halbinsel ausgewiesen, sodass man die Winzer auf ihren Weingütern und -kellern besuchen kann. Zu den Hauptweinproduzenten zählen Coronica, Kozlović, Matošević, Markežić, Degrassi und Sinković.

Die Region Kvarner ist für ihren *žlahtina* aus Vrbnik auf der Insel Krk bekannt; Katunar ist die bekannteste Winzerei. Dalmatien hat eine lange

DER OLIVENÖL-BOOM VON ISTRIEN Anja Mutić

Auf Veli Brijun (Brijuni-Inseln) gibt es einen Ölbaum, der nachweislich 1600 Jahre alt ist. Sogar die frühen griechischen und römischen Manuskripte priesen die Qualität des istrischen Olivenöls. Heutzutage erlebt das uralte landwirtschaftliche Erzeugnis eine Renaissance: Es gibt auf der Halbinsel Istrien 94 offizielle Produzenten und ein ganzes Netz an ausgeschilderten Olivenöl-Straßen. In Istrien werden die Pflanzen mit ganz besonderer Hingabe kultiviert, jeder Ölbaum wird gehegt und gepflegt. Mehrere Produzenten haben renommierte internationale Auszeichnungen und Spitzennoten für ihr fruchtiges Öl erhalten. Und das ist bei dem starken Wettbewerb auf dem weltweiten Olivenölmarkt schon etwas Besonderes.

Duilio Belić ist ein relativer Neuling in der Olivenölszene. Er wuchs als Sohn eines Bergmanns in Raša auf und wurde zunächst erfolgreicher Geschäftsmann in Zagreb, bevor er Kroatiens neuesten gastronomischen Trend mitbegründete: die Olivenölverkostung. Zusammen mit seiner Frau Bosiljka, einer Landwirtschaftsspezialistin, kaufte er vor sieben Jahren einen alten Olivenhain in der Nähe von Fažana und begann etwas, das nun unter Gourmets zu einem echten Hit geworden ist. Inzwischen besitzt Belić fünf Haine mit Ölbäumen an drei verschiedenen Orten in Istrien – insgesamt 5500 der Gewächse mit den silbrig glänzenden Blättern.

Unter der Marke Oleum Viride werden acht verschiedene Extra-virgine-Olivenöle produziert, die jeweils aus einer Olivensorte gepresst werden. Vier davon werden aus einheimischen Sorten hergestellt – Buža, Istarska Bjelica, Rosulja und Vodnjanska Crnica. Das Vorzeigeöl ist Selekcija Belić, eine Mischung aus sechs einzelnen Sorten mit einem Vanille-Chicoree-Geschmack.

Bei einem Kaffee in einem Café in Fažana erinnert mich Duilio an eine einfache Tatsache, die viele vergessen: Oliven sind eine Frucht und Olivenöl ist ein Fruchtsaft. Wie beim Wein, können auch bestimmte Öle mit bestimmten Gerichten kombiniert werden, um so den Geschmack zu verstärken. Selekcija Belić etwa passt wunderbar zu Lamm und Kalb in einer *peka* (gewölbter Topf) oder einem Omelett mit wildem Spargel. Das hochgeschätzte Buža-Öl passt wiederum hervorragend zu rohem Fisch und Fleisch sowie zu Pilzen und gegrilltem Gemüse. Das gold-grüne Istarska Bjelica mit seinem Duft nach gemähtem Gras und einem Hauch Radicchio ist eine ideale Ergänzung zu Schokoladeneis oder dunklem Haselnuss-Schokoladenkuchen.

Da mir das alles zu abstrakt ist, ziehen wir ins Vodnjanka (S. 178) um, einem Restaurant in Pula. Hier zieht Duilio einen Kasten mit einer Auswahl seiner Öle hervor und bestellt eine Vorspeisenplatte. Nun lerne ich, wie man Olivenöl kostet. Eine kleine Menge wird in ein Weinglas geschüttet. Mit der Hand wärmt man es, damit das Öl Körpertemperatur erreicht. Dann verschließt man mit der Hand das Weinglas, um das natürliche Aroma des Öls freizusetzen. Anschließend probiert man eine kleine Menge, hält das Öl zunächst am vorderen Gaumen und schluckt es dann in einem Zug hinunter.

Diese Verkostungen liegen bei kroatischen Feinschmeckern inzwischen voll im Trend. Duilio organisiert sie für einen großen Freundeskreis und hofft, sie zukünftig auch in seinen Hainen anbieten zu können.

In der Zwischenzeit können seine Öle in den folgenden kroatischen Spitzenrestaurants verkostet werden: im Bevanda (S. 141) in Opatija, im Valsabbion (S. 178) und im Milan (S. 178) in Pula, im Kukuriku (S. 137) in Rijeka, im Foša (S. 213) in Zadar und im Damir i Ornella (S. 190) in Novigrad. Bei 650 KN pro Liter (400 KN direkt vom Hersteller) sind sie nicht gerade billig, aber das Erlebnis ist jede Lipa (die kleine Währungseinheit) wert.

Meine letzte Frage an Duilio stelle ich, während wir Vodnjanska Crnica in einer *manestra* (einer dicken Gemüse-Bohnen-Suppe vergleichbar mit Minestrone) probieren. Warum ist Istrien so ein dankbarer Boden für Oliven? „Es liegt an der Mikrolage", sagt Duilio. „Außerdem ernten wir die Oliven, anders als in Dalmatien, früh im Jahr, um die natürlichen Antioxidantien und Nährstoffe zu bewahren. Die Öle schmecken zwar eventuell etwas bitterer, sind aber gesünder".

Als sich unsere Wege trennen, frage ich ihn noch – fasziniert von seiner Leidenschaft für Olivenöl –, warum er denn dieses geschäftliche Neuland betreten hat. „Es ist ganz einfach: Ich liebe das Essen, ich liebe den Wein, ich liebe alle guten Dinge des Lebens", antwortet er. „Und Olivenöl gehört dazu."

Tradition der Weinherstellung – auf Korčula sollte man nach *pošip, rukatac* und *grk* Ausschau halten, auf der Halbinsel Pelješac nach *dingač* und *postup*, auf Hvar nach *mali plavac* (das Plenković-Weingut ist Spitze) und auf Vis nach *brač* und *vugava*. Slawonien produziert erstklassige Weißweine, darunter *graševina*, Rheinriesling und *traminac* (s. S. 126).

Starker *kava* (espressoartiger Kaffee), der in Mini-Tassen serviert wird, ist in ganz Kroatien beliebt. Man kann ihn abgemildert mit Milch (*macchiato*) trinken oder einen Cappuccino bestellen. Mancherorts gibt es auch entkoffeinierte Varianten. Dies wird aber als eine Art Sakrileg betrachtet, denn die Kroaten lieben ihren Kaffee. Kräutertees sind generell erhältlich, aber der schwarze Tee (*čaj*) dürfte echten Teetrinkern meist nicht stark genug sein. Das Leitungswasser ist trinkbar.

FESTESSEN

Kroaten lieben es, zu essen und freuen sich über jeden Anlass für ein Festessen. Bei Feiertagen und bei Familienfesten wie Hochzeiten und Taufen spielt das Essen daher eine große Rolle.

Wie in anderen katholischen Ländern auch, essen die meisten Kroaten an *Badnjak* (Heiligabend) kein Fleisch, sondern Fisch. In Dalmatien ist das klassische Gericht an Heiligabend *bakalar* (getrockneter Salzkabeljau). Am ersten Weihnachtstag werden dann gebratenes Spanferkel, Truthahn mit *mlinci* oder ein anderes Fleischgericht aufgetischt. Ebenfalls als Weihnachtsessen beliebt ist *sarma*: mit Hackfleisch gefüllte Sauerkrautwickel. Frisches Heiligabendbrot, auch *Badnji Kruh* genannt, steht im Mittelpunkt des Festessens. Es wird mit Honig, Nüssen und getrockneten Früchten gebacken. Eine weitere Tradition ist der Weihnachtszopf aus glasiertem Teig mit Muskatnuss, Rosinen und Mandeln. Oft wird er mit Weizen und Kerzen verziert und bis Heilige Drei Könige (6. Januar) auf dem Tisch stehen gelassen und dann erst angeschnitten und gegessen. *Orahnjača* (Walnusskuchen), *fritule* (Krapfen) und *makovnjača* (Mohnkuchen) sind bei Feierlichkeiten beliebte Nachspeisen.

Das typischste Ostergericht ist Schinken mit gekochten Eiern und frischem Gemüse. *Pinca*, ein süßes Hefebrot, ist eine weitere Ostertradition, vor allem in Dalmatien.

Die Geschichte der Weinerzeugung in Istrien geht auf die alten Phönizier und Griechen zurück. So richtig florierte die Weinproduktion allerdings erst während der Römerzeit (177 v. Chr.–476 n. Chr.).

WOHIN ZUM ESSEN?

Ein *restauracija* oder *restoran* (Restaurant) steht an der Spitze der gastronomischen Skala. Hier findet das Essen in einer etwas förmlicheren Atmosphäre statt, neben einer Speisekarte gibt es auch eine umfassende Weinkarte. Eine *gostionica* oder *konoba* ist meist ein einfaches Lokal im Familienbesitz – die verwendeten Zutaten kommen häufig sogar aus dem eigenen Garten. Eine *pivnica* ist eher eine Kneipe und bietet mehrere Biersorten an. Manchmal gibt es dort auch ein warmes Gericht oder ein Sandwich. Eine *kavana* ist ein Café, in dem man sich stundenlang an seinem Kaffee festhalten und dazu Kuchen und Eis genießen kann. Eine *slastičarna* (Bäckerei) serviert Eiscreme, Kuchen, Strudel und manchmal Kaffee. Man muss die Leckereien aber meistens im Stehen essen oder für unterwegs mitnehmen. Eine *samoposluživanje* (Cafeteria mit Selbstbedienung) eignet sich für eine schnelle Mahlzeit. Hier kann der Standard zwar sehr unterschiedlich sein, dafür reicht es aber aus, auf das gewünschte Gericht zu zeigen.

Wer nicht in einem Hotel mit Frühstück wohnt und gerne ausgedehnt frühstückt, hat ein Problem. Problemlos bekommt man allerdings einen Kaffee in einem Café oder Teigwaren in einer Bäckerei. Ansonsten muss man sich mit Brot, Käse und Milch in einem Supermarkt eindecken und dann picknicken. Hotelgäste bekommen zumeist ein Frühstücksbüfett mit

Cornflakes, Brot, Joghurt, Aufschnitt, Obstsaft (aus Konzentrat) und Käse. Die gehobenen Hotels haben bessere Büfetts mit Eiern, Würstchen und selbst gebackenem Plundergebäck.

Obst und Gemüse vom Markt und eine Auswahl an Brot, Käse und Schinken vom Supermarkt – und schon ist ein gesundes Mittagspicknick zusammengestellt. Am Feinkosttresen in den Supermärkten oder Lebensmittelläden wird einem – wenn man nett darum bittet – ein Sandwich mit  *sir* (Käse) oder *pršut* (Prosciutto) belegt, in der Regel bezahlt man nichts für den Service.

VEGETARIER & VEGANER

Ja ne jedem meso (ich esse kein Fleisch) ist ein nützlicher Satz, aber auch dann wird einem womöglich Suppe mit Speckeinlage serviert. Aber auch das ändert sich allmählich. Vegetarisches Essen hält inzwischen auch in Kroatien Einzug, vor allem in den größeren Städten. In Zagreb, Rijeka, Split und Dubrovnik gibt es inzwischen vegetarische Restaurants. Sogar normale Restaurants in den größeren Städten bieten vegetarische Gerichte auf ihrer Karte. Im Norden (Zagorje) und im Osten (Slawonien) haben es Vegetarier dagegen schwerer, da die traditionelle Küche hier sehr fleischorientiert ist. Zu den Spezialitäten ohne Fleisch gehören *maneštra od bobića* (Suppe aus Bohnen und frischem Mais) und *juha od krumpira na zagorski način* (Zagorjer Kartoffelsuppe). Wem das nicht reicht, kann außerdem noch *štrukli* (mit Frischkäse gefüllte Teigtaschen) oder *blitva* (gekochter Mangold, wird oft mit Kartoffeln, Olivenöl und Knoblauch serviert) bestellen. An der Küste gibt es jede Menge Pastagerichte und Risottos mit verschiedenem Gemüse und leckerem Käse. Wer auch Fisch und Meeresfrüchte isst, wird fast überall fürstlich speisen.

FÜR KLEINE ESSER

Die Kroaten sind kinderfreundlich. Die entspannte Esskultur bedeutet auch, dass man die Sprösslinge praktisch überallhin mitnehmen kann. Sogar die gehobeneren Restaurants haben kinderfreundliche Nudel- oder Reisgerichte auf der Speisekarte. Kinderportionen sind leicht zu bekommen. Allerdings sind Hochstühle für die Kleinsten selten, und Lokale haben meist keine speziellen Räume zum Windelwechseln. Babynahrung und Milchpulver bekommt man problemlos in den meisten Supermärkten und Apotheken, nach Altersgruppen sortiert. Für mehr Informationen über das Reisen mit Kindern siehe S. 297.

Der in Zadar produzierte Maraschino-Likör aus Sauerkirschen wurde im frühen 16. Jh. von Apothekern erfunden, die im Dominikanerkloster in Zadar arbeiteten.

ESSKULTUR

Im ganzen ehemaligen Jugoslawien war Burek das übliche *doručak* (Frühstück). Heutzutage bevorzugen moderne Kroaten meist einen leichteren Start in den Tag: in der Regel Kaffee und Plundergebäck mit Joghurt und frischem Obst.

Restaurants öffnen um 12 Uhr zum *ručak* (Mittagessen) und servieren dann in der Regel durchgehend bis Mitternacht Essen. Das kann ungemein praktisch sein, wenn man zu einer ungewöhnlichen Stunde in einer Stadt ankommt oder einfach mehr Zeit am Strand verbringen möchte. Kroaten essen meistens entweder früh eine *marenda* oder ein *gablec* (billiges sättigendes Mittagessen) oder ein spätes, ausgedehntes Mittagessen. Zum Abendessen (*večera*) gibt es meist weniger zu essen. Allerdings haben sich die meisten Restaurants an die Bedürfnisse der Touristen angepasst, die oft lieber abends ordentlich essen. Nur wenige Kroaten können es sich leisten, regelmäßig essen zu gehen. Wenn sie es tun, handelt es sich meistens um einen größeren Familienausflug am Samstagabend oder Sonntagnachmittag.

Die Kroaten sind stolz auf ihre Küche und ziehen sie mit Abstand allen anderen vor (außer der italienischen). Außerhalb der größeren Städte gibt es nur wenige Restaurants, die internationale Gerichte servieren (meist sind es chinesische und mexikanische Gerichte) oder Varianten der traditionellen kroatischen Speisen anbieten.

KOCHKURSE

Kochkurse in Kroatien werden immer beliebter. Da sie sich hauptsächlich an ein betuchtes Publikum wenden, sind sie nicht gerade billig. Die britische Firma **My Croatia** (☎ www.mycroatia.co.uk) bietet gehobenen Gourmeturlaub in Zagreb, Lovran und Istrien. Die Preise beginnen bei 990 € pro Person im Doppelzimmer und schließen sieben Nächte in einem guten Hotel, private Führungen, Gourmetessen, Weinproben und den Kochkurs mit ein. Die billigste Option ist ein Drei-Tage-Kurztrip nach Zagreb für 660 € pro Person. Eine Zagreber Firma **Delicija 1001** (www.1001delicija.com) organisiert viele Kochkurse und Gourmetveranstaltungen. Optionen und Preise variieren dabei stark. Ein eintägiger Kochkurs in Zagreb oder Istrien (mit Marktbesuch, Kochunterricht, Essen und Wein) beginnt bei 125 € pro Person. Ein Wochenend-Kochkurs in Istrien oder Dalmatien – incl. Unterkunft, Mahlzeiten mit Wein und Kochunterricht – kostet 260–360 € pro Person. Ein vergleichbares Wochenende in einem istrischen *agroturizmi* (Agrotourismo-Unterkunft) beginnt bei 190 € pro Person.

SPRACHFÜHRER ESSEN

Um sich in Lokalen zurechtzufinden, sollte man einige Grundbegriffe kennen. Hinweise zur Aussprache siehe S. 350.

Was heißt ...?

Ich habe Hunger.	*Ja sam gladan/gladna.* (m/w)	ja ßam *gla*·dan/*glad*·na
Ich bin Vegetarier/in.	*Ja sam vegetarijanac/*	ja ßam we·ge·ta·ri·*ja*·natz/
	vegetarijanka. (m/w)	we·ge·ta·*ri*·jan·ka
Ich esse kein Fleisch.		
	Ja ne jedem meso.	ja ne *je*·dem *me*·ßo
Ober!/Kellner!	*Konobar!*	ko·no·bar
Die Karte bitte.	*Molim vas jelovnik.*	mo·lim waß je·low·nik
Was ist die Spezialität	*Što je vaš specijalitet kuće?*	schto je wasch
des Hauses?		ßpe·tzi·ja·*li*·tet *ku*·tsche
Was würden Sie empfehlen?	*Što biste nam preporučili?*	schto *bi*·ste nam
		pre·po·*ru*·tschi·li
Die Rechnung bitte.	*Molim vas donesite račun.*	mo·lim waß do·*ne*·ßi·te
		ra·tschun
Guten Appetit!	*Dobar tek!*	do·bar tek

Essglossar

GRUNDLEGENDES

čaša	tscha·scha	Glas
doručak	do·ru·tschak	Frühstück
kavana	ka·*wa*·na	Café
mlijeko	mli·*je*·ko	Milch
nož	nosch	Messer
papar	*pa*·par	Pfeffer
pivnica	piw·ni·tza	Kneipe
račun	*ra*·tschun	Rechnung

restoran	re·ßto·ran	Restaurant
ručak	ru·tschak	Mittagessen
šećer	sche·tcher	Zucker
sol	ßol	Salz
tvečera	we·tsche·ra	Abendessen
viljuška	wi·ljusch·ka	Gabel
voda	wo·da	Wasser
žlica	schli·tza	Löffel

GETRÄNKE

biska	bi·ßka	Mistelschnaps
pelinkovac	pe·lin·ko·watz	Wermutwein
pivo	pi·wo	Bier
prosecco	pro·ße·ko	süßer Dessertwein
rogačica	ro·ga·tschi·tza	Johannisbrotschnaps
šljivovica	schlij·wo·wi·tza	Pflaumenschnaps
travarica	tra·wa·ri·tza	Kräuterbranntwein
vinjak	wi·njak	Kognac

FISCH

bakalar	ba·ka·lar	Kabeljau
brancin	bran·tzin	Seebarsch
dagnja	dag·nja	Miesmuschel
lignje	lig·nje	Tintenfisch
losos	lo·ßoß	Lachs
oslić	o·ßlitch	Seehecht
pastrva	paß·tr·wa	Forelle
prstaci	prß·ta·tzi	Schalentier
rak	rak	Krebs
riba	ri·ba	Fisch
šaran	scharan	Karpfen
škamp	schkamp	Garnele, Krabbe

FLEISCH

govedina	go·we·di·na	Rindfleisch
guska	gu·ßka	Gans
janjetina	ja·nje·ti·na	Lamm
patka	pat·ka	Ente
piletina	pi·le·ti·na	Huhn
pršut	pr·schut	Rohschinken
purica	pu·ri·tza	Truthahn
šunka	schun·ka	Kochschinken
svinjetina	ßwi·nje·ti·na	Schweinefleisch

GEMÜSE & OBST

artičoka	ar·ti·tscho·ka	Artischocke
breskva	breß·kwa	Pfirsich
jabuka	ja·bu·ka	Apfel
krumpir	krum·pir	Kartoffel
kukuruz	ku·ku·rus	Mais
kupus	ku·puß	Kohl
luk	luk	Zwiebel
naranča	na·ran·tscha	Apfelsine
paprika	pa·pri·ka	frische Paprika
rajčica	rai·tschi·tza	Tomate

riža	*ri*·scha	Reis
tartufi	tar·*tu*·fi	Trüffel

VORSPEISEN

brodet	bro·det	Fischsuppe aus verschiedenen Fischsorten mit Polenta; auch *brodetto* genannt
burek	*bu*·rek	dicke Teigblätter mit Fleisch- oder Käsefüllung
buzara	bu·*sa*·ra	Soße aus Tomaten, Zwiebeln, Kräutern, Weißwein und Semmelbröseln, wird meist zu Schalentieren serviert
juha od krumpira na zagorski način	*ju*·ha od krum·*pi*·ra na *sa*·gor·ßki *na*·tschin	Zagorjer Kartoffelsuppe
klipići	*kli*·pi·tschi	Varaždins spezielles Brot in Fingerform
kulen	*ku*·len	Wurst mit Paprikageschmack
maneštra	ma·*nesch*·tra	Gemüse-Bohnen-Suppe, vergleichbar der Minestrone
maneštra od bobića	ma·*nesch*·tra od bo·*bi*·tscha	Suppe aus Bohnen und frischem Mais
miješana salata	mi·*je*·scha·na ßa·*la*·ta	gemischter Salat
paški sir	*pasch*·ki ßir	Schafsmilchkäse von der Insel Pag
pršut	*pr*·schut	Rohschinken
štrukli	*schtru*·kli	gebackene Käsebällchen
turšija	*tur*·schi·ja	eingelegtes Gemüse

HAUPTGERICHTE

blitva	*blit*·wa	gekochter Mangold, wird oft mit Kartoffeln, Olivenöl und Knoblauch serviert
ćevapčići	tsche·*wap*·tschi·tschi	kleine pikante Hackfleischröllchen vom Rind, Lamm oder Schwein
crni rižoto	*tzr*·ni ri·*zho*·to	„schwarzes Risotto", meistens mit Sepia, Tintenfisch, Olivenöl, Knoblauch, Petersilie und Rotwein
fiš paprikaš	fisch pap·ri·kasch	Fischgulasch mit Paprika
fuži	*fu*·si	istrische handgemachte Röhrennudeln
gulaš	*gu*·lasch	Gulasch
hrvatska pisanica	*hr*·wat·ßka pi·*ßa*·ni·tza	Hacksteak in einer pikanten Soße aus Pilzen, Tomaten und Rotwein
husarska pečenka	*hu*·ßar·ßka *pe*·tschen·ka	Steak mit Zwiebeln und gebratenem Speck
lignje na žaru	*lig*·nje na *zha*·ru	gegrillter Tintenfisch
mlinci	*mlin*·tzi	gebackene Nudeln
pašticada	pasch·ti·*tza*·da	in Wein und Gewürzen gedünstetes Rindfleisch, mit Gnocchi serviert
pečenje	pe·*tsche*·nje	am Spieß gebratenes Fleisch
pileći ujušak	*pi*·le·tschi u·ju·schak	Hühnergulasch
pljeskavica	*plje*·ßka·wi·tza	Hacksteak vom Grill
prženi krumpir	*pr*·zhe·ni *krum*·pir	Bratkartoffeln
punjene paprike	*pu*·nje·ne *pa*·pri·ke	mit Rinder- bzw. Schweinehack und Reis gefüllte Paprika mit Tomatensoße
purica s mlincima	*pu*·ri·tza ß *mlin*·tzi·ma	Pute mit *mlinci*
ražnjići	*razh*·nji·tschi	auf einem Spieß gegrillte Schweinefleischstücke
riblji rižoto	*rib*·lji ri·*zho*·to	Fischrisotto, meist mit Tomatensoße
rižoto	ri·*zho*·to	Risotto
šurlice	*schur*·li·tze	handgerollte Nudeln von der Insel Krk mit Gulasch oder Meeresfrüchten
zagrebački odrezak	sa·gre·batsch·ki od·res·ak	paniertes Kalbsteak, mit Schinken und Käse gefüllt

NACHSPEISEN

amareta	a·ma·*re*·ta	runder, schwerer Kuchen mit Mandeln
cukarini	tzu·ka·*ri*·ni	süßer Keks
klajun	kla·*jun*	mit Walnüssen gefüllte Teigware
kremšnite	*krem*·schni·te	Cremeschnitte
palačinke	pa·la·*tschin*·ke	dünne, mit Marmelade, Schokolade oder Walnusspaste gefüllte Pfannkuchen
palačinke sa sirom	pa·la·*tschin*·ke ßa *ßi*·rom	mit Frischkäse, Zucker, Rosinen, Ei und saurer Sahne gefüllte Pfannkuchen, die im Ofen gebacken werden

Natur & Umwelt

GEOGRAFIE

Kroatien sieht auf der Karte aus wie eine Sichel: Zunächst erstreckt es sich von der pannonischen Tiefebene Slawoniens zwischen den Flüssen Save, Drau und Donau über das hügelige Mittelkroatien bis zur Halbinsel Istrien. Von dort verläuft es Richtung Süden durch Dalmatien, entlang der zerklüfteten Adriaküste. Diese ungewöhnliche geografische Lage macht es nicht gerade einfach, das Land zu umrunden. Wer in Zagreb startet, kann am Ende von Dubrovnik aus entweder nach Zagreb zurückfliegen und von dort aus den Heimweg antreten, durch Split über Land zurückfahren oder mit dem Auto Bosnien und Herzegowina durchqueren, um von Osten her wieder in Kroatien einzureisen.

Der schmale kroatische Küstenstreifen am Fuß des Dinarischen Gebirges misst nach Luftlinie nur 600 km. Da er so zerklüftet ist, sind es aber tatsächlich 1778 km. Wenn man die 4012 km Küste rund um die vorgelagerten Inseln hinzufügt, ist man bei 5790 km. Die meisten „Strände" entlang dieser zerklüfteten Küste bestehen aus Felsvorsprüngen, auf denen zuweilen FKK-Anhänger anzutreffen sind. Sandstrände sollte man also nicht erwarten, aber das Meer ist absolut sauber, sogar um große Städte herum.

Die kroatischen Inseln sind genauso schön wie die Inseln vor der Küste Griechenlands. Es gibt 1185 Inseln und Inselchen entlang der Adriaküste; davon sind 66 bewohnt. Die größten sind Cres, Krk, Mali Lošinj, Pag und Rab im Norden, Dugi Otok in der Mitte, und Brač, Hvar, Korčula, Mljet und Vis im Süden. Die meisten Eilande sind karg, von Nordwest nach Südost länglich ausgerichtet und tragen hohe Berge, die direkt ins Meer abfallen.

Das schöne Wetter auf Hvar ist so beständig, dass Hotels einen Rabatt gewähren, falls der Himmel mal verhangen ist. Der Aufenthalt ist kostenlos, sollte es einmal schneien.

TIERE & PFLANZEN
Tiere

Hirsche und Rehe gibt es in den dichten Wäldern des Nationalparks Risnjak (S. 143) reichlich, aber auch Braunbären, Wildkatzen und die Luchse (ris), nach denen der Park benannt ist. Gelegentlich sieht man sogar Wölfe oder Wildschweine, aber nur sehr selten. Der Nationalpark Plitwitzer Seen (S. 215) hingegen ist ein wichtiges Schutzgebiet für Wölfe. Außerdem wird hier, wie auch im Nationalpark Krka (S. 235), der Fischotter geschützt. Es

In Kroatien gibt es etwa 400 freilebende Bären.

KARSTHÖHLEN & WASSERFÄLLE

Die größte geologische Besonderheit Kroatiens ist das häufige Vorkommen von Karst, einem sehr porösen Kalk- und Dolomitgestein. Dieser Karst, der sich von Istrien nach Montenegro erstreckt und große Teile des Landesinnern bedeckt, entsteht, wenn oberirdisches Kalkgestein Wasser aufnimmt und anschließend zerfetzt wird. Das Wasser kann somit in die härteren Gesteinsschichten darunter eindringen. Im Laufe der Zeit bildet das Wasser unterirdische Flüsse, gräbt sich Spalten und Höhlen, bevor es wieder auftaucht, in der nächsten Höhle verschwindet und sich schließlich ins Meer ergießt. Höhlen und Quellen sind häufige unterirdische Merkmale von Karstlandschaften. Karstphänomene sind Kroatiens Schlucht von Pazin (S. 197), die Plitwitzer Seen (S. 215), die Krka-Wasserfälle (S. 236) und die Höhle Manita Peć (S. 221) in Paklenica. Die zerklüftete, spärlich bewachsene oberirdische Landschaft ist spektakulär, aber Abholzung, Wind und Erosion haben den Boden für die Landwirtschaft unbrauchbar gemacht. Wenn Kalkstein führende Schichten in sich zusammenbrechen, entsteht eine Art Senke (eine sogenannte *polje*), die dann kultiviert werden kann. Nachteil für den Bauern ist aber die schlechte Entwässerung dieser Felder: Bei hohen Niederschlägen verwandeln sich solche Poljen vorübergehend in temporäre Seen.

gibt eine Brutkolonie von Gänsegeiern (Flügelspannweite 2, 60 m) auf Cres (S. 153), und der Nationalpark Paklenica (S. 219) ist der Lebensraum zahlreicher Greifvögel. Der Nationalpark Krka liegt auf einer Hauptzugvogelroute und ist ein wichtiges Winterquartier für Feuchtgebiete liebende Durchzügler. Der Naturpark Kopački Rit (S. 124) nahe Osijek in Ostkroatien ist ein bedeutendes Vogelreservat.

Zwei Giftschlangen – die Hornviper und die Kreuzotter – sind in Paklenica beheimatet. Ungiftige Leopardnattern, Vierstreifennattern, Ringelnattern sowie den Scheltopusik, der einer großen Blindschleiche ähnelt, trifft man in den Nationalparks Paklenica und Krka an.

Die kroatische Währung Kuna ist nach dem Pelz des Steinmarders (*kuna*) benannt, der unter den Venezianern als Währung verwendet wurde.

Pflanzen

Die reichhaltigste Flora gedeiht im Velebit-Gebirge. Es gehört zum Dinarischen Gebirge, das die Kulisse der zentralen dalmatinischen Küste abgibt. Botaniker haben dort 2700 Arten und 78 endemische Pflanzen gezählt, darunter das zunehmend bedrohte Edelweiß. Der Nationalpark Risnjak ist ebenfalls ein guter Ort, um Edelweiß zu entdecken, aber auch Schwarzes Kohlröschen, Türkenbundlilie und Bewimperte Alpenrose gedeihen hier. Das trockene Mittelmeerklima entlang der Küste ist ideal für die Macchia, eine niedrige Formation von Dorngebüsch, die entlang der gesamten Küste und insbesondere auf der Insel Mljet reichlich vorkommt. Entlang der Küste wachsen Oleander, Jasmin, der Erdbeerbaum und Wacholder, und auf der Insel Hvar wird Lavendel angebaut.

NATIONALPARKS

Als die jugoslawische Föderation zerbrach, blieben acht der schönsten Parks in Kroatien. Mit einer Gesamtfläche von 994 km², davon 235 km² Wasser, bedecken sie 7,5 % des Landes. Der Nationalpark Risnjak (S. 143) südwestlich von Zagreb ist der unberührteste bewaldete Park, wohl auch deshalb, weil das Klima in der Höhenlage schon etwas unwirtlich ist (Durchschnittstemperatur im Juli: 12,6 °C). Die Winter sind lang und schneereich, aber wenn der Frühling Ende Mai oder Anfang Juni kommt, blüht alles gleichzeitig auf. Im Park wurden mit Absicht keine Einrichtungen für Touristen geschaffen, denn es sollen sich möglichst nur echte Bergliebhaber anmelden. Der Haupteingang ist das Motel und Infozentrum in Crni Lug.

Aufgrund seiner dramatisch geformten Karstschluchten und -felsen ist der Nationalpark Paklenica (S. 219) an der Küste bei allen Kletterern höchst beliebt. Jährlich findet dort Anfang Mai ein Kletterwettbewerb statt. Große Grotten und Tropfsteinhöhlen ziehen auch Forscher an, und es gibt kilometerlange Wanderpfade. Touristisch ist dieser Nationalpark sehr gut erschlossen. Insgesamt rauer ist der gebirgige Nationalpark Nördliche Velebit.

Die Wasserfälle des Nationalparks Plitwitzer Seen (S. 215) wurden durch Moose gebildet, die Kalziumkarbonat zurückhalten, wenn das Flusswasser durch den Karst schießt. Dabei lagert sich Travertin oder Kalktuff ab, aus dem wiederum Pflanzen sprießen, so dass die Flussbarrieren immer weiter anwachsen. Der Park ist zum Unesco-Weltnaturerbe erklärt worden und ist von Zagreb oder Zadar aus leicht zu erreichen.

Der Nationalpark Krka (S. 235) hat eine noch größere Anzahl an Seen und Wasserfällen anzubieten als Plitwitz. Die Flüsse Zrmanja, Krka, Cetina und Neretva bilden allesamt Wasserfälle. Das flussaufwärts gelegene Kraftwerk Manojlovac kann jedoch die Wassermengen manipulieren; im Juli oder August ist das Schauspiel also oft weniger ansehnlich. Der Hauptzugang liegt in Skradinski Buk; der größte Wasserfall ist 800 m breit.

Die Kornaten (S. 237) bestehen aus 140 Inseln, Inselchen und Riffen, die über 300 km² verstreut sind. Sie sind nur spärlich besiedelt und wenig bewachsen, doch die wunderbar zerklüftete Form der Inseln und Felsformationen machen sie höchst sehenswert. Wer kein eigenes Boot besitzt, muss von Zadar aus an einer organisierten Tour teilnehmen.

Die nordwestliche Hälfte der Insel Mljet (S. 306) ist aufgrund seiner zwei stark zerklüfteten Salzwasserseen, die von üppiger Vegetation eingefasst sind, zum Nationalpark erklärt worden. Auf Mljet ist die Macchia dichter und höher als fast überall sonst im Mittelmeerraum, was sie zum natürlichen Refugium für viele Tiere macht. Schlangen nahmen deshalb auf der Insel überhand, bis 1909 der indische Mungo eingeführt wurde. Diese idyllische Insel kann regelmäßig per Schiff von Dubrovnik aus angesteuert werden.

Die Brijuni-Inseln (S. 180) sind der am stärksten kultivierte Nationalpark, da sie bereits im späten 19. Jh. als Touristenziel entwickelt wurden. Sie waren Titos Ferienparadies und ziehen nun die Schickeria mit ihren zahlreichen Yachten an. Der Zugang ist jedoch beschränkt, und man kann die Inseln nur im Rahmen organisierter Touren besuchen.

UMWELTPROBLEME

Das Fehlen von Schwerindustrie hat in Kroatien den angenehmen Effekt, dass die Wälder, Küsten, Flüsse und die Luft generell frisch und sauber geblieben sind. Eine Zunahme an Investitionen und Entwicklungen zieht jedoch auch Probleme und Bedrohungen für die Umwelt nach sind: Mit dem Urlauberstrom ist die Nachfrage nach frischem Fisch und Meeresfrüchten exponenziell gestiegen. Da der normale Fischfang das nicht mehr hergibt, bleibt für die Kroaten als einzige Alternative die Fischzucht. Die Zucht von Barschen, Brassen und Thunfisch (für den Export) steigt entlang der Küste rasant – mit allen damit verbundenen Umweltproblemen. Besonders besorgniserregend ist die Tatsache, dass Thunfischzüchter Jungfische zum Mästen fangen, bevor diese laichen und den Bestand sichern können.

Auch abseits der Küste gibt es trotzdem einige Probleme: 23 % des Landes sind bewaldet, allerdings sind diese Wälder stark bedroht. Schätzungen zufolge sind ca. 50 % als Folge von saurem Regen, der seinen Ursprung zumeist in den Nachbarstaaten hat, stark angegriffen. Holzfällerei und Rodungen für Bauvorhaben lassen ca. 1000 ha pro Jahr verschwinden.

Küsten- und Inselwälder sind besonderen Problemen ausgesetzt. Sie wurden bereits von Venezianern für den Schiffsbau abgeholzt, später dann von Einheimischen, die dringend Brennmaterial benötigten. Zudem begünstigen trockene Sommer und frische *maestrals* (starke, beständige Westwinde) entlang der Küste das Risiko von Waldbränden. In den letzten 20 Jahren haben Brände 7 % der kroatischen Wälder zerstört.

Die Meerestemperatur der Adria schwankt zwischen 7 °C im Dezember und 23 °C im September.

Boots-tour

Obwohl das Meer entlang der Adriaküste eines der saubersten der Welt ist, hat Überfischung die Fischbestände stark reduziert.

Die Webseite des Ministeriums für Umweltschutz (www.mzopu.hr) bietet viele Neuigkeiten über Kroatiens Umwelt.

ZAGREB

Zagreb

Jeder hat eine Vorstellung von Kroatien, von seiner Küste, seinen Stränden und Inseln, doch was die Hauptstadt betrifft, tauchen immer Fragen auf wie: „Ist es in Zagreb schön?" oder: „Lohnt sich eine Wochenendreise dorthin überhaupt?". Nun, hier ist ein für alle Mal die Antwort: Ja! Zagreb ist ein tolles Reiseziel, sei es für ein verlängertes Wochenende oder sogar eine ganze Woche. Die Stadt bietet jede Menge Kultur, Musik, Architektur, Gastronomie und auch sonst alles, was zu einer attraktiven Hauptstadt gehört. Zugegebenermaßen tobt das Nachtleben hier weniger intensiv als anderswo, zum Ausgleich gibt es jedoch eine lebendige Kunst- und Musikszene, die mit dem Zeitgeist mithalten kann.

Zagreb ist wie geschaffen für einen Bummel durch die Straßen, einen Besuch im Café oder einen Streifzug durch Museen und Galerien. Abgerundet wird das kulturelle Angebot durch ein abwechslungsreiches Theater-, Konzert-, Kino- und Musikprogramm. Dank ihrer landschaftlich reizvollen Umgebung hat die Stadt ganzjährig einen hohen Freizeitwert: Im Frühling und Sommer strömen die Einwohner hinaus zum Jezero Jarun (Jarun-See) im Südwesten. Dort gehen sie baden, paddeln oder tanzen in einer Diskothek am See die ganze Nacht hindurch. Im Herbst und Winter lädt die Medvednica zum Wandern bzw. Skifahren ein. Das Skigebiet ist ganz einfach mit der Straßenbahn erreichbar. Ein attraktives Wandergebiet liegt in der Nähe von Samobor am Fuß des Naturparkes Žumberak-Samoborsko gorje.

Rein optisch ist Zagreb eine Mischung aus typischer k. u. k.-Architektur in ihrer ganzen Pracht und den klaren Linien, die für die kommunistische Architektur typisch sind. Der Charakter der Stadt lebt teilweise von diesem Gegensatz: So sehr die Besucher eleganter Galerien, erstklassiger Restaurants und alternativer Musik- und Kulturveranstaltungen auch versuchen, sich vom Fußvolk abzuheben: Das Bevölkerungsgemisch können sie nicht ignorieren. Denn Zagreb wie auch ganz Kroatien sind vom Gegensatz zwischen der „Kultiviertheit" der mitteleuropäischen Kulturen und der „wilden Lebensart" des Balkans geprägt.

HIGHLIGHTS

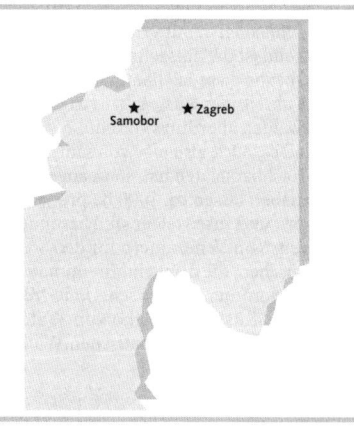

- Auf der **Tkalčićeva** (S. 97) einen Kaffee oder einen Cocktail schlürfen
- Durch die verschlungenen Gassen der **Oberstadt** (S. 81) streifen
- Nach einem Wandertag in **Samobor** (S. 103) einkehren und *štrukli* (Teigtaschen mit Käsefüllung) probieren
- Die Gemäldesammlung des **Museum Mimara** bestaunen (S. 89)
- Im **Maksimir Park** (S. 90) picknicken
- In **Mirogoj** (S. 89) zwischen Bäumen und Grabsteinen über Tod und Leben nachdenken

- VORWAHL: 01

ZAGREB

GESCHICHTE

Die dokumentierte Geschichte Zagrebs ist mit den zwei Hügeln der Stadt verknüpft: Der Kaptol, auf dem sich heute die Kathedrale erhebt, war im 11. Jh. eine blühende Siedlung, in der viele Kanoniker des Bistums Zagreb lebten. Auf dem nahe gelegenen Hügel Gradec entwickelte sich eine zweite kleine Siedlung, in der sich vor allem Kaufleute und Handwerker niederließen. Beide Siedlungen wurden jedoch beim Einfall der Mongolen 1242 zerstört.

Um auswärtigen Handwerkern einen Anreiz zu bieten, in die zerstörte Region zu ziehen, ließ König Bela eine Mauer um Gradec ziehen und richtete dort eine Art königlich kontrolliertes „Steuerparadies" mit vielen Privilegien ein. Kaptol wurde dagegen eher stiefmütterlich behandelt, bekam keine Stadtmauer und unterstand weiterhin der kirchlichen Gerichtsbarkeit. Im Lauf der Jahrhunderte entwickelte sich eine heftige Konkurrenz zwischen den beiden Siedlungen, die oft in Gewalttaten und kriegerischen Auseinandersetzungen eskalierten.

Mehrmals schlossen die Kaptoler Bischöfe die Bürger der Oberstadt Gradec aus der Kirche aus, was im Gegenzug zu Plünderungen und Brandstiftung führte.

Die beiden Städte fanden schließlich durch gemeinsame wirtschaftliche Interessen wieder zusammen. Einer der Anlässe waren die dreimal jährlich stattfindenden Handelsmessen, die beiden Stadtteilen zusätzliche Einnahmen bescherten.

Mitte des 15. Jhs. stießen die Türken bis zur Sava (Save) vor. Der Bischof sah sich dadurch veranlasst, Kaptol mit einem Festungswall zu umgeben. Bis Mitte des 16. Jhs. hatten die Eindringlinge einen Großteil der Umgebung eingenommen, allerdings nicht die beiden Hügelstädte. Nach dem Verlust ihrer wirtschaftlichen Bedeutung beschlossen diese Anfang des 17. Jhs., sich zu einer Stadt zusammenzuschließen – die Geburtsstunde von Zagreb.

Zagreb entstand als Hauptstadt des Zwergstaates Kroatien, denn das Gemetzel mit den türkischen Invasoren hatten nur einige wenige Städte überlebt. Das Handelsleben kam während der folgenden zwei Jahrhunderte immer wieder zum Stagnieren, sei es durch Kriege, Brände oder Stadtepidemien. 1756 zog die kroatische Regierung von Zagreb nach Varaždin um, wo sie bis 1776 ihren Sitz hatte. Ende des 18. Jhs. hatte Zagreb nur noch 2800 Einwohner, überwiegend Deutsche und Ungarn.

Ab diesem Zeitpunkt erweiterte sich der Stadtteil rund um den Trg Josipa Jelačića zu einem wirtschaftlichen Zentrum, hier fanden auch Zagrebs lukrative Messen statt. Rund um das „Messegelände" entstanden immer wieder neue Gebäude. Im 19. Jh. erlebte die Wirtschaft mit der Entwicklung eines regen Textil- und Bekleidungshandels einen weiteren Aufschwung. Neben einer dampfbetriebenen Mühle und einer Gerberei kam als weitere Stimulation der Wirtschaft die neue Eisenbahnverbindung zwischen Zagreb und Wien bzw. Budapest dazu. Dank des Wohlstands konnte sich schließlich auch das kulturelle Leben der Stadt mit all seinen Bildungsmöglichkeiten voll entfalten.

Zagreb wurde außerdem das Zentrum der panslawischen illyrischen Bewegung, einer bürgerlichen Revolution gegen die Germanisierung, Ungarisierung und Italienisierung Kroatiens. Die Bewegung forderte eine Vereinigung der südslawischen Staaten, eine größere Autonomie innerhalb der österreichisch-ungarischen Reiches und die Anerkennung der slawischen Sprache. Graf Janko Draskovic, Landesherr auf Schloss Trakošćan, veröffentlichte 1832 ein illyrisches Manifest. Sein Aufruf zur nationalen Rückbesinnung hallte durch das ganze Land.

Eingelöst wurde Draškovićs Forderung, als sich Kroatien mit seiner Hauptstadt nach dem Ersten Weltkrieg dem Königreich der Serben, Kroaten und Slowenen anschloss. Zwischen den beiden Weltkriegen entstanden Arbeitersiedlungen zwischen der Eisenbahnlinie und der Sava. Wohnviertel wuchsen an den südlichen Ausläufern der Medvednica.

Im April 1941 marschierten die Deutschen in Jugoslawien ein und besetzten Zagreb, ohne auf nennenswerte Gegenwehr zu stoßen. Ante Pavelić und die Ustaša beeilten sich, die Errichtung des unabhängigen Staates Kroatien (Nezavisna Država Hrvatska) mit Zagreb als Hauptstadt auszurufen (weitere Infos über Pavelić und die Ustaša s. S. 35).

Obwohl Pavelić seinen faschistischen Staat von Zagreb aus bis 1944 führte, stieß er dort zu keiner Zeit auf große Unterstützung und war militärisch hauptsächlich mit dem Kampf gegen die von Tito angeführten Partisanen beschäftigt.

In der Zeit nach dem Zweiten Weltkrieg war Zagreb zu seinem Leidwesen nach Belgrad nur die zweitgrößte Stadt Jugoslawiens, ließ sich aber durch große Bauprojekte wie dem Flughafen von Zagreb und dem Messegelände im Wachstum keineswegs bremsen.

Als Kroatien 1991 unabhängig wurde, wurde Zagreb die Hauptstadt des neu gegründeten Staates.

ORIENTIERUNG

Zagreb erstreckt sich über eine Fläche von insgesamt 631 km² und liegt zwischen den südlichen Hängen der Medvednica und der Sava. Die meisten Sehenswürdigkeiten der Stadt konzentrieren sich in der Oberstadt (Gornji Grad) mit den Stadtteilen Gradec und Kaptol sowie in der Unterstadt (Donji Grad), die sich zwischen der Oberstadt und dem Bahnhof erstreckt. Der Trg Josipa Jelačića bildet den majestätischen Mittelpunkt der Unterstadt und ist die Drehscheibe des Straßenbahnverkehrs. Hier beginnt die Haupteinkaufsstraße Ilica, die sich von hier Richtung Westen ausdehnt. Nördlich des Platzes befinden sich die mittelalterlichen Stadtteile Gradec und Kaptol. Viele Straßen und Gassen der Ober- und Unterstadt sind verkehrsfrei.

Der Bahnhof liegt im Süden der Stadt. Wer vom Bahnhofsausgang Richtung Stadtzentrum läuft, kommt an einer Reihe von Parks und Pavillons vorbei.

Der Busbahnhof liegt 1 km östlich vom Bahnhof. Die Straßenbahnlinien 2, 3 und 6 fahren vom Busbahnhof bis zum Bahnhof; die Linie 6 fährt bis zum Trg Josipa Jelačića.

Nähere Informationen über die Straßennamen in Zagreb siehe S. 334.

PRAKTISCHE INFORMATIONEN
Bibliotheken

British Council (☎ 48 13 700; Ilica 12; ☺ Mo, Di, Do & Fr 10–16.30, Mi 13.30–18.30 Uhr). In der Bibliothek des British Council liegen britische und amerikanische Zeitungen sowie Bücher und Wochenzeitschriften aus. Außerdem kann man dort BBC-Nachrichten anschauen und Bücher bzw. DVDs ausleihen. Das British Council sponsert Theateraufführungen, Konzerte und Ausstellungen.

Französisches Kulturinstitut (☎ 48 10 745; Preradoviceva 40; ☺ Medienzentrum Mo–Do 10–17, Fr 10–16, Mo–Fr 10–17 Uhr) Lesesaal und Medienzentrum. Der Eingang befindet sich in der Preradoviceva 5. Im Medienzentrum kann man französische Kassetten hören oder Nachrichten schauen. In der Bücherei steht eine Auswahl an französischen Büchern, Zeitschriften und Zeitungen zur Verfügung. Im Sommer bleiben das Medienzentrum bzw. die Bibliothek für fünf bis sechs Wochen geschlossen.

Buchläden

Algoritam (Gajeva 1; ☺ Mo–Fr 8–19, Sa 9 bis 17 Uhr) Der Laden am Trg Josipa Jelačića bietet eine große Auswahl an Büchern und Zeitschriften auf Englisch, Französisch, Deutsch, Italienisch und Kroatisch. Er liegt im Hotel Dubrovnik, hat aber einen separaten Eingang.

Knjižara Ljevak (Ilica 1; ☺ Mo–Fr 8–19, Sa 9–17 Uhr) Riesenauswahl an Landkarten, außerdem ins Englische übersetzte Reiseführer der Region um Zagreb und kroatische Kochbücher.

Geld

Geldautomaten finden sich am Busbahnhof, am Bahnhof, am Flughafen sowie überall in der Stadt. Banken, die Reiseschecks annehmen, gibt es ebenfalls am Bahnhof und am Busbahnhof; Wechselstuben sind auch in Zagrebs Haupteinkaufspassage Importanne Centar zu finden.

Eine Zweigstelle von American Express befindet sich am Starčevićev Trg im Reisebüro Atlas (S. 81).

Gepäckaufbewahrung

Garderoba Busbahnhof (Std. 1,20 Kn; ☺ Mo–Sa 5–22, So 6–22 Uhr); Bahnhof (Tag 1,20 Kn; ☺ 24 Std.)

Internetzugang

Neben der hier genannte Adresse finden sich in Zagreb auch noch eine Reihe kleinerer Internetcafés entlang der Preradovićeva.

Sublink (☎ 48 11 329; www.sublink.hr; Teslina 12; Std. 15 Kn; ☺ Mo–Sa 9–22, So 15–22 Uhr). Das Sublink war das erste Internetcafé der Stadt und ist das Beste der Stadt.

Medizinische Versorgung

Zahnärztlicher Notdienst (☎ 48 28 488; Perkovčeva 3; ☺ 0–24 Std.)

KBC Rebro (☎ 23 88 888; Kišpatićeva 12; ☺ 0 bis 24 Uhr) Liegt östlich der Stadt, hat eine Notambulanz.

Apotheke (☎ 48 16 198; Trg Josipa Jelačića 3; 0 bis 24 Uhr)

Notfall

Polizei (☎ 45 63 311; Petrinjska 30) Hilft Ausländern bei Visa-Problemen.

Post

Hauptpost (☎ 48 11 090; Jurišićeva 13; ☺ Mo–Fr 8–19, Sa 9–17 Uhr) Mo–Fr

Postamt (☎ 49 81 300; Branimirova 4; ☺ Mo–Sa 0–24, So 13–24 Uhr) Adresse für Postlagerungen und für den Versand von Paketen.

(Fortsetzung auf Seite 81)

DIE ADRIA

Es ist ist klar, dass Kroatien ein einzigartiges Reiseziel ist, das sich locker gegen die Konkurrenz behaupten kann und keine Vergleiche nötig hat. Die Adriaküste ist einfach umwerfend schön: Die klaren, saphirblauen Gewässer ziehen Besucher zu entlegenen Inseln, verborgenen Buchten und Fischerdörfern und werben gleichzeitig für eine schillernde Strand- und Yachtszene. Istrien bezaubert durch Essen und Wein, und die Bars, Clubs und Festivals von Zadar und Split sind immer noch Geheimtipps. Das i-Tüpfelchen im Süden ist Dubrovnik – einen besseren Schlusspunkt kann sich kein Land wünschen!

Insel-Hopping

Entlang der kroatischen Küste liegen Dutzende herrlicher Inseln – von winzigen, grünen und unbewohnten bis hin zu großen, trockenen Inseln mit antiken Städten und Dörfern. Eines der schönsten Vergnügen ist es daher, mit einigen der vielen Fähren, Katamarane und Wassertaxis – oder sogar mit dem eigenen Segelboot – von Insel zu Insel zu hüpfen.

❶ Elafitische Inseln

Einen kurzen Sprung von Dubrovnik entfernt liegen die Elafitischen Inseln (S. 305) – einige sind unbewohnte Badeplätze, andere selten besuchte Inseln mit kleinen Dörfern. Von Dubrovnik aus fahren Wassertaxis dorthin, Alternativ führen Angel-Picknick-Ausflüge an ihre Küste.

❷ Hvar

Kroatiens beliebteste Insel Hvar (S. 277) zieht mehr Touristen an als jede andere Adria-Insel. Der Grund: die wunderschöne, gleichnamige Stadt. Stari Grad und Jelsa, die beiden anderen hübschen Orte auf Hvar, sind inzwischen beliebte Alternativen zur Inselhauptstadt, denn dort geht es viel ruhiger zu.

❸ Cres

Lang gestreckt, kaum bewohnt und wenig erschlossen – die wilde Insel (S. 151) Cres ist ein perfektes Urlaubsziel: Hier lassen sich urwüchsige Wälder erkunden, in die Jahre gekommene Hügelstädte besuchen und venezianische Villen bewundern. Es gibt versteckte Badebuchten zum Schwimmen und die leckersten Lammgerichte ganz Kroatiens.

❹ Mljet

Die nordwestliche Hälfte von Mljet (S. 306) ist als Nationalpark geschützt. Es gibt zwei Salzseen im Inselinneren, entlegene Sandstrände, ein einziges richtiges Hotel und hervorragendes Essen. Muss man da noch mehr sagen?

❺ Brač

Die größte der Adriainseln, Brač (S. 269), hat den berühmtesten Strand Kroatiens: Zlatni Rat in der hübschen Stadt Bol. Der Strand ist ideal zum Windsurfen und zum Sonnenbaden – aber darüber sollte man nicht vergessen, das tolle Inselinnere zu erkunden!

❻ Vis

Die Insel Vis (S. 265) ist eine geheimnisvolle Insel abseits der Standard-Touristenpfade. Ausländischen Besuchern war es vier Jahrzehnte lang verboten, sie zu betreten. Mit ihren drei kleinen Fischerdörfern und einer der wenigen richtigen Öko-Ferienunterkünfte des Landes lohnt sich ein Besuch.

Aktivitäten

Für Aktivurlauber und Frischluftfanatiker bietet Kroatien jede Menge Betätigungs-felder. Alternativen zum Schwimmen in den klaren adriatischen Gewässern und dem anstrengenden Sonnenbaden sind Bergwanderungen, Surfen, Trekking-, Ka-jak- und Klettertouren oder Segeltörns.

❶ Segeln

Segeln ist vielleicht die beliebteste Freizeit-aktivität an der Adriaküste. Die Besitzer von Segelyachten oder diejenigen, die sich ein Charterboot leisten können, haben die Möglichkeit, zwischen den wunderschonen Inseln umherzuschippern. Der beliebteste Ankerplatz ist Hvar (S. 277), doch auch die schwerer zugänglichen Inseln der Kornaten (S. 237) oder der Elafitischen Inseln (S. 305) sind lohnenswerte Anlaufstellen.

❷ Wandern

Die vielen Nationalparks – u. a. Plitwitzer Seen (S. 215), Paklenica (S. 219) und Krka (S. 235) – bieten wunderbare Wandermög-lichkeiten. Wer es eine Klasse anspruchs-voller wünscht, sollte ins Biokovo-Gebirge (S. 261) bei Makarska reisen. Die Inseln Cres (S. 151) und Mljet (S. 306) eignen sich für ent-spannte Spaziergänge in schönster Natur.

❸ Windsurfing

Bols wunderbarer Strand Zlatni Rat ist wohl einer der schönsten Orte, um sich in den Wind und die Wellen zu stürzen (S. 274). Das Dorf Viganj in der Nähe von Dubrovnik folgt direkt auf Platz 2. Die meisten Besucher hier sind Surfer (s. Kasten S. 320).

❹ Tauchen

Die Inseln sind wunderbare Tauchreviere. Vor Hvar (S. 277), Brač (S. 269), Krk (S. 157), den Kornaten (S. 237) und anderen lassen sich Dutzende marine Naturschönheiten bestaunen. Auch die meisten Küstenstädte bieten Tauchmöglichkeiten. Also ab ins (war-me) Wasser und mindestens einmal Kroatien unter Wasser erkunden.

❺ Freikörperkultur

Die Begründer waren König Edward VIII. und seine Geliebte und spätere Ehefrau Wallis Simpson, die 1936 hüllenlos an der Küste von Rab badeten (s. Kasten S. 173). Istrien ist jetzt Kroatiens FKK-Region Nr. 1. An der restlichen Küste gibt es jedoch ebenfalls viele speziell ausgewiesene FKK-Strände – einfach auf die Schilder achten!

Architektur & Landschaft

Kroatien bietet alles: gotische, venezianische und Renaissance-Architektur, weite grüne Felder und erfrischende Wälder und dazu noch das beeindruckende, zerklüftete Dinarische Gebirge – ganz zu schweigen von der bezaubernden Adria. Wo auch immer man hinschaut, es ist faszinierend.

❶ Dubrovnik

Als ob wir das Highlight vergessen würden! Dank seiner umwerfenden Schönheit ist Dubrovnik (S. 287) heute voller Fünf-Sterne-Hotels, gehobener Restaurants und unzähliger Touristen. Sobald man aber die Hauptstraßen verlässt, gibt es nach wie vor viel Überraschendes zu entdecken.

❷ Kornaten

Man stelle sich vor: 147 zumeist unbewohnte Inseln und Riffe, überzogen mit Höhlen und Klippen und stellenweise mit Nadelwald bedeckt (S. 237): Der Nationalpark Kornaten (S. 238) gefällt allen, die eine raue Natur, klare Gewässer und die Einsamkeit lieben.

❸ Nationalpark Plitwitzer Seen

Ein grünes Labyrinth an Pfaden, Wäldern und Wiesen umgibt (S. 215) 16 funkelnde Seen und donnernde Wasserfälle. Kroatiens Vorzeigepark steht auf der Liste des Weltnaturerbes – auch bei den dort lebenden Bären und Wölfen ist er sehr beliebt.

❹ Trogir

In dem Mini-Städtchen gibt es zahlreiche romanische und Renaissance-Gebäude und eine der schönsten Kathedralen der gesamten Adria-Küste. Trogirs (S. 256) schillernder Geschichte verdankt das Land ein sagenhaftes venezianisches Erbe.

❺ Zadar

Zadar (S. 205) wird bei Städtereisenden immer beliebter. Sein Stadtzentrum ist eines der hübschesten in ganz Dalmatien, die marmornen Straßen gehören den Fußgängern und folgen der alten römischen Straßenführung. Zadars römische Ruinen und mittelalterliche Kirchen bezaubern die Besucher gleichermaßen wie das Nachtleben.

❻ Adria

Auch wenn das Meer für sich selbst spricht, kann man sich über die Schönheit der Adria gar nicht genug auslassen. Das Wasser ist weich, seidig und klar und seine Farbe (mal blau, mal jadegrün und mal stahlgrau) wechselt mit dem Spiel des Himmels.

❼ Diokletianpalast

Der Palast zählt zu den imposantesten römischen Ruinen der Welt. Die Unesco-Welterbestätte erfüllt heute noch den Zweck, für den sie einst erbaut wurde: In ihren Mauern wohnen Menschen. Der Diokletianpalast (S. 245) bildet das Herz und die Seele der Stadt. Hierher kommen Berufstätige, Kinder und Touristen.

Essen & Trinken

Die Gastrokultur gewinnt immer mehr an Bedeutung. Das gilt insbesondere für die nördliche Adriaregion Istrien, die ihre mediterranen Zutaten nutzt und hervorragendes Olivenöl, köstlich duftende Trüffeln, leckere Meeresfrüchte und Fisch sowie großartige Weine produziert. Der Süden Dalmatiens steht dem allerdings nicht viel nach. Hier gibt es Käse, Schnaps, Wein und wunderbaren Räucherschinken.

❶ Slow Food

Kroatien hat seine eigene Form des Slow Food entwickelt. Es geht darum, regionale, frische und saisonale Zutaten zu erwerben und Freude am Ritual des Essens zu empfinden. Zu jedem Gang gehört daher auch ein passender Wein (weitere Infos S. 59).

❷ Olivenöl

Istrien steht an der Spitze des Landes bei seinen Bemühungen, das perfekte Olivenöl zu produzieren (S. 60). Eine kleine, aber anspruchsvolle Olivenölindustrie mit Verkostungen hat sich in der Region etabliert.

❸ Wein

In Istrien findet man den ausgezeichneten weißen *malvazija*, den roten *teran* und den süßen *muškat*. Es gibt sogar eine Weinroute quer über die Halbinsel, bei der die Weingüter und ihre Keller besucht werden können. Dalmatiens *pošip*, *rukatac* und *grk* von der Insel Korčula sind exzellent, während *dingač* und *postup* von der Halbinsel Pelješac zu den besten in Kroatien gehören (S. 61).

(Fortsetzung von Seite 72)

Reisebüros

Atlas (☎ 48 07 300; Zrinjevac 17; ⏰ Mo–Fr 8–19, Sa 9–17 Uhr) Offizieller Vertreter von American Express.

Croatia Express (☎ 49 22 237; www.zug.hr; Trg Kralja Tomislava 17; ⏰ Mo–Fr 9.30–19, Sa 9–15 Uhr) Reisebüro gegenüber vom Bahnhof: Geldwechsel, Zugreservierung, Autovermietung, Verkauf von Flug- und Fährtickets, Buchung von Hotelzimmern in ganz Kroatien.

Dali Travel (☎ 48 47 472; travelsection@hfhs.hr; Dežmanova 9; ⏰ Mo–Fr 9–17 Uhr) Die Reiseabteilung des Jugendherbergswerkes nimmt Reservierungen vor.

Dalmacijaturist (☎ 48 73 073; Zrinjevac 16; ⏰ Mo bis Fr 8–19, Sa 9–15 Uhr) Neben der Touristeninformation; spezialisiert auf die dalmatinische Küste, bietet auch Ausflüge und Flugtickets an und informiert über Schiffs- und Fährverbindungen entlang der Küste.

Generalturist (☎ 48 10 033; www.generalturist.com; Praška 5; ⏰ Mo–Fr 9.30–19, Sa 9–15 Uhr) Hat Zweigstellen in ganz Kroatien; Buchung von Ausflügen an die Küste, Kreuzfahrten und Flüge. Die Reservierungen werden im Büro an der Petrićeva vorgenommen.

Marko Polo (☎ 48 15 216; Masarykova 24; ⏰ Mo–Fr 9–18.30, Sa 9–14 Uhr) Informiert über Fahrpläne und Tickets für die Jadrolinija-Flotte.

Touristeninformationen

Touristeninformation (Zentrale) (☎ 48 14 051; www.zagreb-touristinfo.hr; Trg Josipa Jelačića 11; ⏰ Mo–Fr 8.30–20, Sa 9–17, So 10–14 Uhr). Hier sind Stadtpläne und kostenlose Broschüren erhältlich; außerdem wird die Zagreb Card verkauft (s. S. 85).

Büro des Nationalparks Plitwitzer Seen (☎ 46 13 586; Trg Kralja Tomislava 19; ⏰ Mo–Fr 9–17 Uhr) Die Mitarbeiter haben detaillierte Informationen über die kroatischen Nationalparks.

Touristeninformation (Filiale) (☎ 49 21 645; Trg Nikole Šubića Zrinjskog 14; ⏰ Mo–Fr 9–18 Uhr) Gleiches Angebot wie in der Zentrale, hat aber weniger Unterlagen vorrätig.

Touristeninformation (Zentrale) (☎ 48 14 051; www.zagreb-touristinfo.hr; Trg Josip Jelačić 11; ⏰ Mo bis Fr 8.30–20, Sa 9–17, So 10–14 Uhr) Verteilt kostenlos Stadtpläne und Faltblätter; bietet außerdem für 90 Kn die Zagreb Card an, mit der man 72 Stunden lang öffentliche Verkehrsmittel benutzen kann und 50 % Ermäßigung bei Museumsbesuchen bekommt.

Zagreb County Tourist Association (☎ 48 73 665; www.tzzz.hr; Preradovićeva 42; ⏰ Mo–Fr 8–16 Uhr) Informiert über Attraktionen in der Region rund um Zagreb.

Waschsalon

Wer in einer privaten Unterkunft wohnt, kann in der Regel bei den Hausbesitzern fragen, ob er dort waschen darf, was billiger sein dürfte als die offiziellen Waschsalons. Eine Maschine mit 5 kg Wäsche kostet dort jeweils 60 Kn.

Petecin (Kaptol 11; ⏰ Mo–Fr 8–20 Uhr)
Predom (Draškovićeva 31; ⏰ Mo–Fr 7–19 Uhr)

SEHENSWERTES

Als ältester Stadtteil finden sich in der Oberstadt einige Wahrzeichen Zagrebs und Kirchen aus den früheren Jahrhunderten der Zagreber Stadtgeschichte. In der Unterstadt warten die interessantesten Kunstmuseen und schöne Architekturbeispiele aus dem 19. und 20. Jh. auf eine Besichtigung.

Die Touristeninformation gibt monatlich das Magazin *Zagreb Events & Performances* heraus, darin finden sich alle kulturellen Veranstaltungstermine, Infos über neue Ausstellungen etc.; Montag ist meistens Ruhetag.

Oberstadt (Donij Grad)

OBST- & GEMÜSEMARKT DOLAC

Zagrebs **Obst- & Gemüsemarkt** (⏰ 6–15 Uhr) liegt nördlich vom Trg Josipa Jelačića. Auf dem Markt herrscht Tag für Tag ein buntes Treiben, die Händler kommen aus ganz Kroatien, um hier ihre Produkte zu verkaufen. Seit den 1930er-Jahren hat der Dolac nichts an seiner Lebendigkeit verloren. Damals beschloss der Stadtrat, den Markt als natürliche „Grenze" zwischen der Unter- und Oberstadt einzurichten. Der Markt wird auf einem höher liegenden Platz abgehalten; eine Ebene tiefer befinden sich Hallenstände mit Fleisch und Molkereiprodukten. Etwas weiter vorne Richtung Platz verkaufen die Blumenhändler ihre Ware. Die Stände am südlichen Ende des Marktes quellen über vor heimischen Honigprodukten, handgemachten Einrichtungsgegenständen und günstigen Lebensmitteln.

KAPTOL (PLATZ)

Die mittelalterliche Oberstadt konzentriert sich im Wesentlichen rund um den Kaptol-Platz. Die meisten Gebäude stammen aus dem 17. Jh. Wer einmal da ist, sollte sich unbedingt das **Karmenit Vrata (Steinerne Tor)** anschauen. Das Osttor zum mittelalterlichen Gradec ist heute eine Gebetsstätte. Der Sage nach soll 1731 hier ein Großbrand ausgebrochen sein, bei dem keine Faser des hölzernen Tores mehr übrig blieb bis auf das Gemälde eines unbekannten Künstlers aus dem 17. Jh. mit dem Motiv der Jungfrau Maria mit dem Jesuskind. Das Gemälde besitzt angeblich ma-

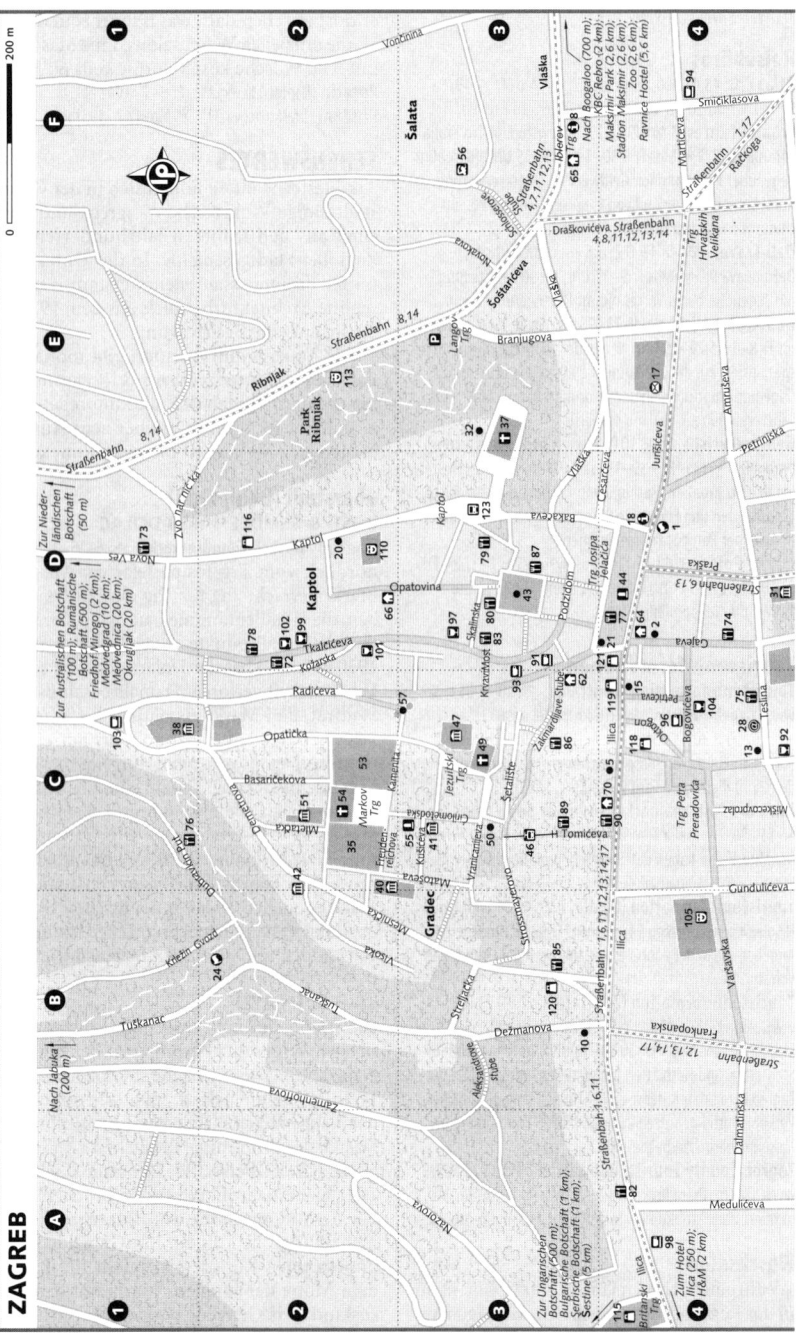

ZAGREB

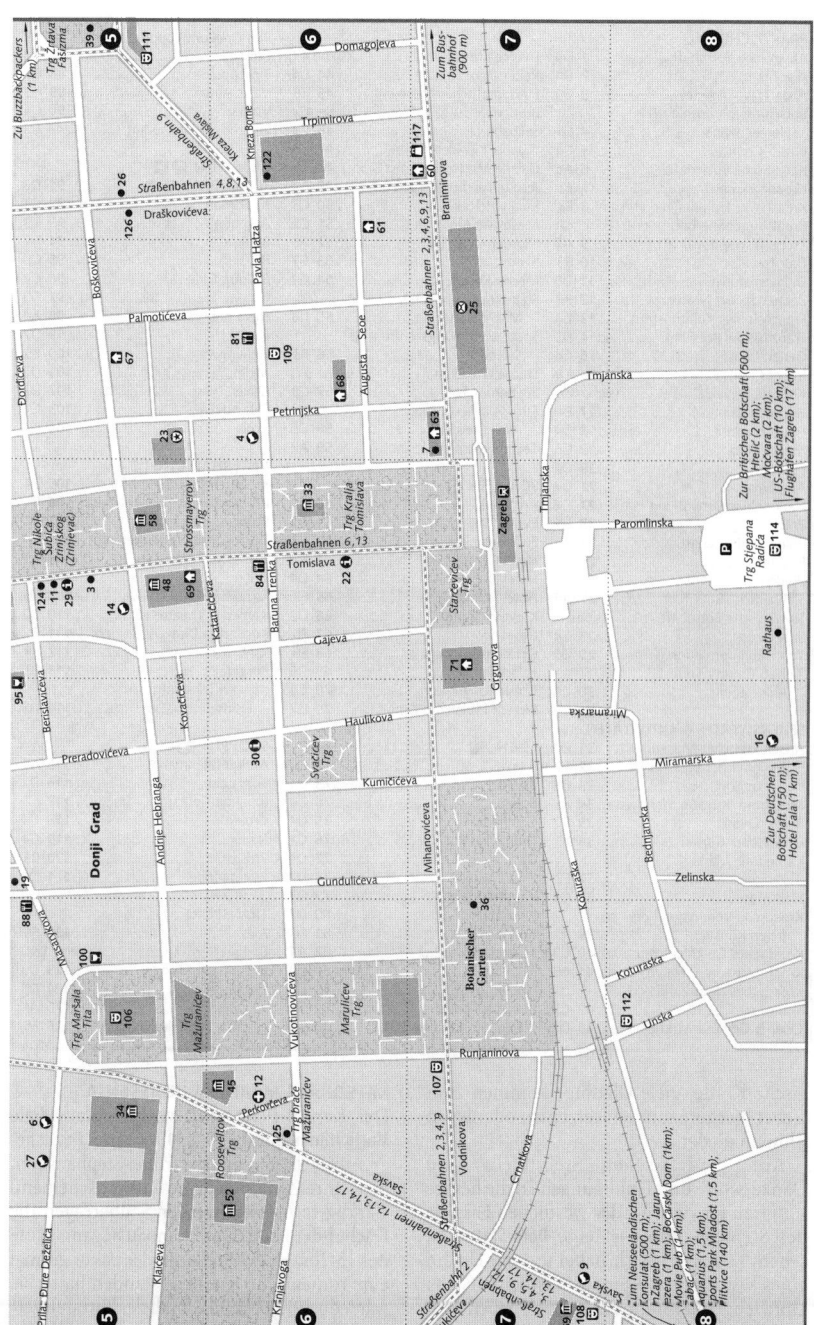

gische Kräfte, viele Gläubige kommen zum
Gebet hierher, zünden Kerzen an oder legen
Blumen nieder.

Auf quadratischen Steintafeln sind
Dankesworte und Huldigungen an die heilige
Jungfrau graviert.An der westlichen Fassade
des Steinern Tores ist eine **Dora-Statue** zu
sehen. Es handelt sich dabei um die Heldin
eines historischen Romans aus dem 18. Jh.:
Dora lebte mit ihrem Vater gleich neben dem
Steinernen Tor.

KATEDRALA MARIJINA UZNEŠENJA

Der Kaptol-Platz wird von der **Kathedrale
Mariä Himmelfahrt** (☎ 48 14 727; Kaptol; Eintritt frei;
[icon] 7–19.30 Uhr) geprägt, die früher Stephansdom
hieß. Ihre Zwillingstürme – die anscheinend
ständig restauriert werden – überragen die
Dächer der Stadt. Der Dombau begann Mitte
des 13. Jhs. an der Stelle, an der zuvor einmal
eine romanische Kirche gestanden hatte, sie
war jedoch 1242 beim Einfall der Tartaren zerstört worden. Architektonisches Vorbild für

die Kathedrale war die Kirche des hl. Urban im französischen Troyes.

Obwohl das Ursprungsbauwerk immer wieder restauriert und verändert wurde, gibt es in der Sakristei immer noch eine Reihe von **Fresken** aus der zweiten Hälfte des 13. Jhs. Als abgelegenen Außenposten des Christentums umgab man die Kirche im 15. Jh. mit Mauern und Türmen; einer davon ist auf der Ostseite noch zu erkennen.

1880 wurde das Gotteshaus durch ein Erdbeben stark beschädigt; um die Wende zum 20. Jh. begann der Wiederaufbau im neogotischen Stil. Trotz der Wunden, die dabei der architektonischen Substanz zugefügt wurden, gibt es im Inneren viel Sehenswertes: am Seitenaltar ein **Triptychon** von Albrecht Dürer, barocke Marmoraltäre, Statuen und Kanzeln und das von Ivan Meštrović gestaltete **Grab von Kardinal Alojzije Stepinac.**

Nördlich der Kathedrale steht der **Erzbischöfliche Palast** (Nadbiskupska palača). Er wurde im 18. Jh. barock erbaut, doch ist heute nicht mehr viel davon zu erkennen. Unterhalb des Nordostflügels der Kathedrale erstreckt sich ein **Park,** der im 19. Jh. angelegt wurde. Dort steht eine Skulptur von Antun Augustinčić.

CRKVA SVETE KATARINE
Die schöne barocke **Jesuitenkirche** (Katharinenkirche; ☎ 48 51 959; Katarinin Trg; ⊙ 7–12 Uhr) wurde zwischen 1620 und 1632 erbaut. Feuer und Erdbeben haben dem Gebäude stark zugesetzt, doch die Fassade strahlt immer noch in ihrer ganzen Pracht. Der schöne Altar im Kircheninneren stammt aus dem Jahr 1762, die Stuckarbeiten wurden 1720 geschaffen. Die Medaillons aus dem 18. Jh., die die Decke des Hauptschiffs zieren, zeigen Szenen aus dem Leben der Heiligen Katharina.

GALERIJA KLOVIĆEVI DVORI
Die **Galerie** (☎ 48 51 926; www.galerijaklovic.hr; Jezuitski Trg 4; Erw./Stud. 40/20 Kn; ⊙ Di–So 11–19 Uhr) befindet sich in einem früheren Jesuitenkloster. Das renommierteste Museum der Stadt für moderne kroatische und internationale Kunst präsentiert eine Reihe von Wechselausstellungen, darunter hochkarätige Werkschauen von z. B. Picasso oder Chagall sowie Arbeiten renommierter kroatischer Künstler wie Lovro Artuković und Ivan Lovrenčić. Wer nach etwas Originellem sucht, wird im Geschenkladen fündig. Gleich neben der Galerie lädt ein Café zu einer Pause ein.

Gegenüber der Galerie ragt der **Stadtpalast Dverce** auf, der im 19. Jh. restauriert wurde und heute für Staatsempfänge genutzt wird. Am Ende des Platzes steht ein **Brunnen** mit der Statue *Fischer mit Schlange.* Simeon Roksandić schuf ihn 1908.

SABOR
Östlich vom **Markov Trg** (Markusplatz) prägt der kroatische **Sabor** (Parlament) von 1910 das Stadtbild. Zwar harmoniert das neoklassizistische Gebäude vom Stil her nicht mit dem Platz und den umliegenden barocken Stadthäusern aus dem 17. und 18. Jh., das mindert jedoch keineswegs seine historische und gegenwärtige Bedeutung. Im Revolutionsjahr 1918 wurde von seinem Balkon aus die Abspaltung Kroatiens vom österreichisch-ungarischen Königreich ausgerufen – heute ist der Sabor das politische Machtzentrum Kroatiens.

CRKVA SVETOG MARKA
Die **Markuskirche** (☎ 48 51 611; Markov Trg; ⊙ 11 bis 16 & 17.30–19 Uhr) ist mit ihrem einzigartigen Dach (es wurde 1880 geschaffen) eines der Wahrzeichen der Hauptstadt. Auf der linken Hälfte bilden Ziegel die Wappen von Kroatien, Dalmatien und Slawonien nach, während rechts das Wappen von Zagreb (früher Gradec) zu sehen ist. Die Kirche stammt aus dem 13. Jh. und ist nach der Markusmesse benannt, die jährlich in Gradec stattfand. Auf der süd-

ZAGREB IN ...

Zwei Tagen

Man beginnt den Tag am besten mit einem Bummel über den Strossmayerov Trg, Zagrebs grüner Oase. Von dort aus sollte man zunächst einmal die **Strossmayer-Galerie Alter Meister** (S. 81) besichtigen und dann ins Stadtzentrum zum **Trg Josipa Jelačića** (S. 87) bummeln.

Oben auf dem **Kaptol** (S. 81) rückt das Wahrzeichen und der Mittelpunkt des religiösen Lebens in Zagreb und Kroatien ins Blickfeld: die **Kathedrala Marijina Uznesenja** (S. 84). Bei einem Bummel durch die Oberstadt bietet sich der **Obst- und Gemüsemarkt Dolac** (S. 81) für eine Pause an, eine Alternative ist das Lokal **Kerempuh** (S. 95). Danach lohnt sich ein Besuch im **Meštrović Atelier** (S. 86), dem bedeutendsten Bildhauer des Landes, und im **Kroatischen Museum für Naive Kunst** (S. 87). Lohnenswert sind auch die Ausstellungen zeitgenössischer Werke in der **Galerija Klovićevi Dvori** (S. 85). Von der **Kula Lotrščak** (S. 87) schweift der Blick weit über die Dächer der Stadt. Wer Lust auf eine Kneipentour hat, sollte mit einem Drink im **Škola** (S. 97) beginnen und anschließend über die **Tkalčićeva** (S. 97) bummeln.

Am zweiten Tag stehen die Museen in der Unterstadt auf dem Programm. Alleine für das **Museum Mimara** (S. 89) sollte man mindestens zwei Stunden einplanen. Ein Mittagessen im **Tip Top** (S. 95) und ein interessanter Spaziergang durch den **Botanischen Garten** (S. 89) stehen als Nächstes auf dem Programm. Am frühen Abend ist es auf dem Trg Petra Preradovića besonders schön. Von dort aus kann man sich für das Abendessen eines der guten Restaurants der Unterstadt aussuchen und anschließend in das dortige Nachtleben eintauchen.

Vier Tagen

Am dritten Tag darf der Ausflug zum eindrucksvollen **Friedhof Mirogoj** (S. 89) nicht fehlen, die Burg **Medvedgrad** (S. 90) oder der **Maksimir Park** (S. 90) sind lohnenswerte Zwischenstopps auf dem Weg dorthin.

Am letzten Tag bietet sich ein Ausflug nach **Samobor** (S. 103) mit seinem wunderschönen Ortsbild an. Hier kann man hervorragend essen und anschließend einen netten Verdauungsspaziergang durch den stimmungsvollen Ort machen ....

---

lichen Seite ist noch ein romanisches Fenster aus dem 13. Jh. erhalten geblieben. Das gotische Portal (14. Jh.) wird von 15 Skulpturen in flachen Wandnischen geschmückt.

Der heutige Glockenturm ersetzt einen älteren, der 1502 einem Erdbeben zum Opfer fiel. Im Kircheninnern stehen Skulpturen von Ivan Meštrović.

Der Innenhof der Kirche wird leider von einigen Regierungsmitgliedern als Parkplatz missbraucht.

KROATISCHES NATURHISTORISCHES MUSEUM

Das **Naturkundemuseum** (Hrvatski Prirodoslovni Muzej; ☎ 48 51 700; Demetrova 1; Erw./erm. 15/7 Kn; ☼ Di–Fr 10–17, Sa & So 10–13 Uhr) beherbergt eine Sammlung prähistorischer Werkzeuge und Fossilien, die in der Krapina-Höhle ausgegraben wurden, außerdem zeigt es Exponate, die die Evolutionsgeschichte der Flora und Fauna Kroatiens erklären. In zeitlich begrenzten Wechselausstellungen wird auf einzelne Regionen eingegangen.

BANSKI DVORI

Der **Banal-Hof** oder **Palais des Banus** (Markov Trg) war der einstige Sitz des Vizekönigs in Kroatien und von 1945-1991 die Residenz des Präsidenten der sozialistischen Republik Kroatien. Seit 1992 ist er der offizielle Sitz der kroatischen Regierung. Der Komplex besteht aus zwei barocken Stadthäusern, Höfen, Archiven sowie weiteren Regierungsbüros. Im Oktober 1991 wurde der Palast von der Bundesarmee bombardiert. Angeblich soll dieser Angriff ein Attentatsversuch gegen den Präsident Franjo Tuđman gewesen sein. Von April bis September findet jeden Freitag-, Samstag- und Sonntagmittag eine Wachablösung statt.

Vom Markov Trg aus geht es weiter auf der Ćirilometodska am **Steinernen Kopf von Matija Gubec** vorbei. Nach einem von ihm angeführten friedlichen Bauernaufstand soll der Rebell auf dem Platz enthauptet worden sein.

MEŠTROVIĆ ATELIER

Kroatiens bekanntester und anerkanntester Künstler ist Ivan Meštrović. Sein ehemaliger

Wohnsitz – ein Gebäude aus dem 17. Jh., in dem der Künstler von 1922–42 lebte und arbeitete –, beherbergt heute das **Meštrović Atelier** (☎ 48 51 123, www.mdc.hr/mestrovic; Mletačka 8; Erw./erm. 30/15 Kn; ⏲ Di–Fr 10–18, Sa & So 10–14 Uhr). Die ausgezeichnete Sammlung besteht aus etwa 100 Skulpturen, Zeichnungen, Lithografien und Möbeln aus den ersten vier Jahrzehnten seines künstlerischen Schaffens. Meštrović arbeitete auch als Architekt (s. Kasten S. 88) und entwarf Teile des Hauses persönlich.

STADTMUSEUM
Das **Stadtmuseum** (Muzej Grada Zagreba; ⏲ 48 51 364; www.mdc.hr/mgz; Opatička 20; Erw./erm. 20/10 Kn; ☎ Di–Fr 10–18, Sa & So 10–14 Uhr) ist im ehemaligen Konvent der Armen Klarissinnen aus dem 17. Jh. am Ostrand der Stadtmauer untergebracht. Seit 1907 beherbergt das Kloster ein historisches Museum mit Dokumenten, Gemälden, Uniformen und anderen Objekten aus Zagrebs Stadtgeschichte. Dank der interaktiven Elemente in der Ausstellung gefällt das Museum auch den Kindern. Am interessantesten ist ein maßstabsgetreues Modell des alten Gradec. In jedem Raum (der mit passender Musik beschallt wird) werden die Exponate auch kurz in Englisch und Deutsch erklärt.

KROATISCHES GESCHICHTSMUSEUM
In einem prachtvollen Barockbau lockt das **Kroatische Geschichtsmuseum** (Hrvatski Povijesni Muzej; ☎ 48 51 900; www.hismus.hr; Matoševa 9; Erw./erm. 10/5 Kn; ⏲ Mo–Fr 10–17, Sa & So 10–13 Uhr) mit interessanten Sammlungen; zu sehen sind u. a. Flaggen, Steine, Kunst, Fotografien, Dokumente und Landkarten zur kroatischen Geschichte.

KROATISCHES MUSEUM FÜR NAIVE KUNST
Wer Kroatiens naive Kunst mag, kommt im **Kroatischen Museum für Naive Kunst** (Hrvatski Muzej Naivne Umjetnosti; ☎ 48 51 911; www.hmnu.org; Ćirilometodska 3; Erw./Stud. 10/5 Kn; ⏲ Di–Fr 10–18, Sa 10–13 Uhr) voll auf seine Kosten. Die naive Malerei ist eine Kunstform, die im Land selbst und weltweit während der 1960er- bis 1970er-Jahre groß in Mode war und danach weniger Anklang fand. Zum Bestand des kleinen Museums gehören über 1000 Gemälde, Zeichnungen und einige Bildhauerwerke bedeutender Künstler wie Generalić, Mraz, Virius und Smaljić. Mehr über die Künstler siehe S. 115.

Unbedingt sehenswert sind die witzigen, bunten Skulpturen von Sofija Naletilić

Penavuša (1913–94). Die Künstlerin aus Herzegowina, die keinerlei Schuldbildung genossen hat, fing mit Holzfiguren für ihren Enkel an. In den 1980er- und 1990er-Jahren wurden ihre Arbeiten im ganzen Land bekannt und beliebt.

KULA LOTRŠČAK
Der **Lotršćak-Turm** (Turm der Einbrecher; ☎ 48 51 926; Strossmayerovo Šetalište; Eintritt 10 Kn; ⏲ Di–So 11 bis 20 Uhr) wurde Mitte des 13. Jhs. als Wehrturm für das südliche Stadttor erbaut. Seit über 100 Jahren wird hier täglich um 12 Uhr ein Kanonenschuss abgefeuert, um an ein historisches Ereignis der Stadtgeschichte zu erinnern. Der Legende nach hatten die Türken am gegenüber liegenden Sava-Ufer ihr Lager aufgeschlagen, um 12 Uhr eröffneten sie das Kanonenfeuer. Auf dem Weg über den Fluss traf die Kugel jedoch lediglich einen frei herumlaufenden Hahn, der völlig zerfetzt wurde. Der Vorfall soll die Türken dermaßen demoralisiert haben, dass ihnen der Angriff auf die Stadt misslang. Die weniger prosaische Erklärung ist, dass die Kirchturmuhren der Stadt nach der Kanone gestellt werden.

Wer auf den Turm klettert, bekommt zur Belohnung einen 360 °-Panoramablick über die Dächer der Stadt. Ganz in der Nähe verbindet eine **Standseilbahn** (3 Kn) seit 1888 die Unter- mit der Oberstadt.

Unterstadt (Donji Grad)
F JELAČIĆA
Zagrebs bester Orientierungspunkt und geografisches Herz der Stadt ist der Trg Josipa Jelačića. Der Platz ist ein beliebter Treffpunkt – wer einen Ort sucht, an dem man in netter Atmosphäre Leute beobachten kann, sollte sich in eines der angrenzenden Cafés setzen. Von dort lassen sich herrlich die Fahrgäste beim Aussteigen aus der Straßenbahn beobachten, wie sie sich einen Gruß zuwinken oder im Gewirr von Zeitungs- und Blumenverkäufern in alle Richtungen ausströmen und in der Menge verschwinden.

Ban Jelačić war im 19. Jh. jener *ban* (Vizekönig oder Präsident), der die kroatischen Truppen in den (erfolglosen) Kampf gegen die Ungarn führte – in der Hoffnung, auf diesem Weg mehr Autonomie für sein Volk zu erreichen. Das **Reiterstandbild** von Jelačić stand von 1866 bis 1947 auf dem Platz, bis es auf Anweisung von Tito entfernt wurde. Tito empfand es als ein zu starkes Symbol des

KUNST UND GESCHICHTE IM CLINCH

Das Gebäude des **Kroatischer Verbands der Bildenden Künstler** (Hrvatsko Društvo Likovnih Umjetnika; ☎ 46 11 818; www.hdlu.hr; Trg Žrtava Fašizma; Eintritt frei; ☿ Di–Fr 11–19, Sa & So 10–14 Uhr) trägt die architektonische Handschrift von Ivan Meštrović. Das Gebäude hat seit seiner Entstehung verschiedene Metamorphosen durchgemacht und spiegelt so die Geschichte Kroatiens im Zeitraffer wider.

1938 entwarf der Bildhauer und Archtekt einen Ausstellungspavillon, er wurde zu Ehren von König Petar Karađorđević errichtet, der damals über das Königreich der Serben, Kroaten und Slowenen herrschte. Schon damals war dieser Umstand den kroatischen Nationalisten ein Dorn im Auge. Als in Kroatien die Faschisten an die Macht kamen, hieß der Pavillon ab Mai 1941 offiziell „Künstlerzentrum Zagreb". Einige Monate später gab jedoch der kroatische Führer Ante Pavelić den Befehl, alle Kunstwerke zu evakuieren, danach erfolgte die Umwandlung in eine Moschee. Pavelić wollte damit sicherstellen, dass sich die Muslime Zagrebs in Kroatien auch wirklich zu Hause fühlen (zu der Zeit gab es keine andere Moschee in der Stadt). Die Künstler sollen sich darüber zwar beschwert haben, aber das Gebäude wurde dennoch umgebaut und schließlich sogar noch von drei Minaretten eingerahmt.

Mit Beginn der Ära des sozialistischen Jugoslawiens wurde die Moschee über Nacht geschlossen und das Gebäude wieder seinem ursprünglichen Zweck zugeführt. Die Regierung nannte es allerdings nun „Museum der Volksbefreiung"; gezeigt wurde eine Dauerausstellung. 1949 ließ die Regierung dann die Minarette abreißen. 1951 machte sich der Architekt V Richter daran, den ursprünglichen Entwurf von Meštrović wieder freizulegen. Bis heute ist das Museum ein gemeinnütziges Ausstellungsgebäude für Mitglieder des Kroatischen Künstlerverbands. Obwohl es seit 1991 unter der neuen Regierung wieder offiziell den Namen „Kroatischer Verband der Bildenden Künstler" trägt, nennen es die Zagreber immer noch „die alte Moschee".

---

ikroatischen Nationalismus. 1990 wurde das Monument unter der Regierung von Franjo Tuđman wieder an seinem ursprünglichen Standort aufgestellt. Die meisten Gebäude stammen aus dem 19. Jh.; bemerkenswert sind die Reliefs des Bildhauers Ivan Meštrović (Haus Nr. 4).

ARCHÄOLOGISCHES MUSEUM

Das **Archäologische Museum** (Arheološki Muzej; ☎ 48 73 101; www.amz.hr; Trg Nikole Šubića Zrinjskog; Erw./erm. 20/10 Kn; ☿ Di–Fr 10–17, Sa & So 10–13 Uhr) zeigt prähistorische Artefakte und Exponate aus den nachfolgenden Jahrhunderten. Der interessanteste Keramikgegenstand ist die 4000 Jahre alte „Vučedolska golubica" (Vučedoler Taube), die unweit von Vukovar gefunden wurde. Der „Vogel" gilt seither als Wahrzeichen der Stadt Vukovar, aber auch als Symbol des Friedens. Faszinierend sind auch die **ägyptischen Mumien**, die in einem Ambiente aus Lichtspielen und meditativen Klängen gezeigt werden. Die **Münzsammlung** gehört zu den bedeutendsten Europas. Sie besteht aus rund 260 000 Münzen, Medaillen und Medaillons. Im Innenhof, wo im Sommer auch ein Freiluft-Café zum Verweilen einlädt, befindet sich eine Sammlung von **romanischen Denkmälern** aus dem 5. bis 4. Jh. v. Chr.

STROSSMAYER-GALERIE ALTER MEISTER

Das **Museum** (Strossmayerova Galerija Starih Majstora; ☎ 48 95 115; www.mdc.hr/strossmayer; Zrinjevac 11; Erw./erm. 10/5 Kn; ☿ Di 10–13, 17–19, Mi–So 10–13 Uhr) ist in der Kroatischen Akademie der Kunst und Wissenschaft untergebracht.

Das attraktive Gebäude aus dem 19. Jh. wurde in den Formen der italienischen Renaissance errichtet und beherbergt eine beeindruckende Kunstsammlung, die der berühmte Bischof Josip Juri Strossmayer 1884 der Stadt gestiftet hat.

Zur Sammlung gehören italienische Meister aus der Zeit vom 14. bis 19. Jh. (darunter Bellini, Tintoretto, Veronese und Tiepolo), holländische und flämische Maler (Brueghel d. J.), französische und spanische Künstler (u a. Proudhon, Carpeaux und El Greco) sowie die klassischen kroatischen Künstler Medulić und Benković.

Zu den beachtenswertesten Ausstellungsstücken der Galerija zählt die im Innenhof stehende **Baška Slab** (Bašćanska Ploča), eine Steintafel von der Insel Krk: Die Tafel wurde 1102 in glagolitischer Schrift beschrieben, sie ist damit das älteste erhaltene Zeugnis dieser alten Schrift.

Sehenswert ist auch ein **Standbild von Bischof Strossmayer**, das Ivan Meštrović schuf.

GALERIE MODERNER KUNST

Westlich der Strossmayer-Galerie liegt die **Galerie Moderner Kunst** (Moderna Galerija; ☎ 49 22 368; Andrije Hebranga 1; Erw./erm. 20/10 Kn; ☯ Di–Fr 10–18, Sa 10–13 Uhr) mit einer berühmten Ausstellung kroatischer Künstler aus dem 19. und 20. Jh., zu sehen sind unter anderem Bukovac, Mihanović und Račić. Die Galerie bietet einen hervorragenden Überblick über die lebendige Kunstszene Kroatiens.

KUNSTPAVILLON

Der gelbe **Kunstpavillon** (Umjetnički Paviljon; ☎ 48 41 070; www.umjetnicki-paviljon.hr; Trg Kralja Tomislava 22; Erw./erm. 20/10 Kn; ☯ Mo–Sa 10–19, So 10–13 Uhr) zeigt Wechselausstellungen zeitgenössischer Kunst. Der Pavillon wurde 1897 im Jugendstil errichtet und ist das einzige Gebäude in Zagreb, das explizit für große Ausstellungen gebaut wurde.

MUSEUM FÜR KUNST UND HANDWERK

Das zwischen 1882 und 1892 in zehn Jahren erbaute **Museum** (Muzej za Umjetnost i Obrt; ☎ 48 82 111; www.muo.hr, nur auf Kroatisch; Trg Maršala Tita 10; Erw./Stud. 30/15 Kn; ☯ Di–Fr 10–18, Sa & So 10–13 Uhr) besticht durch seine Sammlung an Möbeln, Textilien, Metall- und Keramikgegenständen sowie Glaskunst aus dem Mittelalter und verschiedenen Epochen der Neuzeit bzw. der Moderne. Hier lassen sich sowohl gotische und barocke Skulpturen aus Nordkroatien als auch Gemälde, Drucke, Glocken, Öfen, Ringe, gebundene Bücher, Spielzeuge, Fotografien und Industriedesign bewundern. Neben den regelmäßigen Wanderausstellungen lohnt sich auch ein Besuch der bedeutenden Bibliothek.

ETHNOGRAFISCHES MUSEUM

Lohnenswert ist auch ein Besuch im **Ethnografischen Museum** (Etnografski Muzej; ☎ 48 26 220; www.emz.hr; Trg Mažuranićev 14; Erw./erm. 15/10 Kn, Do Eintritt frei; ☯ Di–Do 10–18, Fr–So 10–13 Uhr). Der eindrucksvolle Kuppelbau wurde 1903 errichtet und zählt insgesamt rund 70 000 Objekte in seinem Bestand. Rund 2750 davon sind in der Dauerausstellung zu sehen, darunter Keramiken, Schmuck, Musikinstrumente, Werkzeuge und Waffen sowie kroatische Trachten, goldbestickte Kopftücher aus Slawonien und Spitzenarbeiten von der Insel Pag. Dank verschiedener Schenkungen von kroatischen Ethnologen wie Mirko und Stevo Seljan gibt es auch interessante Artefakte aus

Südamerika, dem Kongo, Äthiopien, China, Japan, Neuguinea und Australien zu sehen. Im zweiten Stock werden häufig Wechselausstellungen gezeigt.

MUSEUM MIMARA

Zagrebs beste Kunstsammlung befindet sich im **Museum Mimara** (Muzej Mimara; ☎ 48 28 100; Roosveltov Trg 5; Erw./erm. 20/15 Kn; ☯ Di, Mi, Fr & Sa 10–17, Do 10–19, So 10–14 Uhr). Es handelt sich um eine vielfältige Privatsammlung mit über 3750 Exponaten. Ante Topić Mimara stiftete sie seiner Geburtsstadt Zagreb, obwohl er die längste Zeit seines Lebens in Salzburg verbrachte.

Das Museum ist in einem ehemaligen Schulhaus untergebracht, das im Stil der Neorenaissance 1883 erbaut wurde. Die Exponate umspannen einen breiten zeitlichen und geografischen Rahmen: Neben einer archäologischen Sammlung mit 200 Fundstücken aus Ägypten, Mesopotamien, Persien, Griechenland, Rom und dem früh-mittelalterlichen Europa werden auch viele antike Kunstwerke aus Fernost präsentiert. Zu sehen sind außerdem Objekte aus Glas und Stoff sowie Möbel aus verschiedenen Epochen und 1000 weitere Kunstgegenstände aus Europa. In der Gemäldesammlung sind italienische Künstler wie Raphael, Veronese, Caravaggio und Canaletto vertreten. Holländer wie Rembrandt und Ruisdael und flämische Künstler wie Bosch, Rubens und Van Dyck ergänzen die Sammlung. Gezeigt werden auch spanische (u. a. Velázquez, Murillo und Goya), deutsche und englische Maler sowie die französischen Meister de la Tour, Boucher, Delacroix, Corot, Manet, Renoir und Degas.

BOTANISCHER GARTEN

Wer sich einmal von den vielen Museen, Galerien, dem Einkaufsbummel und den abendlichen Vergnügungen erholen will, kann im idyllischen **Botanischen Garten** (Botanički Vrt; http://hirc.botanic.hr; Mihanovićeva bb; Eintritt frei; ☯ April bis Okt. 7–21 Uhr) eine Verschnaufpause einlegen. Der Park wurde 1890 angelegt und umfasst 10 000 Pflanzenarten, darunter 1800 Spezies aus den Tropen. Fernab der städtischen Hektik finden die Besucher hier ruhige Ecken und beschauliche Pfade.

Nördlich des Zentrums
MIROGOJ

Die Buslinie 106 fährt in zehn Minuten von der Kathedrale zum **Friedhof Groblje Mirogoj**

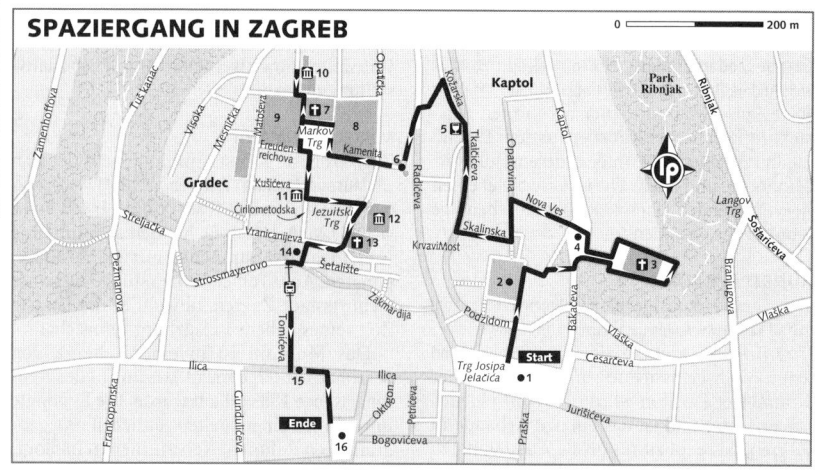

SPAZIERGANG IN ZAGREB

STADTRUNDGANG

Start Trg Josipa Jelačića
Ende Trg Petra Preradovića
Dauer 1½ Stunden

(🕐 6–22 Uhr), der nördlich des Stadtzentrums am Fuß der Medvednica liegt (man kann aber auch zu Fuß dorthin kommen und braucht dafür nur etwa eine halbe Stunde). Der Friedhof, der 1876 von einem der besten kroatischen Architekten (Herman Bollé) entworfen wurde, zählt ohne Zweifel zu Europas schönsten Friedhofsanlagen.

Bollé ist in Zagreb vielfach vertreten: viele Gebäude rund um Zagreb gehen auf seine Entwürfe zurück. Den Friedhof, auf dem alle abendländischen Religionen (ob katholisch, orthodox oder jüdisch) gleichgestellt sind, schmückte er mit majestätischen Arkaden und Kuppeln, die dem Friedhof von außen den Anschein einer Festung geben. Die Gesamtanlage wirkt sehr grün, entlang der Wege stehen schöne Skulpturen und kunstvoll gestaltete Gräber.

Zu den bekanntesten hier bestatteten Persönlichkeiten zählen der Dichter Petar Preradović und der politische Führer Stjepan Radić. Von Ivan Meštrović stammen die Büste von Vladimir Becić und die Skulptur für die Familie Mayer.

Neu hinzugekommen ist ein **Kreuz** zu Ehren der im kroatischen Unabhängigkeitskrieg 1991–95 gefallenen Soldaten.

MEDVEDGRAD

Die Burg **Medvedgrad** (Eintritt frei; 🕐 7–22 Uhr) am Südwestabhang der Medvednica erhebt sich direkt oberhalb der Stadt und ist das bedeutendste Relikt aus den Mittelalter in und um Zagreb. Die 1249 bis 1254 erbaute Anlage liegt selbst gut geschützt zwischen hohen Felsen und sollte die Stadt vor den Einfällen der Tartaren bewahren. Die Burg war nacheinander im Besitz mehrerer Adelsfamilien, wurde aber von zwei Erdbeben so stark zerstört, dass sie schlussendlich von den Besitzern aufgegeben wurde und verfiel. 1979 begannen erste Restaurierungsarbeiten, die aber erst zwischen 1993 und 1994 ernsthaft betrieben wurden. Damals erlebten die historischen Gebäude eine Renaissance im jungen Staat. Heute können die wieder aufgebauten dicken Mauern und Türme sowie eine kleine frühgotische Kapelle mit Fresken besichtigt werden. Vor der Burg befindet sich eine Gedenkstätte für die Opfer des kroatischen Unabhängigkeitskriegs. Bei gutem Wetter bietet sich von der Burg ein wunderbarer Blick über Zagreb und sein Umland.

Östlich des Zentrums
MAKSIMIR-PARK

Der **Park** (Maksimirska; 🕐 9 Uhr–Sonnenuntergang) ist eine friedliche, 18 ha große grüne Oase mit großem Baumbestand. Die Straßenbahnlinien 4, 7, 11 und 12 fahren dorthin. Die Parkanlage wurde ab 1794 angelegt und ist damit eine der ersten öffentlichen Parkanlagen in Südosteuropa. Die landschaftliche Gestaltung mit

Alleen, Rasenflächen und künstlichen Seen folgte dem Vorbild englischer Landschaftsparks. Das beliebteste Fotomotiv des Parks ist der herrliche **Pavillon Bellevue** von 1843, aber es gibt auch einen Echo-Pavillon und ein nachgebautes Ensemble im Stil einer Schweizer Berghütte.

Innerhalb des Parkgeländes liegt auch Zagrebs **Zoo** (Erw./unter 8 J. 20/10 Kn; ☯ 9 bis 20 Uhr). Dort wurde inzwischen ein „Pfad des Gewissens" mit einem „Homo-Sapiens-Gehege" eingerichtet, in dem die Besucher vieles über die Auswirkungen menschlichen Handelns auf die Umwelt erfahren können.

AKTIVITÄTEN

Der **Sportpark Mladost** (☎ 36 58 541; Jarunska 5, Jarun; Tagesticket für Familien 60 Kn; ☯ Mo–Fr 11–15, Mo, Di, Do & Fr 16–18, Mi 11–15, Sa 13–17, So 10–14 Uhr) bietet im Innen- und Außenbereich Schwimmbecken in olympischer Größe, außerdem Nichtschwimmer und Kinderbecken und ein Fitnessstudio. Nach Jarun kommt man mit der Straßenbahnlinie 5 oder 7.

Die **Sport- und Freizeitanlage SRC Šalata** (☎ 46 16 300; www.salata.hr, nur auf Kroatisch; Schlosserove Stube 2; Eintritt 25 Kn; ☯ Mo–Fr 13.30–18, Sa & So 11 bis 19 Uhr) bietet Freiluft- und Hallentennisplätze, ein Fitnessstudio, zwei Schwimmbecken im Freien und im Winter eine Indoor- und eine Freiluft-Eislaufbahn. Schlittschuhe kann man vor Ort ausleihen.

Obwohl man Zagreb nicht gerade mit Wintersport in Verbindung bringt, ist es bei entsprechender Schneelage möglich, vor den Toren der Stadt Ski zu fahren. **Sljeme** ist der höchste Punkt der Medvednica-Berge, auf die Skifahrer warten hier vier Abfahrten, drei Skilifte und ein Sessellift. Die Schneebedingungen können telefonisch im **Skizenrum** (☯ 45 55 833) erfragt werden.

Der **Jezero Jarun** im Süden der Stadt ist das ganze Jahr über ein beliebtes Ausflugsziel der Hauptstädter. Im Sommer lädt das klare Wasser zum Baden ein, ein Teil des Sees ist für Surfer und Kanuten abgeteilt. Nach Jarun fahren die Straßenbahnlinien 5 oder 17, von der Haltestelle führen Hinweisschilder zum See (*jezero*). Kommt man auf den See zu, muss man sich entscheiden: Links geht es zum Malo Jezero, wo die Möglichkeit zum **Schwimmen** besteht. Dort können auch **Kanus** oder **Tretboote** ausgeliehen werden. Rechts geht es Richtung Veliko Jezero mit einem **Kiesstrand**, hier treffen sich die **Surfer**.

STADTSPAZIERGANG

Die Touristeninformation verteilt die kostenlose Broschüre *City Walks*, die zwei Tourenvorschläge für die Unter- und Oberstadt enthält.

Normalerweise fängt jeder Zagreb-Spaziergang am quirligen **Trg Josipa Jelačića** (1; S. 87) an. Von hier aus führt eine Freitreppe zum **Obst- & Gemüsemarkt Dolac** (2; S. 81), wo sich sicher etwas für den Hunger zwischendurch findet. Dann geht es weiter zur **Kathedrale** (3; S. 81) und von dort quer über den **Kaptol-Platz** (4; S. 81) und die Skalinska entlang bis zum Ende der Tkalciceva. Eine Treppe führt hinauf zur Bar **Melin** (5; S. 98) und weiter zum **Steinernen Tor** (6; S. 81), einer faszinierenden Gebetsstätte. Danach führt der Weg durch die Kamenita zum Markov Trg. Dort befinden sich die **Crkva Svetog Marka** (7; S. 85), das Parlamentsgebäude **Sabor** (8; S. 85) und der **Banski Dvori** (9; S. 86), der ehemalige Präsidentenpalast. Durch die verwinkelten Gassen der Oberstadt geht es anschließend zum **Meštrović Atelier** (10; S. 86), wo sich verschiedene Facetten der kroatischen Kunstszene entdecken lassen. Über den Markov Trg und die Ćirilometodska führt der Spaziergang zu einem der eigenwilligsten Museen des Landes, dem **Kroatischen Museum für Naive Kunst** (11; S. 87). Auf der anderen Seite des **Jezuitski Trg** lohnt die **Galerija Klovicevi Dvori** (12; S. 85) einen Besuch. Sie zeigt Ausstellungen von kroatischen und internationalen Künstlern der Moderne. Wer das Kunstprogramm absolviert hat, auf den wartet noch die eindrucksvolle **Jesuitenkirche Crkva Svete Katarine** (13; S. 85). In unmittelbarer Nähe ragt die **Kula Lotršćak** (14; S. 87) auf. Oben vom Turm bietet sich ein herrlicher Rundblick über die Dachlandschaft der Hauptstadt. Wer will, kann mit der Standseilbahn in die Unterstadt fahren; die Alternative ist eine vermooste Steintreppe. Standseilbahn und Treppe führen den Besucher beide zur **Ilica** (15), Zagrebs Haupteinkaufsstraße.

Nach Überquerung der Ilica bietet sich eine Kaffeepause auf dem **Trg Petra Preradovića (16)** an, über dem meist das Aroma frisch gerösteter Kaffeebohnen wabert.

ZAGREB MIT KINDERN

Zagreb bietet einige spannende Ausflugsziele für ältere Kinder, aber nur wenig Interessantes für die kleineren. Bahngleise, hohe Bordsteinkanten und die vielen Autos (und ihre Abgase) machen die Besichtigung mit

ZAGREB

dem Buggy zu einer anstrengenden und unerfreulichen Unternehmung. Die Busse und Straßenbahnen sind häufig so überfüllt, dass selbst Buggys kaum noch reinpassen (obwohl in Bussen extra ein Platz für sie reserviert ist). Bis zum Alter von sieben Jahren fahren Kinder in öffentlichen Verkehrsmitteln umsonst. Achtung: Taxis haben nur in Ausnahmefällen funktionierende Gurte!

Wer die Käfersammlung im Kroatischen Naturkundemuseum schon gesehen hat (S. 86), kann mit den Kleinen gleich zum **Technischen Museum** (Tehnički Muzej; ☎ 48 44 050; Savska 18; Eintritt 15 Kn; ☺ Di–Fr 10–17, Sa & So 9 bis 13 Uhr) weiterziehen. Dort gibt es ein Planetarium, Dampfloks, Modelle von Satelliten und Frachtschiffen sowie ein Schaubergwerk in Originalgröße. Andere Abteilungen widmen sich den Themen Landwirtschaft, Geologie, Energie und Verkehrsmittel.

Für Freiluftfanatiker ist der **Boćarski Dom** (☎ 61 95 713; Prisavlje 2) eine gute Adresse: Dort gibt es hervorragende Spielplätze, Spielwiesen und eine Rampe für Inline-Skater. An der Sava entlang führt ein Spazierweg, auf dem sich auch die Eltern entspannen können. Zum Park fährt die Straßenbahnlinie 17, die Haltestelle Prisavlje liegt unweit des Eingangs.

Zwei weitere, allerdings kleinere und meist volle Spielplätze findet man im Maksimir Park (S. 90), dort liegt auch der Zoo. Bei Badewetter sind die Schwimmbecken im Sportpark Mladost (S. 91) oder der Jezero Jarun (S. 91) interessante Alternativen.

GEFÜHRTE TOUREN

In der Touristeninformation werden Tickets für die zweistündigen Spaziergänge (95 Kn) und für die dreistündigen Ausflüge zu Fuß und mit dem Bus (150 Kn) verkauft. Beide Touren finden täglich statt. Die Spaziergänge beginnen vor der Zentrale der Touristeninformation am Trg Josipa Jelačića; Treffpunkt für die Tour per Bus und zu Fuß ist das Hotel Arcotel Allegra.

Die Tickets werden auch in Reisebüros und in den Foyers der meisten Hotels angeboten und sollten mindestens einen Tag im Voraus gekauft werden.

FESTIVALS & EVENTS

Über alle Kulturereignisse in Zagreb informiert die Internetseite www.zagreb-convention.hr. Open-Air-Veranstaltungen sind kostenlos, für alle anderen Konzerte wird ein Eintritt verlangt. Die Preise hängen dabei von der Art des Konzertes ab. Für viele musikalischen Veranstaltungen verkauft **Koncertna Direkcija Zagreb** (☎ 45 01 200; www.kdz.hr; Kneza Mislava 18; ☺ Mo–Fr 9–18 Uhr) Karten. Zu den jährlichen kulturellen Highlights zählen die folgenden Festivals:

Muzički Biennale Zagreb (Zagreb Biennial of Contemporary Music) (www.biennale-zagreb.hr) Kroatiens wichtigstes klassisches Musikereignis findet im April in allen ungraden Jahren statt.

Queer Zagreb FM Festival (www.queerzagreb.org) In der letzten Aprilwoche heißt es im Freien feiern und Zelte aufschlagen.

Žedno Uho (Durstiges Ohr) Ein ausgezeichnetes Festival (24.–29. April), bei dem moderne Weltmusik mit Schwerpunkt elektronische Musik im Mittelpunkt steht.

Urban Festival (www.urbanfestival.hr) Ein jährlich stattfindendes, modernes Kunstfestival mit besonderen Themen (5.–15. Mai).

Vip INmusic Festival (www.vipinmusicfestival.com) Ein zweitätiges VIP-Musikfestival mit internationalem Renommee. 2008 trat Nick Cave auf, in den Jahren zuvor standen Franz Ferdinand, Iggy Pop und Morrissey auf der Hauptbühne am Jezero Jarun (Jarun-See). Neben der Hauptbühne gibt es vier weitere Bühnen, einen Campingplatz und 48 Stunden mit jeder Menge Partys (3.–4. Juni).

Animafest (www.animafest.hr) Das Zeichentrickfilmfestival findet im Juni in allen ungeraden Jahren statt.

Strossmartre (www.kraljeviulice.com) Ein Film- und Musikfestival, das im Juni entlang der Strossmayer-Promenade stattfindet: Es gibt kostenloses Freiluftkino, Konzerte und exotische Events wie z. B. Hundewettbewerbe.

Internationales Folklorefestival Das Festival macht schon seit über 30 Jahren alljährlich in der Hauptstadt von sich reden und normalerweise sechs Tage. Tänzer und Sänger aus Kroatien und anderen europäischen Ländern treten in ihrer jeweiligen Landestracht auf. Es gibt kostenlose Tanz-, Musik- und Kunst-Workshops.

Zagreber Sommerfestival Im Juli und August finden in der Oberstadt verschiedene Konzerte und Theateraufführungen statt. Häufige Aufführungsorte sind das Atrium der Galerija Klovićevi Dvori am Jezuiti Trg, die Katharinenkirche, die Markuskirche und die Kathedrale. Manchmal werden aber auch Konzerte auf den Plätzen in der Oberstadt aufgeführt.

Zagreb Film Festival (www.zagrebfilmfestival.com) Vom 19. bis 24. Oktober ist Zagreb Austragungsort eines Filmfestivals. Regisseure aus aller Welt konkurrieren um die Verleihung des Golden Pram. Die Kinovorführungen und Partys sollte man keinesfalls verpassen.

Im Frühling (Mitte April) und im Herbst (Mitte September) finden in Zagreb die größten internationalen Messen des Landes statt.

SCHLAFEN

Seit Zagreb auch mit Billigfluglinien gut erreichbar ist, hat sich in der Hotellandschaft einiges verändert; allmählich, wenn auch noch zaghaft, wird die Auswahl an günstigen Übernachtungsmöglichkeiten größer. Die neuen Hostels sprechen vor allem die Rucksacktouristen an; Reisende mit etwas größerem Budget und dem Wunsch nach mehr Privatsphäre und Gemütlichkeit finden über Reiseveranstalter eine ordentliche Auswahl an Zimmern und Ferienwohnungen. Bei den Spitzenklassehotels für Geschäftsleute und betuchte Reisende herrscht ein Boom, zumal sich Zagreb zu einer Drehscheibe für internationale Konferenzen gemausert hat. Es mangelt also nicht an Angeboten für jeden Geldbeutel.

Die Preise sind saisonunabhängig immer gleich, lediglich an Festivalwochenenden und bei sonstigen großen Events muss man mit einem Aufschlag um die 20 % rechnen. Das gilt insbesondere in der Messezeit. Bei den Preisen der Mittelklassehotels und der günstigen Unterkünfte ist das Frühstück jeweils im Preis enthalten.

Wer privat wohnen will oder ein Apartment buchen möchte, sollte die Anreise an einem Sonntag vermeiden, da dann die meisten Reisebüros geschlossen haben. Doppelzimmer kosten in der Regel rund 300 Kn, Apartments sind ab 400 Kn pro Übernachtung zu bekommen. Bei nur einer Übernachtung wird gewöhnlich ein Aufpreis verlangt. Folgende Reisebüros sind zu empfehlen:

Evistas (☎ 48 39 554; evistas@zg.htnet.hr; Augusta Šenoe 28; EZ ab 200 Kn, DZ 250 Kn; ☺ Mo−Fr 9−13.30 & 15−20, Sa 9.30−17 Uhr) Die Agentur in nächster Nähe zum Bahnhof wird auch von der Touristeninformation empfohlen; sie vermittelt Privatunterkünfte.

InZagreb (☎ 65 23 201; www.inzagreb.com; Remetinečka 13; Apt. 65−86 €) Tolle, zentral gelegene Apartments für einen Aufenthalt ab zwei Nächten. Im Preis enthalten sind Fahrradverleih und Shuttle-Service zum/vom Bahnhof oder Busbahnhof. Buchungen übers Internet oder telefonisch möglich.

Never Stop (Nemoj Stati; ☎ 48 73 225; www.nest.hr; Boškovićeva 7a; ☺ Mo−Fr 9−17 Uhr) Tolle Apartments direkt im Herzen der Stadt, jedoch mit einem Mindestaufenthalt von drei Nächten. Auf der Website stehen weitere Details, eine Hotline erteilt Preisauskünfte.

Budgetunterkünfte

Fulir Hostel (☎ 48 30 882; www.fulir-hostel.com; Radićeva 3a; B min./max. 100−140 Kn; ☐) Das Hotel liegt direkt im Stadtzentrum, ganz in der Nähe der quirligen Jelačića und den Bars auf der Tkalčićeva. Das Fulir hat 16 Betten, die Inhaber sind sehr freundlich; Selbstversorger können auf dem Dolac-Markt ganz in der Nähe alles kaufen, was sie brauchen. Im Gemeinschaftsraum finden sich jede Menge DVDs, Sat-TV und ein kostenloser Internetzugang. Die Jugendherberge wurde im Sommer 2006 eröffnet und ist seitdem ein beliebter Treffpunkt der Rucksacktouristen, deshalb rechtzeitig buchen!

Omladinski Hostel (☎ 48 41 261; www.hfhs.hr; Petrinjska 77; 6-/3-B-Schlafsaal pro Pers. 103/113 Kn, EZ/DZ 193/256 Kn) Das Hostel wurde erst vor kurzem renoviert, hat jedoch etwas von seinem alten nostalgischen Flair bewahrt. Die Zimmer sind sparsam möbliert und sauber. Das Hostel liegt nicht nur günstig, sondern ist auch noch die billigste Adresse in der Stadt.

Buzzbackpackers (☎ 23 20 267; www.buzzbackpackers.com; Babukićeva 1b; B/DZ ab 120/400 Kn; ☒ ☐). Das Buzzbackpackers ist ein weiterer Neuling unter den günstigen Unterkünften, es ist vornehmer als das Fulir, liegt dafür aber etwas weiter vom Zentrum entfernt. Die Zimmer sind sauber und hell, haben WLAN-Anschluss, kostenlosen Internetzugang, eine blitzsaubere Gemeinschaftsküche und einen Wäscheservice (gegen Gebühr) und einen Grill-Bereich. Von der Haltestelle Heinzelova (Straßenbahnlinien 4 und 9) sind es nur ein paar Minuten zu Fuß (weitere Anbindungen finden sich auf der Homepage). Die Straßenbahn fährt vom Bahnhof zum Hostel.

Ravnice Hostel (☎ /Fax 23 32 325; www.ravnice-youthhostel.hr; Ravnice 38d; DZ 125 Kn; ☐) Die Jugendherberge hat den Nachteil, dass man von dort gut 45 Minuten zu Fuß ins Zentrum läuft; die Straßenbahn braucht 20 Minuten (Linien 4, 7, 11 oder 12, Haltestelle Ravnice). Für das Ravnice spricht aber die idyllische Lage inmitten eines Wohnviertels gleich hinter dem Maksimir-Park. Die Zimmer sind sauber, aber spartanisch eingerichtet. Im Erdgeschoss befindet sich eine große Gemeinschaftsküche, wo Tee und Kaffee gratis für die Gäste bereitstehen. Im Garten wurden mehrere Tischtennisplatten aufgestellt. Der Internetzugang kostet 16 Kn pro Std., eine Waschtrommel 50 Kn und das Schließfach 7 Kn.

Krovovi Grada (☎ 48 14 189; Opatovina 33; EZ/DZ/3B 200/300/400 Kn) Das Krovovi ist aufgrund seiner schönen Lage in der Oberstadt in dieser Preisklasse wahrscheinlich die attraktivste

ZAGREB

Übernachtungsoption im Zentrum. Das restaurierte Haus steht etwas zurückversetzt von der Straße; die Zimmer haben knarzende Holzböden und sind mit alten Möbeln eingerichtet. Zusätzlich stehen zwei große Apartments mit Gemeinschaftsbad für insgesamt acht Personen zur Verfügung. Auch wenn die Ausstattung vielleicht nur einen Stern verdient – die Restaurants und das Nachtleben von Tkalčićeva gleich in der Nähe sind sicher fünf Sterne wert.

Mittelklassehotels

Hotel Fala (☎ /Fax 61 94 498; www.hotel-fala-zg.hr; Trnjanska 18; EZ/DZ 350/495 Kn; P 🐾) Das Fala ist leicht mit der Straßenbahn (Linien 5 bzw. 13 nach Lisinski) erreichbar bzw. liegt nur 20 Gehminuten vom Zentrum entfernt. Die Zimmer sind klein und schnörkellos, aber alles ist picobello sauber.

Hotel Ilica (☎ 37 77 522; www.hotel-ilica.hr; Ilica 102; EZ/DZ/3B/Apt. 399/499/599/849 Kn; P 🐾) Eine tolle Option aufgrund der zentralen Lage! Die Zimmern sind mal superkitschig, mal etwas überladen: Manches ist vergoldet, es gibt Plüschbetten, Wände füllende Bilder und viele Accessoires in Rot. Die Badezimmer sind gut ausgestattet und die Umgebung ist ruhig. Direkt vor dem Eingang halten die Straßenbahnlinien 6, 11 und 12. Zur belebten Ilica sind es nur 15 Minuten.

Hotel Jadran (☎ 45 53 777; www.hup-zagreb.hr; Vlaška 50; EZ/DZ 517/717 Kn; 🐾) Das sechsstöckige Hotel liegt nur wenige Minuten vom Trg Josipa Jelačića entfernt. Die 48 Zimmer sind modern und freundlich ausgestattet, der Service ist gut und gastfreundlich.

Pansion Jägerhorn (☎ 48 33 877; www.hotel-pansion-jaegerhorn.hr; Ilica 14; EZ/DZ/Apt. 590/690/890 Kn; 🐾) Ein tolles, kleines Hotel direkt unterhalb von Gradec und der Kula Lotršćak. Es bietet einen freundlichen Service und geräumige Standardzimmer. Von den Dachzimmern aus genießt man einen schönen Blick über Gradec. Das Restaurant im Erdgeschoss kocht Wildgerichte.

Hotel Central (☎ 48 41 122; www.hotel-central.hr; Branimirova 3; EZ/DZ 600/780 Kn; 🐾) Wer unbedingt einen Zug erwischen muss, ist im Central am besten aufgehoben, denn es liegt gleich gegenüber vom Bahnhof. Das Hotel ist ein quadratischer Betonbau, die Zimmer sind modern eingerichtet, wirken aber etwas düster. Von der obersten Etage (mit größeren Zimmern) schaut man auf einen begrünten Innenhof.

Alle, die länger bleiben, sollten nach einem dieser Zimmer fragen.

Spitzenklassehotels

Palace Hotel (☎ 49 20 530; www.palace.hr; Strossmayerov Trg 10; EZ/DZ ab 810/1050 Kn; P 🍴 🐾 💻) Das Palace ist das älteste Hotel in Zagreb und verströmt noch den Charme der alten Zeit. Es wurde 1891 eröffnet, wirkt also einerseits nobel, ist aber inzwischen mit allem erdenklichen modernen Komfort ausgestattet. Die vorderen Zimmer bieten einen fantastischen Blick auf den Park.

Hotel Dubrovnik (☎ 48 73 555; www.hotel-dubrovnik.hr; Gajeva 1; EZ/DZ ab 875/1350 Kn; 🐾) Der gläserne Hotelkoloss à la New York erhebt sich direkt im Zentrum und ist inzwischen ein Wahrzeichen der Hauptstadt. Hier quartieren sich Geschäftsleute ein und all jene, die gerne mitten im städtischen Trubel übernachten wollen. Die 260 Zimmer sind elegant und haben alles, was das Herz begehrt. Der Service hat das gleiche Niveau wie in guten alten Zeiten. Die schönsten Zimmer gehen zum Boulevard Jelačića hinaus.

LP Tipp **Arcotel Allegra** (☎ 46 96 000; www.arcotel.at/allegra; Branimirova 29; DZ 152–162 €; P 🍴 🐾 💻) Das Arcotel Allegra ist Zagrebs Designhotel Numero Eins mit luftigen, eleganten Zimmern und einer Rezeption mit exotischem Ambiente (Plüsch, Marmor, Aquarium). Die flauschig weiche Bettwäsche wirkt exzentrisch mit ihren Porträts von Kafka, Kahlo, Freud, Lorca und zahlreichen anderen Persönlichkeiten. Jedes Zimmer ist mit einem DVD-Gerät ausgestattet, das Hotel hat außerdem eine eigene Videothek. Im obersten Stockwerk laden ein Fitnessraum, eine Sauna und tolle Ausblicke über die Stadt zum Entspannen ein. Das hausinterne Restaurant Radicchio hat eine gute Küche und in der Joe's Bar wird meist Latino-Musik aufgelegt.

LP Tipp **Regent Esplanade Zagreb** (☎ 45 66 666; www.regenthotels.com; Mihanovićeva 1; EZ/DZ 1660/2025 Kn; P 🍴 🐾 💻) Das geschichtsträchtige, pompöse Hotel mit seinen 215 Zimmern wurde 1924 erbaut, um die Gäste des Orient Express gebührend zu empfangen. Seither logierten hier Könige, Journalisten, Künstler und Politiker. Der Art-déco-Stil wurde hier meisterlich umgesetzt: Die Wände bestehen aus fein gebändertem Marmor, die breiten Treppen wirken majestätisch und die Aufzüge sind holzvertäfelt. Auch für Passanten lohnt sich ein kurzer Blick ins Hotel, insbondere um den großartigen Smaragd-Tanzsaal zu bewundern oder um im Zinfandel's (S. 96) zu speisen, einer der besten Adressen in ganz Kroatien!

ESSEN

Nur wer einfache italienische und kroatische Küche mag, wird in Zagreb kulinarisch zufrieden sein. Langsam aber erweitert sich die Palette an Restaurants mit internationaler Küche, selbst ein japanisches Restaurant hat inzwischen aufgemacht. Auch die Preise haben sich gewandelt: Wer auf *haute cuisine* steht, zahlt einen entsprechend hohen Preis.

Günstig

Nocturno (☎ 48 13 394; Skalinska 4; Hauptgerichte 20–50 Kn) Der beliebte Italiener befindet sich direkt auf der steil abfallenden Gasse unterhalb der Kathedrale. Die Speisekarte ist so, wie man sie erwartet; nett ist auch die gut besuchte Terrasse. Vegetarierherzen schlagen hier höher, denn es gibt verschiedene Pizzen und feine Salatteller. Und die riesigen Risotto-Portionen haben noch jeden satt aufstehen lassen.

Rubelj (☎ 48 18 777; www.rubelj-grill.hr; Tržnica Mala Terasa; Hauptgerichte ab 25 Kn) In dieser Filiale im Dolac sollte man eine schnelle Portion Ćevapčići bestellen. Die leckersten Original-Ćevapčići bekommt man zwar immer noch im benachbarten Bosnien und Herzegowina, aber in Zagreb sind die Rubelj-Ćevapčići sicher die besten.

Vallis Aurea (☎ 48 31 305; Tomićeva 4; Hauptgerichte ab 30 Kn) Das authentische Lokal kocht Hausgemachtes und lockt damit ein breites Publikum (vor allem zur Mittagszeit) ins Haus. Unbedingt probieren sollte man den dalmatinischen Fleischeintopf *pašticada* (Rindfleischeintopf mit Wein und Gewürzen) und die fein gewürzten Bohnen. Das Vallis Aurea liegt gleich am unteren Ende der Standseilbahn.

LP Tipp Tip Top (☎ 48 30 349; Gundulićeva 18; Hauptgerichte ab 35 Kn) Das Tip Top mit seinem originellen Bedienungspersonal ist wirklich etwas Besonderes: Die Ober in kommunistischer Livree wuseln mal mit düsterem Blick, mal mit spontanem Lächeln durch die Tischreihen. Die ausgezeichnete dalmatinische Küche ist konkurrenzlos gut. Die Tageskarte wechselt von Tag zu Tag; donnerstags steht ein besonders köstlicher *brodet* auf dem Programm: Der Tintenfischeintopf wird mit viel Rotwein, Knoblauch und Kräutern zubereitet. Die Inhaber stammen von der Insel Korčula.

und haben ihre berühmten Inselweine auf der Karte stehen.

Ivica i Marica (☎ 48 17 321; Tkalčićeva 70; Hauptgerichte 40 Kn) Das kleine Lokal bzw. die Konditorei sind dem Knusperhäuschen aus Grimms Märchen Hänsel & Gretel nachempfunden. Die Bedienungen tragen traditionelle Kostüme. Die Karte ist zwar nicht rein vegetarisch, es gibt aber eine große Palette an Gemüse- und Fischgerichten sowie einige Gerichte mit Fleisch. Eis und Kuchen schmecken ebenfalls köstlich.

Boban (☎ 48 11 549; Gajeva 9; Hauptgerichte 40–60 Kn) Das Kellerlokal hat sich der italienischen Küche und Kultur verschrieben, Inhaber ist kein geringerer als der kroatische Fußballstar Zvonimir Boban. Das Küchenregiment führt aber ein italienischer Koch (der allerdings das Al-Dente-Prinzip für bissfeste Nudeln immer noch nicht bei seinen kroatischen Mitköchen durchsetzen konnte). Die Speisekarte besteht aus einer abwechslungsreichen Auswahl an Nudeln, Salaten und Fleischgerichten. Das Boban präsentiert sich sowohl mittags als auch abends gut gefüllt; auf der Terrasse des Cafés im oberen Bereich trifft sich Zagrebs Jungvolk auf einem Tummelplatz.

LP Tipp Kerempuh (☎ 48 19 000; Kaptol 3; Hauptgerichte 50–70 Kn) Hier schmeckt nicht nur das Essen außergewöhnlich gut: Alleine schon wegen des Blicks über den Dolac-Markt sollte man hier Platz nehmen. Die kroatische Küche ist einfach und gut, und es werden immer frische Zutaten vom Markt verwendet. Die Tageskarte wechselt täglich – der Koch entscheidet morgens, welche Zutaten am frischesten sind. Wer Glück hat, erwischt einen Tisch im Freien mit Blick auf den Markt.

Konoba Čiho (☎ 48 17 060; Pavla Hatza 15; Hauptgerichte ab 55 Kn; ☺ Mo–Sa) Hier wird noch wie in einer echten dalmatinischen *konoba* (familiengeführtes Lokal) gekocht. Meeresfrüchte und Fisch, ob gegrillt oder als Eintopf, schmecken hier so, wie es die Stammgäste mögen. Freunde des Rakijas können verschiedene Sorten probieren.

Mittelteuer

Pivnica Stari Fijaker 900 (☎ 48 33 829; www.starifijaker.hr; Mesnička 6; Hauptgerichte 50–80 Kn) Früher war das Pivnica Stari die Topadresse für ein Abendessen in Zagreb. Mit seinem Interieur aus Sitzbänken, Holzvertäfelung und weißen Tischdecken wirkt es aber immer noch etwas nüchtern. In der Küche wird nach wie vor

ZAGREB

traditionell gekocht: hervorragende hausgemachte Würstchen, Bohnen und *strukli* (mit Hüttenkäse gefüllte Teigtaschen) sind ein paar weitere Empfehlungen.

Kaptolska Klet (☎ 48 14 838; Kaptol 5; Hauptgerichte ab 70 Kn) Das freundliche Restaurant findet jeder gemütlich, ob er alleine oder in der Gruppe mit lauten Rucksacktouristen isst. Eine riesige Terrasse lädt zum Essen im Freien ein, drinnen lockt eine hell erleuchtete Bierhalle in der Art einer Schwemme. Zwar ist das Lokal in der Stadt vor allem für seine Grillspezialitäten und die hausgemachten Würstchen bekannt, aber auch Vegetarier werden hier satt: Sie können eine gut gefüllte Platte mit gegrilltem Gemüse oder Gemüse in Brotteig bestellen.

Okrugljak (☎ 46 74 112; Mlinovi 28; Hauptgerichte ab 80 Kn) Wenn die Hauptstädter etwas Besonderes zu feiern haben, reservieren sie einen Tisch in diesem beliebten Lokal auf der Medvednica. An den Holztischen aus geschnitzten Weinfässern oder auf der Terrasse sitzt es sich gut, die Stimmung ist locker. Am Wochenende spielt gewöhnlich Musik, und wenn dann vielleicht noch eine Hochzeit gefeiert wird, geht es richtig hoch her. Gebratenes Lammfleisch und Ente sind sehr zu empfehlen: Das Fleisch ist besonders zart und wird mit köstlichen *mlinci* (gebratene Nudeln im Saft) serviert.

Cantinetta (☎ 48 11 315; Teslina 14; Hauptgerichte 80–120 Kn) Das perfekte Ambiente, um eine Liebesaffäre zu beenden. Keiner käme in dieser eleganten Umgebung auf die Idee, eine Szene zu machen – die exquisit zubereitete Küche gibt sich auch alle Mühe, gebrochene Herzen wieder zu flicken.

Makronova (☎ 48 47 115; www.makronova.com; Ilica 72; Hauptgerichte 80–120 Kn; ☽ Mo–Sa) Das makrobiotische Restaurant bietet ein elegantes und ruhiges Ambiente und ist vor allem etwas für Veganer. Doch nicht nur der Magen wird hier verwöhnt, sondern auch alle anderen Sinne: Es gibt zusätzlich noch einen Bioladen im Erdgeschoss und eine Praxis, die Shiatsu, Yoga- und Feng-Shui-Kurse anbietet.

Pod Gričkim Topom (☎ 48 33 607; Zakmardijeve Stube 5; Hauptgerichte ab 90 Kn) Das etwas unscheinbare Restaurant mit einer Terrasse im Freien und guten kroatischen Fleischgerichten liegt versteckt am Ende einer begrünten Gasse unterhalb der Oberstadt. Im Winter ist es eine gemütliche Oase, im Sommer lässt es sich hier herrlich unter dem Sternenhimmel dinieren.

Agava (☎ 48 29 826; Tkalčićeva 39; Hauptgerichte 100–120 Kn) Direkt in der Tkalčićeva gelegen, lockt das Agava ein Publikum, das sich smart und elegant gibt. Auf der Speisekarte stehen Vorspeisen wie Schwertfisch-Carpaccio (50 Kn), gefolgt von Steaks und Trüffeln. Die feinen Risotti und Pastagerichte werden auch schon mal mit in Cognac marinierten Meeresfrüchten serviert (60 Kn). Die Weinkarte mit einer reichen Auswahl an istrischen und slawonischen Weinen kann sich sehenlassen.

Baltazar (☎ 46 66 999; www.restoran-baltazar.hr; Nova Ves 4; Hauptgerichte ab 120 Kn; ☽ Mo–Sa) Ente, Lamm, Schwein, Rind und Truthahn werden in diesem erstklassigen Lokal nach Art des Hauses – sprich wie in der Zagorje und Slawonien – zubereitet. Dazu gibt es eine gute Auswahl an kroatischen Weinen. Im Sommer lädt die Terrasse zu einem Essen unterm Sternenhimmel ein.

Teuer

Dubravkin Put (☎ 48 34 975; Dubravkin Put 2; Hauptgerichte 90–150 Kn) In einem Waldgebiet nordwestlich des Stadtzentrums liegt das erstklassige Fischrestaurant mit einer hellen und modernen Einrichtung – es ist eine beliebte Adresse bei den Gourmets der Stadt. Der Inhaber kommt aus Dubrovnik, entsprechend stark ist der dalmatinische Einschlag in der Küche. Wie wäre es also mit einem Risotto als Vorspeise und einem Hauptgericht mit gegrilltem Fisch?

Zinfandel's Restaurant (☎ 45 66 666; www. regenthotels.com; Mihanovićeva 1; Hauptgerichte 90–200 Kn; ☽ Mo–Sa) Im Restaurant des Regent Esplanade werden die schmackhaftesten und kreativsten Gerichte der Stadt in einem wunderschönen Speisesaal serviert. Wer es ein wenig einfacher haben will, aber dennoch nicht auf Gaumenfreuden verzichten möchte, geht ins Le Bistro, das sich ebenfalls im Esplanade befindet. Die Strukli dort sollte man wenigstens einmal probiert haben.

Auf die Schnelle

Auf der Ilica, der Haupteinkaufsmeile der Stadt, reihen sich Fastfood-Läden und günstige Snackbars aneinander.

Pekarnica Dora (Strossmayerov Trg 7; ☽ 24 Std.) Die nahe des Bahnhofs gelegene Bäckerei hat durchgehend geöffnet: Hier kann man auch den nächtlichen Heißhunger auf etwas Süßes stillen!

Vincek (☎ 48 33 612; Ilica 18) In dieser *slastičarna* (Konditorei) soll es das beste Eis der Stadt ge-

ZAGREB

ben. Die langen Warteschlangen im Sommer scheinen das Prinzip von der „Weisheit der Vielen" in diesem Falle zu bestätigen.

Selbstversorger

Direkt im Stadtzentrum liegt das **Gavrilović** (Mo–Sa), das neben dem leckeren einheimischen Käse auch allerlei Geräuchertes und kalte Fleischplatten verkauft. Auf der Ilica findet täglich ein **Obst- und Gemüsemarkt** (Britanski Trg; 6–15 Uhr) statt, auf dem man Produkte direkt vom Bauernhof kaufen kann. Ein anderer Tipp: der **Obst- und Gemüsemarkt Dolac** (S. 81). Hier ist Handeln erlaubt!

AUSGEHEN

In der schicken Tkalčićeva in der Oberstadt wimmelt es nur so von Bars. Aber auch in der Unterstadt lockt die Bogovićeva direkt südlich vom Trg Josipa Jelačića zu beiden Seiten mit zahlreichen Ausgehmöglichkeiten zum Sehen und Gesehen werden. Das gilt insbesondere für den Frühling und Sommer, wenn die Sonne scheint und die Nächte lau sind. Der Trg Petra Preradovića ist der beliebteste Szenetreff in der Unterstadt. Dort treten Straßenkünstler auf, bei milder Witterung spielen gelegentlich auch Bands im Freien. In einigen Sommernächten verwandelt sich die Bar- und Cafélandschaft zwischen dem Trg Preradovića und der Bogovićeva in eine riesige Partyzone. Allerdings ist nach Mitternacht meist Schluss mit dem Spaß im Freien.

Cafés

In Zagreb herrscht eine lebendige Kaffeekultur. Eine der schönsten Möglichkeiten, die Stadt zu erleben, ist eine *špica* – darunter versteht man den Kaffee am Samstagvormittag oder die Kaffeepause vor dem Mittagessen auf einer der vielen Terrassen entlang der Preradoviceva und der Tkalciceva.

LP Tipp **Booksa** (46 16 124; www.booksa.hr; Marticeva 14d; Di–So 9–23 Uhr) Bücherwürmer und Poeten, Schriftsteller, Exoten, Exzentriker und Künstler – also im Prinzip jeder, der auf irgendeine Art in Zagreb seine Kreativität auslebt, kommt in diesen netten Buchladen zum Plaudern und Kaffeetrinken, Bücher kaufen oder zu einer Lesung. Diese werden ab und zu auch auf Englisch gehalten (Details siehe Homepage).

Eli's Café (091 527 9990; www.eliscaffe.com; Ilica 63; Mo–Sa 8–21, So 9–15 Uhr) Der Espresso ist hier einfach spitze und der Cappuccino hat eine sagenhafte Crema. Nicht umsonst erhielt das winzige Café einen Preis für den „besten Kaffee in Kroatien". Dazu passt ein leckeres Frühstücksgebäck.

Bulldog Café (49 17 393; Bogoviceva 6) Was gibt es netteres, als hier ein paar Stunden das quirlige Leben in der Fußgängerzone zu beobachten? Abends trifft man sich hier, um sich bei ein oder zwei Gläsern auf die Nacht einzustimmen.

Palainovka (48 51 357; Ilirski Trg 1) Das wohl älteste Café Zagrebs wurde 1846 eingeweiht und verströmt echtes Wiener Kaffeehaus-Flair. Unter den mit Fresken bemalten Decken wird köstlicher Kaffee bzw. Tee serviert, auch der Kuchen ist sehr lecker.

Bars

Die folgenden Bars und Kneipen machen meist erst gegen Mittag auf, den ganzen Tag lang wird fleißig gebechert, doch erst abends geht so richtig die Post ab.

LP Tipp **Škola** (48 28 197; www.skolaloungebar.com; Bogoviceva 7) Mit ihren riesigen Zimmern, die thematisch unterschiedlich gestaltet sind, den Lounge-Sofas, einem Olivenbaum in der Mitte des Hauptraums und den trendigen Speisekarten gehört das Skola („Schule") zu den besten Designerbars der Stadt. Abends legen oft DJs

---

KNEIPENTOUR AUF DER TKALČIĆEVA

Der Tag beginnt mit einem Wellnessgetränk im **100% Liquid Health** (Haus Nr. 5); danach geht's weiter ins **Argentina** (Nr. 9), wo eine Energiespritze in Form eines ausgezeichneten Kaffees wartet. Ein Abstecher ins **Cica** (Nr. 18) lädt zur Verkostung verschiedener *travaricas* (Kräuterschnäpse) ein. Dann aber heißt es auf der ausladenden Terrasse des **Oliver Twist** (Nr. 60): „sehen und gesehen werden". Sollte das Wetter nicht mitspielen, können sich die Gäste in den britischen Pub innen zurückziehen, wo sich gerne Zagrebs Schickeria trifft. Neben dem üblichen Bistroessen legt dort ein DJ am Freitag- und Samstagabend heiße Scheiben auf. Wem das alles noch zu langweilig ist, der kann's einmal mit einem Abend im **Funk** (Nr. 52) versuchen. Dabei handelt es sich um eine Mischung aus Galerie und abwechslungsreicher Musikszene.

auf, und es finden „After-School"-Partys statt, bei denen sich jede Menge Szenevolk und natürlich auch die Studenten treffen.

Cica (Tkalčićeva 18) Die Kellerkneipe ist nicht größer als ein Schlafzimmer. Sie bietet eine riesige Auswahl an *Rakija*.

Apartman (☎ 48 72 168; Preradovićeva 7) Ein Raum im ersten Stock. Am Wochenende legt ein DJ auf. Auch tagsüber lässt es sich im Lounge-Ambiente gut entspannen.

Melin (☎ 48 28 966; Tkalčićeva 47) Wie in guten alten Rock'n'Roll-Zeiten – so lässt sich am besten die Atmosphäre beschreiben: Die Sitzgelegenheiten sind etwas schäbig, die Wände ungewöhnlich bemalt, die Vorhänge verraucht und die Musik dröhnt nur so in den Ohren. Ein nostalgisches Plätzchen in einer Straße, deren Luxussanierung in Riesenschritten vorangeht.

Hemingway (☎ 48 34 956; Trg Marsala Tita) Eine exklusive Cocktailbar zum Sehen und Gesehen werden: Die wichtigsten Accessoires sind hier dunkle Sonnenbrillen und Handys.

BP Club (☎ 48 14 444; Teslina 7; ☼ 22–2 Uhr) Eines von mehreren Cafés und Musikläden, die sich den quirligen Gebäudekomplex an der Ecke Teslina/ Gajeva teilen. Im Untergeschoss treten Jazz-, Blues- und Rockbands auf.

Žabac (☎ 36 95 792; Jarunska bb) Im Žabac, das nur einige Schritte vom Aquarius (unten) entfernt liegt, lässt es sich günstig bechern, das Publikum ist entsprechend rauer.

Movie Pub (☎ 60 55 045; www.the-movie-pub.com, nur auf Kroatisch; Savska 141) In diesem sehr beliebten Pub zieren Poster von Filmstars die Wände und scheinen die Gäste beim Verkosten von 30 Sorten Bier verwirrt anzustarren. Dienstags ab 22 Uhr ist Karaoke angesagt, dann kann jeder ganz ungeniert sein Talent erproben.

UNTERHALTUNG

Zagrebs Theater und Konzerthallen bieten das ganze Jahr hindurch ein breitgefächertes Programm. Vieles, aber nicht alles wird in der Monatsbroschüre *Zagreb Events & Performances* genannt, die in der Touristeninformation erhältlich ist. Die Tageszeitungen *Jutarnji List* und *Večernji List* drucken auf der letzten Seite eine Übersicht über aktuelle Konzerte, Theateraufführungen, Ausstellungen in Galerien oder Museen und das Kinoprogramm ab.

Nachtclubs

Die Eintrittspreise für Nachtclubs variieren zwischen 40 Kn und 80 Kn – je nach Event und Wochentag/Abend. Die Clubs öffnen gegen 21 Uhr, die Mehrzahl der Gäste kommt aber erst gegen Mitternacht.

KSET (☎ 61 29 999; www.kset.org; Unska 3; ☼ Mo–Fr 20–24 Uhr, Sa 10–3 Uhr) Hier treten die besten Live-Bands der Stadt auf, jeden Samstag legen DJs auf. Dann treffen sich im KSET Hunderte von jungen Hauptstädtern zum Tanzen und Trinken bis spät in die Nacht.

Aquarius (☎ 36 40 231; Jezero Jarun) Eine fantastische Party-Location. Das Aquarius besteht aus mehreren Räumen und hat eine riesige Terrasse mit Blick auf den Jarun-See. Normalerweise werden hier House und Techno gespielt.

Močvara (☎ 60 55 599; www.mochvara.hr, auf Kroatisch; Trnjanski Nasip bb) Der Nachtclub befindet sich in einer alten Fabrik und gehört zu den besten Adressen der Stadt für alternative Musik.

Boogaloo (☎ 63 13 021; www.boogaloo.hr; OTV Dom, Vukovarska 68) Eine tolle Adresse für Live-Musik und Nächte, in denen DJs mächtig einheizen. Das Boogaloo liegt nur 15 Gehminuten vom Trg Josipa Jelačića entfernt.

Purgeraj (☎ 48 14 734; Park Ribnjak) Ob Live-Rock, Blues, Rock-Blues, Blues-Rock, Country-Rock oder Avantgarde-Jazz – hier ist die Atmosphäre sehr entspannt und lässig. Zwischen 21 und 23 Uhr gibt es in der Happy Hour täglich zwei Getränke zum Preis von einem.

Jabuka (☎ 48 34 397; Jabukovac 28) Wer auf die Hits der 1980er-Jahre steht und so um die Mitte 30 ist, wird sich in dem nach wie vor beliebten Lokal sehr wohlfühlen. Die Zagreber treffen sich hier jedenfalls sehr gerne.

Schwule & Lesben

Im Vergleich zu früher ist die Schwulen- und Lesbenszene in Zagreb inzwischen etwas offener, aber von wirklicher Akzeptanz kann immer noch nicht die Rede sein. Viele Schwule halten sich diskret südlich vom Jarun-See auf und sind in den meisten Diskotheken als Gäste willkommen.

David (☎ 091 533 7757; Marulićev Trg 3) Ein beliebter Szenetreff für Schwule, mit Sauna, Bar und Videoraum.

G Bar (www.gprojekt.com; Mesnička) Die Bar verspricht die Nummer Eins in der Schwulen- und Lesbenszene zu werden, mit Events, Partys und tollen Drinks.

Theater

Selbst bei sehr beliebten Stücken sind Theaterkarten meist noch relativ kurzfristig zu bekommen. Verkauft werden sie u. a. im kleinen Kartenbüro **Kazalište Komedija** (☎ 48 12 657; Mo–Fr 8–17.30, Sa 8–13 Uhr) im Oktogon! Das Büro befindet sich in einer Passage, die den Trg Petra Preradovića mit der Ilica auf Höhe des Trg Josipa Jelačića verbindet.

Kroatisches Nationaltheater (HNK) (☎ 48 28 532; Trg Maršala Tita 15) In dem neobarocken Theater von 1895 finden Opern- und Ballettaufführungen statt. Es gibt Plätze im *parket* (Parkett), in der *lože* (Loge) und auf dem *balkon* (Rang). Sehenswert ist Ivan Meštrovićs Lebensbrunnen (1905) vor dem Gebäude. Das Theater wurde 1894 von Herman Helmer und Ferdinand Fellner entworfen, die beide auch den Kunstpavillon geplant haben.

Komedija (☎ 48 14 566; Kaptol 9) Das Theater unweit der Kathedrale hat ein gutes Operetten- und Musicalprogramm.

Konzerthalle Vatroslav Lisinski (☎ 61 21 166; www.lisinski.hr; Trg Stjepana Radića 4) Hierher pilgern Freunde klassischer Musik, ab und zu werden auch Theateraufführungen gezeigt.

Kroatisches Musikinstitut (☎ 48 30 822; Gundulićeva 6a) Eine andere gute Adresse für klassische Konzerte, oft mit Stücken kroatischer Komponisten, die von kroatischen Musikern gespielt werden.

Sport

Auf dem Jezero Jarun finden im Sommer Ruder-, Kajak- und Kanuwettbewerbe statt. Die genauen Termine stehen im Internet unter www.jarun.hr oder sind telefonisch unter ☎ 0800 300 301 abrufbar. Im Süden der Stadt liegt noch eine zweite Rennstrecke am anderen Ufer der Sava. Weitere Infos zum Sportereignisse bekommt man unter ☎ 9841.

Basketball ist in Zagreb sehr populär – von September bis April spielt Zagrebs Basketballmannschaft Cibona im **Basketballzentrum** (☎ 48 43 333; Savska 30; Eintrittskarten ab 25 Kn), das in der Nähe des Technischen Museums liegt. Spiele finden in der Regel samstags um 19.30 Uhr statt. Tickets dafür werden am Eingang verkauft.

Dinamo ist Zagrebs bekannteste Fußballmannschaft. Ihre Heimspiele finden zwischen August und Mai an den Sonntagnachmittagen im **Stadion Maksimir** (☎ 23 86 111; Maksimirska 128; Eintrittskarten ab 30 Kn) im Ostteil von Zagreb statt. Die Straßenbahnlinien 4, 7, 11 oder 12 Richtung Bukovačka halten dort. Sollte man zu früh da sein: Zagrebs Zoo liegt direkt gegenüber.

Nähere Informationen gibt die Internetseite des Clubs: www.nk-dinamo.hr.

SHOPPEN

Die Ilica ist die Haupteinkaufsstraße der Hauptstadt, hier sind auch die internationalen Modelabels vertreten.

LP Tipp **Prostor** (☎ 48 46 016; www.multiracionalna-kompanija.com; Mesnička 5; Mo–Fr 12–20, Sa 10–15 Uhr) Eine fantastische kleine Kunstgalerie und eine Modeboutique in einem kleinen Innenhof unweit der Mesnička. Hier sind einige der besten unabhängigen Künstler und jungen Designer Zagrebs vertreten.

Auf der Website stehen die Termine für Ausstellungseröffnungen, dann bietet sich die Chance, sich die Künstlerszene der Stadt etwas näher anzuschauen und interessante Leute zu treffen.

Croata (☎ 48 12 726; www.croata.hr; Oktogon-Passage, Ilica 5) Da die Krawatte ja ursprünglich aus Kroatien kommt, ist sie nach wie vor ein beliebtes Geschenk und das Croata die richtige Adresse, ein solches Souvenir zu kaufen. Die

---

MARKTTAGE

In Zagreb werden nicht mehr sehr viele Märkte abgehalten, die bestehenden Märkte sind aber alle sehr gut. Der **Antiquitätenmarkt** am Sonntag (9–14 Uhr) auf dem Trg Britanski gehört zu den nettesten Vergnügungen im Herzen von Zagreb. Wer jedoch den schönsten aller Flohmärkte in ganz Kroatien sehen will, muss unbedingt zum **Hrelić** (So 7–15 Uhr) gehen. Auf einer riesigen Fläche wird einfach alles, was man sich nur vorstellen kann, verkauft – angefangen von Ersatzteilen fürs Auto über antike Möbeln bis hin zu Kleidung, Platten, Haushaltswaren etc. Alles ist gebraucht, man darf also handeln. Abgesehen von den Einkaufsmöglichkeiten ist ein Bummel über den Markt schon ein Erlebnis für sich allein, denn Zagreb zeigt sich hier einmal von einer ganz anderen Seite – da trifft man auf jede Menge Roma, Musik, Trubel und Heiterkeit, über den Imbissständen wabert der Geruch von Grillfleisch. Im Sommer ist es hier brütend heiß, Sonnencreme und eine Kopfbedeckung sind da ganz hilfreich. Die Buslinie 295 (8 Kn, 20 Min.) nach Sajam Jakuševac fährt hinter dem Bahnhof ab.

ZAGREB

Original-Seidenkrawatten kosten zwischen 175 Kn und 380 Kn.

Rukotvorine (☎ 48 31 303; Trg Josipa Jelačića 7) Hier werden Puppen, Töpferwaren und rot-weiße Tischdecken mit Stickereien verkauft – also die schönsten traditionellen Kunsthandwerkserzeugnisse des Landes.

Bornstein (☎ 48 12 361; Kaptol 19) Wer die kroatischen Weine und Schnäpse zu schätzen gelernt hat, kann hier für Nachschub sorgen. Angeboten werden verschiedene Brandys, Weine und Feinkostartikel.

Zagreb hat auch seine Konsumtempel:

Branimir Centar (Draškovićeva 51) Die Rettung nach einer anstrengenden Kauforgie: Ein riesiges Kino, Bars, Cafés und Restaurants sorgen unweit vom Bahnhof und Busbahnhof für Entspannung.

Nama (Ilica 4) Das Kaufhaus Nr. 1 in Zagreb.

AN- & WEITERREISE
Flugzeug
Flughafen Zagreb (☎ 62 65 222; www.zagreb-airport. hr), 17 km südöstlich von Zagreb liegt einer der größten Flughäfen des Landes, der in den nächsten Jahren noch erweitert werden soll.

Croatia Airlines (☎ 48 19 633; www.croatiaairlines. hr; Zrinjevac 17; ☿ Mo bis Fr 8–20, Sa 9–12 Uhr) bietet Flüge sowohl innerhalb des Landes als auch ins Ausland an.

Bus
Zagrebs großer, moderner **Busbahnhof** (☎ 61 57 983; www.akz.hr, nur auf Kroatisch; Avenija M Držića) hat einen großen, geschlossenen, im Winter allerdings unbeheizten Wartesaal.

Dort kann man beim Warten auf den nächsten Bus bequem die Füße ausstrecken. An den Schaltern 11 und 12 werden die meisten Fahrkarten für Fernbusse ins Ausland verkauft.

Die Busse von Eurolines verkehren zwischen Wien und Zagreb (35 €, 6 Std., 2-mal tgl.), 2-mal pro Woche zwischen Brüssel und Zagreb (115 €, 22 Std., ganzjährig) und 3-mal tgl. zwischen Sarajewo und Zagreb (18 €, 8 Std.).

Von Zagreb nach Belgrad fahren die Busse sechs Mal täglich (20 €, 6 Std.), und zwar bis zum Grenzort Bajakovo.

Ab dort fährt ein serbischer Bus weiter bis nach Belgrad.

Außerdem fahren Busse zwischen Ljubljana und Zagreb (110 Kn, 3 Std., 2-mal tgl.).

Von Zagreb fahren Inlandsbusse zu folgenden Destinationen:

Ziel	Preis (Kn)	Fahrtzeit (Std.)	Verbindung
Dubrovnik	250	11	7–8
Korčula	224	11	1
Krk	160–190	4–5	4
Makarska	210	8	10
Mali Lošinj	260–280	6½	2
Osijek	125–160	4	8
Plitvice	80	2½	19
Poreč	170–210	5	6
Pula	170–230	4-5	6
Rab	195	5	2
Rijeka	125–150	2½–3	14
Rovinj	170–190	5–8	8
Šibenik	165	6½	15
Split	195	5–9	27
Varaždin	69	2	20
Zadar	120–140	3½–5	20

Zug
Vom **Hauptbahnhof Zagreb** (☎ 060 333 444; www. hznet.hr) verkehren regelmäßig Züge in folgende Städte:

Ziel	Preis (Kn)	Fahrzeit (Std.)	Verbinung
Osijek	113	4	5
Pula	131	6½	2
Rijeka	96	5	5
Šibenik	149	6½–10	3
Split	160	6–8½	6
Varaždin	59	3	13
Zadar	156	7–9¾	5

Züge nach Zadar halten in Knin. Reservierungen sind zu empfehlen, da die Anzahl der freien Plätze immer begrenzt ist (die Züge können ziemlich kurz sein).

Zwischen Wien und Zagreb verkehren tagsüber zwei Züge und zusätzlich zwei Nachtzüge (69 €, 6½–13 Std.).

Nach Banja Luka (200 Kn, 5 Std.), Sarajewo (260 Kn, 8 Std.), Mostar (290 Kn, 11 Std. 40 Min.) und Ploče (310 Kn, 10 Std.) verkehrt die Bahn ebenfalls täglich.

Von München nach Zagreb (88 €, 9 Std.) fährt 3-mal täglich ein Zug über Salzburg und Ljubljana. Bei der Fahrt Richtung Süden empfiehlt es sich zu reservieren, in der Gegenrichtung ist es nicht nötig.

Von Zagreb nach Budapest verkehren vier Züge täglich (60 €, 5½–7½ Std.). Zwischen Venedig und Zagreb (60 €, 6½–7½ Std.) bestehen zwei Direktverbindungen pro Tag, weitere Züge fahren über Ljubljana.

Fünf Züge verbinden Zagreb täglich mit Belgrad (25 €, 7 Std.). Zwischen Zagreb und Ljubljana (16 €, 2¼ Std.) fahren bis zu elf Züge täglich.

UNTERWEGS VOR ORT

Zagreb ist eine Stadt, in der es leicht fällt, sich zu orientieren – egal, ob man mit dem eigenen Auto oder mit öffentlichen Nahverkehrsmitteln unterwegs ist. Das Verkehrsaufkommen und die Parkplatzsuche machen keine großen Probleme. Das praktische Straßenbahnsystem sollten sich andere, von Autos verstopfte europäische Hauptstädte zum Vorbild nehmen!

Vom/zum Flughafen

Der Shuttle-Bus von Croatia Airlines (einfach 50 Kn) pendelt von 4–20.30 Uhr halbstündlich bzw. stündlich zwischen Flughafen und Busbahnhof, der Fahrplan richtet sich nach den Ankunfts- und Abflugzeiten. Eine Taxifahrt kostet um die 300 Kn.

Mit dem Auto

Zagreb ist eine autofahrerfreundliche Stadt: Die Straßen sind breit, das Parken in einem Parkhaus kostet nur 5 Kn pro Stunde. Der **Hrvatski Autoklub** (HAK; Kroatischer Automobilclub; ☎ 46 40 800; www.hak.hr; Draškovićeva 25) ist immer für Motorisierte da, die Hilfe benötigen.

Folgende internationale Autovermietungen haben ein Büro in Zagreb:

Avis (☎ 46 73 603; www.avis.com.hr; Hotel Sheraton, Kneza Borne 2)

Budget Rent-a-Car (☎ 45 54 936; www.budget.hr; Hotel Sheraton, Kneza Borne 2)

Hertz (☎ 48 46 777; www.hertz.hr; Vukotinovićeva 1) Einheimische Anbieter offerieren in der Regel zu günstigeren Preisen.

H&M (☎ 37 04 535; www.hm-rentacar.hr; Grahorova 11) hat ein Büro am Flughafen.

Taxi

Die Taxis in Zagreb haben alle einen Taxameter, der bei 20 Kn startet und dann jeweils 7 Kn pro Kilometer hinzuzählt. Jeder Koffer kostet zusätzlich 2 Kn. Sonntags und nachts zwischen 22 Uhr und 5 Uhr wird ein Aufpreis von 20 % verlangt. Für Wartezeiten zahlt man 40 Kn pro Stunde. Taxis sind an einem Stand mit blauem Taxischild zu finden.oder lassen sich unter der Nummer ☎ 970 reservieren.

Straßenbahn

Dreh- und Angelpunkt des öffentlichen Nahverkehrssystems ist die gut ausgebaute, aber überfüllte Straßenbahn. Das Stadtzentrum ist aber so überschaubar, dass sich das meiste zu Fuß besichtigen lässt. An vielen Haltestellen hängen Straßenbahnpläne zur Orientierung.

Die Straßenbahnlinien 3 und 8 fahren nur unter der Woche. Fahrkarten sind an Zeitungskiosken erhältlich (8 Kn). Umsteigen ist mit ein- und derselben Fahrkarte innerhalb von 90 Minuten erlaubt, aber nur in einer Fahrtrichtung. Eine *dnevna karta* (Tageskarte), die in allen öffentlichen Verkehrsmitteln bis 4 Uhr am nächsten Morgen gilt, ist bei den meisten Zeitungskiosken für 25 Kn erhältlich. Die Fahrkarte muss beim Einstieg im gelben Schlitzkasten entwertet werden.

RUND UM ZAGREB

Die Gegend rund um Zagreb bietet viele Ausflugsziele, die von der Stadt aus leicht erreichbar sind, dazu zählen das malerische Karlovac genau so wie die idyllischen Wanderwege an den Berghängen rund um Samobor.

MEDVEDNICA

Die Medvednica nördlich von Zagreb bietet ausgezeichnete Möglichkeiten zum Wandern, besonders beliebt sind zwei Routen. Das Naherholungsgebiet ist mit den Straßenbahnlinien 14 und 15 gut erreichbar: Dafür mit der Linie 14 bis zur Endhaltestelle fahren und dann in die Linie 15 umsteigen.

Ihre Endstation liegt unweit der Standseilbahn; gleich daneben beginnt ein gut ausgeschilderter Fußweg hinauf zum Gipfel. Alternativ fährt auch der Bus 102 ab dem Trg Britanski (westlich vom Zentrum an der Ilica) zur Kirche in Šestine, wo ebenfalls ein Wanderweg startet. Die Wanderzeit hin und zurück beträgt in beiden Fällen rund drei Stunden. Aber Achtung: In den dicht bewaldeten Berghängen kann man sich leicht verlaufen. Wichtig sind warme Kleidung und Wasser für unterwegs bzw. eine zeitige Rückkehr vor Sonnenuntergang. Im Sommer besteht in diesem Gebiet Zeckengefahr, am wirksamsten dagegen sind lange Hosen und langärmelige Oberteile. Nach der Rückkehr ins Hotel sollte man sich auf Zecken untersuchen (s. auch S. 348 hinsichtlich Zecken). Weitere Informationen zu Bergwanderungen rund um die Medvednica hat die Touristeninformation Zagreb (S. 81) vorliegen.

Skifahrern bietet der **Skiort Sljeme** (www.sljeme. hr) fünf Hänge mit unterschiedlichen Schwierigkeitsgraden – die Website informiert über die Pistenverhältnisse. Vor Ort gibt es Restaurants und einen Skiverleih.

RUND UM ZAGREB

REGION BANIJA-KORDUN

Die Region Banija-Kordun erstreckt sich südlich von Zagreb. Sie wird im Norden durch das Becken der Sava, im Osten und Westen durch die Flüsse Una und Kupa und im Süden durch die Gebirgskette Mala Kapela begrenzt. Die Region kämpft mit den Folgen des Bürgerkrieges, der die einstigen Stammgäste vertrieben hat. Bis 1991 galten die zahlreichen Flüsse dieser Region unter einheimischen Anglern als Fischparadies, die ausgedehnten Wälder zogen viele Jäger in die Region. Der starke serbische Bevölkerungsanteil ließ das Gebiet allerdings zu einem der ersten Ziele des serbischen Eroberungskrieges werden – viele Teile der Region blieben bis 1995 unter serbischer Kontrolle. Nach dem Krieg konnte die Region wegen der Landminen nicht gefahrlos betreten werden, erst seitdem viele von ihnen entschärft wurden, kommen Angler und Jäger zurück.

Karlovac
☎ 047 / 49 000 Ew.

Karlovac liegt im Mündungsgebiet von vier Flüssen – der Kupa, Korana, Mrežnica und Dobra. Kein Wunder, dass die Stadt und ihre Umgebung ein beliebter Rückzugsort der Städter wurden, die sich am und im Wasser erholen. Karlovac selbst hat ein einzigartiges historisches Zentrum, das in Form eines sechszackigen Sterns aus 24 rechteckigen Blocks angelegt ist. Die Stadt liegt an der Straße von Zagreb nach Rijeka und wurde

1579 als militärisches Bollwerk gegen die Türken gebaut. Auch wenn heute nur noch der Wassergraben der ursprünglichen Befestigung erhalten ist, hat sich das Zentrum mit seinen Gassen und Barockgebäuden doch einen ganz eigenen Charme bewahrt.

ORIENTIERUNG & PRAKTISCHE INFORMATIONEN

Die Kupa zieht sich als Ost-West-Achse durch die Stadt. Hauptstraße ist die Prilaz Vece Holjevca, die von Norden nach Süden verläuft. Die Altstadt liegt östlich der Prilaz Vece Holjevca am Südufer der Kupa. Trg Josipa Jelačića ist der Hauptplatz des alten Stadtzentrums. Etwa 500 m südlich vom Zentrum liegt an der Prilaz Vece Holjevca der Busbahnhof; 1,5 km nördlich des Zentrums stößt man (ebenfalls an der Prilaz Vece Holjevca) auf den Bahnhof. Die **Touristeninformation** (☎ /Fax 615 115; www. karlovac-touristinfo.hr; Petra Zrinskog 3; ☽ Mo–Fr 8–17, Sa & So 8–13 Uhr) hat eine Auswahl an Infomaterial und vermittelt Privatunterkünfte.

SEHENSWERTES & AKTIVITÄTEN

Die Hauptattraktion von Karlovac ist die Altstadt mit dem sternförmigen Grundriss **(Zvijezda)**. Am Trg Jelačića steht die **Kirche der heiligen Dreifaltigkeit** aus dem 17. Jh. mit einem Altar aus schwarzem Marmor, daneben das **Franziskanerkloster**. Die Gebäude der Kaufleute und die Residenzen der Militärangehörigen in den umliegenden Straßen stammen aus dem 17. und 18. Jh. und wurden restauriert. Die Kaufmannshäuser sind leicht an ihren Inschriften mit Baujahr und Initialen der Besitzer zu erkennen.

Die Häuser der Militärangehörigen sind oft mit Steinmetzarbeiten und schmiedeisernen Verzierungen geschmückt. Besonders schön ist ein Spaziergang die Radićeva hinunter; dort stößt man auch auf das Haus von Graf Janko Drašković.

Die Straße weiter nördlich des Trg Jelačića liegt der Strossmayerov Trg, ein halbkreisförmiger Platz im Barockstil. Dort steht auch das **Stadtmuseum** (Gradski Muzej; ☎ 615 980; Strossmayerov Trg; Erw./Stud. 10/7 Kn; ☽ Mo–Fr 7–15, Sa & So 10–12 Uhr). Es ist in einem Palast der Frankopanen untergebracht und zeigt unter anderem Modelle des alten Karlovac, Kunsthandwerk aus der Region und historische Ausstellungsstücke.

Ein halbstündiger Spaziergang führt entlang der Kupa und dann einen Hügel hinauf zur mittelalterlichen Burg **Dubovac** (Zagrad 10). Von dort bietet sich eine tolle Aussicht auf Karlovac.

SCHLAFEN & ESSEN

Die Touristeninformation hilft bei der Vermittlung privater Unterkünfte (rund 90 Kn pro Pers.), im Zentrum gibt es ein Hotel.

Carlstadt Hotel (☎ /Fax 611 111; www.carlstadt.hr; Vranicanijeva 1; EZ/DZ 317/462 Kn; Ⓟ ⊠) Das Carlstadt hat eine ausgezeichnete Lage und vermietet beige und braun dominierte Zimmer mit TV und Telefon.

Mirna (☎ 654 172; Rakovačko Šetalište bb; Hauptgerichte ab 70 Kn) Nach einem Aperitif im Hotel Carlstadt kann man hier wahlweise Süß- oder Salzwasserfisch auf einer hübschen Terrasse über der Korana genießen.

AN- & WEITERREISE

Karlovac ist gut mit Bussen von Zagreb aus erreichbar (36–40 Kn, 50 Min., 20-mal tgl.). Dazu kommen relativ viele Züge nach Zagreb (35 Kn, 50 Min., 18-mal tgl.) und Rijeka (81 Kn, 3 Std., 6-mal tgl.).

Samobor
☎ 01 / 14 000 Ew.

Nach einer Woche in Zagrebs überfüllten Straßen ist Samobor für gestresste Hauptstädter der perfekte Ort, um sich zu erholen. Sie genießen hier das herzhafte Essen und die Sahnetorten vor einer hübschen Kulisse. Durch das Zentrum des kleinen pittoresken Städtchens zieht sich ein flacher Fluss, in dem sich Forellen tummeln Links und rechts stehen pastellfarbene Häuser und mehrere alte Kirchen.

Die grünen Wälder von Samoborsko Gorje sind ein wunderbares Wandergebiet. Wer nach Samobor reist, unternimmt eine Zeitreise. Für die Besucher öffnen einige kleine Wirtschaften, die ortsansässigen Familien verkaufen Kunsthandwerk, Senf und Spirituosen. Die literarischen und musikalischen Traditionen – der Dichter Stanko Vraz und der Komponist Ferdo Livadić stammen von hier – spiegeln sich in einer Reihe jährlicher Festivals. Am bekanntesten ist **Fašnik,** der Fasching oder Karneval von Samobor.

ORIENTIERUNG & PRAKTISCHE INFORMATIONEN

Der Busbahnhof (ohne Gepäckaufbewahrung) liegt an der Šmidhenova, ortsauswärts etwa 100 m den Hügel hinauf. Die Häuser

ZAGREB

des Dorfes gruppieren sich rund um den Trg Kralja Tomislava.

Im Ortszentrum gibt es eine **Touristeninformation** (☎ 33 60 044; www.samobor.hr, nur auf Kroatisch; Trg Kralja Tomislava 5; ☻ Mo–Fr 8–19, Sa 9–19, So 10 bis 19 Uhr), die nicht besonders viel Infomaterial, dafür aber einige Wanderkarten bereithält.

SEHENSWERTES & AKTIVITÄTEN

Das **Stadtmuseum** (Gradski Muzej; ☎ 33 61 014; Livadićeva 7; Erw./Stud. 8/5 Kn; ☻ Di–Sa 8–15, So 9 bis 13 Uhr) bietet halbwegs interessante Ausstellungsstücke zur regionalen Kultur. Es liegt in der Villa Livadićev Dvor, die früher dem Komponisten Ferdo Livadić (1799–1879) gehörte und ein bedeutendes Zentrum der Illyrischen Bewegung im 19. Jh. war.

Das **Museum Marton** (☎ 33 64 160; Eintritt 15 Kn; ☻ Sa & So 10–13 & 15–18 Uhr) mit einer privaten Kunstsammlung lohnt ebenfalls einen Besuch. Zu sehen sind Gemälde aus dem Biedermeier sowie Porzellan, Glas und Möbel.

SCHLAFEN & ESSEN

Die meisten Leute besuchen Samobor im Rahmen eines Tagesausflugs von Zagreb aus. Man kann sich aber auch im Ort einmieten und von dort aus nach Zagreb fahren.

Hotel Livadić (☎ 33 65 850; www.hotel-livadic.hr; Trg Kralja Tomislava 1; 360 Kn, DZ 465–530 Kn) Ein stimmungsvolles Haus mit Jugendstil-Flair, das komfortable Zimmer mit TV und Telefon bietet. Samobor genießt einen guten Ruf wegen seiner Küche, entsprechend gut ist die Qualität des Restaurants und des Cafés.

Samoborska Pivnica (☎ 33 61 623; Šmidhena 3; Hauptgerichte 35–90 Kn) Die Speisekarte lockt mit einer Auswahl an kroatischen Spezialitäten, die in einem Saal mit Gewölbedecke serviert werden. Dazu zählen verschiedener Wurstspezialitäten, scharfer Meerrettich und köstliche Štrukli mit Käse. Das Samoborska ist eine Bierschenke (Pivnica), deshalb sollte man dazu unbedingt ein süffiges Bier trinken.

Pri Staroj Vuri (☎ 33 60 548; Giznik 2; 2-Gänge-Menü 90–110 Kn) Das Restaurant in einem gemütlichen Cottage liegt rund 50 m vom Trg Kralja Tomislava den Hügel hinauf; hier finden manchmal auch Dichterlesungen statt.

LP Tipp **U Prolazu** (☎ 83 66 420; Trg Kralja Tomislava 5) Das Lokal am Hauptplatz serviert die besten *kremšnite* (Senfstrudel) der Stadt.

SHOPPEN

Der typische Aperitif der Stadt ist der köstliche, holzige und rote *berme*, ein Getränk, das in Samobor seit Jahrhunderten nach einem geheimen Rezept hergestellt wird. Nicht jedermann schmeckt er, deshalb lieber erst einmal ein Gläschen mit Zitrone und Eis in der Stadt probieren, bevor man eine Flasche (120 Kn) kauft. *Samoborska muštarda* (Samobor-Senf) wird nach einem weiteren uralten Rezept hergestellt. 60 Kn für einen Topf Senf mag sehr teuer erscheinen, dafür wird er in einem wieder verwendbaren Tontopf verkauft.

AN- & WEITERREISE

Samobor ist mit öffentlichen Verkehrsmitteln leicht erreichbar. Am Zagreber Busbahnhof

---

AUF ZUM WANDERN!

Samobor ist ein guter Startpunkt für Wanderungen in die Bergregion **Samoborsko Gorje**. Als Teil des Žumberak-Gebirges liegt das Gebiet zwischen den Karsthöhlen und Schluchten des Dinarischen Gebirges und den Alpen. Die beliebte Bergregion ist dicht bewaldet und mit einem Teppich grüner Bergwiesen überzogen. Die meisten Wanderungen sind einfach, unterwegs laden Berghütten zu einer Pause ein. Viele von ihnen sind außerhalb der Hochsaison nur am Wochenende geöffnet.

Das Gebirge besteht aus drei Bergmassiven: der Oštrc-Gruppe in der Mitte, der Japetić-Gruppe im Westen und der Plešivica-Gruppe im Osten. Die Berge der Oštrc- und Japetić-Gruppe sind zu Fuß von der Berghütte Šoićeva Kuća aus erreichbar, sie liegt 10 km westlich von Samobor. Von der Hütte aus wandert man in 30 Minuten zur Bergfestung Lipovac und von dort eine weitere Stunde bis zum Gipfel des Oštrc (753 m). Von der Hütte Šoićeva Kuća ist man in 1½ Stunden auf dem Gipfel des Japetić (780 m). Die Alternative ist eine Wanderweg, der vom Oštrc in 2 Stunden zum Japetić führt. Wer die Plešivica-Gruppe erkunden will, orientiert sich ostwärts zur Jagdhütte Srndać am Poljanice (12 km), von dort sind es noch weitere 40 Minuten Aufstieg bis zum Gipfel der Plešivica (780 m). In der städtischen Tourismusinformation sind Karten und Auskünfte zu Wanderungen in der Region erhältlich.

ZAGREB

NATURPARK LONJSKO POLJE

Lonjsko Polje bietet Erlebnis und Abenteuer in allen möglichen Facetten. Die malerischen traditionellen Holzhütten stammen aus dem 19. Jh., Vogelbeobachter kommen vor allem wegen der Störche. Aber auch alle, die gerne reiten, finden hier interessante Möglichkeiten. Historisch Interessierte erfahren viel über den Zweiten Weltkrieg im ehemaligen Jugoslawien und können die ergreifendsten Zeugnisse besichtigen. Der 1990 eingeweihte Naturpark wurde im Januar 2008 zum Unesco-Weltnaturerbe erklärt. **Lonjsko Polje** (☎ 044-715 115; www.pp-lonjsko-polje.hr; Čigoć; Erw./Kind 20/5 Kn; ☷ 8–16 Uhr) ist ein 506 km² großes Feuchtgebiet (*polje* heißt wörtlich „Feld") in der Region Posavina zwischen der Sava und dem Berg Moslavačka Gora. Seinen Namen verdankt der Naturpark der Lonja, einem Nebenfluss der Sava. Das Überschwemmungsgebiet der Sava ist vor allem für seine vielfältige Flora und Fauna berühmt.

In der Region liegen mehrere Dörfer, das interessanteste ist **Čigoć**, das als „Treffpunkt der Störche" weltberühmt wurde. Sie nisten mit Vorliebe auf den Dächern der Holzhäuser und bevölkern den Ort von Ende März/Anfang April bis Ende August. Das Sumpfgebiet bietet ihnen genügend Nahrung. Gegen Ende August treten die Störche dann ihre zwei- bis dreimonatige Winterreise ins südliche Afrika an. Wer im Herbst oder Winter die Gegend besucht, sieht womöglich trotzdem ein paar Störche: Sie verbringen das ganze Jahr hier und werden von den Dorfbewohnern gefüttert. In Čigoć befinden sich auch eine Informationsstelle des Parks, außerdem das Kartenbüro und die kleine ethnographische Sammlung der Familie Sučić.

Das nächste Dorf mit schöner Holzarchitektur ist **Mužilovčica**. In der Nähe befindet sich **Retencisko Polje**, wo sich die Wiesen vom Herbst bis in den Frühling in einen riesigen See verwandeln. Er wird von vielen Wasservögeln zum Baden und Fressen angeflogen. Ab und zu lassen sich auch die Posavski-Pferde sehen, eine kroatische Züchtung, die in den Eichenwäldern von Lonjsko Polje grasen. Das Informationsbüro in Čigoć gibt Auskunft, wo in der Umgebung Ausritte möglich sind.

Hinter Mužilovčica liegt **Jasenovac**, wo im Zweiten Weltkrieg ein Konzentrationslager errichtet wurde. Es unterstand dem Ustaša-Regime und den kroatischen Faschisten. Dort sollen laut Statistik (abhängig davon, von welcher Seite diese erstellt wurde) 30 000 bis 1 Mio. Serben, Juden, Zigeuner und Antifaschisten ermordet worden sein. Historiker schätzen die Zahl der Opfer auf 85 000–90 000. Das KZ ist heute ein erschütterndes Denkmal, das an den Terror des Krieges erinnert, und wird derzeit renoviert.

Lonjsko Polje liegt 50 km südöstlich von Zagreb. Am besten fährt man mit dem eigenem Fahrzeug dorthin, es gibt nur wenige Verbindungen mit öffentlichen Verkehrsmitteln. Vor Ort fehlt es gänzlich an öffentlichen Verkehrsmitteln.

---

fährt der **Samoborček-Bus** (www2.samoborcek.hr, auf Kroatisch) direkt nach Samobor (einfach 12 Kn, 30 Min., alle 30 Min.).

STUBIČKE TOPLICE

Der nächstgelegene Kurort ist **Stubičke Toplice** (www.bolnicastubicetoplice.com), wo viele Zagreber Stammgäste sind. Es gab Pläne, den Kurort zu privatisieren, was bei Personal und Kurgästen auf heftigen Widerstand stieß. Man muss abwarten, wie die Zukunft dieses Reliktes der sozialistischen Ära aussehen wird. Das heiße Quellwasser (69 °C) steigt aus unterirdischen Felsschichten auf. Die Temperatur in den Wasserbecken (acht im Außenbereich, eines innen) liegt zwischen 32 °C und 36 °C. Die Heilwasser lindern muskuläre und rheumatische Erkrankungen. Die Behandlungsmethoden reichen vom Eintauchen in eines der Bassins (Std. 15 Kn) bis zur Massage (15 Min./30 Kn), zudem wird ein breites Spektrum Therapien angeboten (s. Homepage).

Der Bus lässt die Fahrgäste im Ortszentrum unweit der **Touristeninformation** (☎ 282 727; Šipeka 24; ☷ Mo–Fr 9–17, Sa 9–13 Uhr) aussteigen; die Mitarbeiter vermitteln auch Privatunterkünfte.

Hotel Matija Gubec (☎ 282 630; www.hotel-mgubec. com; Šipeka 27; EZ/DZ 340/540 Kn; ☷) bietet einfache Zimmer mit TV und Telefon. Die Hotelgäste dürfen den Bäderbereich, die Sauna und die Fitnessräume kostenlos benutzen. Andere Gäste zahlen 30 Kn für die Benutzung der Außenbecken und 50 Kn für den hoteleigenen Pool, die Sauna und Massageangebote.

Das Spa ist von Zagreb aus mit dem Bus erreichbar (37 Kn, 1 Std., 8-mal tgl.).

Hrvatsko Zagorje

Trotz seiner Nähe zu Zagreb fahren selbst in der sommerlichen Hauptsaison nur wenige Urlauber in die ländliche Region Hrvatsko Zagorje, das Hinterland im Norden Kroatiens. Das überrascht, wo es doch – mit Ausnahme der Wochenenden, an denen Zagreber Familien hierher strömen – so wunderbar „touristenfrei" ist. Die Landschaft zählt mit ihren grünen, sanft gewellten Hügeln, den idyllischen Dörfern, den mittelalterlichen Burgen und Thermalquellen zu den reizvollsten Landstrichen Kroatiens. Die fruchtbare Landschaft mit ihrer von Österreich beeinflussten Küche und Architektur (und den ganzjährig gleichbleibenden Preisen) bietet eine angenehme Alternative zum viel besuchten mediterranen Süden und lässt die allgegenwärtige Sommerhitze der anderen Landesteile vergessen.

Die Region Zagorje beginnt nördlich des Zagreber Hausbergs Medvednica und erstreckt sich westlich bis zur slowenischen Grenze. Im Norden zieht sie sich bis Varaždin, der größten Stadt der Region. Sie ist über weite Flächen bewaldet – vor allem mit Buchen, Eichen, Kastanien und Kiefern –, aber es gibt auch ausgedehnte Weinberge, Gärten, Obstwiesen und Felder, die mit Weizen oder Mais bepflanzt sind.

Egal, wofür ein Besucher sich entscheidet, ob für die herzhafte Zagorje-Küche in einem der vielen rustikalen Restaurants, für ein Bad in den heißen Quellen von Varaždinske oder Krapinske Toplice, für eine Einführung in das dörfliche Leben beim Besuch des Staro Selo Museums in Kumrovec oder für die Besichtigung einer der uralten Burgen: Er ist in jedem Fall abseits der gängigen Touristenpfade unterwegs.

Viele der Einheimischen hier sprechen Kajkavski, einen regionalen Dialekt, der nach dem Wort für „was?" (kaj?) benannt ist. Nach Kroatisch oder Kajkavski ist die zweite Sprache meistens Deutsch. Nur wenige sprechen Englisch, meist sind es die Jüngeren.

HIGHLIGHTS

- Die wunderbar erhaltene Barockarchitektur von **Varaždin** bestaunen (S. 107)
- Das Leben des kroatischen Adels auf Burg **Trakošćan** erleben (S. 113)
- Einen Eindruck vom traditionellen dörflichen Leben im **Staro Selo Museum** (S. 116) in Kumrovec bekommen
- Kroatische kulinarische Spezialitäten in **Vuglec Breg** (S. 114) bei Krapinske Toplice probieren
- Mehr über unsere indirekten Vorfahren, die Neandertaler, im **Evolutionsmuseum** (S. 113) in Krapina erfahren
- Das internationale **Tabor Film Festival** (S. 115) in Veliki Tabor besuchen

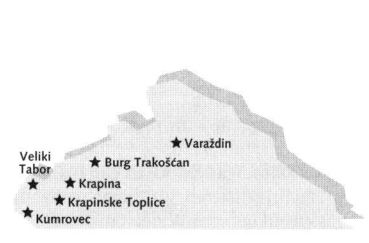

VORWAHL: 042, 049

HRVATSKO ZAGORJE

VARAŽDIN
☎ 042 / 49 000 Ew.

Varaždin liegt 81 km nördlich von Zagreb und ist für viele lediglich eine Durchgangsstation auf der Fahrt von oder nach Ungarn. Dabei ist die Stadt durchaus sehenswert: Das Stadtzentrum ist eine Schatzkiste hervorragend restaurierter Barockgebäude sowie gepflegter Gärten und Parks.

Varaždin war kurzzeitig Hauptstadt Kroatiens und gleichzeitig die reichste Stadt des Landes. Das erklärt auch die außergewöhnliche Qualität der Architektur. Krönung der barocken Pracht ihrer Gebäude ist die strahlend weiße Burg Stari Grad (wörtlich: Altstadt) mit ihren Türmen. Heute hat hier das Stadtmuseum seine Räumlichkeiten.

Geschichte
Die Stadt Garestin (das heutige Varaždin) spielte eine wichtige Rolle in Kroatiens Geschichte. Unter König Bela III. wurde sie 1181 zunächst ein regionales Verwaltungszentrum. 1209 erhielt sie von König Andreas II. den Status einer freien königlichen Stadt, zusammen mit einem eigenem Siegel und Wappen. Das

800-jährige Jubiläum dieses Ereignisses wird 2009 gefeiert.

Als Kroatien von den Türken belagert wurde, war Varaždin die stärkste Festungsanlage und der bevorzugte Wohnort der Generäle. Als die Bedrohung aus dem Osten nachließ, florierte Varaždin als kulturelles, politisches und wirtschaftliches Zentrum Kroatiens. Die Nähe der Stadt zu Mitteleuropa erklärt die Vorliebe für die barocke Architektur, die zu dieser Zeit in Europa ihre Blütezeit erlebte. Die besten Handwerker und Baumeister Europas zog es nach Varaždin – hier entwarfen sie Villen, Kirchen und öffentliche Gebäude.

1756 wurde die Stadt die Hauptstadt Kroatiens. Doch nach dem verheerenden Stadtfeuer 1776 verließ der kroatische Ban (Repräsentant des Königs) die Stadt und verlegte seinen Sitz (und die Verwaltung) nach Zagreb. Die ungebrochen florierende Stadt wurde in kurzer Zeit wieder im barocken Stil (der noch immer ihren Reiz ausmacht) aufgebaut.

Heute ist die angenehme Stadt ein Zentrum der Textil-, Schuh- und Möbelindustrie und der Landwirtschaft. Immer häufiger kommen auch Tagesausflügler nach Varaždin. Der his-

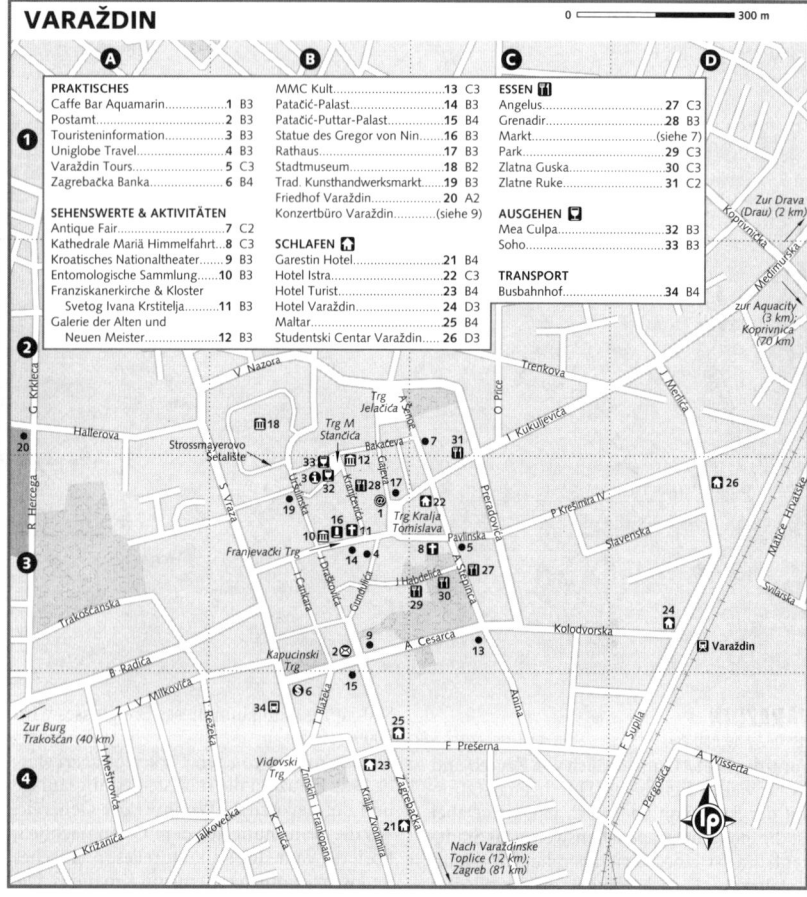

VARAŽDIN

0 —————— 300 m

PRAKTISCHES
Caffe Bar Aquamarin	1	B3
Postamt	2	B3
Touristeninformation	3	B3
Uniglobe Travel	4	B3
Varaždin Tours	5	C3
Zagrebačka Banka	6	B4

SEHENSWERTE & AKTIVITÄTEN
Antique Fair	7	C2
Kathedrale Mariä Himmelfahrt	8	B3
Kroatisches Nationaltheater	9	B3
Entomologische Sammlung	10	B3
Franziskanerkirche & Kloster		
Svetog Ivana Krstitelja	11	B3
Galerie der Alten und		
Neuen Meister	12	B3

MMC Kult	13	C3
Patačić-Palast	14	B3
Patačić-Puttar-Palast	15	B4
Statue des Gregor von Nin	16	B3
Rathaus	17	B3
Stadtmuseum	18	B2
Trad. Kunsthandwerksmarkt	19	B3
Friedhof Varaždin	20	A2
Konzertbüro Varaždin	(siehe 9)	

SCHLAFEN
Garestin Hotel	21	B4
Hotel Istra	22	C3
Hotel Turist	23	B4
Hotel Varaždin	24	D3
Maltar	25	B4
Studentski Centar Varaždin	26	D3

ESSEN
Angelus	27	C3
Grenadir	28	B3
Markt	(siehe 7)	
Park	29	C3
Zlatna Guska	30	C3
Zlatne Ruke	31	C2

AUSGEHEN
Mea Culpa	32	B3
Soho	33	B3

TRANSPORT
Busbahnhof	34	B4

torische Stadtkern wird derzeit umfassend restauriert, die Arbeiten sollen 2010 abgeschlossen sein.

Orientierung

Der Busbahnhof liegt etwas südwestlich des Stadtzentrums, der Bahnhof hingegen im Osten am anderen Ende der Stadt – rund 1 km entfernt. Ein Minibus (5 Kn) verbindet beide Bahnhöfe, hält mehrmals in der Stadt und fährt in die umliegenden Dörfer. Die Fußgängerzone begeistert mit vielen schönen Gebäuden aus dem 18. Jh. Mittelpunkt ist der Hauptplatz Trg Kralja Tomislava, von dem die alten Straßen sternförmig abgehen. Hauptgeschäftsstraße ist die Ivana Gundulića.

Praktische Informationen

Caffe Bar Aquamarin (☎ 311 868; Gajeva 1; Std. 15 Kn; ☼ Mo–Do 7–24, Fr–So 7–1 Uhr) Beliebter Studententreff mit Internetzugang.

Garderoba Busbahnhof (Tasche 7 Kn; ☼ 5–20.30 Uhr); Bahnhof (Tag 15 Kn; ☼ 24 Std.) Gepäckaufbewahrung.

Postamt (Trg Slobode 9; ☼ Mo–Fr 7–19, Sa 7–14 Uhr) Bietet die üblichen Postserviceleistungen.

Touristeninformation (☎ 210 987; www.tourism-varazdin.hr, nur auf Kroatisch; Ivana Padovca 3; ☼ April–Okt. Mo–Fr 8–18, Sa 9–13 Uhr, Nov.–März Mo–Fr 8–16 Uhr) Hält jede Menge bunter Broschüren und eine Vielfalt an Informationen bereit.

Uniglobe Travel (☎ 210 989; Ivana Gundulića 2; ☼ Mo–Fr 8.30–19, Sa 8.30–12.30 Uhr) Bietet Pauschaltouren in Kroatien an und hat einen kleinen Souvenirladen.

Varaždin Tours (☎ 320 400; www.varazdintours.com; Alojzija Stepinca 1; ☺ Mo–Fr 8–19.30, Sa 8–13 Uhr) Verkauft inländische und internationale Busfahrkarten.
Zagrebačka Banka (Kapucinski Trg 5) Schräg gegenüber vom Busbahnhof, wo es einen Geldautomaten gibt.

Sehenswertes

Im Stadtzentrum steht eine Reihe sehenswerter Barockgebäude, von denen einige inzwischen als Museen genutzt werden. Viele der Adelsvillen und eleganten Kirchen werden derzeit restauriert, denn die Stadt bemüht sich um die Aufnahme in die Liste des Unesco-Weltkulturerbes. Sehr angenehm für ausländische Besucher sind die an den meisten Gebäuden angebrachten englischsprachigen Tafeln, die über Architektur und Geschichte des jeweiligen Bauwerks informieren.

Das **Stadtmuseum** (Gradski Muzej; ☎ 658 754; www.gmv.hr; Strossmayerovo Šetalište 7; Erw./Stud. 20/12 Kn; ☺ Mai–Sept. Di–So 10–18 Uhr, Okt.–April Di–Fr 10–17, Sa & So 10–13 Uhr) ist Teil des Stari Grad, einem Juwel mittelalterlicher Befestigungsarchitektur, der von einem wunderschön gepflegten Park eingefasst wird. Mit dem Bau dieser weiß getünchten Festung wurde im 14. Jh. begonnen. Im 16. Jh. entstand die heutige Form im Stil der Gotik und Renaissance, damals diente sie als Befestigungsanlage der Region gegen die vorrückenden Türken. Bis 1925 war Stari Grad in Privatbesitz. Inzwischen ist es ein Museum, das in zehn Ausstellungsräumen Möbel, Gemälde, dekorative Gegenstände, Insignien und Waffen zeigt, die sich über Jahrhunderte angesammelt haben. Viel interessanter als die historischen Sammlungen ist jedoch die Architektur der weitläufigen Burg. Über eine Zugbrücke geht es hinein in eine mittelalterliche Welt aus Bogengängen, Innenhöfen, Kapellen und Türmen.

Ein kurzer Spaziergang nach Westen (10 Min.) führt zum ruhigen **Friedhof** (Hallerova Aleja; ☎ Mai–Sept. 7–21 Uhr, Okt.–April 7–17 Uhr). Dieses gartenbauliche Meisterstück wurde 1905 vom Wiener Architekten Hermann Helmer entworfen. Bei einem Spaziergang zwischen Grabsteinen, Alleen, Promenaden und den über 7000 Bäumen (u. a. Magnolien, Buchen, Birken) wird die hervorragende landschaftliche Gestaltung der Anlage deutlich.

Ebenfalls südlich des Stari Grad liegt die **Galerie der Alten und Neuen Meister** (Galerija Starih i Novih Majstora; ☎ 214 172; Trg Miljenka Stančića 3; Erw./Stud. 20/12 Kn; ☺ Mai–Sept. DI–So 10–18 Uhr, Okt.–April Di–Fr 10–17, Sa & So 10–13 Uhr). Sie ist im **Palast Ser-**mage untergebracht. Er wurde 1759 im Rokokostil erbaut und zeigt auf seiner Fassade sehenswerte gemeißelte Medaillons. Innen werden Porträts und Landschaftsgemälde von kroatischen, italienischen, niederländischen, deutschen und flämischen Malerschulen gezeigt. Wichtig zu wissen: Ab und zu wird die Dauerausstellung für Ausstellungen zeitgenössischer Kunst geschlossen.

Die faszinierende **Entomologische Sammlung** (Entomološka Zbirka; ☎ 658 760; Franjevački Trg 6; Erw./Stud. 20/12 Kn; ☺ Mai–Sept. Di–So 10–18 Uhr, Okt.–April Di–Fr 10–17, Sa & So 10–13 Uhr) wird im klassizistischen **Palast Herzer** präsentiert. Sie umfasst fast 4500 Exponate aus der Welt der Gliederfüßer, darunter 1000 verschiedene Insektenarten. Die gezeigten Beispiele von Insektennestern, Lebensräumen und Fortpflanzungsarten werden informativ und anschaulich präsentiert. Es gibt interaktive Exponate und kostenlose Audioführer.

Die **Franziskanerkirche Crkva Svetog Ivana Krstitelja** (Kirche & Kloster des hl. Johannes des Täufers; ☎ 213 166; Franjevački Trg 8; ☺ 6.30–12 & 17.30 bis 19.30 Uhr) wurde im 16. Jh. in barockem Stil an der Stelle eines früheren Kirchengebäudes errichtet. Ihr Turm ist mit 54,5 m der höchste der Stadt. Die Kirche enthält eine alte Apotheke, die mit Deckenfresken aus dem 18. Jh. geschmückt ist. Sie zeigen die Kontinente und die Elemente. Neben der Kirche steht eine Kopie der bronzenen **Statue des Gregor von Nin**, die Ivan Meštrović für Split geschaffen hat. Wer eine Extraportion Glück braucht, sollte den großen Zeh der Statue berühren ... heißt es zumindest.

Zu den eindrucksvollsten Gebäuden der Stadt zählt das **Rathaus** (Gradska Vijećnica; Trg Kralja Tomislava 1). Das stattliche romanisch-gotische Gebäude wird seit dem 16. Jh. als Rathaus genutzt, am Fuße des Turms sind Stadtwappen zu sehen, und hier befindet sich ein gemeißeltes Portal von 1792. An jedem Samstag findet vor dem Turm von 11 bis 12 Uhr eine zeremonielle Wachablösung statt.

Die neueste Attraktion der Stadt ist der **Platz des Kunsthandwerks** (Trg Tradicijskih Obrta; ☺ April–Okt. Mo–Sa 10–18 Uhr). Hier schmiedet der Schmied der Stadt seine „Varaždin-Medaillons", Töpfer, Weber und Hutmacher zeigen hier ihr traditionelles Handwerk und lassen so die alten Zeiten wieder lebendig werden.

Ebenfalls südlich des Trg Kralja Tomislava steht die **Katedrala Uznesenja Marijina** (Kathedrale Mariä Himmelfahrt; ☎ 210 688; Pavlinska 5; ☺ 7–12

HRVATSKO ZAGORJE

& 16–19.30 Uhr), die 1646 ursprünglich als Jesuitenkirche gebaut wurde. An der Fassade fällt sofort das frühbarocke Portal mit dem Wappen der Adelsfamilie Drašković auf. Das Hauptschiff dominiert der Altar mit reichem Schnitzwerk, Marmorsäulen und dem vergoldeten Gemälde der Himmelfahrt Mariens. Aufgrund der hervorragenden Akustik finden hier während der Barockabende (s. unten) regelmäßig Konzerte statt.

Zu den weiteren Glanzlichtern der Stadt (die allerdings nur von außen bewundert werden können) zählen der **Palast Patačić** (Palača Patačić; Franjevački Trg 4), ein zauberhaft restaurierter Rokokopalast (1764) mit einem prächtig gemeißelten Steinportal, und der **Palast Patačić-Puttar** (Palača Patačić-Puttar; Zagrebačka 2). Er ist eine beeindruckende Mischung aus barockem und klassischem Stil mit einem reich verzierten Steinportal, das das Wappen der Familie Patačić trägt. Das **Kroatische Nationaltheater** (Hrvatsko Narodno Kazalište; ☎ 214 688; Augusta Cesarca 1) wurde 1873 im Neo-Renaissancestil nach den Plänen des Wiener Architekten Hermann Helmer errichtet.

Ein 15-minütiger Spaziergang nordöstlich der Stadtmitte führt zum grünen **Flussufer der Drau**. Der breite, ruhige Fluss wird von Fußwegen gesäumt; Cafés mit Terrassen laden zum Verweilen ein.

Wasserspaß, Sport und Essvergnügen gibt es 3 km außerhalb der Stadt im **Aquacity** (☎ 350 555; Motičnjak bb, Trnovec Bartolomečki), Varaždins Version eines Stadtstrands an der Straße nach Koprivnica. Hier finden Besucher einen See, Tennisplätze und ein Restaurant.

Festivals & Events

Varaždin ist berühmt für seine **Barockabende** (www.vbv.hr). Das Barockfestival findet alljährlich im September statt und dauert zwei bis drei Wochen. In der Kathedrale, den Kirchen und Theatern der Stadt spielen dann regionale und internationale Orchester. (Eintrittspreise: je nach Konzert 75–150 Kn.) Eintrittskarten sind jeweils zwei Stunden vor Beginn der Konzerte erhältlich, und zwar in den örtlichen Reisebüros oder im **Konzertbüro** (☎ /Fax 212 907; Kroatisches Nationaltheater, Augusta Cesarca 1).

Ende August füllt das **Špancirfest** (www.spancirfest.com) Plätze und Parks der Stadt mit Akrobaten, Theater, Kunsthandwerk und Illusionisten und Musik aus aller Welt – das Spektrum reicht von afro-kubanischer Musik bis hin zum Tango.

Das jährlich stattfindende **Trash-Filmfest** (☎ /Fax 390 925; www.trash.hr; MMC Kult, Anina 2) ist da schon ungewöhnlicher. Das mehrtägige Angebot an Low-Budget-Actionfilmen findet Mitte September im MMC Kult statt.

Von April bis Oktober verwandelt sich der Marktplatz an jedem zweiten Samstag im Monat in eine **Antiquitätenmesse** (☼ 9–12 Uhr).

Schlafen

Die Unterkünfte in Varaždin sind billiger als in Zagreb. Die meisten Hotels sind sauber, gut geführt und bieten ein gutes Preis-Leistungs-Verhältnis. Die Zimmer werden mehrheitlich von Geschäftsreisenden aus Zagreb und benachbarten Ländern gebucht, d. h. sie sind meist nur unter der Woche belegt und stehen am Wochenende leer.

Die Touristeninformation vermittelt Privatunterkünfte. Die Preise für Einzel-/Doppelzimmer beginnen bei 150/250 Kn. Für eine einzelne Übernachtung wird in der Regel kein Aufschlag verlangt; die Preise bleiben ganzjährig gleich.

Studentski Centar Varaždin (☎ 332 910, 332 911; hostel@scvz.hr; Julija Merlića bb; EZ Neben-/Hochsaison 180 bis 225 Kn, DZ 310 Kn; 🖳) Das Wohnheim und Hostel bietet zwölf frisch renovierte Einzelzimmer, die ganzjährig gemietet werden können. Jedes hat Fernseher, Kabel-Internetzugang und Kühlschrank. Die Doppelzimmer sind nur im Sommer verfügbar, wenn keine Studierenden da sind. Für 23 Kn wird ein Wäschereiservice angeboten.

Maltar (☎ 311 100; www.maltar.hr; F Preserna 1; EZ/DZ 220/405 Kn; 🅿 🞨) Die freundliche, kleine und zentral gelegene Pension ist ein Familienbetrieb und hat ein gutes Preis-Leistungs-Verhältnis. Die Zimmer sind in ausgezeichnetem Zustand und bieten Klimaanlage und Satelliten-TV. Vier der Suiten (2/3 Pers. 465/595 Kn) haben eine Küchenzeile.

Garestin Hotel (☎ /Fax 214 314; Zagrebačka 34; EZ/DZ 308/341 Kn; 🅿) Das Hotel liegt sehr zentral, das hoteleigene Restaurant ist bei den Einheimischen sehr beliebt. Urlauber wohnen ein Stockwerk höher in bequemen Zimmern, die eine Minibar und die übliche Standardausstattung offerieren.

Hotel Turist (☎ 395 395; www.hotel-turist.hr; Kralja Zvonimira 1; EZ/DZ ab 353/546 Kn; 🅿 🞨 🖳) Das sechsstöckige Hotel wirkt etwas charakterlos, bietet aber 35 Jahre Hotelerfahrung, eine solide Ausstattung und funktionale Räume. Außen ist es frisch gestrichen, und ins Stadtzentrum sind es nur wenige Schritte. Die teureren und etwas größeren „Business-Class-Zimmer" haben eine Minibar.

LP Tipp **Hotel Varaždin** (☎ 290 720; www.hotelvarazdin.com; Kolodvorska 19; EZ/DZ ab 388/576 Kn; P ⌨ 🖳) Das neueste Hotel der Stadt liegt direkt gegenüber vom Bahnhof. Die blitzsauberen Zimmer sind modern ausgestattet und bieten Internet und Minibar. Auf dem Gelände liegen ein Restaurant mit einer Bar und einer Terrasse.

Hotel Istra (☎ 659 659; www.istra-hotel.hr; Ivana Kukuljevića 6; EZ/DZ ab 570/860 Kn; P ⌨ 🖳) Die unschlagbare Lage im Herzen der Stadt erklärt die hohen Zimmerpreise des einzigen 4-Sterne-Hotels der Stadt. Ausstattung und Service erfüllen zwar die Erwartungen, verlocken aber nicht zu Begeisterungsstürmen.

Essen & Trinken
Es mag nicht als Reiseziel für Gourmets gelten, aber Varaždin bietet trotzdem viele Möglichkeiten, Gerichte vom kroatischen Festland zu probieren – in allen Preisklassen. Der täglich stattfindende **Markt** (Augusta Šenoe 12) hat bis 14 Uhr geöffnet. Viele Bäckereien verkaufen *klipić*, Varaždins herzhaftes fingerförmiges Brot.

Angelus (☎ 303 868; Alojzija Stepinca 3; Pizzen/Hauptgerichte ab 25/45 Kn), eine gemütliche Pizzeria-Trattoria in einem Gewölbekeller, serviert ausgezeichnete Pizzen und Pastagerichte (alles von Gnocchi bis Tagliatelle), aber auch Risotto und Fleischgerichte.

Grenadir (☎ 211 131; Kranjčevića 12; Hauptgerichte ab 32 Kn) Die einfachen und preisgünstigen *gableci* (billige und sättigende Mittagessen) des traditionellen Lokals in der Stadtmitte sind bei den Einheimischen sehr beliebt.

Park (☎ 211 499; Jurja Habdelića 6; Hauptgerichte ab 35 Kn) Die Grillteller und Salatbüffets sind nichts Außergewöhnliches. Was das Lokal auszeichnet, sind die Terrasse mit „grünem Ausblick", das traditionelle Ambiente und die preiswerten Mittagessen.

Zlatne Ruke (☎ 320 650; Ivana Kukuljevića 13; Hauptgerichte 49–116 Kn) Die neueste Keller-Dependance mit seinen weißen Steinwänden gehört dem Besitzer des Zlatna Guska und spricht Design-Liebhaber an. Die kreative Küche bietet Gerichte wie Steak Tartar vom Reh oder Gänseleber mit Pfirsichen.

LP Tipp **Zlatna Guska** (☎ 213 393; Jurja Habdelića 4; Hauptgerichte 57–119 Kn) Das Kellerrestaurant mit mittelalterliche Ausstattung (nebst jeder Menge Ritterrüstungen) vermittelt das Gefühl, in einer Ritterburg zu tafeln. Die Portionen sind üppig, die Gerichte gut zubereitet und fantasievoll benannt: Wie wäre es mit einer „letzten Mahlzeit der Opfer der Inquisition", hinter der sich eine herzhafte Brot-und-Wurst-Suppe verbirgt?

Mea Culpa (☎ 300 868; Ivana Padovca 1) Wer Koffein- oder Cocktailnachschub benötigt, ist in dieser schicken Lounge-Bar genau richtig. Innen gibt es zwei Etagen, und bei schönem Wetter erstrecken sich die Tische bis auf den Trg Miljenka Stančića.

Soho (Trg Miljenka Stančića 1) So wie Mea Culpa hat auch diese Café-Bar Tische auf dem Platz stehen, innen geht es intimer und weniger schrill zu.

An- & Weiterreise
Varaždin ist Nordkroatiens wichtigste Verkehrsdrehscheibe; Busse und Bahnlinien verlassen die Stadt in alle Himmelsrichtungen. Für Informationen zu Fernreisebussen nach Deutschland und Nordeuropa siehe S. 340. Busse Richtung Norden starten in Zagreb und halten in Varaždin; die Fahrkarten kosten gleich viel – egal, ob sie in Zagreb oder Varaždin gekauft wurden.

Täglich gibt es einen Bus nach Wien (210 Kn, 6 Std.) und zwei nach München (345 Kn, 8 Std.). Zweimal die Woche fährt ein Bus nach Berlin (773 Kn, 15 Std.) und Zürich (509 Kn, 13 Std.). Die meisten Busse Richtung Küste halten auch in Zagreb. Außerdem gibt es an Werktagen Busse zur Burg Trakošćan (25 Kn, 4- bis 6-mal tgl.), nach Varaždinske Toplice (15 Kn, 30 Min., 18-mal tgl.) und Zagreb (69 Kn, 1¾ Std., stündl.). An Wochenenden fahren deutlich weniger Busse nach Trakošćan und Varaždinske Toplice (Sa 1-mal tgl., So keiner).

Täglich fahren 11 bis 14 Züge nach Zagreb (53 Kn, 2½ Std.), dort gibt es Anschluss an die Züge zur Küste. Nach Budapest fährt täglich ein durchgehender Zug (205 Kn, 6 Std.).

VARAŽDINSKE TOPLICE
☎ 042 / 6973 Ew.

Seit die Römer hier bereits zu Beginn des 1. Jh. n. Chr. ein Heilbad gründeten, ziehen die schwefelhaltigen Quellen mit einer Temperatur von 58 °C erholungsbedürftige Besucher in den Ort. Sanfte bewaldete Hügel umgeben den attraktiven Kurort, der auch eine Reihe von Kirchen und historischen Ge-

AUF DEM WEG NACH UNGARN: MEĐIMURJE

Die sanft gewellten Landschaften von Međimurje erstrecken sich nordöstlich von Varaždin in Richtung ungarischer und slowenischer Grenze. Diese fruchtbare, landschaftlich schöne Gegend, die von Weinbergen, Obsthainen, Weizenfeldern und Gärten geprägt ist, zog bisher nur wenige Besucher an. Dies ändert sich, da immer mehr Menschen von ihren Attraktionen – den aufstrebenden Weingütern und dem Kurort Sveti Martin – erfahren.

Um die besten Weine der Region in einem authentischen Familienbetrieb zu verkosten, bietet sich das Weingut **Lovrec** (☎ 040-830 171; www.hotel.hr/vino-lovrec; Sveti Urban 133, Štrigova; ☻ mit Voranmeldung) an. Es liegt im Dorf Sveti Urban, rund 20 km nordwestlich von der regionalen Hauptstadt Čakovec. Bei der Führung (auf Englisch, Französisch oder Deutsch) durch das Landgut erfährt man einiges über die Weinerzeugung eines kleinen Qualitätsweingutes und seiner faszinierenden Geschichte, die sechs Winzergenerationen umspannt. Gezeigt werden der 300 Jahre alte Weinkeller, in dem uralte Weinpressen und Fässer stehen, und die zwei riesigen Platanen, deren Schatten einst als natürliche Klimaanlage für den Weinkeller dienten. Weit reicht der Blick über das 6 ha große Gelände. Als Krönung des Besuchs dürfen um die zehn verschiedene Weine probiert werden – vom Chardonnay über Pinot Gris bis hin zum örtlichen *graševina*. Die gesamte Führung dauert bis zu zwei Stunden und kostet 80 Kn (für 20 Kn extra gibt es zusätzlich noch einen leckeren Imbiss mit Käse, Salami und Brot). Eine Flasche Wein geht auf Kosten des Hauses, es wird aber erwartet, dass die Besucher zumindest eine weitere Flasche kaufen.

Ein paar Kilometer weiter folgt nach einer Fahrt entlang grüner, hügeliger Straßen das Dorf Sveti Martin Na Muri mit seinem kürzlich renovierten Spa **Toplice Sveti Martin** (☎ 040-371 111; www.toplicesveti martin.hr; Grkaveščak bb; EZ/DZ 428/656 Kn). Es bietet mehrere Außen-, Innen- und Thermalbäder, einen Wasserpark, Tennisplätze, Waldwege, Geschäfte und Restaurants – sogar ein Golfplatz ist im Bau. Die Unterbringung erfolgt in schicken Suiten, die jeweils mit Wohnzimmer, Küche und Balkon ausgestattet sind. Tagestickets für die Bäder kosten für Nicht-Gäste 50 Kn (Sa/So 60 Kn); ab 13 Uhr wird es jeweils 10 Kn billiger. Im Angebot sind außerdem ein Fitnessraum (Tag 25 Kn), eine Sauna (Tag 60 Kn) und verschiedene Anwendungen wie Schlammpackungen (30 Min. 160 Kn) und Schokoladenmassagen (45 Min. 300 Kn).

Auf dem **Bauernhof Goričanec** (☎ 040-868 288; Dunajska 26), etwa 4 km außerhalb des Dorfs, werden Reit-, Angel- und Jagdausflüge angeboten. Das **Potrti Kotač** (☎ 040-868 318; Jurovčak 79; Hauptgerichte ab 35 Kn), 1 km oberhalb des Spas, tischt gute regionale Küche auf und bietet Unterbringung in Doppelzimmern (250 Kn).

bäuden bietet. Hierzu gehört die barocke Burg **Stari Grad** (Trg Slobode 16). Hinter ihrer neogotischen Fassade verbirgt sich die **Touristeninformation** (☎ 633 133; www.toplice-vz.hr, nur auf Kroatisch; ☻ Juli–Aug. Mo–Fr 7.30–19.30, Sa & So 9–13 & 16 bis 19 Uhr, Sept.–Juni Mo–Fr 7.30–15.30 Uhr). Hier gibt es Broschüren und Infos über die Wellness-Angebote des Ortes und Hilfe bei der Suche nach Privatunterkünften.

Gleich daneben steht das **Stadtmuseum** (☎ 633 339), zu dessen Attraktionen eine Minerva-Skulptur aus dem 3. Jh. gehört. Zuletzt wurde das Museum renoviert. Wer Interesse an Historischem hat, sollte sich die **Aqua Iasae** anschauen: Die Überreste des römischen Bads wurden zwischen dem 1. und 4. Jh. erbaut und befinden sich nur einen kurzen Fußweg oberhalb der Burg.

Das **Hotel Minerva** (☎ 630 831; www.minerva.hr; Trg Slobode 1; EZ/DZ 340/520 Kn; ℗ ☒) wurde um

die Thermalquellen errichtet. Ihnen wird heilende Wirkung insbesondere bei verschiedene rheumatischen Erkrankungen zugesprochen. Das wenig ansprechende Betongebäude bietet Zimmer mit Balkon, einen Innen- und Außenpool, einen Aquapark sowie einen Raum mit Fitnessgeräten. Gäste können die Schwimmbäder kostenlos nutzen. Tagesbesucher zahlen 40 bzw. 45 Kn (Werktage/Wochenende). Außerdem gibt es eine Sauna (Std. 45 Kn), Massagen (40 Min. 120 Kn) und verschiedene Anti-Stress-Programme.

Eine wesentlich angenehmere Übernachtungsmöglichkeit bietet der Familienpension der Pension **Ozis** (☎ 250 130; Zagrebačka 7; EZ/DZ 180/300 Kn; ℗) am Ortseingang. Die zehn Zimmer und drei Suiten sind blitzsauber, dazu kommt ein wunderschöner Innenhof. Das Frühstück wird extra berechnet – wer weniger als drei Nächte bleibt, zahlt 10 % Aufschlag.

Wer motorisiert ist, sollte sich ein Mittagessen im **Zlatne Gorice** (☎ 666 054; www.zlatne-gorice.com; Banjščina 104, Gornji Kneginec; Hauptgerichte ab 36 Kn) gönnen, das 3 km außerhalb von Toplice an der alten Straße nach Varaždin liegt. Die wunderschön restaurierte Villa inmitten von Weinbergen kocht mitteleuropäische Gerichte wie Schnitzel, Gulasch und Kalbsmedaillons. Gespeist wird in vier Räumen innen oder auf einer Terrasse mit schönem Ausblick in die Umgebung. Es gibt einen Weinpfad, ein Gartenlabyrinth, Weinproben (45 Kn mit Käse, Obst und Brot) und drei gemütliche Doppelzimmer (300 Kn).

Der Kurort liegt 12 km südöstlich von Varaždin und 69 km nordöstlich von Zagreb. Zahlreiche Busse fahren von Varaždin aus dorthin (s. S. 114).

BURG TRAKOŠĆAN
☎ 042

Burg Trakošćan (☎ 796 281; www.trakoscan.hr; Erw./Stud. 20/10 Kn; ☻ April–Okt. 9–18 Uhr, Nov.–März 9 bis 16 Uhr) liegt 80 km nordwestlich von Zagreb und ist eine der beeindruckendsten Burgen des kroatischen Festlands. Ein Besuch des ansprechenden Museums und des attraktiven Parks lohnt sich. Das genaue Entstehungsdatum ist unbekannt, aber in einem offiziellen Dokument wird es erstmals 1334 erwähnt. Nur wenige der ursprünglich romanischen Elemente blieben erhalten, als die Burg Mitte des 19. Jhs. im neogotischen Stil restauriert wurde. Zeitgleich wurde das Burggelände (über 8 ha) in einen romantischen Park im englischen Stil umgestaltet – inklusive exotischer Bäume und einem künstlichen See.

Bis 1944 wurde die Burg von der Adelsfamilie Drašković bewohnt. Auf drei Stockwerken sind Ausstellungsstücke zu sehen, u. a. persönliche Möbel der Familie und zahlreiche Porträts. Stilistisch reichen die Stile des Zimmers von Neo-Renaissance bis Gotik und Barock. Außerdem gibt es eine Waffensammlung mit Schwertern und Feuerwaffen und eine original eingerichtete Küche im Keller. Wer genügend Geschichte getankt hat, kann die grünen Wege zum Holzsteg am See hinunterwandern. Hier werden bei schönem Wetter Paddelboote für zwei Personen vermietet (Std. 50 Kn).

Zwischen Zagreb und Trakošćan bestehen keine Busverbindung, aber an Werktagen fahren Busse ab Varaždin dorthin, sodass ein Tagesausflug möglich ist (s. S. 111).

KRAPINA
☎ 049 / 4647 Ew.

Krapina ist eine lebhafte Provinzstadt in einer wunderschönen ländlichen Region. Hauptgrund für einen Besuch aber ist eine der größten Ausgrabungsstätten mit Fundstücken der Neandertaler in Europa, die inzwischen als Museum zugänglich ist. 1899 wurden bei archäologischen Ausgrabungen auf dem Hügel Hušnjakovo menschliche Überreste und Tierknochen von einem Neandertalstamm gefunden, der in der Höhle von 100 000 bis 35 000 v. Chr. lebte. Zusätzlich zu steinernen Werkzeugen und Waffen aus dem Paläolithikum (Altsteinzeit) gab es 876 menschliche Knochenfunde, darunter 196 Zähne von mehreren Dutzend Individuen.

Mit dem Besuch der Ausgrabungsstätte und einem Bummel durch das Städtchen erschöpfen sich allerdings schon die Sehenswürdigkeiten des Ortes.

Orientierung & Praktische Informationen
Die Hauptstraße, die durch die Stadt führt, heißt zunächst Zagrebačka Ulica, ab der Stadtmitte dann Ljudevita Gaja und am Nordende schließlich Magistratska. Die Mitte der Stadt bildet der Platz Trg Stjepana Radića, er befindet sich zwischen der Zagrebačka und der Ljudevita Gaja.

Der Bahnhof befindet sich etwa 300 m südlich, der neue Busbahnhof 600 m weiter auf derselben Straße (Frana Galovića 15).

Die **Touristeninformation** (☎ 371 330; tzg-krapina@kr.htnet.hr; Magistratska 11; ☻ Mo–Fr 8–15, Sa 8–12 Uhr) hält sich oft nicht an die Öffnungszeiten und bietet nur wenige Informationen.

Sehenswertes
Krapinas Highlight ist das **Evolutionsmuseum** (☎ 371 491; www.krapina.com; Šetalište Vilibalda Sluge bb; Erw./Stud. 20/10 Kn; ☻ Mai–Okt. 9–17 Uhr, Nov.–April Di–So 9–15 Uhr), das gleich westlich der Stadtmitte liegt. Das jetzige Museum zeigt nur eine beschränkte Auswahl an Exponaten, der Neubau soll auf 1200 m² ausreichend Ausstellungsfläche bieten (Eröffnung Ende 2009). Gezeigt werden altsteinzeitliche Artefakte und interaktive Exponate zur Geschichte und Geologie der Region. Der benachbarte Park bleibt unverändert: Hier werden lebensgroße Figuren von Neandertalern bei „alltäglichen" Beschäftigungen wie Knüppelschwenken und Steinewerfen gezeigt.

Die Stadt Krapina ist eher unscheinbar. Es lohnt jedoch ein kurzer Blick auf das barocke **Franziskanerkloster**, das einst eine Philosophen- und Theologenschule beherbergte, sowie die benachbarte **Kirche der hl. Katharina.** Die Sakristei enthält ausdrucksstarke Fresken des Paulinermönchs Ivan Ranger. Die **Städtische Kunstgalerie** (☎ 370 810; Magistratska 25; Eintritt frei; ☽ Mo, Fr & Sa 10–13, Di–Do 10–13 & 17–19 Uhr) zeigt in wechselnden Ausstellungen kroatische Künstler.

Festivals & Events

Anfang September findet jedes Jahr das **Festival kajkavianischer Lieder** (Festival Kajkavske Popevke) statt. Zum Programm gehören Folkloreaufführungen und Gedichtrezitationen, auf den Straßen werden typische Gerichte aus der Region Zagorje verkauft.

Schlafen & Essen

Es gibt keine Privatunterkünfte, aber **Pod Starim Krovovima** (☎ 370 536; Trg Ljudevita Gaja 15; EZ/DZ 210/340 Kn) vermietet acht einfache, aber saubere Zimmer mit eigenem Bad. Es ist die einzige nette Pension in der Stadtmitte, im dazugehörigen Restaurant werden billige und schmackhafte Gablec (Mittagessen) für 23 Kn serviert. Die Außentische des Lounge-Cafés **Ilir** (☎ 371 444; Trg Ljudevita Gaja 3) sind ein nettes Plätzchen für einen Kaffee in der Sonne – innen herrscht ein altmodisch-gemütliches Ambiente.

An- & Weiterreise

Von Zagreb fahren Busse nach Krapina (39 Kn, 1 Std., Mo–Fr 4-mal tgl., Sa 2-mal tgl., So 1-mal tgl.), unter der Woche gibt es außerdem täglich 13 Zugverbindungen (33 Kn, 1½ Std.) mit Umsteigen in Zabok; am Wochenende fahren die Züge seltener.

KRAPINSKE TOPLICE

☎ 049 / 1265 Ew.

Der Kurort liegt etwa 17 km südwestlich von Krapina inmitten der sanften Hügel der Zagorje, Herzstück des Ortes sind seine vier Thermalquellen. Das Wasser hat einen hohen Magnesium- und Kalziumgehalt und ist mindestens 39 °C warm. Die Stadt selbst ist nicht sonderlich attraktiv und auch nicht besonders aufregend, da die meisten Besucher ältere Patienten sind, die hier kuren. Aber das ändert sich vielleicht, wenn das neue Kurzentrum fertiggestellt ist. Dort wird es Innenpools, Sau-

nen und verschiedene Fitness- und Wellness-Angebote geben.

Der Busbahnhof liegt in der Stadtmitte. Ein kurzer Spaziergang führt von dort aus zu den wichtigsten Kureinrichtungen sowie zur **Touristeninformation** (☎ /Fax 232 106; tzo-krapinske-toplice@kr.t-com.hr; Zagrebačka 4; ☽ Mo–Fr 8–15, Sa 8–13 Uhr), die Broschüren und Infomaterial bereithält.

Die kleineren Zimmer des **Hotel Aquae Vivae** (☎ 202 202; www.aquae-vivae.hr; Antuna Mihanovića 2; EZ/DZ 320/500 Kn; P ⌘) sind inzwischen etwas in die Jahre gekommen. Es lohnt also, die zusätzlichen 30–60 Kn für ein besseres Zimmer mit einem erst kürzlich renovierten Bad zu zahlen. Am besten nach einem Zimmer fragen, das auf den begrünten Hinterhof blickt. Alle Gäste haben freien Zutritt zu den Innen- und Außenschwimmbecken sowie zum Fitnesszentrum.

Das **Vuglec Breg** (☎ 345 015; www.vuglec-breg.hr; Škarićevo 151; EZ/DZ 405/540 Kn; P ⌘) ist im Vergleich zum Aquae Vivae eine deutlich schönere Option. Das zauberhafte Landhotel liegt im Dorf Škarićevo, rund 4 km außerhalb von Krapinske Toplice. Die vier traditionellen kleinen Landhäuser (mit sieben renovierten Zimmern und drei Suiten) liegen zwischen Hügeln, Weinbergen und Wäldern. Im Restaurant (Hauptgerichte 70–140 Kn) werden hervorragende Spezialitäten der Region aufgetischt, so z. B. *purica s mlincima* (langsam gegarter Truthahn mit gebackenen Nudeln). Den Panoramablick von der Terrasse gibt es kostenlos dazu. Auf dem Grundstück sorgen Tennisplätze, Wanderwege, ein Weinkeller sowie einen Spielplatz und die Möglichkeit zum Ponyreiten für die Kleinen für Abwechslung. Vuglec Breg ist am besten mit dem eigenen Auto erreichbar. Man fährt durch die Stadt Richtung Krapina und folgt dann den Schildern Richtung Vuglec Breg; auf der Anhöhe Hršak Breg geht es links ab bis zum Ende der Straße.

Der Kurort liegt 46 km nordwestlich von Zagreb. Die Busverbindungen sind gut (36 Kn, 1¼ Std., 7- bis 12-mal tgl.), sodass ein Tagesausflug leicht möglich ist.

BURG VELIKE TABOR

☎ 049

Der Weg zur Burg Veliki Tabor, die 57 km nordwestlich von Zagreb auf einem Hügel steht, führt durch eine einladende Landschaft aus Hügeln, Getreidefeldern, Weinbergen und

NAIVE MALEREI AUS KROATIEN

Aus Kroatien stammt eine eigene Form naiver Kunst – diese eigenständige Form der Malerei hat sich im 20. Jh. entwickelt und zeigt fantastische und farbenfrohe Darstellungen des ländlichen (kroatischen) Lebens.

Der Maler Krsto Hegedušić (1901–75) gründete die Hlebine-Schule im gleichnamigen Dorf in der Region Podravina (13 km östlich der Provinzhauptstadt Koprivnica). Nachdem er vom Studium in Paris in den 1930er-Jahren zurückgekehrt war, sammelte er eine Gruppe Autodidakten ohne eigentliche Kunstausbildung um sich und gab Ihnen die Möglichkeit, ihren eigenen Stil zu entwickeln. Zu dieser ersten Generation kroatischer naiver Künstler gehörte Ivan Generalić (1914–92), der heute international am bekanntesten ist, außerdem Franjo Mraz (1910–81) und Mirko Virius (1889–1943). Alle waren Amateurkünstler und malten leuchtend bunte und lebendig gestaltete Szenen des dörflichen Lebens.

Auch heute noch arbeitet eine Gruppe Maler und Bildhauer in Hlebine. Sie stellen ihre Werke in der **Galerija naive umjetnosti Hlebine** (☎ 048-836 075; Trg Ivana Generalića 15, Hlebine; Erw./Stud. 10/5 Kn; ⌚ Mo–Fr 10–16, Sa 10–14 Uhr) aus. In Hlebine gibt es außerdem die **Galerija Josip Generalić** (☎ 048-836 071; Gajeva 75–83; Erw./Stud. 10/5 Kn; ⌚ nach Vereinbarung) im Wohnsitz der Familie Generalić. Die Galerie wurde nach dem Sohn des berühmten Ivan Generalić, eines ebenfalls bekannten Malers, benannt.

Naive Kunst findet man außerdem im Kroatischen Museum für Naive Malerei (S. 87) in Zagreb und in der **Galerija Koprivnica** (☎ 048-622 564; Zrinski Trg 9; ⌚ Di–Fr 10–13 & 17–20, Sa & So 10 bis 13 Uhr) in Koprivnica.

Wäldern. Schon allein wegen der Fahrt lohnt sich der Besuch – ein weiterer Anreiz sind die guten traditionellen Lokale.

Der kroatische Adel begann gegen Ende des 16. Jhs. damit, in der Region Befestigungsanlagen zu bauen, um die Bedrohung durch der Türken abzuwenden. Die fünfeckige **Burg Veliki Tabor** (☎ 343 963; Košnički Hum 1, Desinić; Erw./Stud. 20/10 Kn; ⌚ 9–17 Uhr) wurde im frühen 16. Jh. auf dem Gelände eines früheren mittelalterlichen Gebäudes errichtet. Die vier halbkreisförmigen Türme kamen später dazu. Strategisch günstig auf einem Hügel gelegen, hat diese goldfarbene schlossähnliche Burg alles, was das Herz eines mittelalterlichen Burgherren begehrt: Türme, Geschütztürme und Löcher in den Mauern, um Pech und siedendes Öl auf den anrückenden Feind zu schütten.

Die Burg ist vor Kurzem renoviert worden. Galerien, die sich über drei Stockwerke rund um den zentralen Burghof erstrecken, zeigen nun eine Sammlung mittelalterlicher Waffen, antiker Möbel und verschiedener Objekte in Glasvitrinen. Zweisprachige Erläuterungen erklären die Exponate. Das Herumstreunern in der Burg ist aber weitaus unterhaltsamer als die Ausstellung: Es gibt Türme, Treppen und eine Kapelle im ersten Stock mit dem Schädel von Veronika Desinić. Laut einer Legende wurde das arme Dorfmädchen für ihre Liebe zum Sohn des Burgbesitzers bestraft, in dem

sie in die Burgmauern eingemauert wurde. Ausgestellt ist ein Frauenschädel, der während der Restaurierungsarbeiten in den 1980er-Jahren in den Mauern gefunden wurde.

Wer die Möglichkeit hat, sollte seinen Besuch auf zwei Großereignisse abstimmen: Das **Tabor Film Festival** (www.taborfilmfestival.com) im Juli, bei dem eine Fülle an internationalen Kurzfilmen im Atrium gezeigt wird, oder den **mittelalterlichen Markt** im September. Bei diesem eintägigen Ereignis werden Schwertkämpfe, Falknerwettbewerbe und Tänze aus der Renaissance vorgeführt.

Die Burg lässt sich auch bequem aus der Entfernung bewundern, und zwar von einem der Außentische des **Grešna Gorica** (☎ 343 001; www.gresna-gorica.com; Taborgradska Klet 3, Desinić; Hauptgerichte ab 42 Kn). Das rustikale Lokal wird am Wochenende gerne von Zagreber Familien bei ihrem Tagesausflug angesteuert.

Es ist zwar etwas kitschig eingerichtet, aber ein Paradies für Kinder: Hier laufen Bauernhoftiere frei herum, es gibt einen Spielplatz und viel Platz zum Toben. Erwachsene genießen die Aussicht und köstliche klassische Zagorje-Gerichte, wie z. B. Štrukle (mit Hüttenkäse gefüllte Teigtaschen) und *srneći gulaš* (Wildgulasch). Das Restaurant liegt etwa 2 km östlich von Veliki Tabor; ein ausgeschilderter Pfad führt von der Burgrückseite aus dorthin (40 Gehminuten).

Montags bis samstags fahren acht Busse von Zagreb nach Desinić (52 Kn, 1½ Std.), sonntags immerhin noch vier. Es bleibt dann aber noch ein 3 km langer Fußmarsch nach Veliki Tabor im Nordwesten.

KUMROVEC
☎ 049 / 304 Ew.

Im Zagorje sind einige berühmte Kroaten geboren, zu den bekanntesten zählt sicher Tito, der als Josip Broz in Kumrovec zur Welt kam. Das hübsche Dorf, das sich in das Tal der Sutla unweit der slowenischen Grenze schmiegt, ist behutsam in ein Freilichtmuseum verwandelt worden. Als Nachbau eines Dorfes aus dem 19. Jh. besteht das **Staro Selo Museum** (☎ 225 830; www.mdc.hr/kumrovec; Kumrovec bb; Erw./Stud. 20/10 Kn; ⏰ April–Sept. 9–19, Okt.–März 9–16 Uhr) aus 40 restaurierten Häusern und Scheunen aus gestampftem Lehm und Holz. Diese *hiže* (Zagorje-Hütten) sind nun mit Möbeln, Figuren, Spielzeug, Weinpressen und Bäckerwerkzeug (alles mit englischer Beschriftung) ausgestattet. Die Besucher bekommen so einen Eindruck vom traditionellen Kunsthandwerk und Handwerk sowie vom Brauchtum der Region.

Ein Bach plätschert durch das idyllische Dorf, das Museum vermittelt einen lebendigen Eindruck der bäuerlichen Traditionen und des Dorflebens. Eine lebensgroße Bronzestatue von Marschall Tito steht vor seinem bescheidenen Geburtshaus, in dem sich das Original-Mobiliar, Briefe von ausländischen Staatsoberhäuptern und verschiedene Erinnerungsgegenstände befinden. An den Wochenenden zwischen April und September wird im Museum gezeigt, wie Pferde beschlagen, Kerzen gezogen, Keramik getöpfert und Flachs gewebt werden.

An Werktagen fahren täglich vier Busse zwischen Zagreb und Kumrovec (39 Kn, 1¼ Std., Sa 1-mal tgl.), sonntags fährt kein Bus. Von Montag bis Samstag fahren täglich sechs Züge (30 Kn, 1½–2 Std.; So 5-mal tgl.) mit Umsteigen in Sutla.

KLANJEC
☎ 049 / 562 Ew.

Ein weiterer berühmter Kroate aus der Region Zagorje war der Bildhauer Antun Augustinčić (1900–79). Er schuf das Friedensdenkmal vor dem UN-Gebäude in New York. Seine Heimatstadt Klanjec hat eine **Galerie** (☎ 550 343; www.mdc.hr/augustincic; Trg Antuna Mihanovića 10; Erw./Stud. 20/10 Kn; ⏰ April–Sept. 9–17 Uhr, Okt.–März 9–15 Uhr) eingerichtet, das sich seinem Werk widmet – einschließlich zahlreicher kopfloser Bronzetorsi und eine riesige Nachbildung seines Friedensdenkmals. Draußen gibt es einen kleinen Skulpturengarten; gleich in der Nähe befindet sich sein Denkmal für gefallene Partisanen.

Außer der Galerie gibt es hier nicht allzu viel zu sehen. Es lohnt jedoch ein Bummel durch das bezaubernde Städtchen, um die **Barockkirche** und das **Franziskanerkloster** gegenüber von der Galerie zu besuchen und den Blick auf die umgebenden Hügel zu genießen.

Täglich halten vier Busse auf der Fahrt von Zagreb nach Kumrovec in Klanjec (36 Kn, 1 Std.).

MARIJA BISTRICA
☎ 049 / 1107 Ew.

Das größte Wallfahrtszentrum Kroatiens, das Dorf Marija Bistrica, liegt 37 km nördlich von Zagreb an den Hängen der Medvednica. Im Mittelpunkt steht die **Wallfahrtskirche Marija Bistrica** (Hodočasnička Crkva Marije Bistričke), in der eine gotische Holzstatue der Schwarzen Madonna aus dem 15. Jh. steht. Seit sie die türkischen Invasionen in 16. Jh. überstand, wird ihr Wunderkraft zugesprochen. Bestärkt wurde dies, als ein verheerendes Feuer 1880 alles bis auf die Madonna zerstörte. Hinter der Kirche beginnt der **Kreuzweg**, der den Kalvarienberg hinaufführt.

Die 14 Stationen wurden mit Werken kroatischer Bildhauer gestaltet und bieten neben dem Gebet wunderbare Aussichten. Die Kirche zieht jährlich 600 000 Pilger an. 1998 waren es jedoch noch weit mehr, als Papst Johannes Paul II. hierher kam, um Kardinal Alojzije Stepinac selig zu sprechen. Ernsthafte religiöse Hingabe erlebt man am 15. August bei der beliebten Pilgerfahrt an Velika Gospa (Mariä Himmelfahrt).

An Werktagen fahren bis zu 20 Busse pro Tag von Zagreb nach Marija Bistrica (30–45 Kn, 40–60 Min.); am Wochenende sind es weniger.

Slawonien

Wie die Einheimischen gern anmerken, kann die höchste Erhebung in der brettebenen Region Slawonien schon ein Kohlkopf sein. Mag es auch an geografischer Vielfalt mangeln, so wartet diese fruchtbare Region doch mit einem interessanten Kulturmix auf – im Laufe der Jahrhunderte haben sich hier deutsche, ungarische und serbische Einflüsse verbunden. Die Region wird von drei bedeutenden Flüssen umschlossen – Sava (Save), Drava (Drau) und Donau. Im Norden grenzt Slawonien an Ungarn, im Süden an Bosnien-Herzegowina und im Osten an Serbien.

Seinen Besuchern präsentiert sich Slawonien als eine vom Tourismus fast unberührte Landschaft mit einzigartigen Naturschönheiten und einer schmackhaften Küche. Die Sumpfgebiete von Kopački Rit zählen zu den bedeutendsten Vogelschutzgebieten Europas, und es macht Spaß, mit dem Boot über die Seen zu schippern. Osijek, die größte Stadt Slawoniens, lohnt einen Besuch wegen der schönen Lage am Fluss, der imposanten Festung und der herrlichen Jugendstilarchitektur. In der Region Baranja weiter im Nordosten gedeihen mittlerweile wieder üppige Weingärten, die Bewohner haben sich dem Ökotourismus verschrieben – ein Versuch, das traditionelle Landleben zu bewahren und sich gleichzeitig dem Tourismus zu öffnen. Weiter im Osten leidet Vukovar noch immer unter seinen Kriegswunden, erhebt sich aber aus der Asche und ermahnt mit seinen Gedenkstätten die Besucher, die schreckliche Zeit des Bürgerkriegs nie zu vergessen.

Ilok an der serbischen Grenze wartet vor allem mit alten Weinkellern auf; seine erstaunlich gut erhaltene Altstadt vermittelt einen Eindruck, wie es aussieht, wenn der Osten auf den Westen trifft. Wie in früheren Tagen ist Slawonien Kroatiens Kornkammer; in den Ebenen werden Weizen, Mais, Zuckerrüben, Sonnenblumen und Klee angebaut, außerdem einige der besten Weine Kroatiens.

SLAWONIEN

HIGHLIGHTS

- Die alten Weinkeller in **Ilok** (S. 128) besichtigen
- In Osijeks Festungsviertel **Tvrđa** verschiedene Restaurants ausprobieren (S. 121)
- Im **Naturpark Kopački Rit** (S. 124), einem der größten Sumpfgebiete Europas, die vielfältige Vogelwelt beobachten
- Die Kriegsgedenkstätten in **Vukovar** (S. 127) besuchen
- Im **Ethno-Dorf Karanac** (S. 125) das Landleben kennenlernen
- Über die Weinstraßen von **Baranja** (s. Kasten S. 124) gondeln

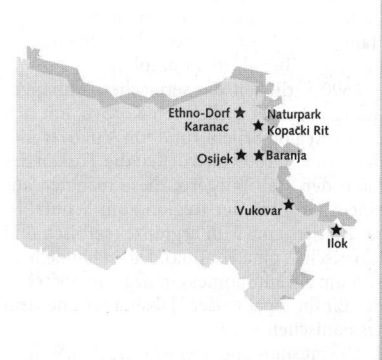

- VORWAHL: 031, 032, 034, 035

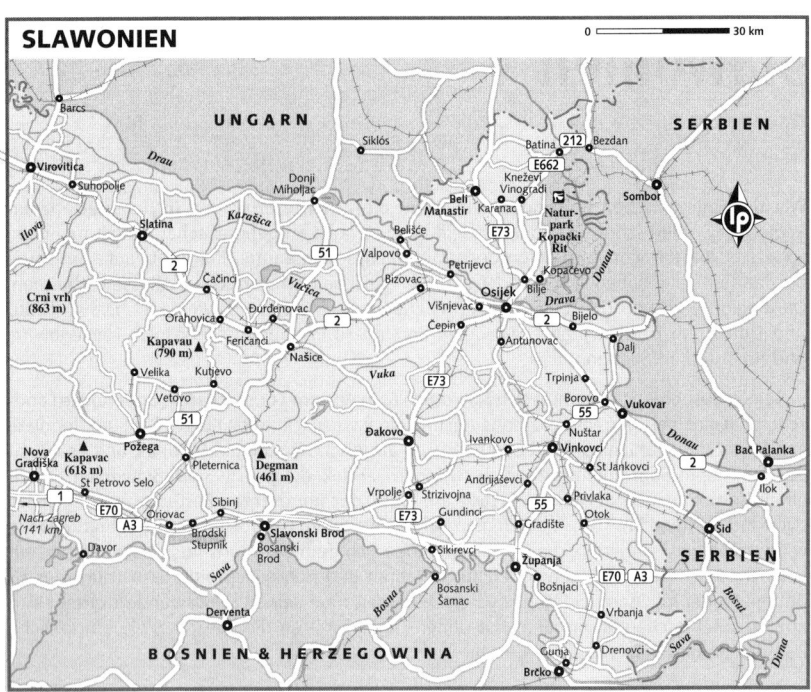

Geschichte

Bevor der Bürgerkrieg 1991 Zehntausende aus Slawonien vertrieb, zählte die Bevölkerung zu denjenigen mit der größten ethnischen Vielfalt in ganz Europa. Die Region wurde im 7. Jh. von slawischen Stämmen besiedelt und im 16. Jh. von den Türken erobert. Als die katholische Bevölkerung floh, zogen an ihrer Stelle orthodoxe Serben hierher – ihnen standen die Türken erheblich aufgeschlossener gegenüber als den Katholiken.

1690 verließen die serbischen Anhänger des Habsburgerreiches den Kosovo, um sich in der Region Srijem rund um Vukovar niederzulassen. 1699 überließen die Türken das Land den Habsburgern, diese machten aus einem Großteil der Region zum Schutz ihres Reiches eine Militärgrenze (serbisch und kroatisch: Vojna Krajina). Dabei handelte es sich um ein autonomes Grenzgebiet zwischen der Einflusssphäre der Habsburger und dem Osmanischen Reich.

Die muslimische Bevölkerung floh, weitere Serben kamen, außerdem deutsche Kaufleute, Ungarn, Slowaken, ukrainische Bauern, katholische Albaner und Juden. Viel Land wurde an deutsche und ungarische Adelige verkauft, die dann in Osijek, Vukovar und Ilok prächtige barocke und klassizistische Herrschaftshäuser errichteten. Nach dem Ersten und Zweiten Weltkrieg wurden viele Deutsche getötet oder vertrieben. Serben und Montenegriner aus Südjugoslawien übernahmen ihre Häuser.

Die große serbische Gemeinde in Salwonien forderte von Präsident Slobodan Milošević, die Region seinem „Großserbien" einzuverleiben. Der Übergriff begann 1991 mit der Zerstörung Vukovars und der Bombardierung Osijeks. 1992 wurde ein Waffenstillstand vereinbart, doch erst im Januar 1998 konnte die Region in Folge des Daytoner Friedensabkommens an Kroatien zurückgegeben werden. Die Kriegsnarben sind bis heute sichtbar, doch die Region arbeitet hart daran, ihre Wirtschaft wieder in Schwung zu bringen und die Landschaften neu zu beleben.

Gefahren & Ärgernisse

Osijek und Umgebung wurden während des Krieges in den 1990er-Jahren vermint. Mittlerweile sind die Landminen in der Stadt sowie in den Vororten entlang der Hauptstraße entschärft. Gefährlich sind nach wie vor die Sümpfe nördlich der Drava (Drau), die in den Naturpark Kopački Rit übergehen. Die meisten Minengebiete sind gekennzeichnet, also auf die Schilder mit einem Totenkopf darauf achten.

Im Sommer sind die Mücken eine fürchterliche Plage. Sie beißen in jeden Millimeter Haut, der sich ihnen bietet. Lange Hosen und Ärmel sorgen für Abhilfe, bei Einbruch der Dunkelheit hilft nur noch jede Menge Insektenschutzmittel.

OSIJEK
☎ 031 / 90 411 Ew.

Auf alten Fotos aus den Zeiten vor dem Bürgerkrieg präsentiert sich Osijek als hübsche Stadt am Fluss mit breiten Boulevards, Parkanlagen und prachtvollen Bauten aus dem 19. Jh. im Stil der Wiener Sezession. Leider setzten die Bombenangriffe 1991 der lebhaften Universitätsstadt arg zu.

Auch wenn viele Gebäude entlang der Boulevards mittlerweile restauriert wurden und in alter Pracht erstrahlen, sind die Spuren, die der Krieg an vielen anderen Häusern hinterlassen hat, eine bittere Erinnerung an den Krieg, der Anfang der 1990er-Jahre in Ostslawonien tobte.

Inzwischen erlebt immerhin die Wirtschaft einen Aufschwung. Viele Menschen kehren nach Jahren im Exil in ihre Heimatstadt zurück, es werden neue Hotels und Restaurants eröffnet, und auch die Touristen stellen sich nach und nach wieder ein. Ein neu eröffneter Autobahnabschnitt auf der Strecke nach Zagreb hat die Anfahrt auf rund 40 Minuten verkürzt, außerdem werden von Deutschland aus Direktflüge angeboten.

Die hübsche Flusspromenade entlang der Drava, eine imposante Festung aus dem 18. Jh. und die unverwüstlich positive Stimmung in dieser netten Stadt sind schon Grund genug, Osijek einen Besuch abzustatten.

Geschichte
Osijek liegt wunderschön an der Drava (Drau), die nicht weit von hier in die Donau (Dunav auf Kroatisch) mündet. Mehr als 2000 Jahre war der Ort von großer strategischer Bedeutung. Seinen Namen erhielt Osijek von slawischen Siedlern. Im 12. Jh. war der Ort bereits eine florierende Marktstadt. 1526 wurde Osijek von den Türken zerstört,

im osmanischen Stil wieder aufgebaut und zum Verwaltungszentrum erhoben.

Die Österreicher vertrieben die Türken schließlich 1687. Die muslimischen Bewohner flohen nach Bosnien, und in der Stadt wurden Serben, Kroaten, Deutsche und Ungarn angesiedelt. Da die Österreicher weiterhin türkische Angriffe fürchteten, errichteten sie Anfang des 18. Jhs. die Festung Tvrđa, die bis heute das Stadtbild prägt.

Bis zum Bürgerkrieg in den 1990er-Jahren war Osijek ein bedeutendes Industriezentrum im ehemaligen Jugoslawien. Nach Ausbruch des Krieges 1991 fielen die jugoslawische Armee und paramilitärische Truppen aus Serbien in die Region Baranja nördlich von Osijek ein. Von serbischen Stellungen wurden im Juli 1991 die ersten Bomben über die Donau geschossen. Nachdem Vukovar im November des gleichen Jahres gefallen war, wurde Osijek zum Ziel der vereinten jugoslawischen und serbischen Streitkräfte. Die Stadt wurde unter Artilleriebeschuss genommen, und die Bevölkerung verließ zu Tausenden die Stadt. Die verheerenden Bombenangriffe dauerten bis Mai 1992 an, doch konnte die Stadt nie eingenommen werden.

Die Wirtschaft litt unter den Wiederaufbaukosten, und auch die Aufnahme und Versorgung der Flüchtlingsströme schuf viele wirtschaftliche Probleme, zumal auch die Absatzmärkte für einheimische Produkte verloren gegangen waren.

In den letzten Jahren ist die Stadt nun aus ihrem Nachkriegsschlaf erwacht, und neuer Optimismus liegt in der Luft.

Orientierung
Osijek zieht sich am Südufer der Drava (Drau) entlang und besteht aus drei Bezirken: der Oberstadt (Gornji Grad), der Unterstadt (Donji Grad) und der Festung Tvrđa aus dem 18. Jh. Der Busbahnhof und der Bahnhof liegen nebeneinander im Süden der Oberstadt; ein neuer Busbahnhof wird gerade ein Stück weiter westlich gebaut. Die meisten Sehenswürdigkeiten, Cafés und Geschäfte finden sich zwischen diesen beiden Bahnhöfen und dem Fluss.

Haupteinkaufsstraße ist die Kapucinska, die in östlicher Richtung in die Europska Avenija übergeht. Osijeks Verkehrsachse wird von mehreren Kastanien- und Linden bestandenen Parks flaniert. Die hübsche Promenade am Fluss führt bis zum Stadtrand.

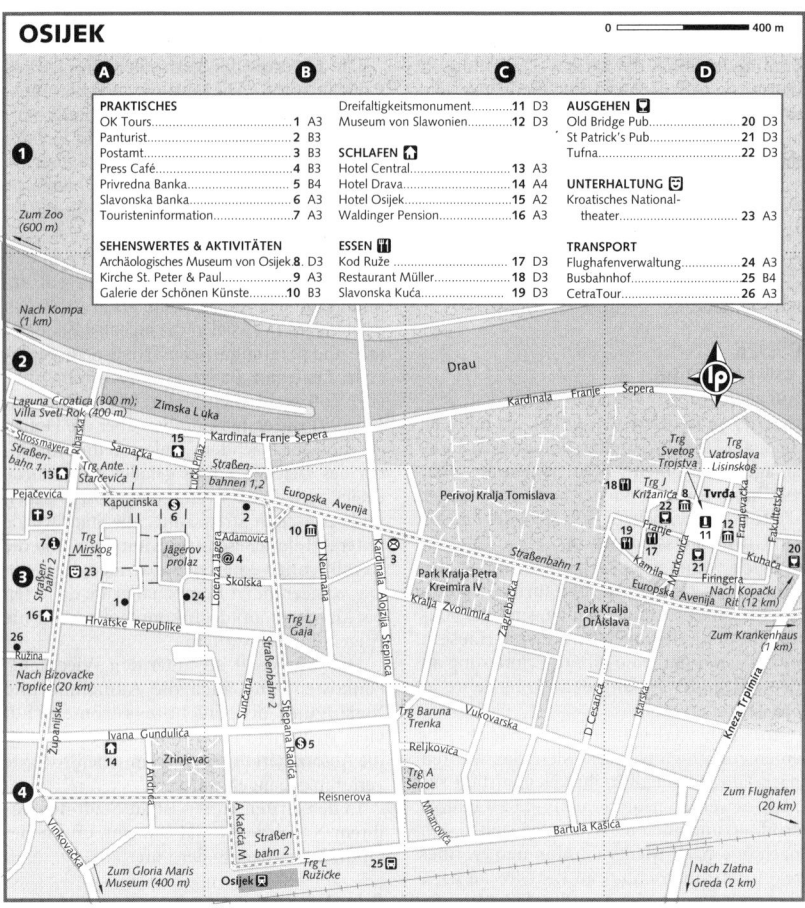

OSIJEK

0 ———— 400 m

PRAKTISCHES		
OK Tours.....................................1	A3	
Panturist...................................2	B3	
Postamt.....................................3	B3	
Press Café.................................4	B3	
Privredna Banka.........................5	B4	
Slavonska Banka.........................6	A3	
Touristeninformation...................7	A3	

SEHENSWERTES & AKTIVITÄTEN	
Archäologisches Museum von Osijek.**8**.	D3
Kirche St. Peter & Paul..................9	B3
Galerie der Schönen Künste........**10**	B3

Dreifaltigkeitsmonument............**11**	D3
Museum von Slawonien...............**12**	D3

SCHLAFEN 🛏	
Hotel Central...........................**13**	A3
Hotel Drava............................**14**	A4
Hotel Osijek...........................**15**	A2
Waldinger Pension....................**16**	A3

ESSEN 🍴	
Kod Ruže **17**	D3
Restaurant Müller......................**18**	D3
Slavonska Kuća.........................**19**	D3

AUSGEHEN 🍷	
Old Bridge Pub........................**20**	D3
St Patrick's Pub.......................**21**	D3
Tufna....................................**22**	D3

UNTERHALTUNG 🎭	
Kroatisches National-	
theater................................ **23**	A3

TRANSPORT	
Flughafenverwaltung.................**24**	A3
Busbahnhof............................**25**	B4
CetraTour...............................**26**	A3

Praktische Informationen

GELD
Privredna Banka (Stjepana Radića 19)
Slavonska Banka (Kapucinska 29)

INTERNETZUGANG
Press Café (☎ 212 313; Lorenza Jägera 24; Std. 15 Kn; ☺ Mo–Sa 7–23, So 8–23 Uhr)

MEDIZINISCHE VERSORGUNG
Krankenhaus (☎ 511 511; Josipa Huttlera 4), der kroatische Name lautet *klinička bolcina*

POST
Postamt (Kardinala Alojzija Stepinca 17; ☺ Mo–Sa 7.30 bis 19 Uhr) Hier kann man telefonieren und mit der Mastercard Geld abheben.

REISEBÜROS
OK Tours (☎ 212 815; www.ok-tours.hr; Trg Slobode 7; ☺ Mo–Fr 9–19, Sa 9–12 Uhr) Gute Informationen sowie Vermittlung von Privatzimmern.
Panturist (☎ 214 388; www.panturist.hr; Kapucinska 19; ☺ Mo–Fr 8–20, Sa 8–13 Uhr) Größtes Reisebüro in Slawonien; Panturist-Busse fahren ans Meer, aber auch nach Deutschland, in die Schweiz und nach Bosnien-Herzegowina.
Zlatna Greda (☎ 565 180; www.zlatna-greda.org; Opatijska 26F; ☺ Mo–Fr 8–16 Uhr) Zweigstelle der nicht profitorientierten Umweltgruppe Zeleni Osijek (www.zeleni-osijek.hr), die im Sumpfgebiet von Baranja ein Ökozentrum betreibt; das Reisebüro organisiert Wanderausflüge, Fotosafaris, Radtouren sowie Boots- und Kanuexkursionen auf der Donau.

TOURISTENINFORMATION

Touristeninformation (☎ /Fax 203 755; www.
tzosijek.hr; Županijska 2; ☾ Mo–Fr 9–17, Sa 9–16 Uhr)
Erhältlich sind jede Menge Prospekte, Broschüren und
Landkarten.

Sehenswertes

TVRĐA

Die Zitadelle wurde unter den Habsburgern
im 18. Jh. zur Abwehr der türkischen Angriffe erbaut und blieb vom Bürgerkrieg 1991
weitgehend verschont. Die barocke Anlage,
bestehend aus kopfsteingepflasterten Straßen,
weitläufigen Plätzen und stattlichen Bürgerhäusern, weist eine bemerkenswerte architektonische Geschlossenheit auf. Fast mutet sie
wie ein Freilichtmuseum an.

Den Hauptplatz Trg Svetog Trojstva dominiert das kunstvolle **Dreifaltigkeitsmonument**,
eine Barocksäule, die 1729 errichtet wurde.
Sie gedenkt der vielen Menschen, die im
18. Jh. der Pest zum Opfer fielen.

Das **Museum von Slawonien** (Muzej Slavonije Osijek; ☎ 250 730; Trg Svetog Trojstva 6; Erw./Stud. 15/10 Kn;
☾ Di–Fr 8–14, Sa & So 10–13 Uhr) spürt der langen
Geschichte Slawoniens nach. Zu den Exponaten gehören Relikte aus der Bronzezeit,
außerdem sind Münzen, Töpferwaren und
Utensilien aus der römischen Kolonie Mur-
sa zu bestaunen. Die Sammlung gehört zu
den wichtigsten Einrichtungen, die sich den
Kelten widmen.

Diagonal gegenüber befindet sich das
neueste Museum der Stadt, das **Archäologische
Museum von Osijek** (Arheološki Muzej Osijek; ☎ 232 132;
Trg Svetog Trojstva 2; Erw./Stud. 15/8 Kn; ☾ Di–Fr 10–15,
Sa & So 10–13 Uhr). Im renovierten Wachtpos-
ten der Stadt, dessen Arkadenhof von einer
Glaskuppel überwölbt wird, werden diverse
Funde ausgestellt – von römischen Steinen
bis zu keltischen Helmen –, die beim Bau der
neuen Autobahn gefunden wurden.

OBERSTADT

Die **Kirche St. Peter und Paul** (☎ 310 020;
☾ 8–9.30 Uhr) überragt mit ihrem 90 m hohen Turm den Trg Ante Starčevića; nur die
Kathedrale von Zagreb ist höher. Die Peter-
und Paulskirche wurde in den 1890er-Jahren
erbaut. Das neugotische Ziegelgebäude weist
einen Kirchenraum mit 40 kunstvollen Bunt-
glasfenstern im Wiener Stil auf. Die Fresken
aus den Jahren 1938–1942, die von dem kroatischen Maler Mirko Rački stammen, sind
von lebhafter Farbigkeit.

Die **Galerie der Schönen Künste** (Galerija Likovnih
Umjetnosti; ☎ 251 280; Europska Avenija 9; Erw./Stud. 10/
5 Kn; ☾ Di–Fr 10–18, Sa & So 10–13 Uhr) ist in einem
neoklassizistischen Anwesen zu Hause. Präsentiert werden Gemälde und Skulpturen
slawonischer Künstler ab dem 18. Jh, der
Schwerpunkt liegt auf Landschaftsmalerei.

AUSSERHALB DES ZENTRUMS

Wer im wahrsten Sinn des Wortes eine Kunst-
pause braucht und keine weiteren Museen
und Kirchen besichtigen möchte, nimmt die
kostenlose *kompa* (eine mit Wasserkraft be-
triebene Personenfähre, die sich über Seilrol-
len bewegt) von Gornji Grad zum **Zoo Osijek**
(☎ 285 234; Tvrđavica 1; Erw./Kind 7/3 Kn; ☾ März–Aug.
9–19 Uhr, Sept.–Feb. 9–17 Uhr) auf die andere Seite der Drava hinüber. Der größte Tierpark
Kroatiens erstreckt sich hier über 11 ha am
Fluss entlang. Zu bestaunen sind 80 Tierarten
sowie ein Aquarium, in dem auch Reptilien
zu Hause sind.

Die Kompa verkehrt von Juni bis September
von 8 bis 24 Uhr; von Mai bis Oktober von
9 bis 18 Uhr.

Bosutsko Naselje ist zwar so etwas wie ein
Industriegebiet bei Osijek, lohnt aber einen
Abstecher, denn dort wartet eine wirklich
außergewöhnliche Sehenswürdigkeit: das **Glo-
ria Maris Museum** (☎ 273 008; Svetog Josipa Radnika 35;
Erw./Kind 20/15 Kn; ☾ Di– Sa 10–13 & 16–19, So 10–13 Uhr)
mit jeder Menge Meeresgetier, Fundstücke
und Muscheln. Die beeindruckende Privatsammlung umfasst über 250 000 Exponate
– von einem riesigen Mammutzahn, der im
Fluss Sava gefunden wurde, bis hin zu Perl-
muscheln aus dem Indischen Ozean. All diese
Schätze trug der Sammler Ivan Filipović im
Lauf seines Lebens mit großem Eifer zusammen. Im Rahmen einer spannenden, pädago-
gisch sehr wertvollen Führung erfahren die
Besucher alle wichtigen Einzelheiten (Besucher sollten vorher nach deutschsprachiger
Führung fragen).

Feste & Events

Anhänger des Extremsports sollten im August nach Osijek kommen, denn dann findet
die **Pannonian Challenge** (www.pannonian.org) statt,
ein Extremsportfestival, das eine internationale Fangemeinde anlockt.

Die Teilnehmer messen sich bei
Wettkämpfen wie Skateboarden, Inlineskaten,
Mountainbiken und sonstigen BMX-
Abenteuern – Adrenalinschub inbegriffen.

SLAWONIEN

Schlafen

Osijek hat einige ganz neue Hotels zu bieten, ein paar sind noch in Bau. Hostels gibt es keine, und auch Privatzimmer werden nur wenige vermietet. Wer ein Privatquartier sucht (ab 165 Kn pro Pers.), sollte sich in der Touristeninformation oder bei OK Tours (S. 122) erkundigen.

LP Tipp **Waldinger Pension** (☎ 250 450; www.waldinger.hr; Županijska 8; EZ/DZ 290/440 Kn; P ☒ ⌨) Hinter dem ruhigen Hof des Boutique-Hotels Waldinger befindet sich diese 3-Sterne-Dependance – mit Teich und Garten. Geboten werden einfache, aber geschmackvolle Zimmer. Die Gästezimmer des Boutique-Hotels (EZ/DZ 650/950 Kn), untergebracht in einem eleganten Jugendstilgebäude, locken mit einem Whirlpool. Im stilvollen Teesalon werden Wechselausstellungen gezeigt, und die Torten sind eine Wucht.

Hotel Central (☎ 283 399; www.hotel-central-os.hr; Trg Ante Starčevića 6; EZ/DZ 335/514 Kn; P ⌨) Das Hotel gilt zwar nicht mehr als das Grandhotel am Ort, aber das altmodische Gebäude überzeugt durch seine schöne Lage direkt am Hauptplatz. Die Deko in den Zimmern ist längst aus der Mode, doch ist WLAN vorhanden, und einige Zimmer bieten einen wunderbaren Blick über den Platz.

Hotel Drava (☎ 250 500; www.hotel-drava.com; Ivana Gundulića 25a; EZ/DZ 380/680 Kn; P ☒ ⌨) Abseits vom Verkehr, aber dennoch nur einen Steinwurf vom Busbahnhof und Bahnhof entfernt bietet dieses kleine Hotel, ein Familienbetrieb, diverse farbenfrohe Zimmer. Keines gleicht dem andern, alle sind modern möbliert.

Villa Sveti Rok (☎ 310 490; www.villa-sveti-rok.hr; Svetog Roka 13; EZ/DZ 585/785 Kn; P ☒ ⌨) Nur ein paar Schritte von der Innenstadt entfernt liegt dieses schicke kleine Gästehaus in einer begrünten, von Wohnhäusern gesäumten Straße. Am liebsten würde man gar nicht mehr vor die Tür gehen, denn es gibt DVD-Player, Duschen mit Hydromassage und sogar Musik im Bad; WLAN ist ebenfalls vorhanden.

Hotel Osijek (☎ 230 333; www.hotelosijek.hr; Šamačka 4; EZ/DZ 760/950 Kn; P ☒ ⌨) Während im Nachbarzimmer ein lukratives Geschäft unter Dach und Fach gebracht wird, können die Nicht-Geschäftsleute unter den Gästen im Luxus dieses dreistöckigen Hotels am Fluss Drava schwelgen. In der obersten Etage befinden sich ein Wellness-Center und ein Gourmetrestaurant, und der Konditor erfreut die Gäste mit Kuchen und Eiskreationen.

Essen

Osijek zeichnet sich durch eine hervorragende slawonische Küche aus, die Gerichte sind herzhaft und pikant, der ungarische Einfluss unverkennbar. So ziemlich jedes Gericht wird mit Paprika bestreut, und wie überall in Kroatien dominieren Fleischspeisen. Süßwasserfische stehen hoch im Kurs, oft auch als Grundlage eines köstlichen Eintopfes; dieser heißt *fiš paprikaš* und wird mit Nudeln gegessen. Achtung: Alle hier aufgeführten Restaurants haben am Sonntagabend geschlossen.

Laguna Croatica (☎ 369 203; Dubrovačka 13; Hauptgerichte 35–75 Kn) Wer die ellenlange, vielfältige Speisekarte ausgiebig studiert und gewählt hat, kann, bis das Essen kommt, den Schnickschnack bewundern, der die Wände des dunklen Kellerlokals ziert. Das Restaurant liegt ein kurzes Stück zu Fuß von der Innenstadt entfernt. Die slawonische Variante von Calamari ist wirklich etwas Besonderes und unbedingt einen Versuch wert: Sie sind mit *kulen* (pikanter Wurst vom Schwein) und Käse gefüllt!

Slavonska Kuća (☎ 369 955; Kamila Firingera 26a; Hauptgerichte ab 40 Kn) In dem rustikalen Haus am Rand der Tvrđa kommen schlichte *fiš paprikaš* und *perkelt* (eine Art Rehgoulasch) auf den Tisch sowie andere Spezialitäten der Region. Das Essen lässt sich mit *graševina*, einem fruchtigen Weißwein, prima hinunterspülen.

Restaurant Müller (☎ 204 770; Trg Jurja Križanića 9; Hauptgerichte 45–70 Kn) Das ansprechende Restaurant liegt praktisch im Herzen von Tvrđa. Hier ist richtig, wer gut zubereitete kroatische oder internationale Küche schätzt. Vielleicht sind ja Froschschenkel à la Parisienne gefällig?

LP Tipp **Kod Ruže** (☎ 206 066; Kuhačeva 25a; Hauptgerichte ab 45 Kn) Das Restaurant mit jeder Menge Holzausstattung und rustikaler Deko ist das neueste der Stadt. Wegen der hervorragenden regionalen Traditionsküche ist es der Renner bei den Einheimischen. Lecker ist der *čobanac*-Eintopf mit Wild, und für einen der hausgemachten Kuchen sollte im Magen noch ein Plätzchen frei gehalten werden.

Ausgehen

BARS & NACHTCLUBS

An warmen Abenden trifft sich alles in den Cafés im Freien. Beliebt sind die Lokale in Flussnähe beim Hotel Osijek. In der Stjepana Radića gibt es einen ganzen Schwung Cafés und Bars, die vor allem bei den vielen Studenten hier beliebt sind.

Im Winter begibt man sich nach drinnen, und zwar in die *kavanas*, wie die Kaffeehäuser hier heißen. Das Waldinger, Central und Osijek stehen besonders hoch im Kurs. Das Nachtleben spielt sich vor allem in Tvrđa ab, denn dort stört sich keiner an dem Lärm.

LP Tipp Old Bridge Pub (☎ 211 611; www.oldbridge pub.hr; Franje Kuhača 4) Die edle Pub-Bar bietet alles, von Karaoke bis *tamburica-Konzerten* (eine tamburica ist ein kleines Saiteninstrument, das gern zu slawonischer Volksmusik gespielt wird). Das Fingerfood ist lecker, die Auswahl an Getränken enorm groß, und im Obergeschoss befindet sich ein Restaurant im Landhausstil.

St. Patrick's Pub (Franje Kuhača 15) Das irische Pub mit Tischen draußen am Hauptplatz von Tvrđa ist eine eher einfache, aber dennoch beliebte Kneipe. Hier trinken die Jungs und Mädels Bierchen der Marke Osječko.

Tufna (www.tufna.hr; Franje Kuhača 10) Das einstige Posh heißt jetzt Tufna und ist zum angesagtesten Nachtclub von Osijek mit gleich zwei Tanzflächen avanciert. Die DJs legen von Disko bis Electro so ziemlich alles auf, und zur Happy Hour am Wochenende gibt's von 22 Uhr bis Mitternacht zwei Getränke zum Preis von einem.

THEATER

Kroatisches Nationaltheater (Hrvatsko Narodno Kazalište; ☎ 220 700; Županijska 9) Das Theater wurde 1866 im Stil des Historismus errichtet, es bietet von September bis Mai mit Theaterstücken, Ballett und Oper ein vielseitiges Programm.

An- & Weiterreise

Osijek ist ein wichtiger Verkehrsknotenpunkt. Von hier verkehren Busse und Züge in alle Richtungen.

BUS

Nachfolgend sind einige internationale Busse aufgelistet, die in Osijek abfahren. Das Angebot für Fahrten zurück nach Deutschland ist so umfangreich, dass die diversen Möglichkeiten hier nicht im Einzelnen aufgeführt werden können.

Ziel	Preis (Kn)	Fahrtzeit (Std.)	Tgl./Wöchentl. Verbindungen
Belgrad	107	3½.	5-mal tgl.
Tuzla	112	4	1-mal tgl.
Wien	302	10	2-mal wöchentl.
Zürich	675	7½	1-mal wöchentl.

Folgende Regionalbusse starten in Osijek:

Ziel	Preis (Kn)	Fahrtzeit (Std.)	Tgl. Verbindungen
Bizovačke Toplice	22	½	3 (nur wochentags)
Đakovo	32	¾	17
Dubrovnik	300	14	1
Požega	78	2¼	5 (2 am So)
Rijeka	235	7	1
Slavonski Brod	67	1¾	20
Split	283	11	1
Vukovar	31	¾	11
Zagreb	128	4	9

FLUGZEUG

Der **Klisa Airport** (☎ 514 451, 060 339 338; Vukovarska 67, Klisa) befindet sich 20 km von Osijek entfernt an der Straße nach Vukovar. Das Stadtbüro ist in der Vijenac J Gotovca 4. Croatia Airlines fliegt jede Woche nach Zagreb, Dubrovnik, Split, Pula und Zadar.

ZUG

Von Pécs nach Osijek (56 Kn, 2 Std.) verkehrt nur ein Zug am Tag in jede Richtung. Von Osijek fährt ein Zug nach Budapest (207 Kn, 6 Std.). Außerdem gibt es eine Zugverbindung pro Tag nach Sarajevo (138 Kn, 7 Std.).

Folgende Regionalzüge fahren im Bahnhof Osijek ab:

Ziel	Preis (Kn)	Fahrtzeit (Std.)	Tgl. Verbindungen
Bizovačke Toplice	17	¼	12
Đakovo	23	½	8
Požega	53	2½	3
Rijeka	200	9-10	2
Šibenik	242	14	1 (Umsteigen in Perković)
Slavonski Brod	45	1½	7 (nur 2 Direktzüge)
Zagreb	130	4-5	7

Unterwegs vor Ort

Vom Flughafen verkehrt ein Shuttlebus in die Innenstadt (25 Kn). Jeweils 2½ Stunden vor Abflug fährt vom Busbahnhof ein Shuttle zum Airport hinaus.

Osijek verfügt über eine Trambahnlinie, die 1884 gebaut wurde und sich innerhalb der Stadt als bequemes Verkehrsmittel anbietet. Der Fahrpreis beträgt 8 Kn einfach, wenn man seine Fahrkarte beim Fahrer kauft, 7 Kn am *tisak* (Kiosk). Samstags rattert eine **Touristentram** (Fahrkarten 10 Kn; ☾ 10–13 Uhr) mit einem

SLAWONIEN

ĐAKOVOS KATHEDRALE & PFERDE

Die beschauliche Provinzstadt Đakovo liegt nur 35 km südlich von Osijek und bietet sich für einen schönen Tagesausflug an. Es gibt gleich drei Gründe, dem Ort einen Besuch abzustatten: die beeindruckende Kathedrale, die Lipizzaner und das Volksfest, das im Sommer stattfindet.

Der ganze Stolz der Stadt ist die prachtvolle **Kathedrale** (☎ 031-802 200; Trg Strossmayera 6; ☼ 6–12 & 15–19 Uhr), ein Ziegelbau mit zwei 84 m hohen Glockentürmen, die das Stadtbild prägen. Die neoromanische Kirche wurde 1862 von Bischof Strossmayer in Auftrag gegeben. Innen schmücken die dreischiffige Kathedrale farbenprächtige Bibelszenen.

Đakovo ist außerdem für seine Lipizzaner berühmt. Die edlen Pferde werden seit dem 16. Jh. gezüchtet. Das Gestüt befindet sich unmittelbar vor den Toren der Stadt. Die **Trainingsställe** (☎ 031-813 286; www.ergela-djakovo.hr; Augusta Šenoe 45; Erw./Stud. 20/10 Kn; ☼ Mo–Fr 7–17.30 Uhr) liegen mitten in der Stadt unweit der Kathedrale. An die 50 Lipizzaner werden hier täglich trainiert, um später womöglich als hochkarätige Kutschpferde zum Einsatz zu kommen.

Đakovački Vezovi (Đakovo Embroidery) ist eine Veranstaltung, die jedes Jahr im Juli stattfindet. Auf dem Programm stehen Vorführungen der Lipizzaner, außerdem Folklore-Darbietungen mit Tanz und traditionellen Liedern.

Führer eine Stunde lang durch die Innenstadt. Wer gern deutsche oder englische Erklärungen hätte, muss sich vorher mit der Touristeninformation in Verbindung setzen.

Für Besucher ist die Trambahnlinie 2 überaus nützlich; sie verkehrt vom Busbahnhof und Bahnhof zum Trg Ante Starčevića in der Innenstadt. Die Linie 1 fährt nach Tvrđa.

Eine Buslinie geht von Osijek nach Bilje in Baranja. Wer dorthin möchte, nimmt den Bus 6 (Route 24, 25 oder 27) mit dem Schild Darda–Bilje.

BARANJA

☎ 031

Das kleine Dreieck im äußersten Nordosten Kroatiens, wo Drava und Donau zusammenfließen, heißt Baranja (Ungarisch: „Mutter des Weines"). Dieses Stückchen Land erstreckt sich östlich von Osijek in Richtung Serbien, nach Norden zur Stadt Beli Manastir und im Südwesten in Richtung Đakovo. Der ungarische Einfluss ist in diesem landwirtschaftlich geprägten Gebiet stark spürbar. Alle Orte haben zwei Namen – einen kroatischen und einen ungarischen.

In den letzten Jahren ist diese Gegend – ohne jegliche Straßenbeleuchtung, aber sehr malerisch mit ihren Wein- und Obstgärten, Sümpfen und Weizenfeldern – zu einem der attraktivsten Touristenziele in Kroatien avanciert. Nicht nur das Vogelschutzgebiet Kopački Rit zieht die Feriengäste an, sondern auch die hübschen Bauernhöfe, wo sich so richtig ländlich Urlaub machen lässt. Und

nicht zuletzt locken natürlich die netten Restaurants und aufstrebenden Weingüter.

Naturpark Kopački Rit

Nur 12 km nordöstlich von Osijek liegt eines der größten Sumpfgebiete Europas, der **Naturpark Kopački Rit** (Park Prirode Kopački Rit; www.kopacki-rit.com; Erw./Kind 10/5 Kn). Hier sind auf 23 000 ha Land 141 Vogelarten zu Hause. Die weitläufige Flussebene am Zusammenfluss von Drava und Donau weist zwei größere Seen auf, den Sakadaško und den Kopačevo, an denen eine bemerkenswerte Vielfalt von Pflanzen gedeiht – von Sumpf- und Wiesenpflanzen bis hin zu Weiden-, Pappel- und Eichenwäldern. Je nach Jahrszeit finden sich hier Seerosen, verscheidene Binsen und auch Schwanenblumen.

In den Gewässern leben 44 Fischarten, darunter Karpfen, Brachsen, Hechte, Welse und Flussbarsche. Über dem Wasser surren 21 Mückenarten (am besten gleich ein paar Liter Insektenschutzmittel einstecken), außerdem durchstreifen Wildschweine, Rotwild, Marder und Füchse die Gegend. Aber die Stars des Parks sind die Vögel. Hier findet man die seltenen Schwarzstörche, Seeadler, Haubentaucher, Stockenten, Purpurreiher, Kormorane, Falken, Wildgänse und sogar Sichler. Der günstigste Zeitpunkt für einen Besuch sind Frühling und Herbst, wenn Hunderttausende Vögel hier im Park eine Pause einlegen, bevor sie in den Süden weiterfliegen.

Der Naturpark war nach dem Krieg viele Jahre wegen unzähliger hier gelegter Landminen geschlossen. Die meisten Minen konnten

SLAWONIEN

mittlerweile entschärft werden, alle sicheren Wege sind markiert. Der Park kann nun auch mit einem neuen **Besucherzentrum** (☎ 752 320; 9–17 Uhr) aufwarten, das sich am Haupteingang an der Straße Bilje–Kopačevo befindet.

Nicht weit von hier bieten sich zwei Lehrpfade für interessante Streifzüge an. Am schönsten ist es aber, das Sumpfgebiet im Rahmen eines **Bootsausflugs** (Erw./Kind April–Juni & Sept.–Nov. 60/45 Kn, Juli & Aug. 40/25 Kn) zu erkunden. Die einstündigen Touren auf dem südlichen Sakadaško finden mehrmals täglich statt, die Boote legen etwa 1 km vom Besucherzentrum entfernt am Landesteg ab. Im Boot finden 54 Personen Platz, aber es ist dennoch besser, im Voraus zu buchen, vor allem im Frühling und Herbst.

Am Nordrand des Parks, etwa 12 km vom Besucherzentrum entfernt, ragt ein österreich-ungarisches Schloss auf: Dvorac Tikveš. Hier ist die renovierte **bio-ökologische Forschungsstation** (☎ 752 320; EZ/DZ 200/400 Kn) untergebracht, welche die einzige Unterkunftsmöglichkeit im Park bietet. Im Erdgeschoss befinden sich die Forschungslabore, in denen die Wissenschaftler arbeiten. Über die Veranda gelangen die Gäste ins Obergeschoss mit sieben netten Zimmern mit Bad und Blick ins Grüne. Das Gebäude diente einst Tito als Jagdschloss. Anfang der 1990er-Jahre wurde es von dem Anführer der Paramilitärs, dem Serben Arkan, als Trainingslager für seine berüchtigte Truppe genutzt. Die Wälder rings um den Gebäudekomplex sind noch vermint, man sollte also keinesfalls alleine herumlaufen. Das Mittagessen im Restaurant ist ein besonderer Gaumenschmaus (Hauptgerichte 42–86 Kn); es gibt gebratenen Karpfen und Fiš paprikaš, das in der Küche am offenen Feuer vor sich hinköchelt.

Zum Park fahren keine öffentlichen Verkehrsmittel. Es besteht lediglich die Möglichkeit, den Bus von Osijek nach Bilje zu nehmen und die letzten 3 km zu Fuß zurückzulegen. Alternativ kann man in Osijek bei **CetraTour** (☎ 031-372 920; www.cetratour.hr; Ružina 16; Mo–Fr 8.30–13.30, Sa 9–13 Uhr) ein Fahrrad mieten oder den Ausflug mit Zlatna Greda (S. 120) unternehmen.

RUND UM KOPAČKI RIT

Das beschauliche Städtchen Bilje, nur 5 km nördlich von Osijek, bietet sich als Standort an, um den Naturpark Kopački Rit zu erkunden. Wer Informationen benötigt, wende sich an **Bilje Plus** (☎ 750 264; www.biljeplus.hr), einen Zusammenschluss von fünf Land-B&Bs, die Zimmer vermieten und Fahrräder verleihen (pro Tag 70 Kn). Eines davon ist **Crvendać** (☎ 750 264; www.crvendac.com; Biljske Satnije ZNG RH 5; EZ/DZ 155/310 Kn) unter der Leitung von Ankica und Marija, zwei patenten Frauen, die den Laden perfekt schmeißen. Da sie selbst mit Begeisterung in die Pedale treten, wissen sie alles über die Radwege in der Gegend. So gibt es etwa den 80 km langen **Panonischen Friedenspfad**, der Osijek mit der serbischen Stadt Sombor verbindet. Die drei Zimmer in dem in Rot gehaltenen Haus sind einfach, aber sauber und teilen sich ein Gemeinschaftsbad. Außerdem gibt es Internet (pro Minute 1 Kn).

Das ruhige Dorf Kopačevo am Rande des Kopački Rit beherbergt ein hervorragendes Restaurant, **Zelena Žaba** – „grüner Frosch" – (☎ 752 212; Ribarska 3; Hauptgerichte ab 40 Kn), das regionaltypische Gerichte serviert; der Name kommt von den Unmengen von Fröschen, die im Sumpf hinter dem Haus Konzerte abhalten. Zu den Spezialitäten des Hauses gehören Fiš paprikaš und Fiš perkelt, ein Fischeintopf mit hausgemachten Nudeln, Weichkäse und Speck.

Das Ethno-Dorf Karanac

Ganz im Norden von Baranja, 8 km östlich von Beli Manastir, vermittelt das Ethno-Dorf Karanac den Besuchern ein Stück authentischen slawonischen Dorflebens. Tatsächlich sind noch 95 % der Bewohner in der Landwirtschaft tätig. Das Dorf ist eine Erfolgsgeschichte in Sachen Ökotourismus, stolz auf seine unzähligen Kirschbäume und die gepflegten Gärten, die drei Kirchen (evangelisch, katholisch und orthodox) und die gut erhaltene panonische Architektur.

Es gibt hier mehrere Übernachtungsmöglichkeiten, doch der Initiator, der sich die ganze Sache hat einfallen lassen, bietet in seinem restaurierten Bauernhaus von 1910 sicher die authentischste Erfahrung: **Sklepić** (☎ 720 271; www.sklepic.hr, auf Kroatisch; Kolodvorska 58; EZ/DZ 230/338 KN). Die Zimmer mit Bad sind klein, rustikal und sehr hübsch; das Frühstück erfreut die Geschmacksknospen mit hausgemachter Marmelade, Kulen-Wurst und Eiern ganz nach Gusto.

Sklepić besitzt auch ein **Ethnomuseum** (☎ 720 271; Eintritt 15 Kn; nach Terminvereinbarung), untergebracht in einem Landhaus von 1897 am Ortsausgang. Zu bestaunen sind

SLAWONIEN

SLAWONIEN

EDLE TROPFEN AUS SLAWONIEN

Slawonien ist vor allem für seine Weißweine bekannt, etwa *graševina* und *traminac*. Der Weinbau erlebt derzeit eine echte Renaissance – und es lohnt sich, den Weinstraßen in Ostkroatien einen Besuch abzustatten. Es empfiehlt sich, vorher bei den Weinkellereien anzurufen, um sicherzustellen, dass jemand da ist und Zeit für eine Führung hat.

Kutjevo (☎ 034-255 002; www.kutjevo.com, nur auf Kroatisch; Kralja Tomislava 1, Kutjevo; ⌚ nach Terminvereinbarung) ist ein mittelalterlicher Weinkeller; er stammt von 1232, gehörte einst zu einer Zisterzienserabtei und kann im Rahmen einer Führung (20 Kn) besichtigt werden. Gleich in der Nähe wartet eine der besten Weinkellereien Slawoniens: **Krauthaker** (☎ 034-315 000; www.krauthaker.hr; Ivana Jambrovića 6, Kutjevo; Verkostung & Führung 40 Kn); sie ist für ihren fruchtigen Graševina bekannt. Ebenfalls in der Nähe liegt die Weinkellerei **Enjingi** (☎ 034-267 201; www.enjingi.hr; Hrnjevac 87, Vetovo; Verkostung & Führung 50 Kn). Der Betrieb kann auf 51 Jahre Erfahrung zurückblicken und hat für seinen ökologischen Anbau bereits Preise gewonnen.

In Baranja wurde der Weinbau in der Hügellandschaft rund um Kneževi Vinogradi wiederbelebt, einer Gegend, die auf eine lange Tradition zurückblicken kann. An den gut ausgeschilderten Weinstraßen haben sich diverse aufstrebende Winzer etabliert, und zwar vor allem in den Dörfern Zmajevac und Suza. Als Winzer, der sich auf traditionelle Techniken besinnt, gilt **Gerstmajer** (☎ 031-735 276; Šandora 31, Zmajevac); er bietet Führungen mit Verkostung in seinen Weingärten und dem Weinkeller an. Ein Stück weiter unten am Hügel ist der größte Produzent beheimatet: **Josić** (☎ 031-734 410; www.josic.hr; Planina 194, Zmajevac). Dem Gut ist ein Restaurant angeschlossen. Kommerzieller ist **Kolar** (☎ 031-733 006; Maršala Tita 141; ⌚ 9–17 Uhr). Die Besucher können im Weinkeller den Rebsaft kosten und sich im Laden an der Hauptstraße nach Suza mit ein paar edlen Tropfen eindecken.

Slawonien kann außerdem mit zwei weiteren Besonderheiten aufwarten: den alten Weinkellern in Ilok (S. 129) und Kroatiens erstem Weinhotel, dem **Zdjelarević** (☎ 035-427 775; www.zdjelarevic.hr); es befindet sich in Brodski Stupnik nicht weit von Slavonski Brod. Zum Hotel gehören Lehrpfade durch die Weingärten. Ein Diplomlandwirt führt die Besucher herum und erklärt die Unterschiede zwischen den einzelnen Rebsorten und Böden. Im Hotelrestaurant verwenden die Köche die Weine von Zdjelarević zum Zubereiten der Gerichte und bringen auch gern Gemüseprodukte auf den Tisch, die hier gedeihen. So gibt es z. B. eine extravagante Nesselsuppe; sie enthält Unmengen an Eisen und wurde in alten Zeiten verzehrt, um die inneren Organe zu reinigen. Besitzer Višnja Zdjelarević vertritt die Meinung, dass jeder kroatische Winzer seine eigene Philosophie hat – und natürlich glaubt jeder, seine sei die einzig wahre. Geschmack, Bouquet und Gehalt eines Weines der gleichen Traubensorte können deshalb völlig unterschiedlich ausfallen. Bei jedem Tropfen ist also die ganz individuelle Note des jeweiligen Winzers spür- bzw. schmeckbar.

Familienstücke – sage und schreibe 2000 traditionelle Objekte in mehreren altmodischen Räumen, Werkstätten, einem Weinkeller und Ställen. Wer 10 Kuna drauflegt, kann sich mit hausgemachten Leckereien den Bauch vollschlagen.

In Karanac befindet sich eines der besten Restaurants von Baranja, das **Baranjska Kuća** (☎ 720 180; Kolodvorska 99; Hauptgerichte ab 45 Kn). Die Besitzer versichern, dass sie nur so viele Gäste empfangen, wie sie auch Brot backen können – es empfiehlt sich also, im Voraus zu reservieren, und zwar vor allem am Wochenende. Auf den Tisch kommen traditionelle Gerichte wie *perkelet*, ein Fischeintopf, oder auch Ausgefalleneres wie Schnecken in Nesselsoße. Im kastanienbestandenen Hof hinter dem Haus

befinden sich einige sehenswerte alte Scheunen, die Werkstatt eines Hufschmieds und ein Eiskeller.

BIZOVAČKE TOPLICE
☎ 031

Die Stadt Bizovac bietet eine weitläufige **Kuranlage** (☎ 685 100; www.bizovacke-toplice.hr; Sunčana 39) mit mehr als zehn Becken. Sechs davon werden mit 96 °C heißem Wasser aus Thermalquellen gespeist, darunter auch einer mineralhaltige Salzquelle. Der Wasserpark besteht aus miteinander verbundenen Innen- und Außenbecken, Whirlpools, Jacuzzis, einer Musikhöhle und Wasserrutschen. Am besten lässt sich die Anlage im Rahmen eines Tagesausflugs von Osijek (pro Tag 30 Kn für die

Nutzung der Becken) genießen. Wer länger verweilen möchte, hat zwei Möglichkeiten: Die Zimmer im **Hotel Termia** (☎ 685 100; www.bizovacke-toplice.hr; Sunčana 39; EZ/DZ 294/478 Kn; ☒) könnten eine Generalüberholung gut gebrauchen, sind aber sauber und so weit okay. Das Hotel Toplice ist eine Dependance in der Nähe und bietet Zimmer mit Gemeinschaftsbad zu 144/238 Kn für das Einzel-/Doppelzimmer.

Den 20 km westlich von Osijek gelegene Kurort erreicht man sich mit der Eisenbahn von Osijek (17 Kn, 15 Min., 12-mal tgl.). Der Bahnhof liegt etwa 1 km vom Kurort entfernt. Von Osijek verkehren Busse (22 Kn, 30 Min., 3-mal tgl.), allerdings nur wochentags.

VUKOVAR
☎ 032 / 31 670 Ew.

Wer heute Vukovar einen Besuch abstattet, wird seine Schwierigkeiten haben, sich die Stadt vor dem Krieg vorzustellen. Die Wurzeln dieses einst hübschen Ortes an der Donau reichen bis ins 10. Jh. zurück; die Straßen waren von eleganten Barockgebäuden gesäumt, und es herrschte reger Betrieb in den Kunstgalerien und Museen. Das alles veränderte sich durch die Belagerung von 1991, die Wirtschaft, Kultur, Infrastruktur und auch den Frieden unter den Bürgern zerstörte.

Seit 1998 gehört Vukovar wieder zu Kroatien – und die Aufbauarbeiten sind mittlerweile in vollem Gang. In der Innenstadt finden sich viele neue Gebäude, doch noch immer erinnern unzählige beschädigte Fassaden an die vergangene Gewalt. Der ehemalige Wasserturm an der Straße nach Ilok wurde als Zeugnis der Zerstörung bewusst in seinem desolaten Zustand belassen. Wenige Fortschritte macht allerdings die Aussöhnung der Bewohner Vukovars. Serben und Kroaten sind nach wie vor verfeindet, leben in Parallelwelten und pflegen Kontakte nur unter ihresgleichen. Sogar die Kinder besuchen separate Schulen. Zahlreiche internationale Organisationen bemühen sich um Aussöhnung und Integration, doch wer seine Familie und Lebensgrundlage verloren hat, dem fällt es schwer, zu verzeihen. Die Stadt muss vor allem ihre Wirtschaft in Schwung bringen – und dazu kann jeder Besucher seinen Beitrag leisten. Geld ausgeben lautet also die Losung.

Orientierung & Praktische Informationen

Der Busbahnhof liegt im Norden der Stadt gegenüber vom Markt (tgl.) und eine Seitenstraße südlich der Hauptstraße Strossmayera. Diese führt in die Innenstadt, ändert hinter der Brücke über den Fluss Vuka jedoch ihren Namen und heißt fortan Ulica Dr. Franje Tuđmana. An der Strossmayera finden sich mehrere Geldautomaten.

Die **Touristeninformation** (☎ /Fax 442 889; www.turizamvukovar.hr; J.J. Strossmayera 15; ☽ Mo–Fr 7–16 Uhr)

DIE BELAGERUNG VON VUKOVAR

Vor dem Krieg hatte Vukovar eine multikulturelle Bevölkerung (etwa 44 000 Einwohner): 44 % waren Kroaten und 37 % Serben. Als Kroatien sich Anfang 1991 vom ehemaligen Jugoslawien abspaltete, kam es zu vermehrten Spannungen zwischen diesen beiden Volksgruppen. Im August 1991 versuchten die jugoslawischen Streitkräfte mit einem großangelegten Artillerie- und Infanterieangriff, die Stadt einzunehmen.

Ende August waren bis auf 15 000 alle Einwohner Vukovars geflohen. Wer geblieben war, suchte in Luftschutzkellern Schutz; die Menschen lebten von Konserven, das Wasser war rationiert, und in den Straßen über ihnen stapelten sich die Toten. Die Stadt hielt der Belagerung mehrere Monate lang stand, doch waren die Verteidiger allein schon zahlenmäßig hoffnungslos unterlegen.

Nach wochenlangen Kämpfen Mann gegen Mann ergab sich Vukovar schließlich am 18. November. Am 20. November fielen serbisch-jugoslawische Soldaten in das Krankenhaus von Vukovar ein und verschleppten die 400 dort befindlichen Patienten, Personal und Angehörige. 200 von ihnen wurden in der Nähe des Dorfes Ovčara (s. S. 128) ermordet, ihre Leichen in einem Massengrab nicht weit von dort verscharrt. Zwei jugoslawische Armeeoffiziere, Mile Mrkšić und Veselin Šljivančanin, wurden für ihre Mitwirkung an diesem Massaker vom Kriegstribunal in Den Haag 2007 zu 20 bzw. fünf Jahren Gefängnis verurteilt.

Schätzungen zufolge sollen 2000 Menschen – darunter 1100 Zivilisten – bei der Verteidigung von Vukovar ums Leben gekommen sein. 4000 Menschen wurden verwundet, mehrere Tausend verschwanden vermutlich in Massengräbern, und 22 000 wurden gezwungen, ins Exil zu gehen.

hat nur wenig Infomaterial, bietet jedoch viele aktuelle Auskünfte. Wem der Sinn nach einer Fahrradtour, nach Kajakfahren auf der Donau oder anderen Aktivitäten in Vukovar und Ilok steht, wendet sich an **Danubium Tours** (☎/Fax 445 455; www.danubiumtours.hr; Trg Republike Hrvatske 1; ☉ Mo–Sa 8–15 Uhr).

Sehenswertes

Das **Stadtmuseum** (Gradski Muzej; ☎ 441 270; Županijska 2; Erw./Kind 10/5 Kn; ☉ Mo–Fr 7–15 Uhr) ist im Palais Eltz aus dem 18. Jh. zu Hause – am Ende der Strossmayera gelegen. Das Anwesen wurde während des Krieges schwer beschädigt und geplündert. Momentan sind Wechselausstellungen im ersten Stock sowie eine winzige Dauerausstellung im Erdgeschoss zu sehen.

Auch wenn einem der Besuch nicht leichtfällt – die Kriegsgedenkstätten in der Stadt und Umgebung sollten unbedingt auf dem Programm stehen.

Im **Ort der Erinnerung: Krankenhaus Vukovar** (☎ 452 011; www.ob-vukovar.hr/mjesto-sjecanja; Županijska 37; Eintritt 10 Kn; ☉ Mo–Fr 13–15 Uhr nach Anmeldung) wurde ein Bereich im Erdgeschoss zu einem Multimediamuseum umgestaltet, das die tragischen Ereignisse, die sich während der Belagerung 1991 im Krankenhaus ereigneten (s. Kasten S. 127), rekonstruiert. Die emotional aufwühlende Tour führt durch diverse mit Sandsäcken geschützte Korridore mit Videoprojektionen von Kriegsszenen, Einschlaglöchern von Bomben und dem klaustrophobisch engen Atombunker, in dem Neugeborene und die Kinder der Schwestern Schutz fanden. Es gibt auch kleine Räume, in denen Interviews und Reden von Opfern und Überlebenden zu hören sind.

Rund 3,5 km vor der Stadt liegt an der Hauptstraße nach Ilok der **Kriegsfriedhof mit Mahnmal,** ein ergreifendes Erlebnis. 938 weiße Kreuze erinnern an die Opfer der Belagerung von Vukovar.

Noch 2,5 km weiter in Richtung Ilok befindet sich die Abzweigung zur **Ovčara-Gedenkstätte** (☉ 10–17 Uhr), die nach weiteren 4 km erreicht ist. In diesem Gebäude wurden die 200 Opfer aus dem Krankenhaus gefoltert. In dem dunklen Raum sind Projektionen von Fotos der Opfer zu sehen; eine einzige Kerze brennt in der Mitte. Die Gedenkstätte kostet keinen Eintritt, aber wer im zugehörigen Laden ein Andenken kauft, unterstützt das Projekt. Die Opfer wurden in einem Getreidefeld ermordet, das 1,5 km weiter an der

gleichen Straße liegt. Die Stelle markiert heute ein schwarzer Grabstein aus Marmor, den Kerzen und Blumen schmücken.

Feste & Veranstaltungen

Ein günstiger Zeitpunkt für einen Besuch der Stadt ist während des jährlich stattfindenden **Filmfestivals von Vukovar** (www.vukovarfilmfestival.com) im Juli; gezeigt werden Dokumentar- und Kurzfilme aus den Donauanrainerländern.

Schlafen & Essen

Hotel Dunav (☎ 441 285; Trg Republike Hrvatske 1; EZ/DZ 250/420 Kn; P) Das Hotel bietet einfache Zimmer, einige mit Blick auf die Donau.

Hotel Lav (☎ 445 100; www.hotel-lav.hr; J.J. Strossmayera 18; EZ/DZ 590/900 Kn; P ☐) Das luxuriöse 4-Sterne-Hotel ist in einem modernen Gebäude untergebracht; es bietet allen zu erwartendem Komfort wie etwa WLAN sowie ein Restaurant.

Vŕske (☎ 441 788; Parobrodarska 3; Hauptgerichte ab 35 Kn) Die Einrichtung ist etwas unscheinbar, doch bietet das Lokal leckere Fleisch- und Fischspezialitäten, und die Lage am Fluss mit der schattigen Terrasse ist wirklich reizend.

An- & Weiterreise

Vukovar verfügt über gute Busverbindungen nach Osijek (31 Kn, 45 Min., 16-mal tgl.) und in andere Orte Kroatiens, darunter Zagreb (151 Kn, 5 Std., 4- oder 5-mal tgl.). Von Vukovar verkehrt auch ein Bus nach Belgrad (92 Kn, 2¾ Std., 5-mal tgl.) in Serbien. Kürzlich wurde außerdem eine direkte Eisenbahnverbindung von Vukovar nach Zagreb (114 Kn, 4 Std.) eingerichtet.

ILOK

☎ 032 / 8350 Ew.

Die östlichste Stadt Kroatiens, 37 km von Vukovar entfernt, thront auf einem Hügel mit Blick über die Donau und die serbische Region Vojvodina auf der anderen Seite des Flusses. Ilok ist von den sanften Hügeln der Fruška Gora umgeben. Die Gegend ist schon seit römischer Zeit für ihren Weinbau berühmt. Die Häuser am Fluss sind hübsch, und in der mittelalterlichen Altstadt trifft Ost auf West.

Ilok wurde von den Serben Anfang der 1990er-Jahre erobert, 1998 wieder an Kroatien zurückgegeben. Seitdem erlebt die Weinproduktion einen Aufschwung. In der Region finden sich mittlerweile 15 Weingüter, die alle

SLAWONIEN

zu besichtigen sind. Die Innenstadt von Ilok mit ihrer Wehranlage wird infolge archäologischer Ausgrabungen momentan renoviert. Auch wenn die Stadt derzeit noch wie eine riesige Baustelle anmutet, lohnt sich der Besuch. Bis 2010 soll dann alles fertig sein.

Orientierung & Praktische Informationen

Die Bushaltestelle in der Innenstadt (Nazorova) ist nur ein paar Schritte von der mittelalterlichen Altstadt entfernt. Die **Touristeninformation** (☎ 590 020; www.turizamilok.hr; Trg Nikole Iločkog 2; ☺ Mo–Fr 8–16 Uhr) hält viele hervorragende Prospekte bereit, Besucher sollten wegen der wechselnden Öffnungszeiten besser vorher anrufen. **Danubium Tours** (S. 128) organisiert Fahrradtouren und Weinausflüge (140 Kn für eine dreistündige Tour mit Mittagessen und dem Besuch eines Weinkellers).

Sehenswertes & Aktivitäten

Die mittelalterliche Stadt ist sehr grün und wird von den Resten einer Stadtmauer umgeben. Es haben sich zwei Relikte aus türkischer Zeit erhalten: ein **Hamam** aus dem 16. Jh. und eine **Turbe**, das Grab eines Adeligen.

Den Mittelpunkt der Stadt bildet das **Schloss Odescalchi** (Šetalište Oca Mladena Barbarića bb). Es erhebt sich über den Fundamenten eines Gebäudes, das König Nikola Iločki im 15. Jh. errichten ließ. Im späten 17. Jh. wurde das Schloss der italienischen Adelsfamilie Odescalchi geschenkt, die der Stadt bei ihrer Befreiung von den Türken zur Seite gestanden hatte. Die Familie restaurierte das mittelalterliche Gebäude im Stilmix Barock/Klassizismus und legte auch die Weinkeller an.

Seit dem Frühjahr 2009 beherbergt das Schloss nun das **Stadtmuseum** (Muzej Grada Iloka; ☎ 590 065). Die Dauerausstellung präsentiert Exponate aus den Bereichen Archäologie und Ethnografie sowie Kunstobjekte – die Ausstellungsstücke reichen von Trachten bis hin zu Geräten zum Keltern von Wein. Die alte Weinkelterei gehört heute zu den **Ilok Weinkellern** (Iločki Podrumi; ☎ 590 088; www.ilocki-podrumi. hr; ☺ 8–18 Uhr) nebenan. Das Unternehmen ist für seinen traminac bekannt, einen trockenen Weißwein, der bei den Krönungsfeierlichkeiten von Königin Elizabeth II. kredenzt wurde. Wer an einer Führung (20 Min.) teilnimmt, lernt die romantischen Weinkeller mit den alten Eichenfässern kennen. Führungen auf Deutsch müssen im Voraus arrangiert werden.

Schlafen & Essen

Hotel Dunav (☎ 596 500; www.hoteldunavilok.com; Julija Benešića 62; EZ/DZ 300/500 Kn; (P) (🖳)) Ilok kann mit einem hervorragenden 3-Sterne-Hotel aufwarten, dem direkt an der Donau gelegenen Hotel Dunav. Geboten sind frisch renovierte Zimmer mit Blick ins Grüne sowie ein hübsches Café mit Terrasse an der Donau. Danubium Tours hat hier eine Zweigstelle.

Odescalchi Castle (☎ 590 126; Šetalište Oca Mladena Barbarića 5; Hauptgerichte ab 45 Kn) Das Restaurant ist die beste Adresse der Stadt. Auf den Tisch kommen Spezialitäten der Region in schönem Ambiente mit Kuppeldecke.

An- & Abreise

Von Ilok nach Vukovar verkehren 14-mal am Tag Busse (31 Kn, 45 Min.).

Kvarner Region

Beschützt von steilen, dicht bewaldeten Gebirgszügen, gesäumt von Stränden und gesprenkelt mit Inseln, bietet die Kvarner Bucht (italienisch: Quarnero) zahllose Urlaubsmöglichkeiten. Wie wäre es mit einem Bummel durch das geschäftige Rijeka – Kroatiens drittgrößte Stadt und bedeutendster Hafen? Oder einem Bad im glasklaren Wasser einer einsamen Bucht? Die dichten Wälder des Učka-Gebirges und des Nationalparks Risnjak locken mit Wanderwegen, in Volosko, dem Gourmet-Mekka des Kvarner, gibt's fangfrische Meeresfrüchte, und eine Erkundung der mittelalterlichen Stadt Rab auf der gleichnamigen Insel ist ebenso spannend wie ein Besuch der alten Bergdörfer von Cres.

Die 3300 km² große Region Kvarner zwischen Rijeka im Norden und Pag im Süden ist ein Mikrokosmos der vielen Einflüsse, die die kroatische Kultur geformt haben: Rijekas Architektur hat ungarische Wurzeln, während auf Cres, Lošinj und Rab die Erinnerung an die Seerepublik Venedig weiterlebt. Krk hingegen war Sitz des kroatischen Fürstengeschlechts der Frankopanen. Für die artenreiche Vegetation ist das milde Klima verantwortlich. Rab ist berühmt für seine immergrünen Wälder, Opatija verdankt auch dem üppigen Grün rund um die Stadt seinen Ruf als Kurort.

Vom Einfallstor Rijeka aus ist Opatija mit seinem eleganten Flair des 19. Jhs. ebenso einfach zu erreichen wie der Sandstrand von Baška auf Krk. Die Bilderbuch-Altstädte Krk, Rab, Mali Lošinj und Cres liegen nur eine Fährpassage entfernt. Gleiches gilt für die zahllosen verborgenen Buchten, in denen es sich herrlich schwimmen lässt. Krk, die größte und am stärksten entwickelte Insel, besitzt eine exzellente touristische Infrastruktur, die im Sommer ein Heer von Urlaubern nutzt. Auch Mali Lošinj ist überlaufen, aber hübscher. Gleich daneben liegt das noch wilde Cres mit seinen weitgehend ursprünglichen Wäldern und den mittelalterlichen Dörfern. Rab punktet mit der eindrucksvollsten Altstadt und so vielen verborgenen Buchten, dass es kein Problem ist, den Urlaubermassen im Sommer auszuweichen.

KVARNER REGION

HIGHLIGHTS

- Ein Meeresfrüchte-Essen im Genießer-Mekka **Volosko** (S. 142)

- Das Panorama von Rijekas **Festung Trsat** (S. 135)

- Eine Wanderung durch den grünen **Naturpark Učka** (S. 142)

- Ein Informationsbesuch bei **Blue World** (S. 149) in Veli Lošinj, wo man alles Wissenswerte über die Delphine in der Adria erfährt

- Eine Wanderungen durch die unberührten Wälder der Tramuntana auf **Cres** (S. 155)

- Ein Bummel über die Kopfsteingassen der mittelalterlichen **Stadt Rab** (S. 165)

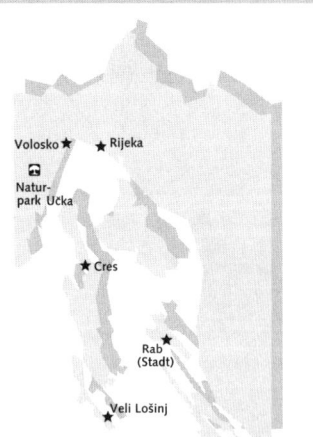

■ VORWAHL: 051

Klima

Das milde Klima spielte eine bedeutende Rolle bei der Entwicklung des Tourismus in der Region Kvarner. Eine Bergkette, die vom Vojak (1401 m) im Učka-Gebirge im Nordwesten über Gorski Kotar im Osten bis zum Velebit im Südosten reicht, schützt die Kvarner Bucht vor rauem Wetter. In den langen Sommern bringt der starke und gleichmäßig von Westen wehende *maestral* Abkühlung. Im Winter sorgt die kalte, von Nordosten einbrechende *bura* für plötzliche Temperaturstürze, doch fällt das Thermometer nur selten unter den Gefrierpunkt.

DIE KÜSTE

RIJEKA

147 700 Ew.

Rijeka (italienisch: Fiume) kann die Erwartungen an ein touristisches Reiseziel zwar nicht wirklich erfüllen, aber es ermöglicht einen guten Einblick in den Arbeitsalltag der drittgrößten Stadt Kroatiens. Die meisten Urlauber fahren an Rijeka auf ihrem Weg auf die Inseln oder nach Dalmatien vorbei, doch wer hier eine Pause einlegt, kann einige lohnenswerte Entdeckungen machen: Dazu zählen die geschäftige Fußgängerzone Korzo, in der man gemeinsam mit den Einheimischen einen Kaffee schlürfen kann, ein Bummel entlang der von Bäumen gesäumten Hafenpromenade oder die Besichtigung der eindrucksvollen Festung Trsat hoch über der Stadt. Auch das aufkeimende Nachtleben kann sich sehenlassen. Zudem wird in Rijeka alljährlich Kroatiens größter und farbenprächtigster Karneval gefeiert.

Abgesehen von einigen bedauerlichen Bausünden am Stadtrand wird ein Großteil des Zentrums von den reich geschmückten und eindrucksvollen öffentlichen Gebäuden geprägt, wie sie für Wien oder Budapest typisch sind: Sie bezeugen den starken Einfluss Österreich-Ungarns im 19. Jh. Außerhalb des dicht bebauten Stadtkerns mit Kroatiens größtem Hafen ist Rijeka überraschend grün. Schiffe, Frachtcontainer und Kräne im Hafengebiet betonen den industriellen Aspekt, aber das Ganze besitzt auch zweifellos einen verblichenen Charme. Es gibt Pläne seitens der Stadt, den Hafen umzugestalten, einen neuen Fährhafen zu bauen, den Verkehr von der Uferpromenade zu verbannen und mit diesen Mitteln die Stadt wiederzubeleben.

Rijeka ist eines der größten Drehkreuze Kroatiens: Busse, Züge und Fähren verbinden Istrien und Dalmatien mit Zagreb. Die Stadt selbst hat keinen richtigen Strand, Besucher können hier nicht viel unternehmen und fahren deshalb meist nur durch. Die touristischen Einrichtungen halten sich entsprechend in Grenzen, es gibt nur wenige Hotels. Wer dennoch in der Gegend bleiben will, übernachtet in der Regel in Opatija.

Geschichte

Nach der erfolgreichen Unterwerfung der illyrischen Volksgruppe der Liburner gründeten die Römer den Hafen Tarsaticae. Um das 7. Jh. wanderten slawische Völker ein und errichteten auf den Fundamenten der römischen Stadt eine neue Siedlung.

Verschiedene Feudalherren – von deutschen Adligen bis hin zu den Frankopanenfürsten von Krk – herrschten über die Stadt: Ende des 15. Jhs. wurde sie schließlich dem österreichischen Kaiserreich zugeschlagen. Für Habsburg war Rijeka ein wichtiger Seezugang, sodass 1725 eine neue Straße von Wien an die Küste der Kvarner Bucht gebaut wurde. Dies wiederum förderte die Wirtschaftsentwicklung und vor allem den Schiffsbau, der seitdem das Herzstück der städtischen Wirtschaft bildet.

Mit der Gründung der österreichisch-ungarischen Doppelmonarchie wurde Rijeka 1867 der ungarischen Regierung unterstellt. Das Stadtbild veränderte sich, denn nun errichteten ungarische Architekten die öffentlichen Gebäude. Eine neue Eisenbahnlinie verband Rijeka mit Zagreb, Budapest und Wien. Die Züge brachten die ersten Touristen in die Kvarner Bucht.

Zwischen 1918, als italienische Truppen unter Gabriele d'Annunzio Rijeka und Istrien einnahmen, und 1942, als Rijeka Teil des Nachkriegsjugoslawiens wurde, war die Stadt wechselnden Herren unterworfen und gelegentlich sogar unabhängig. Seit 1991 gehört Rijeka zum souveränen Staat Kroatien. Seine bedeutende und gut organisierte italienische Gemeinde gibt eine eigene Zeitung heraus: *La Voce del Popolo*.

Orientierung

Der Korzo durchschneidet das Stadtzentrum und verläuft in etwa parallel zur Riva und führt in Richtung Mrtvi kanal und zum Fluss Rječina im Osten. Der Busbahnhof für die Fernbusse liegt am Trg Žabica am Westende

KVARNER REGION

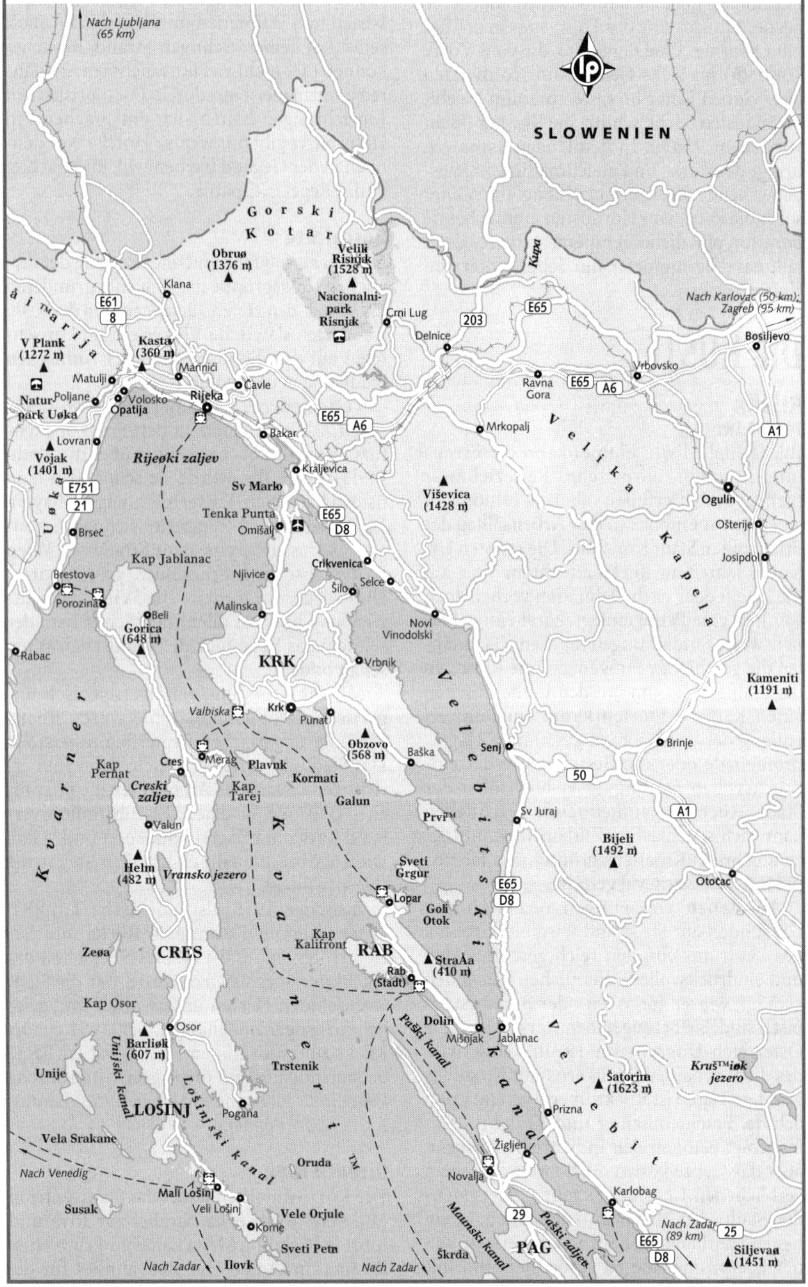
0 20 km
Nach Ljubljana (65 km)
SLOWENIEN
Gorski Kotar
Obruø (1376 m)
Velili Risnjk (1528 m)
Nacionalni-park Risnjak
Klana
E61
8
Crni Lug
203
E65
Kupa
Nach Karlovac (50 km); Zagreb (95 km)
Delnice
Bosiljevo
V Plank (1272 m)
Kastav (360 m)
Marinići
Matulji
Čavle
Vrbovsko
Ravna Gora
E65
A6
Natur-park Uøka
Poljane
Volosko
Opatija
Rijeka
Bakar
E65
A6
Mrkopalj
A1
Lovran
Vojak (1401 m)
Rijeøki zaljev
Kraljevica
Velika Kapela
Višević (1428 m)
E751
21
Sv Marko
Ogulin
Tenka Punta
E65
D8
Omišalj
Brseč
Ošterije
Josipdol
Kap Jablanac
Crikvenica
Brestova
Njivice
Selce
Šilo
Porozina
Beli
Malinska
Novi Vinodolski
Gorica (648 m)
Rabac
KRK
Vrbnik
Kameniti (1191 m)
Valbiska
Krk
Punat
Obzovo (568 m)
Senj
Brinje
Merag
Cres
Kap Pernat
Plavnik
Baška
Kormati
50
Creski zaljev
Kap Tarej
Galun
Sv Juraj
A1
Valun
Bijeli (1492 m)
Helm (482 m)
Vransko jezero
Kvarner
Sveti Grgur
Lopar
Goli Otok
E65
D8
Otočac
Velebitski kanal
Kap Kalifront
RAB
Zeøa
CRES
StraÅa (410 m)
Rab (Stadt)
Kap Osor
Dolin
Mišnjak
Jablanac
Osor
Paški kanal
Barliøk (607 m)
Unijski kanal
Trstenik
Unije
Šatorim (1623 m)
Kruš™iøk jezero
Velebit
LOŠINJ
Lošinjski kanal
Pogana
Prizna
Vela Srakane
Žigljen
Nach Venedig
Oruda
Novalja
Mali Lošinj
Karlobag
Susak
Veli Lošinj
Vele Orjule
Maunski kanal
29
Paški zaljev
Nach Zadar (89 km)
25
Korne
E65
D8
Sveti Petn
PAG
Siljevaa (1451 m)
Nach Zadar
Ilovk
Nach Zadar
Škrda

RIJEKA

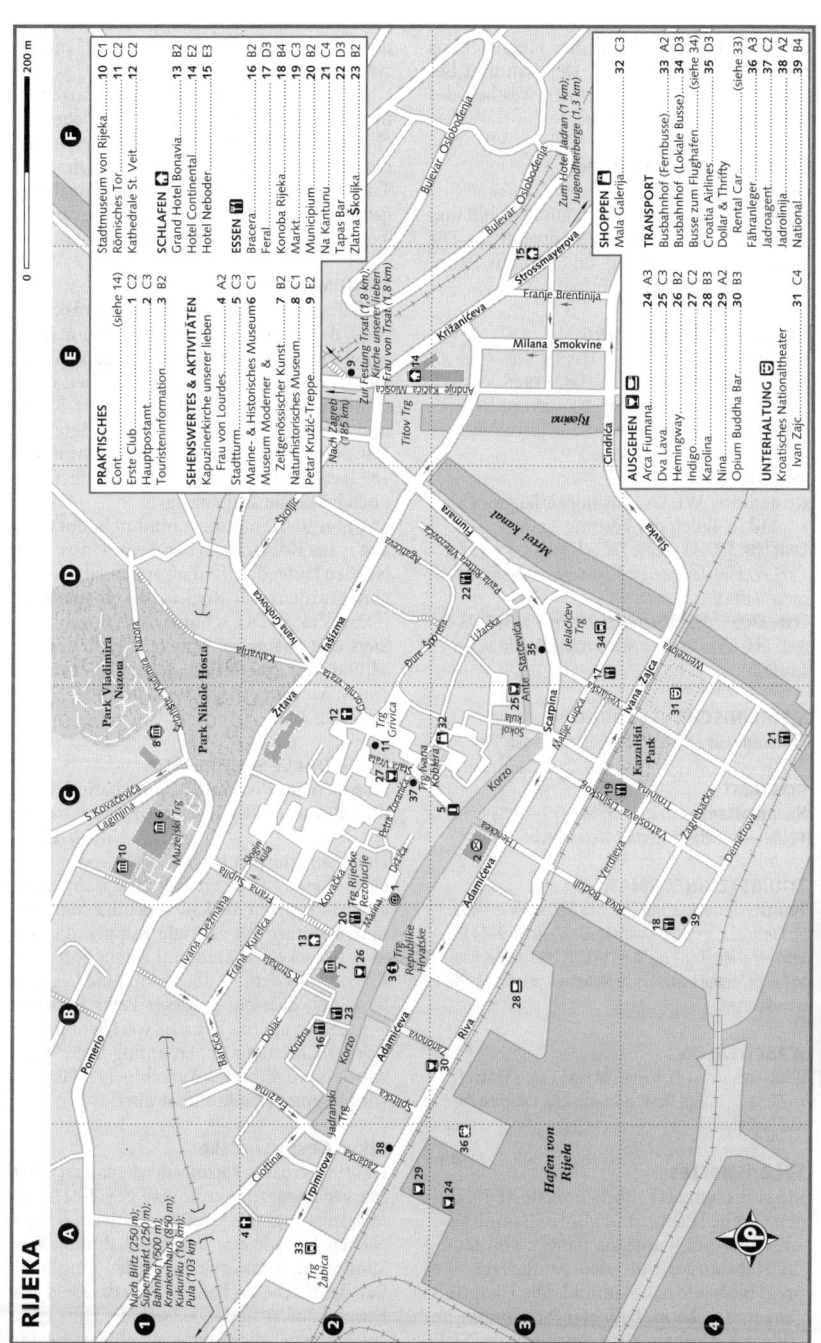

0 ———— 200 m

PRAKTISCHES
Cont....................................(siehe 14)
Erste Club..1 C2
Hauptpostamt.....................................2 C3
Touristeninformation........................3 B2

SEHENSWERTES & AKTIVITÄTEN
Kapuzinerkirche unserer lieben
  Frau von Lourdes.............................4 A2
Stadtturm...5 C3
Marine- & Historisches Museum....6 C1
Museum Moderner &
  Zeitgenössischer Kunst..................7 B2
Naturhistorisches Museum..............8 C1
Petar Kružić-Treppe..........................9 E2
Stadtmuseum von Rijeka...............10 C1
Römisches Tor...................................11 C2
Kathedrale St. Veit...........................12 C2

SCHLAFEN 🏨
Grand Hotel Bonavia........................13 B2
Hotel Continental.............................14 E2
Hotel Neboder..................................15 E3

ESSEN 🍴
Bracera...16 B2
Feral...17 D3
Konoba Rijeka...................................18 B4
Markt..19 C3
Municipium.......................................20 B2
Na Kantunu.......................................21 C4
Tapas Bar..22 D3
Zlatna Školjka...................................23 B2

AUSGEHEN 🍸
Arca Fumana.....................................24 A3
Dva Lava..25 C3
Hemingway.......................................26 B2
Indigo...27 B3
Karolina...28 B3
Nina...29 A2
Opium Buddha Bar...........................30 B3

UNTERHALTUNG 🎭
Kroatisches Nationaltheater
  Ivan Zajc..31 C4

SHOPPEN 🛍
Mala Galerija.....................................32 C3

TRANSPORT
Busbahnhof (Fernbusse)..................33 A2
Busbahnhof (Lokale Busse).............34 D3
Busse zum Flughafen.................(siehe 34)
Croatia Airlines..................................35 D3
Dollar & Thrifty...........................(siehe 33)
Rental Car....................................(siehe 33)
Fähranleger..36 A3
Jadroagent..37 C2
Jadrolinija..38 A2
National..39 B4

Nach Blitz (250 m);
Supermarkt (250 m);
Bahnhof (500 m);
Krankenhaus (850 m);
Kukuriku (103 km);
Pula (103 km)

Nach Zagreb (185 km)

Zur Festung Trsat (1,8 km);
Kirche unserer lieben
Frau von Trsat (1,8 km)

Zum Hotel Jadran (1 km);
Jugendherberge (1,3 km)

Hafen von Rijeka

Park Vladimira Nazora

Park Nikole Hosta

Kazališni Park

KVARNER REGION

der Riva. Lokalbusse und der Flughafenbus starten am Jelačićev Trg. Der Bahnhof befindet sich rund fünf Minuten westlich des Bahnhofs für die Fernbusse.

Praktische Informationen

GELD
Es gibt zwei Geldautomaten am Bahnhof und weitere am Korzo und im Stadtzentrum. Die Wechselstuben von Zug- und Fernbus-Bahnhof haben sehr lange geöffnet.

GEPÄCKAUFBEWAHRUNG
Garderoba Station der Fernbusse (Tag 13 Kn; �),5.30–22.30 Uhr); Bahnhof (Tag 15 Kn im Schließfach; ☻ 4.30–22.30 Uhr). Die *garderoba* der Busstation befindet sich im Café neben dem Ticketschalter.

INTERNETCAFÉS
Kostenloser WLAN-Zugang entlang des Korzo und in Teilen der Festung Trsat.
Cont (☎ 371 630; Andrije Kačića Miošića 1; Std. 15 Kn; ☻ 7–22 Uhr) Das Hotel im Osten der Stadt besitzt ein ganzes Arsenal an modernen PCs.
Erste Club (☎ 320 072; Korzo 22; ☻ Mo–Sa 7–23, So 8–22 Uhr) Bis zu 30 Minuten kostenloses Surfen an vier Terminals.

MEDIZINISCHE VERSORGUNG
Krankenhaus (☎ 658 111; Krešimirova 42)

POSTAMT
Hauptpostamt (Korzo 13; ☻ Mo–Fr 7–20, Sa 7 bis 14 Uhr) Mit Telefoncenter und Wechselstube.

TOURISTENINFORMATION
Touristeninformation (☎ 335 882; www.tz-rijeka. hr; Korzo 33a; ☻ Juni–Aug. Mo–Sa 8–20, So 9–14 Uhr, Sept.–Mai Mo–Fr 8–20, Sa 8–14 Uhr) Ein schickes Büro mit einer Menge kostenlosem Material und Infos zu Privatunterkünften.

WASCHSALON
Blitz (Krešimirova 3a; kleine Ladung 51 Kn; ☻ Mo–Fr 7–20, Sa 7–14 Uhr) Der Waschsalon liegt zwischen Bus- und Zugbahnhof.

Sehenswertes
Ein verheerendes Erdbeben zerstörte 1750 einen Großteil der ursprünglichen Bausubstanz. Anschließend wurde sie nahezu vollständig im Habsburger Stil wiederaufgebaut – er prägt bis heute das Stadtbild. Die Hauptfußgängerzone **Korzo**, beliebter Treffpunkt geselliger Kaffeehausgäste, wurde an der Stelle

der eingestürzten Stadtmauer als Handelsstraße angelegt.

Das Labyrinth von Gassen und Plätzen im historischen Herzen Rijekas ist mit mehrsprachigen Tafeln beschildert, die die Geschichte der Sehenswürdigkeiten erläutern. Dieser als Turistička Magistrala bezeichnete **Stadtrundgang** ist auf einem Plan abgebildet, den die Touristeninformation kostenlos verteilt.

MONUMENTE
Auffällig ist der gelbe **Stadtturm** (Gradski Toranj), der ursprünglich als Stadttor zum Meer fungierte. Er ist eines der wenigen Monumente, die das verheerende Erdbeben überstanden haben. Das mit Reliefs der Kaiser und Wappen geschmückte Portal fügten die Habsburger kurz nach der Katastrophe hinzu. 1873 wurde am Turm eine Uhr installiert, die noch heute die Zeit anzeigt.

Unter dem Stadtturm hindurch, über den Trg Ivana Koblera und dann eine Gasse nach Norden laufend, trifft man auf das älteste Architekturdenkmal Rijekas, das **Römische Tor** (Stara Vrata). Der schmucklose Bogen markiert den ehemaligen Eingang zum antiken Militärareal Praetorium, dessen Überreste in einem kleinen Ausgrabungsgelände zu besichtigen sind.

KATHEDRALE SVETOG VIDA
Nördlich des Römischen Tores befindet sich die **Katedrale St. Veit** (Trg Grivica 11; ☻ Juni–Aug. Mo–Sa 7–12 & 16.30–19, So 7–12 Uhr, Sept.–Mai 6.30–12 Uhr). Der Jesuitenorden ließ sie 1638 an der Stelle einer älteren Kirche erbauen und widmete sie dem Stadtpatron Rijekas. Wuchtige Marmorsäulen stützen die zentrale Kuppel, die sich über barocken Altären und einem gotischen Kruzifix aus dem 13. Jh. wölbt. Eine Legende berichtet, dass ein gewisser Petar Lončarić einen Stein auf das Kruzifix warf, worauf der Körper Christi zu bluten anfing. Der Mann wurde vom Erdboden verschluckt, das Blut wird in einer Phiole aufbewahrt.

Crkva Gospe Lurdske
Die 1904 erbaute **Kapuzinerkirche unserer lieben Frau von Lourdes** (Kapucinske Stube 5; ☻ 8–12 & 16 bis 18 Uhr) überragt mit ihrer dekorativen, neugotischen Fassade den Fernbus-Bahnhof. Den Sponsoren vom Kapuzinerorden ging beim Bau der Kirche auf halbem Weg das Geld aus. Kurzerhand sicherten sie sich die Hilfe einer „hl. Johanca", die von den gläubigen Massen

bestaunt vorgab, Blut zu schwitzen. Geschenke und Geld strömten in die Sammelbüchsen, sodass der Bau 1929 abgeschlossen werden konnte. Die „hl. Johanca" wurde allerdings 1913 wegen Betrugs verhaftet.

MARINE- & HISTORISCHES MUSEUM

Das **Museum** (Pomorski i Povijesni Muzej Hrvatskog Primorja; ☎ 553 666; www.ppmhp.hr; Muzejski Trg 1; Erw./Stud. 10/5 Kn; ⏱ Di–Fr 9–20, Sa 9–13 Uhr) hat seine Räumlichkeiten im Regierungspalast, einem glanzvollen Beispiel ungarisch inspirierter Architektur. Eine kleine, nur in Englisch erhältliche Broschüre führt durch die Ausstellung, die anhand von Schiffsmodellen, Seekarten, Navigationsinstrumenten und einigen Kapitänsporträts ein lebhaftes Bild vom früheren Leben der Seeleute zeichnet.

STADTMUSEUM RIJEKA

Westlich des Palastes ist das **Stadtmuseum Rijeka** (Muzej Grada Rijeke; ☎ 336 711; Muzejski Trg 1/1; Erw./Stud. 10/5 Kn, Mo Eintritt frei; ⏱ Mo–Fr 10–13 & 17–20, Sa 10–13 Uhr) in einem kubischen Bau aus den 1970er-Jahren untergebracht. Wechselausstellungen und Veranstaltungen widmen sich Retrospektiven lokaler Fotografen und Architekten wie auch Gastkünstlern aus Serbien oder Italien.

NATURHISTORISCHES MUSEUM

Nicht weit entfernt werden im **Naturhistorischen Museum** (Prirodoslovni Muzej; ☎ 553 669; Lorenzov Prolaz 1; Erw./Stud. 10/5 Kn; ⏱ Mo–Sa 9–19, So 9 bis 15 Uhr) Geologie und Botanik des Adriaraumes vorgestellt. Neben einem Multimediaraum mit Aquarium zeigt das Museum auf drei Etagen in einer Villa aus dem 19. Jh. Ausstellungen über Käfer, Schlangen und Frösche. Im angrenzenden botanischen Garten mit über 2000 einheimischen Pflanzen können Besucher herrlich entspannen.

MUSEUM MODERNER & ZEITGENÖSSISCHER KUNST

Im **Museum Moderner & zeitgenössischer Kunst** (Muzej Moderne i Suvremene Umjetnosti; ☎ 334 280; www.mmsu.hr; Dolac 1; Erw./Stud. 10/5 Kn; ⏱ Juni–Aug. Di–So 10 bis 13 & 18–21 Uhr, Sept.–Mai 10–13 & 17–20 Uhr) in der zweiten Etage der Universitätsbibliothek (etwas abseits des Korzo) werden Wechselausstellungen gezeigt: Mal ist das Werk eines zeitgenössischen, kroatischen Künstlers, mal Werke verschiedener Künstler zu einem bestimmten Thema zu sehen.

TOP FIVE: STRÄNDE IN DER KVARNER BUCHT

- Baška (S. 162; Insel Krk) – ein atemberaubend gelegener Kiesstrand mit einer majestätischen Kulisse von Bergen im Hintergrund

- Beli (S. 155; Insel Cres) – ruhiges, kristallklares Wasser und nur wenige Menschen in einer malerischen Bucht

- Lopar (S. 169; Insel Rab) – Kiefernwälder beschatten eine ganze Kette von Sandbuchten

- Sunčana Uvala (S. 147; Insel Lošinj) – Fels- und Kiesbuchten, dazu der Schatten von Kiefern

- Lungomare (S. 140; Opatija) – Felsformationen sorgen für unzählige kleine Strandbuchten entlang der Promenade

---

FESTUNG & KIRCHE TRSAT

Hoch auf einem Hügel über Rijeka und der Rječina thront die **Festung Trsat** (☎ 217 714; Erw./Stud. 15/5 Kn; ⏱ Mai–Okt. 9–20 Uhr, Nov.–April 9 bis 17 Uhr) aus dem 13. Jh. Die strategische Position wurde schon von den Illyrern erkannt und genutzt. Die heutige Burg wurde von Frankopanenfürsten aus Krk in Auftrag gegeben. Für das jüngste Facelifting sorgte 1824 der irischstämmige Graf Laval Nugent, der als Offizier in der österreichischen Armee diente. Er kaufte die Burg und ließ sie im romantisierenden Klassizismus der Biedermeierzeit restaurieren. Das Nugent-Mausoleum in antikem griechischen Stil dient heute als Kunstgalerie, während im ehemaligen Verlies ab und zu Ausstellungen stattfinden. Im Sommer beleben Konzerte, Theateraufführungen und Modeschauen das alte Gemäuer. Vom Freiluftcafé eröffnen sich herrliche Ausblicke.

Zweite Sehenswürdigkeit auf dem Hügel ist die **Crkva Gospe Trsatske** (Kirche unsere liebe Frau von Trsat; ☎ 452 900; Frankopanski Trg; ⏱ nach Vereinbarung), ein seit Jahrhunderten verehrtes Wallfahrtsziel. Die Legende erzählt, dass die Engel, die das Haus der Jungfrau Maria Ende des 13. Jhs. von Nazareth nach Loreto in Italien brachten, hier eine Rast einlegten. Schon bald pilgerten Gläubige zu der an dieser Stelle errichteten Kapelle; ihre Zahl stieg an, als der Papst 1367 eine Marienikone stiftete. Das berühmte Gemälde befindet sich auf dem Hauptaltar hinter einer wunderbar gearbeiteten schmiedeisernen Tür. Der barocke Kreuzgang ist gefüllt mit Opfergaben und Votivgeschenken. Die Schatzkammer mit einer wertvollen Sammlung sakraler Kunst kann nach Voranmeldung besichtigt werden. Dort wird ein 15-minütiger Film über die Kirche gezeigt.

Auf den Spuren der Pilger führt die **Petar-Kružić-Treppe**, die 1531 für die Gläubigen erbaut wurde, vom Titov Trg hinauf zur Wallfahrtskirche Unsere liebe Frau von Trsat. Einige Heiligenkapellen säumen die steilen Stufen, die die Pilger früher zum Ausruhen nutzten. Einfacher, schneller und bequemer ist die Festung Trsat mit den Buslinien 1 oder 1A zu erreichen.

Festivals & Events

Der **Karneval von Rijeka** (www.ri-karneval.com.hr) ist der größte des Landes. Zwei Wochen lang sorgen Festspiele, Straßentänzer, Konzerte, Maskenbälle, Ausstellungen und Umzüge mit Teilnehmern aus aller Welt für Unterhaltung. Die furchterregenden *zvončari* – Männer in Tierfellen – tanzen und läuten laute Glocken, um böse Geister zu vertreiben. Termin ist die Zeit zwischen Ende Januar und Anfang März – je nachdem, auf welches Datum Ostern fällt. Konzerte finden während der **Sommernächte von Rijeka** (Riječke Ljetne Noći) im Juni und Juli im Kroatischen Nationaltheater (s. S. 138) statt.

Schlafen

Die Preise der meisten Hotels in Rijeka bleiben das ganze Jahr über gleich; nur in den Karnevalstagen muss man mit einem Aufschlag rechnen. Wer in dieser Zeit ein Zimmer sucht, sollte es lange im Voraus reservieren. Direkt in Rijeka gibt es nur wenige Privatzimmer; eine Liste findet sich auf der Website der Touristeninformation. Hinsichtlich Unterkünften bietet Opatija die wesentlich bessere Auswahl (s. S. 140).

Jugendherberge (☎ 406 420; rijeka@hfhs.hr; Šetalište XIII Divizije 23; B/EZ/DZ 130/235/310 Kn; 🖳) Die renovierte Villa aus dem 19. Jh. liegt fünf Busstationen östlich des Zentrums (Buslinie 2) im grünen Stadtteil Pećine. Die Zimmer sind sauber und gemütlich, es gibt einen Gemeinschaftsraum mit TV, das Frühstück kostet 15 Kn. Im Sommer empfiehlt es sich, zeitig zu reservieren!

Hotel Continental (☎ 372 008; www.jadran-hoteli.hr; Andrije Kačića Miošića 1; EZ/DZ 384/449 Kn; 🅿 🖳) Zum Zeitpunkt der Recherche wurde mehr als die Hälfte der Zimmer in diesem Riesengebäude renoviert. Danach soll das Haus drei Sterne bekommen, die Preise werden um 15 % steigen. Für das Continental spricht vor allem seine hervorragende Lage nordöstlich des Zentrums.

Hotel Neboder (☎ 373 538; www.jadran-hoteli.hr; Strossmayerova 1; EZ/DZ 440/550 Kn; 🅿 🖳) Die fantastischen Ausblicke auf Stadt und Hafen entschädigen für die kleinen Zimmer des kürzlich renovierten Hochhauses auf einem Hügel unweit des Hotels Continental. Die Superior-Zimmer sind mit Klimaanlage und Balkon ausgestattet.

LP Tipp **Hotel Jadran** (☎ 216 600; www.jadran-hoteli.hr; Šetalište XIII Divizije 46; EZ/DZ 672/793 Kn; 🅿 ❌ 🖳) Das Upgrade zum 4-Sterne-Haus hat dem alteingesessenen Hotel luftige Zimmer mit riesigen Glasfenstern oder Balkonen mit Seeblick beschert. Weitere Pluspunkte wie ein Restaurant, ein kleiner Fitnessbereich und ein Privatstrand entschädigen für die Entfernung zum Stadtzentrum (1 km).

Grand Hotel Bonavia (☎ 357 100; www.bonavia.hr; Dolac 4; EZ/DZ ab 945/1135 Kn; 🅿 ❌ ❌ 🖳) Hochklassiger Luxus in einem der besten Hotels des Landes: Die perfekt gestalteten Zimmer sind mit allen nur vorstellbaren Annehmlichkeiten ausgestattet. Im Restaurant wird hervorragende, kreative Küche gekocht, das Spa verwöhnt u. a. mit Aromatherapie-Duschen.

Essen

Sonntags sind die meisten Restaurants in Rijeka geschlossen; da bleiben nur Fastfood, Pizza oder das Hotelrestaurant. Mehrere Cafés am Korzo servieren leichte Mahlzeiten.

Konoba Rijeka (☎ 312 084; Riva Boduli 7c; Hauptgerichte ab 25 Kn) Das Restaurant am Hafen serviert preiswerte Fischgerichte in einem rustikalen Ambiente mit hohen Decken, Steinmauern und jeder Menge Fischernetze. Spezialität des Hauses ist das Omelett mit getrocknetem Tintenfisch – ein Gedicht!

Tapas Bar (☎ 315 313; Pavla Rittera Vitezovića 5; Tapas um 25 Kn) Das kleine, schicke Lokal in einem ruhigen Teil des Stadtzentrums zählt zu Rijekas Neuzugängen. Es serviert eine Art kroatische Tapas und köstliche *bruschette* mit Anchovis, Trüffeln, Thunfisch etc. für 9 Kn das Stück. Die Portionen sind klein, die Rechnung dafür schnell ziemlich hoch.

LP Tipp **Na Kantunu** (☎ 313 271; Demetrova 2; Hauptgerichte ab 35 Kn) Es gehört etwas Glück dazu,

KVARNER REGION

MORČIĆI

Der *morčić* (oder historisch korrekt: *moretto*) ist das traditionelle Wahrzeichen und das offizielle Symbol der Stadt Rijeka. Das Abbild eines Schwarzen mit buntem Turban findet sich auf Keramikbroschen und Ohrringen und dient als beliebte Maskierung beim Karneval von Rijeka (s. S. 135).

Mehrere Legenden erzählen von Rijekas berühmtestem Wahrzeichen: Die eine spielt während der türkischen Invasion im 16. Jh.: Frauen und Kinder beteten, dass es Steine regnen möge, um die Feinde zu begraben. Schließlich traf einer der Pfeile den türkischen Pascha an der Schläfe und tötete ihn. In Panik stürzten die Türken davon und siehe da – der Himmel öffnete sich, und ein Steinhagel begrub sie unter sich. Die Männer dankten ihren Frauen für die Hilfe mit bunten Ohrringen. Eine andere Version erzählt, dass eine italienische Gräfin ihre schwarze Sklavin so sehr mochte, dass sie ihr die Freiheit schenkte und sich Ohrringe mit ihrem Bild machen ließ.

Rationaler betrachtet scheint der *morčić* eine Imitation des venezianischen *moretto* zu sein, der im 17. und 18. Jh. in Mode war. Der mit Edelsteinen besetzte venezianische Mohr wurde von den Rijeker Goldschmieden vereinfacht und in Form von schwarz-weißen Keramikohrringen an ärmere Frauen verkauft. Auch die Männer übernahmen diese Mode: Ein einzelner Ohrring durfte nur von Söhnen, Seeleuten und Fischern als Glücksbringer getragen werden.

In der zweiten Hälfte des 19. Jhs. verfeinerten die Rijeker Goldschmiede die Qualität ihres Kunsthandwerks und begannen mit der Herstellung von Ringen, Broschen und Halsketten. Nun waren auch die Damen der höheren Gesellschaft interessiert.

Auf der Internationalen Weltausstellung in Wien 1873 wurde *morčić*–Schmuck ausgestellt und trat danach seinen Siegeszug durch Europa an.

---

in diesem winzigen Mittagslokal im Industriegebiet des Hafens einen Platz zu ergattern. Die Gäste werden hier mit dem Besten bewirtet, was der Tagesfang eingebracht hat. Sie suchen sich ihren gewünschten Fisch aus und lassen ihn nach Art des Hauses zubereiten. Da viele Einheimische freitags kein rotes Fleisch essen, wird es hier an diesem Tag besonders voll.

Feral (☎ 212 274; Matije Gupca 5b; Hauptgerichte ab 60 Kn) Die Zeiten, als das seit 1964 bestehende Restaurant zu den Top-Adressen der Stadt zählte, sind wohl vorbei. Doch das Schwarze Risotto und *šurlice*, die hausgemachte Nudelspezialität aus Krk, schmecken in den Ziegelgewölben nach wie vor exzellent. Fisch-*marenda* wird bis 13 Uhr serviert und kostet nur 30 Kn.

Zlatna Školjka (☎ 213 782; Kružna 12; Hauptgerichte 65–95 Kn) Im klassischen maritimen Ambiente kommen ausgezeichnet zubereitete Meeresfrüchte und ausgewählte kroatische Weine auf den Tisch. Die Vorspeise Conco d'Oro (gemischte Fischplatte) ist mit 100 Kn nicht gerade billig, aber ihr Geld wert. Das Nachbarlokal Bracera gehört den gleichen Besitzern und ist berühmt für seine knusprige Pizza, die auch sonntags gebacken wird.

Municipium (☎ 213 000; Trg Riječke Rezolucije 5; Hauptgerichte ab 70 Kn) Klassiker der kroatischen Küche im modernen Gewand sind das Markenzeichen dieses schicken Restaurants in einem historischen Gebäude. Die leichten, gut zubereiteten Gerichte ziehen vor allem Geschäftsleute an.

Kukuriku (☎ 691 417; www.kukuriku.hr; Trg Matka Laginje 1a, Kastav; 6-Gänge-Menü 370–510 Kn; ◷ Mo & Nov.–Ostern geschl.) Das gastronomische Ausflugsziel in der Altstadt von Kastav, einem Vorort Rijekas hoch oben auf dem Berg gelegen, zählt zu den Pionieren der kroatischen Slow-Food-Bewegung (s. S. 58). Die Einrichtung kreist um das Thema „Hahn". Die Menüs sind so köstlich, dass sich sowohl die hohen Kosten wie auch die Anfahrt mit dem Bus der Linie 18 lohnen. Das Restaurant will in absehbarer Zeit näher an die Stadt ziehen; Infos dazu finden sich auf der Website.

Selbstversorger haben die Wahl zwischen einem großen Supermarkt zwischen Bus- und Zugbahnhof und dem **Markt** (zw. Vatroslava Lisinskog & Trninina), der täglich bis 14 Uhr, sonntags allerdings nur bis 12 Uhr geöffnet hat.

Ausgehen

Die Eröffnung mehrerer neuer Lokale hat Rijekas Nachtleben einen Schub versetzt. Bar-Hopper treiben sich auf der Suche nach der lebhaftesten Szene zwischen den Bars und Café an Riva und Korzo herum. Einige Lokalitäten residieren in Schiffen am Adamićev

Gat. Die Rock-Gemeinde trifft sich im Untergeschoss des *Arca Fiumana*, die *Nina* nebenan ist Treffpunkt der *narodnjaci* (Balkan-Pop-Fans). Viele Bars verwandeln sich am Wochenende in Clubs.

Dva Lava (☎ 332 390; Ante Starčevića 8) Tagsüber sind die beiden Terrassen des beliebten Lokals (eine davon im Schatten von Bäumen) immer voll besetzt. An den Wochenenden legen nachts DJs auf. Auf den beiden futuristisch dekorierten Etagen geht dann bis frühmorgens die Post ab.

Hemingway (☎ 211 696; Korzo 28) Das schicke Lokal steht für Kaffeetrinken, Longdrinks schlürfen und „sehen und gesehen werden". Große Schwarzweißfotos und nach ihm benannte Drinks zollen dem Namensgeber Tribut. Das Hemingway gehört zu einer angesagten Kette von Lokalen.

Indigo (☎ 315 174; Stara Vrata 3) An den Wochenenden legt der Besitzer der schicken Lounge gleich neben der archäologischen Ausgrabungsstätte persönlich auf. Unter der Woche finden abends Salsa- und After-Work-Partys statt. Zum Haus gehört ein Restaurant, das – ganz ungewöhnlich für Rijeka – zum Brunch einlädt.

Karolina (☎ 211 447; Gat Karoline Riječke bb) Voll im Trend, aber nicht abgehoben: Die Bar am Wasser ist tagsüber ein entspannter Ort für einen Kaffee, nachts strömen die Gäste auf den Kai hinaus und feiern dort eine Riesenparty. In Sommernächten heizen ihnen zusätzlich DJs ein.

Opium Buddha Bar (Riva 12a) Möchtegern-Asienlook und Elektrosounds sorgen in der dunklen, großen Lounge-Bar mit Terrasse an den Wochenenden für ein volles Haus.

Unterhaltung

Kroatisches Nationaltheater Ivan Zajc (☎ 355 900; www.hnk-zajc.hr; Verdieva 5a) Die Eröffnungsvorstellung des 1885 erbauten imposanten Theaters wurde mit den ersten Glühbirnen in der Stadt erleuchtet. Heute werden vor allem kroatische und italienische Theaterstücke, Oper und Ballett aufgeführt. Einige der Deckenfresken stammen von Gustav Klimt.

Shoppen

Rijekas Schmuckstück heißt *morčić* und ist ein aus Keramik hergestellter Mohr mit Turban (s. Kasten S. 137). Wer einen kaufen möchte, findet ihn z. B. in der **Mala Galerija** (☎ 335 403; www.mala-galerija.hr, auf Kroatisch; Užarska 25).

An- & Weiterreise

AUTO

Dollar & Thrifty Rental Car (☎ 325 900; www.subrosa.hr) Das Büro im Fernbus-Bahnhof vermietet Autos ohne Kilometerbegrenzung für 466 Kn pro Tag bzw. 2500 Kn pro Woche. Ein ähnliches Angebot hat **National** (☎ 212 452; www.nationalcar.hr; Demetrova 18b).

BUS

Vom Flughafen Zagreb fährt ein Bus der Croatia Airlines zweimal täglich nach Rijeka (145 Kn, 2 Std., 15.30 & 21 Uhr; Rückfahrt nach Zagreb 5 & 11 Uhr). Sechsmal täglich startet ein Bus in Richtung Triest (60 Kn, 2½ Std.), ein weiterer fährt nach Plitvice mit Umsteigen in Otočac (130 Kn, 4 Std.).

Der **Bahnhof für Fernbusse** (☎ 060 302 010; Trg Žabica 1) befindet sich im Stadtzentrum. Informationen zu internationalen Verbindungen siehe S. 340. Hier einige wichtige innerkroatische Verbindungen:

Ziel	Preis (Kn)	Fahrtzeit (Std.)	Tägliche Verbindungen
Baška	71	2¼	4–8
Dubrovnik	340–485	12–13	2–3
Krk	50	1–2	14
Poreč	72–114	1–3	7–11
Pula	78–88	2¼	8–10
Rab	125	3	2
Rovinj	81–112	2–3	4–5
Split	241–327	8	6–7
Zadar	153–202	4–5	6–7
Zagreb	95–174	2½–3	13–17

FÄHRE

Jadrolinija (☎ 211 444; www.jadrolinija.hr; Riva 16; ☺ Mo–Fr 8–20, Sa & So 9–17 Uhr) Das Büro verkauft Tickets für die großen Fährschiffe, die das ganze Jahr über auf ihrem Weg nach Bari/Italien über Split, Hvar und Korčula die Küste entlang zwischen Rijeka und Dubrovnik fahren. Weitere Fährrouten führen von Rijeka über Cres nach Mali Lošinj und von Rijeka über Rab nach Pag. Alle Fähren starten am Kai Adamićev Gat.

Jadroagent (☎ 211 626; www.jadroagent.hr; Trg Ivana Koblera 2) Bietet Infos zu allen Fährverbindungen in Kroatien.

FLUGZEUG

Croatia Airlines (☎ 330 207; www.croatiaairlines.hr; Jelačićev Trg 5; ☺ Mo–Fr 8–16, Sa 9–12 Uhr) bietet internationale und nationale Flugverbindungen.

ZUG

Der **Bahnhof** (☎ 213 333; Krešimirova 5) liegt fünf Minuten Fußweg vom Stadtzentrum entfernt. Es gibt täglich sieben Abfahrten nach Zagreb (96 Kn, 3½–5 Std.). Einmal täglich fährt ein Zug nach Split; allerdings muss man in Ogulin umsteigen und etwa zwei Stunden warten (160 Kn, 10 Std.). Zwei Direktverbindungen bestehen täglich nach Ljubljana (93 Kn, 3 Std.), eine weitere nach Wien (307–498 Kn, 9 Std.). Auf einigen *poslovni* (ICE-ähnlichen)-Zügen besteht Reservierungspflicht.

Unterwegs vor Ort
VOM/ZUM FLUGHAFEN
BUS

Rijeka hat ein gut ausgebautes städtisches Busnetz, die Busse starten von der zentralen Haltestelle am Jelačićev Trg. Tickets für jeweils zwei Fahrten kosten 14 Kn und werden in jedem *tisak* (Zeitungskiosk) verkauft. Einzelfahrkarten beim Fahrer kosten 10 Kn.

Es fährt auch ein Sightseeing-Bus, der Besucher zu den wichtigsten Sehenswürdigkeiten von Rijeka, Trsat und Opatija bringt. Das Tagesticket, mit dem man überall und jederzeit zu- und aussteigen kann, kostet 70 Kn. Fahrkarten und Fahrpläne hält die Touristeninformation (s. S. 134) bereit.

Flughafen Rijeka (☎ 842 040; www.rijeka-airport. hr; Hamec 1, Omišalj) Rijekas Flughafen liegt auf der Insel Krk. Flughafenbusse fahren auf die Flugpläne abgestimmt vom Flughafen in 30 Minuten zum Jelačićev Trg in Rijeka; die vom gleichen Platz abfahrenden Busse starten 2 Stunden 20 Minuten vor dem jeweiligen Abflug in Richtung Flughafen. Das Ticket (22 Kn) wird im Bus verkauft. Ein Taxi kostet etwa 300 Kn und kann unter ☎ 332 893 oder ☎ 335 138 bestellt werden.

OPATIJA
9073 Ew.

Opatija (italienisch: Abbazia) liegt 15 km westlich von Rijeka und zählt zu den spektakulärsten Orten Kroatiens. Entlang der Küsten ziehen sich die dicht bewaldeten Hänge bis zum glitzernden Meer hinab; über allem wacht der Gipfel des Vojak (1401 m), der höchste Punkt der Halbinsel Istrien westlich von Opatija. Bester Aussichtspunkt für dieses Panorama ist der Lungomare: Die 12 km lange Uferpromenade führt entlang der Riviera von Opatija von Volosko bis Lovran.

Dank der atemberaubend schönen Lage und dem ganzjährig angenehmen Klima avancierte Opatija zum elegantesten Seebad der feinen Wiener Gesellschaft in der k. u. k.-Monarchie. Zwischen den Weltkriegen und unter jugoslawischer Regierung verfielen die Villen der Belle Époque und verloren allmählich ihren Glanz.

Doch nun die gute Nachricht: Die großen Anwesen der Reichen wurden inzwischen renoviert und zu hochklassigen Hotels mit Schwerpunkt auf Spa- und Gesundheitstourismus umgebaut. Feinschmecker nehmen weite Wege auf sich, um in der Handvoll Spitzenrestaurants im nahen Fischerort Volosko vor allem Meeresfrüchte zu speisen. Gutes Essen, eine malerische Küste, sauberes Meer und große Parkanlagen sorgen für einen steten Zustrom an Besuchern, vor allem über die Sommermonate und über Weihnachten.

Geschichte

Bis in die 1840er-Jahre war Opatija ein einfaches Fischerdorf mit 35 Häusern und einer Kirche, doch die Ankunft des wohlhabenden Iginio Scarpa aus Rijeka sollte alles ändern: Er ließ die nach seiner Frau benannte Villa Angiolina bauen und legte einen Park mit exotischen Pflanzen aus Japan, China, Südamerika und Australien an. In der Villa logierte der Hochadel Europas, so auch die österreichische Königin und Frau Ferdinands, Maria Anna. Sie förderten den Ruf Opatijas als Rückzugsort der Reichen.

Die Eisenbahntrasse, die 1873 von der Linie Wien–Triest nach Opatija gebaut wurde, beschleunigte den Aufstieg. Das erste Hotel, das Quarnero (heute Hotel Kvarner), wurde errichtet und zog eine große Zahl wohlhabender Besucher an. Jeder, der etwas auf sich hielt, musste einmal in Opatija gewesen sein. Rumänische und schwedische Könige, russische Zaren und sonstige Persönlichkeiten der damaligen Zeit wie Isadora Duncan, Gustav Mahler, Giacomo Puccini und Anton Tschechow, ließen sich hier blicken.

Opatija erreichte allerdings nie den schillernden Glanz der französischen Riviera, dennoch ist es im Sommer ein beliebtes Reiseziel ölig gebräunter Italiener. Die milden Wintermonate hingegen locken eine stattliche Zahl älterer Österreicher an die Küste. Sie genießen Kaffee und Kuchen im Hotel Kvarner, sitzen auf Bänken und unternehmen einen erholsamen Spaziergang am Meer.

KVARNER REGION

Orientierung

Opatija drängt sich auf einem schmalen Landstreifen zwischen Meer und dem Učka-Gebirge. Die Hauptstraße Ulica Maršala Tita durchquert die Stadt und wird von Reisebüros, Restaurants, Läden und Hotels gesäumt. Der aus Rijeka kommende Bus hält zunächst am Hotel Belvedere, dann am nahen Markt und schließlich an der Busstation am tiefsten Punkt Opatijas: am Trg Vladimira Gortana.

Praktische Informationen

Entlang der Ulica Maršala Tita finden sich zahllose Geldautomaten und Reisebüros, die Geld wechseln.

Da Riva (☎ 272 990; www.da-riva.hr; Ulica Maršala Tita 170; ☾ Juni–Mitte Sept. 8–20 Uhr, danach kürzere Öffnungszeiten) Vermittlung von Privatunterkünften und Organisation von Ausflügen in Kroatien.

GI Turizam (☎ 273 030; www.tourgit.com; Ulica Maršala Tita 65; ☾ Sommer 9–22 Uhr, restliches Jahr 9–20 Uhr) Vermittlung von Privatunterkünften, Buchung von Ausflügen, Autovermietung und Geldwechsel.

Katarina Line (☎ 603 400; www.katarina-line.hr; Ulica Maršala Tita 71; ☾ Sommer Mo–Sa 8–22, So 8–21 Uhr, restliches Jahr Mo–Sa 8–16 Uhr) Bekannt für seine Bootstouren; das Büro vermittelt auch Unterkünfte und Tagesausflüge.

Linea Verde (☎ 701 107; www.lineaverde-croatia.com; Andrije Štangera 42, Volosko; ☾ Sommer Mo–Sa 8–22, So 8–21 Uhr, restliches Jahr Mo–Sa 8–16 Uhr) Bergtouren im Nationalpark Risnjak (s. S. 143), Feinschmecker-Fahrten durch Istrien (s. S. 170) sowie „Schäfer-Picknicks" im Naturpark Učka (s. S. 142).

Postamt (☎ 271 733; Eugena Kumičića 4; ☾ Mo–Fr 7–21, Sa 7–14 Uhr) Die Post befindet sich hinter dem Markt.

Touristeninformation (☎ 271 310; www.opatija-tourism.hr; Ulica Maršala Tita 101; ☾ Juli & Aug. Mo–Sa 8–22, So 17–21 Uhr, April–Juni & Sept. Mo–Sa 8–19 Uhr, Okt.–März Mo–Sa 8–16 Uhr) Im Büro liegen Stadtpläne, Prospekte und Broschüren aus.

Sehenswertes & Aktivitäten

Die exquisite Villa Angiolina wurde in ihrem ursprünglichen, neoklassischen Glanz restauriert und beherbergt nun das **Kroatische Museum des Tourismus** (Park Angiolina 1; ☾ Sommer Di–So 9 bis 13 & 16.30–21.30 Uhr, sonst kürzere Öffnungszeiten). Historische Fotografien, Postkarten, Broschüren und Plakate zeichnen die Geschichte des Tourismus nach. Die eigentliche Sehenswürdigkeit ist aber die Innenausstattung der Villa: ein Traum aus illusionistischen Fresken, korinthischen Säulen und geometrischen

Bodenmosaiken. Der Spaziergang durch den üppig grünen Park führt zu Gingkobäumen, Sequoias, Steineichen und Opatijas Symbolpflanze, der japanischen Kamelie. Zum Zeitpunkt der Recherche waren Park und Museum noch kostenlos zugänglich, zukünftig soll aber Eintritt verlangt werden.

Der hübsche **Lungomare** ist die Hauptattraktion der Region: Gesäumt von eleganten Villen und großzügigen Gärten, windet sich die schattige Promenade etwa 12 km am Meer entlang von Volosko bis Lovran und führt dabei an den Dörfern Ičići und Ika vorbei. Unterwegs bieten zahllose Felsbuchten Gelegenheit, ein Handtuch auszubreiten und ins Meer zu hüpfen – eine weitaus angenehmere Bademöglichkeit als Opatijas betoniertes Strandbad.

In Opatija und Umgebung lassen sich einige herrliche Wanderungen oder Radtouren im Naturpark Učka unternehmen (s. S. 142).

Schlafen

Es gibt keine wirklich preiswerten Hotels in Opatija; allerdings bieten die Mittel- und Spitzenklassehotels erstaunlich viel für ihr Geld, gemessen an Opatijas „schickem" Ruf.

Liburnia Hotels (☎ 710 444; www.liburnia.hr) verwaltet 15 Hotels in der Region, hier findet man immer ein Zimmer.

Um Weihnachten ist Opatija allerdings schnell ausgebucht, für diesen Zeitraum empfiehlt sich eine frühe Reservierung.

Privatzimmer zu vernünftigen Preisen zu finden, ist kein Problem. Die weiter oben aufgeführten Reiseagenturen vermitteln allesamt Privatunterkünfte. Die Zimmer kosten in der Hochsaison abhängig vom Komfort 80 bis 115 Kn pro Person. Apartments für zwei Personen schlagen mit 255–575 Kn zu Buche. Bei einem Aufenthalt von weniger als drei Tagen wird ein Aufschlag von 30 % erhoben.

HOTELS

Hotel Opatija (☎ 271 388; www.hotel-opatija.hr; Trg Vladimira Gortana 2/1; EZ Neben-/Hauptsaison 280–361 Kn, DZ 678–1002 Kn; P ⊠) Der große Pluspunkt dieses auf einem Hügel gelegenen 3-Sterne-Hotels ist seine Lage. Das Hotel in einem Gebäude aus der Habsburger Ära bietet seinen Gästen neben angenehmen Zimmern eine fantastische Terrasse, ein Hallenbad mit Meerwasser und Tennisplätze.

Hotel Residenz (☎ 271 399; www.liburnia.hr; Ulica Maršala Tita 133; EZ Neben-/Hauptsaison 293–524 Kn, DZ

354–816 Kn) Die Unterbringung ist nicht spektakulär – es sei denn, man zahlt den Aufpreis für ein Zimmer mit Balkon. Doch das klassische Haus liegt direkt am Meer und hat einen eigenen Strand.

Villa Ariston (☎ 271 379; www.villa-ariston.com; Ulica Maršala Tita 179; EZ Neben-/Hauptsaison 350–480 Kn, DZ 600–800 Kn; P ✿) Elegante Möbel, Spiegel mit Goldrand und verschnörkelte Lüster schmücken die fürstliche Villa, in der Berühmtheiten wie Coco Chanel oder die Kennedys ihre Ferien verbrachten. Ein mit Zypressen und Pinien bestandener Garten senkt sich sanft hinunter zum Meer.

Hotel Kvarner (☎ 271 233; www.liburnia.hr; Pave Tomašića 1–4; EZ Neben-/Hauptsaison 462–578 Kn, DZ 653–1039 Kn; ✿) In Opatijas ältestem Hotel können sich die Gäste als Teil der vornehmen Gesellschaft einer längst vergangenen Epoche fühlen. Zum nostalgischen Vergnügen gehören ein miteinander verbundener Innen- und Außenpool, elegante Korridore und antike Möbel in Zimmern mit hohen Decken. Die allerdings könnten trotz all des Ruhms eine Renovierung gebrauchen.

Hotel Mozart (☎ 718 260; www.hotel-mozart.hr; Ulica Maršala Tita 138; EZ Neben-/Hauptsaison 660–920 Kn, DZ 1095–1530 Kn; P ✿ ▢ ✿) Die von Licht durchfluteten Zimmer sind in nostalgischem Stil mit Möbeln der Sezessionszeit eingerichtet – das erklärt die 5-Sterne-Kategorie. Ein schickes, neues Spa sorgt mit Saunen und Dampfbädern für ein allgemeines Wohlbefinden. Die meisten Zimmer haben Balkone mit Meerblick.

CAMPING

In der Region gibt es zwei Campingplätze: **Medveja** (☎ 291 191; ac-medveja@liburnia.hr; Erw./Zelt 41/29 Kn; ✿ Ostern–Mitte Okt.) liegt an einer hübschen Bucht 10 km südlich von Opatija. **Camping Opatija** (☎ 704 836; www.rivijera-opatija.hr; Liburnijska 46, Ičići; Erw./Zelt 36/27 Kn; ✿ April–Okt.) versteckt sich in einem Pinienwald 5 km südlich von Opatija, kurz vor Lovran.

Essen

Entlang der Straße Maršala Tita findet sich eine ganze Reihe an brauchbaren Restaurants, die Pizza, Grillgerichte und Fisch anbieten. Die besseren Restaurants liegen jedoch etwas weiter abseits.

Vongola (☎ 711 854; Ulica Maršala Tita 113; Hauptgerichte ab 30 Kn) Das einfache Lokal am Stadtstrand Slatina findet man am Ostende der Ulica Maršala Tita, es serviert preiswerte Pizzen, Pasta, Grillgerichte und Fisch.

Kaneta (☎ 712 222; Nova Cesta 64; Hauptgerichte ab 40 Kn) Das Familienrestaurant am höchsten Punkt der Hauptstraße Maršala Tita hat sich auf Gulasch, Pasta mit Trüffeln, Steak in Gorgonzolasoße und andere herzhafte Köstlichkeiten spezialisiert.

Istranka (☎ 271 835; Bože Milanovića 2; Hauptgerichte ab 45 Kn) Schmackhafte istrische Spezialitäten wie *maneštra* (eine der Minestrone ähnelnde Bohnen-Gemüsesuppe) und *fuži* (hausgemachte Nudelröllchen) sind Favoriten in der rustikalen Taverne, die in einer schmalen Straße oberhalb der Maršala Tita liegt.

Bevanda (☎ 493 888; Zert 8; Hauptgerichte ab 80 Kn) Zwar war der Besitzer, der den Ruf dieses Lokals begründete, kürzlich an einen neuen Besitzer übergeben, doch das tat der Qualität des eleganten Restaurants am Lido keinen Abbruch: Fisch und Schalentiere sind von tadelloser Frische und schmecken auf der weißen Terrasse zum Meer noch einmal so gut.

Selbstversorger finden alles im **Supermarkt mit Feinkostabteilung** (Ulica Maršala Tita 80).

Ausgehen

Opatija war früher ein beliebtes Ausgehziel für die Partygänger aus Rijeka. Als die Polizei begann, alkoholisierte Fahrer aus dem Verkehr zu ziehen, war es damit vorbei. Noch beherrschen Kaffeehäuser mit Wiener Charme und Hotelterrassen das Geschehen. Einige wenige schicke Bars sorgen für das Kontrastprogramm.

Stets populär ist das **Hemingway** (Zert 2) am Hafen, ein angenehmer Ort für einen Drink. Cocktails am Strand serviert das **Tantra** (Lido) gleich um die Ecke. Die Lounge-Bar punktet mit Chill-Out-Musik und konkurrenzlosem Küstenpanorama. Das **Monokini** (☎ 703 888; Ulica Maršala Tita 96), die Lieblingskneipe der Szenegänger von Opatija, gilt nach wie vor als der trendigste Platz in der Stadt. Schokoladensüchtige können sich eine Tür weiter in der **Choco Bar** (☎ 603 562; Ulica Maršala Tita 94) mit fantastischen Schoko-Cocktails, Eis und Kuchen verwöhnen. **Disco Seven** (www.discoseven.hr; Ulica Maršala Tita 125) heißt der einzige Club Opatijas, er bietet ein Standardprogramm an Elektrosounds und eine Terrasse zum Meer hin.

An- & Weiterreise

Buslinie 32 hält vor dem Bahnhof in Rijeka (15 Kn, 15 km) und fährt täglich alle

---

PARK PRIRODE UČKA

Der 160 km² große Naturpark liegt nur 30 Minuten von Lovran und der Riviera von Opatija entfernt und zählt zu den am besten gehüteten Naturschätzen Kroatiens. Zum Naturschutzgebiet gehören die Gebirgskette Učka und das anschließende Hochplateau der Ćićarija; verwaltungstechnisch ist der Park zwischen Istrien und dem Kvarner aufgeteilt. Vom höchsten Gipfel Vojak (1401 m) reicht die Sicht an klaren Tagen bis zu den italienischen Alpengipfeln und der Bucht von Triest.

Einen Großteil der Region bedecken Buchenwälder. Dazwischen gedeihen auch Edelkastanien, Eichen und Hainbuchen (Weiß- oder Hagebuchen). Schafe weiden friedlich auf Bergwiesen, Gänsegeier und Steinadler ziehen ihre Kreise, Braunbären durchstreifen die Wälder, und im Sommer blühen endemische Glockenblumen.

Im **Büro des Naturparks** (☎ 293 753; www.pp-ucka.hr; Liganj 42; ☼ Mo–Fr 8–16 Uhr) in Lovran hält ein engagiertes Team Informationen zu allen Aktivitäten bereit, die im Folgenden beschrieben werden. Das Büro betreibt zwei Infostellen, die nur in der Hauptsaison geöffnet sind: am **Poklonsattel** (☼ Mitte Juni–Mitte Sept. 9–19 Uhr) und auf dem **Vojak** (☼ Mitte Juni–Mitte Sept. 9–19 Uhr).

Einen Besuch wert ist **Mala Učka**, ein weitgehend verlassenes Dorf auf 995 m Höhe, in dem zwischen Mai und Oktober ein paar Schäfer leben. Sie verkaufen im Haus mit den grünen Fensterläden gleich neben dem Bach am Dorfausgang köstlichen Schafskäse (nach *sir* fragen).

Zu den im Naturpark organisierten Aktivitäten zählen **Mountainbiken** und **Wandern**, auf die Sportler wartet ein 150 km langes Wegenetz. Zwei Wege, Slap und Vela Draga, sind als Lehrpfade markiert. Eine Karte (55 Kn) verkaufen das Büro des Naturparks und die Touristeninformation von Opatija (s. S. 140). Die Vela-Draga-Schlucht zieht vor allem **Freeclimber**, **Reiter** (um 80 Kn pro Std.) und **Vogelbeobachter** an. Paragliden und Drachenfliegen organisiert der **Homo Volans Free Flying Club** (www.homo-volans.hr) in Opatija.

Unter den Übernachtungsmöglichkeiten im Naturpark ist die **Učka Lodge** (☎ 091 762 2027; www.uckalodge.com; DZ 360 Kn) etwas Besonderes: Das traditionell gebaute Haus liegt auf 600 m Höhe tief in den Wäldern. Die englischen Besitzer Frank und Alice haben es in ein geschmackvolles Öko-B&B verwandelt. Sonnenkollektoren liefern den Strom, das Regenwasser wird gefiltert und das Abwasser natürlich aufbereitet. Unterkunft bieten zwei charmante Zimmer mit einem Gemeinschaftsbad, zum Frühstück kommen lokale Produkte wie Waldbeermarmelade und Schafskäse von den Nachbarn auf den Tisch. Frank holt seine Gäste nach Vereinbarung mit seinem Geländewagen ab; auch Touren in der Region sind möglich.

Ein weiteres Highlight ist **Dopolavoro** (☎ 299 641; www.dopolavoro.hr; Učka 9; Hauptgerichte ab 40 Kn; ☼ Mo Ruhetag). Das Restaurant hat sich auf hervorragende Wildgerichte wie Hirsch, Wildschwein und Bär spezialisiert, die in der *peka*, einer Pfanne mit gewölbtem Deckel, zubereitet werden. Neben dem Restaurant kann man Fahrräder mieten (Std./Tag 20/90 Kn). Gegenüber verkauft ein Kräutermann Heilkräutertees und Heilsalben, die aus einheimischen Pflanzen hergestellt werden.

---

20 Minuten bis spät nachts entlang der Riviera Richtung Westen bis Lovran.

RUND UM OPATIJA
Volosko

Das alte Fischerdorf Volosko 2 km östlich von Opatija zieht sich einen sanften Hügel bergauf, es begeistert mit einem Gewirr schmaler Gassen, die von Bruchsteinhäusern und mit Blumen überladenen Balkonen gesäumt werden. Neben dem mediterranen Flair gibt es einen weiteren Grund, den Ort zu besuchen: Rund um das Hafenbecken dieses sonst ruhigen Dörfchens haben sich einige herausragende Restaurants niedergelassen. Volosko hat inzwischen den Ruf eines Mekkas

für Feinschmecker, die hier gleich mehrere Möglichkeiten finden, den hoffentlich gut gefüllten Geldbeutel zu leeren.

Volosko ist von Rijeka aus mit dem Bus und von Opatija sogar zu Fuß entlang der Uferpromenade erreichbar. Der 20-minütige Spaziergang führt vorbei an Lorbeerbäumen, Palmen, Feigen und Eichen, hinter denen großartige Villen hervorlugen.

ESSEN
Konoba Ribarnica Volosko (☎ 701 483; Štangerova 5; Hauptgerichte ab 20 Kn; ☼ So Abend Ruhetag) Kein Geld zu verschwenden? Der winzige Laden verkauft Voloskos billigsten, frischen Fisch. Der Gast wählt aus dem Angebot an Calamari, Scam-

pi und Sardinen die gewünschten Tiere aus und bekommt das köstlich zubereitete Gericht in einem winzigen Speiseraum um die Ecke serviert. Das Lokal liegt an der parallel zum Hafen verlaufenden Hauptstraße.

LP Tipp Skalinada (☎ 701 109; Put Uz Dol 17; Hauptgerichte ab 25 Kn) Das kleine, farbenfrohe Künstlerrestaurant verbirgt sich hinter einem Steinbogen unterhalb der zweiten Bushaltestelle an der von Rijeka kommenden Straße und gilt als das am besten gehütete Geheimnis von Volosko. Die schmackhaften Gerichte werden aus saisonalen Zutaten bereitet, die der Besitzer aus den Dörfern der Umgebung bezieht.

Tramerka (☎ 701 707; Andrije Mohorovičića 15; Hauptgerichte ab 30 Kn) Einheimische strömen in die rustikal von Steinwänden dominierte *konoba* (Taverne), die nach einer unbewohnten Insel im Archipel von Zadar benannt ist. Sie genießen hier kreative und dennoch preisgünstige Fischgerichte. Das Tramerka liegt links eine Treppe oberhalb des Plavi Podrum.

Plavi Podrum (☎ 701 223; Supilova Obala 12; Hauptgerichte ab 60 Kn) Maritime Kitsch-Dekoration umgibt die Gäste, die hier immer gleichbleibend gute Fischgerichte und ausgesuchte Weine serviert bekommen. Der Eigentümer zählt zu Kroatiens besten Sommeliers und ist Weinkolumnist.

Le Mandrać (☎ 701 357; Supilova Obala 10; Hauptgerichte ab 60 Kn) Die moderne mediterrane Küche des Le Mandrać ist innovativ und überrascht mit immer neuen Geschmackssensationen, doch die Einheimischen scheinen ganz offensichtlich das Plavi Podrum nebenan vorzuziehen. Mag sein, dass die durchdesignte, todschicke Einrichtung etwas einschüchternd auf sie wirkt. Das köstliche Probiermenü ist auf alle Fälle empfehlenswert (270–490 Kn)!

NACIONALPARK RISNJAK

Der majestätische Nationalpark beginnt nur 35 km nordöstlich von Rijeka, liegt aber relativ abgeschieden und wird von ausländischen Touristen eher selten besucht (obwohl er einen größeren Bekanntheitsgrad verdient hätte). Als Teil der waldreichen Region Gorski Kotar bedeckt er eine Fläche von 63 km², höchster Gipfel ist der Veliki Risnjak (1528 m). Dichte Buchen- und Kiefernwälder und Wiesen voller Wildblumen prägen die typische Karstlandschaft, spektakulär sind die Karstformationen: Einsturztrichter (Dolinen), Schächte, Höhlen und Klüfte. Kühle Bergwinde machen den Nationalpark zu einem per-

fekten Ausflugsziel, wenn an der Küste Hitze und Menschenmassen überhand nehmen. Der Park ist Lebensraum von Braunbären, Luchsen (kroatisch: *ris* und damit Namensgeber des Nationalparks) sowie Wölfen, Wildkatzen, Wildschweinen, Rotwild, Gämsen und 500 verschiedenen Schmetterlingsarten.

Ein Großteil des Parks besteht aus unberührten Wäldern, es gibt insgesamt nur wenige Siedlungen. Die größte ist Crni Lug an der Nationalparkgrenze, wo das **Informationsbüro des Nationalparks** (☎ 836 133; ⏰ Mo–Fr 9–16, Sa & So 9–18 Uhr) im einzigen Hotel, der **Pension Risnjak** (☎ 836 133; Bijela Vodica 48, Crni Lug; DZ Neben-/Hauptsaison 240–260 Kn; P), seine Räume bezogen hat. Der **Parkeingang** (Erw./erm. 30/15 Kn) befindet sich wenige hundert Meter hinter der *pension*.

Den besten Einblick in die Natur des Nationalparks bietet der **Leska-Pfad**. Der angenehme, 4,5 km lange Pfad beginnt am Parkeingang und führt schattig und einfach zu begehen an mehreren Dutzend Schautafeln vorbei, die (auch in englischer Sprache) über Geschichte, Topografie, Geologie, Flora und Fauna des Nationalparks informieren. Der Wanderer kommt an kristallklaren Bächen, hohen Tannenwäldern, eine Futterstation für das Rotwild und einer Gebirgshütte mit einem Picknicktisch vorbei.

Es gibt keine öffentlichen Verkehrsverbindungen zum Nationalpark. Mit dem Auto verlässt man die Autobahn Zagreb–Rijeka bei Delnice und folgt der Ausschilderung nach Crni Lug.

LOŠINJ & CRES

Nur ein 11 m breiter Kanal trennt die beiden in der Kvarner Bucht liegenden langen und schmalen Inseln, deshalb werden sie oft als Einheit behandelt. Obwohl ihre Topografie unterschiedlich ist, wird die jeweilige Identität der Inseln durch die gemeinsame Geschichte und ähnliche Verkehrsverbindungen verwischt. Die Fischerorte Mali Lošinj und Veli Lošinj auf der Insel Lošinj (italienisch: Lussino) ziehen im Sommer vornehmlich italienische Touristen an.

Das unwirtlichere Cres (italienisch: Crepsa) bietet abgelegene Campingplätze, eine Handvoll mittelalterlicher Bergdörfer und unberührte Strände – vor allem außerhalb der Stadt Cres. Auf beiden Inseln gibt es ein dichtes Netz an Wander- und Fahrradwegen.

KVARNER REGION

RADTOUREN IN DER REGION KVARNER

Die Region Kvarner entwickelt sich zu einem immer beliebteren Rad-Reiseziel und bietet Fahrradfans eine Vielzahl von Möglichkeiten, die von sanften Hängen bis hin zu anspruchsvollen Anstiegen auf steilen Inselstraßen reichen. Zu den Fahrradtouren rund um Opatija zählen zwei einfache Routen, die auf dem Berg Kastav (360 m) starten, sowie eine sportlich anspruchsvolle, 4½-stündiges Tour von Lovran in den Naturpark Učka (S. 142). Auf Lošinj bietet sich die 2½-stündige Rundfahrt ab Mali Lošinj an, sie ist mittelschwer eingestuft. Auf Krk können Fahrradfahrer im Rahmen einer entspannten zweistündigen Fahrt von der Stadt Krk durch Wiesen, Felder und Weiler das selten besuchte Inselinnere erkunden. Eine Fahrradtour ab der Stadt Rab auf der gleichnamigen Insel erschließt die noch recht ursprünglichen Wälder der Halbinsel Kalifront. Auf Cres führt ein 50 km langer Trail von der Marina der Stadt Cres über die mittelalterliche Bergsiedlung Lubenice (S. 154) zu dem am Meer gelegenen Ort Valun (S. 156).

Genaue Informationen zu allen genannten Touren finden sich in der Broschüre *Kvarner per Rad*, die in den Touristeninformationen erhältlich ist und 19 Routen in der Region beschreibt. Sehr informativ ist auch die Internetadresse www.pedala.hr mit dem Schwerpunkt auf Fahrradtouren rund um Zagreb. Sie bietet aber auch ganz allgemein viel Wissenswertes zum Thema Fahrradfahren in Kroatien

---

Geschichte

Ausgrabungen haben ergeben, dass zwischen Stein- und Bronzezeit eine nicht näher definierbare prähistorische Gesellschaft beide Inseln besiedelte.

Die alten Griechen nannten die Inseln Apsyrtides. Die Inseln wurden vom mächtigem Rom erobert, gerieten dann unter byzantinische Herrschaft und wurden schließlich im 6./7. Jh. von einigen slawischen Völkern besiedelt.

Die venezianische Ära wurde von der Herrschaft kroatisch-ungarischer Könige unterbrochen und hielt bis 1797. Als Venedig fiel, waren Veli Lošinj und Mali Lošinj zu bedeutenden Hafenorten herangewachsen, während auf Cres Wein und Öl angebaut wurden. Im 19. Jh. erlebte der Schiffsbau auf Lošinj seine Blüte, litt aber schon bald unter dem Siegeszug der Dampfschiffe.

Der Gesundheitstourismus avancierte zur neuen Haupteinnahmequelle. Cres hatte in dieser Zeit seine eigenen Probleme: Eine Reblausepidemie vernichtete seine seit langem bestehenden Weingärten.

Als die beiden Inseln 1920 als Teil des Vertrags von Rapallo von Italien annektiert wurden, waren sie arm. 1945 wurden sie Jugoslawien zugeschlagen, seit 1991 gehören sie zu Kroatien.

Heute ist der Tourismus der wichtigste Wirtschaftszweig der Inseln. In Nerezine im Norden Lošinjs gibt es noch eine kleine Werft, auf Cres spielen Olivenanbau, Schafzucht und Fischfang eine wirtschaftliche Nebenrolle.

An- & Weiterreise

BUS

Alle Busse auf den Strecken von und zu den Inseln starten in Veli Lošinj, halten in Mali Lošinj und fahren dann weiter nach Cres und aufs Festland. Sechs bis neun Busse täglich verkehren zwischen Veli Lošinj und Cres-Stadt (50 Kn, 1½ Std.); vier sind es nach Merag (62 Kn, 2 Std.) und Valbiska auf Krk (99 Kn, 2½ Std.); drei Busse täglich fahren Porozina auf Cres (82 Kn, 2½ Std.) und Brestova auf Istrien (90 Kn, 3 Std.) an; fünfmal am Tag geht es nach Rijeka (146 Kn, 4¼ Std.), dreimal täglich nach Zagreb (260 Kn bis 275 Kn, 7 Std.) und einmal pro Tag nach Ljubljana (295 Kn, 6¼ Std.) in Slowenien.

FÄHREN

Von Mali Lošinj, dem wichtigsten Seehafen der beiden Inseln, verkehren im Sommer Schiffe nach Rijeka, Pula, Zadar, Venedig und Koper. Jadrolinija (s. S. 149) bietet von Juni bis Ende September eine tägliche Fähre zwischen Zadar und Mali Lošinj (47 Kn, 7 Std.) sowie im Juli und August einen täglichen Katamaran von Mali Lošinj nach Cres (28 Kn, 2½ Std.) und Rijeka (40 Kn, 4 Std.). Eine Autofähre der Jadrolinija-Flotte pendelt stündlich zwischen Brestova/Istrien nach Porozina an der Nordspitze von Cres (Passagier/Auto 17/113 Kn, 20 Min.).

Im Juli und August fahren Katamarane der **Venezia Lines** (☎ 052–422 896; www.venezialines.com) zweimal pro Woche von Venedig über Pula nach Mali Lošinj (465 Kn, 5 Std.).

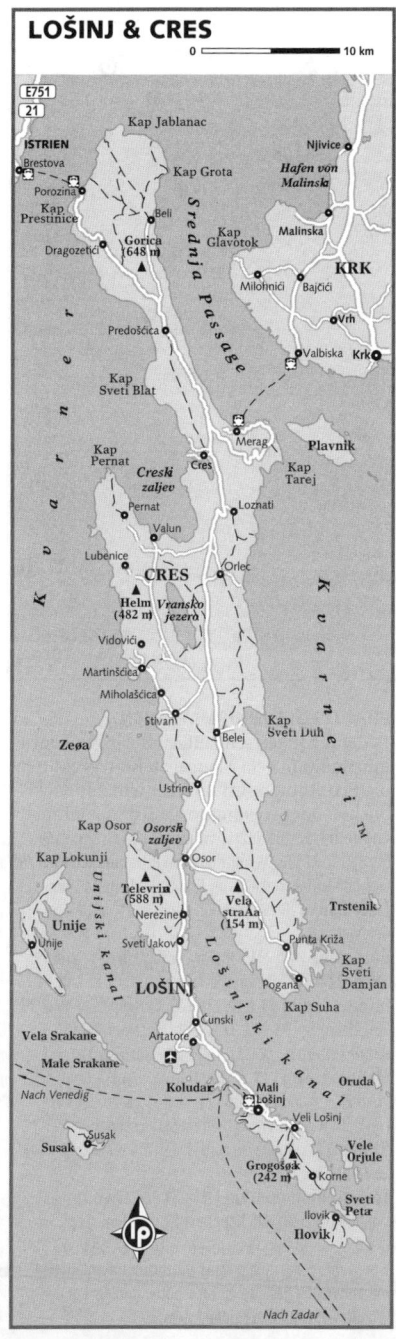

LOŠINJ & CRES

0 ————————— 10 km

Split Tours (☎ 021-352 533; www.splittours.hr) unterhält im Juli und August fünfmal pro Woche eine Katamaran-Verbindung von Zadar über Mali Lošinj nach Pula (50 Kn, 2 Std.); im Juni und September fährt das Schnellboot nur zweimal die Woche.

INSEL LOŠINJ

Die 31 km lange Insel Lošinj ist die dichter bevölkerte und touristischere der Zwillingsinseln und besitzt vor allem im Süden eine buchtenreichere Küste als Cres. Die ursprünglichen Kiefernwälder, die die Städtchen Mali Lošinj und Veli Lošinj im Südosten der Insel einrahmen, wurden im 19. Jh. mit Aleppokiefern aufgeforstet. Die Vegetation ist üppig und mit über 1100 Pflanzenarten, 230 Heilkräutern und einigen atypischen Mitbewohnern wie Zitronen, Bananen, Zedern und Eukalyptus – sie wurden von Schiffskapitänen aus exotischen Ländern hierher gebracht – sehr artenreich.

Bekannt ist die Insel auch für ihre Delfin-Population. Die Gewässer um Lošinj wurden zum ersten Unterwasserschutzgebiet des Mittelmeers für Delfine erklärt. Die nichtstaatliche Organisation Blue World (s. S. 149) mit Sitz in Mali Lošinj hat mit einem Schulungszentrum und verschiedenen Aktivitäten einiges dazu beigetragen, diese eleganten Meeresbewohner zu schützen.

Mali Lošinj
6500 Ew.

Mali Lošinj schmiegt sich an die Spitze eines geschützten, V-förmigen Hafens an der Südostküste von Lošinj. Stattliche Kapitänshäuser säumen das Hafenbecken der hübschen Altstadt und erinnern an den Wohlstand, der im 19. Jh. hier herrschte. Selbst die sommerliche Unruhe, die mit den Touristen Einzug hält, kann den Charme des mediterranen Städtchens nicht schmälern. Dazu beigetragen hat auch die Lage der meisten Großhotels außerhalb der Stadt, sie ziehen sich vom Hafen zur Sunčana Uvala (Sunčana-Bucht) im Süden sowie bis zur Čikat-Bucht im Südwesten.

Dieser grüne Teil Lošinjs wurde Ende des 19. Jhs. entdeckt, als die feine Gesellschaft aus Budapest und Wien wegen der „gesunden Luft" nach Mali Lošinj pilgerte und begann, Villen und Luxushotels an der Čikat-Bucht zu errichten. Einige dieser prunkvollen Residenzen sind noch erhalten, doch die meisten jetzigen Hotels sind moderne Ferienanlagen,

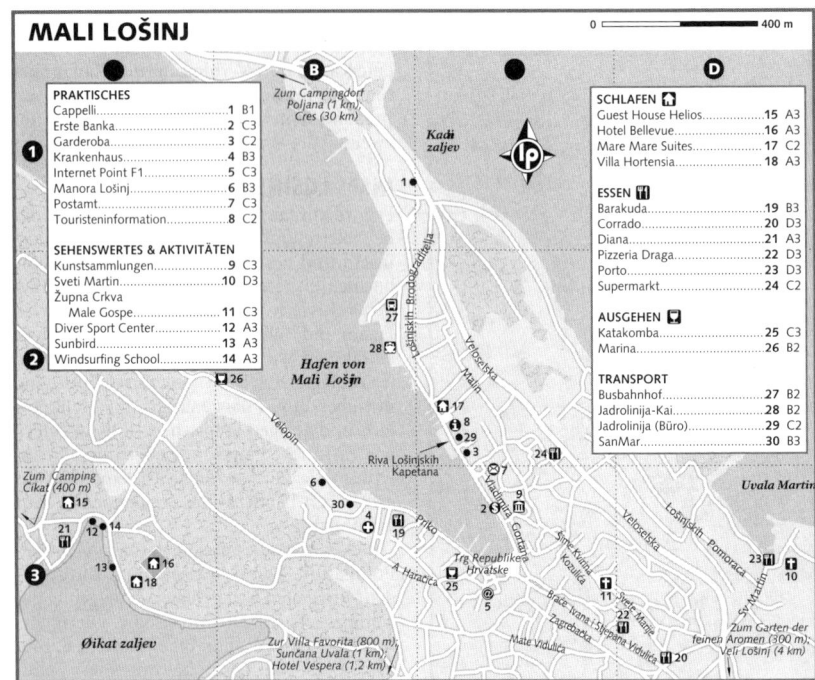

MALI LOŠINJ
0 |————————————| 400 m

PRAKTISCHES
Cappelli.........................1 B1
Erste Banka...................2 C3
Garderoba.....................3 C2
Krankenhaus..................4 B3
Internet Point F1............5 C3
Manora Lošinj................6 B3
Postamt.........................7 C3
Touristeninformation......8 C2

SEHENSWERTES & AKTIVITÄTEN
Kunstsammlungen................9 C3
Sveti Martin.....................10 D3
Župna Crkva
   Male Gospe..................11 C3
Diver Sport Center...........12 A3
Sunbird..........................13 A3
Windsurfing School..........14 A3

SCHLAFEN
Guest House Helios..............15 A3
Hotel Bellevue....................16 A3
Mare Mare Suites................17 C2
Villa Hortensia...................18 A3

ESSEN
Barakuda..........................19 B3
Corrado...........................20 D3
Diana..............................21 A3
Pizzeria Draga...................22 D3
Porto..............................23 D3
Supermarkt......................24 C2

AUSGEHEN
Katakomba.......................25 C3
Marina............................26 B2

TRANSPORT
Busbahnhof......................27 B2
Jadrolinija-Kai..................28 B2
Jadrolinija (Büro)..............29 C2
SanMar............................30 B3

Zum Campingdorf
Poljana (1 km);
Cres (30 km)

Kadi
zaljev

Zum Camping
Čikat (400 m)

Hafen von
Mali Lošinj

Riva Lošinjskih
Kapetana

Uvala Martin

Trg Republike
Hrvatske

Čikat zaljev

Zur Villa Favorita (800 m);
Sunčana Uvala (1 km);
Hotel Vespera (1,2 km)

Zum Garten der
feinen Aromen (300 m);
Veli Lošinj (4 km)

---

umgeben von Kiefernwäldern, die die Bucht und ihre herrlichen Strände beschatten.

Mali Lošinj lässt sich zwar im Frühjahr und Herbst entspannter genießen, eignet sich aber selbst in der hektischen Sommersaison als Standort für Ausflüge auf Lošinj und Cres oder zu den nahe gelegenen kleinen Inseln Susak, Ilovik und Unije.

ORIENTIERUNG
Der Jadrolinija-Kai für alle großen Fährschiffe befindet sich im nordöstlichen Teil der Stadt. Zu Fuß sind es von dort etwa 500 m am Hafenbecken entlang zum Zentrum. Die Katamarane legen etwas näher zum Zentrum der Stadt an. Der Busbahnhof befindet sich ein Stück weiter ebenfalls am Wasser.

Die meisten Läden, Reisebüros und Cafés konzentrieren sich entlang der Riva Lošinjskih Kapetana, die am Hafenbecken entlang zum Trg Republike Hrvatske mit seinem Springbrunnen verläuft.

Auf der gegenüberliegenden Seite führen Straßen am Ende des Hafenbeckens zu den Hotels und Stränden an der Sunčana Uvala und der Čikat-Bucht.

PRAKTISCHE INFORMATIONEN
In der Stadt herrscht aufgrund langer Touristenmustradition kein Mangel an Reiseagenturen, die Privatunterkünfte vermitteln, Flugtickets buchen oder Ausflüge organisieren können.

Cappelli (☎ 231 582; www.cappelli-tourist.hr; Kadin bb; ☺ 9–21 Uhr) Vermittlung von Privatunterkünften auf Cres und Lošinj, Verkauf von Tickets der Venezia Lines.

Erste Banka (Riva Lošinjskih Kapetana 4) Mit einem Geldautomat.

Garderoba (☎ 231 110; Riva Lošinjskih Kapetana 19; ☺ 6–22 Uhr) Gepäckaufbewahrung (Stück 10 Kn).

Internet Point F1 (☎ 231 129; Giuseppe Garibaldi 39; Std. 25 Kn; ☺ 8–13 & 17–22 Uhr) Internet-Café.

Krankenhaus (☎ 231 824; Dinka Kozulića 1)

Manora Lošinj (☎ 520 100; www.manora-losinj.hr; Priko 29; ☺ Mo–Sa 8.30–21, So 9–13 & 18–21 Uhr) Freundliche Agentur mit breitem Serviceangebot.

Postamt (Vladimira Gortana 4; ☺ Mo–Fr 8–21, Sa 8–12 Uhr)

Touristeninformation (☎ 231 884; www.tz-malilo sinj.hr; Riva Lošinjskih Kapetana 29; ☺ Juni–Sept. Mo–Sa 8–20, So 9–13 Uhr, Okt.–Mai Mo–Fr 8–17, Sa 9–13 Uhr) Eine wahre Schatzhöhle voller nützlicher Informationen mit aufwendig gestalteten Broschüren und Karten der Wanderwege auf den beiden Inseln.

KVARNER REGION

SEHENSWERTES

Hauptsehenswürdigkeiten von Mali Lošinj sind der hübsche Hafen und das Grün der umliegenden Hügel, die aus dem Meer empor zu wachsen scheinen. Aber es gibt auch einige Monumente, die an die lange Geschichte der Insel erinnern: Auf dem Friedhof rund um **Sveti Martin** erzählen die Gräber von den früheren Bewohnern Mali Lošinjs: von Seeleuten, Glücksrittern aus Italien und Österreich, Mitgliedern italienischer Königshäuser und österreichischen Kindern, die im 19. Jh. hierher geschickt wurden, weil man sich vom milden Klima die Heilung der Tuberkulose oder anderer Erkrankungen der Atemwege erhoffte.

Die **Župna Crkva Male Gospe** (Kirche Mariä Empfängnis) lohnt vor oder nach der sonntäglichen Messe um 10 Uhr einen Besuch. Im Inneren gibt es einige sehenswerte Kunstwerke zu bewundern, darunter ein Gemälde von Mariä Empfängnis aus der Hand eines venezianischen Künstlers aus dem 18. Jh. sowie Reliquien des hl. Romulus.

Die schönen Künste kommen in den **Kunstsammlungen** (Umjetničke Zbirke; ☎ 231 173; Vladimira Gortana 35; Eintritt 10/5 Kn; Di–So 10–13 & 19–22 Uhr) der Familien Mihičić und Piperata zur Geltung. Gezeigt werden sowohl zeitgenössische kroatische Arbeiten wie auch alte Meister mit Schwerpunkt auf italienischer, französischer und niederländischer Malerei.

Mit berauschenden adriatischen Wohlgerüchen lockt der **Garten der feinen Aromen** (Miomirisni Otočki Vrt; ☎ 233 638; Braće Vidulić bb; Eintritt frei; Juli & Aug. 10–12 & 18–21 Uhr, Sept.–Juni 10 bis 12 Uhr) am Stadtrand. In diesem Duftparadies wachsen – eingerahmt von den traditionellen Steinmauern (den sogenannten gromače) – über 250 einheimische und 100 exotische Pflanzenarten. Im Sommer finden hier jeden Mittwochabend Veranstaltungen wie Verkostungen traditioneller Getränke oder Autorenlesungen statt.

AKTIVITÄTEN

Die besten Kiesstrände zum Schwimmen finden sich an der Bucht **Sunčana Uvala**. Der lange, schmale Kiesstrand der **Čikat-Bucht** ist den Winden ausgesetzt und deshalb der Windsurfspot. Die **Windsurfing School** (☎ 231 222) und **Sunbird** (☎ 091 792 5926; www.sunbird.de), unweit vom Hotel Bellevue bieten Kurse an. Bei Sunbird kann man auch Katsegeln lernen und Mountainbikes mieten (75 Kn pro Tag).

Fahrradfahren und **Wandern** erfreuen sich auf Lošinj immer größerer Beliebtheit; das lokale Tourismusbüro tut viel, um diese Aktivität zu fördern. Dort gibt es die Gratisbroschüre Spazier- & Fußwege mit Karten, auf denen 220 km Wanderwege auf den fünf Inseln des Archipels (Lošinj, Cres, Ilovik, Susak und Unije) eingezeichnet sind.

Bergwanderer können den höchsten Inselgipfel Televrina (588 m) besteigen oder den steilen Pfad nach Sveti Nikola (557 m) einschlagen, wo sie ein wunderbarer Blick erwartet.

In Lošinjs Gewässern lässt es sich herrlich **tauchen**. Wer weiß, vielleicht wartet unter Wasser ein weiterer Apoksiomen (s. S. 151) auf seine Entdeckung! Betaucht werden ein 1917 gesunkenes Schiffswrack, eine große, nicht allzu tief gelegene Höhle, die für Anfänger geeignet ist, und das fantastische Margarita-Riff vor der kleinen Insel Susak.

Der Hauptanbieter für Tauchexkursionen ist das **Diver Sport Center** (☎ 233 900; www.diver.hr) an der Čikat-Bucht. Kurse und Tauch-Pakete kosten ab 320 Kn.

SCHLAFEN

Mali Lošinj bietet eine große Auswahl an Unterkunftsmöglichkeiten. Die unter Praktische Informationen (s. S. 146) aufgeführten Reiseagenturen vermitteln Zimmer und Apartments in der Umgebung, doch in der Stadt selbst gibt es nur wenig Auswahl. In der Touristeninformation liegt eine Liste privater Unterkünfte aus.

In der Hochsaison schlägt ein Zimmer mit 90–140 Kn pro Person zu Buche. Ein Apartment für zwei Personen ist ab 320 Kn erhältlich. Im Sommer wird gelegentlich ein Aufschlag verlangt, wenn man kürzer als vier Nächte bleibt.

Die meisten Hotels befinden sich im Kiefernwald auf dem Hügel über der Čikat-Bucht, einige säumen die Sunčana Uvala. Der Großteil wird von **Lošinj Hotels & Villas** (www.losinj-hotels.com) verwaltet. Fast alle Pauschalhotels sind gesichtslose und kaum von einander unterscheidbare Ferienanlagen, bei denen auch jüngste Renovierungen nicht viel verändert haben. Für die Hotels sprechen allerdings die grüne Umgebung und der Strand. Zwischen November und Ostern sind die meisten Hotels geschlossen. Im Sommer wird für Aufenthalte von weniger als drei oder vier Nächten ein Aufschlag verlangt.

Budgetunterkünfte

Camping Čikat (☎ 232 125; www.camps-cres-losinj.com; Dražica 1, Čikat bb; Erw./Stellplatz 62/47 Kn; ☺ April–Mitte Okt.) Der große, gut ausgestattete Campingplatz befindet sich unweit eines betonierten Strandabschnittes.

Camping Village Poljana (☎ 231 726; www.polja na.hr; Poljana bb; Stellplatz Neben-/Hauptsaison 87–166 Kn) Der schicke, in einem Kiefernwald gelegene Platz punktet mit Einrichtungen wie gebührenpflichtigem WLAN, einem Restaurant und einem Supermarkt.

Guest House Helios (☎ 232 124; www.losinj-hotels. com; Čikat bb; EZ Neben-/Hauptsaison 158–270 Kn, DZ 315–540 Kn; P) Ein gesichtsloses und dringend renovierungsbedürftiges Haus, dessen Vorteil die Lage ist: Mitten im Grünen und nur einen Katzensprung von den Stränden entfernt.

Mittelklassehotels

Hotel Vespera (☎ 231 304; www.losinj-hotels.com; Sunčana bb; EZ Neben-/Hauptsaison 233–420 Kn, DZ 360–735 Kn; P 🖥) Tennisplätze, Wanderwege und Wassersportmöglichkeiten gleich neben- an machen dieses 3-Sterne-Hotel zum idealen Standort für Familien und Aktive. Es liegt nur einen Steinwurf von einem hübschen Strand der Sunčana Uvala entfernt.

Hotel Bellevue (☎ 231 222; www.losinj-hotels.com; Čikat bb; EZ Neben-/Hauptsaison 233–420 Kn, DZ 390 bis 765 Kn; P 🖥 🖥) Die Lage im Kiefernwald, das Wellness-Zentrum und die neu eingerichteten Zimmer helfen etwas, die Reisegruppen zu vergessen, die hier regelmäßig absteigen. Das preiswertere Nebengebäude Villa Hortensia (EZ Neben-/Hauptsaison 132/315 Kn; DZ 263/630 Kn) liegt direkt am Strand.

Spitzenklassehotels

Mare Mare Suites (☎ 232 010; www.mare-mare.com; Riva Lošinjskih Kapetana 36; EZ Neben-/Hauptsaison 600–900 Kn, DZ 750–1050 Kn; P ✂ 🖥 🖥) Das B&B residiert in einem historischen Stadthaus an der Uferpromenade. Kein Zimmer und keine Suite gleichen dem anderen, alle haben Meerblick und eine elegante Einrichtung. Die Gäste genießen ein Jacuzzi auf der Terrasse, einen À-la-carte-Zimmerservice, kostenloses WLAN, Fahrräder und Strandtransfer im Sommer.

Villa Favorita (☎ 520 640; www.villafavorita.hr; Sunčana Uvala; DZ Neben-/Hauptsaison 660–1150 Kn; P ✂ 🖥 🖥) Jedes der acht Luxuszimmer in der ruhig gelegenen Habsburger Villa trägt den Namen einer Blume, vier haben Meerblick. Im sorgfältig gepflegten Garten befinden sich Saunen,

ein Massageraum und ein Meerwasserpool. Die Zimmer im Nebengebäude Villa Jelena (EZ Neben-/Hauptsaison 330/575 Kn; DZ 610/850 Kn) sind etwas kleiner und haben keine Klimaanlage.

ESSEN

Der enorme italienische Besucherstrom über den Sommer hat in der Inselküche eindeutige (italienische) Akzente gesetzt. Wie auf vielen anderen Inseln auch, gibt es auch hier keine großen Unterschiede in Preis und Qualität; die Speisekarten bieten vornehmlich Meeresfrüchte, gegrillten Fisch, Pasta und Risotto. Je weiter weg man sich vom Hafen in Richtung Altstadt begibt, desto besser wird das Essen.

Pizzeria Draga (☎ 231 132; Braće Ivana i Stjepana Vidulića 77; Pizzen ab 35 Kn) Der Eigentümer des freundlichen Lokals hat zahlreiche Preise für seine Pizzen aus dem Holzofen gewonnen. Da wundert es nicht, dass die Terrasse im Sommer immer voll besetzt mit Einheimischen und Touristen ist.

Corrado (☎ 232 487; Svete Marije 1; Hauptgerichte ab 50 Kn) Die *konoba* mit ihrer überdachten Terrasse gehört einem Hochseefischer, deshalb kommen keine Zuchtfische auf den Tisch. Der Fisch mit Gemüse aus dem Backofen schmeckt ebenso delikat wie das bäuerliche *verze na pofrih*, ein Eintopf mit Calamari und Kohl, der zwei Stunden im Voraus bestellt werden sollte.

LP Tipp Porto (☎ 231 956; Sveti Martin 35; Hauptgerichte ab 60 Kn) Fischfilet mit Seeigeln ist die Spezialität dieses hübschen, kleinen Lokals an einer ruhigen Bucht unweit der Kirche Sveti Martin. Da es nicht an der touristischen Hauptroute liegt, ist die überdachte Terrasse am Meer selten überfüllt.

Diana (☎ 232 055; Čikat bb; Hauptgerichte ab 65 Kn) Das Restaurant gehört zu einem kleinen 4-Sterne-Hotelkomplex an der Čikat-Bucht und ist vor allem wegen seiner von Zypressen beschatteten Terrasse zum Meer und seiner Lamm-Medaillons mit Spargel beliebt. Auch die Fischgerichte schmecken gut.

Barakuda (☎ 233 309; Priko 31; Hauptgerichte ab 70 Kn) Fisch vom Holzkohlengrill und die maritime Dekoration zeichnen dieses Restaurant am Hafen aus. Allerdings können die vielen Touristen im Sommer manchmal den Genuss etwas trüben.

Selbstversorger finden alles Nötige im Supermarkt am Platz Trg Zagazinjine nördlich des Hafens.

KVARNER REGION

BLUE WORLD

Das **Blue World Institute of Marine Research & Conservation** (☎ 236 406; www.blue-world.org; Kaštel 24) ist eine nicht staatliche Organisation mit Sitz in Veli Lošinj, die 1999 mit dem Ziel gegründet wurde, das Umweltbewusstsein im Archipel von Lošinj und Cres, in Kroatien und der gesamten Adriaregion zu schärfen. Dazu tragen Vorträge, Pressekonferenzen und der **Tag der Delfine** bei, der jährlich am ersten Augustsamstag in Veli Lošinj stattfindet. Fotoausstellungen, Straßentheater, Schnitzeljagden und Mal- und Zeichenwettbewerbe für Kinder sollen die Öffentlichkeit für das Thema sensibilisieren.

Als Mitglied des Adriatic Dolphin Project beobachtet Blue World die Großen Tümmler, die in der Region von Lošinj und Cres leben. Jeder Delfin wird benannt und anhand von Fotos registriert, auf denen seine charakteristischen Besonderheiten auf der Schwanzflosse zu sehen sind. Die Population der im Archipel lebenden Großen Tümmler ist in den letzten 15 Jahren um 40 % dramatisch gesunken und umfasst heute nur noch 100 Tiere. Deshalb wurde auf Initiative von Blue World das **Delfinreservat Lošinj** ins Leben gerufen: Es ist die erste unter Naturschutz stehende Meeresregion für Große Tümmler im Mittelmeer.

Peter Mackelworth, oberster Naturschützer von Blue World, erklärt die stetige Abnahme der Delfinpopulation in diesen Gewässern so: „Überfischung und die hektische Sommersaison mit viel Lärm und Schiffsverkehr stören die Tiere. In den Sommermonaten flüchten sie deshalb in ruhigere Gewässer nach Norden und Süden – jedes Jahr dauert es aber etwas länger, bis sie wieder zurückkehren."

Gefragt, was man tun könne, gibt Peter den Rat, zunächst einmal das Zentrum zu besuchen und sich zu informieren. Wer mehr beitragen möchte, kann einen Delfin für nur 150 Kn adoptieren! Damit werden unmittelbar die Aktivitäten des Adriatic Dolphin Project unterstützt. Der Pate bekommt sogar eine persönliche Adoptionsurkunde und ein Foto seines Delfins. Zum Zeitpunkt der Recherche warteten noch vier freundliche Delfine – Sonja, Debbie, Meta und Mush – auf ihre Adoptiveltern.

Wer noch aktiver beitragen möchte, kann sich für ein Öko-Praktikum anmelden. Blue World bietet solche Stellen von Juni bis September an. Ein zwölftägiges Programm kostet ab 700 €/ Pers. und schließt Unterkunft, Essen, Vorträge und Aktivitäten ein.

UNTERHALTUNG

In den Sommermonaten ist auf den Terrassen der Café-Bars am Hafen kaum noch ein Platz zu finden. Entlang der Riva Lošinjskih Kapetana und Ulica Vladimira Gortana bieten sich zahllose Möglichkeiten, wenngleich diese sich kaum voneinander unterscheiden.

Für Live-Musik und tolle Stimmung steht die beliebteste Kneipe, die **Katakomba** (Del Conte Giovanni 1); sie findet man in einer Gasse auf der anderen Hafenseite. Party auf dem Wasser verspricht das **Marina** (Velopin bb). Die schwimmende Cocktailbar liegt an der südwestlichen Seite des Hafens vor Anker und heizt in den Sommernächten mit DJs und Live-Musik ein.

AN- & WEITERREISE

Neun Busse verkehren täglich zwischen Mali Lošinj und Veli Lošinj (15 Kn, 10 Min.). Weitere Bus- und Schiffsverbindungen siehe S. 144. An den Schaltern der **Reederei Jadrolinija** (☎ 231765; www.jadrolinija.hr; Riva Lošinjskih Kapetana 22)

bekommt man Informationen über Fähren sowie Fahrkarten.

UNTERWEGS VOR ORT

Zwischen Ende April und Oktober verbindet ein Shuttlebus (10 Kn) stündlich bis 23 Uhr das Stadtzentrum mit den Hotels an der Sunčana Uvala und der Čikat-Bucht.

Alternativ kann man die Insel mit einem Motorroller erkunden, den es bei **SanMar** (☎ / Fax 233 571; www.sanmar.hr; Priko 24; 200 Kn pro Tag; ⏲ 8.30–14.30 & 18–22 Uhr) zu mieten gibt, dort können für Touren auch Fahrräder ausgeliehen werden (80 Kn pro Tag).

Inseln rund um Mali Lošinj

Zu den beliebtesten Ausflugszielen von Mali Lošinj aus zählen die nahen und autofreien Inseln Susak, Ilovik und Unije. Das winzige **Susak** (188 Ew.; 3,8 km²) unterscheidet sich von den anderen durch eine dicke Lage feinsten Sandes, die den Kalkstein darunter bedeckt und so für herrliche Strände sorgt.

Besonders interessant ist die eigenwillige Kultur der Insel: Der Dialekt der Inselbewohner ist für andere Kroaten nahezu unverständlich. An Feiertagen und bei Hochzeiten tragen die Frauen traditionelle bunt gestreifte Röcke und rote Strumpfhosen. Für jedes der alten Steinhäuser musste das Material Stein für Stein von Mali Lošinj herbeigeschafft und zum Bestimmungsort getragen werden. So ist nicht verwunderlich, dass die Inselbevölkerung stetig abnimmt. Viele Leute aus Susak leben heute in Hoboken nahe New York City im amerikanischen Bundesstaat New Jersey.

Anders als das flache Susak ist **Ilovik** (145 Ew.; 5,8 km²) eine hügelige Insel. Bekannt ist sie für ihren Blumenreichtum: Oleander, Rosen und Eukalyptusbäume gedeihen hervorragend auf der Insel mit ihren abgeschiedenen Badebuchten, die vor allem bei den Seglern beliebt sind.

Die sanft gewellte Insel **Unije** (273 Ew.; 18 km²), die größte Insel des Lošinj-Archipels, ist dicht mit mediterraner Macchia bewachsen und lockt mit Kiesstränden und zahllosen Buchten und Fjorden. Die einzige Siedlung ist ein malerisches Fischerdorf mit steilgiebeligen Steinhäusern.

Ausflüge nach Susak, Ilovik und Unije lassen sich bei vielen Reiseagenturen buchen, doch ist es auch kein Problem, auf eigene Faust überzusetzen. Jadrolinija-Fähren starten im Sommer täglich zu einer Rundfahrt von Mali Lošinj nach Susak (13 Kn, 2½ Std.) und Ilovik (13 Kn, 1 Std.): Ein Schiff fährt am Morgen (an manchen Tagen kurz nach Sonnenaufgang) ab, ein anderes kehrt am späten Nachmittag wieder zurück. Ein Tagesausflug nach Unije (13 Kn, 1½ Std.) ist jeden Tag außer Montag und Mittwoch möglich. Sonntags gibt es nur eingeschränkte Fährverbindungen zu den Inseln.

Veli Lošinj

Trotz seines Namens (*veli* bedeutet im Kroatischen groß und *mali* klein) ist Veli Lošinj kleiner, entspannter und auch weniger überlaufen als das nur 4 km nordwestlich gelegene Mali Lošinj. Es konnte sich auch noch etwas vom Charakter eines Fischerdorfes erhalten. Pastellfarbene, barocke Häuser drängen sich um eine schmale Bucht, die wie ein Finger in die Südostküste der Insel hineinragt. Enge, kopfsteingepflasterte Gassen führen vom Hauptplatz an efeuüberwucherten Häuschen vorbei bergauf zur Felsküste. Angenehm ist, dass das Zentrum für Autos gesperrt ist, doch die Touristenmassen im Sommer schmälern das Vergnügen, durch die verkehrsberuhigten Straßen zu bummeln.

Wie im Nachbarort, lebten auch in Veli Lošinj wohlhabende Kapitäne, die sich prächtige Villen errichten ließen und sie mit Gärten voll exotischer Pflanzen schmückten – auch sie allesamt Souvenirs von ihren vielen Reisen. Der Bummel die steilen Straßen bergauf führt an diesen Anwesen vorbei. Den Spenden der Kapitäne ist auch die schöne Ausstattung der Kirchen zu verdanken, allen voran Sveti Antun am Hafen.

ORIENTIERUNG

Die Busstation befindet sich auf einem Hügel über dem Hafen. Die Straße Vladimira Nazora führt hinunter zum Hafen, der zugleich als Stadtzentrum fungiert. Bank, Postamt, Reisebüros und einige Cafés säumen die Obala Maršala Tita, die die Bucht umrundet. Eine Küstenstraße führt nach Norden bergauf zum Strand des Hotels Punta und nach Osten zum Strand an der Rovenska-Bucht, die etwa 10 Minuten Fußweg entfernt liegt.

PRAKTISCHE INFORMATIONEN

Erste Banka (Obala Maršala Tita) Mit Geldwechsel. Einige weitere Geldautomaten gibt es in der Stadt.

Postamt (Obala Maršala Tita 33; ☺ Mo–Fr 8–21, Sa 8–12 Uhr)

Turist (☎ 236 256; www.island-losinj.com; Obala Maršala Tita 17; ☺ Sommer 8–14 & 17–21 Uhr, restliches Jahr kürzere Öffnungszeiten) Vermittlung von Privatunterkünften, Geldwechsel, Verleih von Fahrrädern (6 Std. 50 Kn) und Rollern (Std. 80 Kn); Ausflüge nach Susak und Ilovik (115 Kn).

Val (☎ /Fax 236 352; www.val-losinj.hr; Vladimira Nazora 29; ☺ Juli & Aug. 9–20 Uhr) Neben der Vermittlung von Privatunterkünften bietet diese Agentur auch einen Internetzugang (Std. 30 Kn).

SEHENSWERTES & AKTIVITÄTEN

Unübersehbar beherrscht der hohe Glockenturm der **Crkva Svetog Antuna** (Antoniuskirche) den rechten Hafenbereich. Sie wurde 1774 im barocken Stil erbaut und dank der Zuwendungen wohlhabender Kapitäne reich mit Marmoraltären, einer kostbaren Sammlung italienischer Gemälde, einer Orgel und Reliquien des hl. Georg ausgestattet. Das Gotteshaus ist nur für die sonntägliche Messe geöffnet, aber ein schmiedeeisernes Tor erlaubt den Blick ins Innere.

Der auffällige **Wehrturm** (Kula; Kaštel 2) im Straßengewirr hinter dem Hafen wurde 1455 von den Venezianern errichtet, um die Stadt vor den berüchtigten Uskoken (aus Senj stammende Piraten) verteidigen zu können. Heute residiert in seinen Mauern ein kleines **Museum & Galerie** (☎ 236 594; Eintritt 10 Kn; ☯ Mitte Juni–Mitte Sept. Di–So 10–13 & 19–22 Uhr, Mitte Sept.–Okt. & April–Mitte Juni Di–Sa 10–13 Uhr), das die Geschichte der Inselseefahrt mit Erläuterungen (auch in Englisch) dokumentiert.

Die spannendste Sehenswürdigkeit ist allerdings das **Museumspädagogische Zentrum von Lošinj** (☎ 236 406; Kaštel 24; Erw./Stud. 10/7 Kn; ☯ Juli & Aug. 9–13 & 18–22 Uhr, Juni & Sept. 9–13 & 18–20 Uhr, sonst kürzere Öffnungszeiten), das die Besucher für die örtliche Meeresflora und -fauna sensibilisiert. Einen Schwerpunkt bilden die in ihrem Bestand bedrohten Großen Tümmler. Das Zentrum ist ein Projekt der Organisation Blue World (s. S. 149).

Der Weg zur Kunstgalerie **Ultramarin** (☎ 236 117; www.ultramarin.hr; Obala Maršala Tita 7; ☯ Juni–Aug. 9–22 Uhr) ist vom Hafen aus ausgeschildert. Ein Ehepaar kreiert hier bunte, dekorative Boote, Vasen und Kerzenständer aus Treibholz, das es auf der Insel sammelt.

Inoffizielles Wahrzeichen der Stadt ist die antike Statue des **Apoksiomen**, die 1999 auf dem Meeresgrund in der Nähe von Lošinj geborgen wurde. Der 2000 Jahre alte Bronzeathlet zählt zu den wenigen so gut erhaltenen Kunstwerken dieser Art weltweit. Jahrelang wurde die Statue akribisch restauriert und steht nun im Archäologischen Museum Zagreb. Eine Kopie ist in Veli Lošinj in der Galerie Kula zu besichtigen (im Sommer tgl. 10–13, 18–21 Uhr, 8 Kn).

SCHLAFEN
Sowohl Val wie auch andere Reiseagenturen (s. S. 150) vermitteln Privatunterkünfte zu etwa den gleichen Preise wie in Mali Lošinj. Ein guter Standort ist die Pension Saturn am Hafen, die über Val gebucht werden kann. Zum Zeitpunkt der Recherche wurde an einem neuen Hostel gebaut, das in Kürze seinen Betrieb aufnehmen wird.

Jugendherberge (☎ 236 234; www.hfhs.hr; Kaciol 4; B Neben-/Hauptsaison 110–135 Kn; ☯ Juni–Okt.; ▢) Die Unterkunft in den recht sauberen und komfortablen Zimmern einer etwas heruntergekommenen Habsburger Villa von 1884 ist konkurrenzlos günstig. Das Haus in einem schattigen Kiefernwald wird sehr gerne von Schülergruppen gebucht, also rechtzeitig reservieren!

Hotel Punta (☎ 662 000; www.losinj-hotels.com; EZ Neben-/Hauptsaison 285–487 Kn; DZ 420–827 Kn; ▣ ▢ ▥) Besonders originell ist das Pauschalhotel auf einem Hügel nicht, aber die Zimmer (alle mit Balkon) sind in Ordnung und die Gäste profitieren vom bequemen Strandzugang und zahlreichen Freizeitmöglichkeiten wie dem kleinen Wellness-Zentrum.

ESSEN
Die Restaurants am Hafen servieren den typischen Mix aus Fisch- und Fleischgerichten. Folgende zwei Adressen sind empfehlenswert.

Ribarska Koliba (☎ 236 235; Obala Maršala Tita 1; Hauptgerichte ab 55 Kn) Das angenehme Restaurant um die Ecke der Kirche Svetog Antuna ist bekannt für Lamm oder Spanferkel am Spieß sowie für seine gute *buzara* (Eintopf aus Scampi und Muscheln), die alle auf einer Terrasse am Meer serviert werden.

LP Tipp **Bora Bar** (☎ 867 544; www.borabar.com; Rovenska-Bucht 3; Hauptgerichte ab 70 Kn) Die Trüffelspezialitäten, die der aus Italien stammende Küchenchef Marko Sasso zaubert, sind alleine schon Grund genug, nach Veli zu reisen. Höchste Genüsse versprechen das Safran-Risotto mit Trüffeln sowie die Panna cotta mit getrüffeltem Honig. Das Lokal an der malerischen Bucht von Rovenska ist angenehm, farbenfroh eingerichtet und bietet Extras wie WLAN und eine Tauschbörse für Bücher. Alle Gerichte, auch viele ohne Trüffel, werden frisch und mit Liebe zubereitet – da nimmt man Wartezeiten gerne in Kauf.

AN- & WEITERREISE
Neun Busse verkehren täglich zwischen Mali Lošinj und Veli Lošinj (15 Kn, 10 Min.).

INSEL CRES
Das lang gestreckte Cres, das von Spitze zu Spitze 68 km misst, ist länger, dünner besiedelt und nicht so entwickelt wie Lošinj. Auf dieser wilden Insel locken noch recht ursprüngliche Wälder zu Wanderungen und abgelegene Buchten zum Baden ein. Verstreut über die Insel liegen einige uralte Bergdörfer, in den wenigen Lokalen werden die wohl köstlichsten Lammgerichte Kroatiens gekocht.

Der nördliche Teil der Insel, die Tramuntana, ist dicht mit Eichen-, Hainbuchen, Erika und Kastanienwäldern bewachsen. Hier leben auch die geschützten Gänsegeier (s. unten) rund um das Bergdorf Beli über der Ostküste. Der 6 km lange Vransko Jezero (Vrana-See) im Zentrum der Insel dient beiden Inseln als Trinkwasserreservoir – sein Grund liegt etwa 60 m unterhalb des Meeresniveaus. Die wichtigsten Hafenorte befinden sich an der Westküste von Cres; über dem gebirgigen Inselinneren südwestlich von Valun thront das faszinierende, mittelalterliche Städtchen Lubenice (s. S. 154).

Cres (Stadt)
2234 Ew.

Beim Bummel durch die sonnendurchflutete Stadt Cres, vorbei an italienisch schwatzenden alten Damen, fragt man sich unwillkürlich, ob man nicht unbemerkt die italienische Grenze passiert hat: Pastellfarbene Häuser mit Terrassen und venezianische Palazzi säumen das Hafenbecken Mandrać, in dem dicht an dicht kleine Fischerboote dümpeln. Italienische Bootsfahrer lieben die Stadt und fallen jeden Sommer in Horden ein.

Den italienischen Einfluss begründeten im 15. Jh. die Venezianer. Nachdem ihr Hauptsitz in Osor von Pest und Seuchen heimgesucht worden war, verlagerten sie ihn nach Cres. Am Hafen wurden öffentliche Gebäude und Patrizierpaläste errichtet und im 16. Jh. mit einer Stadtmauer gesichert. Entlang der Uferpromenade und im Gassengewirr der Altstadt sind Zeugnisse der italienischen Herrschaft wie Wappen mächtiger venezianischer Familien und Renaissanceloggien allgegenwärtig.

ORIENTIERUNG

Die Bushaltestelle (keine Gepäckaufbewahrung) befindet sich an der südöstlichen Seite des Mandrać neben der Touristeninformation und der Bank. Die Altstadt erstreckt sich von der Hafenpromenade Riva Creskih Kapetana landeinwärts bis zur Straße Šetalište 20 Travnja. Die meisten Kirchen und Sehens-

---

DER BEDROHTE GÄNSEGEIER

Unter den in Kroatien heimischen Vögeln ist der Gänsegeier sicherlich der majestätischste: Mit einer Flügelspannweite von fast 3 m, einer Länge von 1 m und einem Gewicht von 7 bis 9 kg wirkt der Vogel sehr groß. Auch in puncto Schnelligkeit kann der Geier sich sehenlassen: Meist ist er mit 40 bis 50 km/h gemütlich unterwegs, aber er kann auch auf 120 km/h beschleunigen. Der kräftige Schnabel und der lange Hals eignen sich perfekt dafür, in den Eingeweiden der Kadaver (meist eines toten Schafes) herumzustochern.

Die Suche nach den raren Schafskadavern erledigen die Gänsegeier in Teamarbeit: Meist startet eine ganze Geierkolonie und fliegt in lockerer Formation mit bis zu 1 km Abstand voneinander. Sobald ein Geier einen Kadaver entdeckt, beginnt er zu kreisen und gibt den anderen damit das Signal, dass es nun etwas zu fressen gibt. Die Schäfer schätzen die Geier, denn die Vögel verhindern durch ihre rasche Aasbeseitigung, dass die Krankheit oder Infektion, die das Schaf getötet haben, auf die restliche Herde überspringt.

In Kroatien leben insgesamt 150 Gänsegeier, die meisten von ihnen nisten in den Klippen von Cres, weitere kleine Kolonien sind auf den Inseln Krk und Prvić heimisch. Um die Versorgung mit ihrer Lieblingsnahrung zu sichern, folgen die Gänsegeier den Schafherden. Sie fressen auch andere Säugetiere, was nicht ganz ungefährlich ist: Die letzten Gänsegeier im Nationalpark Paklenica verendeten vor kurzem, weil sie vergiftete Füchse gefressen hatten. Auch wenn die Anzahl der Schafherden rückläufig ist, wird die Schäferei auf Cres nach wie vor betrieben und vom Öko-Zentrum Caput Insulae in Beli (s. S. 155) gefördert und unterstützt.

Die Brutgewohnheiten der Vögel verhindern ein schnelles Wachstum der Population. Ein Geierpaar bekommt pro Jahr nur ein einziges Junges – es dauert fünf Jahre, bis der Jungvogel erwachsen ist. In dieser Zeit unternehmen die heranwachsenden Gänsegeier lange Wanderzüge; ein im Nationalpark Paklenica beringter Gänsegeier wurde im Tschad (4000 km von seiner Heimat entfernt) gefunden.

Gänsegeier stehen als bedrohte Tierart in Kroatien unter Naturschutz. Wer einen Vogel tötet oder ihn beim Nisten stört, riskiert 5000 € Strafe. Absichtlich werden die Vögel heutzutage kaum noch umgebracht; allerdings sterben Jungvögel häufig, weil sie von Urlaubern mit Motorbooten aufgescheucht und verfolgt werden. Die jungen Tiere können an einem windstillen Tag höchstens 500 m weit fliegen, dann stürzen sie erschöpft ins Wasser und ertrinken.

KVARNER REGION

würdigkeiten liegen innerhalb dieses Areals. Um den Hafen und die Lungomare Sveti Mikula entlang erreicht man nach etwa 1 km die Felsstrände um das Hotel Kimen und das Autocamp Kovačine.

PRAKTISCHE INFORMATIONEN

Autotrans (☎ 572 050; www.autotrans-turizam.com; Zazid 4; ⊙ Juni–Aug. 7–21 Uhr, Sept.–Mai Mo–Sa 8–12 & 17.30–19.30 Uhr) Vermittlung von Privatunterkünften, Fahrradverleih (Std. 20 Kn), Ausflüge und Busfahrkarten.

Cresanka (☎ 571 161; www.cresanka.hr; Cons 11; ⊙ Juli & Aug. 7.30–22 Uhr, Juni & Sept. 7.30–21 Uhr, Okt.–Mai 7.30–12 & 15.30–20 Uhr) Vermittlung von Privatunterkünften und Geldwechsel.

Erste Banka (Cons 8) Geldwechsel. Ein weiterer Geldautomat befindet sich an der Riva Creskih Kapetana 3.

Postamt (Cons 3; ⊙ Mo–Fr 7.30–19, Sa 7.30–13 Uhr)

Reisebüro Croatia (☎ 573 053; www.cres-travel. com; Melin 2/33; ⊙ Sommer 8–21 Uhr, sonst kürzere Öffnungszeiten) Vermittlung von Privatunterkünften, Internet-Café (Min. 1 Kn).

Touristeninformation (☎ 571 535; www.tzg-cres.hr; Cons 10; ⊙ Juli & Aug. Mo–Sa 8–20, So 9–13 Uhr, Sept.–Juni Mo–Fr 8–14 Uhr) Verteilt neben allgemeiner Beratung Landkarten und Prospekte.

SEHENSWERTES

Den Platz Trg Frane Petrića am Ende der Riva Creskih Kapetana schmückt eine zierliche **Stadtloggia** aus dem 16. Jh., in der unter venezianischer Herrschaft öffentliche Bekanntmachungen verkündet, finanzielle Transaktionen verhandelt und Feste veranstaltet wurden. Heute findet darin am Vormittag ein Obst- und Gemüsemarkt statt.

Ein Tor aus dem 16. Jh. führt dahinter zur **Sveta Marije Snježne** (Maria vom Schnee; Pod Urom; ⊙ nur zur Messe). An der Fassade ist das Renaissanceportal mit einem Relief der Jungfrau mit dem Kinde bemerkenswert. Vor oder nach der Messe ist der feierliche Kirchenraum zugänglich, dessen wertvollster Schmuck, eine hölzerne Pietà aus dem 15. Jh., geschützt hinter Glas auf dem linken Altar steht.

Die lokale Kooperative **Ruta** (☎ 571 835; www. ruta-cres.hr; Zazid 4A; ⊙ unregelmäßig oder nach Verabredung) bemüht sich um Kultur und Ökologie der Insel, indem sie traditionelle Fertigkeiten wie das Weben und Filzen von Schafswolle bewahrt. Aus der überschüssigen Wolle der einheimischen Rasse der Pramenka-Schafe stellen die Handwerker wunderschöne Pantoffeln, Hüte, Handtaschen und Kleidung her. In der Werkstatt lernen Besucher alles übers Filzen und können es auch persönlich ausprobieren (3-Std.-Kurs 150 Kn).

AKTIVITÄTEN

Die besten Bademöglichkeiten findet man um das Hotel Kimen. Tauchkurse und -exkursionen organisiert **Diving Cres** (☎/Fax 571 706; www. divingcres.de, deutsch) mit Gerätelager und Basis im Autocamp Kovačine.

Cres-Insula Activa (☎ 091 738 9490; www. cres-activa.hr, auf Kroatisch) ist eine ökologisch ausgerichtete Organisation, die Fahrrad-, Kletter- und Kitesurfing-Touren organisiert. Da Wandern und Fahrradfahren auf Cres und Lošinj immer beliebter werden, ist bei der Touristeninformation (s. links) eine Inselkarte mit einem Verzeichnis von Wander- und Fahrradwegen erhältlich.

SCHLAFEN

Alle unter Praktische Informationen (s. links) aufgeführten Agenturen vermitteln private Unterkünfte. Die Preise hängen von der Jahreszeit, dem Komfort und der Lage (Altstadt oder Stadtrand) ab und sind im August am höchsten. Zimmer mit Gemeinschaftsbad kosten ab 175 Kn pro Person für das Einzelzimmer, die Doppelzimmerpreise beginnen bei 235 Kn. Apartments für zwei Personen sind ab 365 Kn zu finden.

Autocamp Kovačine (☎ 573 150; www.camp-kovacine.com; Melin 1/20; Neben-/Hauptsaison 34–70 Kn pro Pers.; ⊙ Ostern–Mitte Okt.) Der 18 ha große Campingplatz etwa 1 km südwestlich der Stadt erhebt keine Stellplatzgebühr. Die Duschen sind mit Solarstrom beheizt, es gibt ein Restaurant und zahllose Freizeitangebote wie Basketball, Volleyball und Tauchen.

Kovačine Rooms (☎ 573 150; www.camp-kovacine.com; Melin 1/20; EZ Neben-/Hauptsaison 225–348 Kn, DZ 406–624 Kn; 🐕) Das Gebäude gehört zum Campingplatz Kovačine und bietet Unterkunft in 13 Zimmern mit Bad/WC, Telefon, Sateliten-TV und sogar Klimaanlage. Einige haben Balkone mit Blick auf die Bucht von Valun.

Hotel Kimen (☎ 573 305; www.hotel-kimen.com; Melin 1/16; EZ Neben-/Hauptsaison 240–485 Kn, DZ 334 bis 610 Kn; 🅿 🐕 💻) Das Besondere an diesem eher unauffälligen Hotel sind seine Lage in einem schattigen Kiefernwald (1 km vom Stadtzentrum entfernt) sowie seine Strände. Die jüngst überholten Zimmer sind alle mit Balkonen ausgestattet. Es gibt außerdem noch ein älteres Nebengebäude (EZ Neben-/Hauptsaison 174/304 Kn; DZ 290/507 Kn).

KVARNER REGION

ESSEN

Luna Rossa (☎ 572 207; Palada 4b; Pizzen ab 18 Kn, Hauptgerichte ab 32 Kn) Das kleine italienische Lokal am Hafen serviert auf der kleinen Terrasse exzellente Pizza und Pasta. Auch Risottogerichte und Gnocchi schmecken köstlich.

LP Tipp **Bukaleta** (☎ 571 606; Loznati bb, Loznati; Hauptgerichte ab 40 Kn) Ein Muss ist die berühmte Lammspezialität von Cres, die in diesem traditionsreichen Familienrestaurant im Dorf Loznati, das 5 km von Cres-Stadt entfernt liegt, hervorragend zubereitet wird. Als Vorspeise empfiehlt sich Ricotta aus Schafsmilch, gefolgt von dem nach aromatischen Weidekräutern schmeckenden Lamm (ab 80 Kn), das gebraten, gegrillt oder vom Spieß serviert wird. All diese Köstlichkeiten sind die Taxifahrt auf jeden Fall wert!

Santa Lucia (☎ 573 222; Lungomare Sveti Mikule 4; Hauptgerichte ab 40 Kn) Das schräge Aussehen dieses preiswerten Restaurants an der Uferpromenade in Richtung Hotel Kimen sollte keinen abschrecken. Die Terrasse am Wasser ist angenehm, und die Spezialität des Hauses – Fisch in Salzkruste – ein Genuss!

Restaurant Riva (☎ 571 107; Riva Creskih Kapetana 13; Hauptgerichte ab 50 Kn) Sorgfältig zubereitete Fischgerichte und die Terrasse zum Hafen, von der aus der Sonnenuntergang über den pastellfarbenen Häusern besonders spektakulär ist, sprechen für dieses Lokal. Empfehlenswert sind vor allem die frisch zubereiteten Scampi vom Grill.

Der **Supermarkt** (Trg Frane Petrića) befindet sich gegenüber der Loggia.

AN- & WEITERREISE

Drei Busse fahren täglich nach Opatija (61 Kn, 2 Std.) und fünf weitere nach Rijeka (84 Kn, 2½ Std.). Es gibt drei Abfahrten am Tag nach Porozina (29 Kn, 1 Std.) und Brestova auf Istrien (mit der Fährfahrkarte 66 Kn, 1½ Std.).

Weitere Information zu Busverbindungen von Cres über die Brücke nach Mali und Veli Lošinj siehe S. 144.

LUBENICE

In dem mittelalterlichen Bergdorf hoch auf einem Felskamm im Westen von Cres scheint die Zeit stillzustehen. Der mit nur 17 ständigen Bewohnern weitgehend verlassene und auf 378 m Höhe von heftigen Windböen heimgesuchte Weiler besteht aus einem Labyrinth uralter Steinhäuser und -kirchen und ist eines der letzten Zeugnisse traditionellen Lebens auf der Insel.

Bereits die Anfahrt auf einer schmalen, von Steinmauern, Wildblumen und Wiesen gesäumten Straße ist ähnlich spektakulär wie die Siedlung selbst. In atemberaubender Lage präsentiert sie sich etwa 10 km abseits der Hauptstraße nach Valun. Die in Rijeka beheimatete Organisation für nachhaltige Entwicklung – **Ekopark Pernat** (☎ 513 010; www.ekoparkpernat.org) – hat viel zur Rettung von Lubenice beigetragen. Sie unterhält ein **kulturpädagogisches Zentrum** (☎ 840 406; eine Spende von 7 Kn wird erwartet; ☼ Ostern–Okt. 9–22 Uhr) in der ehemaligen Schule am Ortsausgang. Dort ist eine kleine Ausstellung zum Thema Schafzucht zu sehen. Andere Projekte wie der Wiederaufbau des Pfarrhauses und die Organisation verschiedener Workshops sind in Vorbereitung.

Lubenice thront über einem der abgelegensten und schönsten **Strände** der Kvarner Bucht. Ein steiler Pfad führt durchs Unterholz hinunter in die geschützte Bucht. Der 45-minütige Abstieg ist ein Spaziergang, doch der Weg zurück hinauf erweist sich dann als ziemlich anstrengend. Alternativ kann man auch mit dem Wassertaxi von Cres oder Valun zum Strand gelangen.

Ein weiterer Grund, Lubenice einen Besuch abzustatten, sind die jährlich veranstalteten „Musikalische Nächte von Lubenice": **Lubenicke Glazbene Večeri.** Jeden Freitagabend im Juli und August werden klassische Konzerte im Freien veranstaltet. Das genaue Programm und der Fahrplan der Zubringerbusse sind bei der Touristeninformation der Stadt Cres (S. 153) erhältlich.

Privatzimmer sind die einzige Unterkunftsmöglichkeit in Lubenice. Listen der Anbieter liegen bei der Touristeninformation der Stadt Cres vor; die Auswahl ist allerdings klein.

Das einzige Restaurant im Ort ist die **Konoba Hibernicia** (☎ 840 422; Lubenice 17; Hauptgerichte ab 45 Kn). Seine Spezialität sind Lammgerichte, die in der kühlen Gaststube im Inneren oder auf den wenigen Tischen im Freien serviert werden.

Im Sommer fahren täglich außer Sonntag zwei Busse pro Tag von der Stadt Cres nach Lubenice (27 Kn, 50 Min.). Ein Tagesausflug ist nur am Dienstag, Donnerstag und Samstag möglich, weil nur dann am gleichen Tag ein Bus zurückfährt.

Beli

Beli, eine der ältesten Inselsiedlungen, liegt im Herzen der Tramuntana, umgeben von urwüchsigen Wäldern, verlassenen Dörfern, einsamen Kapellen und den Mythen von guten Feen. Der Ort erstreckt sich auf einem 130 m hohen Hügel über einem zauberhaften Kiesstrand. Die 4000 Jahre alte Geschichte des Ortes ist in seinen gewundenen Gassen und den grün überwucherten Steinhäusern noch heute spürbar.

Wichtigste Attraktion ist das **Öko-Zentrum Imperial** (☎ /Fax 840 525; www.caput-insulae.com; Beli 4; Erw./Konzession 25/10 Kn; ☼ Sommer 9–20, Frühjahr & Herbst 9–16 Uhr), das teils als Naturpark, teils als Reservat für die bedrohten Gänsegeier fungiert (s. Kasten S. 152). Aufgaben des Öko-Zentrums sind Pflege und Erhalt des Lebensraums dieser majestätischen Vögel. In Zusammenarbeit mit den einheimischen Bauern sorgt es dafür, dass ausreichend Schafe zur Verfügung stehen, um das Überleben der Geier zu sichern. Die Fischer kooperieren wiederum mit dem Zentrum, indem sie abgestürzte Junggeier vor dem Ertrinken retten: Jeden Sommer werden rund zehn Jungtiere aus dem Wasser gefischt. Die Jungvögel können kaum mehr als 500 m weit fliegen – wenn eine Bedrohung sie zum Auffliegen zwingt, stürzen viele ins Meer und ertrinken.

Die Besichtigung des Zentrums in einem alten Haus am Ortseingang beginnt mit einer Ausstellung, die Biologie und Gewohnheiten der Geier erläutert. Höhepunkt des Besuchs sind aber die Vögel. Meist hüpfen vier Pflegegäste durch das mit Drahtzaun abgesicherte Areal hinter dem Zentrum. Mit etwas Glück ist vielleicht auch in der Luft ein Geier zu erkennen, der über der Insel schwebt. Am häufigsten sieht man sie nach ihrer Morgen- bzw. Nachmittagsmahlzeit. Das Öko-Zentrum organisiert darüber hinaus das ganze Jahr über ein gut etabliertes Programm für Praktikanten und bietet Geier-Patenschaften an (ganze 200 Kn genügen, um einen Geier zu retten).

Die Eintrittsgebühr erlaubt auch den Zugang zu einem 50 km langen Netz von sieben informativen **Öko-Trails** zwischen den verlassenen Tramuntana-Dörfern. Jeder Lehrpfad ist mit einer eigenen Farbe deutlich markiert. **Steinlabyrinthe** sind den alten Gottheiten von Kroaten und Slawen gewidmet und sollen die Verbindung des Wanderers mit den Kräften der Natur intensivieren. Im Zentrum sind ein informatives Büchlein und Karten erhältlich, die Geschichte, Kultur, Flora und Fauna der Region erläutern.

Unten am Strand, etwa 1 km vom Ort entfernt, gibt es auf dem kleinen **Campingplatz Brajdi** (☎ /Fax 840 532; Beli bb; 54 Kn pro Pers. & Stellplatz; ☼ Mai–Sept.) eine Tauchschule (www.diving-beli.com) und eine Strandbar mit Snacks.

Im Sommer fahren täglich (außer So) morgens und nachmittags zwei Busse von Cres-Stadt nach Beli (27 Kn, 30 Min.).

Osor

70 Ew.

Auf der Fahrt von Lošinj nach Osor muss man gelegentlich an der Brücke über den Kavuada-Kanal warten, sie wird zweimal am Tag zur Seite geschwenkt (9 und 17 Uhr), damit Boote aus dem Lošinjski kanal in die Kvarner Bucht (und umgekehrt) gelangen können. Es macht Spaß, die Yachten, Segel- und Motorboote beim Passieren des schmalen Kanals zu beobachten, der die beiden Inseln trennt.

Der Kanal soll angeblich von den Römern angelegt worden sein – Osor war dadurch in der Lage, eine bedeutende Schifffahrtsroute zu kontrollieren. Im 6. Jh. wurde Osor Bischofssitz, von dem aus Cres und das weitgehend unbewohnte Lošinj im Mittelalter kontrolliert wurden. Bis zum 15. Jh. war Osor ein bedeutender wirtschaftlicher und religiöser Machtfaktor in der Region. Doch das Zusammentreffen von Pest, Malaria und neuen Seewegen entzog der Wirtschaft die Grundlage und leitete den Niedergang ein.

Heute hat Osor mit seinen Kirchen, den im Freien aufgestellten Skulpturen und den Wanderwegen, die vom Stadtzentrum aus dem 15. Jh. herausführen, eine neue Bestimmung als Museumsstadt gefunden. Offensichtlich wurde einiges investiert, um Osor zum Leben zu erwecken, doch eine Touristeninformation gibt es nach wie vor nicht. Die Stadt kann als Tagesausflug von Mali Lošinj oder Cres-Stadt aus besucht werden.

SEHENSWERTES

Vom Kanal führt ein Stadttor direkt ins Ortszentrum. Vorbei an den Ruinen einer alten Burg erreicht man rechts das **Archäologische Museum** (☎ 237 346; Eintritt 10 Kn; ☼ Juni–Sept. Di–Sa 10–13 & 19–22 Uhr, Okt.–Mai Di–Sa 10–13 Uhr), das im ehemaligen Rathaus (15. Jh.) am Hauptplatz untergebracht wurde. Die Ausstellung zeigt steinerne Fragmente und Reliefs aus der römischen und frühchristlichen Zeit.

Nebenan steht die **Crkva Uznesenja** (Himmelfahrts-Kathedrale; ⊙ Juni–Sept. 10–12 & 19–21 Uhr). Das im 15. Jh. erbaute Gotteshaus schmückt ein verziertes Renaissanceportal. Auf dem Barockaltar im Inneren werden Reliquien des hl. Gaudentius – er ist der Stadtpatron von Osor – aufbewahrt. Als Bischof von Osor geißelte er im 11. Jh. die Sünden und die Korrumpierbarkeit der Stadtbewohner und wurde deshalb aus der Stadt vertrieben. Der Bischof zog sich als Einsiedler in eine Höhle zurück und belegte alle giftigen Schlangen der Insel mit seinem Fluch. Der Fluch wirkt noch heute – Giftschlangen gibt es auf Cres nicht.

Vor Verlassen des Platzes verdient die von Ivan Meštrović geschaffene Skulptur **Daleki Akordi** (Ferne Akkorde) Bewunderung, die wie die anderen über die Stadt verstreuten Statuen einem musikalischen Thema gewidmet ist.

FESTIVALS & EVENTS

Zu den beliebten **Musikabenden von Osor** (Osorske Glazbene Večeri) Mitte Juli bis Mitte August geben zahlreiche hochkarätige, kroatische Künstler in den Kirchen und am Hauptplatz Konzerte. Das Programm ist in den Touristeninformationen von Mali Lošinj und Cres-Stadt erhältlich.

SCHLAFEN & ESSEN

In Osor gibt es keine Hotels, aber es werden Privatunterkünfte angeboten, und in der Nähe gibt es zwei Campingplätze. Listen der Privatzimmer und Apartments sind in den Touristeninformationen von Mali Lošinj und Cres-Stadt erhältlich.

Bijar (☎/Fax 237 027; www.camps-cres-losinj.com; Osor bb; Neben-/Hauptsaison 40–60 Kn pro Pers.) Der Campingplatz liegt 500 m von Osor entfernt an der Straße nach Nerezine. Er ist doppelt so groß wie Preko Mosta und dank seiner Lage an einer abgelegenen Bucht mit Kies- und Felsstrand ein ruhiger Rückzugsort.

Preko Mosta (☎ 237 350; www.jazon.hr; Osor bb; Pers./Stellplatz 52/41 Kn) Der kleine Campingplatz liegt in einem angenehmen Kiefernwald mit Blick auf die Brücke nach Lošinj.

Konoba Bonifačić (☎ 237 413; Osor 64; Hauptgerichte ab 50 Kn) Zu den Spezialitäten dieses familiären Restaurants zählen gute Risottos mit Spargel, Scampi oder Schinken sowie viele verschiedene Fischgerichte. Das Lokal ist entweder über den üppigen Garten hinter dem Haus oder vom Stadtzentrum aus zugänglich. Unbedingt den Grappa aus Holunderblüten probieren!

AN- & WEITERREISE

Alle Busse zwischen Cres und Mali Lošinj halten in Osor (24 Kn, 45 Min.).

Valun

68 Ew.

Selbst im Land der idyllischen Buchten ist Valun etwas ganz Besonderes: Der Weiler 15 km südwestlich von Cres-Stadt duckt sich eingerahmt von Kiesstränden am Fuß steiler Klippen. Das Auto parkt man auf der Kuppe eines Hügels und folgt den steilen Stufen hinunter in die Altstadt, die sich über mehrere Stufen zur Bucht hinunterzieht. Dank der Unzugänglichkeit ist die schmale Bucht mit ihrer Handvoll Restaurants nur selten überlaufen, und keine Souvenirstände versperren den Anblick des an den Hängen klebenden, alten Dorfes mit seinen alten Steinhäusern.

Die **Touristeninformation** (☎ 525 050; ⊙ Juli & Aug. 8–21 Uhr) gehört zur Agentur Cresanka (s. S. 153) und befindet sich im Ortszentrum ein paar Stufen oberhalb des Hafens. Sie vermittelt Privatunterkünfte, die in dem winzigen Valun nicht gerade reich gesät sind – deshalb rechtzeitig buchen! Die bessere Anlaufstelle ist allerdings das Hauptbüro in Cres-Stadt. Die Preise sind vergleichbar mit denen für Privatzimmer in Cres-Stadt.

Hauptsehenswürdigkeit ist die aus dem 11. Jh. stammende **Tafel von Valun**, ein Grabstein, der in der leider nur selten geöffneten Pfarrkirche aufbewahrt wird. Die Inschrift in glagolitischen und in lateinischen Lettern spiegelt die damalige ethnische Zusammensetzung der Inselbevölkerung wider: Die Insel war von Nachkommen der Römer und Neuankömmlingen, die kroatisch sprachen, bewohnt war.

Valuns Hauptattraktion sind die **Strände**. Ein Pfad führt rechts vom Hafen zu einem Strand mit Campingplatz. Etwa 700 m westlich des Weilers gibt es einen weiteren hübschen, von Pinien gesäumten Strand.

Camping Zdovice (95 Kn pro Pers.; ⊙ Mai–Sept.) ist ein kleiner Zeltplatz an der Bucht im Osten, der keine Reservierungen annimmt. In der Touristeninformation kann man erfahren, ob Plätze frei sind.

Unter den Restaurants von Valun sticht die **Konoba Toš-Juna** (☎ 525 084; Valun bb; Hauptgerichte ab 35 Kn) hervor. Sie hat ihre Räume in einer umgebauten Ölmühle mit viel Holz, Bruchsteinwänden und einer hübschen Terrasse zum Hafen. Empfehlenswert sind frischer Thunfisch als Vorspeise und Lamm oder Scampi.

KVARNER REGION

Es fahren täglich zwei Busse (außer So) von Cres-Stadt (24 Kn, 20 Min.) nach Valun; problematisch ist die Rückfahrt: Nur zweimal pro Woche (Mo & Mi) fährt morgens ein Bus zurück. Autofahrer zahlen eine Parkgebühr von 15 Kn.

INSEL KRK

16 402 Ew.

Mit 409 km² ist Krk (italienisch: Veglia) Kroatiens größte Insel. Über die Brücke, die Krk mit dem Festland verbindet, strömen vornehmlich Deutsche und Österreicher zu ihren Ferienhäusern, den Autocamps und Hotels. Krk mag nicht gerade die grünste oder schönste Insel sein, doch die vielen Jahrzehnte Erfahrung mit dem Fremdenverkehr gestalten den Besuch unkompliziert. Es gibt gute Verkehrsverbindungen und eine hervorragende Infrastruktur.

Die steile, felsige Nordwestküste der Insel ist im Winter der heftigen *bura* ausgesetzt, hier gibt es deshalb nur wenige Siedlungen. Das Klima im Süden ist milder, die Vegetation dichter – Strände, Buchten und Fjorde prägen die Küste. An der bewaldeten Südwestküste liegen deshalb auch die größeren Inselstädte: Krk, Punat und Baška.

Krk-Stadt ist dank seiner zentralen Lage ein idealer Ausgangspunkt für die Erkundung der Insel. Das nahe Punat eignet sich ebenfalls als Standort und bietet den Zugang zu der einzigartigen Klosterinsel Košljun. Baška schmiegt sich an eine große Sandbucht am Fuß eines malerischen Bergzuges und ist der wichtigste Badeort der Insel. Das mittelalterliche Bergdorf Vrbnik an der Ostküste und etwas abseits der Hauptrouten gelegen, ist berühmt für seinen *žlahtina*-Wein.

Geschichte

Die ältesten bekannten Bewohner von Krk waren die illyrischen Liburner. Auf sie folgten die Römer, die an der Nordküste siedelten. Mit dem Niedergang des Römischen Reiches fiel Krk an Byzanz, ging später an Venedig über und schließlich an die kroatisch-ungarischen Könige.

Im 11. Jh. wurde die Insel ein Zentrum der glagolitischen Schrift, der Glagoliza. Das älteste erhaltene Beispiel dieser wahrscheinlich von den Missionaren Kyrill und Method entwickelten Schrift wurde in einer ehemaligen Benediktinerabtei in Krk (Stadt) entdeckt.

Eine jüngere Glagoliza-Tafel aus der Nähe von Baška ist heute in Zagreb ausgestellt. Die Schrift war auf Krk bis Anfang des 19. Jhs. in Gebrauch.

1358 übergab Venedig die Regierungsgewalt über die Insel den Fürsten von Krk, den späteren Frankopanen. Sie wurden eines der reichsten und mächtigsten Geschlechter Kroatiens. Obwohl sie Vasallen Venedigs waren, regierten sie die Insel weitgehend unabhängig. 1480 ging die Insel vom letzten Mitglied der Linie auf Venedig über.

Neben dem Tourismus als dem wichtigsten Wirtschaftszweig der Insel existieren zwei Werften für kleinere Schiffe in der Hafenstadt Punat; auch Landwirtschaft und Fischfang spielen eine Rolle.

An- & Weiterreise

Auf Krk liegt der Flughafen von Rijeka (s. S. 139), das Haupteinfallstor für Flüge in die Region Kvarner. Meist sind es Billig- und Charterflüge über die Sommermonate, die hier landen und starten.

Eine gebührenpflichtige Brücke verbindet den Nordteil der Insel mit dem Festland. Zwischen Valbiska und Merag auf Cres pendelt eine Autofähre (Passagier/Auto 17/113 Kn, 30 Min.). Ein weiteres, von Split Tours betriebenes Fährschiff verkehrt viermal täglich zwischen Valbiska und Lopar (37 Kn, 1½ Std.).

Wochentags fahren etwa 14 Busse zwischen Rijeka und Krk-Stadt (50 Kn, 1–2 Std.), darunter 11 via Punat (56–64 Kn, 1–2 Std.). Zwei Busse pro Tag fahren Montag bis Freitag weiter nach Vrbnik (23 Kn, 35 Min.). Täglich gibt es 10 Busse von Krk-Stadt nach Baška (27 Kn, 45 Min.). An den Wochenenden fahren nur vereinzelt oder gar keine Busse.

Von Zagreb starten 6 Busse täglich nach Krk-Stadt (163–183 Kn, 3–4 Std.). Einige Verbindungen sind schneller als andere, die unterwegs in jedem Dorf halten. Am besten erkundigt man sich vorab über die genaue Fahrtdauer, bevor man sich für einen Bus entscheidet. Außerhalb der Sommersaison fahren die Busse mit einer eingeschränkten Taktfrequenz.

Für die Fahrt von Krk nach Cres und Lošinj muss man in der Stadt Malinska in den Bus nach Lošinj umsteigen, der von Rijeka oder Zagreb kommt. Abfahrt und Ankunft sollten genau überprüft werden (auf www.autotrans. hr), denn diese Busverbindung besteht lediglich viermal am Tag.

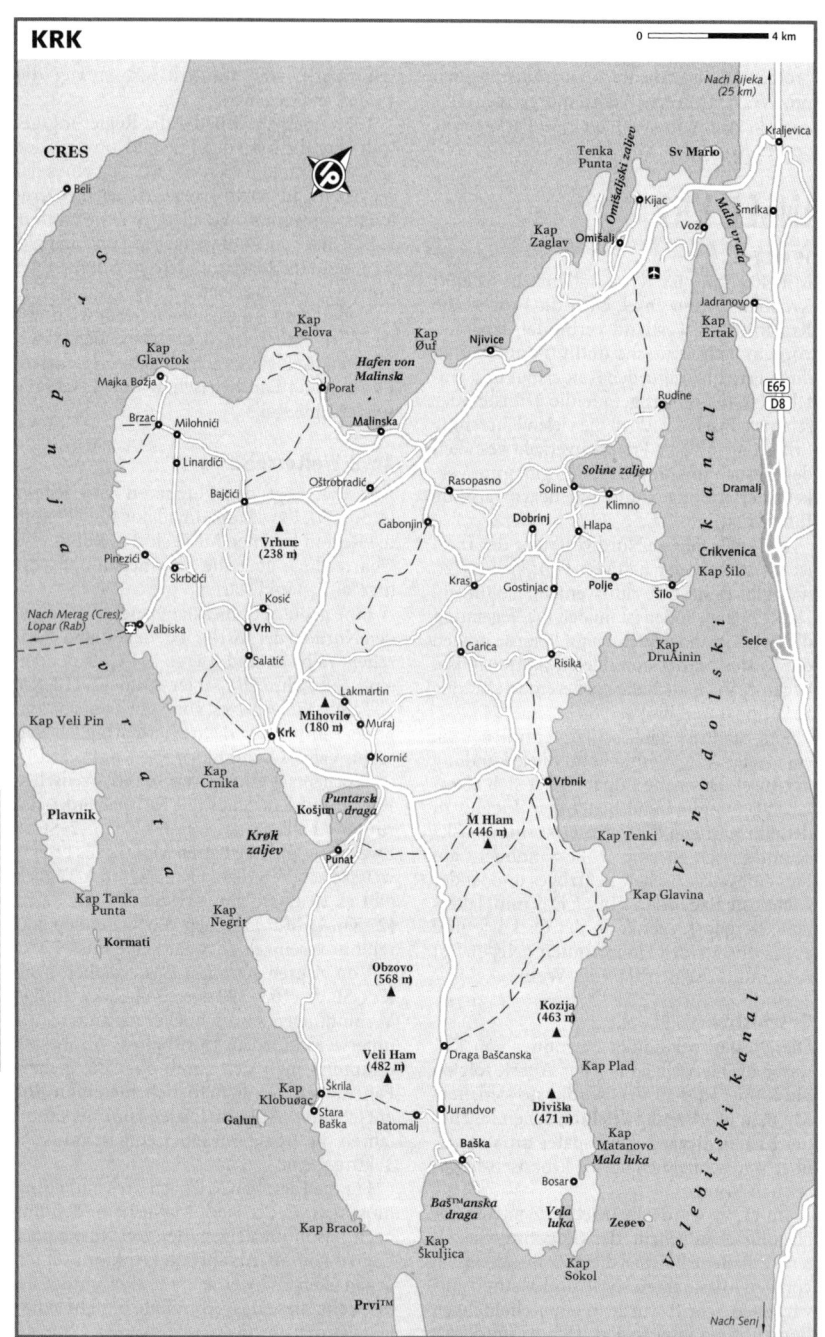

KRK

0   4 km

CRES

Nach Rijeka (25 km)

Kraljevica

Beli

Tenka Punta   Sv Marlo

Kijac

Smrika

Kap Zaglav   Omišalj   Voz

Mala vrata

Jadranovo

Kap Ertak

E65

D8

Kap Glavotok

Kap Pelova

Kap Øuf   Njivice

Hafen von Malinska

Majka Božja

Porat

Rudine

Brzac

Milohnići

Malinska

Linardići

Oštrobradić   Rasopasno

Soline zaljev

Bajčići

Soline

Dramalj

Vrhure (238 m)

Gabonjin

Dobrinj   Klimno

Hlapa

Crikvenica

Kap Šilo

Pinezići

Skrbčići

Kosić

Kras   Gostinjac   Polje

Šilo

Nach Merag (Cres); Lopar (Rab)

Valbiska

Vrh

Salatić

Garica

Risika

Selce

Kap DruÄinin

Lakmartin

Mihovil (180 m)   Muraj

Kap Veli Pin

Krk

Kornić

Kap Crnika

Vrbnik

Plavnik

Puntarsk draga

Košjun

Krøk zaljev

M Hlam (446 m)

Kap Tenki

Punat

Kap Glavina

Kap Tanka Punta

Kap Negrit

Kormati

Obzovo (568 m)

Kozija (463 m)

Veli Ham (482 m)

Draga Baščanska

Kap Plad

Kap Klobuøac

Škrila

Galun   Stara Baška

Jurandvor

Diviša (471 m)

Batomalj

Baška

Kap Matanovo

Mala luka

Baš™anska draga

Bosar

Vela luka

Zeøev

Kap Bracol

Kap Škuljica

Kap Sokol

Prvi™

Nach Senj

KVARNER REGION

Unterwegs vor Ort

Es gibt zahlreiche Busverbindungen zwischen den Inselorten, weil die Busse von und nach Rijeka in allen wichtigen Städten der Insel Fahrgäste aufnehmen.

KRK (STADT)

Die Stadt Krk an der Südwestküste der Insel hat zwei Teile: Das mittelalterliche, von Mauern umschlossene Zentrum und einen modernen Teil, der sich mit Hafen, Stränden, Campingplätzen und Hotels über die angrenzenden Buchten und Hügel ausbreitet. Wenn im Sommer Touristen und kroatische Wochenendausflügler durch die schmalen Kopfsteingassen der hübschen Altstadt strömen, ist die Uferpromenade schnell überlaufen.

Blendet man sich die sommerlichen Urlauberströme einmal aus, dann ist dieses steinerne Labyrinth der Höhepunkt der Stadtbesichtigung von Krk. In der ehemals römischen Siedlung sind immer noch Teile der Stadtmauer, Tore, eine romanische Kathedrale und eine Frankopanenburg aus dem 12. Jh. erhalten.

Ein paar Stunden genügen meist, um all das zu besichtigen. Wem die Stadt gefällt, der kann Krk auch gut als Ausgangspunkt für Busausflüge zu den anderen Inselorten und Stränden oder für einen Bootsausflug rund um die Insel wählen.

Orientierung

Die Busstation (keine Gepäckaufbewahrung) befindet sich am Hafen; es sind von dort nur wenige Minuten zu Fuß am Meer entlang nach Norden zum historischen Stadtzentrum. Hauptstraße der Altstadt ist die von Souvenirläden und Eisdielen gesäumte JJ Strossmayera. Die meisten Hotels liegen östlich des Stadtzentrums in den Kiefernwäldern um den kleinen Sandstrand der Drašica-Bucht.

Praktische Informationen

Geld wechseln die meisten der 13 in der Stadt ansässigen Reisebüros.

Aurea (☎ 221 777; www.aurea-krk.hr; Vršanska 26l; ☽ 8–14 & 15–20 Uhr) Vermittlung von Privatunterkünften und Organisation von Ausflügen auf Booten der Agentur.

Autotrans (☎ 222 661; www.autotrans-turizam.com; Šetalište Svetog Bernardina 3; ☽ Mo–Sa 8–21, So 9–13.30 & 18–21 Uhr) Die praktisch bei der Bushaltestelle angesiedelte Reiseagentur vermittelt Privatunterkünfte und verkauft Busfahrkarten.

Erste Banka (Trg Bana Josipa Jelačića 4) Geldwechsel und Geldautomat.

Krankenhaus (☎ 221 224; Vinogradska bb)

Krk Sistemi (☎ 222 999; Šetalište Svetog Bernardina 3; 20 Min. 10 Kn; ☽ Mo–Sa 9–14 & 17–22, So 17–22 Uhr) Kostenloser WLAN-Zugang und Computerterminals.

Postamt (Bodulska bb; ☽ Mo–Fr 7.30–21, Sa 7.30–14.30 Uhr) Hier bekommt man Bargeld mit seiner Kreditkarte.

Touristeninformation (☎ 220 226; www.tz-krk.hr, auf Kroatisch) Obala Hrvatske Mornarice (Obala Hrvatske Mornarice bb; ☽ Juni–Sept. 8–21 Uhr); Vela Placa (Vela Placa 1; ☽ Mo–Fr 8–15 Uhr) Die nur während der Saison geöffnete Touristeninformation stellt Prospekte und Infomaterial zur Verfügung, darunter eine Karte mit Wanderwegen. In der Nebensaison ist alles im Hauptbüro in der Nähe erhältlich.

Sehenswertes

Wo sich im 1. Jh. die römischen Thermen und danach eine erste Basilika befanden, erhebt sich die **Katedrala Uznesenja** (Kathedrale Mariä Himmelfahrt; Trg Svetog Kvirina; ☽ Morgen- & Abendmesse) als romanischer Kirchenbau aus dem 12. Jh. Beachtenswert ist die frühchristliche Gravierung an der ersten Säule neben der Apsis: Sie zeigt zwei Vögel, die einen Fisch fressen. Eine gotische Kapelle aus dem 15. Jh. im linken Schiff ist mit dem Wappen der Frankopanenfürsten geschmückt, die hier ihre Gebete verrichteten.

Den von einer Engelsskulptur gekrönten Campanile (18. Jh.) teilt die Kathedrale mit der angrenzenden Kirche **Sv. Kvirina** (St. Quirinus). Das frühromanische Gotteshaus ist aus weißem Stein erbaut und dem Stadtpatron geweiht. Das **Kirchenmuseum** (Trg Svetog Kvirina; Eintritt 5 Kn; ☽ Mo–Sa 9–13 Uhr) ist eine Schatzgrube sakraler Kunst, zu deren schönsten Exponaten ein silbernes Altarblatt der Madonna von 1477 sowie ein Altarbild von Paolo Veneziano gehören.

Das wehrhafte **Kaštel** (Trg Kamplin) an der Küste am nördlichen Rand der Altstadt überragen ein runder, venezianischer Turm sowie ein Turm aus dem 12. Jh., der den Frankopanen als Gerichtssaal diente. In der Burg finden Konzerte und Theateraufführungen unter freiem Himmel statt.

Aktivitäten

Mehrere Unternehmen organisieren Tauchexkursionen in den Inselgewässern. Empfehlenswert sind **Diving Centre Krk** (☎ 222 563; www.fun-diving.com; Braće Juras 3) und **Adria Krk**

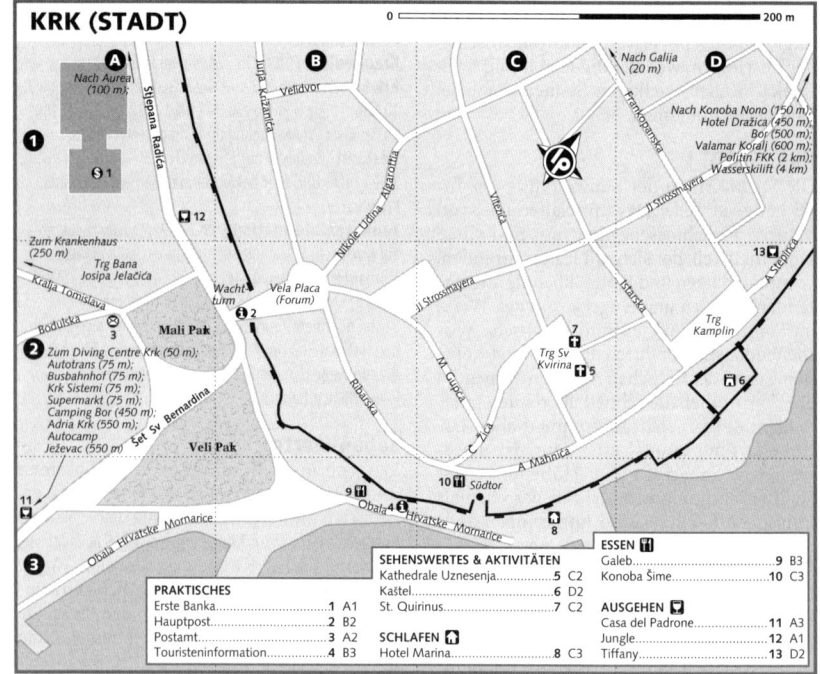

KRK (STADT)

0 _____ 200 m

PRAKTISCHES	
Erste Banka...............................1	A1
Hauptpost..................................2	B2
Postamt.....................................3	A2
Touristeninformation.............4	B3

SEHENSWERTES & AKTIVITÄTEN	
Kathedrale Uznesenja.............5	C2
Kaštel..6	D2
St. Quirinus..............................7	C2

SCHLAFEN	
Hotel Marina............................8	C3

ESSEN	
Galeb..9	B3
Konoba Šime..........................10	C3

AUSGEHEN	
Casa del Padrone...................11	A3
Jungle.....................................12	A1
Tiffany....................................13	D2

(☎ 604 248; Creska 12). Tauchziele sind u. a. ein gesunkener griechischer Frachter sowie verschiedene Unterwasserhöhlen, -tunnel und Korallenwände um die Insel Plavnik. Ausflüge führen bis Cres.

Adrenalinsüchtige können sich ihre tägliche Dosis am **Wasserskilift** (☎ 091 272 7302; www. wakeboarder.hr; 5 Runden 50 Kn; ☼ Mitte April–Sept.) abholen. Der 650 m lange Kabelkran für Wakeboarder und Wasserskifahrer läuft mit einer Geschwindigkeit von 32 km/h. Zum Komplex zwischen Stadt Krk und Punat gehören ein Restaurant, eine Cocktailbar, ein Laden für Boarder sowie zahlreiche Surfer, die dort allenthalben herumhängen.

Festivals & Events

Im Juli und August finden während des **Sommerfestivals Krk** Konzerte, Theater- und Tanzaufführungen im Kaštel, dem sonst nicht zugänglichen Franziskanerkloster nordwestlich des Hafens sowie auf den Plätzen in der Altstadt statt. Das Programm ist bei der Touristeninformation erhältlich.

Der **Jahrmarkt von Krk** (Krčki sajam) prägt die Stadt drei Tage lang Mitte August. Zum Programm des venezianisch inspirierten Festes gehören Konzerte, mittelalterlich gewandete Menschen und Imbissstände, die traditionelle Speisen verkaufen.

Schlafen

In und um die Stadt Krk gibt es drei Campingplätze und eine Reihe von Hotels. Am Rand der Altstadt befindet sich nur ein Hotel (an der Küste), alle anderen Unterkünfte liegen in einem Ferienkomplex östlich des Zentrums. Die unter Praktische Informationen (s. S. 159) aufgeführten Reisebüros vermitteln Privatunterkünfte. Die Preise werden vom Tourismusverband festgelegt, ein Doppelzimmer kostet in der Hochsaison 210–250 Kn, ein Einzelzimmer im gleichen Zeitraum 130 bis 170 Kn. Zwei-Personen-Studios schlagen in der Hochsaison mit 210–310 Kn zu Buche.

Camping Bor (☎ 221 581; www.camp-bor.hr; Crikvenička 10; Erw./Stellplatz 36/25 Kn; ☼ April–Okt.) Der Platz liegt auf einem Hügel unter Olivenbäumen und Kiefern, etwa 10 Minuten Fußweg westlich der Küste.

Autocamp Ježevac (☎ 221 081; camping@vala mar.com; Plavnička bb; Erw./Stellplatz 44/56 Kn; ☼ Mitte

April–Mitte Okt.) Direkt am Strand wartet der Platz mit schattigen Stellplätzen und Bademöglichkeiten auf. Er liegt 10 Gehminuten südwestlich der Stadt.

Politin FKK (☎ 221 351; camping@valamar.com; Erw./ Stellplatz 46/56 Kn; ⏱ Mitte April–Sept.) Entspanntes FKK-Vergnügen bietet das kürzlich erweiterten Nudisten-Camp auf der bewaldeten Halbinsel Prniba, nicht weit von der Stadt und mit Blick auf die Inseln Plavnik und Cres. Kostenloses WLAN.

Bor (☎ /Fax 220 200; www.hotelbor.hr; Šetalište Dražica 5; EZ Neben-/Hauptsaison 152–369 Kn, DZ 231–564 Kn; ℗) Das preiswerte Hotel unterhalb des Dražica-Komplexes hat einfache Zimmer ohne besonderen Komfort; schön ist die Lage an der Küste in einem Kiefernwald.

Hotel Dražica (☎ 655 755; www.hotelikrk.hr; Ružmarinska 6; EZ Neben-/Hauptsaison 188–608 Kn, DZ 290–840 Kn; ℗ ⊠ 🖳 🖧) Wer sich von der Atmosphäre eines Pauschalhotels nicht gestört fühlt, findet in dem großen, zentral gelegenen Hotel der Feriensiedlung Dražica gute Qualität und Einrichtungen wie etwa zwei Außenpools, Tennisplätze und ein Fitness-Center. Die beiden Nebengebäude Tamaris und Villa Lovorka bieten zu gleichen Preisen etwas mehr Individualität.

Valamar Koralj (☎ 655 400; www.valamar.com; Vlade Tomašića bb; DZ Neben-/Hauptsaison 420–912 Kn; ℗ ⊠ 🖳 🖧) Beim Anblick der Standardzimmer wird sich manch Gast fragen, mit welcher Berechtigung dieses Hotel an einer ruhigen Bucht mit dem Attribut „romantisch" beworben wird. Wer einen Aufschlag für eine der 19 neuen Suiten zahlt, wird durch die Ausstattung versöhnt: Jede Suite hat eine Terrasse, einen Balkon und ein Wohnzimmer, zum Außenpool gehört ein Jacuzzi.

Hotel Marina (☎ 221 357; www.hotelikrk.hr; Obala Hrvatske Mornarice 6; EZ/DZ 760/1168 Kn; ℗ ⊠ 🖳) Die jüngste Renovierung des Altstadthotels brachte dem Haus vier Sterne ein. Jede der zehn Deluxe-Einheiten hat Meerblick und modernste Ausstattung wie LCD-Fernseher.

Essen

Konoba Nono (☎ 222 221; Krčkih Iseljenika 8; Hauptgerichte ab 40 Kn) Einen Katzensprung von der Altstadt entfernt genießt man hier lokale Spezialitäten wie *šurlice*, selbst gemachte Nudeln, mit Gulasch oder Scampi. Das rustikale Gewölbe der Gaststube ist mit Fischernetzen geschmückt, in der *konoba*, der Gastwirtschaft, steht über den Winter eine kleine Ölmühle.

Galija (☎ 221 250; Frankopanska 38; Hauptgerichte ab 45 Kn) Gäste, die auf den Meerblick verzichten können, sollte zu diesem kavernenartigen Restaurant an der Nordwestspitze der Altstadt laufen. Das bei den Einheimischen beliebte Lokal ist das ganze Jahr über geöffnet und serviert Holzofenpizzen, Risottos und Hauptgerichte mit Fleisch oder Fisch.

Konoba Šime (☎ 221 426; Antuna Mahnića 1; Hauptgerichte ab 45 Kn) Die Konoba am Hafen ist nichts besonderes, ist aber für Pasta und einheimische Fleischgerichte wie *ćevapčići* (kleine, scharf gewürzte, hautlose Hackfleischwürstchen aus Lamm-, Schwein- oder Rindfleisch) bekannt. Sie werden in der mittelalterlich eingerichteten Wirtsstube oder an Tischen im Freien serviert.

Galeb (☎ 221 261; Obala Hrvatske Mornarice 3; Hauptgerichte ab 60 Kn) Hier zahlen die Gäste vor allem für das Ambiente: Die Terrasse zum Meer liegt ideal, um entspannt Leute zu beobachten. Das Essen ist fantasielos, aber akzeptabel; es gibt Standard-Hauptgerichte und Pizzen.

Im großen Supermarkt gegenüber der Busstation und in den kleinen Lebensmittelgeschäften an der JJ Strossmayera in der Altstadt gibt es alles für ein Picknick.

Ausgehen

Casa del Padrone (Šetalište Svetog Bernardina bb) Krks Partyvolk liebt die beiden Ebenen dieses Pseudo-Renaissance-Bar-Clubs, in dem an Sommerwochenenden Gast-DJs auflegen. Tagsüber räkelt man sich an den Tischen am Meer, genießt ein Stück Kuchen und schlürft einen Espresso.

Jungle (☎ 221 503; Stjepana Radića bb; ⏱ Mai–Sept.) Der einzige richtige Club in der Stadt zieht vor allem Jüngere auf seine Tanzfläche im Dschungellook. Bei der Musik dominiert House. Die Cocktailbar draußen ist geräuschärmer und preiswerter.

Tiffany (Stepinca 2) Die Gäste lehnen an der Mauer vor dem Pub, halten ihr Bier in der Hand und wippen zum Sound alter Disko- und Pophits. Fantastischer Blick von der Terrasse!

PUNAT

Die kleine Stadt Punat 8 km südöstlich von Krk ist dank ihrer Marina ein beliebtes Ziel für Segler. Hauptattraktion ist das Kloster auf der Insel Košljun, die man per Boot in zehn Minuten erreicht. Das **Franziskanerkloster** (Eintritt 15 Kn; ⏱ Mo–Sa 9.30–18, So 9.30–12.30 Uhr) aus dem

16. Jh. wurde auf der winzigen Insel an der Stelle einer Benediktinerabtei errichtet, die aus dem 12. Jh. stammte. Zu den Höhepunkten zählen ein eindrucksvolles Gemälde eines *Jüngsten Gerichts* (1653), das in der Klosterkirche aufbewahrt wird, und ein kleines Museum mit anderen religiösen Gemälden, einer ethnografischen Sammlung und einer seltenen Ausgabe des *Atlas* von Ptolemäus, die im späten 16. Jh. in Venedig gedruckt wurde. Beim Spaziergang über die bewaldete Insel kann man über 400 Pflanzenarten bestimmen. Billiger als die von den Reisebüros in der Stadt Krk organisierten Ausflüge nach Košljun ist es, mit einem der zahlreichen Busse nach Punat zu fahren und dort mit dem Wassertaxi überzusetzen (hin & zurück 20 Kn). Wer alleine oder zu zweit unterwegs ist, wird mehr bezahlen müssen, aber im Sommer gibt es genügend Interessierte, die bereit sind, die Kosten zu teilen. Taxi-Boote fahren häufig; empfehlenswert ist **More** (☎ 854 127; www.more-punat.com; Kovačića 49).

Dank seiner angenehmen Strände am Ortsrand ist auch Punat ein guter Übernachtungsort. Es gibt zwei Campingplätze: **Campsite Pila** (☎ 854 020; www.hoteli-punat.hr; Šetalište Ivana Brusića 2; Erw./Stellplatz 51/98 Kn; ☉ April–Mitte Okt.) liegt südlich des Stadtzentrums. Das Naturisten-Camp **FKK Konobe** (☎ 854 049; www.hoteli-punat.hr; Obala 94; Erw./Stellplatz 51/98 Kn; ☉ Mitte April–Sept.) ist rund 3 km weiter südlich an der Küste zu finden. Die **Jugendherberge** (☎ 854 037; www.hfhs.hr; Novi Put 8; B Neben-/Hauptsaison 75–85 Kn, DZ 95–110 Kn; ☉ Mai–Sept.) mit 90 Schlafplätzen wurde kürzlich renoviert und sollte zeitig reserviert werden.

VRBNIK

Das zauberhafte, mittelalterliche Dorf mit seinen steilen, überwölbten Gassen thront an der Ostküste auf einer 48 m hohen Klippe mit Blick über das Meer. Früher war es ein Zentrum der glagolitischen Schrift und Aufbewahrungsort vieler glagolitischer Manuskripte. Dafür verantwortlich waren auch die vielen Priester: So mancher junger Mann wurde lieber Pfarrer statt alternativ auf venezianischen Galeeren zu dienen zu müssen.

Heute lockt das Städtchen mit seinem landschaftlich wunderschönen Panorama und der Verkostung des *žlahtina*, des hier angebauten Weißweins. Den Spaziergang durch die eng bebauten, schmalen Kopfsteingassen, in denen die einheimischen Frauen Wein verkaufen, kann man unten am Stadtstrand mit einem

Sprung ins Meer abschließen. Die kleine **Touristeninformation** (☎ 857 479; Placa Vrbničkog Statuta 4; ☉ Juli & Aug. Mo–Fr 8–15, Sa & So 9–13 Uhr) bietet nur wenig Material. Wer vom Ort verzaubert hier übernachten möchte, kann sich an **Mare Tours** (☎ 604 400; www.mare-vrbnik.com; Pojana 4) wenden, das Privatunterkünfte vermittelt. Viele sind schon vor der Hauptsaison ausgebucht.

Restaurant Nada (☎ 857 065; Glavača 22; Hauptgerichte ab 55 Kn) besitzt eine überdachte Terrasse in der ersten Etage und serviert köstliche Šurlice mit Gulasch oder Scampi. In der dunklen, rustikalen Konoba unten können Schafskäse, Wein, Prosciutto und Olivenöl verkostet werden.

Die 12 km lange Strecke zwischen der Stadt Krk und Vrbnik befahren wochentags nur zwei Busse am Tag (23 Kn, 35 Min.). An den Wochenenden ist es noch schwieriger, denn es gibt nur einen Bus am Sonntagabend, der von Vrbnik nach Krk-Stadt fährt.

BAŠKA
816 Ew.

Baška an der Südspitze von Krk besitzt den schönsten Strand der Insel, einen 2 km langen, sichelförmigen Kiesstreifen zu Füßen eines steilen, kargen Gebirgszuges. Kein Wunder, das der Ort zu einem sehr beliebten Seebad avancierte. Die Lage ist spektakulär, und Bademöglichkeiten wie Umgebung sind besser als in Krk-Stadt.

Vor einem Besuch im Sommer sei dennoch gewarnt: Die Touristen liegen dicht an dicht, und der sonst so hübsche Kiesstrand verwandelt sich in eine Kampfarena um einen Platz an der Sonne.

Das aus dem 16. Jh. stammende Zentrum mit seinen venezianischen Stadthäusern lädt zum Bummel ein, doch außen herum beherrscht die gleichförmige Hotelzone mit modernen Apartmentblocks und Spezialitätenrestaurants die Szenerie. Es gibt natürlich unzählige Freizeitmöglichkeiten, schöne Wanderwege durch die umliegenden Berge, zwei erst kürzlich ausgewiesene Routen für Felskletterer und abgelegene Strände östlich der Stadt, die nur zu Fuß oder mit dem Wassertaxi erreichbar sind.

Praktische Informationen
Die **Touristeninformation** (☎ 856 817; www.tz-baska.hr; Zvonimirova 114; ☉ Juni–Mitte Sept. Mo–Sa 7–21, So 8–13 Uhr, Mitte Sept.–Mai Mo–Fr 8–15 Uhr) liegt an der von der Busstation kommenden Straße zwi-

schen Strand und Hafen. Sie hat ausführliches Informationsmaterial und eine Karte der Wanderwege auf der Südspitze der Insel.

Sehenswertes & Aktivitäten

Ein Wanderweg führt zur 2 km entfernten, romanischen **Sveta Lucija** (Kirche hl. Lucia; Eintritt 10 Kn; ☉ 8–12 & 14–20 Uhr) im Dorf Jurandvor, wo die Tafel von Baška aus dem 11. Jh. gefunden wurde. Die Tafel in der Kirche ist eine Kopie – das Original befindet sich im Archäologischen Museum in Zagreb (s. S. 88).

Unter den beliebten Wanderwegen, die in der Umgebung des Campingplatzes Zablaće beginnen, ist auch der 8 km lange Pfad nach **Stara Baška**. Das kleine Dorf liegt an einer Bucht und wird eingerahmt von kahlen, vom Salzwasser ausgewaschenen Kalksteinfelsen.

In der Region gibt es zwei Stellen zum **Felsklettern**; die Touristeninformation hilft mit Karten und Infomaterial weiter.

Schlafen

Privatzimmer vermitteln die meisten Reisebüros, so z. B. **PDM Guliver** (☎ /Fax 856 004; www.pdm-guliver.hr; Zvonimirova 98; ☉ Juni–Mitte Sept. Mo–Sa 7–21, So 8–13 Uhr, sonst kürzere Öffnungszeiten) und gleich nebenan **Primaturist** (☎ 856 132; www. primaturist.hr; Zvonimirova 98; ☉ Juni–Aug. Mo–Fr 8–19, Sa 8–14 Uhr). Die Mindestaufenthaltsdauer im Sommer liegt bei vier Tagen (es sei denn, man bezahlt einen hohen Aufschlag) – die Zimmer sind schnell ausgebucht. Die Preise liegen etwas über denen der Stadt Krk.

Die meisten Hotels und die beiden Campingplätze gehören zum Unternehmen **Hoteli Baška** (☎ 656 111; www.hotelibaska.hr). Im Sommer muss die Unterkunft rechtzeitig gebucht werden, denn die Stadt wird von österreichischen, deutschen und neuerdings tschechischen Touristen überschwemmt. Hotelzimmer sollten im späten Frühjahr fest gebucht werden – selbst in der Vor- und Nachsaison kann es schwierig sein, eine Unterkunft zu finden.

Zu den Hoteli Baška gehört auch das jüngste und schickste Hotel, das Atrium Residence Baška am Strand. Die Anlage bietet elegante Zimmer und hochklassige Ausstattung. Der Hotelkomplex (rund 1 km südlich der Stadt) umfasst ein Spa und ein Fitnesscenter mit Innen- und Außenpool sowie das 4-Sterne-Hotel Zvonimir, das Mittelklassehaus Corinthia und Villas Corinthia. Dahinter verbirgt sich ein aus Villen bestehender, kleiner familienfreundlicher Apartmentkomplex.

Einzelzimmer kosten in der Nebensaison 614–768 Kn, Doppelzimmer 494–648 Kn. In der Hochsaison zahlt man im Einzelzimmer 1304–1596 Kn, die Doppelzimmer liegen zwischen 1184–1476 Kn. Für einen Aufenthalt von weniger als drei Tagen wird ein Aufschlag von 20 % verlangt.

Camping Zablaće (☎ 856 909; www.campzablace. info; Erw./Stellplatz 45/95 Kn; ☉ April–Mitte Okt.) liegt an einem langgestreckten Kiesstrand. Zum schattigen Naturistenplatz **FKK Camp Bunculuka** (☎ 856 806; www.bunculuka.info; Erw./Stellplatz 45/95 Kn; ☉ April–Okt.) sind es 15 Gehminuten, der Campingplatz liegt hinter dem Hügel östlich des Hafens.

Essen

Es gibt zahllose Restaurants, die sich untereinander kaum unterscheiden.

Bistro Forza (☎ 856 611; Zvonimirova 98; Hauptgerichte ab 38 Kn) Gut für ein preiswertes Essen. Es gibt Pizza und die üblichen Gerichte wie Grillfleisch, Pasta und Salate.

Cicibela (☎ 856 013; Emila Geistlicha bb; Hauptgerichte ab 60 Kn) Das Restaurant an der Strandpromenade ist immer noch die Nummer Eins für Fisch, Meeresfrüchte und einen schönen Blick.

RAB

Rab (italienisch: Arbe) liegt zwischen Krk und Pag und ist landschaftlich betrachtet die schönste Insel in der Kvarner Bucht. Der dichter besiedelte Südwesten zeigt sich im Grün üppiger Pinienwälder und wird von Sandstränden und Buchten eingerahmt. Der windumtoste Nordosten mit hohen Klippen und nur wenigen Siedlungen wirkt dagegen unzugänglich. Hohe Berge schützen das Inselinnere vor den kalten, aus Nordosten wehenden Winden, sodass hier Oliven, Trauben und Gemüse angebaut werden können. Die schönsten Sandstrände der Insel liegen rund um die Halbinsel Lopar im Nordosten. Von der nordwestlichen Halbinsel bei Supetarska Draga über die Halbinsel Kalifront bis zu den Ferienanlagen bei Suha Punta reihen sich unzählige Buchten und Lagunen aneinander.

Kulturelles und historisches Schaufenster ist die zauberhafte Stadt Rab. Als Wahrzeichen erheben sich vier elegante Kirchtürme über den alten steinernen Gassen. Selbst wenn die Insel auf dem Höhepunkt der Sommersaison von Besuchern überrannt wird, vermittelt

KVARNER REGION

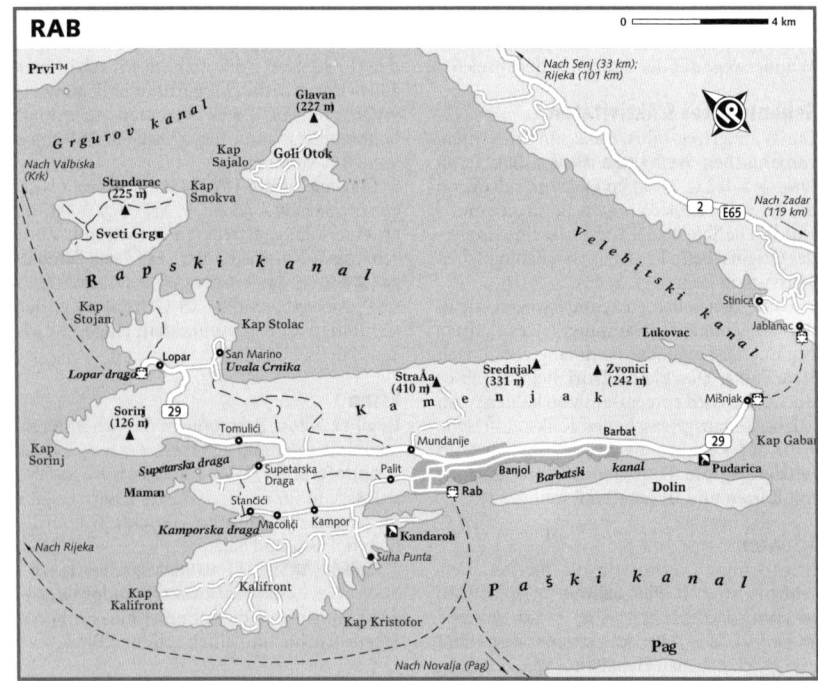

ein Bummel durch die alten Stadtviertel das Gefühl, auf Entdeckungsreise zu sein; einsame Strände liegen nur eine kurze Bootsfahrt entfernt. Im Frühjahr und Herbst ist Rab dank seines milden Klimas mit 2470 Sonnenstunden im Jahr ein wunderbares und kaum besuchtes Reiseziel.

Geschichte

Rab wurde ursprünglich von Illyrern besiedelt und unterstand römischer, byzantinischer und kroatischer Herrschaft, bevor es 1409 zusammen mit Dalmatien an Venedig verkauft wurde. Die wichtigsten Einkommenszweige waren Landwirtschaft, Fischerei und Salzgewinnung, doch ein Großteil der Erträge landete in Venedigs Kassen. Im 15. Jh. löschten zwei Pestepidemien die Bevölkerung nahezu vollständig aus, die Wirtschaft kam zum Erliegen.

Auf Venedigs Sturz 1797 folgte eine kurze Ära österreichischer Herrschaft, die 1805 durch die Ankunft der Franzosen beendet wurde. Als Napoleon 1813 scheiterte, wurde Rab den österreichischen Territorien einverleibt. Die Österreicher bevorzugten eindeutig

die italienisch geprägte Elite, erst 1897 wurde das Kroatische zur offiziellen Sprache erklärt. Um die Wende zum 20. Jh. entdeckte die Wiener Gesellschaft die Insel als Reiseziel. Nach dem Niedergang der k. u. k-Monarchie 1918 wurde Rab Teil des Königreiches Jugoslawien. In den 1940er-Jahren war Rab zuerst von Italienern, dann von Deutschen besetzt und wurde 1945 befreit. Ab Ende der 1940er-Jahre verwandelte Tito die Insel Goli Otok vor der Halbinsel Lopar in ein berüchtigtes Gefangenenlager. Viele des Stalinismus Verdächtige wurden heimlich dorthin gebracht, wo sie unter elenden Bedingungen leben mussten.

Heute ist der Tourismus Rabs Haupteinnahmequelle. Es gibt mehrere zweckmäßig eingerichtete Feriensiedlungen und viele Stammgäste, die Jahr für Jahr wiederkommen. Sogar in den 1990er-Jahren riss der deutsche und österreichische Besucherstrom nicht ab.

An- & Weiterreise

Die Fähre von Split Tours verkehrt viermal täglich zwischen Valbiska auf Krk und Lopar (Passagier/Auto 37/225 Kn, 1½ Std.). Eine Autofähre von Rapska Plovidba pendelt in den Sommermonaten ohne Zwischenhalt zwischen Mišnjak an der Südostküste der Insel und Jablanac auf dem Festland (Passagier/Auto 15/105 Kn, 15 Min.).

Von der Stadt Rab fährt täglich eine Fähre der Rapska Plovidba nach Lun auf Pag (55 Kn, 40 Min.); Tagesausflüge sind nur am Dienstag, Donnerstag und Freitag möglich. Ein Katamaran der Jadrolinija bedient täglich die Strecke von Rijeka nach Rab (40 Kn, 2 Std.) und setzt die Fahrt nach Novalja auf Pag fort. Von dort gibt es Verbindungen nach Zadar.

Die verlässlichste Verbindung zur und von der Insel sind die zwei täglichen Busse zwischen Rab und Rijeka (120 Kn, 3 Std.). In der Hochsaison gibt es täglich drei Direktbusse von Zagreb nach Rab (188 Kn, 4–5 Std.). Die Verbindung sollte rechtzeitig reserviert werden. Zwischen Rab und Zadar gibt es keine direkte Linie; man kann einen der mehrmals täglich nach Senj fahrenden Busse nehmen und dort in die Busse umsteigen, die von Rijeka nach Zadar fahren (195 Kn, 5 Std.).

Unterwegs vor Ort

Neben Inselrundfahrten, die von Reiseagenturen in Rab-Stadt (s. unten) angeboten werden, gibt es im Juli und August viermal täglich ein Wassertaxi (25 Kn) zwischen Rab-Stadt und Suha Punta; es legt vor dem Hotel Padova ab. Die Inselstrände sind mit privaten Taxibooten erreichbar, so etwa der FKK-Strand Kandarola (30 Kn pro Pers.) und Pudarica (hin & zurück für max. 5 Pers. 400 Kn). Generell sind für Fahrten mit 150 Kn pro Std. (für bis zu fünf Pers.) zu rechnen.

Täglich fahren 11 Busse – an den Wochenenden einige weniger – von Lopar in die Stadt Rab (23 Kn, 15 Min., 13 km) und umgekehrt. Einige fahren in Abstimmung mit den Fähren, die zwischen Valbiska und Lopar verkehren.

RAB (STADT)
592 Ew.

Die mittelalterliche Stadt Rab zählt zu den spektakulärsten Sehenswürdigkeiten der nördlichen Adria: Dicht hintereinander auf einer schmalen Halbinsel gestaffelt, erheben sich vier Kirchtürme wie Ausrufezeichen über den roten Dächern der Altstadt. Die vom Hafen bergauf verlaufenden Straßen führen an mehreren reich geschmückten Kirchen vorbei und enden an herrlichen Aussichtspunkten. Ein Bummel durch die schmalen, alten Gassen und durch den schattigen Komrčar-Park

westlich der Altstadt ist ein Vergnügen. Im Sommer lockt auch die Kultur: In den Gotteshäusern finden regelmäßig Konzerte und Ausstellungen statt. Sobald die Stadt ausgiebig erforscht ist, lassen sich im Rahmen von Ausflügen oder mit dem Wassertaxi die schönsten Buchten und Stränden der Insel entdecken.

Orientierung

Die Altstadt liegt der Marina gegenüber an der anderen Seite der Bucht. Von den drei parallel zum Hafen verlaufenden Straßen Donja, Srednja und Gornja ulica (wörtlich untere, mittlere und obere Straße) führen schmale Gassen bergauf. Der Platz Trg Municipium Arba am Hafen ist Mittelpunkt der Altstadt.

Rund fünf Minuten zu Fuß sind es von der Altstadt zum neuen Einkaufszentrum Palit mit dem Kaufhaus Merkur, einigen Reisebüros und dem Busbahnhof. Den nordwestlichen Teil der Halbinsel bedeckt der von den Stadtstränden gesäumte, hundertjährige Komrčar-Park. Strände finden sich auch rund um den Ferienkomplex Padova auf der gegenüberliegenden Seite, aber die schöneren Bademöglichkeiten liegen außerhalb der Stadt.

Praktische Informationen

Kostenloses WLAN um das Hotel Padova und im Einkaufszentrum.

Digital X (☎ /// 010; Donja bb, Std. 30 Kn; ☺ Mo–Sa 10–14 & 18–24, So 18–24 Uhr) Internet-Café.

Erste Banka (Mali Palit bb) Umtausch in andere Währungen und Geldautomat.

Garderoba (Mali Palit bb; Std. 0,70 Kn; ☺ 5.30 bis 19.30 Uhr) Gepäckaufbewahrung am Busbahnhof.

Katurbo (☎ 724 495; www.katurbo.hr; Šetalište Markantuna Dominisa 5; ☺ Juni–Aug. 8–22 Uhr, Mai & Sept. 8–21 Uhr) Vermittlung von Privatunterkünften, Geldwechsel, Fahrradverleih (Std. 20 Kn) und Ausflüge.

Kristofor (☎ 725 543; www.kristofor.hr; Mali Palit 70; ☺ Mo–Fr & So 8–13 & 17–21, Sa 8–22 Uhr) Die freundliche und effiziente Agentur neben dem Busbahnhof bietet umfangreichen Service.

Numero Uno (☎ /Fax 724 688; www.numero-uno.hr; Šetalište Markantuna Dominisa 5; ☺ Mo–Sa 6–24, So 8–23 Uhr) Vermittlung von Privatunterkünften, eigene Schiffsausflüge, Fahrradverleih (55 Kn pro halber Tag).

Postamt (Mali Palit 67; ☺ Mo–Fr 7–20, Sa 7–14 Uhr).

Touristeninformation (☎ 771 111; www.tzg-rab.hr; Trg Municipium Arba 8; ☺ Juli–Sept. 8–22 Uhr, Mai, Juni & Okt. 8–21 Uhr, Nov.–April Mo–Fr 8–14 Uhr) Hervorragende Auswahl an Karten, Broschüren und Prospekten über die gesamte Insel. Eine weiteres Büro befindet sich um die Ecke des Busbahnhofs (Juni–Sept. 8–22 Uhr).

KVARNER REGION

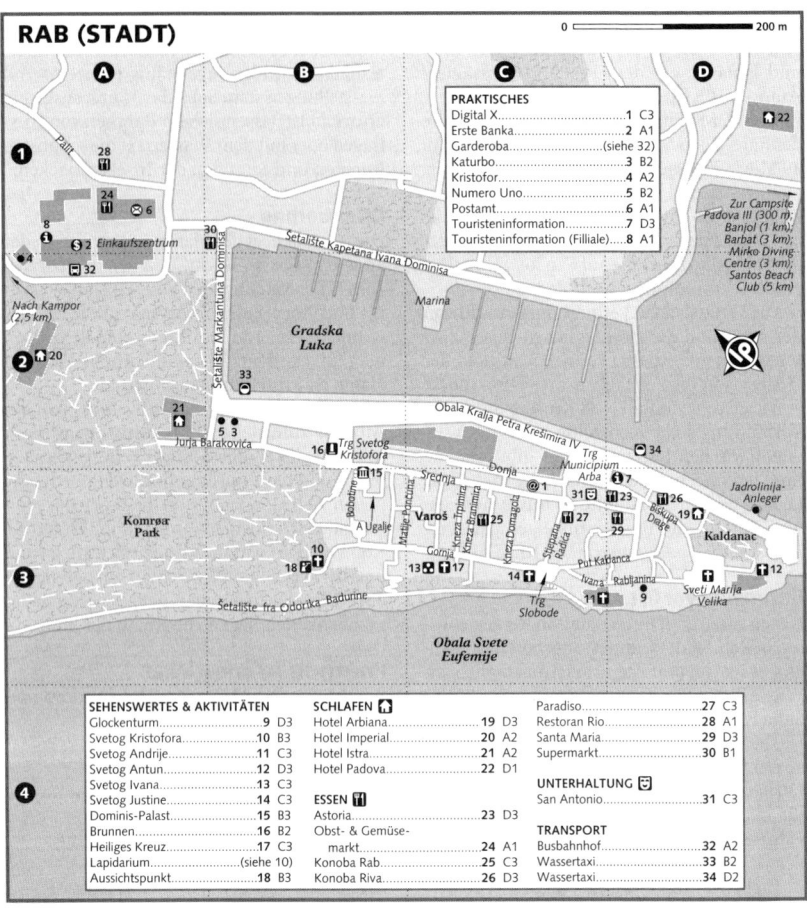

RAB (STADT)

0 ⸻ 200 m

Pali

28

24   6

2 *Einkaufszentrum*   30

32

Nach Kampor
(2,5 km)

20

33

21

5 3

Jurja Barakovića

Šetalište Kapetana Ivana Dominisa

Šetalište Markantuna Dominisa

Marina

Gradska Luka

Komrør Park

16   *Trg Svetog Kristofora*

15

Srednja

Varoš   25

A Ugalje

Gornja

10

18   13   17

14

Šetalište fra Odorika Badurine

Obala Kralja Petra Krešimira IV

Donja

Trg Municipium Arba   7

31   23   27   29   26   19

Kaldanac

34

Put Kaldanca

Ivana Rabljanina

11   9

Trg Slobode

Sveti Marija Velika   12

Obala Svete Eufemije

22

Zur Campsite
Padova III (300 m;
Banjol (1 km);
Barbat (3 km);
Mirko Diving
Centre (3 km);
Santos Beach
Club (5 km)

Jadrolinija-
Anleger

Sehenswertes

Die meisten berühmten Kirchen und Türme von Rab finden sich entlang der Gornja ulica, der Oberen Straße, die dann als Ivana Rabljanina den Stadtteil Kaldanac durchquert. Die Kirchen sind meist nur für die Morgen- und Abendmesse geöffnet; sind sie geschlossen, kann man in den meisten Fällen einen Blick durch die Metallgitter vor dem Eingangsportal ins Kircheninnere werfen.

Ausgangspunkt für den Stadtbummel ist der Trg Svetog Kristofora beim Hafen. Wenn man in Richtung Altstadt blickt, sieht man auf dem Platz rechts einen **Brunnen** mit den mythischen Gestalten von Kalifront und Draga. Die Legende erzählt, dass der leidenschaftliche Kalifront versuchte, die Hirtin Draga zu ver-

führen, die aber wiederum ein Keuschheitsgelübde abgelegt hatte. Die Göttin, der Draga ihre Jungfräulichkeit versprochen hatte, verwandelte das Mädchen in einen Stein, um sie vor ihrem Verführer zu retten.

Vom Platz geht es die Bobotine bergan zur Srednja ulica, dort erhebt sich auf der linken Seite der **Dominis-Palast**. Er wurde Ende des 15. Jhs. für eine bekannte Adelsfamilie erbaut, die hier das einfache Volk im Schreiben und Lesen unterrichtete. Die Fassade präsentiert sich mit reich geschmückten Renaissancefenstern und einem auffälligen Portal mit dem Wappen der Familie. Die Bobotine weiter bergauf und auf der Hügelkuppe nach rechts geht es zur Kapelle **Svetog Kristofora** (Hl. Christophorus) mit einer Ausstellung alter Steindenkmäler in ihrem **Lapidarium** (Spende erbeten; ☺ Sommer So 10–12.30 & 19.30–21 Uhr).

Eine Passage führt zu dem wunderschön gestalteten **Komrčar-Park**, der besonders im Sommer zu kühlen Spaziergängen einlädt. Den besten Blick auf die Kirchturmspitzen und den mächtigen, steil zur Adria abfallenden Gebirgszug des Velebit im Hintergrund eröffnet ein **Aussichtspunkt** an der höchsten Stelle der Stadtmauer. Man erreicht ihn über die Treppe rechts des Parkeingangs.

Die Gornja nach Süden führt zu den Ruinen der Kirche **Svetog Ivana** (St. Johannes), die wahrscheinlich auf einen vorchristlichen Bau zurückgeht. Bis auf den im 13. Jh. errichteten Turm, den man für 5 Kn Gebühr besteigen kann (unregelmäßige Öffnungszeiten), ist kaum etwas von der romanischen Basilika erhalten geblieben. Gleich neben dem Glockenturm erhebt sich die **Svetog Križa** (Heilig-Kreuz-Kirche). Sie wird auch Kirche des Weinenden Kreuzes genannt, denn eine Legende erzählt, dass der Christus auf dem Kruzifix des Gotteshauses über das unmoralische Verhalten der Stadtbewohner geweint haben soll. Heute dient sie als Veranstaltungsort für Konzerte während der Musikalischen Abende von Rab (s. S. 168).

Die Gornja ein Stück weiter steht am Trg Slobode rechts die Kirche **Svete Justine** (Justin-Kirche), deren Glockenturm 1572 fertiggestellt wurde. Heute beherbergt das Gotteshaus, das derzeit renoviert wird, eine Sammlung sakraler Gegenstände. Die riesige Eiche in der Mitte des Platzes wurde 1921 als Symbol der Befreiung von der italienischen Besatzung gepflanzt. Wer an diesem hübschen kleinen Platz eine Pause einlegt, kann den Blick weit hinaus auf das Meer genießen.

Am Trg Slobode nach rechts folgen das sehenswerte Benediktinerkloster aus dem 11. Jh. und die anschließende romanische **Svetog Andrije** (Andreaskirche) mit dem ältesten Kirchturm von Rab.

Dann kommt rechts der höchste und sicherlich einer der schönsten Türme der gesamten kroatischen Küste in Sicht. Den aus dem 13. Jh. stammenden, 26 m hohen **Kirchturm** (Eintritt 5 Kn; ☺ sporadisch) krönt eine achteckige Pyramide, um die eine romanischen Brüstung verläuft. Die Pyramide schließt ein Kreuz mit fünf kleinen Kugeln ab, die Reliquien verschiedener Heiliger enthalten. Von oben eröffnet sich ein herrlicher Panoramablick über die Dächer und das Meer.

Am äußersten Ende des Kaps liegt die 1499 erbaute barocke Kirche **Svetog Antuna** (Antoniuskirche). Den Altar schmücken Marmorintarsien aus dem 17. Jh. und ein Gemälde des hl. Antonius. Das Kloster nebenan wird von Franziskanerinnen geführt. Sie bearbeiten einen Garten, klöppeln Spitzen-Tischdecken aus Agavenfasern und führen ein ruhiges Leben am Meer.

Aktivitäten

Auf Rab gibt es ein Netz von 100 km markierter **Wanderwege** und 80 km **Radwege**, von denen einige von der Stadt Rab aus erreichbar sind (eine Karte vertreibt die Touristeninformation). Hinter dem Hotel Istra führt eine nur 30-minütige Wanderung nach Nordosten auf den Berg Sveti Ilija, wo sich eine herrliche Aussicht bietet. Mehrere Reiseagenturen (s. S. 165) vermieten Fahrräder.

Zu Rabs Tauchgründen zählen verschiedene unterirdische Höhlen und Tunnel sowie eine geschützte meeresarchäologische Stätte mit Amphoren vor dem Kap von Sorinj. Taucher schätzen besonders die Gewässer um die kleine Insel Čutin wegen ihrer schönen Unterwasserlandschaft. Tauchgänge und -kurse organisiert das **Mirko Diving Centre** (☎ 721 154; www.mirkodivingcenter.com; Barbat 710) im nahen Barbat.

Geführte Touren

Die meisten Reisebüros haben auch Schiffsausflüge um die Insel im Programm. Während der Ausflüge wird auf Rab, aber auch bei den vorgelagerten Inseln Sveti Gurgur und dem berüchtigten Goli Otok immer wieder zum Baden gehalten. Solche Tagesausflüge kosten zwischen 100 und 200 Kn, ja nach Route und Dauer. Touren lassen sich auch mit dem Wassertaxi organisieren. Die Boote halten am Hafen neben dem Hotel Istra und gegenüber am Trg Municipium Arba (S. 165). Ausflüge auf die Nachbarinseln Lošinj (160 Kn) und Krk (160 Kn) sowie zum Nationalpark Plitvice (360 Kn) sind ebenfalls im Programm.

Festivals & Events

Einige Tage lang verwandelt sich Rab im Sommer während des **Jahrmarkts von Rab** (Rapska Fjera) in eine mittelalterliche Stadt. Die Einwohner tragen historische Kostüme; eine Trommelprozession, Feuerwerk, mittelalterliche Tänze und Wettbewerbe im Bogenschießen bringen Leben in die alten Mauern. Das vom 25. bis zum 27. Juli begangene Fest

KVARNER REGION

erinnert an die Befreiung der Insel von der venezianischen Herrschaft (1364) und ehrt den Stadtpatron, den hl. Christophorus.

Die **Musikalischen Abende** finden zwischen Juni und September statt – wichtigste Veranstaltungen sind die Donnerstagabend-Konzerte (21 Uhr) in der Heilig-Kreuz-Kirche. Tickets (30 Kn) werden eine Stunde vor Beginn des Konzertes verkauft.

Schlafen

In und um die Stadt Rab gibt es jede Art von Unterkunft – vom teuren Hotel bis zum Campingplatz. Die meisten Hotels und Campingplätze werden von **Imperial** (www.imperial.hr) verwaltet; Privatunterkünfte vermitteln die Reisebüros. Die Preise beginnen bei 145 Kn (bis hin zu 245 Kn) für ein Doppelzimmer in der Hochsaison. Im Sommer wird bei einem Aufenthalt von weniger als drei Tagen ein Aufschlag erhoben.

Campsite Padova III (☎ 724 355; www.rab-camping.com; Banjol bb; Erw./Zelt 43/30 Kn; ☺ April–Okt.) Für einen preiswerten Übernachtungsplatz schultert man am besten sein Zelt und geht 2 km vor der Altstadt an der Bucht entlang nach Süden. Der Campingplatz besitzt einen Sandstrand und eine gute Infrastruktur.

Hotel Istra (☎ 724 134; www.hotel-istra.hr; Šetalište Markantuna Dominisa bb; EZ Neben-/Hauptsaison 300 bis 420 Kn, DZ 458–696 Kn; P) Von außen wirkt das jüngst gestrichene, gelbe Haus einladend, aber die abgewohnten Zimmer schreien nach Renovierung. Ein Pluspunkt ist die Lage direkt am Hafen.

Hotel Imperial (☎ 724 522; www.imperial.hr; Palit bb; EZ Neben-/Hauptsaison 370–505 Kn, DZ 560–760 Kn; P) Das Haus liegt etwas oberhalb der Stadt im schattigen Komrčar-Park. Einige der neueren Zimmer haben ein Klimaanlage, andere einen Balkon mit Meerblick. Die Café-Terrasse ist zauberhaft – noch angenehmer wäre sie ohne die kitschige Klaviermusik.

Hotel Padova (☎ 724 444; www.imperial.hr; Banjol bb; EZ Neben-/Hauptsaison 405–635 Kn, DZ 590–870 Kn; P ⚡ 🛏) Der Komfort ist das große Plus dieses überdimensionalen Beton-Komplexes an der gegenüberliegenden Seite der Bucht in Banjol. Es gibt ein hervorragend ausgestattetes Wellness-Zentrum. Alle kürzlich renovierten Zimmer haben einen Balkon.

Hotel Arbiana (☎ 724 444; www.arbianahotel.com; Obala Kralja Petra Krešimira IV 12; EZ 876 Kn, DZ 978–1300 Kn; P ⚡ 🖥) Wer nach dezentem Luxus sucht, wird in diesem kürzlich umgebauten Bou-

tique-Hotel am Hafen glücklich. Die meisten der 28 farbenfroh eingerichteten Zimmer und Suiten haben einen Balkon.

In jedem findet der Gast WLAN, LCD-Fernsehen und einen Bademantel. Das Slow-Food-Restaurant lockt mit einer von Kerzen erleuchteten Terrasse.

Essen

Rabs Spezialitäten sind frischer Fisch, Meeresfrüchte und Pastagerichte. Qualität und Preise unterscheiden sich kaum; die Restaurants zielen mit ihrem Angebot in erster Linie auf die sommerlichen Feriengäste.

Konoba Riva (☎ 725 887; Biskupa Drage 3; Hauptgerichte 40–90 Kn) Zum Riva gehören Tische am Hafen, eine malerische, mit Fischernetzen dekorierte Terrasse und eine kleine Gaststube mit Steinwänden. Auf der Speisekarte stehen Fisch und Meeresfrüchte sowie einige Fleischgerichte.

Santa Maria (☎ 724 196; Dinka Dokule 6; Hauptgerichte ab 55 Kn) Der kühle, steinerne Innenhof und die Terrasse im Obergeschoss sind das Beste am Santa Maria; auch die Küche ist in Ordnung. Empfehlenswert sind Thunfisch- oder Haisteak, Lasagne mit Meeresfrüchten oder eines der vielen Fleischgerichte. Die Cocktail-Bar gleich nebenan ist bis 2 Uhr früh geöffnet.

Restoran Rio (☎ 725 645; Palit 57; Hauptgerichte ab 57 Kn) Das Restaurant hinter dem Einkaufszentrum im neuen Teil der Stadt hat eine angenehme, schattige Terrasse; in der Küche und bei der Einrichtung dreht sich alles um den Fisch.

LP Tipp **Konoba Rab** (☎ 725 666; Kneza Branimira 3; Hauptgerichte ab 65 Kn; ☺ So Mittag geschl.) Einige der köstlichen Spezialitäten dieser gemütlichen Konoba wie etwa das in der *peka* zubereitete Lamm müssen in Voraus bestellt werden. Bei anderen Gerichte wie *rapska grota*, ein Rindersteak mit Käse, Prosciutto und einer süßlich-fruchtigen Soße (190 Kn für zwei Pers.), ist keine Vorbestellung notwendig.

Paradiso (☎ 771 109; Stjepana Radića 1; Hauptgerichte 70–130 Kn) Hier werden Kunst, Wein und gutes Essen zusammengeführt und in einem alten Stadthaus serviert. Ein Patio nach hinten hinaus und eine venezianische Loggia vor dem Lokal schmücken diesen Mix aus Kunstgalerie, Weinladen und Boutique-Restaurant sowie Café. Unvergleichlich gut schmeckt das Zahnbrassenfilet in *traminac*.

Astoria (☎ 774 844; Trg Municipium Arba 7; Hauptgerichte 85–140 Kn) Im elegantesten Restaurant der Altstadt speisen die Gäste auf der Terrasse mit Blick auf den Hafen. Zum Beispiel eine superbe *buzara* oder das Rinderfilet Barbat in einer Sauce aus Rotwein und Thymian. Ein Supermarkt befindet sich am Stadteingang an der Straße Šetalište Markantuna Dominisa. Eine weitere große Einkaufsmöglichkeit für Selbstversorger liegt im Erdgeschoss des Merkur-Kaufhauses im neuen Teil der Stadt. Dort gibt es auch einen Obst- und Gemüsemarkt.

Unterhaltung

San Antonio (www.sanantonio-club.com; Trg Municipium Arba 4) Tagsüber nippen die Urlauber an den Tischen am Platz an ihren Cocktails. Die beliebte Disko ist bis 6 Uhr früh geöffnet.

Santos Beach Club (www.sanantonio-club.com; Pudarica-Strand; ☺ Juli & Aug. 10 Uhr bis Sonnenaufgang) Die Besitzer des San Antonio betreiben diesen 10 km von der Stadt Rab entfernt liegenden Strandclub in der Hauptsaison, er liegt unweit von Barbat (nachts Shuttledienst). Der Club ähnelt dem Zrće auf der Insel Pag (s. Kasten S. 229).

DJs heizen mit ihrer Musik den Besuchern in Partylaune ein. Es gibt Live-Konzerte, Schaumpartys und Modeschauen; tagsüber spielt man Beach-Volleyball.

RUND UM DIE STADT RAB

Das Franziskanerkloster Samostan Svete Eufemija (☎ 724 951; Kampor; Eintritt 10 Kn; ☺ Mo–Sa 10 bis 12 & 16–18 Uhr) und die barocke Kirche des hl. Bernhard nebenan lohnen die 2,5 km Fußweg von Palit nordwestlich nach Kampor. Die Franziskanermönche unterhalten ein kleines Museum mit alten pergamentenen Büchern, Steinfragmenten und religiösen Gemälden, doch seinen ganz besonderen Reiz verdankt es der friedvollen Atmosphäre.

Besondere Beachtung verdienen der idyllische Kreuzgang und das ätherisch wirkende Deckenfresko der Kirche, das in eindrücklichem Kontrast zur Schwere und Leiden steht, das der spätgotische Kruzifixus ausdrückt. Der Flügelaltar der Gebrüder Vivarini stammt aus dem 15. Jh.

LOPAR

Die Touristenzone auf der Halbinsel Lopar an der Nordspitze von Rab hat wenig Charme, und doch gibt es einen überzeugenden Grund, nach Lopar zu fahren: die 22 von Kiefernwäldern gesäumten Sandstrände rund um das Kap. In den Sommermonaten ist die Halbinsel

fest in der Hand von Familien aus Mitteleuropa, denn das Meer ist flach und ideal für Kleinkinder. Das gilt vor allem für den 1500 m langen **Paradiesstrand** (Rajska Plaža) an der Crnika-Bucht mitten in der Stadt. Als berühmtester Strand der Insel ist er stets überfüllt. Einen etwas ruhigeren Platz findet man am nahen **Livačina-Strand**.

Wer den Bikini fallen lassen möchte, ist am **Saharastrand**, einem FKK-Strand in einer hübschen Bucht im Norden, gut aufgehoben. Ein deutlich markierter Weg, der hinter dem Hotelkomplex San Marino beginnt und durch Kiefernwälder verläuft, führt dorthin.

Der Spaziergang dauert etwa 45 Min., denn der Strand liegt abgelegen. Näher, etwa 15 Minuten zu Fuß vom Paradiesstrand, stößt man auf den Nudistenstrand **Stolac**.

Die **Touristeninformation** (☎ 775 508; www.lopar. hr; Lopar bb; ☺ Juli & Aug. 8–21.30 Uhr, Juni & Sept. Mo–Sa 8–20, So 8–14 Uhr) befindet sich im Stadtzentrum und hält Informationen über die Stadt und die Strände bereit.

Private Unterkünfte vermittelt **Sahara Tours** (☎ 775 444; www.sahara-tours.hr; Lopar bb), so beispielsweise Doppelzimmer ab 230 Kn und Apartments für zwei Personen ab 360 Kn in der Hochsaison.

Die unattraktive Ferienanlage an der Bucht von Crnika besteht aus dem **Camping San Marino** (☎ 775 133; www.imperial.hr; Lopar bb, Erw./Zelt 43/30 Kn; ☺ April–Okt.) gegenüber dem Paradiesstrand, dem Hotelkomplex San Marino, einem kleinen Einkaufszentrum und mehreren Standardrestaurants.

Eine empfehlenswerte Unterkunft ist das **Epario Hotel** (☎ 777 500; www.epario.net; Lopar 456a; EZ Neben-/Hauptsaison 160–232 Kn, DZ 362–593 Kn; ⓟ ⓧ ⌨), es liegt einen Katzensprung vom Paradiesstrand entfernt. Die Zimmer sind sauber, komfortabel, haben WLAN und die meisten einen Balkon.

Das Restaurant **Fortuna** (☎ 775 387; Lopar bb; Hauptgerichte ab 50 Kn) liegt etwas außerhalb gegenüber dem Hotel Lopar und besitzt eine hübsche, schattige Terrasse mit Palmen.

Laguna (☎ 775 177; Lopar 547; Hauptgerichte 40 bis 120 Kn) ist zentraler gelegen; auf der beinahe zu umfangreichen Speisekarte stehen alle internationalen Standardgerichte wie Fleisch vom Grill, Pizza und Fisch.

Die aus Valbiska kommende Fähre legt 1 km vom Zentrum entfernt an. Eine Mini-Bahn befördert Passagiere ohne eigenes Fahrzeug (Erw./Kind 10/5 Kn).

KVARNER REGION

Istrien

Istrien (kroatisch: Istra), die herzförmige, 3600 km² große Halbinsel, ragt südlich von Triest in das Adriatische Meer. Das malerische Hinterland mit Hügeln und fruchtbaren Ebenen lockt zunehmend kunstinteressierte Besucher in die Bergdörfer, Landhotels und Restaurants, während die grüne, tief eingeschnittene Küste unzählige Sonnenanbeter anzieht. Riesige Hotelanlagen säumen die Küste. Die felsigen Strände gehören allerdings nicht zu den besten Kroatiens. Die Unterkunftsmöglichkeiten sind jedoch vielfältig, das Meer ist sauber, und noch gibt es zahlreiche einsame Fleckchen.

Pazin, die Verwaltungshauptstadt der Region, liegt im Landesinneren, während das an der Küste gelegene Pula mit seinen florierenden Werften und dem römischen Amphitheater das wirtschaftliche und kulturelle Zentrum bildet. Beliebte Touristenziele an der Küste sind das bezaubernde Fischerdorf Rovinj und die alte Römerstadt Poreč, die in ein modernes Stadtgebiet übergeht. Im hügeligen Hinterland verstecken sich die mittelalterlichen Städte Motovun, Buzet, Labin und Grožnjan.

Der nördliche Teil der Halbinsel gehört bereits zu Slowenien. Der mächtige Gebirgszug Ćićarija (ein Ausläufer des Dinarischen Gebirges) in der nordöstlichen Ecke schottet Istrien vom kroatischen Binnenland ab. Auf der anderen Seite des Meeres liegt Italien – der allgegenwärtige italienische Einfluss lässt die Apenninenhalbinsel aber wesentlich näher erscheinen. Italienisch ist daher auch Zweitsprache in Istrien. Viele Bewohner haben einen italienischen Pass, und die Städtenamen sind zweisprachig angegeben.

Die Küste oder das „Blaue Istrien", wie es das Fremdenverkehrsamt werbewirksam vermarktet, wird im Sommer von Touristen überflutet. Im „Grünen Istrien" findet der Besucher jedoch auch in der Hochsaison noch unberührte Plätze.

HIGHLIGHTS

- Die Mosaike in der **Euphrasius-Basilika** (S. 188) in Poreč bewundern

- In den Wäldern um **Buzet** (S. 199) nach Trüffeln suchen und ein Festessen veranstalten

- Im **Batana Haus** (S. 183) in die Geschichte des Fischerorts Rovinj eintauchen

- Die spektakuläre **Paziner Schlucht** (S. 197) erkunden

- Die **Brijuni Inseln** (S. 180), Titos einstigen Lieblingsaufenthaltsort, besuchen und dem kommunistischen Flair nachspüren

- Die wilde Landschaft des **Rt Kamenjak** (S. 176) bei Pula erforschen

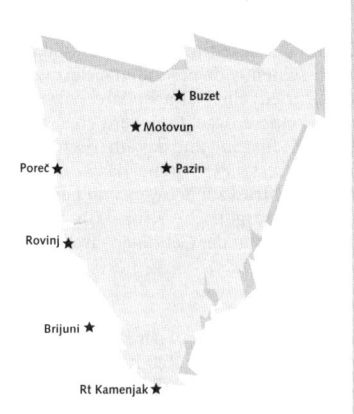

ISTRIEN

Geschichte

Gegen Ende des 2. Jahrtausends v. Chr. besiedelten illyrische Histrer die Region und errichteten an der Küste und im Landesinneren befestigte Bergdörfer. Im 3. Jh. v. Chr. drangen die Römer nach Istrien vor. Nach der Eroberung begannen sie, Straßen und Bergfestungen zu strategischen Bollwerken auszubauen. Von 539 bis 751 stand Istrien unter byzantinischer Herrschaft. Eindrucksvollstes Relikt dieser Epoche ist die Euphrasius-Basilika (S. 188) in Poreč mit ihren wunderschönen Mosaiken. In der Folgezeit wurde das Land abwechselnd von slawischen Völkern, den Franken und einer Reihe deutscher Herrscher regiert. Venedig gewann zusehends an Einfluss und machte den deutschen Herrschern im frühen 13. Jh. die Kontrolle über die istrische Küste streitig. In den Verträgen von 1374 und 1466 wurde das istrische Festland an die Habsburger übergeben.

Danach wurde die Halbinsel von Elend, Hunger und Krieg heimgesucht. 1371 brach erstmals die Beulenpest aus. Bis ins 17. Jh. raffte die Seuche immer wieder zahlreiche Bewohner der istrischen Städte dahin. Zwar drangen die Türken nie bis nach Istrien vor, dafür fielen jedoch die furchterregenden Uskoken aus Senj im 16. und 17. Jh. wiederholt über die istrischen Städte her.

Nach dem Fall Venedigs im Jahre 1797 geriet Istrien unter österreichische Herrschaft, dann unter französische (1809–13), bevor es wieder an Österreich fiel. Im 19. und frühen 20. Jh. war der überwiegende Teil Istriens ein vernachlässigter Außenposten der Habsburger Monarchie.

Als das österreichisch-ungarische Königreich Ende des Ersten Weltkriegs zerfiel, rückte Italien schnell vor, um sich Istrien zu sichern. Italienische Truppen besetzten Pula im November 1918. 1920 trat das Königreich der Serben, Kroaten und Slowenen im Vertrag von Rapallo Istrien zusammen mit Zadar und mehreren Inseln an Italien ab – als Anerkennung für die Unterstützung der alliierten Streitkräfte im Ersten Weltkrieg.

Eine massive Völkerwanderung setzte ein, als zwischen 30 000 und 40 000 Italiener aus Mussolinis Italien eintrafen und viele Kroaten aus Angst vor dem Faschismus die Region verließen. Ihre Sorgen waren durchaus begründet, wollten die italienischen Herrscher ihre Macht auch dadurch festigen, dass sie die slawische Sprache, Medien, Erziehung sowie die Ausübung der Kultur verboten.

Italien kontrollierte die Region bis zur Niederlage im Zweiten Weltkrieg. Dann wurde Istrien Teil Jugoslawiens, wodurch eine weitere Massenflucht ausgelöst wurde. Jetzt flohen Italiener und republikfreundliche Kroaten vor Titos Kommunisten.

Triest und die Nordwestspitze der Halbinsel blieben noch lange Streitpunkt zwischen Italien und Jugoslawien, bis die Region 1954 endgültig Italien zugesprochen wurde. Aufgrund der Neuordnung Jugoslawiens durch Tito fiel der nördliche Teil der Halbinsel an Slowenien.

DIE ISTRISCHE KÜSTE

An der Spitze der istrischen Halbinsel liegt Pula, die größte Stadt an der Küste. Auf einem Tagesausflug sind die vorgelagerten Brijuni Inseln zu erreichen, wo sich Tito gerne aufhielt. An der Ostküste befindet sich etwa auf halber Strecke der moderne Badeort Rabac, direkt unterhalb der alten Hügelstadt Labin. Besonders beliebt bei den Urlaubern ist die Westküste. Die schönste Stadt dort ist Rovinj, preisgünstiger ist Poreč, das mit zahlreichen Übernachtungs- und Unterhaltungsmöglichkeiten aufwartet.

PULA
65 000 Ew.

Pula (früher Polensium) ragt unter den kroatischen Städten vor allem wegen seiner zahlreichen römischen Bauwerke heraus. Größte Attraktion ist das erstaunlich gut erhaltene römische Amphitheater, das die Innenstadt beherrscht und im Sommer oft als Schauplatz für Konzerte und Aufführungen dient.

Trotz ihres regen Geschäftslebens konnte sich die lebhafte Handelsstadt am Meer die Atmosphäre einer Kleinstadt bewahren. Pula hat zwar keine Strände, mit dem Bus sind die Ferienorte auf der Halbinsel Verudela weiter südlich schnell erreicht. Dicht an dicht reihen sich die Wohn- und Feriensiedlungen, die Küste ist jedoch mit duftenden Pinienhainen bestanden, es gibt viele Strandcafés und ausgezeichnete Restaurants.

Wer der tief eingeschnittenen Küste Richtung Süden folgt, trifft auf die Halbinsel Premantura. Hier befindet sich ein spektakulärer Naturpark, das unter Naturschutz stehende Kap Kamenjak.

ISTRIEN

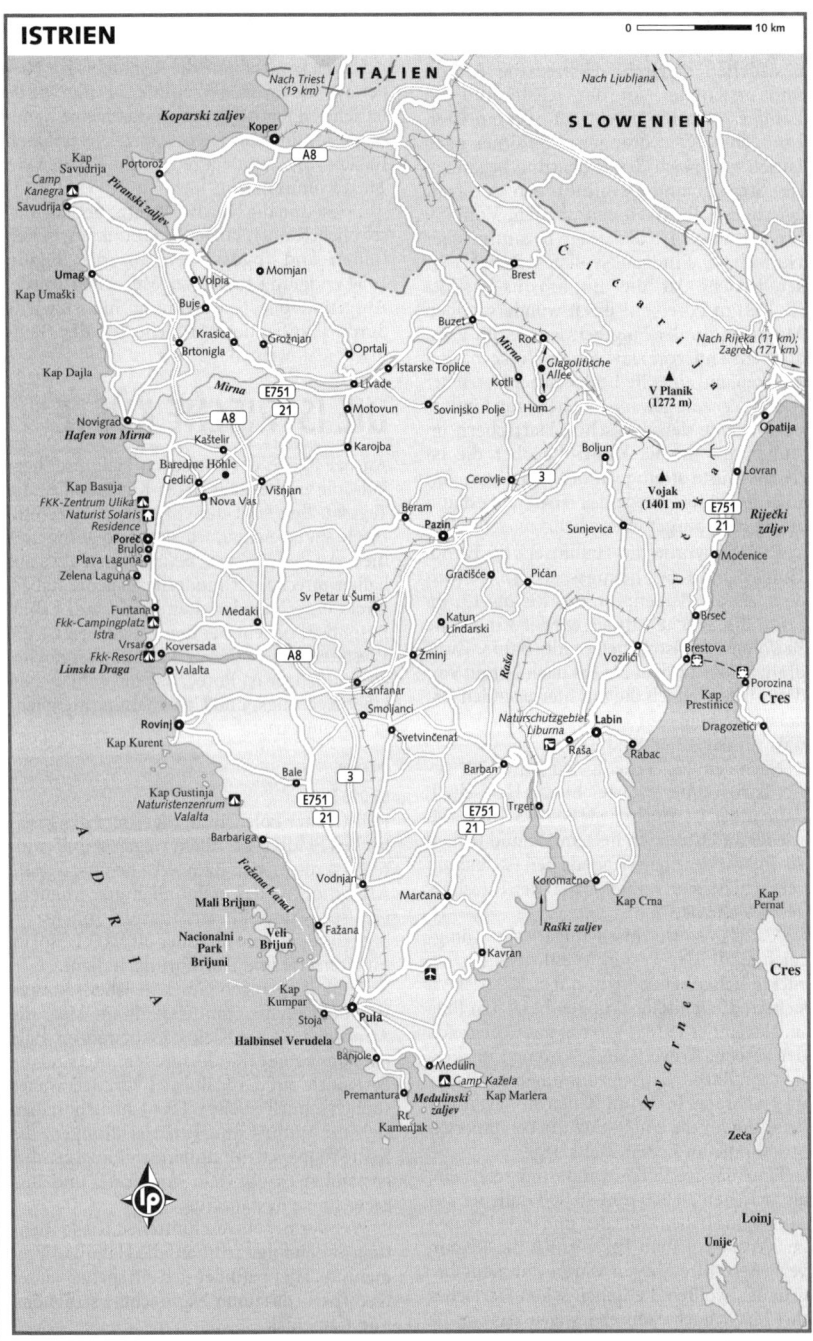

ISTRIEN

0 ⊏━━━━━━ 10 km

HÜLLENLOSES URLAUBSVERGNÜGEN

FKK hat eine lange und ehrwürdige Tradition in Kroatien und nahm um die Wende des 19. zum 20. Jh. auf der Insel Rab ihren Anfang. Unter dem Einfluss der in Deutschland gepflegten Freikörperkultur gehörten die Österreicher zu den ersten, die diesen Trend aufgriffen. So eröffnete der Österreicher Richard Ehrmann das erste Nudistencamp am Paradise Beach in Lopar (auf Rab). Die tatsächlichen Begründer der FKK-Bewegung an der Adria waren aber Edward VIII. und Wallis Simpson, als sie 1936 auf der Insel Rab nackt ins Wasser sprangen.

Heute zählen die FKK-Ferienanlagen an der Küste Istriens zu den größten und am besten erschlossenen überhaupt. Sie sind als solche durch ein FKK-Schild ausgewiesen.

Los geht's im Norden mit dem **Camp Kanegra** (www.istraturist.com) nördlich von Umag, ein relativ kleines Gelände an einem langen Kieselstrand. Weiter südlich an der Küste, direkt vor den Toren von Poreč, liegt das **FKK-Zentrum Ulika** (www.plavalaguna.hr), mit 559 Stellplätzen. Wohnwagen und Wohnmobile können dort gemietet werden. Für diejenigen, die im Appartement wohnen möchten, bietet sich die **Naturist Solaris Residence** (www.valamar.hr) an. Sie liegt nur 12 km nördlich von Poreč auf der waldreichen Halbinsel Lanterna und verfügt zusätzlich über einen FKK-Campingplatz. Südlich von Poreč in der Nähe des Fischerdorfes Funtana befindet sich der etwas größere **FKK-Campingplatz Istra** (www.valamar.hr), auf dem bis zu 3000 Personen Platz finden. Etwas weiter im Süden (südlich der Ortschaft Vrsar) folgt **Koversada** (www.maistra.hr), die „Mutter" aller Nudistenresorts. 1961 wurde die gesamte Insel Koversada zum FKK-Gebiet erklärt, das sich bis an die nahe gelegene Küste ausbreitet. Hier finden bis zu 6000 Personen auf Campingplätzen, in Villen und Appartements Unterkunft. Wem das zu viel Trubel ist, flüchtet sich am besten 7 km in Richtung Süden und noch an Rovinj vorbei zum **FKK-Campingplatz Valalta** (www.valalta.hr), der in der Nähe des Limski-Fjords liegt. Dort gibt es eine überschaubare Anzahl an Apartments, Bungalows, Wohnwagen, Wohnmobilen und Zeltstellplätzen. Wer in der Nähe von Pula bleiben möchte, sollte die Küste entlang nach Medulin zum **Camp Kažela** (www.kampkazela.com) fahren. Auch hier kann man Wohnmobile mieten. Die Zeltplätze liegen direkt am Strand.

Geschichte

Im 1. Jh. v. Chr. eroberten die Römer das illyrische Pola (heute Pula) und errichteten dort ihren Verwaltungshauptsitz für eine Region, die vom Limska Draga bis zum Fluss Raša reichte. Geschickt machten sie sich das Gebiet um Pula zunutze. Vom Hügel, auf dem sich heute die Zitadelle erhebt, konnten sie hervorragend die Bucht überwachen. Die alte Stadt entwickelte sich kreisförmig um den Hügel herum, wobei das Amphitheater außerhalb des befestigten Stadtkerns lag. Um sich vor Piratenangriffen zu schützen, schloss sich Pula 1150 Venedig an, die Stadt litt aber sehr unter der venezianischen Herrschaft.

Nach dem Fall Venedigs 1797 kamen die Habsburger als neue Herrscher in die Stadt. Doch die städtische Wirtschaft lag auch weiter danieder, bis die österreichisch-ungarische Doppelmonarchie Pula 1853 zum Hauptkriegshafen erwählte. Der Bau des Flottenhafens und die Eröffnung der großen Schiffswerft 1886 setzten eine demografische und ökonomische Entwicklung in Gang, die aus Pula eine militärische und industrielle Hochburg machten. Unter dem faschistischen Regime Italiens verfiel die Stadt von 1918 bis 1943 erneut, dann wurde sie von den Deutschen eingenommen. Ende des Zweiten Weltkriegs verwalteten englische und amerikanische Streitkräfte die Stadt, bis sie 1947 nach dem Friedensvertrag von London an Jugoslawien fiel. Pulas Industrieanlagen haben den letzten Krieg einigermaßen gut überstanden – bis heute ist die Stadt ein wichtiges Zentrum des Schiffsbau sowie der Textil-, Metall- und Glasindustrie.

Orientierung

Der älteste Teil der Stadt folgt dem römischen Stadtplan, nach dem die Straßen kreisförmig um die Zitadelle im Zentrum herumgeführt werden; die neueren Stadtteile wurden rechtwinkelig angelegt. Die meisten Geschäfte und Reisebüros liegen in und rund um die Altstadt oder aber auf dem Korzo Giardini, der Carrarina, der Istarska und der Hafenpromenade de Riva. Mit Ausnahme einiger Hotels und Restaurants in der Altstadt befinden sich die meisten Läden ebenso wie die Strände 4 km südlich der Stadt auf der Halbinsel Verudela. Man erreicht sie zu Fuß über die Arsenalska,

ISTRIEN

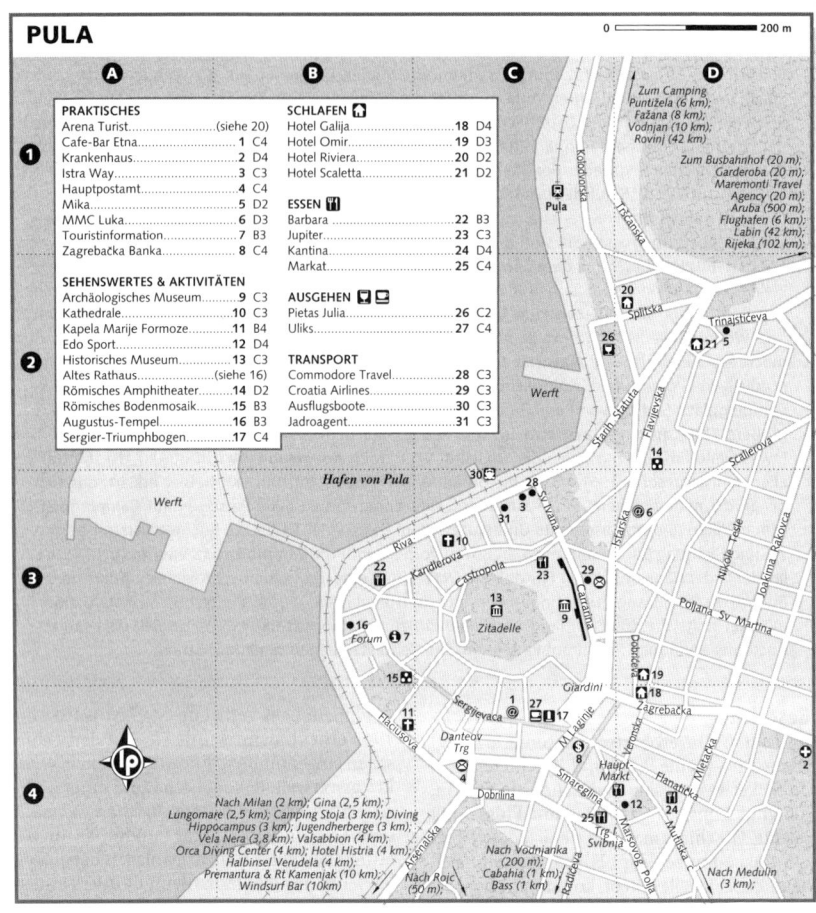

PULA

0 ─────── 200 m

PRAKTISCHES
Arena Turist.....................(siehe 20)
Cafe-Bar Etna............................1 C4
Krankenhaus..............................2 D4
Istra Way...................................3 C3
Hauptpostamt.............................4 C4
Mika..5 D2
MMC Luka..................................6 D3
Touristinformation......................7 B3
Zagrebačka Banka......................8 C4

SEHENSWERTES & AKTIVITÄTEN
Archäologisches Museum............9 C3
Kathedrale...............................10 C3
Kapela Marije Formoze...............11 B4
Edo Sport................................12 D4
Historisches Museum.............(siehe 13)
Altes Rathaus......................(siehe 16)
Römisches Amphitheater..........14 D2
Römisches Bodenmosaik...........15 B3
Augustus-Tempel......................16 B3
Sergier-Triumphbogen..............17 C4

SCHLAFEN
Hotel Galija..............................18 D4
Hotel Omir...............................19 D3
Hotel Riviera............................20 D2
Hotel Scaletta...........................21 D2

ESSEN
Barbara...................................22 B3
Jupiter.....................................23 C3
Kantina....................................24 D4
Markat.....................................25 C4

AUSGEHEN
Pietas Julia..............................26 C2
Uliks.......................................27 C4

TRANSPORT
Commodore Travel....................28 C3
Croatia Airlines........................29 C3
Ausflugsboote..........................30 C3
Jadroagent..............................31 C3

Zum Camping Puntižela (6 km);
Fažana (8 km);
Vodnjan (10 km);
Rovinj (42 km)

Zum Busbahnhof (20 m);
Garderoba (20 m);
Maremonti Travel Agency (20 m);
Aruba (500 m);
Flughafen (6 km);
Labin (42 km);
Rijeka (102 km)

Pula

Werft

Hafen von Pula

Werft

Zitadelle

Forum

Giardini

Sergijevaca

Danteov Trg

Haupt-Markt

Dobrilina

Nach Milan (2 km); Gina (2,5 km);
Lungomare (2,5 km); Camping Stoja (3 km); Diving
Hippocampus (3 km); Jugendherberge (3 km);
Vela Nera (3,8 km); Valsabbion (4 km);
Orca Diving Center (4 km); Hotel Histria (4 km);
Halbinsel Verudela (4 km);
Premantura & Rt Kamenjak (10 km);
Windsurf Bar (10km)

Nach Rojc (50 m);

Nach Vodnjanka (200 m);
Cabahia (1 km);
Bass (1 km)

Nach Medulin (3 km)

---

die in die Tomasinijeva und die Veruda übergeht. Der Busbahnhof liegt 500 m nordöstlich
der Innenstadt, der Hafen westlich des Busbahnhofs. Knapp einen Kilometer nördlich
der Stadt befindet sich auf der Kolodvorska
und nahe am Meer der Bahnhof.

Praktische Informationen

GELD
Geld kann in Banken, Reisebüros oder auf
dem Postamt gewechselt werden.
Zagrebačka Banka (M Laginje 1) hat einen Geldautomaten.

GEPÄCKAUFBEWAHRUNG
Garderoba Busbahnhof (Std. 2,20 Kn; ☾ Mo–Sa
4–22.30, So 5–22.30 Uhr)

INTERNETZUGANG
Cafe-Bar Etna (Sergijevaca 3; Std. 20 Kn; ☾ Mo–Fr
6–23, Sa & So 8–23 Uhr)
MMC Luka (☎ 224 316; Istarska 30; Std. 20 Kn;
☾ Mo–Fr 8–24, Sa 8–15 Uhr)

MEDIZINISCHE VERSORGUNG
Krankenhaus (☎ 376 548; Zagrebačka 34)

POST
Hauptpostamt (Danteov Trg 4; ☾ Mo–Fr 7.30–19, Sa
7.30–14.30 Uhr) Hier können Ferngespräche geführt werden. Der Treppenaufgang in der Post ist einen Blick wert.

REISEBÜROS
Arena Turist (☎ 529 400; www.arenaturist.hr; Splitska
1a; ☾ Mo–Fr 8–20, Sa 8–18 Uhr) Das Reisebüro im Hotel

Riviera bucht Zimmer in den von ihm verwalteten Hotels. Es organisiert auch Reiseführer und Ausflüge.

Istra Way (☎ 214 868; www.istraway.hr; Riva 14; ☾ Juli–Mitte Sept. 9–21 Uhr) Das am Hafen gelegene Reisebüro vermittelt Privatunterkünfte, organisiert Ausflüge nach Brijuni, Rovinj und Lim und vermietet Fahrräder (pro Tag 100 Kn).

Maremonti (☎ 384 000; www.maremonti-istra.hr; Trg I Istarske Brigade 1; ☾ Juli & Aug Mo–Fr 9–20, Sa 9–14, Sept.–Juni Mo–Fr 9–14 & 17–20, Sa 9–14 Uhr) Das im Busbahnhof gelegene Reisebüro vermittelt Unterkünfte und vermietet außerdem Autos und Motorroller (pro Tag ab 100–180 Kn).

TOURISTENINFORMATION

Touristeninformationszentrum (☎ 212 987; www. pulainfo.hr; Forum 3; ☾ Sommer Mo–Fr 8–21, Sa & So. 9–21, restliches Jahr Mo–Fr 8–19, Sa 9–19, So 10–16 Uhr) Kompetente, freundliche Mitarbeiter, die den Gästen Stadtpläne, Broschüren und Veranstaltungspläne für Pula und das restliche Istrien aushändigen. Zwei praktische Hefte informieren über die besten Privatunterkünfte in Istrien (*Domus Bonus*) sowie alle Restaurants (*Istra Gourmet*).

WASCHSALON

Mika (☎ 210 692; Trinajstićeva 16; ☾ Mo–Fr 8–14, Sa 8–12 Uhr)

Sehenswertes

RÖMISCHE RUINEN

Pulas berühmtestes und imposantestes Wahrzeichen ist das **Römische Amphitheater** (☎ 219 028; Flavijevska bb; Erw./erm. 40/20 Kn; ☾ Sommer 8–21, Frühling & Herbst 9–20, Winter 9–17 Uhr) aus dem 1. Jh., das im Nordosten der Altstadt oberhalb des Hafens liegt. Es ist komplett aus in der Nähe des Ortes vorkommenden Kalkstein erbaut; bis zu 20 000 Zuschauer konnten hier die Gladiatorenkämpfe verfolgen. Oben auf der Mauer verläuft eine Regenrinne, auch die Platten, mit denen das Sonnenschutzsegel befestigt wurde, sind heute noch zu erkennen. Im Erdgeschoss ist ein kleines **Museum** untergebracht, das alte Geräte zur Herstellung von Olivenöl zeigt. Jeden Sommer findet hier das **Pula Film Festival** statt, auch Pop- und klassische Konzerte werden abgehalten.

Entlang der Carrarina verlaufen die **Römischen Stadtmauern**, die Pulas östliche Stadtgrenze markieren. Wer dieser Mauer in Richtung Süden folgt und weiter über die Giardini geht, kommt zum **Sergier-Triumphbogen**. Der majestätische Bogen wurde 27 v. Chr. errichtet – zum Gedenken an drei Angehörige der Familie Sergius, die in Pula hohe Ämter bekleideten. Bis zum 19. Jh. grenzte der Bogen direkt an das Stadttor. Stadttor und Mauern wurden dann eingerissen, um eine Stadterweiterung über die Grenzen der Altstadt hinaus zu ermöglichen.

Hinter dem Bogen führt die Fußgängerzone, die Sergijevaca, um das alte Pula herum. Wer ihr folgt, gelangt zum alten **Forum**, das von der Antike bis ins Mittelalter als Hauptversammlungsort der Stadt diente. Früher befanden sich hier Tempel und öffentliche Gebäude, heute erinnert nur noch der von 2 v. bis 14 n. Chr. errichtete **Augustustempel** (☎ 218 603; Forum; Erw./erm. 10/5 Kn; ☾ Sommer Mo–Fr 9–20, Sa & So 10–15 Uhr, sonst nur nach Voranmeldung) an die römische Herrschaft.

In nachrömischer Zeit wurde der Tempel in eine Kirche umgewandelt und diente später als Getreidespeicher. Nach einem Bombentreffer 1944 wurde das Gebäude wiederaufgebaut und beherbergt heute ein kleines historisches Museum. Auf dem Forum steht auch die **Alte Stadthalle**, die 1296 als Sitz der Stadtverwaltung von Pula erbaut wurde. Sie besteht aus einem Mix verschiedener Baustile – von der Romanik bis zur Renaissance – und ist auch heute noch Amtssitz des Bürgermeisters von Pula.

Von der Sergijevaca aus lässt sich ein **Römische Bodenmosaik** aus dem 3. Jh. besichtigen. Zwischen erstaunlich gut erhaltenen geometrischen Motiven zeigt die mittlere Platte die Bestrafung der gewalttätigen Dirke, einer Figur aus der griechischen Mythologie, die ihre Nichte zu ermorden versuchte.

KIRCHEN

Pulas **Kathedrale** (Katedrala; Kandlerova; ☾ Mitte Juni–Mitte Sept. 10–17 Uhr, Messe nur Mitte Sept.–Mitte Juni) reicht in ihren Ursprüngen bis ins 5. Jh. zurück; der Hauptaltar ist sogar noch älter, er stammt aus dem 3. Jh. und ist ein römischer Sarkophag mit Heiligenreliquien. Auf dem Boden befinden sich Mosaikreste aus dem 5. und 6. Jh. Die Fassade aus der Spätrenaissance wurde im frühen 16. Jh. hinzugefügt, der Glockenturm im 17. Jh. mit Steinen vom Amphitheater errichtet.

Die **Kapelle zur Heiligen Maria Formosa** (Kapela Marije Formoze; Flaciusova) ist alles, was von der Benediktinerabtei aus dem 6. Jh. noch übrig ist. Damals schmückten Mosaike die ehemalige byzantinische Basilika; diese sind heute im Archäologischen Museum der Stadt zu sehen. Die Kapelle ist nur während der gelegent-

ISTRIEN

lich stattfindenden Kunstausstellungen im Sommer geöffnet oder kann auf vorherige Anmeldung beim Archäologischen Museum besichtigt werden.

MUSEEN

Im **Archäologischen Museum** (Arheološki Muzej; ☎ 218 603; Carrarina 3; Erw./erm. 20/10 Kn; ☟ Mai–Sept. Mo–Sa 9–20, So 10–15 Uhr, Okt.–April Mo–Fr 9–14 Uhr) werden Fundstücke aus ganz Istrien gezeigt. Die Dauerausstellung umfasst Exponate aus der Frühzeit bis zum Mittelalter, der Schwerpunkt liegt jedoch auf der Periode zwischen dem 2. Jh. v. Chr. und dem 6. Jh. n. Chr. Wer das Museum nicht besuchen möchte, sollte sich zumindest den großen **Skulpturengarten** vor dem Museum und das **Römische Theater** dahinter ansehen. Den Garten betritt man durch ein Doppeltor aus dem 2. Jh., im Sommer finden hier Konzerte statt.

Das **Historische Museum** (Povijesni Muzej Istre; ☎ 211 566; Gradinski Uspon 6; Erw./erm. 15/7 Kn; ☟ Juni–Sept. 8–21, Okt.–Mai 9–17 Uhr) ist in einer venezianischen Festung aus dem 17. Jh. untergebracht, die sich auf einem Hügel im Zentrum der Altstadt erhebt. Für die etwas dürftige Ausstellung, die sich vor allem der Schifffahrtsgeschichte Pulas widmet, entschädigt der herrliche Blick von der Festungsmauer hinunter auf die Stadt.

STRÄNDE

Ein Halbkreis von Stränden (genau genommen Felsbuchten) umgibt die Stadt. Jeder Strand hat seine eigene Fangemeinde. Wie Bars oder Nachtclubs sind auch die Strände entweder gerade angesagt oder out. Die bei den Touristen beliebtesten Strände befinden sich in der Nähe der Hotelanlagen auf der **Halbinsel Verudela**. Auch ein paar Einheimische lassen sich hin und wieder am kleinen türkisfarbenen **Hawaii Beach** in der Nähe des Hotel Park blicken.

Wer es etwas einsamer mag, sollte sich zum Naturpark **Rt Kamenjak** (www.kamenjak.hr, nur auf Kroatisch; Fußgänger und Radfahrer frei, Auto/Motorroller 20/10 Kn; ☟ 7–22 Uhr) auf der Halbinsel Premantura 10 km südlich der Stadt aufmachen. Das landschaftlich wunderschöne, unbewohnte Kap an der Südspitze Istriens ist hügelig, es gedeihen Wildblumen (darunter 30 verschiedene Orchideenarten), niedrige Sträucher, Obstbäume und Heilpflanzen. Über eine Länge von 30 km erstrecken sich unberührte Strände und Buchten, die man über ein Labyrinth von Schotterstraßen und Pfaden erreicht. Der Blick auf die vorgelagerte Insel Cres und die Bergspitze des Velebit ist einfach atemberaubend. Am Eingang des Parks bekommen Besucher eine Plastiktüte für den Abfall ausgehändigt, der hier keinesfalls zurückgelassen werden darf. Am Südkap ist die Strömung sehr stark. Schwimmer sollten daher vorsichtig sein.

Ein Stopp lohnt sich im **Besucherzentrum** (☎ 575 283; ☟ Sommer 9–21 Uhr), das in einem alten Schulgebäude in der Ortschaft Premantura untergebracht ist. Die zweisprachige Ausstellung vermittelt einen interessanten Überblick über das Ökosystem des Parks. Die **Windsurf Bar** (☎ 091 512 3646; www.windsurfing.hr; Camping Village Stupice) ganz in der Nähe verleiht Fahrräder und Windsurf-Ausrüstung (Surfbrett und Segel ab 70 Kn pro Stunde). Wer es mal versuchen möchte: Der Schnupperkurs kostet ab 190 Kn pro Stunde.

Der **Kolombarica-Strand** am südlichen Ende der Halbinsel ist vor allem bei waghalsigen jungen Einheimischen beliebt. Sie springen von den hohen Klippen ins Wasser und tauchen durch die engen Höhlen unter der Wasseroberfläche. In Strandnähe und ca. 3,5 km vom Parkeingang entfernt befindet sich – halb im Gebüsch versteckt – die nette Strandbar **Safari** (Snacks 25–50 Kn; ☟ Ostern–Sept.), ein schattiger Ort mit leckeren Snacks im Angebot. Hier lässt es sich unter üppig bewachsenen Lauben gut die Nachmittage vertrödeln.

Wer sich für Extremsportarten interessiert, sollte Anfang November nach Rt Kamenjak kommen. Dann findet **Hallowind** statt, ein Extremsportwettkampf in den Disziplinen Windsurfen, Free Climbing und Mountainbiken.

Rt Kamenjak erreicht man am besten mit dem Auto, man sollte vorsichtig fahren, um nicht zu viel Staub aufzuwirbeln. Eine umweltfreundlichere Alternative ist der Stadtbus Nr. 26 von Pula nach Premantura (15 Kn). Dann geht's per Mietrad in den Park.

Aktivitäten und geführte Touren

In der Nähe von Pula befinden sich einige Tauchzentren. Das **Orca Diving Center** (☎ 224 422; www.orcadiving.hr; Hotel Histria) auf der Halbinsel Verudela bietet Tauchausflüge per Boot, Tauchkurse und Schnupperstunden an. Eine Alternative ist **Diving Hippocampus** (www.hippocampus.hr) auf dem Campingplatz Stoja (S. 177).

Die **Windsurf Bar** (☎ 091 512 3646; www.windsurfing.hr; Camping Village Stupice) in Premantura organisiert Windsurf-Kurse, Radwanderungen (250 Kn) und Kajakfahren (300 Kn).

Ein einfacher, 41 km langer Radweg führt von Pula nach Medulin (auf den Spuren der römischen Gladiatoren). Die vom Fremdenverkehrsamt geführte Website **Istria Bike** (www.istria-bike.com) informiert über Radwege, Pauschalangebote und Reisebüros, die Radausflüge organisieren. **Edo Sport** (☎ 222 207; www.edosport.com; Narodni Trg 9) hat sich auf Aktiv-Ausflüge spezialisiert. Die meisten Reisebüros, die auf S. 174 gelistet sind, veranstalten Ausflüge nach Brijuni, Limska Draga, Rovinj und ins Binnenland. Meist ist es jedoch preiswerter, direkt am Hafen ein Boot zu buchen. Die Boote verkehren regelmäßig und organisieren Fisch-Picknicks (220 Kn), zweistündige „Panorama"-Fahrten nach Brijuni (150 Kn) sowie Ausflüge nach Rovinj, Limska Draga und Crveni Otok (250 Kn). Das einzige Schiff, das Brijuni anfährt und dort auch anlegt, ist **Martinabela** (www.martinabela.hr; Fahrt 250 Kn); die Fahrten werden im Sommer zweimal täglich angeboten.

Schlafen

Pulas Hauptsaison beginnt in der zweiten Juliwoche und dauert bis Ende August. Für diese Zeit sollte man im Voraus buchen. Die Spitze der Halbinsel Verudela, 4 km südwestlich vom Stadtzentrum, hat sich inzwischen zu einer Touristenhochburg entwickelt und wartet mit unzähligen Hotels und Apartmentanlagen auf die Gäste. Mit Ausnahme des schattigen Pinienwaldes ist es dort landschaftlich nicht besonders reizvoll, dafür gibt es viele Strände, Restaurants, Tennisplätze und Wassersportmöglichkeiten. Wer Informationen benötigt oder ein Hotel buchen möchte, wendet sich an die Reisebüros. Auskünfte erteilt auch **Arena Turist** (☎ 529 400; www.arenaturist.hr; Splitska 1a).

Die auf S. 174 gelisteten Reisebüros vermitteln Privatunterkünfte, von denen nur wenige in der Innenstadt liegen. Die Preise schwanken zwischen 250 und 490 Kn für ein Doppelzimmer und zwischen 305 Kn und 535 Kn für ein Zwei-Personen-Apartment.

Camping Puntižela (☎ 517 490; www.puntizela.hr; Puntižela; Erw./Zelt 40/45 Kn) Der schöne, an einer Bucht gelegene Campingplatz ist 7 km von der Innenstadt entfernt und hat das ganze Jahr über geöffnet. Ihm angeschlossen ist ein Tauchzentrum.

Camping Stoja (☎ 387 144; www.arenaturist.hr; Stoja 37; Pers./Zelt 52/30 Kn; ☼ April–Okt.) Nur 3 km südwestlich vom Zentrum liegt dieser Campingplatz. Auf dem weitläufigen, schattigen Gelände befinden sich ein Restaurant und ein Tauchzentrum. Abseits der Felsen kann gebadet werden. Zum Camp fährt die Buslinie 1.

Jugendherberge (☎ 391 133; www.hfhs.hr; Valsaline 4; B Neben-/Hochsaison 85–114 Kn, Stellplatz 103–134 Kn; 🖳) An der Valsaline Bucht 3 km südlich vom Stadtzentrum liegt die Jugendherberge mit Blick auf den Strand. Die Gäste übernachten in Schlafsälten oder Mobilehomes. Die Mobilehomes sind in zwei kleinen Einheiten mit je 4 Betten unterteilt und haben Badezimmer und Klimaanlage auf Anfrage (pro Tag 15 Kn). Es gibt einen Fahrrad- (pro Tag 80 Kn) und einen Zeltverleih (pro Pers./Zelt 70/15 Kn). Mit den Buslinien 2 oder 3 bis zur Haltestelle „Piramida" fahren, dann Richtung Innenstadt bis zur ersten Straße zurückgehen, links einbiegen und nach dem Schild Ausschau halten.

Hotel Riviera (☎ 211 166; www.arenaturist.hr; Splitska 1; EZ Neben-/Hochsaison 283–354 Kn, DZ 464–600 Kn) Das Gebäude aus dem 19. Jh. verströmt einen altehrwürdigen Charme. Die Zimmer müssten jedoch renoviert und die Teppiche gereinigt werden. Ein Vorteil ist, dass das Hotel direkt im Zentrum liegt. Die Zimmer auf der Vorderseite bieten einen Ausblick auf die Adria.

Hotel Omir (☎ 218 186; www.hotel-omir.com; Dobrićeva 6; EZ Neben-/Hochsaison 324–450 Kn, DZ 450–600 Kn) Das beste Billighotel im Herzen der Stadt. Die Zimmer sind einfach, aber sauber und ruhig. Die teureren Zimmer haben Klimaanlage. Unten ist eine Pizzeria.

Hotel Galija (☎ 383 802; www.hotel-galija-pula.com; Epulonova 3; EZ Neben-/Hochsaison 350–498 Kn, DZ 500–718 Kn; ✂ 🖳) Das neue Hotel liegt in der Innenstadt, ganz in der Nähe des Marktes und hat gemütliche Zimmer mit Internetzugang. Es gibt ein Restaurant, eine Sauna, und auf Wunsch können sich die Gäste auch massieren lassen.

LP Tipp **Hotel Scaletta** (☎ 541 599; www.hotel-scaletta.com; Flavijevska 26; EZ Neben-/Hochsaison 398 bis 498 Kn, DZ 598–718 Kn; 🅿) Das Hotel mit familiärer Atmosphäre hat geschmackvoll eingerichtete Zimmer mit vielen Extras (z. B. Minibar). Das Restaurant ist hervorragend. Außerdem ist das Hotel nur einen Katzensprung von der Stadt entfernt.

Hotel Histria (☎ 590 000; www.arenaturist.hr; Verudela; EZ Neben-/Hochsaison 400–666 Kn, DZ 650–1190 Kn; 🅿 ✂ 🐾) Der Betonklotz mag vielleicht etwas abschreckend wirken, doch hat das Histria

ISTRIEN

viele Vorteile: Zimmer mit Balkon, direkter Zugang zum Strand, Innen- und Außenpools, Tennisplätze und ein Casino. Das Hotel teilt sich die Anlagen mit dem neuen, etwas preiswerteren Hotel Palma (Neben-/Hochsaison DZ 485–935 Kn), das nebenan liegt.

Essen
STADTZENTRUM
Im Stadtzentrum gibt es einige gute Restaurants. Die Einheimischen ziehen jedoch die Lokale außerhalb der Stadt vor. Diese sind preiswerter und nicht so stark von Touristen frequentiert. Preiswerte Snacks findet man rund um den Markt.

Markat (☎ 223 284; Trg I Svibnja 5; Hauptgerichte ab 20 Kn) Dieses Selbstbedienungsrestaurant gegenüber dem Markt ist einen Besuch wert. Es gibt gute, preiswerte Pizzen und Nudelgerichte. Einfach das Gewünschte auswählen und hinterher bezahlen.

Jupiter (☎ 214 333; Castropola 42; Pizza 21–37 Kn) Auf diese Pizzen mit hauchdünnem Teig wäre jede italienische Mama stolz, auch die Nudelgerichte sind nicht zu verachten. Oben ist eine Terrasse, und mittwochs gibt es einen Preisnachlass von 20 %.

Vodnjanka (☎ 210 655; Vitezića 4; Hauptgerichte ab 30 Kn; ☯ Sa Abendessen & So geschl.) Die Einheimischen schwärmen von der Hausmannskost im Vodnjanka. Das Restaurant ist preiswert und hat eine zwanglose Atmosphäre, es wird bar bezahlt. Auf der kleinen Speisekarte stehen hauptsächlich istrische Gerichte. Zu Fuß folgt man der Radićeva in südliche Richtung bis zur Vitezića.

Barbara (☎ 213 501; Kandlerova 5; Hauptgerichte ab 45 Kn) Das Essen ist einfach, hat aber einen besonderen Touch. Kein Wunder, schließlich besteht das Barbara schon seit 40 Jahren. Der ideale Ort, um das Treiben am Hafen zu beobachten. Das Tagesgericht (Fisch oder Fleisch) ist ausgezeichnet und kostet nur 50 Kn.

Kantina (☎ 214 054; Flanatička 16; Hauptgerichte 55–125 Kn; ☯ So geschl.) Im Kellergewölbe eines Gebäudes aus der k.u.k.-Zeit befindet sich dieses schlicht-moderne Lokal. Die mit *skuta* (Ricotta) und *pršut* (Schinken) gefüllten Ravioli Kantina mit Käsesauce sind zwar eine Kalorienbombe, aber eine Sünde wert.

SÜDLICH DER STADT
Pulas beste Restaurants liegen, wie sollte es auch anders sein, im angesagtesten Teil der Stadt, der Pješčana Uvala, die sich in östlicher Richtung auf der anderen Seite der Halbinsel Verudela befindet.

LP Tipp Gina (☎ 387 943; Stoja 23; Hauptgerichte ab 60 Kn) Hier werden istrische Gerichte zubereitet, etwa *maneštra* (eine dicke Gemüsesuppe mit Bohnen, ähnlich wie Minestrone) und *fritaja* (Omeletts) mit Gemüse der Saison, z. B. wildem Spargel. Die Nudeln sind hausgemacht, und das Gemüse kommt frisch aus dem Garten. In diesem stilvollen, aber zwanglosen Restaurant in der Nähe des Stoja-Campingplatzes speisen auch die Einheimischen. Einfach köstlich ist das *semifreddo* (eine halbgefrorene Nachspeise) mit einer heißen Sauce aus Feigen, Pinienkernen und Lavendel.

Vela Nera (☎ 219 209; www.velanera.hr; Pješčana Uvala bb; Hauptgerichte ab 70 Kn) Das Restaurant am Yachthafen konkurriert mit dem Valsabbion um die Gunst der Gäste, ist aber etwas dezenter eingerichtet. Von der Terrasse hat man einen schönen Blick auf den Hafen. Die Meeresfrüchtespezialitäten sind wirklich exzellent zubereitet.

Milan (☎ 300 200; www.milan1967.hr; Stoja 4; Hauptgerichte ab 75 Kn) Hier herrscht eine exklusive Atmosphäre. Spezialitäten der Saison, vier Weinkellner und sogar ein Experte für Olivenöl machen das Milan zu einem der besten Restaurants in der ganzen Stadt. Besonders empfehlenswert ist das aus fünf Gängen bestehende Fischmenü (195 Kn). Auf der Rückseite des Restaurants befindet sich ein Hotel mit 12 Zimmern (EZ/DZ 590/890 Kn).

Valsabbion (☎ 218 033; www.valsabbion.hr; Pješčana Uvala IX/26; Hauptgerichte 95-175 Kn) Die kreativen kroatischen Gerichte, die in diesem preisgekrönten Restaurant zubereitet werden, gehören zum besten, was die kroatische Küche zu bieten hat, und stellen auch Feinschmecker zufrieden. Mögen auch die Einrichtung ein bisschen protzig und die Menünamen ein wenig gestelzt sein – das Essen ist hervorragend. Die Menüs kosten zwischen 395 und 555 Kn. Zum Restaurant gehört auch ein eleganter Hotel mit 10 Zimmern (DZ 860 Kn) und Wellnessbereich.

Ausgehen & Unterhaltung
Auf keinen Fall entgehen lassen sollte man sich ein Konzert im spektakulären Amphitheater. Bei der Touristeninformation sind Spielpläne erhältlich; überall in Pula hängen außerdem Plakate, die auf Veranstaltungen hinweisen. Der Großteil des Nachtlebens findet zwar außerhalb der Stadt statt, bei milden Tempe-

raturen sind jedoch auch die Cafés beim Forum und in den Fußgängerzonen Kandlerova, Flanatička und Sergijevaca beliebte Plätze, um das Treiben zu beobachten.

Wer sich unter die jungen Einheimischen mischen möchte, sollte sich einige Bierflaschen schnappen und die Strandpromenade des Lungomare aufsuchen, wo aus den auf dem Parkplatz abgestellten Autos laute Musik dröhnt.

Aruba (☎ 300 535; Šijanska 1a) Diese beliebte Café-Bar mit Diskothek auf der Straße zum Flughafen ist tagsüber der ideale Ort zum Abhängen und nachts lebhafter Schauplatz für Livemusik und Partys. Die Terrasse ist immer rappelvoll. Mittwochs ist Salsa-Night.

Rojc (www.rojcnet.hr; Gajeva 3) Fans von Underground-Musik sollten das Programm von Rojc studieren. In der umgebauten Kaserne mit Multimedia-Kunsthalle und Kunstateliers finden hin und wieder Konzerte, Ausstellungen und andere Veranstaltungen statt.

LP Tipp **Cabahia** (Širolina 4) Dieser Künstlertreff auf der Halbinsel Veruda hat eine gemütliche Inneneinrichtung mit viel Holz, allerlei alte Dekostücke, gedämpfte Beleuchtung, südamerikanisches Flair und eine wunderschöne Gartenterrasse hinter dem Haus. Manchmal finden hier auch Konzerte statt. Wem es am Wochenende zu voll ist, der sollte das etwas ruhigere Bass (Širolina 3) auf der anderen Straßenseite ausprobieren.

E&D (☎ 89 42 015; Verudela 22) Oberhalb des Umbrella Beach an der Verudela machen es sich die Gäste auf der luxuriösen Terrasse mit kleinen Pools und Wasserfällen gemütlich. Der Blick auf die untergehende Sonne ist jedes Mal wieder spektakulär. Am Wochenende gibt es Disko-Musik.

Pietas Julia (☎ 89 42 015; Riva 20) In dieser angesagten Bar am Hafen wird am Wochenende die ganze Nacht hindurch bis 4 Uhr morgens gefeiert.

Uliks (☎ 219 158; Trg Portarata 1) In diesem Apartmenthaus hat James Joyce einst unterrichtet. Im Café im Erdgeschoss kann man bei einem Drink über *Ulysses* nachgrübeln oder seinen Blick gedankenverloren über den Kiesstrand schweifen lassen.

An- und Weiterreise

BUS

Vom **Busbahnhof** (☎ 500 012; Trg 1 Istarske Brigade bb) in Pula fahren fast stündlich Busse nach Rijeka (86–91 Kn, 2 Std.). Im Sommer empfiehlt es

sich, einen Tag im Voraus zu reservieren. Im Bus einen Platz auf der rechten Seite wählen: So entgeht einem beim Entlangfahren nicht der atemberaubende Blick auf die Kvarner Bucht. Weitere Verbindungen von Pula:

Ziel	Preis (Kn)	Fahrtzeit (Std.)	Tgl. Verbindungen
Dubrovnik	568	10½	1
Labin	38	1	8
Poreč	54-65	1-1½	13
Rovinj	35	¾	15
Split	360-396	10	3
Zadar	249-257	7	3
Zagreb	210	4-5½	18

FÄHRE

Jadroagent (☎ 210 431; www.jadroagent.hr; Riva 14; Mo–Fr 7–15 Uhr) hat Fahrpläne und verkauft Tickets für die Fähren, die zwischen Istrien und Italien und den Inseln verkehren. Das Büro vertritt auch die Reederei Jadrolinija. Weitere Informationen zu Verbindungen nach Italien siehe S. 340.

Commodore Travel (☎ 211 631; www.commodoretravel.hr; Riva 14, Juni–Sept. 8–20 Uhr) verkauft Tickets für die Fahrt mit dem Katamaran von Pula nach Zadar (100 Kn, 5 Std.), der von Juli bis Anfang September 5-mal wöchentlich und im Juni und dem restlichen September 2-mal wöchentlich verkehrt. Von Juni bis September fährt jeden Mittwoch eine Fähre nach Venedig (370 Kn, 3 ½ Std.).

FLUGZEUG

Flughafen Pula (☎ 530 105; www.airport-pula.com) Der Flughafen liegt 6 km nordöstlich der Stadt. Zwei Mal am Tag bestehen Flugverbindungen nach Zagreb (Hin-/Rückflug 220/390 Kn, 40 Minuten), eine geht über Zadar. Im Sommer gibt es von allen größeren europäischen Städte preiswerte Flüge sowie Charter-Flüge nach Pula. **Croatia Airlines** (☎ 218 909; www.croatiaairlines.hr; Carrarina 8; Mo–Fr 8–16, Sa 9–12 Uhr) unterhält im Stadtzentrum ein Büro.

ZUG

Täglich fahren zwei Züge nach Ljubljana (133 Kn, 2 Std.) mit Umsteigen in Buzet, und vier Züge nach Zagreb (125–148 Kn, 6½ Std.), ein Teil der Strecke – zwischen Lupoglav und Rijeka – muss jedoch im Bus zurückgelegt werden.

Vier Mal pro Tag fahren Züge nach Buzet (47 Kn, 2 Std.).

ISTRIEN

Unterwegs vor Ort

Ein Flughafenbus (29 Kn) fährt mehrmals pro Woche vom Busbahnhof in Pula ab. Fahrpläne gibt es am Busbahnhof. Taxis kosten ca. 100 Kn. Für Reisende sind vor allem folgende Busse interessant: Linie 1 zum Camping Stoja und die Linien 2 und 3 nach Verudela. Sie fahren alle 15 bis 30 Minuten (tgl. 5–23.30 Uhr). Tickets sind am *tisak* (Zeitungskiosk) für 6 Kn erhältlich oder für 10 Kn beim Busfahrer.

BRIJUNI-INSELN

Der Brijuni-Archipel (italienisch: Brioni) besteht aus zwei mit Pinien bestandenen Hauptinseln und zwölf kleineren Inseln. Die Eilande befinden sich in der Nähe der istrischen Küste nordwestlich von Pula auf der anderen Seite des 3 km langen Fažana-Kanals. Nur die beiden größeren Inseln Veli Brijun und Mali Brijun können besucht werden. Die Inseln sind von Wiesen, Parks, Eichen- und Lorbeerwäldern überzogen. Auch einige seltene Pflanzen wie wilde Gurken und Seeklatschmohn gedeihen hier. 1983 wurden die Inseln zum Nationalpark erklärt.

Spuren lassen auf eine Besiedelung schon vor über 2000 Jahren schließen. Bekanntheit erlangten die Inseln allerdings erst durch den früheren jugoslawischen Staatspräsidenten Tito, der sie zu seiner Privatresidenz erkor. Von 1947 bis kurz vor seinem Tod 1980 verbrachte Tito jedes Jahr sechs Monate auf den Brijuni-Inseln. Er ließ subtropische Pflanzen auf die Inseln bringen und einen Safaripark für die exotischen Tiere anlegen, die er von den Staatsoberhäuptern aus aller Welt als Geschenk erhielt. Die „blaue" Nilgauntilope etwa war eine Gabe des indischen Premierministers Nehru, das Somali-Schaf kam aus Äthiopien und der Wasserbock war ein Geschenk des sambischen Staatspräsidenten.

In seiner Sommerresidenz gab Tito opulente Empfänge für 90 Staatsoberhäupter und eine Schar von Filmstars. Bijela Vila auf der Insel Veli Brijun war Titos „Weißes Haus"; hier wurden Erlasse ausgestellt und Erklärungen abgegeben; außerdem fand hier das gesellschaftliche Leben statt. Die Inseln werden immer noch für offizielle Staatsbesuche genutzt, wandeln sich aber immer mehr zum Ziel reicher Yachtbesitzer aus aller Welt. Gekrönte Häupter obskurer Königreiche verbringen hier ihre Ferien ebenso wie Millionäre, die den verblichenen Glanz der Insel wieder aufleben lassen.

Jedes Jahr im Sommer pilgern Theaterliebhaber zum Minor Fort auf der Insel Mali Brijun, um den Aufführungen des **Ulysses-Theaters** (www.ulysses.hr, nur auf Kroatisch) beizuwohnen.

Sehenswürdigkeiten

Nach einer viertelstündigen Überfahrt von Fažana legt das Schiff in Veli Brijun vor dem Hotel Istra-Neptun an. Hier stiegen einst Titos illustre Gäste ab. Begleitet von einem Reiseführer kutschiert eine Bimmelbahn die Besucher drei Stunden über die Insel. Die Tour beginnt mit einem Besuch des neun Hektar umfassenden **Safariparks**. Weitere Zwischenstopps sind die Ruinen einer **römischen Villa** aus dem 1. Jh. n. Chr., das **Archäologische Museum**, untergebracht in einer Festung aus dem 16. Jh., und die Kirche **Sveti Germana.** Das Gotteshaus dient heute als Kunstgalerie, die Nachbildungen mittelalterlicher Fresken aus istrischen Kirchen zeigt.

Interessant ist die Ausstellung **Tito auf Brijuni** in einem Gebäude hinter dem Hotel Karmen. Im Erdgeschoss befindet sich eine Sammlung ausgestopfter Tiere. Oben hängen Fotos von Tito in Begleitung diverser Filmstars wie Josephine Baker, Sophia Loren, Elizabeth Taylor und Richard Burton und Staatsoberhäupter, etwa Indira Gandhi und Fidel Castro. Draußen steht ein 1953er Cadillac, mit dem Tito seine berühmten Gäste über die Insel fuhr. Besucher können sich in der Limousine ablichten lassen, eine Foto kostet 50 Kn. Wer möchte, kann den Wagen auch eine halbe Stunde für „nur" 3000 Kn mieten. Preiswerter ist es jedoch, sich ein Fahrrad (25 Kn für 3 Std.) oder Elektroauto (100 Kn pro Std.) auszuleihen und damit die Insel zu erkunden.

Schlafen & Essen

Auf Veli Brijun gibt es keine Privatunterkünfte. Das Büro des Nationalparks vermittelt jedoch mehrere luxuriöse Villen. Der Fährpreis vom und zum Festland ist in den nachstehenden Hotlpreisen bereits enthalten. Beide Hotels befinden sich auf Veli Brijun. Die Hotelrestaurants sind außerdem die einzige Ess-Option. Auf Mali Brijun besteht keine Übernachtungsmöglichkeit.

Hotel Karmen (☎ 525 807; www.brijuni.hr; EZ Neben-/ Hochsaison 267–666 Kn, DZ 333–1087 Kn) Das Hotel am Hafen wird scharenweise von Designern und Architekten aus Zagreb aufgesucht, die sich für die authentisch-kommunistische Bauart und Ausstattung interessieren: viel Plunder, viel sozialistischer Realismus, ein echtes 50er-Jahre Gefühl. Hoffentlich wird das Hotel nicht renoviert.

Hotel Istra-Neptun (☎ 525 807; www.brijuni.hr; EZ Neben-/Hochsaison 297–716 Kn, DZ 463–1215 Kn) Das Ultimative an kommunistischem Schick. Die auf Vordermann gebrachten Zimmer haben ihren nüchternen, zweckmäßigen Stil beibehalten. Jedes Zimmer hat Balkon, einige sogar mit Blick auf den Wald. Man kann sich vorstellen, dass Titos berühmte Gäste es sich hier gutgehen ließen.

An- & Weiterreise
Der Nationalpark Brijuni kann nur im Rahmen einer organisierten Tour besucht werden. Im Hafen von Pula legen eine Reihe von Ausflugsbooten zu den Inseln ab. Wer keinen Ausflug bei den Reisebüros in Pula, Rovinj oder Poreč buchen möchte, kann den Bus Nr. 21 von Pula nach Fažana (15 Kn, 8 km) nehmen und sich dann beim **Büro des Nationalparks** (☎ 525 883; www.brijuni.hr; Führungen 110–190 Kn) in der Nähe des Kais zu einer Tour anmelden. Besonders im Sommer empfiehlt es sich, im Voraus zu buchen. Im Sommer werden auch Picknick- und Badeausflüge nach Mali Brijun (160 Kn) organisiert.

An Pulas Hafen werden ebenfalls Ausflugsfahrten zu den Brijuni-Inseln angeboten. Während der zweistündigen „Panorama"-Fahrt von Pula nach Brijuni (150 Kn) werden die Inseln nicht immer direkt angefahren. Eine Ausnahme bildet die *Martinabela* (250 Kn; s. S. 177).

ROVINJ
14 234 Ew.
Rovinj (italienisch: Rovigno) ist Istriens bekanntestes Touristenziel. Die Stadt ist vor allem im Sommer von Besuchern überlaufen, und die Einheimischen wissen genau, wie sich daraus Kapital schlagen lässt – indem sie nämlich die Unterkünfte in 4-Sterne-Hotels und die Lokale in Edelrestaurants verwandeln. Aber trotz allem begeistert die Stadt immer noch, wohl auch, weil sie einen der letzten echten Fischereihäfen im Mittelmeerraum hat. Am frühen Morgen landen die Fischer ihren Fang an, gefolgt von einem Schwarm kreischender Möwen. Vor dem Mittagessen kann man den Männern beim Flicken ihrer Netze zuschauen. In der wuchtigen Kathedrale Sveta Eufemija, deren 60 m hoher Turm die Halbinsel überragt, beten die Fischer für

einen guten Fang. Bewaldete Hügel und flache Hotelbauten umgeben die von steilen, kopfsteingepflasterten Gassen und Plätzen durchzogene Altstadt. Die dreizehn vorgelagerten grünen Inseln des Rovinj-Archipels sind einen Nachmittagsausflug wert. Unterhalb des Hotels Rovinj kann man in der Felsbucht im glitzernden Wasser schwimmen.

Geschichte
Rovinj war ursprünglich eine Insel. Slawen siedelten hier im 7. Jh., legten ihre Netze aus, werkelten an ihren Booten und bauten eine bedeutende Fisch- und Hafenindustrie auf. 1199 unterzeichnete Rovinj einen wichtigen Vertrag mit Dubrovnik, um seinen Seehandel zu schützen, im 13. Jh. zwang die Bedrohung durch Piraten die Stadt aber dazu, sich hilfesuchend an Venedig zu wenden.

Vom 16. bis 18. Jh. wuchs die Bevölkerung durch den Zustrom von Immigranten, die auf der Flucht vor den Türken waren. Die Osmanen waren in Bosnien und auf dem kroatischen Festland einmarschiert. Die Stadt begann sich über die venezianischen Stadtmauern hinaus auszudehnen, 1763 wurde die Insel mit dem Festland verbunden und Rovinj zu einer Halbinsel.

Im 17. Jh. blühte Rovinjs Seehandel, doch Österreichs Entscheidung von 1719, Triest und Rijeka zu Freihäfen zu machen, versetzten der Stadt einen ordentlichen Rückschlag.

Das Aufkommen von Dampfschiffen, die Segelschiffe rasch ersetzten, schadeten zudem der Werftindustrie – schon Mitte des 19. Jhs. war Pulas Schiffswerft bedeutender als die von Rovinj.

Wie der Rest von Istrien befand sich auch Rovinj abwechselnd unter österreichischer, französischer, dann wieder österreichischer und italienischer Herrschaft, bevor es schließlich Teil des neu gegründeten Jugoslawiens wurde. Noch heute lebt aber eine bedeutende italienische Gemeinde in der Stadt.

Orientierung
Rovinjs Altstadt nimmt die eiförmige Halbinsel ein, der Busbahnhof liegt einen halben Kilometer weiter im Südosten. Die Stadt hat zwei Häfen – den offenen im Norden und den kleinen, geschützten im Süden. 1,5 km südlich der Altstadt beginnen der Waldpark Punta Corrente und das bewaldete Kap Zlatni Rat (Goldenes Kap) mit uralten Eichen und Kiefern und mehreren großen Hotels.

ISTRIEN

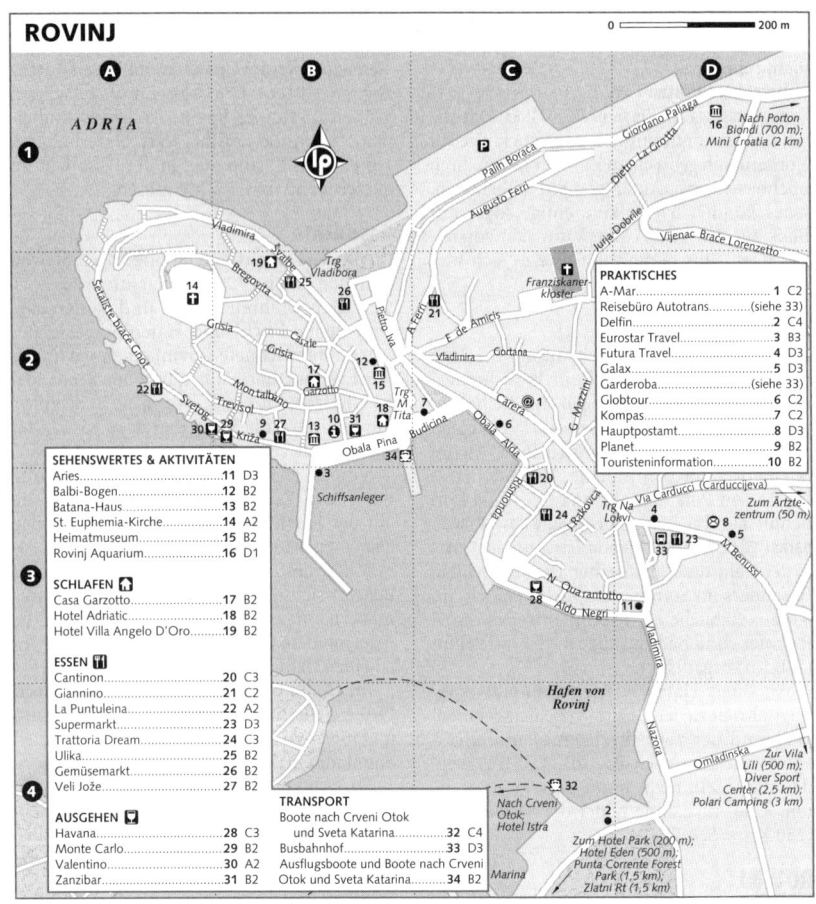

ROVINJ

0   200 m

ADRIA

PRAKTISCHES
A-Mar..1 C2
Reisebüro Autotrans............(siehe 33)
Delfin...2 C4
Eurostar Travel.........................3 B3
Futura Travel............................4 D3
Galax..5 D3
Garderoba...........................(siehe 33)
Globtour...................................6 C2
Kompas.....................................7 C2
Hauptpostamt...........................8 D3
Planet..9 B2
Touristeninformation.............10 B2

SEHENSWERTES & AKTIVITÄTEN
Aries...11 D3
Balbi-Bogen...............................12 B2
Batana-Haus..............................13 B2
St. Euphemia-Kirche.................14 A2
Heimatmuseum..........................15 B2
Rovinj Aquarium.......................16 D1

SCHLAFEN
Casa Garzotto...........................17 B2
Hotel Adriatic...........................18 B2
Hotel Villa Angelo D'Oro.........19 B2

ESSEN
Cantinon....................................20 C3
Giannino....................................21 C2
La Puntuleina............................22 A2
Supermarkt................................23 D3
Trattoria Dream.........................24 C3
Ulika...25 B2
Gemüsemarkt............................26 B2
Veli Jože...................................27 B2

AUSGEHEN
Havana......................................28 C3
Monte Carlo...............................29 B2
Valentino...................................30 A2
Zanzibar....................................31 B2

TRANSPORT
Boote nach Crveni Otok
  und Sveta Katarina..............32 C4
Busbahnhof...............................33 D3
Ausflugsboote und Boote nach Crveni
  Otok und Sveta Katarina......34 B2

Franziskaner-
kloster

Schiffsanleger

Hafen von
Rovinj

Zum Ärzte-
zentrum (50 m)

Nach Porton
Biondi (700 m);
Mini Croatia (2 km)

Zur Vila
Lili (500 m);
Diver Sport
Center (2,5 km);
Polari Camping (3 km)

Nach Crveni
Otok;
Hotel Istra

Zum Hotel Park (200 m);
Hotel Eden (500 m);
Punta Corrente Forest
Park (1,5 km);
Zlatni Rt (1,5 km)

Marina

Direkt vor der Küste liegt ein kleiner Archipel, die beliebtesten Inseln sind Crveni Otok (Rote Insel), Sveta Katarina und Sveti Andrija.

Praktische Informationen

GELD
Neben dem Eingang zum Busbahnhof gibt es einen Geldautomaten. Die Banken in der Stadt haben ebenfalls Automaten. Auch die meisten Reisebüros wechseln Geld.

GEPÄCKAUFBEWAHRUNG
Garderoba (Std. 1,40 Kn; ⌚ Mo–Fr 6.30–20.15, Sa & So 7.45–19.30 Uhr) Am Busbahnhof. Um 9.15, 13.30 und 16.30 Uhr ist die Gepäckaufbewahrung jeweils für eine halbe Stunde geschlossen.

INTERNETZUGANG
A-mar (☎ 841 211; Carera 26; 10 Minuten 6 Kn; ⌚ 9–23 Uhr)

MEDIZINISCHE VERSORGUNG
Krankenhaus (☎ 813 004; Istarska bb)

POST
Hauptpostamt (Matteo Benussi 4; ⌚ Mo–Fr 7–20, Sa 7–14 Uhr) Von hier aus können Telefongespräche geführt werden.

REISEBÜROS
Autotrans (☎ 811 218; Trg Na Lokvi 6; ⌚ Mo–Fr 8–19, Sa 8–14 Uhr) Am Busbahnhof; hat sich auf Transfers, Ausflüge und Privatunterkünfte spezialisiert.
Eurostar Travel (☎ 813 144; Pina Budicina 1; ⌚ Mo

bis Sa 9–21, So 9–13 & 17–20 Uhr) Verkauft Tickets für die Fähren nach Venedig und Triest und organisiert Ausflüge
Futura Travel (☎ 817 281; www.futura-travel.hr; Matteo Benussi 2; ☪ Mai–Sept. Mo–Sa 8.30–21, So 8.30 bis 13 & 17–21 Uhr) Privatunterkünfte, Geldwechsel, Ausflüge und Transfers
Globtour (☎ 814 130; www.globtour-turizam.hr; Alda Rismonda 2; ☪ Juli & Aug. 9–22 Uhr, sonst kürzere Öffnungszeiten) Ausflüge, Privatunterkünfte und Fahrradverleih (pro Tag 60 Kn)
Kompas (☎ 813 211; www.kompas-travel.com; Trg Maršala Tita 5; ☪ Juli & August 9–22 Uhr, sonst kürzere Öffnungszeiten) Organisiert täglich Ausflüge
Planet (☎ 840 494; Svetog Križa 1; ☪ Mo–Sa 9–22, So 9–13 & 17–21 Uhr) Auch Internetcafé (10 Minuten 6 Kn)

WASCHSALON
Galax (☎ 816 130; Istarska bb; 5kg 70 Kn; ☪ 7–20 Uhr)

TOURISTENINFORMATION
Touristeninformation (☎ 811 566; www.tzgrovinj.hr; Pina Budicina 12; ☪ Juli & August 8–22, Juni & Sept. 8–21 Uhr) Ganz in der Nähe des Trg Maršala Tita. Hier gibt es eine Menge Broschüren und Karten.

Sehenswertes
ST. EUPHEMIA KIRCHE
Die eindrucksvolle St. Euphemia Kirche ist der ganze Stolz der Stadt (Sveta Eufemija; ☎ 815 615; Petra Stankovića; ☪ Juli & August 10–18 Uhr, Sept.–Juni 11–15 Uhr). Das Gotteshaus thront in der Mitte der Halbinsel hoch oben auf dem Hügel der Altstadt. Das größte Barockbauwerk Istriens wurde 1736 erbaut und erinnert an jene Epoche im 18. Jh., als Rovinj die einwohnerstärkste Stadt war.

Sehenswert ist das marmorne **Grab der Heiligen Euphemia** hinter dem rechten Altar. Rovinjs Schutzpatronin wurde von Kaiser Diokletian gefoltert und im Jahr 304 den Löwen zum Fraß vorgeworfen, weil sie dem christlichen Glauben anhing. Der Legende zufolge verschwand ihr Sarkophag samt Leichnam in einer dunklen, stürmischen Nacht und tauchte in einem Schiff vor der Küste von Rovinj wieder auf. Die Bewohner der Stadt bemühten sich vergeblich, den schweren Sarkophag an Land zu ziehen, bis ein kleiner Junge mit zwei Kälbern auftauchte und ihn auf den Gipfel des Hügels schleppte, wo er sich in der heutigen Kirche noch immer befindet. Am Jahrestag ihres Märtyrertodes (16. September) versammeln sich dort die Gläubigen. Dem 60 m hohen **Glockenturm** diente die Campanile der Basilica San Marco in Venedig als Vorbild. Die Turmspitze wird von einer Kupferstatue der hl. Euphemia gekrönt, die sich im Winde dreht. Die Besichtigung des Turms kostet 10 Kn.

HEIMATMUSEUM
Das in einem Gebäude aus der Barockzeit untergebrachte **Heimatmuseum** (☎ 816 720; www.muzej-rovinj.hr; Trg Maršala Tita 11; Erw./erm. 15/10 Kn; ☪ Mitte Juni–Mitte Sept. Di–Fr 9–15 & 17–22, Sa & So 9–14 & 19–22 Uhr, Mitte Sept.–Mitte Juni 9–15 Uhr) zeigt eine Sammlung zeitgenössischer Gemälde sowie Werke der Alten Meister aus Rovinj und anderen Orten Kroatiens. Auch einige archäologische Funde sind ausgestellt. Das Museum hat außerdem eine Meereskundeabteilung.

BALBI-BOGEN & SEITENSTRASSEN
Ganz in der Nähe befindet sich der kunstvoll gestaltete Balbi-Bogen, der 1679 an der Stelle des früheren Stadttors erbaut wurde. Am Scheitelpunkt des Bogens sitzt an der Außenseite der Kopf eines türkischen Händlers, die Innenseite schmückt ein venezianischer Kopf. Hinter dem Bogen führt eine Gasse, die **Grisia**, den Hügel zur Kirche St. Euphemia hinauf. Das kleine Gässchen wird von zahlreichen Galerien gesäumt, in denen einheimische Künstler ihre Werke zum Verkauf anbieten.

Die engen, gewundenen Seitenstraßen um die Grisia herum sind unbedingt einen Abstecher wert. Fenster, Balkone, Tore und Plätze präsentieren sich in einer hübschen Mischung aus verschiedenen Baustilen – Einflüsse der Gotik, Renaissance, des Barock und Neoklassizismus sind unübersehbar.

Interessant sind auch die einzigartigen *fumaioli* (Außenkamine). Sie sind Resultat der explosionsartig angestiegenen Bevölkerungszahlen, als ganze Familien in einem einzigen Zimmer mit Feuerstelle leben mussten.

BATANA HAUS
Das **Batana Haus** (☎ 812 593; www.batana.org; Pina Budicina 2; Eintritt frei, mit Führung 15 Kn; ☪ Mai–Sept. Di–So 10–13 & 7–22 Uhr, Okt.–April Di–So 10–13 Uhr) am Hafen birgt ein Museum, das der *batana* gewidmet ist, einem flachen Fischerboot, das Rovinjs Tradition als Seefahrer- und Fischereistadt symbolisiert. Die Ausstellungen in diesem Bürgerhaus aus dem 17. Jh. präsentieren sich multimedial. Sie sind interaktiv, bieten ausgezeichnete Erläuterungen, und über einen

Kopfhörer können die Besucher *bitinada,* die typischen Fischerlieder, hören. Sehenswert ist der *spacio,* ein Keller, in dem Wein gelagert, verkostet und verkauft wurde.

ROVINJ AQUARIUM

Das **Aquarium** (☎ 804 712; Giordano Paliaga 5; Erw./Kind 20/10 Kn; ☺ Juli & August 9–21, Ostern–Juni, Sept. & Okt. 9–20 Uhr) ist für Kinder ideal. Es zeigt viele Meereslebewesen, die in der Adria beheimatet sind. Das Aquarium wurde 1891 eröffnet und gehört zum Meeresforschungszentrum. Hier können Besucher eine Menge über die Meeresfauna lernen.

MINI-KROATIEN

Zwei Kilometer vom Stadtzentrum entfernt erreicht man auf der Straße nach Pazin **Mini-Kroatien** (☎ 830 877; Turnina bb; Erw./erm. 25/10 Kn; ☺ Juli & August 9–21, April–Juni, Sept. & Okt. 10–18 Uhr), das bei Kindern ebenfalls sehr beliebt ist. Der Themenpark zeigt Miniaturmodelle der wichtigsten Gebäude, Monumente, Städte und Landschaften Kroatiens. Es gibt auch einen kleinen Zoo mit einheimischen Tieren.

WALDPARK PUNTA CORRENTE

Wer genug von der Stadt gesehen hat, sollte sich am Ufer entlang Richtung Süden aufmachen, entweder zu Fuß oder mit dem Rad. Am Hotel Park vorbei kommt man nach ca. 1,5 km der Waldpark, den die Einheimischen Zlatni Rt nennen. Hier gibt es Eichen, Pinien und – angeblich – 10 verschiedene Zypressenarten. Der Park wurde 1890 von Baron Hütterott angelegt, einem österreichischen Admiral, der auf Crveni Otok eine Villa besaß. Man kann abseits der Felsen baden oder einfach nur dasitzen und den Blick auf die vorgelagerten Inseln genießen.

Aktivitäten

Wer gerne **schwimmen, schnorcheln** oder **sonnenbaden** möchte, sollte mit dem Boot nach Crveni Otok oder Sveta Katarina fahren. Ein solcher Ausflug lässt sich leicht organisieren (s. S. 188). **Diver Sport Center** (☎ 816 648; www.diver.hr; Villas Rubin) ist das größte Tauchcenter in Rovinj und organisiert Tauchgänge vom Boot (mit Ausrüstung ab 210 Kn). Größte Attraktion ist das **Wrack** der **Baron Gautsch,** das in 40 m Tiefe liegt. Der österreichische Passagierdampfer wurde zwei Jahre nach Untergang der Titanic 1914 von einer Seemine versenkt. Die Gründe sind bis heute nicht geklärt.

Ein aufgelassener venezianischer Steinbruch in Zlatni Rt bietet 80 **Kletterrouten,** viele davon sind auch für Anfänger geeignet. Wer sich für Vögel interessiert, kann mit dem Fahrrad zur **Vogelschutzwarte** nach Palud Marsh, 8 km südwestlich von Rovinj, fahren.

Die Gegend um Rovinj sowie der Punta Corrente Waldpark lassen sich am besten mit dem Fahrrad erkunden. Auf S. 186 sind die Fahrradverleihe aufgelistet.

Geführte Touren

Die meisten auf S. 183 genannten Reisebüros bieten Tagesausflüge nach Venedig (450–520 Kn), Plitvice (580 Kn) und Brijuni (380–420 Kn) an. Es können auch Ausflüge mit Fischpicknick (250 Kn), Panoramafahrten (100 Kn) und Exkursionen zum Limska Draga Fjord (150 Kn; s. S. 186) gebucht werden. Wer bei einem der unabhängigen Veranstalter am Hafen bucht, kommt wahrscheinlich etwas billiger weg; **Delfin** (☎ 813 266) ist eine gute Adresse.

Es gibt noch weitere aufregende Möglichkeiten, z. B. **Safaris** mit einem vierradbetriebenen Fahrzeug ins Landesinnere (330–430 Kn) oder **Kanufahrten** in die landschaftlich reizvolle Gegend Gorski Kotar (510 Kn).

Wer den kleinen Archipel in einem Meereskajak erkunden möchte, sollte sich an **Aries** (☎ 811 659; Obala Vladimira Nazora bb). wenden. Auf diesen Ausflügen wird eine Strecke von 9 km zurückgelegt, außerdem steht der Besuch zweier oder dreier Inseln und eines Leuchtturms auf dem Programm. Sie kosten 270 Kn mit Mittagessen.

Festivals & Events

Jährlich finden verschiedene Regatten (Ende April–August) statt. Im Rahmen des **Rovinj Summer Festival** wird eine Reihe klassischer Konzerte in der Kirche St. Euphemia und dem Franziskanerkloster aufgeführt.

Am zweiten Sonntag im August wird in den engen Gassen der Grisia eine **Open-Air-Kunstausstellung** veranstaltet, wo jeder – vom Kind bis zum professionellen Maler – seine Werke in Kirchen, Studios und auf der Straße ausstellen kann.

Schlafen

Scharen von Sommerurlaubern haben Rovinj zu ihrem Lieblingsziel erkoren. Daher empfiehlt es sich, im Voraus zu buchen. Die Preise sind bereits in die Höhe geschnellt und werden wohl noch höher steigen, da sich das Angebot ständig verbessert.

In der Altstadt gibt es nur wenige und teure Privatunterkünfte, außerdem keine Parkmöglichkeiten. Doppelzimmer kosten in der Hauptsaison ab 180 Kn, bei Einzelbelegung wird ein kleiner Aufpreis erhoben. Apartments für zwei Personen sind ab 380 Kn zu mieten. Außerhalb der Saison sind sie für 245 Kn zu haben.

Wer weniger als drei Nächte bleibt, muss 50 % draufzahlen, und Gäste, die nur eine Nacht bleiben, werden mit einem Aufpreis von 100 % bestraft. Wer nicht in den Sommermonaten anreist, hat gute Chancen, den Aufpreis nicht bezahlen zu müssen. Die Unterkunft kann direkt bei den auf S. 183 genannten Reisebüros gebucht werden. Auch Planet hat verschiedene gute Angebote.

Mit Ausnahme einiger Privatunterkünfte werden die meisten Hotels und Campingplätze von **Maistra** (www.maistra.com) verwaltet, die im Sommer 2008 auch das neue 4-Sterne-Hotel Monte Mulini eröffneten und im Sommer 2009 das noch luxuriösere Hotel Lone in Betrieb nehmen.

Porton Biondi (☎ 813 557; www.portonbiondi.hr; pro Pers./Stellplatz 40/23 Kn; ☀ Apr–Okt) Der Campingplatz ist ca. 700 m von der Altstadt entfernt und bietet 1200 Personen Platz.

Polari Camping (☎ 800 501; www.maistra.com; pro Pers./Stellplatz 57/80 Kn; 🖳 🛁) Der Platz, der ca. 3 km südöstlich der Stadt am 2 km langen Strand liegt, bietet viel Komfort, z.B. Swimmingpools, einen Supermarkt, Restaurants, Internetzugang und einen Spielplatz.

Hotel Istra (☎ 802 500; www.maistra.com; Otok Sv Andrija; EZ Neben-/Hochsaison 328–730 Kn, DZ 436–976 Kn; 🔀 🖳 🛁) Hauptattraktion dieses 4-Sterne-Komplexes ist das bekannte Wellness-Center, das sich auf der Insel Sveti Andrija befindet und mit dem Schiff in 10 Minuten zu erreichen ist. Es gibt hier auch ein Restaurant, untergebracht in einem alten Schloss.

Vila Lili (☎ 840 940; www.hotel-vilalili.hr; Mohorovičića 16; EZ Neben-/Hochsaison 333–385 Kn, DZ 505–730 Kn; 🔀 🖳) Das 3-Sterne-Hotel bietet helle Zimmer mit Klimaanlage und Minibar. Das kleine moderne Gebäude ist nur einen kurzen Spaziergang von der Stadt entfernt. Es gibt auch etwas teurere Suiten.

Hotel Park (☎ 811 077; www.maistra.com; IM Ronjgova bb; EZ Neben-/Hochsaison 343–589 Kn, DZ 454 bis 784 Kn; 🅿 🔀 🖳 🛁) Das Hotel bietet nette Annehmlichkeiten wie zwei Außenpools und

eine Sauna. Zum Anlagesteg der Boote nach Crveni Otok ist es von hier nicht weit.

Hotel Adriatic (☎ 815 088; www.maistra.com; Pina Budicina bb; EZ Neben-/Hochsaison 392–589 Kn, DZ 522 bis 784 Kn; 🔀 🖳) Das Hotel hat eine ausgezeichnete Lage direkt am Hafen, die Zimmer sind blitzblank, aber ziemlich kitschig eingerichtet. Die etwas teureren Zimmer mit Meerblick sind geräumiger.

LP Tipp **Casa Garzotto** (☎ 811 884; www.casa-garzotto.com; Via Garzotto 8; EZ Neben-/Hochsaison 510–760 Kn, DZ 650–1015 Kn; 🅿 🔀 🖳) Die vier Studioapartments sind stilvoll und originell eingerichtet und bieten allerlei Annehmlichkeiten. Das historische Stadthaus könnte in keiner schöneren Umgebung liegen. Fahrräder gibt es gratis.

Hotel Eden (☎ 800 400; www.maistra.com; Luja Adamovića bb; EZ Neben-/Hochsaison 533–917 Kn, DZ 626–1078 Kn; 🅿 🔀 🖳 🛁) Das 325-Betten-Hotel ist nicht gerade ein ruhiger Ort. Aber Sportplätze, Fitnessraum, eine Sauna sowie Innen- und Außenpools versprechen bei jedem Wetter beste Unterhaltung; die schöne Lage mitten im Wald ist ein weiterer Pluspunkt.

Hotel Villa Angelo D'Oro (☎ 840 502; www.angelodoro.hr; Vladimira Švalbe 38-42; EZ Neben-/Hochsaison 619–990 Kn, DZ 1005–1762 Kn; 🅿 🔀) Das Hotel in einem restaurierten venezianischen Gebäude im Stadtzentrum hat 24 schicke (und auch ziemlich teure) Zimmer, ausgestattet mit vielen Antiquitäten und modernem Komfort. Außerdem können sich die Gäste in der Sauna oder im Whirlpool verwöhnen lassen. Die tolle Terrasse ist der ideale Ort für einen Drink.

Essen

Wer gerne picknickt, kann sich im Supermarkt neben dem Busbahnhof oder in einem Konzum-Laden in der Stadt mit allen möglichen Vorräten eindecken.

Für einen schnellen Imbiss gibt es an den Verkaufsständen beim Gemüsemarkt ein *burek* (Blätterteig mit Fleisch- oder Käsefüllung) zum Mitnehmen.

Die Restaurants am Hafen bieten die üblichen Fisch- und Fleischgerichte, die Preise sind jeweils ähnlich. Wer etwas anspruchsvollere Küche vorzieht, wird in der Hafengegend nicht fündig. Viele Restaurants haben nachmittags geschlossen.

Cantinon (☎ 816 075; Alda Rismonda 18; Hauptgerichte 29–74 Kn) Preiswertes Lokal, das sich auf Fischgerichte spezialisiert hat. Die Batana Fischplatte für zwei Personen ist ausgezeichnet.

Veli Jože (☎ 816 337; Svetog Križa 3; Hauptgerichte ab 35 Kn) Hier werden leckere istrische Gerichte serviert. Es gibt Tische drinnen (etwas kitschige Ausstattung) oder draußen mit Blick aufs Wasser.

Giannino (☎ 813 402; Augusto Ferri 38; Hauptgerichte ab 45 Kn) In diesem geräumigen zweistöckigen Restaurant gibt es leckere mediterrane Küche im traditionellen Stil. Die Gäste können auch draußen auf der kleinen Terrasse sitzen.

Trattoria Dream (☎ 830 613; Joakima Rakovca 18; Hauptgerichte ab 75 Kn) Die elegante Trattoria versteckt sich im Gassengewirr. Sie hat zwei, ganz in Erdfarben gehaltene Terrassen. Hier bekommt der Gast schmackhafte Gerichte, z. B. in Salz gebackenen Seebarsch, Chili con Carne oder Chicken Curry.

La Puntuleina (☎ 813 186; Svetog Križa 38; Hauptgerichte 100–160 Kn) Das Restaurant hat drei Terrassen und serviert kreative mediterrane Gerichte, angefangen von traditionellen Rezepten wie *žgvacet* (eine Art Eintopf mit Tintenfisch) bis hin zu innovativen Kreationen wie Fischfilet mit Trüffeln. Die Nudelgerichte sind etwas preiswerter (ab 55 Kn). Am späteren Abend sollte man sich ein Kissen schnappen und auf den Felsen unter dem umgebauten Stadthaus einen Cocktail schlürfen. Unbedingt vorher reservieren.

Ulika (Vladimira Švalbe 34) In dieser winzigen Taverne ganz in der Nähe des Hotel Angelo D'Oro gibt es abends kleine Gerichte wie Käsesnacks, gepökeltes Fleisch und andere Leckerbissen. Die Öffnungszeiten variieren, aber in der Hauptsaison (Juli und August) ist das Restaurant normalerweise von 18 bis 23 Uhr geöffnet.

Ausgehen

Havana (Aldo Negri bb) Tropische Cocktails, kubanische Zigarren, Sonnenschirme aus Stroh, schattige hohe Pinien und Blick aufs Meer – die beliebte Cocktail-Bar unter freiem Himmel ist der ideale Ort zum Abhängen.

Monte Carlo (☎ 830 683; Svetog Križa 21) Etwas ruhiger und bodenständiger als die schicke Nachbarkneipe Valentino. Die zwanglose Café-Bar bietet einen herrlichen Blick aufs Meer und die gegenüberliegende Insel Sveta Katarina.

Zanzibar (☎ 813 206; Pina Budicina bb) Indonesisches Holz, Palmen, eine riesige Terrasse, Rattansessel und gedämpftes Licht verleihen

dieser Cocktailbar ein tropisches und definitiv exklusives Flair.

Valentino (☎ 830 683; Svetog Križa 28) Die Cocktail-Preise sind zwar gesalzen, aber von der Terrasse dieses exklusiven Clubs hat man einen wunderschönen Blick aufs Meer und den Sonnenuntergang.

An- und Weiterreise

Von Rovinj aus fahren Busse nach Pula (35 Kn, 40 Minuten, 13-mal tgl.), Dubrovnik (593 Kn, 16 Std. 1-mal tgl.), Labin (69 Kn, 2 Std., 2-mal tgl.), Poreč (37 Kn, 1 Std., 8-mal tgl.), Rijeka (112 Kn, 3 ½ Std., 4-mal tgl.), Zagreb (173-255 Kn, 5 Std., 4-mal tgl.) und Split (417 Kn, 11 Std., 1-mal tgl.). Informationen über Verbindungen nach Italien siehe S. 340.

Die nächste Bahnstation ist Kanfanar, sie liegt an der Strecke Pula–Divača, 20 km von Rovinj entfernt; von Rovinj nach Kanfanar gibt es eine Busverbindung.

Unterwegs vor Ort

Viele Reisebüros in der Stadt vermieten Fahrräder, auch Globtour (S. 183) für 60 Kn pro Tag. Der preiswerteste Fahrradverleih (Stunde 5 Kn) befindet sich am Eingang zur Altstadt, beim Vladibora Parkplatz und Markt.

RUND UM ROVINJ

Ein beliebter Tagesausflug von Rovinj ist eine Bootsfahrt zur Insel **Crveni Otok** (Rote Insel). Das herrliche Eiland ist nur 1900 m lang und besteht eigentlich aus zwei kleinen Inselchen, Sveti Andrija und Maškin, die durch einen Damm miteinander verbunden sind. Im 19. Jh. war die Insel Privateigentum des Baron Hütterott, der sie in einen üppigen, baumreichen Park verwandelte. Heutzutage wird **Sveti Andrija** vom Istra-Hotelkomplex dominiert. Wegen der hübschen Kiesstrände und der Spielplätze ist die Insel auch bei Familien sehr beliebt. Die Insel **Maškin** ist etwas beschaulicher, waldreicher und hat viele einsame Buchten. Daher ist sie bei FKK-Anhängern besonders beliebt. Unbedingt an die Schnorchelausrüstung denken!

Genau gegenüber liegt die kleine Insel Sveta Katarina, die 1905 von einem polnischen Grafen mit Bäumen bepflanzt wurde und heute das **Hotel Katarina** beherbergt (☎ 804 100; www.maistra.com; Otok Sveta Katarina; EZ Neben-/Hochsaison 533–664 Kn, DZ 626–943 Kn;).

In den Sommermonaten setzen täglich 18 Boote nach Sveta Katarina (hin & zurück

15 Kn, 5 Minuten) und weiter nach Crveni Otok (hin & zurück 15 Kn, 15 Minuten) über. Sie legen gegenüber vom Hotel Adriatic ab. Auch am Bootsanlegeplatz Delfin in der Nähe des Hotels Park fahren Boote ab.

Der **Limska Draga Fjord** (Limski-Fjord) ist vielleicht die faszinierendste Sehenswürdigkeit Istriens. Der Fjord ist ca. 10 km lang und 600 m breit; die steilen Wände sind bis zu 100 m hoch. Der Fjord entstand, als die istrische Küste während der letzten Eiszeit immer tiefer sank und das Draga-Tal schließlich vom Meer geflutet wurde. Auf der Südseite des tiefgrünen Fjords befindet sich auf einem Hügel eine Höhle. Dort lebte im 11. Jh. der Einsiedlerpriester Romualdo und hielt Gottesdienste ab. Im Fjord wird geangelt, und es werden Austern und Muscheln gezüchtet.

Am Fjord gibt es Souvenirstände und zwei Restaurants, die fangfrische Muscheln anbieten. Das **Viking** (☎ 448 223; Limski kanal 1; Hauptgerichte ab 55 Kn) hat eine Terrasse mit Blick auf den Fjord und ist von den beiden Restaurants das bessere. Auf der Speisekarte stehen Austern (9 Kn pro Stück), ausgezeichnete Jakobsmuscheln (22 Kn pro Stück) sowie andere Muschelarten und Fischgerichte (Preis pro Kilo). Hinter dem anderen Restaurant, namens **Fjord**, befinden sich ein Picknickplatz und eine Badebucht.

Kleine Ausflugsboote bieten einstündige Fjord-Fahrten an (60 Kn pro Pers., verhandelbar). Im Juli und August verkehren sie sehr oft, im Juni und September weniger häufig. Bootsfahrten hierher können ab Rovinj, Pula oder Poreč gebucht werden. Wer auf eigene Faust unterwegs ist, folgt der Ausschilderung zum Limski-Fjord hinter dem kleinen Dorf Sveti Lovreč.

POREČ
17 000 Ew.

Poreč (italienisch: Parenzo; zu römischen Zeiten: Parentium) und sein Umland haben sich voll und ganz dem Tourismus verschrieben. Die alte römische Stadt bildet den Mittelpunkt eines dichten Netzes von Ferienorten, die sich entlang der Westküste Istriens nach Norden und Süden erstrecken. Die größte Ferienanlage ist Zelena Laguna, die alles bietet, was sich die Urlauber wünschen.

Die Feriendörfer und Campingplätze ziehen vor allem Pauschalurlauber an. Nicht jedem gefallen die vielen Betonklötze und Ausflugsbusse. Doch sind in den Hotels, Restaurants,

Touristeninformationen und Reisebüros fast durchweg freundliche, mehrsprachige Mitarbeiter beschäftigt, die sich sehr um die Gäste bemühen. Die Region ist sicherlich kein lauschiger Rückzugsort (es sei denn, man kommt in der Nachsaison), doch Poreč hat eine Basilika, die zum Weltkulturerbe gehört, bietet eine gute Infrastruktur und liegt günstig, um Ausflüge in das unberührte Landesinnere zu unternehmen.

Geschichte
Porečs Küste ist – die Inseln mit eingerechnet – 37 km lang, die Altstadt liegt auf einer 400 m langen und 200 m breiten Landzunge. Im 2. Jh. n. Chr. eroberten die Römer die Region und machten Poreč zu einem wichtigen Verwaltungszentrum, von dem aus sie den gesamten Landstrich vom Limska Draga bis zum Fluss Mirna überwachen konnten. Die Römer waren auch für Porečs Straßenplanung verantwortlich, sie unterteilten die Stadt in rechteckige Parzellen mit dem Decumanus als Längs- und dem Cardo als Querachse.

Nach dem Zusammenbruch des Weströmischen Reiches fiel Poreč an das Oströmische Reich und gehörte vom 6. bis 8. Jh. zu Byzanz. Während dieser Zeit wurde die Euphrasius-Basilika mit ihren prächtigen Fresken gebaut. 1267 musste sich Poreč der venezianischen Herrschaft unterwerfen.

Die Stadt hatte unter den in Istrien herrschenden Seuchen ganz besonders zu leiden. Im 17. Jh. sank die Einwohnerzahl von Poreč zeitweise auf etwa 100 Personen. Nach dem Fall Venedigs wurde die Stadt von den Habsburgern beherrscht, anschließend von Frankreich und danach wieder von Österreich. Von 1918 bis 1943 fiel sie an Italien. Nach der Kapitulation Italiens wurde die Stadt von den Deutschen eingenommen und 1944 von den Aliierten bombardiert. Nach dem Krieg gehörte Poreč zu Jugoslawien, heute zu Kroatien.

Orientierung
Die kompakte Altstadt drängt sich auf die Halbinsel, wo unzählige Läden und Reisebüros dicht nebeneinander liegen. Die alte römische Straße Decumanus mit den polierten Steinen ist auch heute noch die Hauptstraße und durchzieht die Halbinsel.

Entlang der Uferstraße Obala Maršala Tita findet man Hotels, Reisebüros und Ausflugsboote. Sie nimmt ihren Ausgang bei

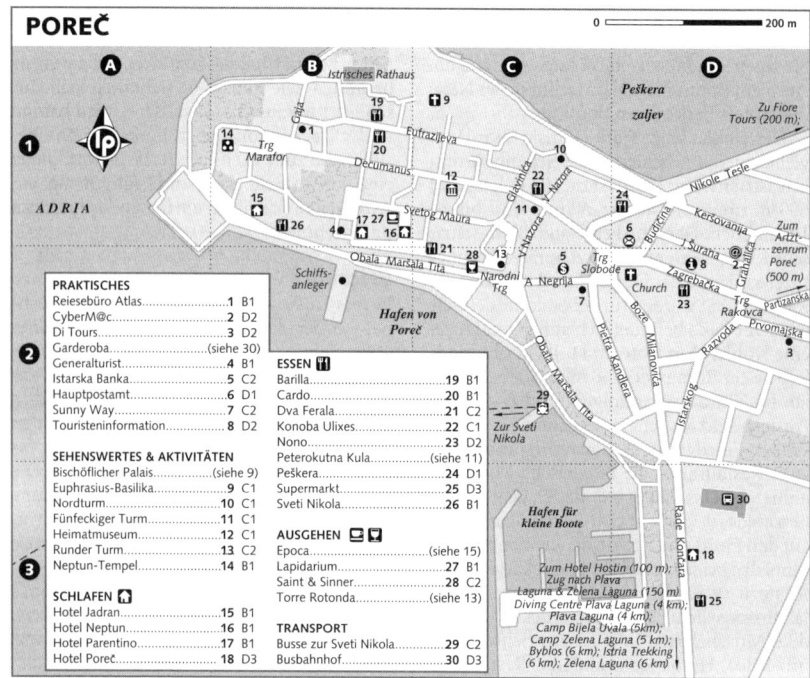

POREČ

0   200 m

PRAKTISCHES	
Reisebüro Atlas	1 B1
CyberM@c	2 D2
Di Tours	3 D2
Garderoba	(siehe 30)
Generalturist	4 B1
Istarska Banka	5 C2
Hauptpostamt	6 D1
Sunny Way	7 C2
Touristeninformation	8 D2

SEHENSWERTES & AKTIVITÄTEN	
Bischöflicher Palais	(siehe 9)
Euphrasius-Basilika	9 C1
Nordturm	10 C1
Fünfeckiger Turm	11 C1
Heimatmuseum	12 D2
Runder Turm	13 C2
Neptun-Tempel	14 B1

SCHLAFEN	
Hotel Jadran	15 B1
Hotel Neptun	16 B1
Hotel Parentino	17 B1
Hotel Poreč	18 D3

ESSEN	
Barilla	19 B1
Cardo	20 B1
Dva Ferala	21 C2
Konoba Ulixes	22 C1
Nono	23 D2
Peterokutna Kula	(siehe 11)
Peškera	24 D1
Supermarkt	25 D3
Sveti Nikola	26 B1

AUSGEHEN	
Epoca	(siehe 15)
Lapidarium	27 B1
Saint & Sinner	28 C2
Torre Rotonda	(siehe 13)

TRANSPORT	
Busse zur Sveti Nikola	29 C2
Busbahnhof	30 D3

der Anlegestelle für kleine Boote und endet an der Spitze der Halbinsel.

Der Busbahnhof liegt außerhalb der Altstadt hinter der Rade Končara.

Praktische Informationen

GELD

Geld kann bei allen Reisebüros und Banken gewechselt werden, auch bei der **Istarska Banka** (Alda Negrija 2). Überall in der Stadt gibt es Geldautomaten.

GEPÄCKAUFBEWAHRUNG

Garderoba (Tag 22 Kn; 7–21 Uhr) Am Busbahnhof.

INTERNETZUGANG

CyberM@c (☎ 427 075; Mire Grahalića 1; Std. 42 Kn; 8–22 Uhr) Computerzentrum.

MEDIZINISCHE VERSORGUNG

Medizinisches Zentrum Poreč (☎ 451 611; Maura Gioseffija 2)

POST

Hauptpostamt (Trg Slobode 14; Mo–Sa 8–12 & 18–20 Uhr) mit Telefonzentrum.

REISEBÜROS

Atlas (☎ 434 933; www.atlas-croatia.com; Eufrazijeva 63; 9–14 & 18–21 Uhr) Organisiert Ausflüge.

Di Tours (☎ 432 100; www.di-tours.hr; Prvomajska 2; Juli & August 9–22 Uhr, Juni & Sept. 9–21 Uhr) Vermittelt Privatunterkünfte.

Fiore Tours (☎ 431 397; www.fioretours.com; Mate Vlašića 6; Juli & August 8–22 Uhr, Juni & Sept. 8 bis 21 Uhr) Vermittelt Privatunterkünfte.

Generalturist (☎ 451 188; www.generalturist.com; Obala Maršala Tita 19; Mo–Fr 8–19, Sa 8–13 Uhr) Organisiert Ausflüge, Transfers und Unterbringung in Villen im Landesinneren.

Sunny Way (☎ 452 021; sunnyway@pu.t-com.hr; Alda Negrija 1; Juli & August 9–21 Uhr) Verkauft Tickets für Bootsfahrten und organisiert Ausflüge nach Italien und innerhalb Kroatiens.

TOURISTENINFORMATION

Touristeninformation (☎ 451 293; www.to-porec. com; Zagrebačka 9; Juli & Aug. Mo–Sa 8–22, So 9 bis 13 & 18–22 Uhr, Sept.–Juni Mo–Sa 8–16 Uhr)

Sehenswertes

Hauptgrund für einen Besuch der Stadt Poreč ist die **Euphrasius-Basilika** (☎ 431 635; Eufrazijeva bb; Eintritt frei, Aufstieg zum Glockenturm 10 Kn; ☸ April–Mitte Okt. 7–20 Uhr oder nach Vereinbarung) aus dem 6. Jh. Sie gehört zum Weltkulturerbe und ist eines der schönsten und besterhaltenen Werke byzantinischer Baukunst in Europa. An der Stelle einer Kapelle aus dem 4. Jh. errichtet, umfasst der Kirchenkomplex das Gotteshaus, ein Atrium und eine Taufkapelle. Blickfang sind die glitzernden **Mosaike** an den Apsiswänden. Diese Meisterwerke aus dem 6. Jh. zeigen biblische Szenen, Erzengel und istrische Märtyrer. Linkerhand ist Bischof Euphrasius zu sehen, der den Auftrag für den Bau der Basilika erteilte. In der Hand hält er ein Modell der Kirche. Der **Glockenturm** ist durch die achteckige Taufkapelle zugänglich. Von oben hat man einen fantastischen Blick auf die Altstadt.

Sehenswert ist auch das nebenan gelegene **Bischöfliche Palais** (Eintritt 10 Kn; ☸ April–Mitte Oktober 9–19 Uhr oder nach Vereinbarung), das Steinskulpturen und Mosaike aus dem 4. Jh. birgt, die aus dem Vorgängerbau der Basilika stammen.

Auf dem **Trg Marafor** befand sich in römischer Zeit das Forum, wo öffentliche Versammlungen stattfanden; an der nördlichen Häuserreihe des Platzes ist die Originalbepflasterung erhalten geblieben. Westlich des rechtwinkligen Platzes schließt sich ein kleiner Park an, hier sind Teile eines **Neptuntempels** aus dem 2. Jh. zu sehen, der dem Meeresgott geweiht war. Nordwestlich des Platzes sind Reste eines großen Tempels aus dem frühen 1. Jh. zu entdecken.

Östlich des Trg Marafor flankieren den Decumanus eine Reihe gotischer und romanischer Gebäude sowie der Sinčić-Palast aus der Barockzeit, in dem das **Heimatmuseum** (www.muzejporec.hr; Decumanus 9) untergebracht ist (z. Zt. wegen Renovierung geschlossen).

Von der Stadtmauer haben nur drei Türme überdauert, die im 15. Jh. unter venezianischer Herrschaft entstanden sind: der gotische **Fünfeckige Turm** am Anfang des Decumanus, der **Runde Turm** auf dem Narodni Trg und der **Nordturm** in der Peškera-Bucht.

Von Mai bis Oktober setzen Passagierschiffe (15 Kn) nach **Sveti Nikola** über, einer kleinen Insel gegenüber dem Hafen von Poreč. Sie starten alle 30 bis 60 Minuten vom Fähranleger an der Obala Maršala Tita.

Aktivitäten

Außerhalb der Stadt kann man fast jeder Art von Freizeitaktivität nachgehen – entweder in der Plava Laguna oder in der Zelena Laguna. Die meisten Sport- und Freizeitzentren – es gibt 20 – sind den Hotels angegliedert und verfügen über Tennisplätze, Basketball- und Volleyballfelder. Wer will, kann auch windsurfen, rudern, einen Bungeesprung wagen, Paintball oder Golf spielen, Wasserski fahren, Fallschirm springen, Gokart fahren oder sich ein Boot oder Kanu ausleihen. Bei schlechtem Wetter kann man ins Fitnessstudio gehen oder sich in einem Wellness-Center mit einer Massage verwöhnen lassen. Bei der Touristeninformation gibt es die jährlich erscheinende Broschüre *Poreč Info*, in der sämtliche Freizeitmöglichkeiten aufgelistet sind.

Die gut ausgeschilderten Wege bieten viele Möglichkeiten, die Hügellandschaft im Landesinneren auf einer **Rad- oder Wandertour** zu erkunden. Bei der Touristeninformation ist eine kostenlose Karte erhältlich, die alle Straßen und Fahrradwege verzeichnet hat und Routenvorschlägen ab Poreč bietet.

Fahrräder können fast überall in der Stadt gemietet werden. Ein Verleih (pro Tag 70 Kn) befindet sich direkt unterhalb des **Hotel Poreč** (☎ 098 335 838).

Wer gerne ausreitet, ist bei **Istra Trekking** (☎ 091 885 8403; www.istratrekking.com; Zelena Laguna bb) in Zelena Laguna an der richtigen Stelle. Die Agentur organisiert einstündige Ausritte (140 Kn) oder auch einwöchige Touren durch Istrien. Übernachtet wird in verschiedenen Bauernhöfen (pro Pers. und Tag 700 Kn).

Die Untiefen und Sandbänke bieten sich zum Tauchen an. Ein besonderes Taucherlebnis beschert das Wrack eines Kriegsschiffs der British Royal Navy, die 1945 untergegangene *Coriolanus*. Im **Diving Centre Plava Laguna** (☎ 098 367 619; www.plava-laguna-diving.hr) kostet ein Tauchgang vom Boot ab 100 Kn (teurer wird das Höhlen- oder Wracktauchen), die komplette Ausrüstung wird für 220 Kn verliehen.

Festivals & Events

Im Juli und August findet die **Poreč Annale** statt, eine Ausstellung moderner Kunst, die schon seit langer Zeit veranstaltet wird und meist unter einem bestimmten Thema steht. Im August findet das einwöchige **Straßenkunstfestival** statt, das jedes Jahr viele internationale Künstler anzieht. Die Straßen und Plätze der Altstadt verwandeln sich in Bühnen, auf denen von Akrobatik bis Theater- und Musikaufführungen alles Mögliche präsentiert wird. Im Juli und August werden in der

WEITERE HIGHLIGHTS IN ISTRIEN

Istriens Highlights sind so zahlreich, dass sie sich nicht in einem einzigen Reiseführer-Kapitel unterbringen lassen. Nachstehend folgt ein kurzer Überblick über weitere Attraktionen.

Novigrad, nur 20 Minuten nördlich von Poreč gelegen, ist eine reizvolle alte Stadt. Sie liegt auf einer Halbinsel und wartet mit einem der besten Restaurants Istriens auf. Das **Damir i Ornella** (☎ 758 134; Zidine 5) ist für seine Fischspezialitäten (roher Fisch) bekannt. Das Fischerdorf **Savudrija** ist Kroatiens westlichster Ort. Hier steht der älteste Leuchtturm Istriens, der 1818 erbaut wurde. Der **Leuchtturm** (www.lighthouses-croatia.com) lässt sich auch wochenweise mieten. Das zwischen Rovinj und Poreč gelegene **Vrsar** ist ein entzückendes Fischerstädtchen. Es thront auf einem Hügel und besteht aus mittelalterlichen Häusern. Hier geht es etwas beschaulicher zu als in den Nachbarorten. Der Skulpturenpark vor Ort zeigt Werke des berühmten kroatischen Bildhauers Dušan Džamonja.

Kunstinteressierte sollten nach **Beram** bei Pazin fahren, um sich in der Kirche der Heiligen Muttergottes von Škriljine die wunderschönen Fresken aus dem 15. Jh. anzuschauen. Die Touristeninformation von Pazin (S. 197) gibt weitere Auskünfte. Von Poreč leicht zu erreichen ist die **Baredine Tropfsteinhöhle** (www.baredine.com), eine unterirdischen Welt, in der Stalagmiten und Stalaktiten fantastische Skulpturen bilden. Einige Reiseveranstalter bieten Ausflüge dorthin an. In der Nähe von Labin liegt Istriens jüngste Stadt **Raša**, ein Vorzeigeprojekt moderner, funktionalistischer Architektur, das in den 1930er-Jahren unter Mussolini entstand. Sehenswert ist auch das einige Kilometer entfernte **Liburna Naturschutzgebiet** (www.rezervatliburna.hr), das sich zum Ziel gesetzt hat, die einheimischen Esel zu schützen. Hier befindet sich auch ein ethnografisches Museum.

Das Städtchen **Bale** mit seinen alten Steinhäusern im Südwesten gehört zu den wenig bekannten Juwelen Istriens. Das Bar-Restaurant **Kamene Priče** (www.kameneprice.com) zieht zum Jazzfestival Anfang August eine Menge Künstler an. Das Essen ist ausgezeichnet, und es werden einige außergewöhnliche Veranstaltungen geboten. Nördlich von Motovun liegt auf einem Hügel **Oprtalj**, ein hübscher Ort mit vielen Zypressen, der nicht so verbaut ist wie der Nachbarort und fantastische Ausblicke auf die Umgebung bietet. Besucher sollten im rustikalen Laden-Restaurant **Loggia** einkehren, das istrische Snacks wie *ombolo* (Schweinelende ohne Knochen), Pancetta und Schafskäse serviert. Sehenswert ist auch das verlassene alte Dorf **Kotli**, das 1,5 km abseits der Hauptstraße zwischen Hum und Roč am Fluss Mirna liegt. Das denkmalgeschützte Dorf hat gut erhaltene Innenhöfe, Außentreppen, gewölbte Durchgänge und malerische Schornsteine.

Basilika mehrmals pro Woche um 21 Uhr **klassische Konzerte** abgehalten. Karten (50 Kn) sind eine Stunde vor dem Konzert erhältlich. Von Ende Juni bis Anfang September finden einmal pro Woche im Innenhof des Heimatmuseums neben dem Lapidarium (s. S. 188) **Jazzkonzerte** (www.jazzinlap.com) statt. Im Rahmen des **Poreč-Musiksommers** gibt es auf dem Trg Slobode kostenlose Konzerte. Die Touristeninformation hält eine Broschüre bereit, in der die Veranstaltungen aufgelistet sind.

Schlafen

In Poreč gibt es jede Menge Unterkünfte, die jedoch bereits ziemlich früh ausgebucht sind. Wer im Juli oder August anreist, sollte daher unbedingt im Voraus reservieren.

Die Altstadt bietet nur wenige Hotels; die meisten Campingplätze, Hotels, Apartment- und Ferienanlagen reihen sich entlang der Küste im Norden und Süden von Poreč. Die größten Hotelkomplexe stehen in Brulo, 2 km südlich der Stadt, in Plava Laguna, 4 km südlich der Altstadt, und in Zelena Laguna, 2 km weiter. Nördlich von Poreč liegen die Touristenorte Borik und Špadići. Rund 20 Hotels und ein Dutzend Apartmentanlagen befinden sich in dieser waldreichen Ferienregion. Der Großteil der Unterkünfte wird von **Valamar Hotels & Resorts** (☎ 465 100; www.valamar.com) oder **Plava Laguna** (☎ 410 101; www.plavalaguna.hr) verwaltet. Die Hotels sind von Mai bis Oktober geöffnet, nur wenige das ganze Jahr über. Bei einem Aufenthalt von weniger als drei Nächten wird im Sommer ein Aufpreis von 20 % erhoben.

Wer ein Privatzimmer sucht, fragt am besten in einem der Reisebüros (S. 187) nach. Ein Doppelzimmer kostet in der Hauptsaison zwischen 200 und 250 Kn, ein Apartment für zwei Personen 280 bis 350 Kn. Bei einem Aufenthalt von unter vier Nächten wird ein Aufpreis von 30 % verlangt. In der Altstadt gibt es nur eine begrenzte Anzahl an Privatzimmern und keine Parkmöglichkeiten. Gute Privatunterkünfte sind mit dem *Domus Bonus*-Qualitätszertifikat versehen.

Camp Zelena Laguna (☎ 410 700; www.plavalaguna. hr; Erw./Stellplatz 55/75 Kn; ☼ April–Sept.) Der Platz, der 5 km von der Altstadt entfernt liegt, bietet ein großes Sportangebot und bietet Zugang zu vielen Stränden, darunter auch einem FKK-Strand. Die gesamte Anlage hat Platz für bis zu 2700 Gäste.

Camp Bijela Uvala (☎ 410 551; www.plavalaguna.hr; Erw./Stellplatz 55/75 Kn; ☼ April–Sept.; ☎) Hier können bis zu 6000 Leute unterkommen, was viel Trubel bedeutet. Das Camp hat zwei Pools, und die Einrichtungen von Zelena Laguna sind auch nicht weit entfernt.

Hotel Poreč (☎ /Fax 451 811; www.hotelporec.com; Rade Končara 1; EZ Neben-/Hochsaison 285–495 Kn, DZ 395–730 Kn; ⚅) Der Ausblick von diesem Betonklotz auf den Busbahnhof und das Einkaufszentrum gegenüber ist nicht gerade inspirierend. Dafür ist das Hotel, das ganzjährig geöffnet ist, nur einen kurzen Fußmarsch von der Altstadt entfernt. Es hat einen kleinen Wellnessbereich, und auch die Zimmer sind ordentlich.

LP Tipp Hotel Hostin (☎ 408 800; www.hostin. hr; Rade Končara 4; EZ Neben-/Hochsaison 300–650 Kn, DZ 395–920 Kn; P ⚅ ▯ ☎) Das hübsche kleine Hotel liegt, umgeben von einer grünen Parklandschaft, in der Nähe des Busbahnhofs. Die 39 gut ausgestatteten Zimmer haben alle einen Balkon. Das Hotel bietet einige nette Annehmlichkeiten wie Innenpool, Fitnessraum, türkisches Bad und Sauna. Bis zum Kiesstrand sind es nur 70 m.

Hotel Neptun (☎ 400 800; www.valamar.com; Obala Maršala Tita 15; EZ Neben-/Hochsaison 370–515 Kn, DZ 500–785 Kn; P) Das beste unter den am Hafen gelegenen Hotels. Die Zimmer sollen in Kürze renoviert werden. Wer ein teureres Zimmer mit Meerblick bucht, ist dem Lärm auf der Uferpromenade ausgesetzt. Zum Hotel gehören zwei etwas preiswertere Dependancen, die ein Stück weiter entfernt an der Uferpromenade liegen. Das Hotel Jadran (DZ Neben-/Hochsaison 250–670 Kn) hat geräumige Doppelzimmer, einige mit Balkon. Die Doppelzimmer im Hotel Parentino (265–740 Kn), das in einem Gebäude aus dem 19. Jh. mit hohen Decken untergebracht ist, sind nüchtern und zweckmäßig ausgestattet.

Essen

Peškera (☎ 432 890; Nikole Tesle bb; Hauptgerichte 35–60 Kn; ☼ 10–21 Uhr) Das Selbstbedienungsrestaurant verströmt noch einen Hauch von Sozialismus. Es bietet einfache, preiswerte Gerichte wie etwa Brathuhn und gegrillte Calamari und liegt an der Nordwestecke der alten Stadtmauer. Von der Terrasse aus hat man einen fantastischen Blick aufs Meer.

Nono (☎ 435 088; Zagrebačka 4; Pizzen 45–80 Kn) serviert die besten Pizzen der Stadt, schön knusprig und mit außergewöhnlichem Belag, wie etwa Trüffeln. Auch die anderen Gerichte sind lecker.

Barilla (☎ 452 742; Eufrazijeva 26; Hauptgerichte ab 45 Kn) Hier gibt es italienische Teigwaren in allen Formen und Größen – Penne, Tagliatelle, Fusilli, Tortellini, Gnocchi etc. Die Gäste können entweder auf dem Platz oder auf der ruhigeren, an der Rückseite gelegenen Terrasse speisen. Köstlich sind die Spaghetti mit Meeresfrüchten (170 Kn für zwei Personen). Auf der anderen Seite des Platzes befindet sich das zum Barilla gehörende Restaurant Cardo (Carda Maximusa 8; Hauptgerichte ab 55 Kn), das ausgezeichnete Fleisch- und Fischgerichte sowie internationale Speisen serviert.

LP Tipp Dva Ferala (☎ 433 416; Obala Maršala Tita 13a; Hauptgerichte ab 50 Kn) Auf der Terrasse dieser freundlichen *konoba* (Taverne) können die Gäste lecker zubereitete istrische Spezialitäten probieren, z. B. *istarski tris* für zwei Personen – drei verschiedene hausgemachte Nudelgerichte (110 Kn).

Peterokutna Kula (☎ 451 378; Decumanus 1; Hauptgerichte ab 65 Kn) Das gehobene Restaurant ist in Porečs historischem Fünfeckigen Turm untergebracht und hat wunderbare Sitzgelegenheiten im Freien. Es gibt ein ganzes Spektrum an Fleisch- und Fischgerichten. Besonders köstlich ist der im Ofen gebackene Seebarsch.

Konoba Ulixes (☎ 451 132; Decumanus 2; Hauptgerichte ab 75 Kn) Diese Taverne mit Veranda in der Nähe des Decumanus serviert ausgezeichnete Fischgerichte und Meeresfrüchte. Der Poseidon-Teller für zwei Personen (140 Kn) ist üppig, gut und nicht teuer. Köstlich sind auch die Nudelgerichte mit Scampi und Champagner (100 Kn).

Sveti Nikola (☎ 423 018; Obala Maršala Tita 23; Hauptgerichte ab 80 Kn) Kulinarische Innovationen erwarten die Gäste in diesem eleganten, am Wasser gelegenen Restaurant. Wer das Tages-(Fleisch/Fisch 80/95 Kn) oder Abendmenü (105/120 Kn) bestellt, liegt genau richtig. Ein wahres Schlemmervergnügen ist das Fischfilet mit Spargel und schwarzen Trüffeln.

Am Busbahnhof gibt es neben dem Hotel Poreč einen großen Supermarkt und ein Kaufhaus.

Ausgehen

Saint & Sinner (☎ 434 390; Obala Maršala Tita 12) Ein schwarz-weißes Plastikmotiv ziert diese neueste Ausgehadresse am Meer. Tagsüber schlürfen die Gäste Chococcinos, abends Caipiroskas.

Epoca (Hotel Jadran, Obala Maršala Tita 24) Perfekte Location, um bei einem Espresso oder Absacker den Sonnenuntergang über dem Meer zu genießen.

Torre Rotonda (Narodni Trg 3a) Eine steile Treppe führt hinauf auf das Dach des historischen Rundturms und zur Bar unter freiem Himmel. Von hier aus lässt sich das Geschehen am Hafen beobachten.

Lapidarium (Svetog Maura 10) Im rückwärtigen Teil des Heimatmuseums liegt diese hübsche Bar mit großem Innenhof. Die Räumlichkeiten sind mit istrischen Antiquitäten ausgestattet. Im Sommer findet jeden Mittwoch unter freiem Himmel eine Jazznacht mit Live-Auftritten statt,

Byblos (www.byblos.hr; Zelena Laguna bb) Der gigantische Open-Air-Club veranstaltet die heißesten Partys. Jeden Freitag legen berühmte Gast-DJs wie David Morales und Eric Morillo House-Musik auf. Samstags ist die Musik bunt gemischt.

An- und Weiterreise

Wer in Richtung Westen nach Italien weiterreisen möchte, informiert sich am besten beim Reisebüro Sunny Way (S. 188) oder bei den auf S. 341 genannten Agenturen. Sunny Way verkauft auch Tickets für den Katamaran nach Venedig, der in der Hauptsaison jeden Tag verkehrt (Hinfahrt/Rückfahrt 430/520 Kn).

Auch die Tickets für **Ustica Line** (www.usticalines. it), die täglich außer montags nach Triest fährt (Hinfahrt/Rückfahrt 150/280 Kn, 2 Std.), sind hier erhältlich.

Vom **Busbahnhof** (☎ 432 153; Rade Končara 1) verkehren täglich Busse nach Rovinj (38 Kn, 40 Minuten, 7-mal tgl.), Zagreb (217 Kn, 5 Std., 7-mal tgl.), Rijeka (81 Kn, 2 Std., 11-mal tgl.) und Pula (50 Kn, 1- 1½ Std., 11-mal tgl.). Der Bus von Poreč nach Rovinj fährt am Limska Draga Fjord vorbei. Den besten Ausblick auf den Fjord hat man, wenn man auf der Fahrt Richtung Süden einen Platz auf der rechten und in Richtung Norden einen Platz auf der linken Seite des Busses wählt.

Der nächste Bahnhof befindet sich in Pazin, 37 km östlich. Von Poreč aus fahren täglich ungefähr zehn Busse (34 Kn, 30 Minuten) dorthin.

Unterwegs vor Ort

Von März bis Anfang Oktober verkehrt regelmäßig ein Urlauberzug nach Plava Laguna (10 Kn) und Zelena Laguna (15 Kn); dieser startet an der Šetalište Antuna Štifanića am Hafen. Die gleiche Strecke fährt ein Passagierboot (25 Kn), das jede volle Stunde von 8.30 Uhr bis Mitternacht von der Fähranlegestelle ablegt. Die mehrmals am Tag verkehrenden Busse nach Vrsar halten ebenfalls in Plava Laguna, Zelena Laguna und den anderen Ferienorten im Süden der Stadt.

DAS LANDESINNERE

Auf dem Weg von der istrischen Küste ins Landesinnere nimmt die Zahl der Urlauber und Hotelkomplexe beständig ab. Zum Vorschein kommt eine unberührte Landschaft mit mittelalterlichen, über die Hügel verstreuten Städtchen, Pinienwäldern, fruchtbaren Tälern und Weinbergen. Hier geht es wesentlich geruhsamer zu. Nicht die Bedürfnisse der Urlauber bestimmen den Alltagsablauf, sondern die Lese der Trauben, die Trüffelsuche, das Stechen des wilden Spargels und die Bewirtschaftung der Olivenhaine. Bauernhäuser öffnen Urlaubern ihre Tore, die auf der Suche nach einem authentischen Ferienerlebnis sind, abgeschiedene Tavernen servieren ihren Gästen rustikale Speisen, und Winzer bieten in ihren Weinkellern Verkostungen an. Entlegene Bergdörfer, die bereits dem Verfall geweiht schienen, locken nicht nur Scharen von Künstlern und Kunsthandwerkern an, sondern sind auch Ziel vieler gut betuchter Reisender. Diese Region wird zwar oft und zu Recht mit der hügeligen Toskana verglichen – der italienische Einfluss ist tatsächlich nicht zu verleugnen – und doch ist dies eine eigene, ganz andere Welt – einzigartig, unwiderstehlich, unversehrt. Um die Gegend zu erkunden, braucht man ein Auto, denn die Busse und Züge verkehren nur sehr sporadisch. Und was außerdem gut ist an diesem Landstrich: Das Meer ist nie weit entfernt.

LABIN
9000 Ew.

Labin ist das unbestrittene Highlight und historisches und administratives Zentrum der istrischen Ostküste. Die Altstadt thront oben auf dem Berg und begeistert die Besucher immer wieder mit ihrem Gewirr aus steilen Straßen, kopfsteingepflasterten Gassen und pastellfarbenen Häusern, die mit Steinverzierungen geschmückt sind.

Unten liegt die Neustadt, hässliches Resultat der Bergbauindustrie. Bis in die 1970er-Jahre war Labin die wichtigste Bergbaustadt Istriens. Der Berg wurde durch den Steinkohleabbau so stark ausgehöhlt, dass die Stadt langsam abzurutschen begann. 1999 wurde die Bergbauindustrie eingestellt und die notwendigen Sanierungsarbeiten eingeleitet. Heute erstrahlt die Stadt in neuem Glanz und hat sich zu einem beliebten Urlaubsziel entwickelt.

Und das zu Recht, hat sie doch einiges an Sehenswertem zu bieten: Im Labyrinth der Altstadt liegt ein interessantes Museum versteckt, es gibt eine Vielzahl venezianisch geprägter Kirchen und Paläste, und hier und dort präsentieren ein paar Kunsthandwerksläden ihre Kunstschätze. Der Ferienort Rabac, der sich an der Küste 5 km südwestlich von Labin befindet, wurde leider stark verbaut. Dicht gedrängt stehen hier Ferienhäuser, Hotels und Apartmentblocks. Schön sind jedoch die Strände, wo sich angenehme Nachmittage verbringen lassen.

Orientierung

Labin gliedert sich in zwei Teile: die Altstadt auf dem Berg, wo auch die meisten Sehenswürdigkeiten anzutreffen sind, und Podlabin, die Neustadt am Fuß des Berges. Hier befinden sich die meisten Geschäfte, Restaurants und städtischen Einrichtungen. Die Busse halten am Trg 2 Marta in Podlabin, von dort fährt auch ein Bus in die Altstadt, der in der Hauptsaison seine Fahrt bis zum Meer nach Rabac fortsetzt.

Praktische Informationen

Medizinische Versorgung (☎ 855 333; Kature Nove bb)
Post (Titov Trg bb; ☿ Mo–Fr 7–20, Sa 7–14 Uhr) In der Altstadt.
Privredna Banka (Trg 2 Marta bb) An der Bushaltestelle, die Bank hat einen Geldautomaten.

Touristeninformation (Filiale) (☎ /Fax 852 399; Titov Trg 10; ☿ Juni–Sept. Mo–Sa 8–21, So 10–13 & 18–21 Uhr, Okt.–Mai Mo–Fr 8–15 Uhr) Am Eingang zur Altstadt.
Touristeninformation (Hauptbüro) (☎ /Fax 855 560; www.rabac-labin.com; Aldo Negri 20; ☿ Mo–Fr 7–15 Uhr) Das Hauptbüro befindet sich in der Altstadt.
Veritas (☎ 852 758; www.istra-veritas.hr; Ulica Sv Katarine 4; ☿ Mo–Fr 8–15 & 17–20 Uhr, Sa 8.30–13 & 17–20 Uhr, So 9–12 & 17–20 Uhr) Das einzige Reisebüro in der Altstadt, vermittelt Privatunterkünfte.

Sehenswertes

Hauptattraktion von Labin sind ohne Zweifel die hübschen kleinen Gässchen der Altstadt. Das **Stadtmuseum** (Gradski Muzej; ☎ 852 477; 1 Maja 6; Erw./erm. 15/10 Kn; ☿ Juli–Sept. Mo–Sa 10–13 & 18–20 Uhr, So 10–13 Uhr, Okt.–Juni Mo–Fr 7–15 Uhr) befindet sich in einem ehrwürdigen Gemäuer; es ist im Barockpalast Battiala-Lazzarini aus dem 18. Jh. untergebracht.

Im Erdgeschoss befindet sich eine durchaus interessante archäologische Sammlung, mit Fundstücken aus der Region, im Obergeschoss eine Kollektion von Musikinstrumenten mit einigen interaktiven Exponaten und ganz oben eine sehenswerte Kunstgalerie zeitgenössischer Werke.

Das Museum liegt über einer Kohlegrube, die zu einem Schaustollen umgebaut wurde. Wer in geduckter Haltung durch den beklemmend engen Tunnel geht, ahnt, warum die Leute damals alles daran setzten, überall sonst, nur nicht im Bergbau, eine Beschäftigung zu finden.

Einen Abstecher lohnt auch die **Kirche Mariä Geburt** (Ulica 1 Maja; ☿ nur während der Messe), die Stilelemente der venezianischen Gotik und Renaissance vereint und deren Portal ein filigran und mit großer Sorgfalt geschnitzter Löwe schmückt.

Der rechts gelegene Renaissancepalast **Scampicchio Palace** aus dem 15. Jh. mit einem Innenhof ist ebenso einen Blick wert wie die **Loggia** (Titov Trg) von 1550, die Labin im 16. Jh. als Gemeindezentrum diente. Hier wurden Nachrichten und Gerichtsurteile verkündet, Volksfeste veranstaltet und Verbrecher an den Pranger gestellt.

An Labins höchstem Punkt am Westrand der Stadt erhebt sich die **Festung** (fortica). Sie ist über die Ulica 1 Maja zu erreichen, der längere Weg führt über den Šetalište San Marco an der Stadtmauer entlang.

Von der Festung hat man einen herrlichen Blick auf die Küste, die Učka-Bergkette und die Insel Cres.

ISTRIEN

Festivals & Events

Jedes Jahr im Juli und August wird die Stadt, in der über dreißig Künstler leben und arbeiten, praktisch komplett vom **Labin Art-Republik Festival** (Labin Art Republika; http://unitedfestival.com) bestimmt.

Während des Festivals wird nämlich die ganze Stadt zur Bühne – es gibt Straßentheater, Konzerte, Aufführungen, Clownerien und etliche interessante Künstlerateliers unter freiem Himmel.

House- und Techno-Fans lieben das **Rabac Sommer-Festival** (www.rabacsummerfestival.com) mit international bekannten DJs. Es findet, 2 km von Labin entfernt, im Dubrova-Park statt sowie am Girandella-Strand in Rabac.

Schlafen

Labin selbst verfügt über keine Hotels, dafür gibt es im nahe gelegenen Küstenort Rabac jede Menge Übernachtungsmöglichkeiten. Die meisten der Quartiere sind große Hotelanlagen, es gibt aber auch einige kleinere Hotels. **Valamar** (www.valamar.com) unterhält acht Hotels hier, darunter zwei Luxushotels (das Valamar Sanfior Hotel und das Valamar Bellevue Hotel mit Residenz), fünf 3-Sterne-Anlagen, drei Apartmentkomplexe und einen Campingplatz. In der Hauptsaison (August) sind die Preisunterschiede enorm, sie variieren zwischen 860 Kn für ein Doppelzimmer in einem 4-Sterne-Hotel (Halbpension) und 615 Kn in einem 2-Sterne-Hotel. Studios für 2 Personen gibt es ab 385 Kn und Villen für 4 Personen ab 725 Kn. Wer weniger als drei Nächte bleibt, zahlt einen Aufpreis von 20 %.

Eine weitere Hotelkette heißt **Maslinica** (☎ 884 150; www.maslinicarabac.com); sie hat in Maslinica-Bucht drei Mittelklassehotels: Narciso, Hedera und Mimosa. Die Doppelzimmer kosten ab 775 Kn mit Halbpension, Einzelzimmer 500 Kn. Zu Maslinica gehört auch **Camping Oliva** (☎ 872 258; Rabac bb; Stellplätze 75 Kn) am Strand von Rabac.

Wesentlich mehr Flair haben jedoch die beiden unabhängig geführten Hotels **Amfora** (☎ 872 222; www.hotel-amfora.com; Rabac bb; EZ Neben-/Hochsaison 195–510 Kn, DZ 290–740 Kn) im Stadtzentrum und die vornehme, auf einem Hügel gelegene **Villa Annette** (☎ 884 222; www.villaannette.hr; Raška 24; DZ Neben-/Hochsaison 668–1268 Kn; ☒). Sie hat einen herrlichen Pool mit Blick auf die malerische Bucht. Wer weniger als vier Nächte bleibt, zahlt einen Aufpreis von 225 Kn pro Person und Tag.

Das Reisebüro Veritas (s. S. 193) vermietet in der Altstadt von Labin Doppelzimmer/Apartments für 180/285 Kn.

Essen

Labin ist für seine Trüffelgerichte mit Nudeln oder Eiern bekannt, die in der Regel recht günstig sind. Rabac bietet eine Menge Fischrestaurants, die meisten sind auf anspruchslose Pauschaltouristen ausgerichtet.

Gostiona Kvarner (☎ 852 336; Šetalište San Marco bb; Hauptgerichte ab 35 Kn) Das Restaurant ist nur ein paar Schritte vom Titov Trg entfernt. Auf der Terrasse mit Meerblick wird gutes Essen serviert, das auch den vielen Einheimischen, die hier einkehren, schmeckt. Die *fuži* (handgemachte Nudeln) mit Trüffeln kosten nur 80 Kn – in Anbetracht der aufwendigen Trüffelsuche ein echtes Schnäppchen.

An- und Weiterreise

Zwischen Labin und Pula bestehen gute Busverbindungen (38 Kn, 1 Std., 15-mal tgl.). In den Sommermonaten fährt zwischen 6 und 24 Uhr ein Bus nach Rabac (7 Kn), der auch die Altstadt passiert.

VODNJAN

3700 Ew.

Wer eine Vorliebe für Makaberes hat, sollte sich keinesfalls das 10 km nördlich von Pula gelegene Vodnjan (italienisch: Dignano) entgehen lassen. In der Pfarrkirche dieses verschlafenen Städtchens ruhen einige **Mumien**, sie sind Vodnjans Haupttouristenattraktion. Die ausgetrockneten Körper sind die Überreste von Heiligen aus dem frühen Mittelalter, deren Leichname auf wundersame Weise der Zersetzung standhielten, sie sollen über magische Kräfte verfügen.

Ansonsten ist nicht viel los in dieser Stadt, in der die meisten Roma Istriens leben. Den Stadtkern bildet der Narodni Trg, der von einigen neogotischen Palästen umstanden wird, die alle mehr oder weniger baufällig sind oder gerade restauriert werden. Am Hauptplatz von Vodnjan befindet sich auch die **Touristeninformation** (☎ 511 700; tz-vodnjan-dignano@pu.t-com.hr; Narodni Trg 3; ☒ Sommer 8–14 & 19–21 Uhr, sonst Mo–Fr 8–14 Uhr).

Die letzte Ruhestätte der Mumien liegt nur ein paar Schritte von Narodni Trg entfernt in der **Blasius-Pfarrkirche** (Crkva Svetog Blaža; ☎ 511 420; Župni Trg; ☒ Juni–Sept. Mo–Sa 9–19, So 14–18 Uhr, Okt.–Mai zeitweise geöffnet). Die schöne

ZAUBERPILZE?

Das Trüffelgeschäft ist weniger ein Geschäft als vielmehr ein äußerst profitabler Kult. Alles dreht sich um den teuren, streng riechenden, tief in der Erde wachsenden Pilz, dem man beinahe magische Kräfte zuschreibt. Er wächst in dunklen Wäldern und wird für ein kleines Vermögen ins Ausland verkauft. Pilzliebhaber behaupten, wer einmal von dieser kleinen, nussförmigen Delikatesse gekostet habe, dem würden fortan alle anderen Geschmacksrichtungen fade erscheinen.

Weltweit gibt es 70 verschiedene Trüffelarten, 34 davon gedeihen in Europa. Traditionelle Trüffelländer sind Italien, Frankreich und Spanien. Doch auch die istrischen Wäldern bringen drei schwarze Trüffelsorten sowie die großen weißen Pilze hervor, die zum Preis von 34 000 Kn pro Kilo zu den teuersten der Welt gehören. Kroatiens größter Trüffelexporteur ist die Firma Zigante Tartufi, dessen Anteil am gesamten kroatischen Exportmarkt ca. 90 % beträgt. 1999 fand der Firmeninhaber Giancarlo Zigante mit seiner Hündin Diana in Istrien die größte Trüffel der Welt. Sie wog 1,31 kg und wurde ins *Guinness Buch der Rekorde* aufgenommen.

Das istrische Trüffelgeschäft ist noch recht jung. Als Istrien 1932 von Italien belagert wurde, soll ein italienischer Soldat aus der Trüffelhauptstadt Alba Gemeinsamkeiten zwischen der Vegetation seiner Heimat und der Istriens bemerkt haben. Nach seinem Militärdienst kehrte er mit zwei speziell ausgebildeten Hunden zurück, die nach ausgiebigem Schnüffeln und Graben schließlich auf die wertvollen Pilze stießen.

Da die Trüffel unter der Erde wächst, bleibt sie für das menschliche Auge unsichtbar. Daher sind Hunde (oder traditionsgemäß Schweine) für eine erfolgreiche Trüffelsuche unabdingbar. Istrische Trüffelhunde (*breks*) sind zwar Promenadenmischungen, werden aber sehr gut ausgebildet. Welpen beginnen die Ausbildung schon mit zwei Monaten, aber nur ca. 20 % von ihnen werden professionelle Trüffelschnüffler.

Die Trüffelsaison beginnt im Oktober und dauert drei Monate. In dieser Zeit begeben sich mindestens 3000 Personen und 9000 bis 12 000 Hunde in den feuchten Waldgebieten bei Motovun auf Trüffelsuche. Das Zentrum der Trüffelregion ist die Stadt Buzet (s. S. 199).

Manche Menschen sagen Trüffeln eine aphrodisierende Wirkung nach, obwohl es keine wissenschaftlichen Beweise dafür gibt. Am besten, man probiert es bei einem Trüffelessen selbst aus: einfach das Licht dämpfen, schöne Musik auflegen und sehen, was passiert.

spätbarocke Kirche wurde um die Wende vom 18. zum 19. Jh. erbaut, als Venedig hinsichtlich der Stilgebung an der istrischen Küste noch tonangebend war. Mit seinen 63 Metern ist der **Glockenturm** genauso hoch wie der Campanile von San Marco in Venedig. Schon allein wegen ihrer prächtigen Altäre ist die größte Pfarrkirche Istriens einen Besuch wert.

Die Mumien befinden sich in einem separaten Trakt hinter dem **Hauptaltar** (28 Kn). In dem schummrigen Licht sehen die vollständig erhaltenen Leichname der Heiligen Nikolosa Bursa, Giovanni Olini und Leon Bembo aus wie Holzpuppen in einer Vitrine. Einzelne Körperteile von drei weiteren Heiligen vervollständigen die Ausstellung. Während des Besuchers Haut, Haare und Fingernägel der lange Verstorbenen betrachtet, informiert ein Band in englischer Sprache über ihre Lebensgeschichte.

Der Leichnam des Heiligen Nikolosa, angeblich die am besten erhaltene Mumie Europas, soll bioenergetische Strömungen ausstrahlen, die noch in 32 m Entfernung spürbar ist, und damit 50 Menschen auf wundersame Weise geheilt haben.

Wer nach der Besichtigung der Mumien auf den Geschmack gekommen ist, kann sich in der **Sammlung sakraler Kunst** (Zbirka Sakralne Umjetnosti; Eintritt inkl. Mumien 45 Kn) in der Sakristei weitere Heiligenrelikte anschauen. Hier werden Überreste von über 150 Heiligen gezeigt, darunter auch die Zunge der Hl. Maria von Ägypten. Nicht ganz so grausig anzusehen ist das meisterhafte Polyptychon, das den hl. Leon Bembo darstellt und im 14. Jh. von Paolo Veneziano geschaffen wurde.

Ein weiterer Grund, nach Vodnjan zu kommen, ist **Vodnjanka** (☎ 511 435; Istarska bb; Hauptgerichte ab 50 Kn; ☽ Sonntagmittag geschlossen), ein hervorragendes Restaurant mit rustikalen Gasträumen, einer Menge Stil und zuvorkommendem persönlichen Service. Zu den Spezialitäten gehören *fuži* mit Trüffeln, *maneštra*, verschiedene Sorten *fritaja* und Schinken. Zum Nachtisch gibt es *kroštule* (gebackener

ISTRIEN

Teig mit Zucker). Von der Terrasse bietet sich ein schöner Blick auf die Dächer der Altstadt und den Kirchturm.

Zwischen Vodnjan und Pula pendeln viele Busse (20 Kn, 20 Minuten, 18-20-mal tgl.).

SVETVINČENAT
300 Ew.

Auf halber Strecke zwischen Pazin und Pula liegt die hübsche kleine südistrische Stadt Svetvinčenat (auch unter dem Namen Savičenta bekannt), die zunächst von Benediktinern besiedelt wurde. Der Marktplatz stammt aus der Renaissance. Mit ihren hohen Zypressen, den harmonisch in die Landschaft eingefügten Häusern und der entspannten Atmosphäre ist die Stadt ein beschaulicher Ort für einen gemütlichen Spaziergang.

Am nördlichen Ende des Marktplatzes erhebt sich die **Burg Grimani** aus dem 13. Jh., ein gut erhaltener Palast, der im 16. Jh. nach venezianischer Art umgestaltet wurde. Die angebauten Türme dienten Wohnzwecken und als Gefängnis. Auf dem Marktplatz fanden Festgelage, Paraden und Volksfeste statt, der Ort war aber auch Schauplatz von Hexenverbrennungen. Die Ostseite des Marktplatzes nimmt die **Pfarrkirche Mariä Verkündigung** ein. Die Renaissance-Fassade, errichtet aus lokalem Stein, schmückt ein dreiblättriges Kleeblatt. Im Inneren der Kirche befinden sich fünf kunstvolle Altäre aus Marmor.

Die ideale Zeit für einen Aufenthalt in Svetvinčenat ist Mitte Juli, wenn das jährliche **Festival des Tanzes und des nonverbalen Theaters** (www.svetvincenatfestival.com) stattfindet. Höhepunkte des Festivals sind moderne Tanzstücke, Straßentheater, Zirkusnummern und Pantomimen. An der internationalen Veranstaltung nehmen Künstler aus Kroatien und ganz Europa teil. Es wird eine Menge geboten – von finnischem Hip-Hop bis brasilianischem Capoeira.

Die **Touristeninformation** (☎ 560 349; www.svetvincenat.hr; Svetvinčenat 20; ☺ Juni-Okt. Mo-Sa 9–14 & 19–20, So 10–13 Uhr) am Marktplatz informiert über Privatunterkünfte in und in der Nähe der Stadt.

Schlafen & Essen
Stancija 1904 (☎ 560 022; www.stancija.com; Smoljanci 2-3; EZ 480 Kn, DZ/Suite 645/720 Kn) Das Hotel liegt in dem kleinen Dorf Smoljanci nur 3 km von Svetvinčenat entfernt und ist über die Straße nach Bale erreichbar. Das von herrlich duf-

tenden Kräutergärten und hohen, Schatten spendenden alten Bäumen umgebene Hotel gehört zu den besten Istriens. Das traditionelle istrische Steinhaus wurde von einer schweizerisch-kroatischen Familie zu einem modernen, eleganten Hotel umgebaut. Das Essen ist ausgezeichnet (150 Kn für ein dreigängiges Abendessen), das aufwendige Frühstück (10 Kn) wird bis mittags serviert. Das Hotel bietet auch Kochkurse an.

Kod Kaštela (☎ 560 012; Savičenta 53; Hauptgerichte ab 45 Kn) Das Restaurant im Herzen der Stadt bietet einen fantastischen Ausblick auf die Burg und den Marktplatz. Serviert werden hausgemachte Nudelgerichte und leckerer *pršut*. Das Restaurant vermietet auch Privatzimmer. Einfach nachfragen.

PAZIN
5200 Ew

Die Provinzstadt Pazin im Landesinneren ist berühmt für ihre Schlucht, die den französischen Schriftsteller Jules Verne inspiriert hat, und die mittelalterliche Burg. . Beide Sehenswürdigkeiten sind unbedingt einen Zwischenstopp wert. Aber auch das kleinstädtische Flair und die wenigen Touristen machen die Stadt so reizvoll. Ein Großteil der Innenstadt wurde zur Fußgängerzone erklärt, und den weniger ansehnlichen Vororten gibt die sanfte Hügellandschaft eine hübsche Kulisse.

Pazin ist nicht nur geografischer Mittelpunkt Istriens, sondern auch Verwaltungssitz. Von Pazin ist buchstäblich jedes Ziel in Istrien mit dem Auto oder per Bahn zu erreichen. Es gibt nicht viele Hotels und Restaurants, daher ist es besser, die Stadt auf einem Tagesausflug zu erkunden, zumal sie nur eine Stunde von den anderen istrischen Städten entfernt liegt. Die Gegend um Pazin bietet viele Freizeitmöglichkeiten und lädt zum Wandern, Klettern und Radfahren ein. Lohnenswert ist auch ein Besuch bei den örtlichen Imkern.

Orientierung & Praktische Informationen

Die Stadt ist relativ kompakt, von der Bahnstation am östlichen Ende zum Kaštel, das sich am westlichen Ende über der Schlucht erhebt, ist es nur 1 km. Der Busbahnhof liegt 200 m westlich der Bahnstation, durch die Altstadt führt der 200 m lange Aufstieg zum Kaštel.

Eine sehr gute Informationsquelle bietet die **Touristeninformation** (☎ 622 460; www.tzpazin.hr; Franine i Jurine 14; ☺ Juli & August tgl. 8.30–18 Uhr, Sept.–Juni

Mo–Fr 8–15 Uhr), die auch für das Zentralistrien zuständig ist. Hier gibt es eine Karte, auf der Wanderwege und Imkereien (unbedingt den köstlichen Akazienhonig probieren) eingezeichnet sind, sowie eine Broschüre, die die Weinkeller in der Gegend vorstellt.

Ebenfalls sehr nützlich ist **Futura Travel** (☎ /Fax 621 045; www.futura-travel.hr; 25 Rujna 42; ☯ Mo–Fr 9–19, Sa 9–14 Uhr), wo man Geld wechseln, Ausflüge buchen und Infos über die Region erhalten kann.

Sehenswertes

Pazins bekannteste Sehenswürdigkeit ist zweifellos die **Paziner Schlucht** (☎ 622 220; www.pazinska-jama.com; ☯ Mitte Mai–Mitte Okt. Di–So 10 bis 18 Uhr, Mitte Okt.–Mitte Mai Di–Do 10–15, Fr 12–17, Sa & So 11–17 Uhr), ein etwa 100 m tiefer trichterförmiger Einschnitt, in dem der Karstfluss Pazinčica nicht mehr oberirdisch, sondern in drei unterirdischen Gängen fließt und dabei drei ebenfalls unterirdische Seen bildet. Die düstere Schlucht regte Jules Vernes (s. Kasten S. 193) Vorstellungskraft ebenso wie die zahlreicher kroatischer Schriftsteller an. Besucher können den 1200 m langen Schluchtweg zu Fuß gehen; es gibt zwei Eingänge, einer beim Hotel Lovac, der andere bei der Fußgängerbrücke, die 100 m von der Burg entfernt über die Schlucht führt. Von Oktober bis Mai ist der Eintritt frei, dann sind allerdinges auch keine Mitarbeiter vor Ort, sodass die Begehung des Weges auf eigenes Risiko erfolgt. In den übrigen Monaten kostet der Eintritt 30/15 Kn pro Erw./erm. Man kann die Schlucht auch mit einem Höhlenforscher erkunden (100 Kn), der im Voraus über die Touristeninformation gebucht werden muss. Wer nicht in die Schlucht hinabsteigen will, kann sich das Ganze vom **Aussichtspunkt** bei der Burg aus anschauen.

Pazins **Kaštel** (Trg Istarskog Razvoda 1) ist das größte und besterhaltene mittelalterliche Bauwerk Istriens. Die Burg liegt oberhalb der Schlucht und wurde 983 erstmals erwähnt. Die Architektur ist eine Mischung aus romanischem, gotischem und Renaissance-Stil. In der Burg sind zwei Museen untergebracht. Das **Stadtmuseum** (☎ 622 220; Erw./erm. 15/8 Kn; ☯ Mitte April–Mitte Okt. Di–So 10–18 Uhr, Mitte Okt.–Mitte April Di–Do 10–15, Fr 12–17, Sa & So 11–17 Uhr) beherbergt eine Sammlung aus Istrien stammender mittelalterlicher Kirchenglocken und zeigt eine Ausstellung über Sklavenaufstände; im Burgverlies sind Folterinstrumente zu sehen. Das **Ethnografische Museum** (☎ 622 220; www.emi.hr; Erw./erm. 15/8 Kn; ☯ Mitte April–Mitte Okt. Di–So 10–18 Uhr, Mitte Okt.–Mitte April Di–Do 10–15, Fr 12–17, Sa & So 11–17 Uhr) umfasst rund 4200 Ausstellungsstücke, die einen Überblick über das Dorfleben in Istrien geben, darunter Werkzeuge und Töpferwaren.

Festivals & Events

Jeden ersten Dienstag im Monat findet in Pazin ein großer **Markt** statt, auf dem Produkte aus ganz Istrien angeboten werden. In der

---

MATHIAS SANDORF & DIE SCHLUCHT VON PAZIN

Der Autor, dessen Helden die Welt in 80 Tagen umrundeten, zum Mittelpunkt der Erde reisten und 20 000 Meilen unter dem Meer lebten, fand viele seiner Inspirationen im Herzen Istriens. Der französische Science-Fiction-Schriftsteller Jules Verne (1828–1905) machte die Burg und die Schlucht von Pazin zum Schauplatz seines Romans *Mathias Sandorf* (1885, einer der 27 Bände aus der Reihe *Außergewöhnliche Reisen*).

In dem Roman, der später auch verfilmt wurde, werden Graf Mathias Sandorf und zwei seiner Verbündeten von der österreichischen Polizei wegen revolutionärer Aktivitäten verhaftet und in der Burg von Pazin eingesperrt. Sandorf gelingt die Flucht über einen Blitzableiter, aber ein Blitz schlägt ein, und er stürzt in den reißenden Fluss Pazinčica. Zunächst durch die düsteren Tiefen des Abgrunds gespült, gelingt es dem Mutigen, sich an einen rettenden Baumstumpf zu klammern. Sechs Stunden später setzt der aufgewühlte Fluss ihn am ruhigen Eingang des Limska Draga ab. Von dort aus wandert er nach Rovinj und wird zuletzt gesehen, als er inmitten eines Kugelhagels von einer Klippe ins Meer springt.

Verne erdachte sich Sandorfs großartiges Abenteuer mit Hilfe von Fotos und Reiseberichten, doch das hält in Pazin niemanden davon ab, den Autor bei jeder Gelegenheit als Lokalhelden zu feiern, auch wenn er nie in Pazin war. Es gibt eine Straße, die nach Jules Verne benannt wurde, Jules-Verne-Tage und eine Website des in Pazin ansässigen **Jules Verne Club** (www.ice.hr/davors/jvclub.htm). Die Abenteuer wurden 1979 als TV-Vierteiler verfilmt.

ISTRIEN

ERHOLSAMES LANDLEBEN

Der Agrotourismus bietet eine immer beliebter werdende Möglichkeit, seine Ferien auf dem Lande zu verbringen. Unterkunftsmöglichkeiten sind entweder Bauernhöfe, die sich mit dem Anbau von Wein, Gemüse sowie der Geflügelzucht beschäftigen, vornehme Landhäuser, die rustikale Zimmer vermieten, oder noble, moderne Villen mit Swimmingpool. Egal, wie die Wahl ausfällt: Zum Urlaub gehören gesundes Essen, Wandern und Radfahren.

Die istrische Touristeninformation hat eine bebilderte Broschüre mit Informationen über Ferien auf dem Land in ganz Istrien herausgebracht. Informationen sind auch auf der Website www. istra.com/agroturizam nachzulesen. Viele der Unterkünfte sind sehr entlegen, daher ist ein Auto unbedingt erforderlich. Wer weniger als drei Tage bleibt, muss mit einem Aufpreis rechnen.

Tierfreunde kommen bei **Agroturizam Ograde** (☎ 693 035; www.agroturizam-ograde.hr; Katun Lindarski 60; 140 Kn pro Pers.), in dem kleinen Dorf Katun Lindarski, 10 km südlich von Pazin, voll auf ihre Kosten: Hier gibt es Pferde, Schafe, Hühner, Enten und Esel. Die Zimmer sind einfach, es gibt ein Gemeinschaftsbad. Das Essen, das in einer dunklen, kühlen *konoba* eingenommen wird, besteht aus frischem Gartengemüse, gepökeltem Fleisch und Wein aus dem Keller. Der Anbau hinter dem Haus vefügt über zwei Apartments und einen Pool.

Agroturizam San Mauro (☎ 779 033; Sv Mauro 157; 165 Kn pro Pers.), unweit der Hügelstadt Momjan, liegt 5 km von Buje entfernt. Das Anwesen hat sich auf Weinproben seiner preisgekrönten Weinsorten (40 KN) spezialisiert. Empfehlenswert sind die Trüffelgerichte (der süße *tartufone*-Kuchen ist einfach köstlich!), die hausgemachten Marmeladen, Honig und verschiedene Säfte, die man zum Frühstück probieren kann. Einige Zimmer vefügen über Terrassen mit Blick aufs Meer. Die beiden Schweine Jack und Gigi, die früher für die Trüffelsuche eingesetzt wurden, sind jetzt im Ruhestand.

Am oberen Ende der Preisskala befindet sich das Luxus-Boutique-Hotel **San Rocco** (☎ 725 000; www.san-rocco.hr; Srednja Ulica 2; DZ Nebensaison/Hochsaison 860–1000 Kn; P ⚙ 💻 🔲) in Brtonigla, einem kleinen Dorf bei Buje. Dieses wunderschön gestaltete Refugium hat zwölf elegante, ganz unterschiedlich ausgestattete Zimmer. Sie sind mit allem modernen Komfort versehen und originell eingerichtet. Das Hotel verfügt über einen Pool, ein erstklassiges Restaurant und einen kleinen Wellnessbereich.

Empfehlenswert ist auch das Dorfhotel **Casa Romantica Parenzana** (☎ 777 460; www.parenzana. com.hr; Volpia 3; EZ Nebensaison/Hochsaison 270–307 Kn, DZ 468–540 Kn; P 🔲) in Volpia, 3 km von Buje entfernt. Es hat 16 rustikal eingerichtete Zimmer und eine Konoba (dienstags geschl.), die für ihre istrischen Gerichte berühmt ist: unbedingt *čripnja* (Fleisch oder Fisch mit Kartoffeln, in einem gusseisernen Topf über offenem Feuer gekocht) probieren. Das Hotel bietet Internetzugang, einen Fahrradverleih (70 Kn pro Tag) und arrangiert auf Anfrage Ausflüge.

Zu den Spitzenhotels zählt auch das **Stancija 1904** bei Svetvinčenat; s. S. 196.

letzten Juniwoche veranstaltet die Stadt die **Jules-Verne-Tage.** Dem Schriftsteller ist es zu verdanken, dass die Stadt heute auf der Landesliste kultureller Sehenswürdigkeiten zu finden ist. Auf dem Programm stehen Wettläufe, Szenen aus seinem Roman Mathias Sandorf werden nachgestellt und Streifzüge auf den Spuren des Romanhelden unternommen.

Schlafen & Essen

Die Touristeninformation hilft bei der Vermittlung von Privatunterkünften, die Zimmerpreise sind meist angemessen. Pro Person ist mit 100 Kn für ein Zimmer zu rechnen.

Hotel Lovac (☎ /Fax 624 324; tisadoo@inet.hr; Šime Kurelića 4; EZ/DZ 240/420 Kn; P) Das einzige Ho-

tel befindet sich am Westrand der Stadt. Es wurde Ende der 1960er-Jahre erbaut, die Architektur ist nicht schlecht, die Zimmer sind jedoch verbesserungsfähig. Gäste sollten ein Zimmer mit Talblick verlangen. Das Essen im Hotelrestaurant ist akzeptabel – zumal es in Pazin keine anderen empfehlenswerten Restaurants gibt.

An- und Weiterreise

Vom **Busbahnhof** (☎ 624 364; Šetalište Pazinske Gimnazije) aus bestehen Verbindungen nach Motovun (27 Kn, 40 Minuten, 2-mal tgl.), nicht am Wochenende), Poreč (34 Kn, 45 Minuten, 7-mal tgl.), Pula (41 Kn, 1 Std., 6-mal tgl.), Rijeka (53 Kn, 1 Std., 9-mal tgl.), Rovinj (37 Kn,

1- 1½ Std., 5-mal tgl.) und Zagreb (170 bis 195 Kn, 3–4 Std., 10-mal tgl.). Am Wochenende fahren die Busse seltener. Täglich außer sonntags fährt auch ein Bus nach Triest (60–70 Kn, 2 Std.).

Vom **Bahnhof** in Pazin (☎ 624 310; Od Stareh Kostanji 3b) fahren Züge nach Buzet (20 Kn, 50 Minuten, 3-mal tgl.), nach Ljubljana (107 Kn, 3½-4 Std., 2-mal tgl.) und nach Divača, nach Pula (30 Kn, 1 Std., 9-mal tgl.) und nach Zagreb (111 bis 127 Kn, 5-8 Std., 3-mal tgl.). Wer nach Zagreb will, muss erst mit dem Bus von Lupoglav nach Rijeka fahren. Am Wochenende fahren die Züge seltener.

RUND UM PAZIN
Gračišće

Gračišće ist eine verschlafene, mittelalterliche Stadt und eines der bestgehüteten Geheimnisse Istriens. Sie liegt nur 7 km südöstlich von Pazin, ist von sanften Hügeln umgeben und wartet mit einigen bemerkenswerten alten Bauwerken auf, etwa dem venezianischgotischen **Salamon Palast** aus dem 15. Jh., der romanischen **Kirche St. Euphemia** und der **Marienkirche** von 1425.

Die meisten dieser Bauwerke wurden nicht restauriert (obwohl einige Arbeiten im Gange sind). Die Stadt ist winzig, und Besucher haben sie in einer halben Stunde durchquert. Die Atmosphäre hier ist wirklich einzigartig, zumal der Ort vom Tourismus noch weitgehend unberührt ist. Für Aktivurlauber gibt es einen 11,5 km langen **Wanderweg**, der hier startet und gut ausgeschildert ist.

Ein weiterer Grund für einen Besuch in Gračišće sind die hausgemachten istrischen Spezialitäten, die in der gemütlichen Taverne **Konoba Marino** (☎ 687 081; Gerichte ab 35 Kn; ☾ Mi geschl.) aufgetischt werden: riesige Portionen *fuži* mit Wild, *ombolo* (Schweinelende ohne Knochen) mit Kohl und verschiedene Trüffelgerichte. Derselbe freundliche Besitzer leitet auch das **Poli Luce** (☎ 687 081; Zi. pro Pers. 125 Kn, Frühstück 25 Kn P), ein liebevoll renoviertes Stadthaus mit hübschen rustikalen Zimmern.

BUZET
500 Ew.

Das beschauliche Buzet gehört vielleicht nicht zu den spannendsten Orten der Region, bietet jedoch eine gute Vorstellung vom zeitlosen Zauber des alten Istriens. Der Ort liegt 39 km nordöstlich von Poreč oberhalb des Flusses Mirna. Zunächst von den Römern besiedelt, erlangte Buzet erst unter venezianischer Herrschaft eine gewisse Bedeutung. Die Venezianer errichteten eine Stadtmauer, Tore und mehrere Kirchen. Mit ihren grauen Steingebäuden, die mittlerweile baufällig sind und nach und nach renoviert werden, und den nahezu menschenleeren, kopfsteingepflasterten Gassen (die meisten Bewohner Buzets sind schon vor längerer Zeit in den neuen, nicht besonders schönen Ortsteil am Fuße des Hügels umgesiedelt) ist die Altstadt ein ruhiger, stimmungsvoller Ort.

Lohnenswert ist ein Spaziergang durch das Gewirr der engen Straßen und Plätze. Darüber hinaus sollten Besucher unbedingt die köstlichen Trüffel probieren. Buzet hat sich selbst zur Trüffelstadt ernannt und nimmt diesen Titel auch sehr ernst. Der Ort ist Zentrum des Trüffelgebietes und zelebriert den berühmten Pilz auf unterschiedlichste Art und Weise, von Trüffelverkostungen in den ausgezeichneten Restaurants der Altstadt bis hin zu verschiedenen Trüffel-Aktivitäten. Am schönsten ist das **Festival von Subotina** am zweiten Samstag im September, dem Beginn der Trüffelsaison (die bis November dauert). Höhepunkt des Festivals ist die Zubereitung eines riesigen Trüffelomeletts aus über 2000 Eiern und 10 kg Trüffeln in einer 1000 Kilo-Pfanne.

Orientierung & Praktische Informationen

Die meisten Geschäfte befinden sich im neuen Stadtteil Fontana am Fuße der auf einem Hügel gelegenen Altstadt. Trg Fontana heißt der kleine Platz im Ortszentrum mit einigen Cafés und Geschäften. Wer motorisiert ist, muss sein Auto am Friedhof auf dem Hügel abstellen. Von dort sind es zu Fuß 10 Minuten zur Altstadt.

Die **Touristeninformation** (☎ /Fax 662 343; www.tz-buzet.hr; Trg Fontana 7/1; ☾ Mo–Fr 8–15, Sa 9–14 Uhr) vermittelt Unterkünfte und hält Karten und Broschüren bereit, die über Wein, Olivenöl, die Trüffelrouten der Region und über Freizeitmöglichkeiten wie Wandern oder Radfahren informieren. Bei der **Erste Banka** (Trg Fontana 8) steht ein Geldautomat.

Sehenswertes

Buzets Hauptattraktion ist das **Stadtmuseum** (Zavičajni Muzej Buzet; ☎ 662 792; Ulica Rašporskih Kapetana 5; Erw./Kind 10/5 Kn; ☾ Mo–Fr 11–15 Uhr, Sa & So nur nach Voranmeldung), das in einem Palast aus dem

17. Jh. untergebracht ist. Das Museum zeigt eine Sammlung prähistorischer und römischer Artefakte sowie volkskundliche Stücke wie Geräte zur Felbestellung und Trachten.

Ein paar Meter nördlich vom Museum erhebt sich auf einem Platz der filigrane barocke **Stadtbrunnen**, der 1789 restauriert wurde und den ein venezianisches Löwenrelief ziert. Weitere Sehenswürdigkeiten sind das **manieristische Portal** aus dem 17. Jh. und die **Pfarrkirche Sv. Marija** am Stadteingang.

Bei **Zigante Tartufi** (☎ 663 340; www.zigantetartufi. com; ☯ Juni–Aug. 9–21 Uhr) am Trg Fontana können sich die Besucher mit Trüffeln in sämtlichen Formen und Größen eindecken – ganze Trüffeln, in Scheiben geschnitten, püriert, Trüffeln mit Oliven oder Pilzen.

Wer gerne selbst auf Trüffelsuche gehen möchte, sollte sich mit der netten **Familie Karlić** (☎ 667 304; Paladini 14) in Verbindung setzen, die solche Touren organisiert. Zur Tour gehören eine Enführung über die Geschichte der Trüffeln, Käse- und Trüffelverkostungen sowie eine Trüffelsuche im Wald, die bis zu 2 Stunden dauern kann (pro Pers. 150 Kn).

Schlafen & Essen

In der Gegend um Buzet bieten mehrere Landhäuser Gästezimmer an (Preise ab 100 Kn pro Pers.). Die Touristeninformation nennt nähere Einzelheiten und Kontaktinformationen. In der Stadt gibt es nur ein Hotel.

Hotel Fontana (☎ 662 615; www.hotelfontanabuzet. com; Trg Fontana 1; EZ/DZ 280/400 Kn; P) Das Hotel ist ein Betonkasten aus den 1970er-Jahren. Die mit Teppich ausgelegten Räume haben schon bessere Zeiten erlebt. Zumindest verfügen mit Ausnahme von drei Zimmern alle über einen Balkon. Die rot-weiße Ausstattung lässt die Zimmer etwas freundlicher erscheinen.

Stara Oštarija (☎ 694 003; Petra Flega 5; Hauptgerichte ab 55 Kn ; ☯ Di geschl.) Das Restaurant in der Altstadt ist ideal für Trüffelliebhaber. Trüffelgerichte gibt es ab 130 Kn. Wer seinen Gaumen so richtig verwöhnen möchte, bestellt das 6-Gänge-Trüffelmenü (für 2 Pers. 645 Kn). Es gibt sogar Eiscreme mit Olivenöl und Trüffeln! Das Nobelrestaurant bietet außerdem einen schönen Blick auf das Tal.

An- und Weiterreise

Von Buzet bestehen Busverbindungen nach Poreč (41–69 Kn, 1½ Std., 2-mal tgl.), Rijeka (48 Kn, 1 Std., 5-mal tgl.) und Pula (60 Kn, 2 Std., 2-mal tgl.). In der Stadt gibt es keinen Busbahnhof, die Busse halten an der ersten Straßenlaterne auf der Riječka im Stadtteil Fontana; die Touristeninformation hat sämtliche Fahrpläne.

Die **Bahnstation** (☎ 662 899) ist 6 km vom Stadtzentrum entfernt. Leider gibt es keine öffentlichen Verkehrsmittel dorthin – das bedeutet: ein Taxi nehmen oder zu Fuß gehen. Von der Bahnstation aus fahren Züge nach Pula (47 Kn, 2 Std., 6-mal tgl.) und Ljubljana (88 Kn, 2½-3 Std., 2-mal tgl.). Am Wochenende verkehren die Züge seltener.

RUND UM BUZET

Die Landschaft südöstlich von Buzet mit ihren Hügeln, Wäldern, Weiden und Weinbergen ist äußerst reizvoll. Abseits von der Hauptstraße liegen zwei schöne Dörfer. Das kleine **Roč**, 8 km südöstlich von Buzet, schlummert, umgeben von Stadtmauern aus dem 15. Jh., vor sich hin. An der Biegung des Flusses steht die romanische **Antoniuskirche** (Crkva Svetog Antuna), neben der Kirche ein **Renaissancehaus** aus dem 15. Jh., und im Stadttor befindet sich ein **römisches Lapidarium**. Die **Touristeninformation** (☯ Ostern–Juni Sa & So 10–17 Uhr, Juli–Sept. Di–So 10–19 Uhr) waltet über die Schlüssel zu den Dorfkirchen.

Nur einmal im Jahr wird Roč aus seinem Schlaf gerissen. Das zweiten Maiwochenende findet das **Akkordeon-Festival** statt, das Akkordeonspieler aus Kroatien, Italien und Slowenien zusammenbringt.

In einem der Steinhäuser ist ein Restaurant untergebracht, das **Ročka Konoba** (☎ 666 451; Hauptgerichte ab 35 Kn; ☯ Mo geschl.). Egal, ob man sich drinnen am Kamin aufwärmt oder von den Tischen draußen den Ausblick auf das waldreiche Tal genießt: Serviert werden istrische Spezialitäten wie *fuži*, hausgemachte Würstchen und *maneštra*.

Außerhalb von Roč liegt die **Allee der Glagoliten**, eine Folge von elf Skulpturen, die die Straße säumen und an die Bedeutung der Stadt als Zentrum der glagolitischen Schrift erinnern. Die Allee endet 7 km weiter südwestlich in **Hum**, einem kleinen, wunderschön erhaltenen Ort, der nur 17 Einwohner hat und sich selbst als die „kleinste Stadt der Welt" bezeichnet. Der Legende zufolge hatten die Riesen, die Istrien errichteten, noch ein paar Steine übrig, mit denen sie Hum erbauten.

Im Sommer bevölkern Touristen die engen Straßen der kleinen, zauberhaften Stadt. Sie besuchen das **Stadtmuseum** (Gradski Muzej; ☎ 660

054; Eintritt frei; ☉ Juni–Sept 11–19, Okt.–Mai unregelmäßig geöffnet), in dem einige alte Werkzeuge ausgestellt sind, das jedoch hauptsächlich als Souvenir-Laden dient. In nur 30 Minuten hat man die Stadt durchwandert, deren Kirchen und Gebäude mit mehrsprachigen Informationstafeln versehen sind. Sollte das Stadttor geschlossen sein, einfach dagegen stoßen. Keinesfalls verpassen sollte man die Fresken in der romanischen **Hieronymus-Kapelle** (Crkvica Svetog Jerolima) aus dem 12. Jh., die in ungewöhnlich leuchtenden Farben das Leben Jesu darstellen. Die Kapelle, die sich außerhalb der Stadtmauer beim Friedhof befindet, ist verschlossen, aber im Dorflokal Humska Konoba wird der Schlüssel ausgehändigt.

Das Lokal **Humska Konoba** (☎ 660 005; Hum 2; Hauptgerichte 25–38 Kn; ☉ Nov–März Mo geschl.) ist unbedingt einen Besuch wert. Es serviert nicht nur erstklassige istrische Gerichte, sondern hat auch eine wunderschöne Terrasse mit fantastischem Rundblick. Als Aperitif empfiehlt sich ein Glas süße *biska* (weißer Mistelgrappa nach einem alten keltischen Rezept), anschließend die *manestra od bobića* (Suppe mit Bohnen und frischem Mais) und danach die *fuži* mit Trüffeln (70 Kn). Zum Abschluss einen weiteren Schluck *biska*. Und wer danach immer noch nicht genug hat, kann den Grappa, den die Restaurantbesitzer ausschenken, im Laden Imela Dorfende erstehen.

LP Tipp **Toklarija** (☎ 663 031; Sovinjsko Polje 11; 6-Gänge-Menü 500 Kn; ☉ Di geschl.). Das Restaurant, ein Muss für Gourmets, befindet sich in Sovinjsko Polje, einem kleinen Bergdorf unweit der Straße, die von Buzet nach Istarske Toplice führt (4 km der Beschilderung folgen). In einer wunderschönen, 600 Jahre alten umgebauten Ölmühle serviert der Inhaber Nevio Sirotić leckere hausgemachte istrische Gerichte. Die Gänge werden nacheinander ohne jede Eile serviert. Das Menü, das die Gäste bis zu vier Stunden beschäftigt hält, wechselt täglich. Es gibt luftgetrockneten istrischen Schinken, Steinpilzgerichte, Spargelsalat, Trüffel- und pikante Fleischgerichte. Sogar das Brot und die Nudeln sind hausgemacht; dazu werden lokale Weine wie *teran* und *malvazija* gereicht. Besonders schön speisen die Gäste im Schatten eines Zedernbaums oder in einer Ecke am Kamin. Es empfiehlt sich, ein paar Tage im Voraus zu reservieren.

Um die Gegend zu erkunden, ist unbedingt ein eigenes Auto erforderlich. Roč liegt an der Bahntrasse Pula–Buzet, die Bahnstation befindet sich 1500 m östlich vom Dorf. Hum liegt an derselben Bahnstrecke, hier ist die Bahnstation jedoch ganze 5 km vom Dorf entfernt.

MOTOVUN
590 Ew.

Das bezaubernde Städtchen Motovun thront auf einer 277 m hohen Bergkuppe oberhalb des Mirnatals. Von Poreč aus fährt man etwa 25 km Richtung Nordosten. Im 14. Jh. beschlossen die Venezianer, die Stadt zu befestigen, und errichteten zwei dicke Mauerreihen. Die romanischen und gotischen Häuser beherbergen heute eine Reihe von Künstlerateliers. Am Hang wurden neue Häuser gebaut, die sich jedoch gut in die Umgebung einfügen. Jeden Sommer findet in Motovun ein beliebtes Filmfestival statt.

Beim Betreten blickt den Besuchern vom Außentor finster ein venezianischer Löwe entgegen, dahinter folgt eine Terrasse mit Barockloggia und Tischen, die zu einem Café gehören, ein perfekter Platz, um den Sonnenuntergang zu beobachten. Ein etwas besser gelaunter Löwe schmückt das innere Tor, hinter dem ein Restaurant auf Gäste wartet. Auf ihrem weiteren Weg stoßen die Besucher auf einen schattigen Platz mit dem einzigen Hotel der Stadt, einen alten Brunnen und die Stefanskirche.

Orientierung & Praktische Informationen

Es gibt drei Parkplätze, einer liegt am Dorfende. Von dort führt ein 1 km langer steiler Weg zum Stadttor. Ein weiterer Parkplatz befindet sich 300 m von der Altstadt entfernt. Der dritte ist für Anwohner und Hotelgäste reserviert. Gäste, die nicht im Hotel wohnen, zahlen auf den ersten beiden Parkplätzen von Juni bis September eine Parkgebühr von 15 Kn pro Tag.

Da es in Motovun keine offizielle Touristeninformation gibt, hat das **Reisebüro** (☎ 681 607; Trg Andrea Antico 8; ☉ Mo–Fr 7.30–15.30 Uhr) im Hotel diese Aufgabe übernommen und stellt alle möglichen Informationen zur Verfügung. Direkt hinter dem Stadteingang auf der rechten Seite steht ein Geldautomat.

Auskunft erteilt auch **Montana Tours** (☎ 681 970; www.montonatours.com; Kanal 10; ☉ 16–19 Uhr). Die Mitarbeiter sind bei der Suche nach einer Unterkunft in Zentralistrien, Privatunterkünften sowie Ferien auf dem Bauernhof behilflich.

ISTRIEN

Sehenswertes & Aktivitäten

Das Highlight der Stadt ist die Renaissance-Kirche **St. Stefan** (Svetog Stjepana; Trg Andrea Antico). Sie wurde von dem venezianischen Künstler Andrea Palladio entworfen und wird zurzeit restauriert. An der inneren Mauer, die die Stadt umschließt, erhebt sich ein **Glockenturm** (Eintritt 5 Kn; ☺ 10–17 Uhr) aus dem 16. Jh. Von der Turmspitze bietet sich ein fantastischer Ausblick. Außerdem lohnt sich ein Rundgang entlang der äußeren Mauer mit schönem Blick auf die Weinberge, Felder und Eichenwälder im Tal. Vor dem Eingang zur Altstadt und innerhalb der Stadttore reihen sich einige Galerien und Geschäfte, darunter eine Weinhandlung, die Weinproben veranstaltet, und ein Zigante-Lebensmittelgeschäft.

Die **Motovun Ranch** (☎ 098 411 404; www.motovun-ranch.com) ganz in der Nähe bietet Reitstunden (50 Minuten 125 Kn), zweistündige Ausritte am Mirna (100 Kn) sowie mehrtägige Ausflüge ins Landesinneren.

Festivals & Events

Auf dem **Motovun Film Festival** (www.motovunfilm festival.com), das jedes Jahr Ende Juli/Anfang August stattfindet, liegt der Fokus auf Independent- und Avantgardefilmen. Seit den Anfängen vor zehn Jahren erfreut sich diese kleine Veranstaltung immer größerer Beliebtheit und zieht viele Besucher an. Rund um die Uhr gibt es Filme, Konzerte und Partys.

Schlafen & Essen

Hotel Kaštel (☎ 681 607; www.hotel-kastel-motovun.hr; Trg Andrea Antico 7; EZ Neben-/Hochsaison 308–352 Kn, DZ 506–594 Kn; ▣ ▣) Das einzige Hotel der Stadt ist in einem restaurierten Steingebäude untergebracht und hat 28 einfach eingerichtete Zimmer. Für einen Aufpreis von 100 Kn kann der Gast Zimmer 202 mieten, das einen Balkon mit Blick auf den schattigen Platz gewährt. Das Hotelrestaurant lockt mit leckeren Trüffelgerichten und istrischen Weinsorten. Zurzeit wird ein Wellness-Center gebaut.

Mondo (☎ 681 791; Barbacan 1; Hauptgerichte ab 55 Kn; ☺ Di geschl.) Diese kleine Taverne vor dem äußeren Stadttor, einst unter dem Namen Barbacan bekannt, hat ein wenig an Anziehungskraft eingebüßt. Die istrischen Gerichte sind jeoch nach wie vor von guter Qualität. Lecker ist die Polenta mit Käse und Trüffeln.

Pod Voltom (☎ 681 923; Trg Josefa Ressela 6; Hauptgerichte ab 55 Kn; ☺ Mi geschl.) Das rustikale Restaurant gleich unterhalb des Hotels ist in einem Gewölbe untergebracht. Es serviert einfache istrische Hausmannskost und teure Trüffelgerichte. Empfehlenswert ist das Steak Carpaccio mit frischen Trüffeln.

Restaurant Zigante (☎ 664 302; www.zigantetartufi.com; Livade 7, Livade; Hauptgerichte ab 160 Kn) Das Restaurant in dem kleinen Ort Livade, ein paar Kilometer von Motovun entfernt, zieht Feinschmecker von weither an. Es wurde wiederholt als eines der zehn besten Restaurants Kroatiens ausgezeichnet. Die mit fünf Sternen prämierte Küche ist vom Feinsten. Es gibt Sellerie- und schwarzen Trüffel-Cappuccino, Schweinefleisch mit schwarzen Trüffeln und sogar Tiramisu mit schwarzen Trüffeln. Ein Menü kostet zwischen 440 und 715 Kn. Das Restaurant vermietet auch Luxus-Zimmer, nebenan ist ein Laden.

An- & Weiterreise

Ohne eigenes Auto ist ein Besuch in Motovun nicht ganz einfach. An Wochentagen gibt es Busverbindungen von Pazin (27 Kn, 40 Minuten, 2-mal tgl.) und Poreč aus (29 Kn, 45 Minuten, 1-mal tgl.).

ISTARSKE TOPLICE

Istarske Toplice (www.istarske-toplice.hr) zählt zu Kroatiens ältesten und schönsten Thermalbädern, deren Heilkraft bereits die Römer kannten. Die Thermalbäder, zu denen ein Hotel – ein hässlicher Betonklotz – und ein neues Wellness-Center gehören, werden von einer 85 m hohen Klippe überragt und sind von üppigem Grün umgeben. Der Geruch nach faulen Eiern kommt von dem großen Außenpool, der einen hohen Schwefelgehalt und Temperaturen bis zu 34°C aufweist. Das Thermalwasser hilft bei Rheuma, Haut- und Atemwegserkrankungen. Gestresste Zeitgenossen können sich mit Akupunktur (125 Kn), Saunagängen (60 Kn), verschiedenen Massagen wie Aromatherapie (pro Stunde 300 Kn) und Hydromassage (30 Minuten 150 Kn) sowie Schönheitsbehandlungen (ab 40 Kn) verwöhnen lassen oder einfach nur im Pool herumplantschen (25 Kn).

Das kürzlich renovierte **Hotel Terme Mirna** (☎ 603 000; www.istarske-toplice.hr; Svetog Stjepana 60; EZ/DZ 290/500 Kn; ▣) hat zwar wenig Flair, dafür aber einige günstige All-inclusive-Angebote. Der angrenzende Wald lädt zum Wandern, Radfahren und Klettern ein. Es lassen sich außerdem schöne Ausflüge zu den in der Nähe gelegenen Dörfern unternehmen.

ISTRIEN

Zur Therme fahren keine öffentlichen Verkehrsmittel, mit dem Auto ist sie leicht zu erreichen. Nur 10 km von Motovun und 11 km von Buzet entfernt, liegt die Therme an der Hauptstraße zwischen den beiden Orten.

GROŽNJAN
193 Ew.

Bis Mitte der 1960er-Jahre war das 27 km nordöstlich von Poreč gelegene Grožnjan auf dem besten Weg, in Vergessenheit zu geraten. 1102 wurde das Bergdorf zum ersten Mal erwähnt. Im 14. Jh. war es eine strategisch wichtige Festung für die Venezianer. Sie schufen ein Befestigungssystem bestehend aus Stadtmauern und -toren und errichteten eine Loggia, eine Kornkammer und mehrere hübsche Kirchen. Nach dem Zusammenbruch des venezianischen Reiches im 18. Jh. nahm Grožnjans Bedeutung rapide ab.

1965 entdeckten der Bildhauer Aleksandar Rukavina und eine kleine Gruppe anderer Künstler den Charme des verfallenen, mittelalterlichen Dörfleins und richteten in den verlassenen Häusern ihre Ateliers ein. Grožnjan erwachte zu neuem Leben, u. a. wurde es ein Standort von Jeunesses Musicales International zur Ausbildung junger Musiker.

1969 wurde in Grožnjan die Sommermusikschule Jeunesses Musicales Croatia ins Leben gerufen, die seitdem regen Zulauf hat. Jedes Jahr werden hier Kurse in den Bereichen Musik, Orchester, Ballett und Gesang abgehalten, den Sommer über finden Musikveranstaltungen statt, auf denen die jungen Künstler das Gelernte präsentieren und zu Gehör bringen. Beim Bummel durch die vielen Kunsthandwerksläden und Galerien kann man den Musikern oft beim Üben zuhören.

Orientierung & Praktische Informationen

Das kleine Dorf besteht aus einem Wirrwarr verschlungener Gassen und grüner Plätze. In der Nähe des Dorfzentrums befindet sich die **Touristeninformation** (☎ 776 349; www.tz-groznjan.hr; Umberta Gorjana 3; ☺ Mo–Fr 8–16 Uhr), die eine Liste mit Privatunterkünften im und in der Nähe des Dorfes sowie einen kleinen Plan mit den Galerien am Ort bereithält.

Sehenswertes & Aktivitäten

Die im Renaissancestil erbaute **Loggia** erhebt sich gleich rechts neben dem Stadttor bei der Touristeninformation. Auf dem weiteren Weg folgt rechterhand das barocke Palais Spinotti Morteani mit einer Veranda. Auf dieser stehen einige Tische, die zum Laden **Zigante Tartufi** (☎ 721 998; www.zigantetartufi.com; Umberta Gorjana 5) gehören. Nebenan ist eine Weinbar. Auf der rechten Seite liegt das **Kaštel**, in dem Konzerte stattfinden. Das Dorf wird vom gelben Glockenturm der Pfarrkirche **St. Vitus, St. Modest & St. Crescentia** überragt, die im 14. Jh. erbaut und 1770 barock umgestaltet wurde.

Über das Dorf verteilen sich mehr als 30 Galerien und Ateliers, die meisten haben von Mai bis September täglich geöffnet. Die **City Gallery Fonticus** (Gradska Galerija Fonticus; ☎ 776 349; www.gallery-fonticus-groznjan.net; Trg Lože 3; ☺ Di–So 10–13 & 17–20 Uhr) zeigt neuere Werke kroatischer und internationaler Künstler sowie eine kleine Ausstellung zur Heraldik.

Festivals & Events

Im Sommer finden Konzerte statt, die vom **Internationalen Kulturzentrum der Jeunesses Musicales Croatia** (☎ 776 223; www.hgm.hr, auf Kroatisch) organisiert werden. Die Konzerte sind umsonst und können ohne vorherige Reservierung besucht werden. Sie werden normalerweise in der Kirche, auf dem Hauptplatz, in der Loggia oder im Kaštel abgehalten.

Schlafen & Essen

In Grožnjan gibt es keine Hotels. Die Touristeninformation vermittelt Privatzimmer, die etwa 100 Kn pro Person kosten.

Bastia (☎ 776 370; 1 Svibnja 1; Hauptgerichte ab 45 Kn) Das älteste Restaurant der Stadt liegt am begrünten Hauptplatz. Die Einrichtung ist hell und fröhlich, die Speisekarte umfangreich; der Schwerpunkt liegt auf Trüffelgerichten.

Café Vero (Trg Cornera 3) Die Café-Bar liegt am Dorfende. Wer auf der Terrasse an den Holztischen Platz nimmt, hat einen herrlichen Ausblick auf das Tal.

An- und Weiterreise

Busse nach Grožnjan verkehren nur während der Schulzeiten. Ende Juni bis Anfang September, wenn die meisten Kinder Ferien haben, gibt es keine direkten Busverbindungen. Wer von Motovun aus mit dem Auto fährt, sollte nicht die erste ausgeschilderte Abzweigung nach Grožnjan nehmen, da die Straße nicht gepflastert ist und die Fahrt daher viel länger dauert. Einfach auf der Straße einen Kilometer weiterfahren bis zum nächsten Schild, das erneut nach Grožnjan weist.

ISTRIEN

Norddalmatien

Norddalmatien besteht aus den Regionen rund um Zadar und Šibenik, es ist ein ideales Reiseziel für alle, die Neues entdecken und den Teil der Küste erleben wollen, der vom Tourismus noch wenig überschwemmt ist. Zu den Geheimtipps gehören die Inseln Pag und Dugi Otok, wo sogar noch während der Hochsaison einsame Stellen zu finden sind. Im faszinierenden Krka Nationalpark bahnt sich der Fluss Krka mit vielen Wasserfällen seinen Weg durch die Karstfelsen, bis er ins Meer mündet. Ein echtes Robinsongefühl bieten die abgelegenen einsamen Inseln der Kornaten. An beiden Orten – Krka Nationalpark und Kornaten – lässt es sich wunderbar schwimmen und wandern. Auch die beiden bedeutendsten Nationalparks Kroatiens liegen in Norddalmatien. Der Paklenica Nationalpark gewährt optimale Bedingungen zum Wandern und Klettern, die Seen und Wasserfälle des Nationalparks Plitwitzer Seen sind ein Paradies für alle, die Wasser lieben.

Wer den Trubel der Stadt bevorzugt, findet in der lebhaften Küstenstadt Zadar alles, was das Herz begehrt: Museen, römische Ruinen, ausgezeichnete Restaurants und ein pulsierendes Nachtleben. Hierher kommen wenige Touristen, sodass die Stadt noch sehr unverfälscht wirkt. Ganz in der Nähe liegt Šibenik, das mit seinem Renaissance-Stadtzentrum, interessanten neuen Museen und tollen Restaurants lockt und die Melancholie der Nachkriegszeit ganz und gar abgeworfen hat.

Norddalmatien präsentiert sich als spannende Mischung aus Natur, Strandleben und interessanten Städten, die jeden Reisenden begeistern wird und zahllose Möglichkeiten bietet, den Urlaub nach eigenen Vorstellungen zu gestalten.

HIGHLIGHTS

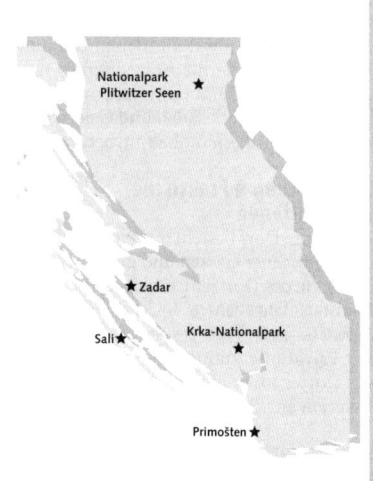

- **Zadar** (S. 205), eine der schönsten und am meisten unterschätzten Küstenstädte Kroatiens, entdecken
- Den Nachtclub **Garden** (S. 214), mit Sicherheit eine der fantastischsten Partylocations, in Zadar besuchen
- Einem Orgelkonzert auf der faszinierenden **Meeresorgel** (S. 209) in Zadar lauschen
- In **Sali** (S. 224) auf der Insel Dugi Otok ins Meer abtauchen
- Sich auf eine feuchte Wanderung durch den **Nationalpark Plitwitzer Seen** (S. 215) begeben oder ein Bad in einem See im **Krka Nationalpark** (S. 235) nehmen
- Das Dorf **Primošten** (s. Kasten S. 234) mit seinen Stränden aufsuchen

VORWAHLEN: 022, 023

REGION ZADAR

Die Gegend rund um Zadar zeigt dem Reisenden eine andere Facette von Kroatien. Die Stadt selbst ist wunderschön. Hinzu kommen die faszinierenden Nationalparks von Plitvice und Paklenica und die großartige Insel Ugljan.

ZADAR

☎ 023 / 69 200 Ew.

Niemand kann erklären, warum Zadar, das antike Zara und größte Stadt Norddalmatiens, von den Touristen so wenig Beachtung erfährt. Bietet es doch eine hübsche, kleine, autofreie Altstadt, die noch den römischen Straßenverlauf aufweist, mit sehenswerten

NORDDALMATIEN

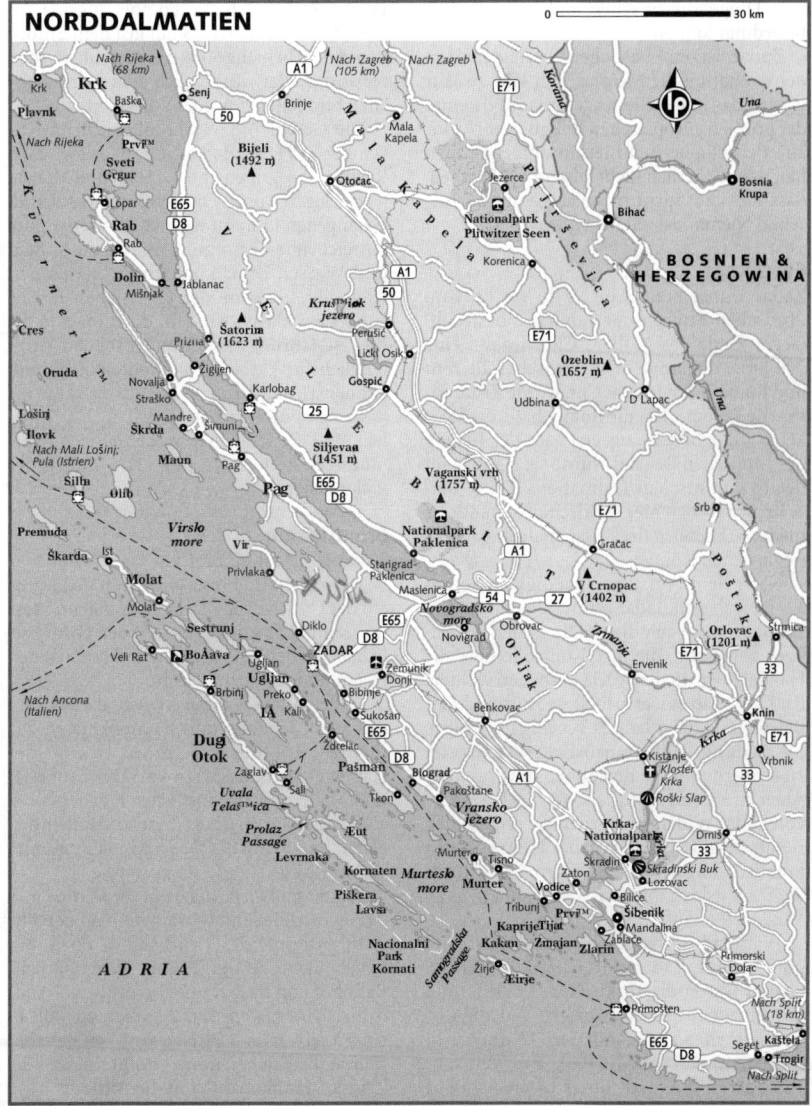

römischen Ruinen und mittelalterlichen Kirchen. Seine Nachtclubs, Bars und Festivals mit internationalen Stars haben ihm den Beinamen „city of cool" eingebracht. Auch das lebhafte Straßenleben, einer der schönsten Märkte Dalmatiens, die vielen Cafés und das gute Essen sollten die Gäste anziehen. Und nicht zuletzt so ungewöhnliche Attraktionen wie die Meeresorgel und der Gruß an die Sonne – Dinge, die zu sehen und zu hören sich unbedingt lohnen.

Zadar ist ein besuchenswertes Ziel an der dalmatinischen Küste. Von Jahr zu Jahr wächst das kulturelle Angebot, und da einer der größten europäischen Billigflieger (Ryanair) den Flugbetrieb hierhin aufgenommen hat, ist es sicherlich nicht falsch zu behaupten, dass die Stadt nicht mehr lange im touristischen Niemandsland liegen wird.

Geschichte

Zadar wurde bereits im 9. Jh. v. Chr. vom illyrischen Stamm der Liburner besiedelt. Gegen Ende des 3. Jh. v. Chr. begann eine 200 Jahre dauernde Fehde zwischen Illyrern und Römern. Im 1. Jh. v. Chr. wurde Zadar römische Kolonie. Für die Römer hatte die Stadt keine große Bedeutung; erst nach der Teilung des römischen Reiches wurde sie Hauptstadt des byzantinischen Dalmatiens. Im 6. und 7. Jh. ließen sich hier slawische Einwanderer nieder, schließlich fiel Zadar an die kroatisch-ungarischen Könige.

Nach dem Aufstieg Venedigs Mitte des 12. Jhs. sah sich Zadar während der nächsten 200 Jahre dem ständigen Druck der Venezianer ausgesetzt, die ihre Kontrolle über die Handelswege in der Adria ausbauen wollten. Im 12. Jh. gab es vier erfolglose Aufstände der Bewohner, 1202 gelang es Venedig schließlich, die Stadt mit Hilfe französischer Kreuzritter zu erobern und die Bewohner zu vertreiben. Auch im 13. und 14. Jh. leisteten die Bewohner von Zadar Widerstand gegen die ungeliebten Besatzer und erhielten dabei Hilfe von den kroatisch-ungarischen Königen. 1409 wurde die Stadt jedoch mit dem Rest Dalmatiens an Venedig verkauft.

Während der venezianischen Herrschaft ging es mit Zadar wirtschaftlich bergab. Grund waren die türkischen Angriffe und der anhaltende Krieg zwischen Venedig und den Türken. So entstanden im 16. Jh. wuchtige Stadtmauern. Mit dem Fall Venedigs 1797 geriet die Stadt unter österreichische

Herrschaft. Die Österreicher setzten noch mehr Italiener in der Verwaltung der Stadt ein, deren Aristokratie bereits stark italianisiert war. Der italienische Einfluss hielt sich bis weit ins 20. Jh., zumal Zadar nicht zum Königreich von Serbien, Kroatien und Slowenien gehörte, sondern eine italienische Provinz blieb. Als Italien 1943 vor den Alliierten kapitulierte, wurde die Stadt von den Deutschen besetzt. Die Bombenangriffe der Alliierten machten die Stadt fast dem Erdboden gleich: beinahe 60 % der Altstadt wurden zerstört. Zadar wurde nach dem ursprünglichen Straßenplan wieder aufgebaut.

Die Geschichte wiederholte sich im November 1991, als Zadar von jugoslawischen Raketen angegriffen und die Stadt drei Monate lang belagert wurde. Die Bewohner wurden zu Gefangenen in ihren eigenen Häusern, ohne ausreichende Versorgung mit Lebensmitteln und Wasser. Zwar konnten die serbischen Angreifer 1993 von der kroatischen Armee zurückgeschlagen werden, doch machte die Kriegserfahrung die Bewohner seitdem empfänglich für Parolen von Nationalisten und Fahnenschwenkern.

Kriegsspuren sucht man jedoch vergeblich, und die schmalen, verkehrsfreien, marmorgepflasterten Gassen Zadars sind wieder voller Leben.

Orientierung

Zadar liegt auf einer 4 km langen und nur 500 m breiten Halbinsel, die den Hafen Jazine auf der Ostseite vom Zadarski Kanal im Westen trennt. Die Altstadt nimmt den nordwestlichen Teil der Halbinsel ein und umfasst den Hafen und die Jazine-Bucht.

In der Altstadt drängen sich alle Museen der Stadt, Kirchen und Baudenkmäler. Die meisten Reisebüros befinden sich an der Hauptgeschäftsstraße Široka. Die Jadrolinija-Boote halten am nordöstlichen Kai, der durch eine Fußgängerbrücke (diese führt über den Hafen Jazine) mit der Obala Kneza Branimira verbunden ist.

Weiter im Nordosten liegt die Marina und daran anschließend (etwa 3 km von der Altstadt entfernt) der Touristenort Borik mit einer Jugendherberge und vielen Hotels. Bahnhof und Busbahnhof befinden sich südöstlich von Hafen und Altstadt, zu Fuß in einer Viertelstunde erreichbar. Vom Bahnhof führen die Kralja Dmitra Zvonimira und die Zrinsko-Frankopanska in die Altstadt.

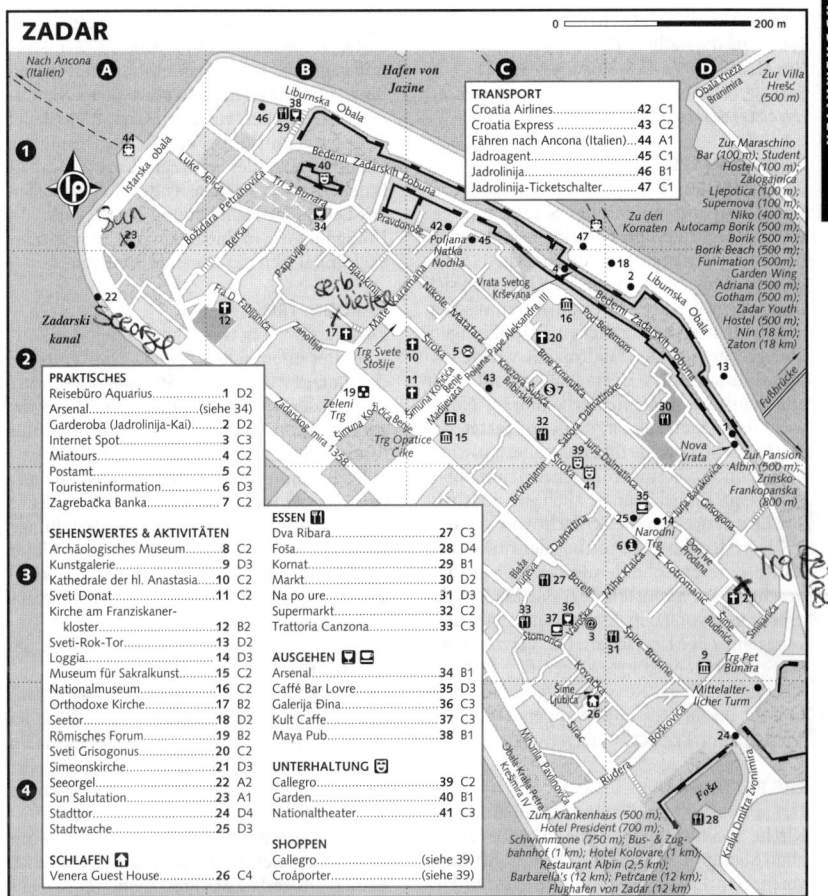

ZADAR

0 ——————— 200 m

TRANSPORT
Croatia Airlines.................42 C1
Croatia Express.................43 C2
Fähren nach Ancona (Italien)...44 A1
Jadroagent.......................45 C1
Jadrolinija.......................46 B1
Jadrolinija-Ticketschalter......47 C1

Zur Villa
Hrešć
(500 m)

Zur Maraschino
Bar (400 m); Student
Hostel (100 m);
Zaloga jnica
Lijepotica (100 m);
Supernova (100 m);
Niko (400 m);
Autocamp Borik (500 m);
Borik (500 m);
Borik Beach (500 m);
Funimation (500m);
Garden Wing
Adriana (500 m);
Gotham (500 m);
Zadar Youth
Hostel (500 m);
Nin (18 km);
Zaton (18 km)

Zur Pansion
Albin (800 m);
Zrinsko-
Frankopanska
(800 m)

Mittelalter-
licher Turm

Zum Krankenhaus (500 m);
Hotel President (700 m);
Schwimmzone (750 m); Bus- & Zug-
bahnhof (1 km); Hotel Kolovare (1 km);
Restaurant Albin (2,5 km);
Barbarella's (12 km); Petrčane (12 km);
Flughafen von Zadar (12 km)

PRAKTISCHES
Reisebüro Aquarius.................1 D2
Arsenal.............................(siehe 34)
Garderoba (Jadrolinija-Kai).........2 D2
Internet Spot.......................3 C3
Miatours.............................4 C2
Postamt.............................5 C2
Touristeninformation...............6 D3
Zagrebačka Banka...................7 C2

SEHENSWERTES & AKTIVITÄTEN
Archäologisches Museum.........8 C2
Kunstgalerie.......................9 D3
Kathedrale der hl. Anastasia....10 C2
Sveti Donat........................11 C2
Kirche am Franziskaner-
    kloster.........................12 B2
Sveti-Rok-Tor.....................13 D2
Loggia.............................14 C2
Museum für Sakralkunst.........15 C2
Nationalmuseum...................16 C2
Orthodoxe Kirche.................17 B2
Seetor.............................18 D2
Römisches Forum.................19 B2
Sveti Grisogonus.................20 C2
Simeonskirche.....................21 D3
Seeorgel...........................22 A2
Sun Salutation.....................23 A1
Stadttor...........................24 D4
Stadtwache........................25 D3

SCHLAFEN
Venera Guest House..............26 C4

ESSEN
Dva Ribara........................27 C3
Foša..............................28 D4
Kornat.............................29 B1
Markt.............................30 D2
Na po ure.........................31 D3
Supermarkt........................32 C2
Trattoria Canzona................33 C3

AUSGEHEN
Arsenal...........................34 B1
Caffé Bar Lovre...................35 D3
Galerija Đina......................36 C3
Kult Caffe.........................37 C3
Maya Pub.........................38 B1

UNTERHALTUNG
Callegro..........................39 C2
Garden...........................40 B1
Nationaltheater..................41 C3

SHOPPEN
Callegro.........................(siehe 39)
Croáporter......................(siehe 39)

Praktische Informationen

GELD
Reisebüros tauschen auch Geld um. Zudem gibt es eine Wechselstube und einen Geldautomaten am Busbahnhof. In der Stadt stehen viele Geldautomaten, etwa in der **Zagrebačka Banka** (Knezova Šubića Bribirskih 4). Hier kann man auch Währungen tauschen.

GEPÄCKAUFBEWAHRUNG
Garderoba (Tag 15 Kn) Busbahnhof (Mo–Fr 6 bis 22 Uhr); Jadrolinija Station (Mo–Fr 7–20, Sa 7–15 Uhr); Bahnhof (24 Std.)

INTERNETZUGANG
Arsenal (253 833; www.arsenalzadar.com; Trg Tri Bunara 1; Std. 30 Kn) Internetcafé am „Platz der drei Brunnen"

Internet Spot (Varoška 3; Std. 30 Kn)

MEDIZINISCHE VERSORGUNG
Krankenhaus (315 677; Bože Peričića 5) In Notfällen nach der *bolcina* fragen.

POST
Postamt (Poljana Pape Aleksandra III; Mo–Sa 8–19, So 8–14 Uhr) Hier kann man auch telefonieren.

REISEBÜROS
Aquarius Travel Agency (/Fax 212 919; www. juresko.hr; Nova Vrata bb; 8–19 Uhr) Vermittelt Unterkunft und Ausflüge.

Miatours (/Fax 212 788; www.miatours.hr; Vrata Svetog Krševana; Mo–Sa 8–19 Uhr) Organisiert Unterkunft und Ausflüge.

TOURISTENINFORMATION
Touristeninformation (☎ 316 166; www.tzzadar.hr;
Mihe Klaića 5; ☺ Mo–Sa 8–20 Uhr, Juni–Sept. So
8–13 Uhr, Okt.–Mai Mo–Sa 8–18 Uhr) Hauptinformation.
Hier gibt es den kostenlosen *Zadar City Guide*.

Sehenswertes
STADTMAUER
Ein Rundgang entlang der Stadtmauer gewährt einen guten Einblick in die Geschichte
der Stadt. Man beginnt an der östlichen Mauer
nahe der Fußgängerbrücke. Hier befinden sich
die einzigen Überreste der antiken römischen
und frühen mittelalterlichen Befestigungen.
Der größte Teil der Stadtmauer wurde unter venezianischer Herrschaft gebaut. Vier
alte Stadttore sind noch erhalten: im Nordwesten das **Sveti-Rok-Tor**, dann das **Seetor**, das
1573 errichtet wurde und den venezianischen
Löwen und Teile eines römischen Triumphbo-
gens zeigt. Eingelassen ist auch eine Inschrift
zur Erinnerung an die Schlacht von Lepanto
1571, in der die Österreicher der türkischen
Flotte eine entscheidende Niederlage bei-
brachten. Im Südosten liegt das **Landtor,** das
prächtigste von allen. Es entstand 1543 unter
venezianischer Herrschaft. Die Verzierungen
im Stil der Renaissance zeigen den Heiligen
Krževan hoch zu Ross, den venezianischen
Löwen, Inschriften und Wappen. Das vierte
Tor liegt am Trg Pet Bunara.

TRG PET BUNARA
Der „Platz der Fünf Brunnen" liegt hinter der
Kirche St. Simeon und wurde 1574 über einem
alten Stadtgraben angelegt. Die fünf Brunnen
versorgten Zadar bis 1838 mit Wasser. Der
kleinere Bruder **Trg Tri Bunara** (Drei-Brunnen-Platz)
liegt am anderen Ende der Stadt beim Arsenal
(S. 214). Das renovierte Lagerhaus war viele
Jahre verwahrlost, bis es in ein Kulturzen-
trum mit Bar, Restaurant, Geschäften (Musik,
Lebensmittel, Wein) und einer Touristenin-
formation umgewandelt wurde. Außerdem
gibt es eine Bühne für Theateraufführungen,
Konzerte und jede Art von Vorführungen.
Direkt um die Ecke befindet sich die Garden
Bar mit Club (S. 215), die diese Gegend zum
Trendviertel macht.

SIMEONSKIRCHE
Die **Simeonskirche** (Crkva Svetog Šime; ☎ 211 705; Trg
Šime Budinica; ☺ Juni–Sept. 8–12 & 18–20 Uhr) wurde
im 16. und 17. Jh. an der Stelle einer früheren Kirche errichtet. Der Sarkophag des hl.

Simeon ist ein Meisterwerk mittelalterlicher
Goldschmiedekunst. Er wurde 1377 in Auftrag gegeben, ist aus Zedernholz gefertigt und
innen und außen mit fein gearbeiteten vergoldeten Silberreliefs verziert. Das mittlere Relief
zeigt Jesus im Tempel und ist eine Kopie des
Giotto-Freskos der Scrovegni-Kapelle (Capel-
la dell' Arena) in Padua. Andere Reliefs stellen
das Leben der Heiligen und den Besuch von
König Ludovic in Zadar dar. Auf dem Sargdeckel findet sich der liegende Simeon.

NARODNI TRG
Der Narodni Trg war schon immer das Zentrum des öffentlichen Lebens. Die Westseite
des Platzes wird von der **Stadtwache,** die 1562
im Stil der Spätrenaissance erbaut wurde,
beherrscht. Der Uhrturm wurde 1798 unter
österreichischer Herrschaft errichtet. Öffentliche Bekanntmachungen und Urteile wurden von der **Loggia** auf der anderen Seite des
Platzes verkündet. Hier finden heutzutage
Ausstellungen statt. Einige hundert Meter
nordwestlich des Narodni Trg steht die **orthodoxe Kirche**, dahinter schließt sich ein kleines
serbisches Viertel an.

KATHEDRALE DER HL. ANASTASIA
Die romanische **Kathedrale der hl. Anastasia** (Katedrala Svete Stošije; ☎ 251 708; Trg Svete Stošije) befindet
sich unweit der Donatuskirche. Sie wurde im
12. und 13. Jh. an der Stelle einer älteren Kirche erbaut. Hinter der reich verzierten Fassade
verbirgt sich ein beeindruckender dreischiffi-
ger Innenraum. Die Seitenkapellen sind mit
Wandmalereien aus dem 13. Jh. geschmückt.
Bemerkenswert ist das Fresko eines Torbogens
in der südlichen Apsis, das als Modell für die
Türrahmen des Haupteingangs diente. In der
linken Apsis befindet sich auf dem Altar ein
Marmorsarg mit den sterblichen Überresten
der hl. Anastasia, den Bischof Donat im 9. Jh.
hat anfertigen lassen. Im Presbyterium steht
ein aufwendig geschnitztes Chorgestühl des
venezianischen Künstlers Matej Morozon aus
dem 15. Jh. Im Zweiten Weltkrieg wurde die
Kathedrale stark beschädigt, ist aber seitdem
wieder aufgebaut worden.

CRKVA SVETOG DONAT &
RÖMISCHE RUINEN
Die wichtigsten Sehenswürdigkeiten liegen
alle in der Nähe der als Rundbau angelegten
Kirche **Svetog Donata** (☎ 250 516; Šimuna Kožičića
Benje; Eintritt 10 Kn; ☺ März–Okt. 9.30–14, 16–18 Uhr),

einem der eindrucksvollsten Sakralbauten Dalmatiens. Die Kirche aus dem frühen 9. Jh. wurde nach Bischof Donat benannt, der den Bau im frühbyzantinischen Stil errichten ließ. Der ungewöhnliche runde Grundriss ist vor allem an der Südfassade gut zu erkennen, denn hier fehlt der Anbau. Die Kirche wurde über dem **Römischen Forum** erbaut, das zwischen dem 1. Jh. v. Chr. und dem 3. Jh. nach Chr. entstand. Erhalten geblieben sind nur einige wenige architektonische Fragmente, darunter zwei komplette Säulen, die in die Kirche integriert wurden. Der Boden der Kirche wurde entfernt, sodass man heute die Felsplatten des antiken Forums erkennen kann. Beachtenswert sind die lateinischen Inschriften auf den Überresten der römischen Opferaltäre.

Vor der Kirche steht an der Nordwestfassade eine römische Säule. Sie wurde im Mittelalter als Pranger genutzt, an den so mancher Übeltäter angekettet und öffentlich bestraft oder erniedrigt wurde. An der Westfassade der Kirche findet man weitere römische Spuren, darunter Säulen mit Reliefbildern von Göttern und mythischen Figuren, u. a. Jupiter, Amon und Medusa. Darunter erkennt man die Reste eines Altars aus dem 1. Jh. v. Chr., der bei heidnischen Zeremonien mit Blutopfern benutzt wurde. Wahrscheinlich stand hier ein Tempel, der Jupiter, Juno und Minerva geweiht war.

ARCHÄOLOGISCHES MUSEUM

Das **Archäologische Museum** (Arheološki Muzej; ☎ 250 516; Trg Opatice Čike 1; ◔ Mo–Fr 9–13 & 17–19, Sa 9 bis 13 Uhr) war zur Zeit der Drucklegung wegen Renovierungsarbeiten geschlossen. Es zeigt Keramikfragmente aus der Jungsteinzeit, Bronzeschwerter, Schmuck und Keramik aus der Zeit der Liburner, ein Stadtmodell von Zadar aus römischer Zeit und Statuen der Kaiser Tiberius und Augustus.

MUSEUM FÜR KIRCHENKUNST

Das **Museum für Kirchenkunst** (☎ 211 545; Trg Opatice Čike bb; Erw./Stud. 20/10 Kn; ◔ Mo–Sa 10–12.30, 17 bis 20.30, So 10–12.30 Uhr) im Benediktinerkloster gegenüber der Kirche Sveti Donat zeigt eine beeindruckende Ausstellung mit Reliquien und religiösen Gemälden. Neben dem Goldschmiedearbeiten ist dort das Madonnengemälde aus dem 14. Jh. in der ersten Ausstellungshalle besonders sehenswert. Eine Madonna taucht auch im zweiten Saal auf, wo zwei der bedeutendsten Kunstwerke – eine Marmors-

kulptur und ein Gemälde von Paolo Veneziani – das gleiche Motiv zeigen. Im ersten Stock sind Skulpturen und Stickereien des 15. und 16. Jhs. ausgestellt, außerdem sechs Gemälde des venezianischen Meisters der Historiendarstellung, Vittore Carpaccio, aus dem 15. Jh.

GRISOGONUSKIRCHE

Diese sehenswerte **Kirche** (Crkva Svetog Krš6evana; Brne Krnarutića; ◔ nur während der Messe) war ursprünglich Teil eines Benediktinerklosters aus dem 12. Jh., das 1944 durch einen Bombenangriff der Alliierten zerstört wurde. Der barocke Altar wurde 1701 errichtet. An der Nordwand und in der nördlichen Apsis befinden sich byzantinische Fresken; in der südlichen Apsis sind die Fresken leider nur sehr schlecht erhalten.

NATIONALMUSEUM & KUNSTMUSEUM

Das **Nationalmuseum** (Narodni Muzej; ☎ 251 851; Poljana Pape Aleksandra III; Eintritt 10 Kn; ◔ Mo–Fr 9–13, Mi auch 17–19 Uhr) im Benediktinerkloster der Grisogonuskirche ist ein ausgezeichnetes historisches Museum. Es zeigt Stadtmodelle aus unterschiedlichen Epochen sowie alte Gemälde und Stiche vieler Küstenstädte. Die Eintrittskarte berechtigt auch zum Besuch des **Kunstmuseums** (☎ 211 174; Smiljanića; ◔ Mo–Fr 9–12 & 17–20, Sa 9–13 Uhr), das wechselnde Ausstellungen einheimischer Künstler präsentiert.

FRANZISKANERKLOSTER & KIRCHE

Die **Kirche** am **Franziskanerkloster** (Samostan Svetog Frane; ☎ 250 468; Zadarskog mira 1358; Eintritt frei; ◔ 7.30–12 & 16.30–18 Uhr) ist die älteste gotische Kirche Dalmatiens. Sie wurde 1280 geweiht. Im Kircheninneren finden sich Stilelemente der Renaissance, etwa in der hübschen Antoniuskapelle mit einem Holzkruzifix aus dem 15. Jh. In der Sakristei erinnert eine Gedenktafel an ein einschneidendes Ereignis in der Geschichte Zadars: den Vertrag von 1358, in dem Venedig Dalmatien an den kroatisch-ungarischen König Ludovic abtrat. Sehenswert ist auch das große, im romanischen Stil bemalte Kruzifix in der Schatzkammer hinter der Sakristei.

MEERESORGEL & GRUSS AN DIE SONNE

Zadars fantastische und weltweit einzige **Meeresorgel** (Morske Orgulje) wurde vom einheimischen Architekten Nikola Bašić entworfen. Sie gehört zu den beeindruckendsten Sehenswürdigkeiten Kroatiens. In den löchrigen

EINE BOOTSTOUR AUF DER STRASSE DER ERINNERUNGEN *Vesna Marić*

Zwischen den beiden Häfen Zadars verkehren seit 850 Jahren kleine Holzboote. Durch den Bau der Fußgängerbrücke droht dieses traditionelle Verkehrsmittel jedoch an Bedeutung zu verlieren. Die Bootsführer – sie werden *barkarioli* genannt – geben ihre Arbeit jedoch nicht so einfach auf. Müssen sie auch nicht, denn die Boote sind immer noch ein beliebtes Transportmittel der Einheimischen. Die Fahrt dauert nicht lange – nur ein paar Minuten für die etwa 80 m – sie ist günstig (4 Kn) und allemal besser als der miefige Bus. Und außerdem sehr romantisch.

Der 70-Jährige Karlo Sindičić ist sein ganzes Leben lang *barkariolo* gewesen. Er ist braungebrannt, trägt eine Pilotenbrille und einen kleinen schwarzen Seemannshut. Ich frage ihn, ob er mir von seinem Job erzählen würde, und er nickt, als er mir ins schaukelnde Boot hilft. Ich lege meine vier Kuna zu den anderen Münzen, und wir warten auf weitere Passagiere, damit Karlo losfahren kann und hoffentlich zu erzählen beginnt. Er sieht fast wie ein Rockstar aus mit seiner grün getönten Brille. Dann setzt er an: „Ich bin schon von allen großen Medienkonzernen interviewt worden. CNN waren die Ersten, noch zu jugoslawischen Zeiten. Das war überhaupt ihr erster Bericht über Zadar, und ich war dabei. Ich und eine Nonne." Ich bin beeindruckt und frage ihn, ob es eine Zukunft für die Barkarioli gibt. „Oh ja," sagt er, „es gibt zwei junge Männer, die diesen Sommer damit anfangen." Was braucht man, um ein Barkariolo zu werden? „Man muss mindestens eine Fremdsprache beherrschen," sagt er. „Ich spreche vier. Es gibt auch Ausländer, die mit den Booten fahren und mit denen muss man ja reden können." Auf meine Frage, ob noch viele Leute die Boote benutzen, antwortet er: „Die Leute mögen´s immer noch, auch wenn es nicht mehr so beliebt ist wie in meiner Jugend. Heute fährt jeder mit dem Auto." Wir kommen am anderen Ufer an.

Als ich aussteige, frischt der Wind auf. Ich frage Karlo, ob er bei jedem Wetter fährt. Er antwortet, dass die Boote bei Sturm oder Regen im Hafen bleiben. „Es ist zu riskant; wir wollen doch nicht, dass die Passagiere über Bord gehen. Außerdem würden wir auch zu nass werden. Aber im Sommer arbeiten wir bis Mitternacht; beim Glanz der Sterne ist es wunderbar. Im Winter machen wir abends um sechs Feierabend. Aber gleich welche Jahreszeit – bei ruhiger See sind wir jeden Morgen um sechs hier!" sagt er, setzt sich wieder und greift zu den Rudern. Ich danke Karlo und sehe ihm zu, wie er zur anderen Seite des Hafens rudert. Und ich habe das Gefühl, in längst vergangene Zeiten eingetaucht zu sein.

Steinstufen, die zum Meer führen, befindet sich ein Orgelsystem mit Flöten und Pfeifen. Durch die Bewegung des Meeres wird Luft nach oben durch die Pfeifen gedrückt, und es entstehen klagende Töne – ein einzigartiges, faszinierendes Erlebnis. Die „Musik" ist besonders laut, wenn ein Boot vorüber fährt. Wer von den Stufen aus zum Schwimmen ins Meer geht, kann dabei den Klängen der Seeorgel lauschen.

Direkt daneben befindet sich der **Gruß an die Sonne** (Pozdrav Suncu), eine weitere wunderbare Konstruktion von Bašić. In den Boden wurde ein 22 m großer Kreis eingelassen, dessen 300 mehrschichtige Glassplatten das Sonnenlicht während des Tages auffangen. Sie produzieren von Sonnenuntergang bis Sonnenaufgang, begleitet vom Rhythmus der Wellen und den Klängen der Meeresorgel, eine effektvolles Lichtshow, die das Sonnensystem simulieren soll. Dank der vielen sonnigen Tage in Kroaten sammelt der Gruß an die Sonne so viel Energie, dass damit die gesamte Beleuchtung der Seepromenade betrieben werden kann.

Aktivitäten

Die schönste Möglichkeit, von der Altstadt aufs Festland zu gelangen, ist eine Fahrt über das Meer. Die kleinen Holzboote werden von den Barkarioli (s. Kasten oben) gesteuert und führen eine alte Tradition Zadars fort.

An der Küstenpromenade Kralja Dmitra Zvonimira gibt es einen **Badebereich** mit Sprungbrettern, einem kleinen Park und einem Café. Die Promenade wird von Pinien und Grünanlagen gesäumt und führt zu einem Strand vor dem Hotel Kolovare. Von dort aus geht sich noch ungefähr einen Kilometer am Meer entlang.

Bei **Supernova** (☎ 311 010; Obala Kneza Branimira 2a; ⌚ Mo–Fr 8.30–12.30 & 16.30–19.30, Sa 8.30–13 Uhr) lassen sich Fahrräder leihen und Zadar oder eine der Inseln sowie die Nationalparks mit dem Rad erkunden.

Geführte Touren

Alle Reisebüros im Ort bieten Informationen über Ausflüge in die Telašćica Bucht (S. 225) und zu den wunderschönen Kornaten (S. 237). Die Touren schließen Mittagessen und Bademöglichkeit im Meer oder einem Salzsee ein. Die organisierten Ausflüge lohnen sich unbedingt, stellen sie doch quasi die einzige Möglichkeit dar, diesen 101 kargen, unbewohnten Inseln und Klippen einen Besuch abzustatten. Empfehlenswerte Veranstalter sind **Aquarius Travel Agency** (☎ /Fax 212 919; www. juresko.hr; Nova Vrata bb; ⏱ 8–19 Uhr) oder **Miatours** (☎ /Fax 212 788; www.miatours.hr; Vrata Svetog Krševana; ⏱ Mo–Sa 8–19 Uhr). Interessierte können auch direkt zu den Ausflugsbooten an der Liburnska Obala gehen.

Von Zadar aus sind Ausflüge zu den Nationalparks Paklenica (S. 219), Krka (S. 235) und Plitwitzer Seen (S. 215) möglich.

Festivals & Events

Der Zeitraum von Juli bis Mitte August ist ideal für einen Besuch in Zadar. Das Theaterfestival **Zadar-Träume** (Zadar Snova; www.zadarsnova.hr) verwandelt alle Parks und Plätze in eine Bühne. Zwischen dem 7. und 14. August bestimmt avantgardistisches Theater das Programm.

Das **Garten Festival** (www.thegardenzadar.com) findet seit 2006 im nahe gelegenen Petrčane statt. Es gehört inzwischen zu einem der beliebtesten Tanzmusik-Festivals in Kroatien. Die Website betont, dass „Qualität wichtiger ist als große Namen". Das Festival findet vom 4. bis 6. Juli im Nachtclub Barbarella's (S. 214) statt. Wer gerade nicht tanzt, kann schwimmen, sonnenbaden oder einfach im Schatten der Pinien sitzen.

Ein absolutes Highlight ist das **Vollmond-Festival** in der Vollmondnacht im August. Der Hafen wird mit Fackeln und Kerzen beleuchtet, kleine Buden locken mit einheimischen Spezialitäten, und die Boote im Hafen werden zu schwimmenden Fischmärkten.

Weitere Events sind u.a. die **Musikalischen Abende** (Juli) in der Kirche des hl. Donat und das **Chorfestival** (Oktober).

Schlafen

In der Stadt gibt es nur eine kleine Pension und einige Privatzimmer. Die Mehrzahl der Besucher fahren mit dem Puntamika-Bus (alle 40 Min. ab dem Busbahnhof) in die Ferienanlage Borik. Dort gibt es verschiedene Hotels, eine Jugendherberge, einen Zeltplatz

und viele Schilder mit der Aufschrift *sobe* (Zimmer frei). Die meisten Hotels in Borik richten sich an Pauschaltouristen, vor allem Familien, die insbesondere in der familienfreundlichen All–Inclusive-Anlage Funimation (s. S. 212) übernachten. Dort gibt es einen Wasserpark, Tennisplätze und vieles mehr. Die meisten Anlagen werden von der österreichischen **Falkensteiner Gruppe** (www. falkensteiner.com) verwaltet.

Die auf S. 207 genannten Reisebüros vermitteln auch Privatunterkünfte. Meist bezahlt man etwa 150/200 Kn pro Person für ein Zimmer mit Gemeinschafts- oder eigenem Bad. In der Altstadt selbst ist das Angebot gering, in Borik findet man dafür etliche gute Zimmer. Übrigens: Weder am Bahnhof noch am Busbahnhof und Flugplatz stehen Frauen, die Zimmer anbieten.

BUDGETUNTERKÜNFTE

Autocamp Borik (☎ 332 074; Erw. Neben-/Hochsaison 36–53 Kn, Stellplatz 90–135 Kn; ⏱ Mai–Okt.) Der Campingplatz liegt unter Pinien und befindet sich dicht am Strand. Die Einrichtungen sind in Ordnung. Wer nahe der Stadt logieren möchte, ist hier besser aufgehoben als am Campingplatz Zaton.

Zaton (☎ 280 280; www.zaton.hr; Nin; Erw. Neben-/ Hochsaison 36–68 Kn; ⏱ Mai–Sept.) Die riesige Campinganlage an einem Sandstrand in Nin, 16 km nordwestlich von Zadar, bietet Platz für 5000 Personen. Leider ist das Gelände wenig abwechslungsreich und eintönig gestaltet, doch entschädigen die erstklassigen Einrichtungen. Es gibt auch Ferienwohnungen und Mobilehomes zu mieten. Vom Busbahnhof in Zadar fahren täglich acht Busse mit dem Ziel „Zaton" ab (am Wochenende weniger), diese halten im Ort, ungefähr 1 km vom Campingplatz entfernt.

Jugendherberge Zadar (☎ 331 145; zadar@hfhs.hr; Obala Kneza Trpimira 76; pro Pers. 13 €; 🖳) Eine gute Adresse für Rucksacktouristen. Die Zimmer sind einfach, aber sauber, einige haben jedoch knarrende Holzdielen. Die meisten wurden 2006 renoviert und sind ziemlich modern. Das Personal ist freundlich und spricht mehrere Sprachen. Der Strand von Borik liegt nur wenige Minuten entfernt. Für 5 Kn kann man 15 Minuten im Internet surfen.

Studentenwohnheim (☎ 224 840; Obala Kneza Branimira bb; B 103 Kn; ⏱ Juli & Aug.) Das Studentenwohnheim wird im Juli und August als Jugendherberge genutzt. Die Lage ist super –

NORDDALMATIEN

nur über die Fußgängerbrücke und ein kurzer Fußmarsch zu den Fähren und zur Altstadt. Allerdings sind die Rezeptionszeiten eingeschränkt. Die Dreibettzimmer sind sauber, aber ein bisschen trostlos.

MITTELKLASSEHOTELS

Venera Guest House (☎ 214 098; www.hotel-venera-zd.hr; Šime Ljubića 4a; DZ Neben-/Hochsaison 300–450 Kn) Venera – auch als Jović Guest House bekannt – ist die einzige Unterkunft im Stadtzentrum. Zwar sind die Zimmer winzig, haben überdimensionierte Schränke und keine Nummern an der Tür, doch sind sie alle mit Bad, und die Betten sind so gut wie die Stimmung. Das Frühstück kostet ein paar Kuna extra. Das Hotel lässt sich auch über das Reisebüro Aquarius (S. 207) buchen.

Pansion Albin (☎ 331 137; www.albin.hr; Put Dikla 47; EZ Neben-/Hochsaison 324–390 Kn, DZ 432–580 Kn; P X 🕮) In der freundlichen, familiengeführten Pension fühlen sich die Gäste sofort wohl. Alle Zimmer sind unterschiedlich gestaltet, einige haben Balkon. Es gibt einen kleinen Pool im Garten, das Restaurant ist gut. Und der Strand ist nur 15 Minuten zu Fuß entfernt. Eine gute Wahl.

LP Tipp Villa Hrešč (☎ 337 570; www.villa-hresc. hr; Obala Kneza Trpimira 28; EZ Neben-/Hochsaison 550 bis 650 Kn, DZ 750–850 Kn; P X 🕮) Direkt am Wasser befindet sich das schönste Mittelklassehotel Zadars, untergebracht in einem fröhlichen rosafarbenen Gebäude. Die schicken Zimmer strahlen in Pastelltönen, die Betten laden zum Träumen ein, und vom Pool lässt sich die Sicht auf die Altstadt genießen. Die Suiten sind ihr Geld wert, manche haben riesige Terrassen. Die Altstadt von Zadar ist gut zu Fuß erreichbar.

Funimation (☎ 206 100; www.falkensteiner.com; Majstora Radovana 7; EZ Neben-/Hochsaison 77–177 €, DZ 112–234 €; X 🕮) Wer all die Dampfbäder, Saunen und Pools dieses großen Hotels ausprobiert, wird hinterher wahrscheinlich Schwimmhäute haben – hinzu kommen noch 16 verschiedene Räume für Thalassoanwendungen mit Meerwasser, Schlick, Algen und Sand. Das Hotel ist ganzjährig geöffnet, bietet aber im Sommer am meisten. Dann ist auch „Falky Land" geöffnet, das die kleinen Gäste mit allerlei Kinderattraktionen unterhält. Außerdem gibt es Tennis, Volleyball, Windsurfen und Spiele am Pool. Funimation ist das ideale Familienhotel für Kinder und ihre (erschöpften) Eltern.

SPITZENKLASSEHOTELS

Hotel Kolovare (☎ 203 200; www.hotel-kolovare-zadar. t-com.hr; Bože Peričića 14; EZ Neben-/Hochsaison 550–750 Kn, DZ 760–1200 Kn; P 🕮) Kolovare ist ein Koloss aus sozialistischen Zeiten mit 230 langweiligen, aber komfortablen Zimmern, Swimmingpool und Fitnessraum. Das renovierte Haus liegt am Strand, nur 20 Minuten Fußweg von der Stadt entfernt und dicht am Bahnhof und Busbahnhof.

Hotel President (☎ 333 464; www.hotel-president.hr; Vladana Desnice 16; Zi. pro Pers. Neben-/Hochsaison 125–400 €; P X 🕮) Das exklusivste und beste Hotel der Stadt zieht mit seiner gediegenen Einrichtung elegantes Publikum an. Das Hotelrestaurant Vivaldi ist mit Partituren aus den „vier Jahreszeiten" geschmückt. Das Haus liegt dicht am Strand, alle Zimmer haben Balkon.

LP Tipp Garden Wing Adriana (☎ 206 637; www. falkensteiner.com; Majstora Radovana 7; EZ Neben-/Hochsaison 144–204 €, DZ 216–312 €; ☾ Mitte Mai–Okt.; P X 🕮) Alle Zimmer in dieser herrlich restaurierten Villa aus dem 19. Jh. sind Juniorsuiten. Das Hotel hieß früher Adriana Select, liegt in Borik und bietet erstklassige Erholung. Weiße Möbel, Rattan und Duftkerzen schmücken die Zimmer. Jede Art von Wellnessbehandlungen steht zur Auswahl. Und natürlich gibt es einen Pool, vier Tennisplätze und einen gepflegten Strand hinter einem üppigen Garten. Die Angestellten sind zuvorkommend und unaufdringlich.

Essen

Zalogajnica Ljepotica (☎ 311 288; Obala Kneza Branimira 4b; Hauptgerichte ab 35 Kn) Das billigste Restaurant im Ort ist absolut lohnend. Der Chef, der ein bisschen an die Akteure in einem Kaurismäki-Film erinnert, serviert täglich drei bis vier Gerichte zu unschlagbaren Preisen. Alles ist frisch gekocht und lecker – meistens gibt es Tintenfischrisotto, Nudeln mit Tomaten und Meeresfrüchten und irgendein Fleischgericht.

Trattoria Canzona (☎ 212 081; Stomorića 8; Hauptgerichte 40 Kn) Hübsche kleine Trattoria in der Altstadt mit karierten Tischdecken und netter Bedienung. Auch viele Einheimische kommen hierher und lassen sich die Tagesgerichte schmecken. Besonders lecker ist die *pastičada* (Rinderschmorbraten in Wein mit Backpflaumen und Gewürzen), dazu gibt es Gnocchi und einen knackigen grünen Salat.

Na po ure (☎ 312 004; Špire Brusine 8; Gerichte ab 40 Kn) Vom Hai bis zur Sardine – alles, was

MARASCHINO? WAS IST DAS?

Auf Maraschino wird in Zadar jeder stoßen, und auch die schöne Brennerei – ein Wahrzeichen der Stadt – ist nicht zu übersehen. Maraschino ist ein süffiges Getränk, das nach Meinung der Einheimischen einfach jeder probieren muss.

Die Geschichte des Maraschino beginnt mit der dalmatinischen Sauerkirsche (*maraska*), die ursprünglich – so wird zumindest behauptet – aus der Gegend des Kaspischen Meeres stammt. Die *maraska* gilt als süßer, fleischiger und nährstoffreicher im Vergleich zu den anderen einheimischen Sorten und wächst besonders gut entlang der Adria. Der daraus hergestellte Likör wurde ursprünglich als Medizin verwendet, und Dominikanermönche füllten das Getränk im 16. Jh. erstmalig in Flaschen ab. Maraschino wurde jedoch bald so beliebt, dass er bereits während der nächsten zwei Jahrhunderte kommerziell hergestellt wurde.

Die eigentliche Revolution passierte aber im 18. Jh. nach dem Zusammenbruch der Republik Venedig. Zara (Zadar) wurde die Hauptstadt Dalmatiens. Die Österreicher übernahmen die Macht und brachten Gesandte aus ganz Europa nach Zadar, darunter auch den sardischen Konsul Girolamo Luxardo, der mit seiner Frau den Maraska-Likör probierte. Luxardos Frau war derart begeistert, dass sie die Zusammensetzung des Likörs noch weiter perfektionierte. Ihr Rezept war so erfolgreich, dass die beiden 1821 die erste Luxardo-Brennerei gründeten – das berühmte Maraschino-Gebäude. Die dritte Generation der Familie errichtete eine moderne Brennerei, das alte Gebäude gegenüber der Altstadt wurde zu Büroräumen umgebaut.

Unter der Herrschaft Titos wurde das Unternehmen verstaatlicht, und der Nachfolger der Familie Luxardo verlegte das Geschäft ins italienische Veneto. Heute ist das Unternehmen wieder in Privatbesitz und einer der größten Arbeitgeber der Region. Trotz der Rückschläge, die die Produktion während des letzten Krieges einstecken musste, blühen bereits wieder Hunderttausende von Kirschbäumen in Zemunik nahe des Flughafens von Zadar, und der Maraschino schmeckt besser als je zuvor.

schwimmt, wird in dieser schlichten *konobu* (einfaches Familienrestaurant) auf den Grill gelegt und dann mit Kartoffeln und frischem Gemüse serviert. Es gibt auch eine gute Pašticada.

Dva Ribara (☎ 213 445; Blaža Jurjeva 1; Hauptgerichte ab 40 Kn) Auch wenn das Lokal jetzt neu und cool gestylt ist – die traditionelle Speisekarte blieb unverändert. Die beliebte Pizza kommt direkt aus dem Holzofen, es gibt viele Speisen mit Fleisch und einige Nudel- und Fischgerichte. Auch die Weinkarte ist gut und das Personal freundlich.

Restaurant Albin (☎ 331 137; www.albin.hr; Put Dikla 47; Hauptgerichte 40–100 Kn) Die Einheimischen fahren meist nur zum Essen nach Borik. Zu den beliebtesten Restaurants gehört dieses Fischrestaurant in der Pansion Albin an der Straße nach Borik. Besonders schön ist die große Terrasse.

Niko (☎ 337 888; www.hotel-niko.hr; Obala Kneza Domagoja 9; Hauptgerichte ab 60 Kn) Das Niko ist eine Institution in Zadar. Es wird wegen des frischen Fischs (gegrillt und mit aromatischem Olivenöl beträufelt), der umfangreichen Weinkarte und seiner Nudel- und Meeresfrüchtegerichte geliebt. Von der großen Terrasse hat man einen tollen Blick aufs Meer. Das Niko liegt in Puntamika auf der Halbinsel Borik.

LP Tipp **Kornat** (☎ 254 501; Liburnska Obala 6; Hauptgerichte ab 70 Kn) Das Kornat ist zweifellos Zadars Spitzenrestaurant: Die Einrichtung ist schick, der Service ausgezeichnet und das Essen umwerfend. Es gibt getrüffelten Seeteufel, Tintenfisch- und Lachsrisotto und alle Arten frischen Fisch, der mit einfachsten Zutaten zur absoluten Köstlichkeit wird (pro Kilo 350 Kn). Der Hauswein Babić ist fantastisch. Und man sollte unbedingt noch Platz für ein Dessert lassen – zum Beispiel für den Käsekuchen mit Pistazien und Karamell.

LP Tipp **Foša** (☎ 314 421; Kralja Dmitra Zvonimira 2; Hauptgerichte ab 80 Kn) Vom Foša blicken die Gäste direkt auf den kleinen gleichnamigen Kanal an der Stadtmauer, in dem der frische Fisch noch kurz vor der Zubereitung geschwommen ist. Besonders schön sitzt man auf der kleinen Terrasse. Die Einrichtung ist schlicht, aber elegant, der Service aufmerksam. Eine gute Wahl.

SELBSTVERSORGER

Der **Markt** von Zadar (☼ 6–15 Uhr) gehört zu den besten Kroatiens. Selbstversorger bekommen

NORDDALMATIEN

hier einheimische Erzeugnisse zu günstigen Preisen. Im Frühling und Frühsommer ist wilder Spargel im Angebot, im Sommer gibt es saftige Wassermelonen, Gurken, leckere Tomaten und Berge von scharfen Peperoni. Überall kann gehandelt werden.

Natürlich findet man auch Käse aus Pag (nach *Paški sir* fragen/etwa 80 Kn pro 500 g) und frische Meeresfrüchte auf dem Fischmarkt. Ein Besuch lohnt sich auch dann, wenn man nicht selber kocht.

Es gibt auch einen **Supermarkt** (cnr Široka & Sabora Dalmatinske) mit langen Öffnungszeiten.

Ausgehen

Von Straßencafés bis zu coolen Bars reichen Zadars Ausgehadressen, die im Sommer stets gut besucht sind. Wer abends unterwegs ist, sollte unbedingt Maraschino, den allgegenwärtigen einheimischen Kirschlikör (s. Kasten S. 213), probieren.

LP Tipp **Arsenal** (☎ 253 833; www.arsenalzadar.com; Trg Tri Bunara 1) Das alte, umgebaute Lagerhaus beherbergt nun ein Kulturzentrum. Es verfügt über eine große Halle, die wahlweise als Bar/Restaurant, oder manchmal als Konzertsaal dient und als kleine Bühne für Shows und Livemusik genutzt wird. Dazu kommen Geschäfte, sodass den ganzen Tag Betrieb herrscht. Hier kann man gut frühstücken.

Galerija Đina (Varoška 2) Galerija Đina befindet sich im Stadtzentrum und ist ein schicker Laden für schicke Leute. Hier trinkt man Cocktails und hört Elektromusik. Guter Platz, um den Abend beginnen zu lassen.

Kult Caffe (Stomorića 4) Im Kult Caffe trifft sich ein junges Publikum und hört Musik von Hip-Hop bis Rock'n'Roll. Das Lokal hat auch eine schattige Terrasse.

Maya Pub (☎ 251 716; Liburnska Obala 6) Netter Ort zum Entspannen mit ruhiger Hintergrundmusik und hippiemäßigem Dekor. Unter den Augen einer beeindruckende Shivastatue agieren der DJ oder die Musiker auf der Bühne. Auf der Getränkekarte stehen Guinness und Kilkenny Bier.

Maraschino Bar (☎ 211 250; Obala Kneza Branimira 6) Die ziemlich neue Bar am Sporthafen ist etwa 100 m von der Fußgängerbrücke zur Altstadt entfernt und bietet einen tollen Blick aufs Meer. Die Einrichtung ist im Retrostil, das Publikum, wenn es gut geht, fröhlich und der Service freundlich. Auf der Terrasse können die Gäste zum Frühstück Croissants und Kaffee in der Sonne genießen.

Caffé Bar Lovre (☎ 212 678; Narodni Trg 1) Das nette kleine Café hat eine riesige Terrasse zur Narodni Trg (die Grenzen zu den Nachbarcafés sind fließend). Direkt dahinter erheben sich die Reste der Kirche St. Lovre aus dem 12. Jh., die man nach einem Kaffee besichtigen kann. Croissants und Gebäck geben die nötige Stärkung vor oder nach dem Sightseeing.

Unterhaltung
NACHTCLUBS

LP Tipp **Garden** (☎ 450 907; www.thegardenzadar.com; Bedemi Zadarskih Pobuna; ✆ Ende Mai–Okt.) Einer der Gründe, warum Kroatiens Jugend von Zadar in den höchsten Tönen schwärmt, ist sicherlich das pulsierende Nachtleben Der angesagteste Club der Stadt ist das Garden. Eigentümer und Geschäftsführer sind der Produzent von UB40 Nick Colgan und der Drummer James Brown, die hier in Zadar hängengeblieben sind. Sie erstanden den ummauerten Garten, installierten ein super Soundsystem und luden ihre DJ-Freunde ein. Ihr neuestes Projekt ist das Barbarella's, eine lautere Schwester des Garden. Im Garden lassen sich die Tage ganz entspannt auf Liegen im Freien genießen, erst abends geht die Post ab. Ein absolutes Muss, wenn man in Zadar ist.

LP Tipp **Barbarella's** (☎ 450 907; www.thegardenzadar.com; Punta Radman Put 8, Petrčane) Der Club wurde erst im Mai 2008 eröffnet und dient als Schauplatz für das Garden Festival im Juli (S. 211) und den ganzen Sommer über als Strandclub. Das Gebäude stammt aus den 1970er Jahren und wurde sorgfältig im Retro-Stil renoviert. Hinzu kommen ein tolles Soundsystem, Strandbars und viel Platz zum Feiern. Die Argonauten-Bootpartys während des Festivals sind in Windeseile ausverkauft. Nebenan gibt es ein Hotel, falls man länger bleiben möchte.

Gotham (☎ 200 289; Marka Oreškovića 1; ✆ Mo geschl.) Go-Go-Tänzer, tropische Themenabende und Partys im Stil der 1970er locken ein junges Publikum in diesen Club.

THEATER & KINO

Nationaltheater (☎ 314 552; Široka; ✆ Mo–Fr 9 bis 17 Uhr) Am Ticketschalter werden Karten für die draußen bereits plakatierten Vorstellungen verkauft.

Callegro (☎ 204 900; www.callegro.com; Široka 18; Tickets 20–25 Kn) Ein ganz neues Kinozentrum mit drei Vorführräumen. Kinofans können für wenig Geld die neuesten Kassenschlager aus Hollywood sehen. Das Callego ist auch ein Programmkino. Die Filme werden im Original mit kroatischen Untertiteln vorgeführt.

Shoppen

Das Einkaufszentrum Callegro (s. S. 215) bietet Outlets von Lacoste, Calvin Klein und Ralph Lauren. Es beherbergt auch ein Geschäft von **Croáporter** (www.cro-a-porter.hr), das junge kroatische Designer fördert. Im Erdgeschoss befindet sich ein Café mit Tischen an der Široka-Straße.

An- & Weiterreise

BUS

Croatia Express (☎ 250 502; croatiae@zd.t-com.hr; Široka 14) verkauft Tickets nach Zagreb, Split und Triest (Italien),außerdem in viele deutsche Städte.

Der **Busbahnhof** (☎ 211 035; www.liburnija-zadar.hr, auf Kroatisch) liegt 10 Minuten Fußweg von der Innenstadt entfernt. Von hier fahren Busse nach Zagreb (100–140 Kn, 3½–7 Std., 20-mal tgl.), Rijeka (145 Kn, 5 Std., 6-mal tgl.), Split (100 Kn, 3 Std., 8-mal tgl.) und Dubrovnik (170–210 Kn, 8 Std., 7-mal tgl.).

FÄHRE

Das Büro von **Jadrolinija** (☎ 254 800; Liburnska Obala 7) am Hafen verkauft Tickets für alle lokalen Fähren, das Gleiche gilt für den Jadrolinija-Ticketschalter am Jadrolinija Fähranleger. Internationale Fahrkarten gibt es bei **Jadroagent** (☎ 211 447; jadroagent-zadar@zd.t-com.hr; Poljana Natka Nodila 4) gleich innerhalb der Stadtmauer.

Informationen über Fährverbindungen nach Italien siehe S. 341.

FLUGZEUG

Der Flughafen von Zadar liegt 12 km östlich der Innenstadt. Busse von Croatia Airlines stehen für alle ankommenden Fluggäste bereit (20 Kn). Ein Taxi kostet ungefähr 175 Kn.

Croatia Airlines (☎ 250 101; www.croatiaairlines.hr; Poljana Natka Nodila 7; ☺ Mo-Fr 8-16 Uhr, Sa 9-12 Uhr) fliegt täglich nach Zagreb, von dort gibt es internationale Anschlussflüge.

ZUG

Der **Bahnhof** (☎ 212 555; www.hznet.hr; Ante Starčevića 3) befindet sich direkt neben dem Busbahnhof. Es gibt täglich fünf Verbindungen mit Zagreb – zwei Schnellzüge (150 Kn, 7 Std.) und drei Lokalzüge (134 Kn, 9¾ Std.) mit Umsteigen in Knin . Der Bus nach Zagreb ist schneller.

Unterwegs vor Ort

Vom Busbahnhof verkehren regelmäßig Busse zum Hafen und nach Borik. Busse mit der Fahrtrichtung „Poluotok" fahren zum Hafen, Busse mit der Aufschrift „Puntamika" (5) nach Borik. Fahrscheine kosten 6 Kn, man kauft sie am Kiosk oder beim Fahrer.

RUND UM ZADAR

Ugljan

☎ 023

Die Insel Ugljan ist von Zadar aus bequem mit der Fähre erreichbar und bei Einheimischen ein beliebtes Ausflugsziel. Viele in Zadar Arbeitende leben auf der Insel. Die 50 km² große Insel ist dicht bewohnt, insgesamt leben hier 7500 Menschen. An den Sommerwochenenden kann es durch die vielen Besucher voll werden. Auf der Insel stehen einige Wälder, größtenteils dominiert aber Macchia. Es gibt Kiefernhaine und Kulturland mit Gemüsegärten, Ölbäumen und Weinbergen. Die Ostküste ist am stärksten zersiedelt und bietet die beste Infrastruktur der Insel, der Westen ist immer noch ziemlich unberührt.

Der Inselhafen mit zwei kleinen Hafenbecken und einem Fähranleger heißt **Preko** und liegt direkt gegenüber von Zadar. Hier gibt es zwar einen Stadtstrand, aber den besseren Strand findet man auf der winzigen Insel **Galovac**, nur 80 m vom Stadtzentrum entfernt. Galovac ist sehr klein, dafür ungemein schön und bewaldet; außerdem steht hier ein Franziskanerkloster aus dem 15. Jh. Wer mit einem Mietwagen unterwegs ist, kann auch das **Dorf Ugljan** an einer zerklüfteten Bucht mit Sandstrand, das Fischerdorf **Kali** und die mit Kiefern und Zypressen bewachsene Insel **Ošljak** besuchen.

Zwischen Zadar und Preko pendeln ganzjährig zwischen 5.30 und 23 Uhr **Jadrolinija**-Fähren (www.jadrolinija.hr) im Stundentakt (17 Kn, 25 Min.).

NATIONALPARK PLITWITZER SEEN

☎ 053

Der Nacionalni Park Plitvička Jezera liegt genau auf halbem Wege zwischen Zagreb und Zadar. Das 19,5 ha große Schutzgebiet umfasst eine hügelige Waldlandschaft mit 16 türkisfarbenen Seen, die durch Wasserfälle und Kaskaden miteinander verbunden sind. Holzbrücken mit einer Gesamtlänge von 18 km leiten die Besucher von See zu See, über Flüsse und unter oder dicht am herabstürzenden

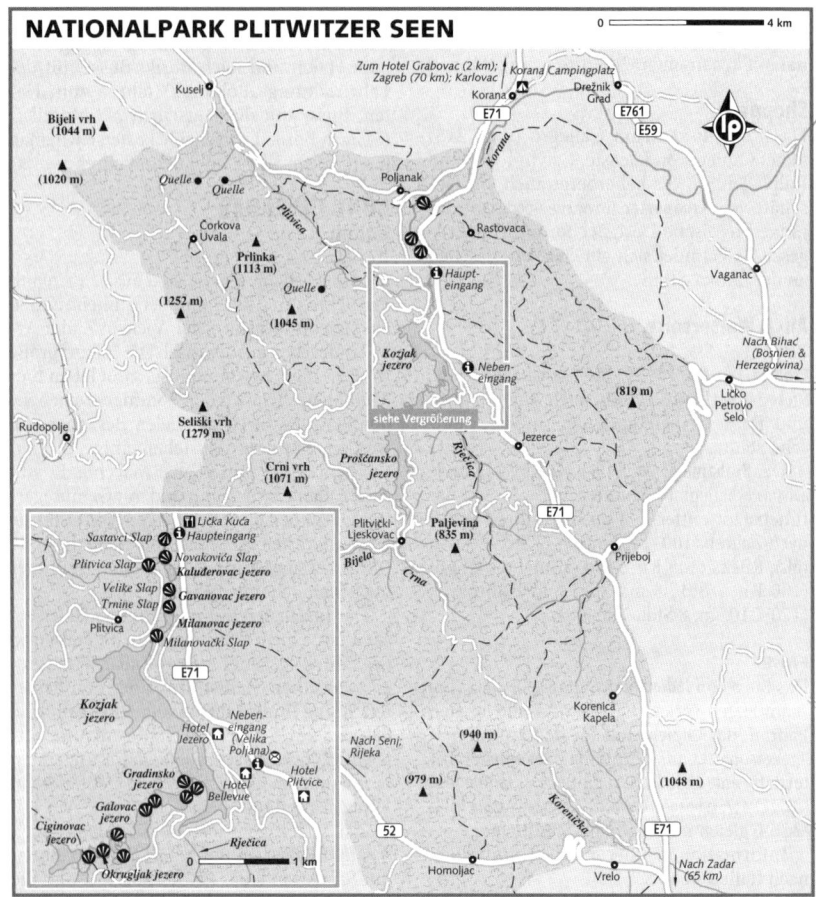

NATIONALPARK PLITWITZER SEEN

Wasser vorbei. So kann ein Besuch unter Umständen ein sehr feuchtes Vergnügen werden. 1979 erklärte die Unesco die Plitwitzer Seen zum Weltnaturerbe. Die Seen und Wälder sind nur beschränkt zugänglich, um ihren Schutz auch für künftige Generationen zu sichern. Angesichts der außergewöhnlichen Schönheit der Landschaft sollte man für den Besuch eigentlich mindestens drei Tage einplanen, wer weniger Zeit hat, kann den Nationalpark aber auch im Rahmen eines Tagesausflugs von Zadar oder Zagreb aus besichtigen – und das ganzjährig: Im Frühjahr führen die Wasserfälle sehr viel Wasser, im Sommer sind die Hügel strahlend grün und im Herbst hat man das wechselnde Farbenspiel des Laubs dank der wenigen Besucher

fast ganz für sich allein. Das Seensystem wird in die oberen und unteren Seen unterteilt: Die oberen Seen sind am beeindruckendsten, sie liegen in dichten Wäldern und sind durch mehrere gewaltige Wasserfälle (*slap*) verbunden. Die unteren Seen sind kleiner und flacher und liegen zwischen kargem Unterholz. Das meiste Wasser führen die beiden Flüsse Bijela und Crna (der „weiße" und der „schwarze" Fluss), die sich südlich des Prošćansko jezero vereinen.

Zusätzlich werden die Seen durch unterirdische Quellen gespeist. Gleichzeitig versickert Wasser an einigen Punkten im porösen Kalkgestein und tritt an anderen Stellen wieder aus. Alle Wassermassen sammeln sich am Ende im Fluss Korana am Sastavci Slap.

Barrieren aus Dolomitgestein trennen die oberen Seen voneinander. Moose und Algen speichern das Kalziumkarbonat (das durch Lösung von Kalk im Wasser mittels Kohlensäure entsteht) und lagern es in ihren Wurzeln oder an ihrer Oberfläche ab und sorgen so für ein ständiges Weiterwachsen der Barrieren. Der dabei entstehende Travertin (Kalksinter) bildet allmählich dicke Krusten – Wasserfälle entstehen. Die unteren Seen wurden durch die vom Wasser der oberen Seen geformten Vertiefungen geschaffen: Sie sind einem ähnlichen Prozess unterworfen, da sich auch hier kontinuierlich Travertin bildet und die Landschaft immer wieder überformt. Dieser interaktive Prozess zwischen Wasser, Felsen und Pflanzen spielt sich mehr oder weniger ungestört seit der letzten Eiszeit ab.

Auch die Farben der Seen wechseln ständig: Vom azurblau über strahlendes Grün, tiefblau oder grau – die Wasserfarbe verändert sich ja nach Menge der gelösten Mineralstoffe und Organismen im Wasser, dem Anteil des vom Regen eingetragenen Schlamms und dem Winkel des einfallenden Sonnenlichts. Das ist ein faszinierendes Schauspiel!

Doch auch die üppig-grüne Vegetation des Nationalparks ist sehenswert: Den nordöstlichen Bereich des Parks prägen Birkenwälder, in anderen Teilen wachsen Birken, Rottannen und Weymouthkiefern, dazwischen findet man auch Weiß- und Hainbuchen sowie die südlichen Blumeneschen.

Geschichte

Nach den Bewohnern der prähistorischen Siedlungen waren die Thraker die ersten Menschen, die hier im 1. Jt. v. Chr. ihre Spuren hinterließen; ihnen folgten die Illyrer und schließlich die Römer: Sie erreichten die Gegend zum ersten Mal 59 v. Chr. – und blieben ganze 600 Jahre. Im 7. Jh. verschlug es die ersten Slawen in die Region, die im Laufe der Zeit ein Feudalsystem aufbauten, das bis ins frühe Mittelalter hinein Bestand hatte. Die Türken eroberten die Gegend 1528 und wurden 150 Jahre später von den Österreichern vertrieben. Die siegreichen neuen Herren versuchten neue Siedler anzulocken, indem sie in diesem Teil des Landes das Feudalsystem außer Kraft setzten. Das Gebiet wurde Teil der Vojna Krajina (Militärgrenze), in der zugewanderte Walachen und Morlachen siedelten, die vornehmlich der serbisch-orthodoxen Kirche angehörten und zuvor Nomaden waren.

Schon 1896 wurde hier das erste Hotel eröffnet, offenbar hatte man das touristische Potenzial der Landschaft früh erkannt. 1893 entstand eine Naturschutzvereinigung, die die Seen bis weit ins 20. Jh. hinein tatsächlich schützen konnte. Die Grenzen des Nationalparks wurden 1951 festgelegt, vor allem, um dem Holzeinschlag Einhalt zu gebieten und um verstärkt Touristen anzulocken. Bis zum Bürgerkrieg 1991 waren die Seen eine bedeutende Touristenattraktion. Da sie aber in der von Serben dominierten Krajina lagen, war abzusehen, dass sie beim Zusammenbruch des früheren Jugoslawiens schon bald im Zentrum des Konfliktes stehen würden.

Der Bürgerkrieg im ehemaligen Jugoslawien begann tatsächlich nicht weit vom Nationalpark in Plitvice: Dort nahmen aufständische Serben aus der Krajina am 31. März 1991 das Nationalparkzentrum in Beschlag. Der ermordete kroatische Polizeibeamte Josip Jović war das erste Opfer an diesem Ostersonntag, der einen blutigen Krieg einleiten sollte. Die Serben hielten das Gebiet bis Kriegsende, verwandelten Hotels in Armeeunterkünfte und plünderten den Park. Als die kroatische Armee den Park im August 1995 wieder kontrollierte, war zwar die landschaftliche Schönheit unzerstört, doch die Hotels und Einrichtungen komplett ausgebrannt. In den Folgejahren wurde alles neu aufgebaut, inzwischen strömen die Besucher wieder wie früher zur spektakulärsten Natursehenswürdigkeit Kroatiens. Manch einer kennt die Landschaft aus Karl-May-Filmen.

Tiere

Die unberührte Natur bietet verschiedensten Tieren einen guten Lebensraum. Die ungekrönten Könige des Parks sind Bären und Wölfe, aber auch Hirsche, Wildschweine, Kaninchen, Füchse und Dachse fühlen sich hier wohl. Im Park leben über 120 Vogelarten, darunter Falken, Eulen, Kuckucke, Drosseln, Stare, Eisvögel, Wildenten und Reiher. Mit etwas Glück entdeckt man auch einen Schwarzstorch oder einen Fischadler, außerdem flattern ganze Schmetterlingsschwärme im Park umher.

Orientierung & Praktische Informationen

Die **Touristeninformation** (☎ 751 015; www.np-plitvicka-jezera.hr; Erw./Stud. April–Okt. 110/50 Kn, Nov.–März 70/35 Kn; ⏰ 7–20 Uhr) hat ihren Haupteingang am Plitvička Jezera, einen weiteren Eingang an der Velika Poljana in der Nähe der Hotels. An beiden Eingängen sind Eintrittskarten sowie Infomaterial und eine Wanderkarte für das Seengebiet erhältlich. Im Eintrittspreis eingeschlossen ist auch die Benutzung der Busse und Boote, die die Besucher zu den Seen bringen. Am besten nimmt man den Bus zum höchstgelegenen See Okrugljak jezero und wandert dann bergab. Der ganze Park ist von gut markierten Wanderwegen und Holzstegen durchzogen: So lässt sich auf einer Wanderung die Landschaft in all ihrer Schönheit bewundern, ohne die Natur allzu sehr zu stören.

Im Sommer sollten Besucher unbedingt vor 8 Uhr morgens an den Seen eintreffen, um den Besuchermassen zu entgehen.

Ein Postamt befindet sich in der Nähe der Hotels, und beim Hotel Bellevue gibt es einen Geldautomaten. Gepäck lässt sich bei der Touristeninformation am Haupteingang oder in einem der Hotels deponieren.

Sehenswertes

Die unteren Seen beginnen südlich des Haupteingangs, die Landschaft wird hier von Wäldern, Höhlen und steilen Felsklippen geprägt. Der **Novakovića Slap** liegt am nächsten zum Parkeingang, dann folgt der **Kaluđerovac jezero** in der Nähe zweier Höhlen (Blaue Höhle und Šupljara-Höhle). Dann kommt der **Gavanovac jezero** mit einem eindrucksvollen Wasserfall, dann der **Milanovac jezero**, der für seine Farbspiele zwischen himmelblau und smaragdgrün bekannt ist.

Der **Kozjak jezero** ist der größte See im Park und bildet eine Art Grenze zwischen den oberen und den unteren Seen. Er ist 3 km lang und wird von steilen, bewaldeten Abhängen eingerahmt. Im See liegt eine kleine, oval geformte Insel aus Travertin. Hinter den Hotels kommt der **Gradinsko jezero** mit weiten Schilfgrasflächen in Sicht, hier nisten häufig Wildenten. Eine Reihe von Kaskaden verbindet den See mit dem **Galovac jezero**, der als der schönste aller Seen überhaupt gilt: Hier hat das Wasser eine ganze Serie von Wasserfällen und Becken geschaffen. Eine Reihe von vor langer Zeit eingebauten Betontreppen ist inzwischen mit Travertin bedeckt und hat so weitere Wasserfälle entstehen lassen. Einige kleinere Seen führen bis zum größeren **Okrugljak jezero**, der von zwei mächtigen Wasserfällen gespeist wird. Wer noch weiter

hinauf wandert, erreicht schließlich den **Ciginovac jezero** und den **Prošćansko jezero,** die von dichten Wäldern umgeben sind.

Schlafen

Der Bus aus Zagreb hält direkt am Campingplatz; die Hotels liegen an der Velika Poljana mit Blick auf den Kozjak jezero. An der Straße vom Dorf Korana zum Nationalpark fallen die vielen *Sobe*-(Zimmer frei) Schilder ins Auge; die Touristeninformation im Park und das Nationalparkbüro in Zagreb vermitteln ebenfalls Zimmer in den umliegenden Dörfern. Das Dorf Rastovača z. B. liegt nur 400 Meter vom Parkeingang entfernt. Ein Doppelzimmer kostet in der Regel zwischen 200 Kn und 225 Kn.

Die folgenden Unterkünfte sind alle noch im alten jugoslawischen Stil (riesig, mit viel Braun und Beige) erbaut. Ein paar wurden renoviert und bieten annehmbaren Standard. Alle können über www.np-plitvicka-jezera.hr gebucht werden.

Korana Campingplatz (☎ 751 015; Erw. (all incl.) 9 €; ◷ Mai–Okt.) Der große, gut ausgestattete Campingplatz liegt 6 km nördlich des Haupteingangs an der Hauptstraße nach Zagreb.

Hotel Grabovac (☎ 751 999; EZ Neben-/Hochsaison 40–52 €, DZ 54–70 €) Das große, moderne Hotel an der Straße nach Zagreb, 10 km nördlich vom Eingang, bietet etwas eintönige, aber funktionale Zimmer.

Hotel Bellevue (☎ 751 700; Velika Poljana; EZ Neben-/Hochsaison 40–55 €, DZ 54–74 €) Die Zimmer in diesem großen Hotel sind klein und trist, Vorhänge und Tagesdecken verblichen. Die Betten sind jedoch gut, und alle Zimmer haben eigene Bäder. Trotzdem: Nur buchen, wenn alles andere belegt ist.

Hotel Plitvice (☎ 751 100; Velika Poljana; EZ Neben-/Hochsaison 50–72 €, DZ 65–96 €; P) Das komfortable, moderne Hotel bietet große, gut ausgestattete Zimmer mit TV, Telefon und Minibar. Die größeren Zimmer mit Aussicht sind teurer.

Hotel Jezero (☎ 751 400; jezero@np-plitvicka-jezera. hr; Velika Poljana; EZ Neben-/Hochsaison 61–83 €, DZ 86 bis 118 €; P ⛵) Das mit Abstand bequemste und beste Hotel im Nationalpark – es hat sogar Sauna und Pool.

Essen

Beim Nebeneingang zur Touristeninformation gibt es ein günstiges Selbstbedienungsrestaurant und ein Café, in dem Sandwiches, Gebäck und Grillhähnchen erhältlich sind.

Auch ein kleiner Supermarkt ist vorhanden, der alles Notwendige für ein Picknick bietet.

Lička Kuća (☎ 751 024; Hauptgerichte ab 55 Kn) Das geräumige Restaurant liegt direkt neben dem Haupteingang und ist meist völlig überfüllt. Zu den Spezialitäten gehören die einheimischen Würste und die Grillteller. Für Vegetarier empfiehlt sich *đuveč* (Reis mit Möhren, Tomaten, Paprika und Zwiebeln) und der leckere Käse aus der Region.

An- & Weiterreise

Alle Busse, die auf der Strecke Zagreb–Zadar unterwegs sind und nicht über die neue Autobahn fahren, halten in Plitvice (genauere Informationen unter www.akz.hr). Die Fahrt dauert von Zadar 3 Std. (80 Kn) und von Zagreb 2½ Stunden (60 Kn).

NATIONALPARK PAKLENICA

☎ 023

Das kahle Velebit-Massiv hoch über der Adria ist 145 km lang und formt eine spektakuläre Landschaft aus Fels und Meer. Der fast kreisförmige Nationalpark schützt rund 36 km² des Velebit-Gebirges, der Parkeingang liegt im Dorf Marasovići. Der Park bietet Abwechslung für jeden – einen sonntäglichen Spaziergang, eine einfache Wanderung oder eine echte Bergbesteigung. Die Landschaft im Park ist vielfältiger und grüner, als man zunächst beim Anblick der kreideweißen Berge vom Meer aus vermuten würde: es gibt tiefe Schluchten, steile Felswände und -klippen zum Klettern und schattige Pfade neben reißenden Bergbächen.

Kernstück des Nationalparks sind zwei tiefe Schluchten: Velika Paklenica (Große Paklenica) und Mala Paklenica (Kleine Paklenica). Beide bilden tiefe Einkerbungen im Gebirge, die Felsen ragen vom Boden der Schluchten bis zu 400 m hoch auf.

Der trockene Kalkstein, aus dem das Velebit-Gebirge besteht, saugt Niederschläge extrem gut auf. Dank einiger Quellen in den größeren Höhenlagen wird die Vegetation kontinuierlich mit Wasser versorgt – und präsentiert sich entsprechend üppig. Rund die Hälfte des Parks ist mit Wald bedeckt, zumeist mit Birken und Kiefern, aber auch mit Steineichen und verschiedenen anderen Baumarten wie der Hainbuche.

Die Vegetation ändert sich mit zunehmender Höhe ebenso wie das Klima, das an der Küste mediterran ist und nach oben hin zunehmend kontinentaler und schließlich subalpin wird. Die unteren Gebiete, vor allem solche in Südlagen, können im Sommer sehr heiß werden. Die *bura* (Bora, ein kalter, aus Nordosten wehender Wind) fegt im Winter über das Gebirge und bringt Regen und plötzliche Unwetter. Sie entsteht als Fallwind zwischen warmen Meer und Kalten Hinterland.

Im Park gibt es nur wenige Tierarten; mit etwas Glück sieht man Gänsegeier, Stein- und Schlangenadler sowie Wanderfalken, die auf den Felsklippen der beiden Schluchten Nester bauen. Wer die einzelnen Vogelarten nicht genau erkennt, kann sich an den illustrierten Hinweistafeln am Parkeingang orientieren. Angeblich leben hier in den höheren Lagen des Parks auch Bären und Wölfe, die Chancen, eines dieser faszinierenden Tiere zu sehen, sind aber minimal!

Am besten besucht man den Park im Mai, Juni oder September. Im Spätfrühling ist der Park am grünsten, die Bäche verwandeln sich in reißende Bergflüsse, die Zahl der Besucher ist gering. Im Juli und August sind viele Wanderwege immer noch relativ einsam, da die meisten Urlauber lieber am Meer bleiben. Den meisten ist es zum Wandern auch schlicht zu heiß. Im September ist das Wetter dagegen tagsüber mild, nachts aber kühl – und damit perfekt zum Wandern geeignet. Ein weiterer Vorteil des Frühherbstes: Man kann den Wandertag mit einem erfrischen Sprung ins noch warme Wasser beschließen.

Orientierung

Den Park erkundet man besten von Starigrad aus (S. 222). In Starigrad sitzt auch die Verwaltung des Nationalparks, der Ort hat außerdem die größte Restaurant- und Hotelauswahl. Von Starigrad ist es nicht weit zum Eingang der Schlucht Velika Paklenica, die die abwechslungsreichsten Wege für Wanderer und Bergsteiger bietet. Der Eingang zum Nationalpark liegt im Dorf Marasovići, rund 2 km südöstlich von Starigrad. Da die Straße zum Eingang uninteressant ist, fahren viele Leute direkt zum Parkplatz hinter dem Eingangsbereich. Der Eingang zur Mala Paklenica liegt auf der anderen Seite des Dorfes Seline, ungefähr 2,5 km südöstlich von Starigrad an der Straße nach Zadar: Man folgt einfach der Straße gegenüber der Kirche Sveti Marko (Markuskirche) in Richtung Schlucht. Wanderwege im Park sind mit weißen und roten Wegmarkierungen gekennzeichnet.

NORRDDALMATIEN

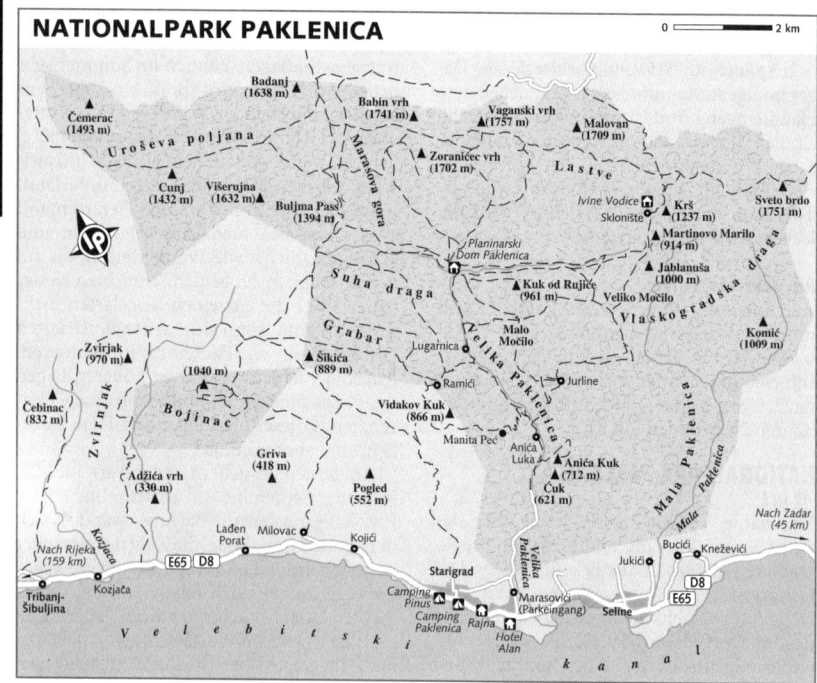

NATIONALPARK PAKLENICA

0 ———— 2 km

Badanj (1638 m)
Babin vrh (1741 m)
Vaganski vrh (1757 m)
Malovan (1709 m)
Čemerac (1493 m)
Uroševa poljana
Zoraničec vrh (1702 m)
Lastve
Cunj (1432 m)
Višerujna (1632 m)
Buljma Pass (1394 m)
Maraškova gora
Ivine Vodice
Sklonište
Krš (1237 m)
Sveto brdo (1751 m)
Planinarski Dom Paklenica
Martinovo Marilo (914 m)
Suha draga
Kuk od Rujiče (961 m)
Veliko Močilo
Jablanuša (1000 m)
Vlaskogradska draga
Grabar
Lugarnica
Malo Močilo
Zvirjak (970 m)
Šikića (889 m)
Velika Paklenica
Komić (1009 m)
(1040 m)
Ramići
Jurline
Čebinac (832 m)
Bojinac
Vidakov Kuk (866 m)
Mala Paklenica
Zvirnjak
Manita Peć
Mala Paklenica
Griva (418 m)
Anića Luka
Anića Kuk (712 m)
Adžića vrh (330 m)
Pogled (552 m)
Ćuk (621 m)
Nach Zadar (45 km)
Laden Porat
Milovac
Kojići
Bucići
Kneževići
Nach Rijeka (159 km)
Kozjača
Starigrad
Jukići
Tribanj-Šibuljina
Kozjača
Camping Pinus
Marasovići (Parkeingang)
Seline
Camping Paklenica
Rajna
Hotel Alan
Velika Paklenica
Velebitski kanal
E65 D8
D8 E65

Praktische Informationen

Das **Paklenica Nationalparkbüro** (☎ /Fax 369 202; www.paklenica.hr; Starigrad; Erw./Stud. April–Okt. 40/20 Kn, Nov.–März 30/20 Kn; ☺ Büro April–Okt. Mo–Fr 8–15 Uhr, Park ganzjährig tgl. 6–20.30 Uhr) verkauft Bücher und Landkarten und verwaltet den Park. Der Parkführer *Paklenica National Park* bietet einen ausgezeichneten Überblick und gibt Wanderempfehlungen. Wer bergsteigen oder klettern möchte, sollte sich an einen der Nationalparkführer wenden: Diese geben fachmännische Auskunft über geplante Bergtouren und Kletterstrecken und deren jeweiligen Schwierigkeitsgrad.

Auch die **kroatische Bergsteigervereinigung** (☎ 01-48 24 142; www.plsavez.hr; Kozaričeva 22, 10000 Zagreb) bietet aktuelle Informationen und gibt eine nützliche Wanderkarte mit markierten Routen heraus. Sie ist in allen größeren Buchhandlungen Zagrebs erhältlich.

Aktivitäten

WANDERN

Die meisten Wanderungen im Park beginnen in Starigrad oder Seline oder bei einer der Berghütten und sind Tagestouren.

Von der Mala Paklenica zur Velika Paklenica

Die Schlucht Mala Paklenica ist kleiner und weniger einsame als die Nachbarschlucht Velika Paklenica. Die Karstformationen sind in **Mala Paklenica** spektakulär, dafür ist der Weg im Frühling und Herbst rutschig. Teilweise muss der Fluss Mala Paklenica mehrfach überquert werden. Die ersten vier Stunden folgt man dem Fluss stromaufwärts über Felsen und Steine, dann geht es im Zickzack den Berg hinauf auf 680 m Höhe. Empfehlenswert ist der Weg auf der linken Seite, er ist mit „Starigrad" und „Jurline" beschildert und führt durch Felder und Wiesen. Dann geht es wieder abwärts in einer felsigen Schlucht, die zum Boden der Velika Paklenica führt. In der **Velika Paklenica** angekommen, hat man eine grandiose Aussicht. Dann geht es durch die Schlucht – der **Anića Kuk** (712 m) liegt dabei linkerhand – bergab Richtung Meer.

Von Starigrad zur Schutzhütte Planinarski Dom

Gleich hinter dem Parkeingang ist der Boden der Schlucht **Velika Paklenica** erreicht, die Wände des Kalksteinmassivs ragen hier spektakulär in die Höhe. Im Juli und August sind immer wieder Kletterer zu sehen, die sich in den Felswänden ihren Weg nach oben suchen. Rund 200 m vom Parkplatz entfernt kann auf der linken Seite ein **Tunnel** (Eintritt frei; ☺ Juli & Aug. So) besichtigt werden. Die gut beleuchteten Säle und Räume wurden von der jugoslawischen Bundesarmee schon vor dem Bürgerkrieg Anfang der 1990er-Jahre in den Felsen geschlagen.

Hinter einem Felssturz (der Fluss liegt auf der rechten Seite) erreicht man **Anića Luka**, ein grünes, halbrundes Plateau. Etwa 1 km weiter kommt die Abzweigung zur Karsthöhle **Manita Peć** (Eintritt 10 Kn; ☺ Juli & Aug. tgl. 10–13 Uhr, Juni & Sept. Mi & Sa 10–13 Uhr). Von der Vorhalle führen Stufen in das Zentrum der Tropfsteinhöhle hinunter, wo unzählige Stalagmiten und Stalaktiten durch geschickt angebrachte Beleuchtung in Szene gesetzt werden. Die Höhle ist etwa 40 m lang und bis zu 32 m hoch. Vom Parkplatz dauert der Fußmarsch dorthin etwa zwei Stunden; die Höhle kann nur im Rahmen einer Führung besichtigt werden.

Von der Karsthöhle aus führt ein Wanderweg nach **Vidakov Kuk** (etwa 1½ Std.). Der Aufstieg zum 866 m hohen Gipfel ist beschwerlich, dafür erwartet einen oben an klaren Tagen ein unvergesslicher Fernblick bis zur Insel Pag. Ein einfacher Weg führt weiter nach **Ramići**, von dort leitet ein Hauptwanderweg weiter Richtung Osten zur Schutzhütte **Planinarski Dom Paklenica** (s. S. 222).

Statt des Abstechers zur Höhle kann man auch in der Schlucht weiter zur Wildhüterhütte in **Lugarnica** wandern (2 Std. vom Parkplatz), sie ist zwischen Juni und September täglich geöffnet und verkauft Snacks und Getränke. Auch von hier kommt man zur Schutzhütte Planinarski Dom Paklenica. Der Weg zur Hütte führt bergauf durch Birken- und Kiefernwälder.

Eine Alternativroute zur Hütte beginnt beim rechten Pfad hinter Anića Luka und führt am kleinen Bauernhof in Jurline vorbei. Dort teilt sich der Weg: der linke Abzweig führt durch den Schwarzkiefernwald von **Malo Močilo**, der rechte (geradeaus) leitet den Wanderer direkt nach **Veliko Močilo**. Etwa nach drei Stunden (ab dem Parkplatz gerechnet) stößt man auf eine sprudelnde Wasserquelle mit Trinkwasser. Von hier aus kann man die rechte Abzweigung zur Hütte in Ivine Vodice nehmen (S. 212) oder in **Martinovo Marilo**

(914 m) dem linken Pfad am Südhang des oberen Velika-Paklenica-Tals Richtung Westen folgen. Er führt am Fluss Velika Paklenica entlang bis zur Schutzhütte Planinarski Dom Paklenica (etwa 1½ Std. ab Veliko Močilo).

Oberes Velebit-Gebirge

Von der Schutzhütte Planinarski Dom Paklenica lassen sich alle Velebit-Gipfel problemlos im Rahmen einer Tageswanderung besteigen – allerdings benötigt man eine ganze Woche, um auf allen gestanden zu haben. Der höchste Berg des Velebit-Gebirges ist der **Vaganski vrh** (1757 m). Von der flachen, grasüberwucherten Spitze hat man an klaren Tagen eine grandiose 150 km weit reichende Fernsicht über alle umliegenden Gipfel hinweg. Der Aufstieg dauert einen ganzen Tag (und ist, je nach körperlicher Verfassung, ganz schön anstrengend), also jedes überflüssige Gepäckstück vermeiden. Aber man kann so rechtzeitig oben sein, dass noch vor Einbruch der Dunkelheit die nächste Hütte erreichbar ist.

Ein anderes populäres Ziel ist der **Babin vrh** (Großmutter-Gipfel; 1741 m). Dafür folgt man einfach dem Fluss Brezimenjača auf der linken Seite bis zum Buljma-Pass (1394 m) und steigt dann weiter durch dichten Laubwald bis zur Marasova gora auf. Am Fuße des Babin vrh liegt ein Bergsee, der ganzjährig Wasser führt, aber leider kein Trinkwasser hat, da Schafe das Wasser verunreinigt haben.

Alle Gipfel des Velebit-Gebirges sind auch über die Mala Paklenica erreichbar, Wanderer sollten hier aber sehr gut ausgerüstet sein und eine gute Wanderkarte dabei haben. Wichtig ist auch zu fragen, ob wirklich beide Berghütten geöffnet haben. Hinter **Sveti Jakov** in der Mala Paklenica zweigt der rechte Weg zur Berghütte Ivine Vodice ab. Markierte Wege führen am **Sveto brdo** (1751 m), **Malovan** (1709 m), Vaganski vrh und Babin vrh vorbei, bevor es wieder bergab geht zur Schutzhütte Planinarski Dom Paklenica.

FELSKLETTERN

Der Nationalpark ist ein Zentrum des Free Climbing und bietet eine unglaubliche Auswahl an verschiedenen Routen für Anfänger wie Erfahrene (oder Suizidgefährdete, wie böse Zungen sagen würden).

Die harten und teilweise scharfen Kalksteinfelsen bieten meist graduell unterschiedlich schwere Routen, darunter 72 kurze Passagen und 250 längere Routen.

NORDDALMATIEN

Die Einsteigerrouten liegen gleich am Parkeingang mit bis zu 40 m hohen Felsklippen. Die besten und schwierigsten Routen finden die Kletterenthusiasten am Anića Kuk, dort sind über 100 Touren mit Höhenunterschieden bis zu 350 m möglich. Viele Routen sind mit Felshaken versichert – bis auf die (zutreffend so genannte) **Psycho-Killer**-Route.

Die beliebtesten Kletterrouten sind **Mošoraški** (350 m), **Velebitaški** (350 m) und **Klin** (300 m). Das Frühjahr gilt als beste Saison für das Felsklettern, denn der Sommer kann ziemlich heiß werden und im Winter ist es oft zu windig. Der Park unterhält extra einen Rettungsdienst ...

Schlafen

Ivine Vodice (Sklonište; ☼ Juni–Sept. tgl., Okt.–Mai Sa & So) Die östlich von Planinarski Dom Paklenica gelegene Hütte für zehn Personen mit Schlafsack hat keine Betten und kein fließendes Wasser. Sie ist kostenlos und muss nicht im Voraus reserviert werden.

Planinarski Dom Paklenica (Berghütte Paklenica; ☎ 213 792; B 65 Kn; ☼ Juni–Sept. tgl., Okt.–Mai Sa & So) Sie ist die bequemste Berghütte, hat aber kein warmes Wasser und Strom. Dafür liegt sie günstig, um von dort aus die höchsten Gipfel des Velebit-Gebirges zu besteigen. Die Hütte hat 45 Betten in vier Schlafsälen. Ein eigener Schlafsack ist sinnvoll, da es nur Decken, aber keine Laken gibt. Die Wochenenden zwischen Juni und September sollten reserviert werden.

An- & Weiterreise

Wer nicht mit dem Auto unterwegs ist, erreicht Paklenica am einfachsten mit einem Bus der Linie Rijeka–Zadar (s. www.autotrans.hr, auf Kroatisch). Die Busse halten alle in Starigrad (28 Kn, von Zadar 45 Min., 4-mal tgl.). Am besten steigt man schon am Hotel Alan aus.

STARIGRAD
☎ 023 / 1160 Ew.

Starigrad liegt an der Küstenstraße von Rijeka nach Zadar und ist ein idealer Ausgangsort für Touren im Paklenica Nationalpark (S. 219). Die Ortschaft wird auch Starigrad-Paklenica genannt, um eine Verwechslung mit der gleichnamigen Stadt Starigrad nahe Senj auszuschließen. Alle Busse von Rijeka oder Zadar halten vor dem Hotel Alan und im Stadtzentrum.

Die **Touristeninformation** (☎ /Fax 369 255; www.rivijera-paklenica.hr; ☼ Juli & Aug. 8–21 Uhr, Sept.–Juni Mo–Sa 8–14 Uhr) befindet sich im Ortszentrum an der Hauptstraße und gegenüber vom kleinen Hafen. Die HVB Splitska Banka liegt zwischen der Touristeninformation und dem Hotel Alan. Hier gibt es einen Geldautomaten.

Schlafen & Essen

Im Nationalpark ist Campen verboten, dafür liegen rund um Starigrad ausreichend Zeltplätze. Neben den hier angegebenen größeren Campingplätzen gibt es auch kleinere Privatplätze an der Hauptstraße. Die Touristeninformation vermittelt Adressen zum Übernachten. Starigrad hat nur wenige Hotels.

Dafür gibt es in und rund um Starigrad reichlich Privatzimmer, allerdings ohne „offizielle" Zimmervermittlung. Die Touristeninformation hilft aber beim Suchen. Ein Doppelzimmer kostet zwischen 150 und 250 Kn, ein Apartment etwa 275 bis 400 Kn. Das Frühstück schlägt mit weiteren 18 bis 30 Kn zu Buche.

Wer suchen will, findet auch eine Übernachtung mit Vollpension und größeren Wohnungen. Entlang der Hauptstraße hängen viele *Sobe*-Schilder.

Camping Pinus (☎ 658 652; www.camping-pinus.com; Dr Franje Tuđmana bb; Erw. Neben-/Hochsaison 2,80–4,50 €; ☼ April–Okt.) Der Campingplatz liegt ungefähr 3 km außerhalb der Stadt an der Straße nach Rijeka und ist ideal, um sich zwischen den Wanderungen im Nationalpark zu entspannen. Kleine Felsbuchten laden zum Baden ein. Der Campingplatz ist ausgeschildert – wer mit dem Bus kommt, kann den Fahrer bitten, am Eingang anzuhalten.

Camping Paklenica (☎ 209 062; www.paklenica.hr; Dr Franje Tuđmana bb; Erw. Neben-/Hochsaison 30 bis 40 Kn; ☼ April–Okt.) Der Campingplatz, einer der größten der Region, liegt direkt neben dem Hotel Alan – mit Blick auf einen Kieselstrand und nur 50 m von der Zufahrtsstraße zum Nationalpark entfernt. Im Sommer sollte man unbedingt vorher reservieren.

Rajna (☎ 369 130; www.hotel-rajna.com; Dr Franje Tuđmana 105; EZ Neben-/Hochsaison 277–297 Kn, DZ 307 bis 347 Kn; ✖ 💻) Das Hotel liegt dem Parkeingang am nächsten und ist bei Bergsteigern und Wanderern als Unterkunft besonders beliebt. Es ist gemütlich und gut geführt, auch die Verpflegung ist gut.

Hotel Vicko (☎ /Fax 369 304; www.hotel-vicko.hr; Jose Dokoze bb; EZ Neben-/Hochsaison 42–75 €, DZ 56 bis

100 €; (P) (X) (💻)) Nettes, komfortables Hotel mit
freundlichen Zimmern, einige haben sogar
Balkon. Der Strand ist nur 50 m entfernt.
Gut geeignet für Familien, es gibt sogar einen
Kinderspielplatz.

Hotel Alan (☎ 209 050; www.bluesunhotels.com;
Dr Franje Tuđmana 14; EZ Neben-/Hochsaison 82–103 €, DZ
128–166 €; ☻ Mitte März–Mitte Nov.; (P) (X) (🖼)) Das
Hotel gehört zur kroatischen Bluesun Hotelkette und bietet moderne Zimmer mit Blick
auf Berge oder Meer. Es gibt einen Pool, Tennisplätze, ein Fitness Center und jede Menge
Möglichkeiten, um nach einem anstrengenden Tag im Nationalpark zu entspannen.
In der Hochsaison wird auch Vollpension
angeboten.

An- & Weiterreise

Starigrad ist 51 km von Zadar und 165 km
von Rijeka entfernt. Alle Busse, die zwischen
beiden Städten unterwegs sind, halten im
Ort (www.autotrans.hr, nur auf Kroatisch;
28 Kn, 45 Min. von Zadar, 4-mal tgl.).
Die Busse halten vor dem Hotel Alan und
im Stadtzentrum.

DUGI OTOK

☎ 023 / 1800 Ew.

Die Insel Dugi Otok bietet nichts als unberührte Natur – wer einen ruhigen, erholsamen Urlaub verbringen will, findet hier sein
Paradies. Hochbetrieb herrscht allerdings in
den ersten drei Wochen im August, wenn italienische Urlauber mit der Fähre aus Ancona
oder ihren Privatbooten hier einfallen. Vorher
und nachher ist alles wieder ganz ruhig.

Zu den Highlights der Insel zählen der aus
vielen kleinen Inselchen bestehende Naturpark
in der Bucht von Telašćica ebenso wie der
nahe gelegene Salzwassersee Mir (Frieden)
und die Sandstrände der Sakarun Bucht. Eine
weitere Attraktion ist eine Panoramafahrt entlang der zerklüfteten Felsküste.

Ansonsten ist auf Dugi Otok Schwimmen,
Tauchen oder das Genießen der spektakulären
Landschaft angesagt – ähnlich wie auf der
Insel Mljet (S. 306).

Der Name Dugi Otok bedeutet „lange Insel". Das Eiland erstreckt sich von Nordwesten
nach Südosten über eine Länge von 43 km, ist
aber nur 4 km breit. Die Südostküste ist von
steilen Bergen und Klippen geprägt, während
die Nordhälfte Weinberge, Obstgärten und
Schafweiden aufweist. Dazwischen liegt eine

Hügelkette aus Karstgestein, die im 338 m
hohen Vela Straža den höchsten Punkt der
Insel erreicht.

Die meisten Besucher beziehen entweder in
Sali an der Südostküste oder in Božava an der
Nordostküste Quartier. Sali bietet eine größere Auswahl an Privatunterkünften, Božava
hat mehr den Charakter eines Urlaubsortes.
Zwischen beiden Ortschaften liegt Brbinj, der
wichtigste Fährhafen.

Geschichte

Ruinen auf der Insel erzählen von den ersten Siedlungen der Illyrer, Römer und ersten
Christen, doch schriftlich wird die Insel erstmals Mitte des 10. Jhs. erwähnt. Später war
die Insel im Besitz der Klöster von Zadar. Die
Siedlungen dehnten sich mit den türkischen
Angriffen im 16. Jh. aus, als die Einwohner
von Zadar und seinen Nachbarstädten auf
die Insel flohen.

Das Schicksal von Dugi Otok war seit jeher
eng mit dem von Zadar verbunden, das ja
von Venedig an Österreich und schließlich
Frankreich überging.

Als jedoch Norddalmatien an Italien und
damit unter die Regentschaft von Mussolini
fiel, blieb die Insel kroatisch. Ältere Inselbewohner erinnern sich noch an das harte Leben, als es eine medizinische Versorgung und
die gesamte Verwaltung nur in Šibenik gab.
Wer dorthin wollte, musste eine lange und
beschwerliche Bootsfahrt die Küste entlang
auf sich nehmen.

Begrenzender Faktor für die wirtschaftliche
Entwicklung der Insel war seit historischer
Zeit der Trinkwassermangel: das gesamte
Trinkwasser musste aus den Niederschlägen
gewonnen werden oder – insbesondere in den
trockenen Sommern – per Boot von Zadar aus
auf die Insel transportiert werden!

Wie auf vielen Inseln Dalmatiens, schrumpf-
te auch auf Dugi Otok die Inselbevölkerung
in den vergangenen Jahrzehnten – besonders
die Jugend wandert ab. Heute leben hier nur
noch ein paar hartgesottene Insulaner, die den
trockenen Sommern und den eiskalten, von
der Bora geprägten Wintern trotzen.

An- & Weiterreise

Jadrolinija (www.jadrolinija.hr) bietet täglich Fährverbindungen von Zadar nach Brbinj (24 Kn,
1½ Std., 9, 12.30, 16.30 und 20 Uhr), Zaglav
und Sali (18 Kn, 45 Min. bis 1½ Std., 5.30,
10, 15.30 und 20 Uhr).

Unterwegs vor Ort

Auf der Insel gibt es nur einen eingeschränkten öffentlichen Busverkehr, von Božava nach Sali und zurück fährt nur einmal pro Woche ein Bus.

Wer auf der Insel in Brbinj ohne eigenes Fahrzeug ankommt, kann nur nach Božava fahren, denn es gibt bislang noch keine Busverbindung zwischen Brbinj und Sali. Die Busse nach Božava (14 km) sind zeitlich auf die ankommenden Fähren abgestimmt; einzige Ausnahme ist die Fähre aus Ancona, die sonntags um 6 Uhr ankommt.

SALI
1190 Ew.

Sali, größter Inselort und Hafenstadt, wirkt im Vergleich zu den anderen Ortschaften und Dörfern auf Dugi Otok schon fast wie eine Großstadt. Sein Name leitet sich von den Salinen ab, in denen die Bewohner im Mittelalter tätig waren. Heute wirkt Sali ein bisschen heruntergekommen, ist aber gemütlich und gastfreundlich.

Der Eindruck eines gemächlichen, ruhigen Städtchens wird auch durch all die Yachten und kleinen Ausflugsboote nicht gestört, die hier im Sommer auf ihrem Weg von und zur Telašćica-Bucht und den Kornaten anlegen. Der Ort liegt zwar in unmittelbarer Reichweite dieser Naturschönheiten, aber nur wer ein Boot mietet oder sich einer Tour anschließt, gelangt dorthin.

Orientierung & Praktische Informationen

Das Städtchen zieht sich rund um den Hafen in der Porat-Bucht, hier findet man Restaurants, Cafés und Büros. Westlich des Zentrums liegt die im Sonnenlicht glitzernde Bucht von Šašćica, die – eingezwängt zwischen zwei Hügeln – ein paar Badebuchten bietet. Vom Ende des Hafens führen ein Weg und Treppenstufen hinauf in die Oberstadt, die von Weinbergen und Feldern eingerahmt wird.

Die **Touristeninformation** (☎ /Fax 377 094; www.dugiotok.hr; Obala Kralja Tomislava; ☼ Juli & Aug. 8–22 Uhr, Sept.–Juni Mo–Fr 8–12 Uhr) bietet alle wichtigen Infos rund um Sali, vermittelt Privatzimmer, bucht Ausflüge und hat auch ein paar wenige Broschüren und Landkarten.

Auf der Insel gibt es keine Bank, allerdings einen Geldautomaten am Hafen; Geld wechseln (oder auch Bargeld abheben mit den MasterCard-oder Diners-Club-Kredit-

karten) kann man im **Postamt** (Obala Petra Lorinija; ☼ Mo–Sa 8–14, 17–20 Uhr).

Sehenswertes & Aktivitäten

In der Stadt gibt es nur wenig zu sehen, interessant ist die Kirche **Svete Marije** (☎ 377 041; ☼ nur während der Messe), die im 15. Jh. über einer älteren Kirche entstand. Sehenswert sind hier der Holzaltar und verschiedene Renaissancegemälde. Da die Stadt unweit des Nationalparks Kornaten liegt, bietet sich der Ort als ideale Tauchbasis an. Das Hotel Sali unterhält ein **Tauchgeschäft** (☎ 377 079; www.dive-kroatien.de), das auch Kurse und Tauchausflüge rund um Dugi Otok und zu den Kornaten organisiert. Bei Tauchgängen vor den Kornaten muss man mit steilen Abhängen und vielen Höhlen rechnen, da die Inseln an der offenen See liegen. An der Nordküste von Dugi Otok sind ebenfalls Höhlentauchgänge möglich. Sie sind geradezu ideal für Anfänger, da sie relativ flach und groß sind.

Die Touristeninformation bucht **Bootsausflüge**, u. a. eine Vergnügungsfahrt in die Bucht von Telašćica und einen Abstecher auf die Kornaten (350 Kn).

Festivals & Events

Am Wochenende vor Mariä Himmelfahrt (15. Aug.) feiert die Insel das Festival **Saljske Užance**, das Besucher aus der ganzen Region anlockt. Zu den Höhepunkten gehören Esel-Wettrennen sowie die Kerzenprozession der Boote durch den Hafen. Männer und Frauen tragen traditionelle Festkleidung, spielen Instrumente aus Rinderhörnern und tanzen klassische Dorftänze.

Schlafen

Auf der Insel gibt es keinen Campingplatz. Sali bietet jedoch eine gute Auswahl an Privatquartieren, besonders außerhalb der Saison. Die Touristeninformation vermittelt schöne, auch abgelegene Unterkünfte, darunter sogar ein Haus auf einer eigenen kleinen Insel. Die Zimmer kosten während der Hauptsaison zwischen 180 und 220 Kn (in der Regel mit Gemeinschaftsbad). Der Preis gilt für zwei Personen pro Zimmer, wer alleine reist, muss möglicherweise den Preis eines Doppelzimmers bezahlen. In der Nebensaison lässt sich der Preis mit ein wenig Verhandlungsgeschick um etwa 20 bis 30 % drücken. Auf der Website www.sali-dugiotok.com (auf Kroatisch) werden Ferienwohnungen angeboten.

Ein voll ausgestattetes Studio kostet zwischen 280 und 300 Kn, eine Zweizimmerwohnung etwa 385 Kn. Der Mindestaufenthalt ist überall drei Nächte, bei kürzerer Dauer erhöht sich der Preis um 30 %. Der Aufschlag entfällt normalerweise in der Nebensaison.

Wer im Sommer anreist, sollte den Besitzer fragen, ob der Wasserverbrauch eingeschränkt ist. Manchmal wird auch eine Extragebühr für hohen Wasserverbrauch erhoben. Doch selbst wenn es nichts in der Art gibt, wird endloses Duschen nicht gerne gesehen.

Hotel Sali (☎ 377 049; www.hotel-sali.hr; EZ Neben-/Hochsaison 31–45 €, DZ 46–74 €; ☺ April–Nov.; 🐾) Das günstig gelegene Hotel ist in ausgezeichnetem Zustand und das Preis-Leistungs-Verhältnis stimmt. Es ist blau-weiß gestrichen und bietet eine schöne Aussicht auf die Badebuchten. Alle Zimmer sind mit modernen Bädern, Satelliten-TV und Balkon ausgestattet, viele haben Meerblick. Auch das Hotelrestaurant ist ausgezeichnet.

Essen

Entlang der Obala Kralja Tomislava gibt es einige Restaurants. Ein Supermarkt befindet sich in der Nähe des Jadrolinija Kais.

Grill Tamaris (☎ 377 377; Hauptgerichte ab 35 Kn; ☺ April–Okt.) Das beste Restaurant in der Straße scrviert Spaghetti mit Meeresfrüchten sowie frisch gegrillte Shrimps und Fisch zu günstigen Preisen.

Bife Bočac (☎ 377 322; Hauptgerichte ab 35 Kn) Die Speisekarte ist ähnlich wie im Grill Tamaris, die Gerichte sind nicht schlecht, und gegessen wird draußen auf der schattigen Terrasse.

ZALJEV TELAŠCICA

Die südöstliche Spitze von Dugi Otok wird durch die stark zerklüftete Bucht von Telašćica geteilt. In der Bucht verstreut liegen fünf winzige Inseln und fünf noch kleinere Felsen. Die 8200 m lange Bucht besteht aus 25 kleinen Buchten, die zusammen eine 69 km lange Küstenlinie bilden – damit ist die Bucht einer der größten und schönsten Naturhäfen der Adria!

Die Kornaten (S. 237) stoßen fast an den Rand der Bucht; die Topografie beider Inselgruppen ist identisch: kahles weißes Kalkstein, das nur teilweise mit Macchia bedeckt ist. Die Spitze der Westküste ist dem offenen Meer ungeschützt ausgesetzt: hier haben Wind und Wellen nackte Meeresklippen mit bis zu 166 m Höhe aus dem Fels erodiert. Auf diesem Teil von Dugi Otok gibt es weder Ortschaften noch Straßen – nur einige Restaurants an der **Bucht von Mir**, in die vor allem Segler einkehren, die tage- oder sogar wochenlang zwischen den Inseln kreuzen.

Neben der Bucht von Mir liegt der **Salzwassersee** gleichen Namens, der über unterirdische Salzwasserkanäle mit dem Meer verbunden ist und so mit Meerwasser gespeist wird. Der See ist klar, hat aber einen schlammig-trüben Grund, und das Wasser ist sehr viel wärmer als im Meer.

Wie immer und überall, wenn man Schlamm an ungewöhnlichen Orten findet, wird auch diesem allerlei Gutes nachgesagt: angeblich soll er Krankheiten lindern und jung halten.

BOŽAVA
115 Ew.

Božava ist ein alter Hafenort, in dem ein paar nette Hotels und Pensionen entstanden sind. Überall im Ort sieht man üppig-grüne, blühende Bäume, einladende, schattige Wege säumen die Küste. Am Hafen selbst kann man recht gut baden oder auf einem der Spazierwege unter schattigen Pinien die Seeluft genießen.

Wer per Bus anreist, geht von der Bushaltestelle runter ins winzige Ortszentrum mit der **Touristeninformation** (☎ /Fax 377 607; turisticko-drustvo-bozava@zd.t-com.hr; ☺ Juni–Sept. 8–12, 18–20 Uhr). Sie verleiht Fahrräder, Mopeds und Autos und vermittelt Privatunterkünfte (mit/ohne Bad 150/100 Kn).

Veli Rat ist das nördlichste Dorf und liegt auf dem Nordwestzipfel der Insel an der hübschen Bucht von Čuna, rund 6 km nordwestlich von Božava. Die Gegend ist wirklich schön – aber es fährt kein Bus dorthin: Wer also ohne eigenes Auto auf der Insel ist, muss trampen, wandern oder einen Einheimischen bitten, ihn gegen Geld dorthin zu fahren.

Zur **Ferienanlage Božava** (☎ 291 291; www.hoteli-bozava.hr) gehören die 3-Sterne-Hotels Lavanda (Zimmer pro Pers. zwischen 31 € und 85 €) und Agava (35 € bis 108 €), außerdem das 4-Sterne-Hotel Maxim (45 € bis 82 €). Die Zimmer sind modern und haben alle Satelliten-TV, Kühlschrank, Telefon und Balkon mit Meerblick. Das Maxim wurde erst kürzlich renoviert und ist am schicksten ausgestattet. Die Anlage bietet außerdem eine Sauna, einen Fitnessraum und Massage-Service. Zum Strand sind es nur wenige Schritte.

NORDDALMATIEN

PAG

Die Insel Pag erscheint wie aus einem italienischen Schwarzweißfilm von Antonioni aus den 1950er-Jahren: eine karge, felsige Insel, in Sepiatöne getaucht, deren einsame Landstriche bis zum Horizont reichen. Das Meer hat die Farbe von Stahl, und bei stürmischem Wetter ist die Insel der dramatischste Ort ganz Kroatiens – einfach überwältigend. Die Stadt Pag besitzt eine einzigartige Architektur, die genauso gradlinig und schlicht anmutet wie die ganze Insel. Der berühmte Architekt Juraj Dalmatinac entwarf im 15. Jh. die geraden Straßenzüge und den beeindruckenden Marktplatz aus strahlend weißem Marmor.

Die Insel ist seit Jahrhunderten für ihre Erzeugnisse berühmt. Der schlechte Boden gibt nicht viel her, und doch wird hier ein guter Weißwein, der *Šutica*, produziert. Die heimischen Schafe weiden auf kargen Salz- und Kräuterwiesen, aus ihrer Milch wird der wunderbare *paški sir* bereitet. Der Schafskäse wird mit Olivenöl getränkt und reift im Stein (s. Kasten S. 228), er ist eine bekannte Köstlichkeit der kroatischen Küche. Die fein gearbeitete Spitze aus Pag ist in ganz Kroatien berühmt. Aber auch auf dieser Insel ändern sich die Zeiten: Aus dem einstigen Geheimtipp ist eine Party-Insel geworden, und der Strand von Zrće unweit von Novalja hat sich den Ruf eines „kroatischen Ibiza" erworben. Manche mögen das, andere nicht.

Geschichte

Auf der Insel siedelten zunächst Illyrer, bevor das Gebiet im 1. Jh. v. Chr. an die Römer fiel. Sie bauten hier Festungsanlagen und Aquädukte. Im 7. Jh. ließen sich Slawen rund um Novalja nieder und errichten Kirchen und Basiliken. Im 11. Jh. entstand eine neue Siedlung namens Stari Grad im Inselsüden, etwa 2 km südlich vom heutigen Pag – unweit der Salinen, die sich zur wirtschaftlichen Basis der Insel entwickelten. Die folgenden Jahrhunderte verliefen für die Insel recht turbulent, da sie mit Zadar und Rab um die Kontrolle des Salzhandels kämpfte: Zadar unternahm im 13. und 14. Jh. blutige Angriffe gegen die Insel, 1409 wurde Pag neben Zadar und dem Rest Dalmatiens an Venedig verkauft.

Orientierung

Die 63 km lange Karstinsel wirkt wie eine Mondlandschaft, die von zwei Bergzügen,

Macchia und einem Dutzend kleiner Dörfer und Weiler geprägt wird. Rund um die größeren Orte Pag und Novalja gibt es einsame Badebuchten, die sich gut zum Schwimmen eignen. An der Südwestküste liegen die kleinen Dörfer Šimuni, Mandre und Straško. Dennoch ist die Insel nie von Touristen überlaufen. Die Stadt Pag liegt ungefähr in der Mitte der Insel an der südöstlich gelegenen großen Bucht von Pag (Paški Zaljev), Novalja versteckt sich in einer kleinen Bucht 20 km nordwestlich. Die Pag-Brücke im Südosten verbindet die Insel mit dem Festland.

An- & Weiterreise

BUS
Zwischen Pag und Zadar verkehren dreimal täglich Busse von **Antonio Tours** (www.antonio tours.hr). Die Busse starten in Zadar um 10.15, 14 und 20 Uhr ab, die Rückfahrt von Pag (Stadt) nach Zadar (39 Kn, 1 Std.) erfolgt um 6.20, 12.20 und 18.20 Uhr. In Novalja fahren sie um 5.50, 11.50 und 17.50 Uhr ab. Von Montag bis Samstag sind täglich zwei Busse nach Rijeka (100 Kn, 3 Std., 5 und 12 Uhr) unterwegs, sonntags fährt nur ein Bus; alle Busse halten in Novalja. Nach Split fährt ein Bus am Tag (100 Kn, 2 Std., 14 Uhr), und es gibt zweimal täglich eine Busverbindung nach Zagreb (100 Kn, 3 Std., 5 und 8 Uhr).

FÄHRE
Ein Katamaran verbindet Rijeka und Novalja (40 Kn, 2 Std.), das Schiff legt unterwegs auch in Rab an (35 Kn, 50 Min.). Der Katamaran fährt im Sommer täglich und zwischen Oktober und Mai dreimal die Woche. Wer die Küste per Auto erkundet, kann auch eine der regelmäßigen Autofähren (12 Kn) von Žigljen an der Nordostküste nach Prizna auf dem Festland nehmen; im Winter fahren die Fähren etwa stündlich, zwischen Juni und September nonstop.

Unterwegs vor Ort

Zwischen der Stadt Pag und Novalja verkehren sechs Mal täglich Busse (20 Kn, 30 Min., 5, 11.15, 12, 15, 18 und 21 Uhr).

Pag eignet sich sehr gut zum Radfahren – es gibt kaum Steigungen. Fahrräder können bei **Jadranka** (☎ 098 306 602) in der Stadt Pag oder in den auf S. 228 angegebenen Reisebüros gemietet werden. Die Preise liegen bei 30/ 120 Kn pro Stunde/Tag. Das Radwegenetz auf der Insel ist 115 km lang.

PAG (STADT)

☎ 023 / 2420 Ew.

Die Stadt Pag besteht aus schmalen Gassen und einer Ansammlung kleiner Steinhäuser. Von Frühling bis Herbst spielt sich das Leben auf den Straßen ab – die Bewohner reparieren vor ihren Häuser Geräte oder fertigen Spitze. Zentraler Treffpunkt ist der wunderschöne Marktplatz aus weißem Marmor. Das Flair der kleinen Stadt bezaubert jeden Besucher. Nach einem Bummel durch die Läden laden die Kiesstrände in der Umgebung zum Erholen ein.

Pag verdankt seine Gründung dem Reichtum aus dem Salzhandel: Stari Grad war nicht mehr in der Lage, die anwachsende Bevölkerung unterzubringen. Die Venezianer, die ihren alten Besitz zurückgewonnen hatten, beauftragten den besten Baumeister seiner Zeit, Juraj Dalmatinac, mit der Planung der neuen Stadt, die Grundsteinlegung erfolgte 1443. Ganz nach den damaligen, neuesten Ideen der Stadtplanung wurden die Haupt– und Querstraßen in einem rechtwinkligen Raster angelegt und enden an den vier Stadttoren. Im Zentrum liegt ein Platz mit einer Kathedrale, der Marienkirche (Crkva Svete Marije), einem Rektorenpalast sowie der Residenz des Bischofs (die allerdings unvollendet blieb, da es Pag nie schaffte, überhaupt Bischofssitz zu werden). 1499 begann Dalmatinac mit dem Bau der Stadtmauern, doch nur die Nordecke und Teile der Burganlage blieben erhalten.

Orientierung

Die Altstadt zwischen Vangrada und Podmir ist Fußgängerzone, die ursprüngliche Schlichtheit der Architektur ist weitgehend erhalten geblieben. Haupttreffpunkt für Einheimische und Touristen sind die Cafés und Bänke am Hauptplatz Trg Kralja Krešimira IV. Außerhalb der Altstadt liegen die neueren Stadtviertel mit einigen Hotels, schmalen Stränden, Reisebüros und Restaurants. Der Busbahnhof (keine Gepäckaufbewahrung) befindet sich neben dem Hotel Jadran, gleich außerhalb der Altstadt – hier wartet man lediglich auf den Bus, Fahrkarten gibt es im Bus beim Fahrer. Eine Brücke führt über die Bucht Richtung Südwesten. Hier erstreckt sich ein Wohngebiet mit großen Hotels, weitläufigen Stränden und vielen Privatunterkünften.

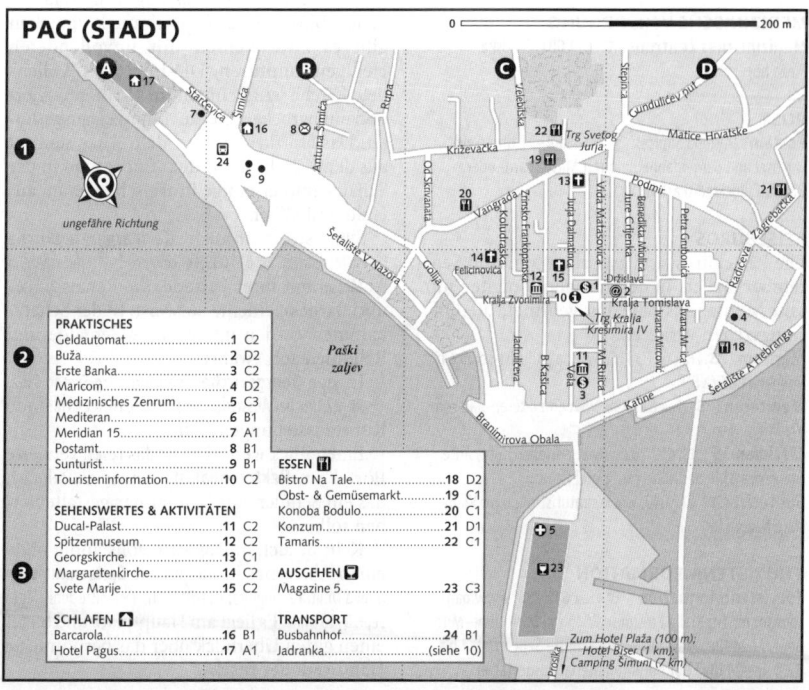

PAG (STADT)

0   200 m

PRAKTISCHES
Geldautomat	1 C2
Buža	2 D2
Erste Banka	3 C2
Maricom	4 D2
Medizinisches Zentrum	5 C3
Mediteran	6 B1
Meridian 15	7 A1
Postamt	8 B1
Sunturist	9 B1
Touristeninformation	10 C2

SEHENSWERTES & AKTIVITÄTEN
Ducal-Palast	11 C2
Spitzenmuseum	12 C2
Georgskirche	13 C1
Margaretenkirche	14 C2
Svete Marije	15 C2

SCHLAFEN 🛏
Barcarola	16 B1
Hotel Pagus	17 A1

ESSEN 🍴
Bistro Na Tale	18 D2
Obst- & Gemüsemarkt	19 C1
Konoba Bodulo	20 C1
Konzum	21 D1
Tamaris	22 C1

AUSGEHEN 🍷
Magazine 5	23 C3

TRANSPORT
Busbahnhof	24 B1
Jadranka	(siehe 10)

Paški zaljev

ungefähre Richtung

Zum Hotel Plaža (100 m); Hotel Biser (1 km); Camping Šimuni (7 km)

KÄSE AUS PAG

Der einzigartige Käse aus Pag, der *paški sir*, ist unverwechselbar: Seinen typischen, salzig-scharfen Geschmack verdankt er den speziellen Bedingungen auf Pag. Hier peitscht der Wind vom Meer über die niedrigen Hügel, sodass sich ein dünner Salzschleier auf den Boden legt und nach und zu den Pflanzenwurzeln durchsickert. Die frei grasenden Schafe der Insel fressen die salzigen Inselkräuter und -pflanzen und übertragen diesen Geschmack allmählich auf ihr Fleisch und ihre Milch.

Die Milch für diesen Käse wird im Mai gesammelt, wenn die Geschmacksintensität am höchsten ist. Die Milch wird nicht pasteurisiert, sodass sich der Geschmack im Gärungsprozess noch verstärkt. Ist der Käse reif, wird er noch einmal mit Meersalz eingerieben, in Olivenöl eingelegt und dann weitere sechs bis zwölf Monate zur endgültigen Reife gelagert. Das Ergebnis ist zunächst ein würziger, fester Käse, der mit zunehmendem Alter zu einem reifen Aroma tendiert, zunehmend trockner und etwas krümelig wird. Man serviert ihn als Vorspeise in dünnen Scheiben mit schwarzen Oliven, er kann aber auch in geriebener Form wie Parmesan verwendet werden.

Praktische Informationen

GELD
Geldautomat (Trg Kralja Krešimira IV)
Erste Banka (Vela 18) Geldwechsel.

INTERNETZUGANG
Buža (☎ 600 384; Kralja Tomislava 5; Std. 20 Kn; ☽ 8–21 Uhr) Bar mit einem Terminal; der einzige Internetzugang im Ort.

MEDIZINISCHE VERSORGUNG
Medizinisches Zentrum (☎ 611 001; Gradska Plaža bb)

POST
Postamt (Antuna Šimića; ☽ Mo–Sa 8–21 Uhr) Geldwechsel und Bargeldabhebung mit MasterCard- oder Diners-Club-Kreditkarten.

REISEBÜROS
Die Reisebüros sind zwischen Mai und September täglich, in den übrigen Monaten nur von Montag bis Samstag geöffnet, die Öffnungszeiten variieren.
Maricom (☎ /Fax 611 331; www.pag-tourist-service.hr; Stjepana Radića 8)
Mediteran (☎ /Fax 611 238; www.mediteran-pag.com; Vladimira Nazora 12)
Meridian 15 (☎ 612 162; www.meridijan15.hr; Ante Starčevića 1) In der Nähe vom Hotel Pagus.
Sunturist (☎ 612 040; www.sunturist-pago.hr; Vladimira Nazora bb)

TOURISTENINFORMATION
Touristeninformation (☎ /Fax 611 286; www.pag-tourism.hr; Trg Kralja Krešimira IV 1; ☽ Mitte Juni–Mitte Sept. 7–24 Uhr, Mai–Mitte Juni & Mitte Sept.–Okt. 7 bis 12 & 18–24 Uhr) Gut mit Infomaterial ausgestattet.

Sehenswertes & Aktivitäten

Die einfache, gotische **Svete Marije** (Marienkirche; ☎ 611 576; Trg Kralja Krešimira IV; ☽ Mai–Sept. 9–12, 17–19 Uhr, Okt.–April nur während der Messe) wurde vom Baumeister Juraj Dalmatinac errichtet und bildet mit den eher bescheidenen umliegenden Gebäuden ein wunderschönes harmonisches Ensemble.

Die Lünette über dem Portal zeigt die Jungfrau mit Frauen aus Pag in mittelalterlichen Blusen und Kopfschmuck, daneben gibt es zwei Reihen mit unvollendeten Heiligenskulpturen. Die im 16. Jh. vollendete Kirche wurde innen im 18. Jh. renoviert und mit barockem Deckenschmuck ausgestattet. Das Holzkruzifix auf dem Altar stammt aus dem 12. Jh., außerdem findet man in der Schatzkammer einige liturgische Geräte aus Gold und Silber.

Sehenswert ist auch die **Margaretenkirche** (Sveta Margarita; ☎ 611 069; Felicinovića 1; ☽ nur während der Messe) mit ihrer Fassade, die Renaissance- und Barockelemente aufweist. In der Schatzkammer werden interessante Gemälde und Reliquien aufbewahrt.

In der **Georgskirche** (Sveti Jurja; Trg Svetog Jurja; ☽ 8–22 Uhr bei Ausstellungen) finden wechselnde Kunstausstellungen statt.

Einen Blick wert ist auch das reich verzierte Portal am **Rektorenpalast** (Kneževa Palača), das ein Schüler von Dalmatinac gestaltet haben soll.

Kein Besuch in Pag ware vollständig ohne einen Abstecher in das kleine **Spitzenmuseum** (Kralja Dmitra Zvonimira; Eintritt 5 Kn; ☽ Mitte Juni–Mitte Sept. 8–23 Uhr). Es liegt am Hauptplatz und bietet einen guten Überblick über das berühmteste Handwerk der Insel.

Festivals & Events

Am letzten Julitag wird der **Pager Karneval** gefeiert, eine gute Gelegenheit, um den traditionellen *kolo* (einen turbulenten slawischen Rundtanz) und die kunstvollen Inseltrachten zu bewundern. Der Hauptplatz füllt sich schnell mit Tänzern und Musikern, und eine Schauspielertruppe führt das volkstümliche Stück *Paška robinja* (Das Sklavenmädchen aus Pag) auf.

Schlafen

In Pag gibt es Hotels in allen Preisklassen, das Preis-Leistungs-Verhältnis stimmt in der Regel. Die meisten haben zwischen Oktober und Mai geschlossen.

Falls an der Bushaltestelle keine Frauen auf die Ankommenden warten, um Zimmer (*sobe*) anzubieten, geht man am besten auf die andere Brückenseite und folgt an der Prosika den zahlreichen Sobe-Schildern. Auch die Reisebüros gegenüber vermitteln Privatzimmer für 150/250 Kn (EZ/DZ) oder ein Studio für 340 Kn.

Camping Šimuni (☎ 697 441; www.campinsimuni. hr; Šimuni; Erw. Neben-/Hochsaison 2,90–7,80 €; ☼ April– Sept.) Der Platz liegt an der Südwestküste in einer wunderschönen Bucht mit Kiesstrand, etwa auf halbem Weg zwischen der Stadt Pag und Novalja. Von dort ist es nicht weit zum Hafen Šimuni. Alle Busse von Pag nach Novalja halten hier.

Barcarola (☎ 611 239, 091 585 4076; Vladimira Nazora 12; DZ Neben-/Hochsaison 30–40 €; ☼ April–Nov.; ☒) Die drei Doppelzimmer über einer *konoba* (kleines Lokal) sind ideal für Paare mit kleinem Budget, die nahe der Altstadt wohnen wollen. Die Zimmer sind einfach ausgestattet, haben aber alle Balkon und Bad.

Hotel Biser (☎ 611 333; www.hotel-biser.com; Matoša 8; EZ Neben-/Hochsaison 35–58 €, DZ 48–73 €; P ☒ ☐) Das Hotel mit 24 Zimmern bietet bequeme Räume mit Satelliten-TV und Balkon. Leider wirkt das Gebäude, wie so oft in Kroatien, von außen wie ein typischer Hotelklotz. Es befindet sich auf der anderen Uferseite gegenüber der Altstadt, zum Strand ist es nicht weit.

Hotel Pagus (☎ 611 310; www.coning-turizam.hr; Starčevića 1; EZ Neben-/Hochsaison 38–74 €, DZ 72–144 €; P ☒ ☒) Das schöne 4-Sterne-Hotel wurde 2007 renoviert und bietet jetzt jeden Komfort. Die klassisch eingerichteten Zimmer sind schick und elegant, vom Balkon blickt man aufs Meer. Besonders gelungen ist die Wellness-Abteilung. Das Hotel liegt an einem schmalen Strand, nur wenige Minuten von der Altstadt entfernt.

Hotel Plaža (☎ 600 855; www.plaza-croatia.com; Marka Marulića 14; EZ Neben-/Hochsaison 40–57 €, DZ 80–114 €; P ☒ ☐ ☒) Noch ein 4-Sterne-Hotel, aber etwas weiter von der Altstadt entfernt. Das Plaža hat geschmackvolle Zimmer mit Balkon und ein ausgezeichnetes Restaurant. Es liegt direkt am Strand und ist ideal für einen erholsamen Urlaub.

Essen

Die meisten Restaurants bieten Pizza, Nudelgerichte, Fisch, Fleisch und Salate. Seltsamerweise ist der Käse aus Pag, eine beliebte Vorspeise, hier nicht billiger als anderswo an der Küste – aber die Qualität ist besser.

Bistro Na Tale (☎ 611 194; Radićeva 2; Hauptgerichte ab 30 Kn) Das sehr beliebte Lokal serviert Fleisch (besonders gut das heimische Lamm) und Gerichte mit Meeresfrüchten, aber auch Pizza oder Pasta. Der frische Fisch wird schlicht, aber köstlich zubereitet.

DAS KROATISCHE IBIZA

Mag die Stille auf der Insel Pag fast schon überwältigen – an ihren Stränden ist jedes Jahr im Sommer der Bär los. Die Strände von Zrće, Caska, Straško und Trinćel liegen an weiten, flachen Buchten. Tagsüber kommen Familien mit Kindern hierher, um im Wasser zu spielen und zu schwimmen. Nachts aber sind sie Tummelplatz der großen Kinder, die hier die angesagtesten Partys ganz Kroatiens feiern. Am beliebtesten ist der **Strand von Zrće** gleich beim Ortseingang von Novalja. Er wurde mit der Blauen Flagge ausgezeichnet und bietet die größten Clubs. Von Juni bis September finden im **Aquarius**, **Kalypso** und **Papaya** endlose Partys statt (mehr Informationen unter http://novaljapag.com). Zahllose Videos bei YouTube zeugen von ekstatischem Tanzen Hunderter fast nackter Körper und ausgiebigem Alkoholkonsum in diesen Clubs – Sex and Drugs and Rock'n'Roll (in diesem Fall eher Techno). Von all dem sind die Einheimischen nicht allzu sehr begeistert, die Clubgänger amüsieren sich jedoch großartig.

Tamaris (☎ 612 277; Križevačka bb; Hauptgerichte ab 30 Kn) Pizza, frische Pasta und frittierte Calamari werden hier gerne von den Einheimischen bestellt, zu günstigen Preisen. Besonders gut sind die grünen Nudeln mit Scampi.

Konoba Bodulo (☎ 611 989; Vangrada 19; Hauptgerichte ab 30 Kn) Der Familienbetrieb bringt leckere Gerichte aus einheimischen Produkten auf den Tisch. Die Gäste sitzen in einer Laube mit Weinranken.

Selbstversorger können Obst, Gemüse und einheimischen Käse auf dem allmorgendlich stattfindenden Markt kaufen. Was dann noch fehlt, von der Zahnbürste bis zur Seife, bekommt man im Supermarkt „Konzum".

Ausgehen

Magazine 5 (☼ Juli & Aug. ab 23 Uhr, Sept.–Juni Sa & So ab 23 Uhr) Die einzige Disko am Ort befindet sich in einem alten Salzlagerhaus, gleich auf der anderen Seite der Brücke. Ein guter Ort, um sich mit den Partygewohnheiten der Einheimischen vertraut zu machen.

Shoppen

Bei einem Einkaufsbummel lassen sich die inseltypischen Souvenirs erstehen. Kein Besucher sollte die Insel verlassen, ohne ein Stückchen Spitze gekauft zu haben. Die Preise sind relativ günstig, und jede verkaufte Spitze trägt dazu bei, eine alte Tradition am Leben zu erhalten. Ein kleines, rundes Spitzendeckchen oder ein Stern mit 10 cm Durchmesser kosten etwa 120 Kn, die Frauen arbeiten daran 24 Stunden. Größere Teile werden für 200 bis 300 Kn angeboten. Am besten erwirbt man die Spitze bei einem Bummel über die Kralja Tomislava oder Kralja Dmitra Zvonimira, und zwar vormittags, wenn die Frauen beim Klöppeln sind und man direkt bei ihnen kaufen kann. Die Preise sind auf Schildern angegeben, Handeln ist normalerweise zwecklos.

Käse aus Pag ist nicht so einfach zu finden, eine Möglichkeit ist der vormittags stattfindende Markt. Wer über die Insel fährt, sollte nach Schildern mit der Aufschrift „Paški Sir" Ausschau halten. Ein Kilo kostet meist 100 Kn, der Preis kann bis auf 70 oder 80 Kn heruntergehandelt werden.

NOVALJA

☎ 023 / 1900 Ew.

Novalja mag zwar den einzigartigen Charme der Stadt Pag vermissen lassen, doch locken seine Strände, besonders der von Zrće. In Sommernächten verwandeln sich die Strände in einen einzigen großen Nachtclub (s. Kasten S. 229). Durch Novaljas Lage an der Nordwestküste sind Stadt, Hafen und Bucht vor den heftigen Winden, die manchmal durch die Gassen von Pag fegen, weitgehend geschützt.

Orientierung & Praktische Informationen

Das Stadtzentrum ist überschaubar: Touristeninformation, Postamt und alle Geschäfte liegen hier dicht beieinander. Die Bushaltestelle befindet sich am östlichen Stadtrand. Folgt man der Hafenstraße geradeaus, kommt man zu den Geschäften und Reisebüros.

Chery (☎ 662 174; Bile Radić) Vermittelt Privatunterkünfte und Infos zu Booten.

Touristeninformation Novalja (☎ 663 570; www.tz-novalja.hr; Šetalište Hrvatskih Mornara 1; ☼ Juli & Aug 8–20 Uhr, Sept.–Juni Mo–Fr 8–15 Uhr) Vermittelt Privatzimmer.

Schlafen & Essen

Die Touristeninformation und alle Reisebüros helfen bei der Suche nach einer Privatunterkunft. Die Preise schwanken zwischen 75 bis 100 Kn pro Person.

Hotel Loža (☎ 663 381; www.turno.hr; Trg Loža; EZ Neben-/Hochsaison 203–356 Kn, DZ 406–712 Kn; ℗) Die Zimmer und die Einrichtung sind nichts Besonderes, aber trotzdem gemütlich. Einige Zimmer haben Balkon und Meerblick. Das Hotel liegt zentral im Ort.

Hotel Liburnija (☎ 661 328; www.turno.hr; Šetalište Hrvatskih Mornara bb; EZ Neben-/Hochsaison 137–316 Kn, DZ 274–632 Kn; ℗) Das Hotel liegt einige hundert Meter südöstlich des Ortskerns direkt am Strand.

Starac i More (☎ 662 423; Braće Radić; Hauptgerichte ab 40 Kn) Das Restaurant an der Mole serviert einfache, gute Fischgerichte ohne viel Schnickschnack.

REGION ŠIBENIK-KNIN

Šibenik erstreckt sich über mehrere Hügel und liegt in der Mitte einer 10 km langen Bucht. Der Ort ist ein idealer Ausgangspunkt, um die Region zu erkunden. Vor der Haustür befinden sich die Inselwelt der Kornaten, ein mediterranes Paradies, und der Krka Nationalpark, der sich hervorragend zum Schwimmen oder Wandern eignet.

ŠIBENIK

☎ 022 / 41 012 Ew.

Auch wenn Šibenik abseits der üblichen Reiserouten liegt – es ist eine besuchenswerte Stadt. Viel Neues ist zu sehen, es gibt zahlreiche neu eröffnete Restaurants und Bars, und die ganze Stadt befindet sich in Aufbruchstimmung. Es lohnt sich, die Hotels und Restaurants in den Touristenzentren entlang der Küste zu meiden und eine Unterkunft in der Stadt zu suchen – der Hafen und die steilen Gassen laden zu einem hübschen Bummel ein. Šibenik besitzt eine der bedeutendsten Kathedralen Kroatiens, auch das Gewirr an kleinen Gässchen und die sonnigen Plätze aus dem 15. und 16. Jh. sind einen Besuch wert – Šibenik ist wie ein „ungeschliffener Edelstein".

Die Stadt ist auch idealer Ausgangspunkt für Touren in die beiden Nationalparks (Kornaten und Krka Nationalpark), besonders lohnenswert sind die Wasserfälle im Krka Nationalpark. Beide Ziele können auch auf eigene Faust besucht werden.

Geschichte

Im Gegensatz zu vielen anderen Küstenstädten Dalmatiens wurde Šibenik nicht zuerst von Illyrern oder Römern, sondern von kroatischen Stämmen besiedelt. Eine erste Erwähnung erfuhr die Stadt im 11. Jh. durch den kroatischen König Krešimir IV. 1116 eroberte Venedig die Stadt. Von da an wechselte die Herrschaft zwischen Venedig, Ungarn, Byzanz und dem Königreich Bosnien, bis Venedig nach einem dreijährigen Krieg 1412 endgültig die Kontrolle übernahm. Gegen Ende des 15. Jhs. fielen die Türken, die sich auf dem Vormarsch gegen Venedig befanden, in das Gebiet ein.

Während der folgenden 200 Jahre griffen die Türken immer wieder die Stadt an und behinderten Handel und Landwirtschaft. Bis heute sind die venezianischen Festungen erhalten, die damals zur Verteidigung der Stadt errichtet wurden. Besonders auffällig ist die Festung St. Nikola am Zugang zum Šibenski Kanal. Die Türken zogen sich nach dem Vertrag von Karlowitz 1699 zurück, doch litt die Stadt weiterhin unter der venezianischen Herrschaft, bis sie 1797 zur österreichischen Krone kam. Dort blieb sie bis zum Jahr 1918.

Šibenik wurde 1991 von der jugoslawischen Armee angegriffen und mit schwerem Geschützfeuer belegt. Erst 1995 wurde die Stadt von der kroatischen Armee im Rahmen der „Operation Sturm" befreit. Schäden sind kaum mehr zu sehen, doch wurde die Aluminiumindustrie, ein bedeutender wirtschaftlicher Faktor der Region, stark geschädigt. Šibenik bemüht sich sehr, wieder an die alten Zeiten anzuknüpfen.

Orientierung

Wie ein Amphitheater zieht sich die Stadt vom Hafen die umgebenden Hügel hinauf. Hauptstraße ist die Kralja Zvonimira, zwischen ihr und dem Hafen erstreckt sich die Altstadt. Die gesamte Altstadt ist Fußgängerzone, hier befinden sich auch die Kathedrale und einige andere sehenswerte Kirchen.

Der älteste Teil der Stadt liegt an der Zagrebačka und den nördlich davon abgehenden Straßen. Der Busbahnhof versteckt sich in einem Gewirr von modernen Betonklötzen im Süden der Stadt. Haupteinkaufsstraßen sind die Ante Starčevića und die Ante Šupuka östlich der Altstadt, der Bahnhof liegt im Südosten.

Praktische Informationen

Geldwechsel ist in der Post, in den Reisebüros und bei Croatia Express möglich. Einen Geldautomaten gibt es u. a. auf der Kralja Zvonimira und in der Zagrebačka Banka auf der Ante Šupuka.

Atlas Reisebüro (☎ 330 232; Trg Republike Hrvatske 2; ☼ Mo–Fr 8.30–18, Sa 9–12 Uhr) Wechselt Geld und organisiert Ausflüge.

Krankenhaus (☎ 334 421; Stjepana Radića 83)

NIK Reisebüro (☎ /Fax 338 540; www.nik.hr; Ante Šupuka 5; ☼ Mo–Fr 9–18, Sa 9–12 Uhr) Das größte Reisebüro der Stadt. Es vermittelt Privatunterkünfte und verkauft internationale Flug- und Bustickets.

Post (Vladimira Nazora 51; ☼ Mo–Fr 8–19, Sa 9 bis 12 Uhr) Hier kann man telefonieren und Geld tauschen.

Touristeninformation (☎ 214 441; www.sibenik-tourism.hr; Obala Franje Tuđmana 5; ☼ Mitte Juni–Mitte Sept. Mo–Sa 8–21, So 8–14 Uhr, Mitte Sept.–Mitte Juni Mo–Fr 8–15 Uhr)

Sehenswertes

KATHEDRALE ST. JAKOB

Die **Kathedrale St. Jakob** (Katedrala Svetog Jakova; Trg Republike Hrvatske; ☼ Mai–Okt. 8–12 & 18–20 Uhr, Nov.–April nur während der Messe) ist ein Meisterwerk von Juraj Dalmatinac. Das architektonische Juwel an der dalmatinischen Küste wurde zum Weltkulturerbe erklärt und lohnt jeden Umweg. Sehr bemerkenswert ist der Fries

ŠIBENIK

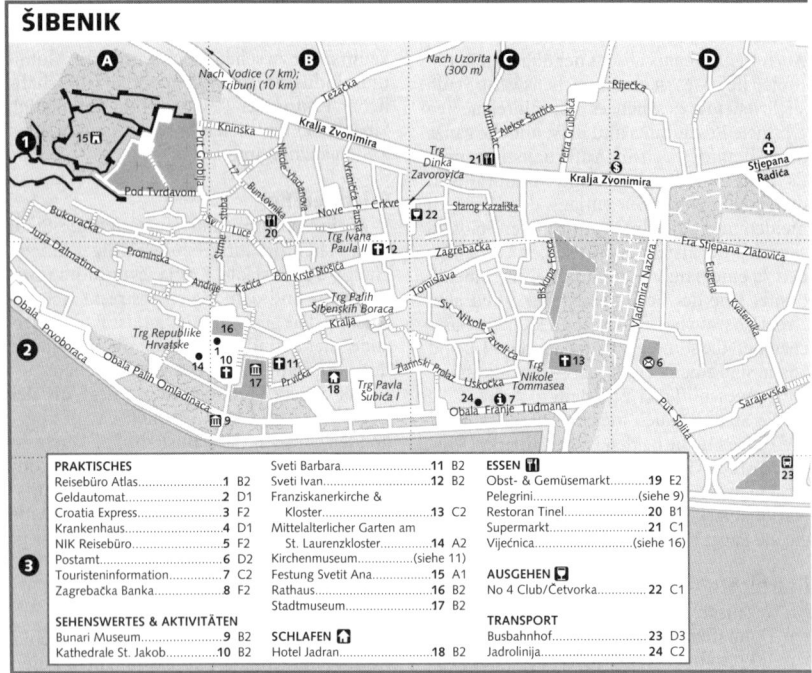

PRAKTISCHES		Sveti Barbara...................11 B2		ESSEN	
Reisebüro Atlas..................1 B2		Sveti Ivan.....................12 B2		Obst- & Gemüsemarkt.........19 E2	
Geldautomat.....................2 D1		Franziskanerkirche &		Pelegrini....................(siehe 9)	
Croatia Express..................3 F2		Kloster.......................13 C2		Restoran Tinel..................20 B1	
Krankenhaus.....................4 D1		Mittelalterlicher Garten am		Supermarkt.....................21 C1	
NIK Reisebüro....................5 F2		St. Laurenzkloster............14 A2		Vijećnica....................(siehe 16)	
Postamt.........................6 D2		Kirchenmuseum..............(siehe 11)			
Touristeninformation.............7 C2		Festung Svetit Ana.............15 A1		AUSGEHEN	
Zagrebačka Banka................8 F2		Rathaus.......................16 B2		No 4 Club/Četvorka............22 C1	
		Stadtmuseum.................17 B2			
SEHENSWERTES & AKTIVITÄTEN				TRANSPORT	
Bunari Museum..................9 B2		SCHLAFEN		Busbahnhof....................23 D3	
Kathedrale St. Jakob............10 B2		Hotel Jadran..................18 B2		Jadrolinija.....................24 C2	

mit 71 Köpfen, der an der Außenwand der Apsiden entlangläuft. Die steinernen Köpfe sind lebhafte Charakterstudien der Bürger aus dem 15. Jh. Ob gelassen oder ärgerlich, stolz oder ängstlich – ihre Gesichtszüge vermitteln die Zeitlosigkeit menschlicher Emotionen im Laufe der Jahrhunderte.

Dalmatinac war nicht der erste (und auch nicht der letzte) Bildhauer, der an der Kathedrale tätig war. Die Arbeiten begannen 1431. Nach 10 Jahren Streitigkeiten mit verschiedenen venezianischen Baumeistern beauftragte die Stadt den in Zadar geborenen Dalmatinac. Er vergrößerte die Kirche und konzipierte sie im Übergangsstil von der Gotik zur Renaissance völlig neu.

Neben dem Fries an der Außenfassade gehen auf Dalmatinac auch die beiden Treppen in den Seitenschiffen zurück. Eine führt in die Sakristei, die andere in das wunderschöne Baptisterium, in der drei Engel das Taufbecken stützen. Es wurde von Andrija Aleši nach einem Entwurf von Dalmatinac gefertigt. Außerdem sehenswert sind die Krypta von Bischof Šižigorić (auch von Dalmatinac), der sich besonders für den Bau der Kathedrale

einsetzte, das Altargemälde, das den hl. Fabian und den hl. Sebastian zeigt (von Zaniberti), das Bild *Das Geschenk der hl. Drei Könige* (von Ricciardi) und direkt daneben die beiden Marmorreliefs mit Engeln (von Firentinac). Ein Blick lohnt sich auch auf das *Löwenportal* an der Nordseite, das von Dalmatinac und Bonino da Milano geschaffen wurde: Zwei Löwen tragen die Säulen mit den Figuren von Adam und Eva, denen ihre Nacktheit offensichtlich ist.

Die Kathedrale wurde komplett aus Steinen, die von den Brüchen auf den Inseln Brač, Korčula, Rab und Krk stammen, errichtet. Angeblich ist sie die größte Kirche der Welt, die ausschließlich aus Stein und ohne Zuhilfenahme von Ziegeln oder Holz gebaut wurde. Das ungewöhnliche Kuppeldach wurde nach Dalmatinacs Tod von Nikola Firentinac fertig gestellt, der auch an der Fassade in reinem Renaissancestil errichtete. Erst 1536 war der Kirchenbau vollendet.

RATHAUS

Gegenüber der Kathedrale befindet sich das Rathaus, ein harmonisches Renaissance-

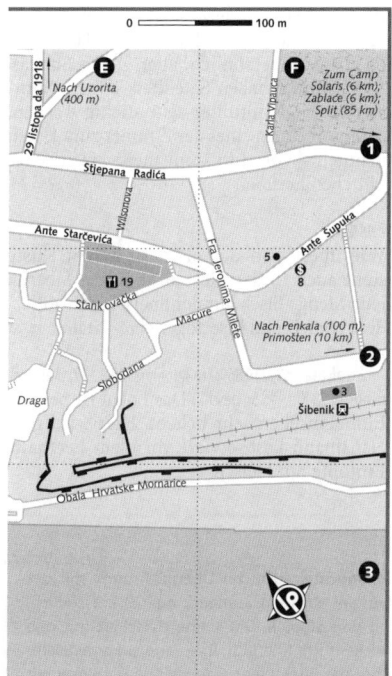

8–24 Uhr). Das interaktive Museum befindet sich im Komplex eines alten Wasserreservoirs. Kinder werden hier ihren besonderen Spaß haben, denn es gibt jede Menge Spiele. Die Erwachsenen erfahren derweil Interessantes über Šibeniks Vergangenheit. Auf der Dachterrasse des Museums befindet sich das Restaurant Pelegrini (S. 235).

STADTMUSEUM

An der Ostseite der Kathedrale liegt das **Stadtmuseum** (Gradski Muzej; ☎ 213 880; www.muzej-sibenik. hr; Gradska Vrata 3; Eintritt frei; April–Sept. 10–13 & 19–22 Uhr, Okt.–März 10–13 Uhr), das zur Zeit der Drucklegung wegen Renovierungsarbeiten geschlossen war, aber 2009 wieder öffnen soll.

WEITERE KIRCHEN

Die Stadt bietet eine Fülle sehenswerter Kirchen, die meisten sind jedoch nur während der Messe geöffnet. Die **Johanneskirche** (Crkva Svetog Ivana; Trg Ivana Paula II) ist ein schönes Beispiel für die Architektur im Übergang von Gotik zu Renaissance; sie wurde Ende des 15. Jhs. errichtet. Die **Franziskanerkirche & Kloster** (Franjevački Samostan; Ćulinovica), die aus dem späten 14. Jh. stammt, besitzt Fresken aus dem 14. und 15. Jh. und mehrere venezianische Barockgemälde.

In der Barbarakirche (Crkva Svete Barbare) befindet sich das **Museum für Kirchenkunst** (Kralja Tomislava; Eintritt 10 Kn; Mo–Fr 9–13 Uhr). Es zeigt Gemälde, Stiche und Skulpturen aus dem 14. bis 18. Jh.

FESTUNG ST. ANA

Es sollte sich, zur Festung St. Ana im Nordwesten der Stadt hinaufzusteigen; der Blick über Šibenik und die Umgebung ist wirklich einmalig.

Festivals & Events

Während der letzten Juni- und der ersten Juliwoche findet in Šibenik das bekannte **Internationale Kinderfestival** statt. Es gibt Workshops, Musik, Tanz, Kinderkino und -theater, Marionettentheater und Umzüge.

Schlafen

Die meisten Privatquartiere werden in den Nachbarorten Primošten, Tribunj und Vodice angeboten, die von Šibenik aus leicht mit dem Bus erreichbar sind. Im Juli und August warten oft Frauen am Bahnhof oder Busbahnhof auf die Ankommenden und bieten für güns-

gebäude mit Säulen und einer Balustrade. Es wurde zwischen 1533 und 1546 erbaut. 1943 wurde es bei einem Luftangriff der Alliierten zerstört, später aber in seiner ursprünglichen Form wieder aufgebaut.

MITTELALTERLICHER GARTEN AM ST. LAURENZKLOSTER

Dies ist die neueste Sehenswürdigkeit der Stadt: Der **mittelalterliche Garten** (Vrt Svetog Lovre; ☎ 212 515; www.cromovens.hr; Trg Republike Hrvatske 4; Erw./Stud. 15/10 Kn) wurde nach einem Jahrhundert wiederhergestellt und Ende 2007 eröffnet. Entworfen und realisiert wurde er von Dragutin Kiš, einem preisgekrönten Landschaftsarchitekten. Beete mit Heilpflanzen und leise plätschernde Springbrunnen säumen die abwechslungsreichen Wege. Es gibt auch ein Café und ein gutes Restaurant. Während der Sommermonate finden Musikveranstaltungen statt. Da die Öffnungszeiten wechseln, sollte man vor einem Besuch anrufen.

BUNARI MUSEUM

Eine weitere Attraktion ist das **Bunari Museum** (☎ 485 055; Obala Palih Omladinaca 2; Erw./Stud. 15/10 Kn;

tige Preise Zimmer (sobe) an. Das Reisebüro NIK (S. 231) vermittelt Zimmer ab 250 Kn und Studios ab 425 Kn.

Weitere Unterkünfte bietet die Ferienanlage **Solaris** (☎ 363 951; www.solaris.hr) 6 km südwestlich der Stadt.

Der riesige Komplex direkt am Strand umfasst sechs Hotels, zwei stark frequentierte Campingplätze und einige Ferienwohnungen für Selbstversorger.

Zablaće (☎ /Fax 354 015; Solaris; Erw./Stellplatz 39/65 Kn) Der Zeltplatz ist kleiner und günstiger als Camp Solaris.

Camp Solaris (☎ 364 450; www.solaris.hr; Solaris; Erw./Stellplatz 42/75 Kn; ☿-Mitte März–Okt.; ☒) Dieser noble Campingplatz bietet sogar einen Meerwasserpool, Sportanlagen und mehrere Restaurants.

Hotel Jadran (☎ 212 644; www.rivijera.hr; Obala Oslobođenja 52; EZ Neben-/Hochsaison 380–470 Kn, DZ 760–940 Kn) Das moderne Hotel, das einzige in der Stadt, liegt günstig direkt am Hafen. Es ist etwas unpersönlich, aber gut in Schuss. Alle Zimmer haben Satelliten-TV. Im Sommer kann es mitunter sehr stickig werden, dann sollte man eines der Zimmer zum Hafen nehmen – von dort weht meist ein frisches Lüftchen herüber.

Essen

Wie überall an der dalmatinischen Küste steht auch in den Restaurants von Šibenik jede Menge Fisch auf der Speisekarte, außerdem Nudel- und Risottogerichte – Italien lässt grüßen.

Penkala (☎ 219 869; Fra Jeronima Milete 17; Hauptgerichte ab 25 Kn; ☿ So geschl.) Das Lokal ist bei den Einheimischen sehr beliebt. Hier wird gute Hausmannskost serviert, vor allem herzhafte Eintöpfe mit Fleisch.

AUSFLÜGE AB ŠIBENIK

Von Šibenik aus sind auf einem Tagesausflug (wer möchte, auch mit Übernachtung). mit der Fähre mehrere kleine Inseln erreichbar. Ein Ausflugsziel auf dem Festland, nur 20 km südlich, ist **Primošten**, der schönste Ort in der Umgebung von Šibenik. Die kleine Ortschaft mit den mittelalterlichen Gassen wird von einem großen Glockenturm überragt. Ihre Lage auf einer Halbinsel erinnert an die istrische Stadt Rovinj. Gegenüber der Bucht liegt eine weitere Halbinsel mit dichtem Pinienwald und vielen Kiesstränden. Die zahlreichen Hotels wurden geschickt in die Landschaft integriert.

Zlarin ist nur eine 30-minütige Bootsfahrt von Šibenik entfernt. Es wurde durch seine Korallen bekannt, die hier in großen Mengen vorkamen und zu Schmuck verarbeitet wurden. Die autofreie Insel ist ideal für ein paar ruhige Tage. Sie besitzt einen Sandstrand, Pinienwälder und einen großen Hafen.

Nur 15 Minuten von Zlarin entfernt liegt **Prvić**. Die beiden Inselorte Prvić Luka und Šepurine (weitere 10 Minuten mit der Fähre) besitzen noch den Charme einfacher Fischerdörfer.

Murter, 29 km nordwestlich von Šibenik, wird durch einen engen Kanal vom Festland getrennt. An der steilen Südwestküste liegen viele kleine Buchten, am bekanntesten ist die Bucht von **Slanica**, ein Paradies für Schwimmer. Das Dorf Murter im Nordwesten der Insel hat einen schönen Hafen. Der Strand ist leider weniger schön. Bei der **Touristeninformation** (☎ /Fax 434 995; www.murter.com; Rudina 2; ☿ Mitte Juni–Mitte Sept. 7.30–21.30 Uhr, Mitte Sept.–Mitte Juni 8–12 Uhr) sind genauere Informationen über die Insel erhältlich.

Der Ort selbst hat wenig zu bieten, eignet sich aber gut als Ausgangspunkt für eine Exkursion zu den Kornaten (S. 237). Wer in Murter einen Ausflug bucht, hat den Vorteil, dass die lange Anfahrt von Šibenik oder Zadar entfällt. **Coronata** (☎ 435 933; www.coronata.hr; Žrtava Ratova 17) ist einer der vielen Veranstalter, die Ganztagsausflüge zu den Kornaten (250 Kn) ab Murter anbieten.

Wer auf einer der Inseln übernachten möchte, sollte sich bei **KornatTurist** (☎ 435 855; www.kornatturist.hr; Hrvatskih Vladara 2, Murter) nach Privatunterkünften erkundigen. Ein Häuschen für zwei Personen kostet pro Woche ungefähr 600 €, der Bootstransfer ist im Preis eingeschlossen, ebenso die Versorgung mit Lebensmitteln zweimal pro Woche, das Gas und der Eintritt in den Nationalpark Kornaten. Für 190 € pro Woche ist auch ein Motorboot mietbar.

Viele Bewohner von Murter besitzen Land auf den Kornaten und sind oftmals mit ihren Booten dorthin unterwegs (im Ort herumfragen). Möglicherweise kann man sich dem ein oder anderen anschließen und auch in dessen Haus günstig übernachten.

NORDDALMATIEN

Uzorita (☎ 213 660; Bana Josipa Jelačića 50; Hauptgerichte ab 60 Kn) Das älteste Restaurant in Šibenik existiert seit 1899. Die Gäste sitzen auf der schattigen Terrasse und lassen sich die Fisch- und Fleischgerichte schmecken, die häufig mit Bohnen gereicht werden.

LP Tipp **Pelegrini** (☎ 485 055; Obala Palih Omladinaca 2; Hauptgerichte ab 60 Kn) Auf dem Dach des Bunari Museums (S. 233) befindet sich das 2007 eröffnete Restaurant – wer etwas auf sich hält, kommt hierher. In einem geschmackvoll-minimalistischen Ambiente speisen die Gäste exzellente, sahnige Risottos (besonders lecker ist das Risotto mit Zucchini, Minze und Speck), frischen Fisch und perfekt zubereitete Pasta. Auf der Weinkarte finden sich die besten Weine Kroatiens gelistet.

Vijećnica (☎ 213 605; Trg Republike Hrvatske; Hauptgerichte ab 70 Kn) Das Restaurant nimmt das Erdgeschoss des Rathauses ein und liegt gegenüber der Kathedrale. Terrasse und Speisesaal bieten ein schönes Ambiente, die Küche ist international.

Restoran Tinel (☎ 331 815; Trg Puckih Kapetana 1; Hauptgerichte ab 75 Kn) Das zweistöckige Restaurant serviert das beste Essen der Stadt und hat auch eine ausgezeichnete Weinkarte. Unbedingt probieren sollte man das wunderbare *brodet* (verschiedener Sorten gekochter Fisch mit Polenta), zu dem hervorragend der istrische Weißwein *malvazija* passt.

Selbstversorger finden alles, was sie brauchen, im **Supermarkt** (Kralja Zvonimira) oder auf dem **Obst- & Gemüsemarkt** (zwischen Ante Starčevića & Stankovačka).

Ausgehen

Entlang der Promenade an der Obala Prvoboraca reiht sich eine Bar an die andere. Hier trifft sich im Sommer die Jugend.

No 4 Club/Četvorka (☎ 217 517; Trg Dinka Zavorovića 4) Das Szenevolk schlürft im Erdgeschoss die Cocktails und probiert im oberen Stock die leckeren Snacks.

An- & Weiterreise

Zwischen Zagreb und Šibenik verkehren täglich ein Nachtzug (149 Kn, 7 Std., 22.55 Uhr) und zwei Züge tagsüber (6½ Std., 7.40 und 15.15 Uhr). Sechsmal täglich pendeln Züge zwischen Šibenik und Split (43 Kn, 2 Std.), sonntags allerdings nur vier Züge. Wer Wert auf einen Sitzplatz legt, sollte rechtzeitig reservieren, denn vor allem am Wochenende sind die Züge meistens sehr voll.

Jadrolinija (☎ 213 468; Obala Franje Tuđmana 8; ☻ Mo–Fr 9–18 Uhr) verkauft Fährtickets.

Šibenik hat gute Busverbindungen zu anderen kroatischen Orten und in die Nachbarländer:

Ziel	Preis (Kn)	Fahrtzeit (Std.)	Tägliche Verbindungen
Dubrovnik	217	6	8
Murter	24	¾	9
Osijek	325	8½	1
Primošten	16	½	6
Pula	220	8	3
Rijeka	176	6	13
Split	80	1¾	24
Zadar	60	1½	48
Zagreb	160	6½	15

KRKA-NATIONALPARK
☎ 022

Der Fluss Krka entspringt am westlichen Fuß des Dinarischen Gebirges und mündet nach einer Strecke von 72,5 km bei Šibenik ins Meer. Der Fluss und seine wunderschönen Wasserfälle prägen die Landschaft der Region Šibenik-Knin.

Die vielen Wasserfälle sind auch die Hauptattraktion im Krka-Nationalpark. Wie die Plitwitzer Seen (S. 215) sind auch die Kıka-Wasserfälle ein Karstphänomen. Das kalziumkarbonathaltige Flusswasser höhlt im Kalkstein bis zu 200 m tiefe Schluchten aus. Moose und Algen speichern das Kalziumkarbonat und lagern es in ihren wurzelähnlichen Aufnshmeorganen ab. Der dabei durch Milliarden von übereinander wachsenden Pflanzen entstehende Kalktuff bildet allmählich dicke Krustenlagen und schließlich Barrieren im Fluss: Wasserfälle entstehen. Im Vergleich zu den Plitwitzer Seen ist das Wasservolumen, das die Schlucht hinuntertost, hier erheblich größer. Im Durchschnitt fließen 55 Kubikmeter Wasser pro Sekunde über die letzte Kaskade Skradinski Buk – ein grandioses Spektakel.

Orientierung

Die Hauptzugänge zum Park befinden sich in Skradin und Lozovac; die Ortschaften liegen am West- bzw. Ostufer der Krka.

Eintrittsgebühr

Die **Eintrittsgebühr** (Erw./Erm. Juli-Aug. 80/65 Kn, April–Juni, Sept. & Okt. 65/50 Kn, Nov.–März 25/15 Kn) zahlt

man in Skradin. Im Preis inbegriffen ist die
Bus- oder Bootsfahrt zur Skradinski Buk.

Praktische Informationen

Die **Touristeninformation** (☎ 771 306; www.skradin.hr,
nur auf Kroatisch; Trg Male Gospe 3; ☺ Juli & Aug. 8–21 Uhr,
Sept.–Juni 9–13 & 17–20 Uhr) von Skradin befindet
sich am Hafen und vermittelt auch Privatzimmer. Die **Verwaltung des Krka Nationalparks**
(☎ 217 720; www.npkrka.hr; Trg Ivana Pavla II, Skradin;
☺ Mo–Fr 9–17 Uhr) informiert über den Park
und organisiert Ausflüge.

Sehenswertes & Aktivitäten

Die Landschaft mit ihren Felsen, Klippen,
Höhlen und Spalten ist absolut sehenswert,
doch auch kulturell hat der Nationalpark einiges zu bieten. Fast schon am Nordende liegt
das orthodoxe Kloster Aranđelovac (hl. Erzengel), das meist nur **Kloster Krka** genannt wird.
1402 wurde es erstmalig als Mitgift von Jelena
Šubić, der Schwester des serbischen Zaren
Dušan, erwähnt. Bis gegen Ende des 18. Jhs.
wurde es mehrmals erweitert und umgebaut.
Das Kloster zeigt eine einzigartige Kombination von byzantinischer und mediterraner

Architektur und besitzt eine wertvolle Innenausstattung aus dem 14. Jh., einiges davon
wurde leider im jüngsten Krieg zerstört.

Unterhalb des Klosters weitet sich der Fluss
zu einem See, der von einem der größten
Wasserfälle des Parks, dem **Roški Slap**, gespeist
wird. Das Flusstal verengt sich am Seeende zu
einer nur 150 m breiten Schlucht. Der Roški
Slap erstreckt sich über einen 650 m langen
Flussabschnitt, der mit flachen Stufen beginnt,
sich dann verzweigt, Inselchen bildet und in
einer 27 m hohen Kaskade gipfelt. Auf der
Ostseite der Fälle sind noch die Wassermüh-
len zu sehen, in denen früher das Getreide
gemahlen wurde.

Auf den ersten Kilometer wird der See von
Schilf und Binsen gesäumt, die vielen Wasservögeln Schutz bieten. Ein Stück flussabwärts
kommt die **Schlucht Medu Gredama** mit ihren
150 m hohen, dramatisch geformten Klippen
in Sicht. Die Schlucht öffnet sich zum See Visovac. Auf einer Insel im See liegt das hübsche
Kloster **Samostan Visovac**. Das kleine Kloster
mit Kirche wurde im 14. Jh. von Einsied-
lern erbaut und 1440 wegen der Bedrohung
durch die Türken aufgegeben. 1445 folgten

KNIN & DAS HINTERLAND

Im Hinterland der Region Šibenik-Knin befindet sich auch ein Teil der Vojna Krajina, jener Militärgrenze, die im 16. Jh. von den Habsburgern zum Schutz vor den Türken eingerichtet wurde. Das
Gebiet wurde von Walachen und Morlachen besiedelt, die der orthodoxen Kirche angehörten,
wodurch sich in der Folge ein hoher serbischer Bevölkerungsanteil ergab. Nach der Unabhängigkeitserklärung Kroatiens 1990 errichteten die Krajina-Serben mit Hilfe von Waffenlieferungen
aus Belgrad ihren eigenen Staat mit Knin als Hauptstadt. Als Kroatien das Gebiet 1995 zurück-
eroberte, floh fast die gesamte serbische Bevölkerung. Zurück blieben zerstörte Gebäude und
niedergebrannte Dörfer. Auch wenn die Sachschäden repariert sind, liegt die Wirtschaft immer
noch am Boden, und nur wenige Serben kehren zurück. Vielen der einstmals blühenden Dörfern
mangelt es immer noch an Bewohnern.

Knin liegt an einer historisch hochsensiblen Stelle an der Grenze zwischen Dalmatien und
Bosnien. Im Mittelalter war die Stadt ein bedeutendes Wirtschaftszentrum an der Kreuzung einiger
Handelsstraßen zwischen Slawonien, Bosnien und der dalmatinischen Küste. Unter der Herrschaft
der kroatischen Könige im 10. Jh. war Knin Hauptstadt. Hier residierte der kroatische Adel, der
die Verwundbarkeit der Stadt erkannte und eine Festung errichten ließ, die noch heute auf dem
steilen Berg Spas über der Stadt thront. Als die kroatischen Könige besiegt wurden, gab es mehrere Versuche Knin zu erobern. Schließlich hatten die Türken 1522 Erfolg. Später fiel die Stadt an
Venedig, dann an Österreich, Frankreich und schließlich wieder an Österreich.

Die riesige kroatische Fahne, die heute über der Festung weht, hat mehr mit den jüngsten
Ereignissen zu tun als mit mittelalterlicher Geschichte. Die Wirtschaft der Stadt liegt seit der Vertreibung der Serben 1995 am Boden. Auch wenn es für Touristen nicht viel mehr als die Festung
zu besichtigen gibt – jeder Besuch in Knin unterstützt die Erholung der einheimischen Wirtschaft.
Es gibt ein einfaches Hotel, das **Hotel Mihovil** (☎ 022-664 444; www.zivkovic.hr, auf Kroatisch; Vrpolje
bb; DZ 200 Kn), die Besitzer sind freundlich und die Zimmer anständig. Vom Café in der Festung
lässt sich der Blick auf die Berge Richtung Bosnien-Herzegowina genießen.

ihnen bosnische Franziskaner, die trotz der türkischen Herrschaft bis 1699 blieben. Die Kirche auf der Insel datiert aus der Zeit des ausgehenden 17. Jhs., der Glockenturm wurde 1728 gebaut. Am Westufer erstreckt sich ein Wald aus Steineichen, am Ostufer wachsen Traubeneichen.

Sechs Kilometer flussabwärts folgt der größte Wasserfall **Skradinski Buk**. Er stürzt auf 800 m Länge über 17 Stufen beinahe 46 m in die Tiefe. Wie am Roški Slap wurden auch hier Getreide gemahlen und Stoffe hergestellt. Die Mühlen sind längst aufgegeben. Als sie noch in Betrieb waren, verdienten die Venezianer durch die Mühlsteuer ein kleines Vermögen. Nach Skradinski Buk weiter flussabwärts wird der Fluss uninteressant. Hier steht seit 1904 das Jaruga-Kraftwerk. Eine Stunde Zeit sollte man einplanen, um den Skradinski Buk zu besichtigen und die Wasserfälle auf sich wirken zu lassen. Der untere See eignet sich gut zum Schwimmen.

Schlafen & Essen

Am Hafen liegen mehrere Restaurants und Lebensmittelgeschäfte. Am Skradinski Buk gibt es günstige Restaurants und Imbissstände. In Skradin befindet sich ein Hotel.

Hotel Skradinski Buk (☎ 771 771; www.skradinskiki buk.hr; Burinovac bb, Skradin; EZ Neben-/Hochsaison 275 bis 372 Kn, DZ 363–575 Kn; P ✕ ☐) Das Hotel ist nichts Besonderes. Doch haben die Zimmer immerhin Satelliten-TV und Internetzugang. Einige Zimmer sind etwas eng.

An- & Weiterreise

Diverse Reisebüros bieten organisierte Ausflüge zu den Wasserfällen an, sie starten u.a. in Šibenik und Zadar. Interessanter ist es allerdings, die Fälle auf eigene Faust zu besuchen, was kein Problem ist, wenn man in Šibenik übernachtet.

Von Šibenik aus fahren sechs Busse täglich nach Skradin, die Fahrt dauert 30 Minuten. Der Bus hält vor den Toren der Altstadt, hier zahlt man auch die Eintrittsgebühren für den Park. Im Preis eingeschlossen ist die Bootsfahrt nach Skradinski Buk. Wer nicht auf das Boot warten möchte: Zu Fuß ist der Wasserfall in 45 Minuten erreichbar. Nach Lozovac fahren täglich fünf Busse, dort kann man in den Bus nach Skradinski Buk umsteigen (im Eintrittspreis eingeschlossen). Wer auf diesem Weg anreist, verpasst allerdings die Bootsfahrt durch die Schlucht.

Von Skradinski Buk aus fahren zwischen April und Oktober täglich drei Boote nach Visovac (Erw./Erm. 70/40 Kn) und Roški Slap (100/60 Kn). Von Roški Slap setzt ein Boot zum Kloster Krka (70/40 Kn) über.

In den übrigen Monaten sollte man sich zuerst bei der Nationalparkverwaltung (S. 236) oder der Touristeninformation in Šibenik (S. 231) nach den Fahrplänen erkundigen.

KORNATEN

Die Inselwelt der Kornaten besteht aus 147 meist unbewohnten Inseln und Riffen. Mit einer Fläche von 69 km² – ein Teil davon bildet den Nationalpark – sind die Kornaten der größte Archipel in der Adria. Die Karstinseln sind durchsetzt von Spalten, Höhlen, Grotten und wild zerklüfteten Klippen. Da es keine Quellen gibt, sind die Inseln meist kahl, auf manchen wächst etwas Gras. Früher waren sie mit immergrünen Pflanzen bewachsen und von Steineichen bestanden, diese wurden jedoch durch Brandrodung vernichtet. Die fehlende Vegetation kann der Schönheit der Inseln nichts anhaben – im Gegenteil, kommen so die bizarren Felsformationen besser zur Geltung. Die strahlend weißen Steine vor dem tiefblauen Wasser der Adria sind ein faszinierender Anblick.

Praktische Informationen

Das **Parkbüro des Kornaten Nationalparks** (☎ 434 662; www.kornati.hr; Butina 2; ◷ Mo–Fr 8.30 bis 17 Uhr) befindet sich im Ort Murter auf der Insel Murter. Es bietet alle notwendigen Informationen für den Besuch des Nationalparks.

Sehenswertes

Die Kornaten liegen in vier Reihen hintereinander, die alle von Nordwest Richtung Südost verlaufen. Die ersten beiden Reihen liegen dichter am Festland und werden von den Einheimischen Gornji Kornaten genannt. Die größte und meisten zerklüftete dieser Inseln ist **Žut**.

Die beiden anderen Inselreihen, die am offenen Meer liegen, bilden den **Nationalpark Kornaten** (Erw./Kind 50/25 Kn). Sie sind weitaus stärker zerklüftet. Die Insel **Kornat** ist das größte Eiland des Parks – sie ist 25 km lang, aber nur 2,5 km breit. Zum Nationalpark gehören aber nicht nur die Inseln, auch das Meer ist unter Schutz gestellt. Fischen ist stark eingeschränkt, damit sich die Fischpopulationen von der Überfischung erholen können. Zackenbarsche, Muränen, Meeraale, Brassen, Seehechte, diverse Tintenfische und Sardinen sind einige der Arten, die hier wieder heimisch werden sollen.

Die Insel **Piškera**, ebenfalls auf dem Gebiet des Nationalparks, war im Mittelalter besiedelt und diente als Fischlager. Bis ins 19. Jh. unterstanden die Inseln den Adeligen aus Zadar. Vor etwa hundert Jahren erwarben dann Vorfahren der heutigen Bewohner von Murter und Dugi Otok die Inseln. Sie errichteten dort kilometerlange Steinmauern, um das Land zu parzellieren und für die Schafzucht zu nutzen.

Die Inseln befinden sich bis heute in Privatbesitz: 90 % gehören Bewohnern von Murter, der Rest ist im Besitz von Bewohnern der Insel Dugi Otok. Auch wenn niemand mehr ganzjährig hier lebt, haben doch viele Eigentümer hier Hütten und Felder und kommen hin und wieder vorbei, um ihren Grund und Boden zu pflegen. 80 % der landwirtschaftlich genutzten Fläche ist mit Ölbäumen zur Olivenkultur angebaut, ansonsten wird Wein, Obst und Gemüse kultiviert. Insgesamt gibt es auf den Kornaten nur ungefähr 300 Gebäude, die meisten von ihnen stehen an der Südwestküste der Insel Kornat.

An- & Weiterreise

Am besten lassen sich die Inseln mit dem eigenen Boot besuchen. Der größte Hafen liegt auf der Insel Piškera zwischen Piškera und Lavsa. Einen weiteren Hafen gibt es auf Žut. Auch in den unzähligen kleinen Buchten der anderen Inseln kann man vor Anker gehen.

Von Zadar, Šibenik, Split und anderen Küstenorten aus werden Ausflüge angeboten. Von der Insel Murter (s. Kasten S. 234) lassen sich auch private Übernachtungen organisieren. Zwischen den Kornaten und dem Festland bestehen keine Fährverbindungen.

Split & Mitteldalmatien

Mitteldalmatien ist die Region Kroatiens, die am meisten Action, Sehenswertes und Abwechslung bietet: Dutzende Burgen, faszinierende Inseln, spektakuläre Strände, imposante Berge, ruhige Häfen und eine aufstrebende kulinarische Szene, ganz zu schweigen vom Diokletianpalast in Split und der mittelalterlichen Altstadt von Trogir. Beide wurden nicht umsonst von der Unesco zum Weltkulturerbe erhoben.

Die Region erstreckt sich von Trogir im Nordwesten bis nach Ploče im Südosten. Split ist die größte Stadt und Drehkreuz der Bus- und Fährverbindungen entlang der Adria. Das bis zu 1500 m hohe zerklüftete Dinarische Gebirge bildet die Kulisse der Küstenlandschaft.

Der Diokletianpalast (römische Ruine und das „Herz" der Altstadt von Split) ist eine herausragende Sehenswürdigkeit, und es wäre eine dalmatinische Kardinalsünde, die Monumente, Bars, Restaurants und das lebhafte Treiben darin zu verpassen. Die römischen Ruinen in Solin hingegen sind eine eher ruhige, nachdenkliche Angelegenheit. Trogir ist eine beschauliche Stadt, in der bemerkenswerte mittelalterliche Skulpturen und eine sehenswerte Architektur erhalten blieben. Und dann gibt es noch die Stadt Hvar auf der gleichnamigen Insel – der beliebteste Ort der Region. Die Stadt steht für viele sehenswerte Renaissancegebäude, gutes Essen, eine lebhafte Atmosphäre und unzählige Touristen.

Erwähnt werden muss noch die abwechslungsreiche Küste: Es gibt den schmalen und verführerischen Strand Zlatni Rat auf Brač, wunderbare Strände in Brela an der Makarska Riviera, abgeschiedene Buchten auf den Inseln Brač, Šolta und Vis und großartige (FKK-) Strände auf den Pakleni-Inseln vor Hvar. Was noch für Dalmatien spricht: Hier ist es immer ein ganzes Stück wärmer als in Istrien oder in der Kvarner Bucht. Daher lädt die kristallklare Adria von Anfang Mai bis Ende September zum Baden ein.

HIGHLIGHTS

- Die vielen Sehenswürdigkeiten und das Nachtleben des Diokletianpalastes in **Split** entdecken (S. 243)

- **Vis** (S. 265), Kroatiens unberührteste Insel, erkunden

- Sich auf dem schicksten Strand in Kroatien räkeln, dem Zlatni Rat in **Bol** (S. 273)

- An der Glitzerwelt von **Hvar-Stadt** (S. 278) teilnehmen und an den Stränden der **Pakleni-Inseln** (S. 281) die Hüllen fallen lassen

- Das imposante **Biokovo-Gebirge** (S. 261) hinaufwandern und von oben nach Italien schauen

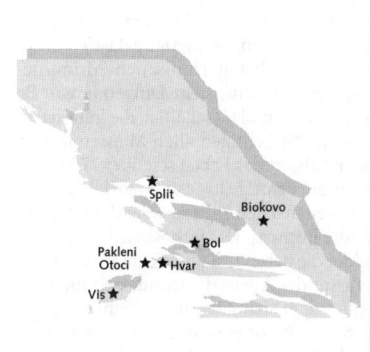

- VORWAHL: 021

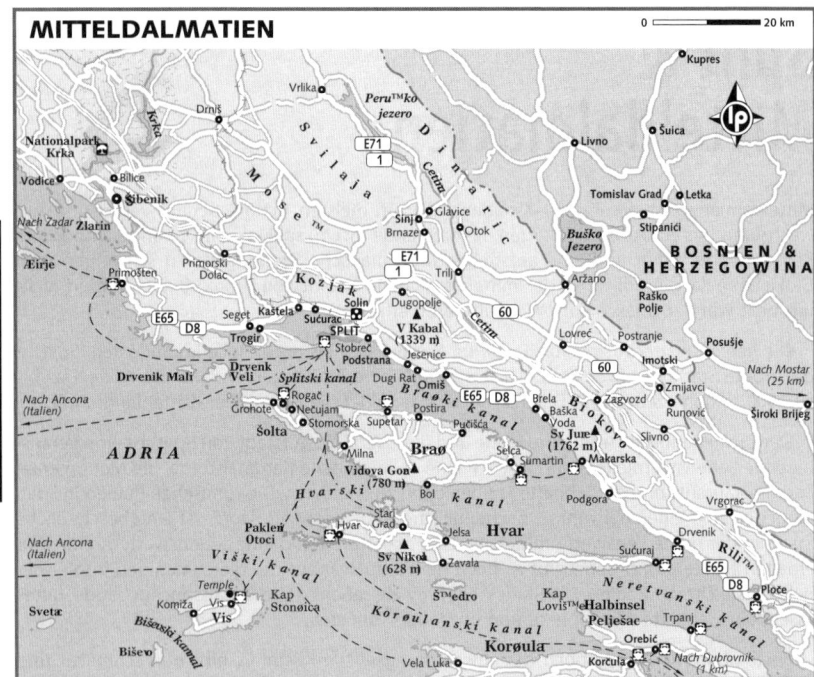

SPLIT

173 700 Ew.

Split (italienisch: Spalato) ist die zweitgrößte Stadt Kroatiens und eignet sich hervorragend, um das echte dalmatinische Leben kennenzulernen. Frei von Massentourismus, aber immer voller Leben, bietet die Stadt die richtige Balance zwischen Tradition und Moderne. Wer den Diokletianpalast – eines der eindrucksvollsten römischen Monumente weltweit – betritt, sieht Dutzende von Bars, Restaurants und Geschäften, die innerhalb der geschichtsträchtigen alten Mauern florieren. Hier pulsiert das Leben seit über 1700 Jahren! Seine einzigartige Lage und sein lebenslustiges Naturell machen Split zu einer der reizvollsten Städte Europas. Das imposante Küstengebirge bildet die perfekte Kulisse zum türkisfarbenen Wasser der Adria; die wunderschöne Skyline Splits zeigt sich gut von der Fähre aus.

Split wird oftmals in erster Linie als Hafenstadt für Fahrten zu den beliebten Inseln vor der Küste wahrgenommen (was sie ja genau genommen auch ist). Aber die Stadt hat sich inzwischen ordentlich herausgeputzt: Die alte Riva (Seepromenade) ist verschönert worden: Der einstige Betonbelag wurde durch einen glänzenden Boden im Marmorlook ersetzt. Auch wenn diese Modernisierung nicht bei allen Einheimischen auf Gegenliebe gestoßen ist, so ist die neue Riva doch eine Prachtstraße geworden. Die zunehmende Nachfrage seitens der Urlauber hat die Stadtväter auch unter Druck gesetzt, den öffentlichen Nahverkehr zu verbessern. So gibt es Gerüchte, dass der zentral gelegene Busbahnhof stadtauswärts verlegt werden soll, um Platz für eine Hafenerweiterung (für große, schicke Yachten und riesige Kreuzfahrtschiffe) und Luxushotels zu schaffen.

GESCHICHTE

Split würde berühmt, als der römische Kaiser Diokletian (245–313 n. Chr.) seinen Alterspalast hier 295–305 bauen ließ. Diokletian ging vor allem als berüchtigter Christenverfolger in die Geschichte ein. Nach seinem Tod nutzten weitere römische Herrscher den riesigen Steinpalast als Residenz.

Als die nahe gelegene Siedlung Salona (das heutige Solin) im 7. Jh. aufgegeben wurde, flohen viele der romanisierten Bewohner nach Split und verbarrikadierten sich hinter den hohen Palastmauern. Ihre Nachfahren wohnen noch heute dort.

Die Region wurde zunächst von den Byzantinern, dann von Kroaten beherrscht. Vom 12. bis 14. Jh. war das mittelalterliche Split relativ unabhängig und wuchs über seine alten Grenzen hinaus: Der westliche Teil der Altstadt um den Narodni trg wurde nun der Mittelpunkt des städtischen Lebens, der religiöse Mittelpunkt lag auch weiterhin innerhalb der Palastmauern.

1420 eroberten die Venezianer Split und leiteten einen allmählichen Niedergang der Stadt ein. Im 17. Jh. wurde die Stadt dann zum Schutz vor den osmanischen Türken mit starken Stadtmauern gesichert. 1797 kamen die Österreicher und blieben – mit nur kurzer Unterbrechung während der napoleonischen Kriege – bis 1918.

ORIENTIERUNG

Busbahnhof, Bahnhof und Fähranleger liegen alle nahe beieinander auf der östlichen Hafenseite unweit der Altstadt (s. Karte S. 244). Die Obala Hrvatskog Narodnog Preporoda – meist kurz und bündig Riva (die Seepromenade) genannt – ist in Split der beste Orientierungspunkt. Die meisten großen Hotels und die besten Restaurants, das Nachtleben und die Strände liegen östlich des Hafens entlang der Buchten Bačvice, Firule, Zenta und Trstenik. Der bewaldete Marjan-Hügel (123 m) prägt den westlichen Zipfel der Stadt; an seinem Fuß liegen viele Strände.

Zu den Besonderheiten der Straßennamen in Split siehe S. 324.

PRAKTISCHE INFORMATIONEN
Buchläden
Algoritam (Karte S. 244; Bajamontijeva 2; Mo–Fr 9–19, Sa 9–16 Uhr) Guter englischsprachiger Buchladen.
International Bookshop (Karte S. 244; Obala Hrvatskog Narodnog Preporoda 21; Mo–Fr 9–19, Sa 9 bis 16 Uhr) Verkauft nur Magazine und Zeitschriften.

Geld
Reisebüros und die Post wechseln Geld. Am Bahnhof, Busbahnhof und in der Stadt stehen Geldautomaten.

Gepäckaufbewahrung
Garderoba Busbahnhof (Karte S. 244; Std. 3 Kn; 6 bis 22 Uhr); Bahnhof (Karte S. 244; Std. 3 Kn; 6–22 Uhr)

Internet Games & Books (Karte S. 244; ☎ 338 548; Obala Kneza Domagoja 3; Tag 10 Kn; 9–19 Uhr)

Internetzugang
Internet Games & Books (Karte S. 244; ☎ 338 548; Obala Kneza Domagoja 3; Std. 25 Kn; 9–19 Uhr) Verkauft auch Second-Hand-Bücher, bietet eine Gepäckaufbewahrung und hat Infos für Backpacker.
Mriža (Karte S. 244; ☎ 321 320; Kružićeva 3; Std. 20 Kn; Mo–Sa 8–22, So 9–16 Uhr)

Kulturzentrum
Alliance Française (Karte S. 244; ☎ 347 290; Marmontova 3; Mo–Fr 9–18 Uhr) Der Mittelpunkt des französischen Kulturlebens in Split.

Medizinische Versorgung
KBC Firule (Karte S. 242; ☎ 556 111; Spinčićeva 1) Splits Krankenhaus.

Post
Hauptpost (Karte S. 244; Kralja Tomislava 9; Mo–Sa 7–20, So 8–13 Uhr)

Reisebüros
Atlas (Karte S. 244; ☎ 343 055; Trg Braće Radića 6; Mo–Fr 9–18 Uhr) Repräsentant von American Express.
Daluma Travel (Karte S. 244; ☎/Fax 338 484; www.daluma.hr; Obala Kneza Domagoja 1; Mo–Fr 8.30–19, Sa 8.30–17 Uhr) Vermittelt Privatunterkünfte.
Split Tours (Karte S. 242; ☎ 352 553; www.splittours.hr; Gat Sv Duje bb; Mo–Fr 9–19, Sa 9–16 Uhr) Im Fährterminal. Verkauft Fahrkarten zwischen Ancona (Italien), Split und Hvar und vermittelt Privatunterkünfte.
Touring (Karte S. 244; ☎ 338 503; Obala Kneza Domagoja 10; Mo–Sa 9–19 Uhr) In der Nähe des Busbahnhofs; vertritt die Deutsche Touring (Busgesellschaft) und verkauft Fahrkarten für Busfahrten in deutsche Städte, nach München kann man über Nacht durchfahren.

Telefon
An der Hauptpost gibt es neben postalischen Einrichtungen ein Telefonzentrum.

SPLIT CARD

Gar kein schlechter Deal – man kauft die Split Card zu 36 Kn für einen Tag und kann sie dann ohne Aufpreis drei Tage lang benutzen. Mit ihr erhält man in den meisten Museen der Stadt freien Eintritt, 50 % Ermäßigung auf den Eintritt in viele Galerien, und jede Menge Rabatte bei Autovermietungen, Restaurants, Geschäften und Hotels.

SPLIT & MITTELDALMATIEN

SPLIT

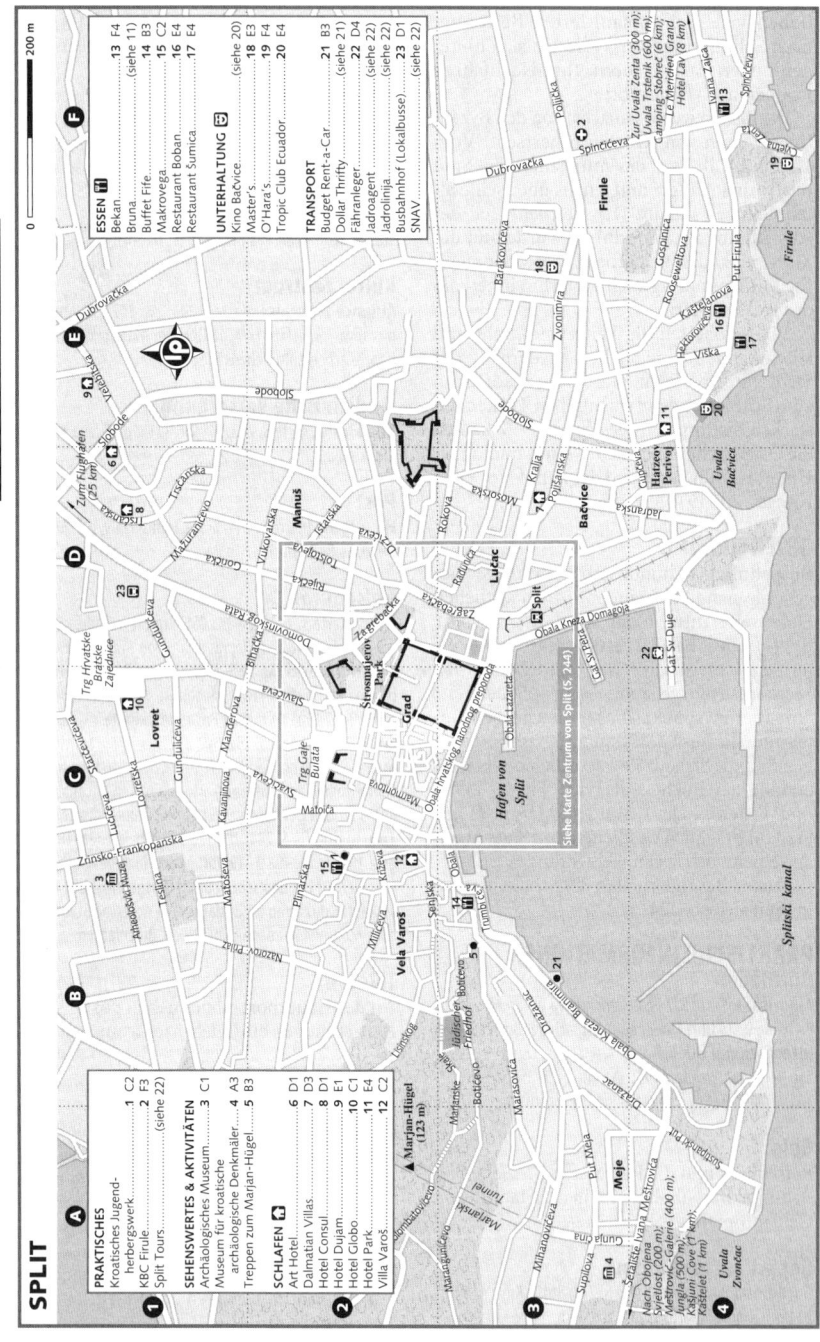

0 ——————— 200 m

PRAKTISCHES

Kroatisches Jugend-	
herbergswerk........................	1 C2
KBC Firule..............................	2 F3
Split Tours...........................	(siehe 22)

SEHENSWERTES & AKTIVITÄTEN

Archäologisches Museum.........	3 C1
Museum für kroatische	
archäologische Denkmäler.......	4 A3
Treppen zum Marjan-Hügel......	5 B3

SCHLAFEN

Art Hotel...............................	6 D1
Dalmatian Villas....................	7 D3
Hotel Consul.........................	8 D1
Hotel Dujam.........................	9 E1
Hotel Globo..........................	10 C1
Hotel Park............................	11 F4
Villa Varoš...........................	12 C2

ESSEN

Bekan..................................	13 F4
Bruna..................................	(siehe 11)
Buffet Fife...........................	14 B3
Makrovega............................	15 C2
Restaurant Boban..................	16 E4
Restaurant Sumica.................	17 E4

UNTERHALTUNG

Kino Bačvice.........................	(siehe 20)
Master's...............................	18 E3
O'Hara's...............................	19 F4
Tropic Club Ecuador...............	20 E4

TRANSPORT

Budget Rent-a-Car.................	21 B3
Dollar Thrifty.......................	(siehe 21)
Fähranleger..........................	22 D4
Jadroagent...........................	(siehe 22)
Jadrolinija...........................	(siehe 22)
Busbahnhof (Lokalbusse)........	23 D1
SNAV...................................	(siehe 22)

Touristeninformation

Internet Games & Books (Karte S. 244; ☎ 338 548; Obala Kneza Domagoja 3; ☼ 9–19 Uhr) Infos für Backpacker. Bietet auch Second-Hand-Bücher, Internetzugang und Gepäckaufbewahrung.

Kroatischer Jugendherbergsverband (Karte S. 242; ☎ 396 031; www.hfhs.hr; Domilijina 8; ☼ Mo–Fr 9–18, Sa 9–16 Uhr) Verkauft Jugendherbergsausweise und informiert über Jugendherbergen in ganz Kroatien.

Touristinformation (Karte S. 244; ☎ /Fax 342 606; www.visitsplit.com; Peristil; ☼ Mo–Sa 9–20.30, So 8–13 Uhr) Bietet Stadtinfos und verkauft die Split Card (36 Kn), die kostenlosen bzw. verbilligten Eintritt zu den städtischen Sehenswürdigkeiten bietet.

Turist Biro (Karte S. 244; ☎ /Fax 342 142; www.turistbiro-split.hr; Obala Hrvatskog Narodnog Preporoda 12; ☼ Mo–Fr 9–19, Sa 9–16 Uhr) Bester Anlaufpunkt für die Vermittlung von Privatunterkünften; verkauft Reiseführer und die Split Card.

Waschsalon

Modrulj (Karte S. 244; ☎ 315 888; www.modrulj.com; Šperun 1; ☼ April–Okt. 8–20 Uhr, Nov.–März 9–17 Uhr) Ein blitzblanker Waschsalon mit Münzbetrieb (Waschen/Trocknen 25/20 Kn), incl. Internetzugang (15 Min. 5 Kn).

SEHENSWERTES
Diokletianpalast

Mit der Frontseite zum Hafen gerichtet, ist der **Diokletianpalast** (Karte S. 244) eine der imposantesten römischen Ruinen überhaupt. Besucher in Split verbringen hier die meiste Zeit. Aber es wäre ein Fehler, ein schlossartiges Gebäude oder ein Museum zu erwarten: Der Palast ist das lebendige Herz der Stadt, die labyrinthartigen Straßen sind voller Leute, Bars, Geschäfte und Restaurants. Hinter den engen Gassen verbergen sich Durchgänge und Innenhöfe, manche verlassen und gespenstisch, manche voll mit pulsierender Musik aus den angrenzenden Bars und Cafés. Darüber hängen derweil die Einheimischen ihre Wäsche zum Trocknen auf, Kinder spielen Fußball inmitten der uralten Mauern, und Omas sitzen in den Fenstern und sehen dem Treiben unten zu. Ein bezaubernder Ort.

Obwohl der ursprüngliche Bau im Mittelalter verändert wurde, haben die Umbauten nur noch den Reiz dieses faszinierenden Ortes erhöht. Der Palast wurde aus glänzend weißem Kalkstein von der Insel Brač erbaut; die Bauzeit betrug zehn Jahre. Diokletian scheute keine Kosten und importierte Marmor aus Italien und Griechenland sowie Säulen und Sphinxe aus Ägypten. Der Palast – militäri-

sche Festung, kaiserliche Residenz und befestigte Stadt zugleich – hat eine Ost-West-Erstreckung von 215 m (inkl. der quadratischen Ecktürme) und ist an der südlichsten Stelle 181 m breit. Die Mauern sind bis zu 26 m hoch; die gesamte Anlage umfasst eine Fläche von 31 000 m².

Jede Außenmauer enthält ein Tor, das nach einem Metall benannt ist: An der Nordseite steht das **Goldene Tor** (Porta Aurea), an der Südseite das **Bronzene Tor**; das östliche Tor ist das **Silberne Tor** (Porta Argentera), und im Westen steht das **Eiserne Tor** (Porta Ferrea). Zwischen dem Ost- und dem Westtor verläuft eine gerade Straße (zu römischer Zeit hieß sie Decumanus, heute Krešimirova). Sie trennt die kaiserliche Residenz mit ihren Repräsentationsgemächern und Tempeln auf der Südseite von der Nordseite, wo einst Soldaten und Diener wohnten. Das Bronzene Tor in der Südmauer führte von den Wohngemächern zum Meer. Vor dem Bronzenen und dem Goldenen Tor stehen zwei Wahrzeichen der Stadt: Die **Skulpturen** des Literaten Marko Marulić und des mittelalterlichen Bischofs Grgur (Gregor) Ninski, die beide von **Meštrović** geschaffen wurden.

Innerhalb der Palastmauern befinden sich 220 Gebäude: Hier wohnen rund 3000 Leute, es gibt Geschäfte, Cafés und Restaurants. Auf kleinen Schildern am Anfang und am Ende jeder Straße finden sich Hinweise, was Besucher in der Straße vorfinden werden, seien es Bars, Cafés, Restaurants, Geschäfte oder Museen. Die Orientierung wird so sehr leicht gemacht. Andererseits ist es reizvoll, sich durch den Palastkomplex treiben zu lassen: Das Areal ist ja klein genug, dass man immer wieder leicht herausfindet. Über Straßennamen braucht man daher nicht mehr nachzudenken, sobald man den Palast betreten hat.

Um die Hauptsehenswürdigkeiten des Palasts zu erkunden, bietet sich der geschilderte Spaziergang (s. S. 245) an.

Archäologisches Museum

Obwohl es sich nördlich des Stadtzentrums befindet, lohnt das **Archäologisches Museum** (Arheološki Muzej; Karte S. 242; ☎ 329 340; www.mdc.hr/split-arheoloski; Zrinsko-Frankopanska 25; Erw./Stud. 20/10 Kn; ☼ Di–Fr 9–14, Sa & So 9–13 Uhr) einen Besuch. Das Hauptaugenmerk liegt auf der römischen und frühchristlichen Periode; Teile der Ausstellung zeigen Grabskulpturen und Ausgrabungen aus Salona. Die Bildhauerarbeiten sind von

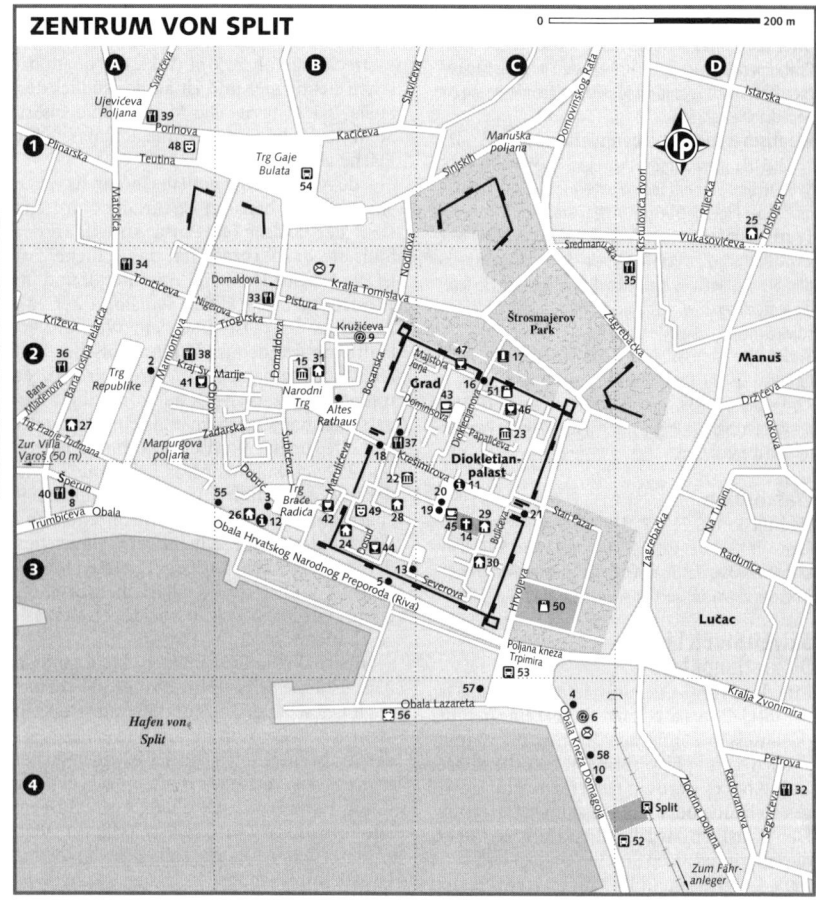

ZENTRUM VON SPLIT

hoher Qualität; einige interessante Reliefs
gehen auf mythische Figuren der Illyrer zurück. Gezeigt werden außerdem Schmuck,
Keramik und Münzen.

Museum für kroatische archäologische Denkmäler

Das **Museum** (Muzej Hrvatskih Arheoloških Spomenika;
Karte S. 242; ☎ 323 901; www.mhas-split.hr, auf Kroatisch;
Stjepana Gunjače bb; Erw./Stud. 10/5 Kn; ⌚ Mo–Fr 9.30–
16, Sa 9.30–13 Uhr) beschäftigt sich vor allem mit
mittelalterlichen kroatischen Herrschern. Gezeigt werden gravierte Steinfragmente, Altar-
teile, Möbel, spätmittelalterliche Grabsteine,
Schwerter und Schmuck. Die Beschriftung
ist jedoch Kroatisch, das macht es schwierig, die
einzelnen Exponate zu identifizieren.

Ethnografisches Museum

Das **Ethnografische Museum** (Etnografski Muzej; Karte
S. 244; ☎ 343 108; www.etnografski-muzej-split.hr; Narodni
Trg 1; Erw./Stud. 10/5 Kn; ⌚ Juni–Sept. Mo–Fr 9–14 &
17–20 Uhr, Okt.–Mai Mo–Fr 9–14, Sa 9–13 Uhr)
liegt in der Stadtmitte und zeigt eine Sammlung von Fotos des alten Split, Nationaltrach-
ten und Erinnerungsstücke. Die Beschriftung
ist ausschließlich auf Kroatisch gehalten.

Meštrović-Galerie & Kaštelet

Splits bestes Kunstmuseum ist die **Meštrović-
Galerie** (Galerija Meštrović; außerhalb der Karte S. 242;
☎ 358 719; Šetalište Ivana Meštrovića 46; Erw./Stud. inkl.
Kaštelet 30/15 Kn; ⌚ Di–Fr 9–14, Sa & So 9–13 Uhr).
Sie präsentiert eine umfangreiche und gut
aufbereitete Sammlung von Arbeiten des Bild-

SPLIT & MITTELDALMATIEN

hauers Ivan Meštrović. Der wichtigste moderne Bildhauer Kroatiens ließ sich die Galerie 1931–39 als Wohnhaus bauen. Meštrović wollte sich hier eigentlich zur Ruhe setzen, emigrierte aber kurz nach dem Zweiten Weltkrieg in die USA.

Nicht entgehen lassen sollte man sich das nahe gelegene **Kaštelet** (außerhalb der Karte S. 242; ☎ 358 185; Šetalište Ivana Meštrovića 39; Zutritt mit dem Ticket für die Meštrović-Galerie oder Erw./Stud. 20/10 Kn; ☺ Mitte Mai–Sept. Di–So 9–21 Uhr, Okt.–Mitte Mai Di–Sa 9–16, So 10–15 Uhr). Meštrović kaufte und restaurierte die Festung, um seinen ausdrucksstarken Holzreliefzyklus *Das Leben Christi* auszustellen.

AKTIVITÄTEN

Der beliebteste Strand heißt **Bačvice** und liegt an der gleichnamigen Bucht, er wurde mit der Blauen Flagge ausgezeichnet. Dieser nicht gerade kleine Kiesstrand ist zum **Schwimmen** gut geeignet, auch sonst herrscht hier immer eine lebhafte Stimmung. Sehenswert sind z. B. die Einheimischen, die sich dem *Picigin*-Spiel widmen (s. S. 246). An beiden Enden des Strands gibt es Duschen und Umkleidemöglichkeiten. Im Sommer ist Bačvice auch als Bar- und Clubareal beliebt – es lohnt sich, hier einmal abends vorbeizuschauen. Eine Alternative ist die ruhigere **Kašjuni-Bucht**, zu der die Šetalište Ivana Meštrovića (an der Meštrović-Galerie vorbei) in westlicher Richtung führt.

Von der Meštrović-Galerie aus kann man geradewegs zum **Marjan-Hügel** (123 m) hoch wandern. Dazu geht man an der Westseite der Galerie die Tonča Petrasova Marovića entlang und steigt dann die Treppe zur Put Meja hoch. Dort nach links abbiegen und in westliche Richtung der Straße bis zum Haus Put Meja 76 folgen. Der Wanderweg beginnt auf der Westseite des Gebäudes. Alternativ lässt sich die Wanderung näher vom Stadtzentrum aus starten, und zwar von der Treppe, die weniger als 100 m westlich vom Buffet Fife (Karte S. 242) auf der Dražanac beginnt. Auf dem Marjan-Hügel gibt es mehrere **Waldwege**, **Aussichtspunkte** und alte **Kapellen**.

SPAZIERGANG: DIOKLETIANPALAST

Der Spaziergang beginnt vor dem Palast an der imposanten **Statue des Gregor von Nin** (**1**; Grgur Ninski). Im 10. Jh. stritt der kroatische Bischof für das Recht, die Liturgie auf Altkroatisch lesen zu dürfen. Die ausdrucksstarke Skulptur des Bischofs ist eine Arbeit von Ivan Meštrović und ein Wahrzeichen von Split. Der linke große Zeh glänzt auffallend poliert: Wer ihn berührt, soll angeblich eines Tages nach Split zurückkehren.

Westlich der Statue steht der gut erhaltene Eckturm des Palastes. Zwischen Statue und Turm liegen die Überreste der vorromanischen Kirche des hl. Benedikts mit der **Kapelle von Arnir** (**2**) aus dem 15. Jh. Hinter schützen-

---

PICIGIN

Wer Spaß haben will, kann sich den Einheimischen am Strand beim dalmatinischen Lokalsport *picigin* anschließen. Die Regeln sind einfach: Bis zu den Knien/dem Bauch im Wasser stehen und einen kleinen Ball (etwa die Größe eine Squashballs) mit ziemlicher Geschwindigkeit an die Mitspieler befördern, indem man mit der flachen Hand draufhaut. Sinn der Sache ist zu verhindern, dass der Ball runterfällt und das Wasser berührt. Ganz wichtig: Man sollte sich möglichst viel im und auf dem Wasser umherschmeißen. Und auf keinen Fall vergessen, die lieben Mitspieler dabei möglichst nasszuspritzen und den eigenen sportlichen Elan beeindruckend zur Schau zu stellen.

Wer will, kann sich auf der Website Webseite www.picigin.org (auf Kroatisch, aber die Bilder reichen wahrscheinlich) oder mit verschiedenen YouTube-Videos über die diversen Picigin-Techniken (die zwischen Split, Krk und anderen Teilen der Küsten variieren) schlaumachen. Es gibt auch ein spezielles Picigin-Spiel am Silvesterabend – ist aber nichts für Weicheier.

---

dem Glas sind der Altarblock und Altarsarkophag zu erkennen. Beide wurden von Juraj Dalmatinac geschaffen.

Die Statue steht direkt vor dem **Goldenen Tor** (3; Zlatna Vrata oder nördliches Palasttor), an dem einst die Straße nach Solin begann. Statuen, Säulen und Bögen, die damals das Tor verzierten, lassen sich nur noch erahnen. Biegt man bei der Papalićeva links ab, stößt man bei Nr. 5 auf den **Papalić-Palast (4)** mit Innenhof, Loggia und Außenentreppe. Der Palast wurde von Dalmatinac für einen der vielen Edelmänner gebaut, die im Mittelalter im Palast lebten. Er gilt als schönes Beispiel für den spätgotischen Stil und hat ein reich verziertes Eingangstor, das die Macht des einstigen Bewohners unterstreicht.

Außen ist der Palast authentischer als innen, da dort vieles grundlegend restauriert wurde, um das **Stadtmuseum** (Muzej Grada Splita; ☎ 341 240; www.mdc.hr/splitgr; Papalićeva 5; Erw./erm. 10/5 Kn; ☽ Juni–Sept. Di–Fr 9–21, Sa & So 10–13 Uhr, Okt.–Mai Di–Fr 10–17, Sa & So 10–13 Uhr) zu beherbergen. Die Beschriftungen sind auf Kroatisch abgefasst, aber Wandtafeln in verschiedenen Sprachen erläutern den historischen Kontext der Ausstellungsstücke. Auf drei Etagen sind Zeichnungen, Wappen, Waffen aus dem 17. Jh., Möbel, Münzen und historische Dokumente (z. T. aus dem 14. Jh.) ausgestellt.

Geht man zu Dioklecijanova zurück und dann links, kommt man zum Peristyl. Dieser zeremonielle Innenhof, der zu den kaiserlichen Gemächern führte, misst 35 x 13 m und liegt drei Stufen niedriger als die umliegenden Straßen. An der Längsseite stehen sechs Granitsäulen, die mit Bögen verbunden und mit einem Steinfries verziert sind. Die südliche Seite wird vom **Protiron (5)** eingeschlossen, dem

Eingang zu den kaiserlichen Gemächern. Der Platz hat ein Café mit Außenterrasse, die uralten Steine sind nette Sitzgelegenheiten.

Die nach rechts (Westen) abzweigende schmale Straße Kraj Sveti Ivana führt zum ehemals zeremoniellen und religiösen Teil des Palastes. Die zwei Tempel, die früher rechts und links von der Straße standen, sind längst verschwunden. Aber man erkennt noch Teile der Säulen und andere Reste. Am Ende der Straße steht der **Jupitertempel (6)**, der später in ein Baptisterium umgebaut wurde. Früher hatte der Tempel ein von Säulen getragenes Vordach. Die einzig erhaltene Säule stammt jedoch aus dem 5. Jh. Eine kopflose Sphinx aus schwarzem Granit bewacht den Eingang. Sie wurde während des Tempelbaus im 5. Jh. aus Ägypten importiert. Die Tempelwände stützen ein Dach mit Tonnengewölbe, die anderen drei Wände verziert ein dekorativer Fries. Unterhalb des Tempels befindet sich eine Krpyta, die vormals als Kirche diente.

Wenn man jetzt zum Peristyl zurückgeht, führen die Stufen auf der Ostseite zur **Katedrala Svetog Duje (7**; Kathedrale des Hl. Domnius; ☎ 342 589; Kraj Svetog Duje 5; Erw./Stud. inkl. Schatzkammer 10/5 Kn; ☽ 7–12, 16–19 Uhr), die ursprünglich als Mausoleum für Kaiser Diokletian gebaut wurde. Die oktogonale Form des Mausoleums, das von einem offenen Säulengang mit 24 Säulen umgeben ist, blieb fast vollständig erhalten. Der mit einer Kuppel versehene Innenraum ist rund und hat zwei Reihen korinthischer Säulen sowie einen Fries, der Kaiser Diokletian und seine Frau Prisca zeigt.

Die ältesten Kunstwerke in der Kathedrale sind die Szenen aus dem Leben Christi auf den Domtüren aus Nussholz. Die Darstellungen stammen aus dem 13. Jh. und wurden von

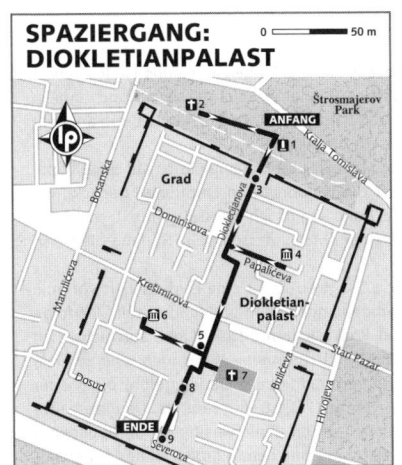

SPAZIERGANG: DIOKLETIANPALAST

0 ⊑══ 50 m

ROUTENINFOS

Anfang Statue des Gregor von Nin
Ende Kellergewölbe
Länge 1 km
Dauer 2 Std

Andrija Buvina geschaffen. Die 28 Quadrate (14 auf jeder Seite) sind im Stil zeitgenössischer romanischer Miniaturen gehalten.

Zu den Schätzen zählen auch der rechte Altar, der von Bonino da Milano 1427 geschnitzt wurde, sowie das Gewölbe oberhalb des Altars mit den Wandgemälden von Dujam Vušković. Linker Hand steht der Altar des hl. Anastasius (Sveti Staš; 1448) von Dalmatinac. Das Relief *Die Geißelung Christi* ist eine der besten bildhauerischen Arbeiten seiner Zeit in ganz Dalmatien. Der Hauptaltar stammt aus dem 13. Jh., das Gewölbe schmücken Malereien von Matija Pončun.

Der Chorraum hat eine romanische Bestuhlung aus dem 13. Jh., sie ist die älteste noch erhaltene in Dalmatien. Hinter dem Altar weisen Schilder den Weg zur **Schatzkammer** (Juli & Aug. So 8–12 Uhr, Juni & Sept. So 10–12 Uhr, Okt.–Mai So 11–12 Uhr), die wertvolle Reliquien, Ikonen, Kirchengewänder, bebilderte Handschrift und Schriftstücke in glagolitischer Schrift zeigt.

Ein Teil des Gebäudes, der romanische **Glockenturm** (Eintritt 5 Kn; Juli & Aug. 7–12, 16–19 Uhr, Juni & Sept. 8–12 Uhr), wurde zwischen dem 12. und 16. Jh. erbaut und 1908 nach einem Einsturz rekonstruiert. Interessant sind die beiden Lö-

wenfiguren am Fuß des Glockenturms sowie die ägyptische Sphinx aus schwarzem Granit an der rechten Wand, die aus dem 15. Jh. v. Chr. stammt. Südlich des Mausoleums befinden sich die Überreste eines römischen Bads, eines römischen Gebäudes mit einem Mosaik sowie der kaiserliche Speisesaal. Die Räume sind alle unterschiedlich gut erhalten.

Direkt westlich von der Kathedrale führen mächtige Stufen durch das Protiron in das **Vestibül (Vestibulum, 8)**, dem besterhaltenen Teil der kaiserlichen Residenz. Das runde Erdgeschoss wird von einer kleinen Kuppel überdacht, die früher mit Mosaiken und Marmor geschmückt war. Leider blieb die Kuppelmitte nicht erhalten. Heute stehen in den Gewölben wenig aufregende Souvenir- und Kunstgewerbestände.

Linker Hand befindet sich der Eingang zum **Kellergewölbe (9**; Erw./erm. 6/3 Kn; 10–18 Uhr) des Palastes. Obwohl fast ganz leer, strahlen die Räume und Flure doch ein eindringliches Gefühl der Zeitlosigkeit aus und lohnen schon deshalb den zusätzlich erhobenen Eintrittspreis. Die Kellergewölbe öffnen sich zum Südtor.

GEFÜHRTE TOUREN

Das Reisebüro Atlas (Karte S. 244) organisiert Ausflüge zu den Wasserfällen des Nationalparks Krka (S. 235), zum Strand Zlatni Rat (S. 274) auf der Insel Brač sowie zu weiteren Tageszielen. Wer das Partygefühl sucht, sollte sich beim Hostel Booze & Snooze (S. 249) nach feuchtfröhlichen Bootsfahrten (120 Kn) und Raftingtouren (280 Kn) sowie nach Ausflügen zum Nationalpark Krka (280 Kn) erkundigen.

Meist organisiert auch das eigene Hotel Ausflüge und Aktivitäten.

FESTIVALS & EVENTS

Die meisten Festivals in Split finden entlang der Riva statt. Die Touristeninformation informiert detailliert über die folgenden Festivals und Umzüge.

Beim traditionellen **Karneval** im Februar verkleiden sich die Einheimischen und tanzen in den Straßen. Gefeiert wird auch der **Festtag des hl. Dujo** (7. Mai), der auch Split-Tag genannt wird, dann wird viel gesungen und getanzt. Im Mai folgt eine **Blumenschau**, und zwischen Juni und September wird eine Palette an Abendveranstaltungen in der Altstadt angeboten, meistens rund um das

---

KLAPA ACAPELLA! *Vesna Marić*

Es gibt wohl kaum einen Kroatienfahrer, der nicht die lieblichen Klänge eines *klapa*-Liedes gehört hat. Bei dieser Musik stellt sich eine Gruppe stattlicher Männer in einem Kreis auf und singt in honigsüßen, polyphonen Harmonien von Liebe, Verrat, Patriotismus, Tod, Schönheit und anderen lebensbejahenden Themen (s. S. 52 für weitere Details über *Klapa*).

An einem Frühlingsabend traf ich zufällig in der Mitte des Diokletianpalastes auf eine Klapa-Probe. Ich habe eine Weile zugehört, und mich hat die Bandbreite an Emotionen gepackt, die diese männlich-aber-sensible Musik oft hervorruft. Dann ergriff ich die Gelegenheit, mich mit dem ersten Tenor, Branko Tomić, zu unterhalten – einem Mann, dessen hohe Stimme die Bässe und Baritone ergänzt, die ihn begleiten.

„Ich singe seit 35 Jahren bei der Filip Dević Klapa," sagt er. „Es ist eine Leidenschaft von mir. Ich habe an der weiterführenden Schule mit dem Singen angefangen und fand es toll." Ich frage mich, wie jemand, der in den Sechziger Jahren mit Rock'n'Roll und freier Liebe aufwuchs, sich dazu entschloss, eher in einer Klapa als in einer Rockband zu singen. „Wir singen über so viele verschiedene Sachen: Wir bringen Ständchen, wir singen traditionelle Lieder, gefühlvolle Lieder darüber, dass man seine Familie oder Heimatstadt vermisst. Es ist eine sanftere, freundschaftlichere Erfahrung, auch wenn die jüngeren Generationen unsere Coverversionen von Popliedern inzwischen richtig gut finden. In Kroatien ist das heutzutage eine richtig große Sache." Scheinbar mögen die Touristen aber noch die traditionelle Variante. „Mich stört das nicht," sagt er, „so lange wir weiter singen können und jemand zuhört."

Dann muss er los – der Auftritt in einem Club vor Ort beginnt gleich. Ein paar Sekunden später gibt es auf der alten Straße nur noch den Klang ihrer Stimmen – und mich, die ich über Liebe und Leben sinniere, während ich ein Eis bestelle.

Peristyl. Das viertägige **Popmusik-Festival** findet Ende Juni statt, gefolgt vom **Sommerfestival** (www.splitsko-ljeto.hr, auf Kroatisch). Vom 14. Juli bis zum 14. August stehen Opern-, Ballett- und Konzertaufführungen auf Freiluftbühnen auf dem Programm. Die Sommerkonzertsaison beginnt meist mit dem **Split Jazz Festival** Ende Juli. Split hat auch ein eigenes **Filmfestival** (www.splitfilmfestival.hr), das sich auf neue Filme und Programmkino spezialisiert hat.

SCHLAFEN

Gute günstige Unterkünfte sind in Split – einmal abgesehen von den Schlafsaalbetten – rar gesät; Privatunterkünfte sind da die beste Option. Im Sommer bieten viele Frauen am Busbahnhof den Touristen *sobe* (freie Zimmer) an. Wichtig ist dabei, gleich zu klären, wo denn das Zimmer liegt – sonst übernachtet man womöglich mehrere Bushaltestellen von der Stadtmitte entfernt. Sicherer ist die Suche über Turist Biro (S. 244) oder Daluma Travel (S. 244). In der eigentlichen Altstadt gibt es nur sehr wenige Unterkünfte.

Für ein Doppelzimmer muss man mit 145–220 Kn rechnen, dann teilt man sich das Badezimmer aber in der Regel mit dem Vermieter. Wer motorisiert ist und wen es nicht stört, etwas außerhalb zu wohnen, findet eine Riesenauswahl an Pensionen entlang der Hauptstraße von Split nach Dubrovnik – gleich südlich der Stadtgrenze.

Eine weitere Option ist die Firma **Dalmatian Villas** (Karte S. 242; ☎ 340 680; www.dalmatinskevile.hr; Kralja Zvonimira 8; Miete Neben-/Hochsaison Woche 250/450 €, Apt. 350/1000 €), die Zimmer oder Apartments in renovierten Steinbungalows vermietet. Im Angebot sind auch Unterkünfte auf den Inseln. Zimmer und Apartments können außerhalb der Hauptsaison auch tageweise gemietet werden.

Budgetunterkünfte

Camping Stobreč (außerhalb der Karte S. 242; ☎ 325 426; www.campingsplit.com; Sv Lovre 6, Stobreč; Erw. Neben-/Hochsaison 3,60/4,60 €, Stellplatz 2,90/4,50 €; ☼ April–Nov.; ⌨) Ein toller Platz zum Campen für alle, die Split und Solin (Entfernung zu beiden jeweils 6 km) sowie den Strand genießen wollen. Die Ausstattung ist gut, der Platz bietet zwei Strände (der Sandstrand ist ideal für Kinder), drei Bars, ein Restaurant, ein Geschäft und ein Internetcafé. Ausflüge lassen sich von hier aus ebenfalls planen, außerdem sind verschiedene Aktivitäten wie Ausritte und Rafting möglich. Wer kein Zelt hat, kann sogar eines mieten.

Hostel Split Mediterranean House (Karte S. 244; ☎ 098 987 1312; www.hostel-split.com; Vukasovićeva 21; B ab 100 Kn; ⌨) Das freundlichen Hostel (ein Familienbetrieb) liegt nur zehn Minuten zu

Fuß vom Goldenen Tor und Grgur Ninski entfernt. Das schöne alte Steingebäude bietet zwei Sechsbettzimmer und ein paar neuere Dreibettzimmer mit Bad. Die Benutzung der Küche und des schönen Innenhofs sind im Preis inklusive. Check-in ist zwischen 9 und 20 Uhr.

Split Hostel Booze & Snooze (Karte S. 244; ☎ 342 787; www.splithostel.com; Narodni Trg 8; B Neben-/Hochsaison 110/180 Kn; ✱) Der tolle Neuzugang in der Backpackerszene von Split wird von australischen Kroaten geführt und bietet genau das, was der Name (Trinken & Schlafen) verspricht. Dieser Partyschuppen hat 23 Betten und eine schöne Terrasse und liegt mitten in der Stadt. Die zwei Frauen, die es betreiben, sind supernett und sprechen natürlich Englisch. Sie organisieren verschiedene Ausflüge rund um die Stadt (einschließlich einer feuchtfröhlichen Schiffsfahrt), aber auch leberfreundlichere Tagesausflüge zum Nationalpark Krka und Raftingtouren auf der Cetina. Booze & Snooze ist derzeit das Lieblingshostel der Rucksackreisenden.

Hotel Jupiter (Karte S. 244; ☎ 344 801; www.hotel-jupiter.info; Grabovčeva Širina 1; Zi. pro Pers. Neben-/Hochsaison 200/250 Kn; ✱) Hotel Jupiter wirbt für sich mit dem Spruch „die günstigere Unterkunft in Split". Das stimmt auch im Großen und Ganzen, es ist aber dafür auch ausgesprochen schlicht. Es gibt nur Gemeinschaftsbäder, die Betten sind niedrig, die Beleuchtung spärlich und deprimierend und der Service teilweise recht lahm. Die Vorteile sind die Lage, die Klimaanlage und, na ja, der Preis.

Mittelklassehotels

LP Tipp B&B Kaštel 1700 (Karte S. 244; ☎ 343 912; www.kastelsplit.com; Mihovilova Širina 5; EZ Neben-/Hochsaison 290/510 Kn, DZ 400/660 Kn; ✱ ▣) Eine der Unterkünfte mit dem besten Preis-Leistungs-Verhältnis in Split, und in toller Lage direkt am Südtor innerhalb der Palastmauern. Die Bars liegen in Sichtweite, man schaut auf den Radićev Trg und bekommt nette, ordentliche Zimmer; der Service ist freundlich und effizient. Es gibt auch Dreibettzimmer und die Apartments haben kleine Küchen. Unbedingt vorab buchen.

Hotel Dujam (Marte S. 242; ☎ 538 025; www.hoteldujam.com; Velebitska 27; EZ Neben-/Hochsaison 370/490 Kn, DZ 500/660 Kn; ℗ ✱) Ein Stück vom Stadtmitte entfernt (20 Gehminuten) vermietet das Hotel Dujam seine Zimmer in einem Apartmentblock in einer ruhigen Wohnlage. Die Zimmer sind mit Teppichboden ausgelegt, sauber und hell, haben ein eigenes Bad, Klimaanlage und Satelliten-TV. Wer nicht zu Fuß gehen möchte, nimmt einen Bus der Linie 9 ab dem Hafen.

LP Tipp Villa Varoš (Karte S. 242; ☎ 483 469; www.villavaros.hr; Miljenka Smoje 1; DZ Neben-/Hochsaison 400/500 Kn; ✱) Mit Hotels wie der Villa Varoš (der Besitzer ist ein Kroate aus New York) hat sich das Angebot in diesem Segment deutlich verbessert. Das Hotel liegt zentral (im Wohnviertel Varoš), die Zimmer sind einfach, hell und luftig gestaltet, hinzu kommen noch drei hervorragende Apartments mit einer gut ausgestatteten Küche. Die Preise sind angemessen.

Hotel Bellevue (Karte S. 244; ☎ 345 644; www.hotel-bellevue-split.hr; Bana Josipa Jelačića 2; EZ Neben-/Hochsaison 513/610 Kn, DZ 703/830 Kn) Das Bellevue ist ein Klassiker mit Atmosphäre. Die Inneneinrichtung hat zwar schon bessere Zeiten erlebt, aber es bleibt eines des romantischeren Hotels der Stadt: königlich gemusterte Tapeten, dunkelbraunes Holz, Art-déco-Einrichtung, bauschige Tüllgardinen und blasse, aber gepflegte Zimmer. Wer modernen Luxus und Ausstattung mit Geräten erwartet, ist hier falsch; wer gerne etwas Nostalgie finden möchte, sollte sich hier einquartieren.

Hotel Adriana (Karte S. 244; ☎ 340 000; www.hotel-adriana.com; Obala Ilrvatskog Narodnog Preporoda 9; EZ Neben-/Hochsaison 550/650 Kn, DZ 750/900 Kn; ✱) Gutes Preis-Leistungs-Verhältnis und eine ausgezeichnete Lage. Die Zimmer sind mit ihren dunkelblauen Vorhängen und dem beigefarbenen Mobiliar nicht gerade der Reißer, aber einige haben immerhin Meerblick, was in der Altstadt von Split schon ein richtiger Pluspunkt ist. Wer abends mit Bus, Fähre oder Zug abreist, kann tagsüber ein Zimmer zum halben Preis mieten. Das Restaurant unten wird gerne von einheimischen Familien besucht, die sich hier zu einem festlichen Mittag- oder Abendessen treffen.

Hotel Consul (Karte S. 242; ☎ 340 130; www.hotel-consul.net; Tršćanska 34; EZ Neben-/Hochsaison 620/650 Kn, DZ 850/920 Kn; ℗ ✱) Das Consul liegt gut 20 Minuten zu Fuß vom Stadtzentrum entfernt. Die Zimmer haben zerschlissene grüne Teppiche und nur wenig außer ein paar Flatscreen-TVs zu bieten. Aber es ist ruhig, die Terrasse ist groß und begrünt und ein paar Zimmer haben ein Jacuzzi. Das Hotel bietet sich für Besucher mit eigenem Auto an, die nur eine Übernachtung in Split planen. Wer zu Fuß unterwegs ist, läuft die Držićev Prilaz entlang, sie liegt unweit der Ulica Domovinskog Rata.

Spitzenklassehotels

In Split gibt's inzwischen ein paar richtig schicke Hotels. Wer sich nach einem langen Tag an der Adria in einem Jacuzzi oder in einem duftenden Wellness-Zentrum entspannen möchte, sollte eine der folgenden Unterkünfte wählen:

Hotel Globo (Karte S. 242; ☎ 481 111; www.hotelglobo.com; Lovretska 18; EZ Neben-/Hochsaison 98/107 €, DZ 119/135 €; P ⊠) Das schöne und schicke 4-Sterne-Hotel mit elegant eingerichteten Zimmern, hohe Decken und luxuriösen Betten wurde 2007 renoviert und auf die Bedürfnisse von Geschäftsreisenden ausgerichtet. Die großzügigen Bäder haben sogar Badewannen. Zu Fuß sind es 15 Minuten bis zur Stadtmitte.

LP Tipp Hotel Peristil (Karte S. 244; ☎ 329 070; www.hotelperistil.com; Poljana Kraljice Jelene 5; EZ Neben-/Hochsaison 700/1000 Kn, DZ 900/1200 Kn; ⊠ ▢) Das schönste Hotel der Stadt hat auch die schönste Lage: Der Blick schweift über den Glockenturm der Kathedrale und das Peristyl, über den Platz mit seinen Cafés und Souvenirläden. Hier befindet man sich unbestritten im Herzen der Stadt – im Zentrum des Diokletianpalastes. Der Besitzer, Mile Čaktaš, ist stolz auf sein Unternehmen, bei dem sich alle Mitarbeiter mit vollem Einsatz für das Hotel engagieren (sie sind alle auch ausgesprochen freundlich). Und die Zimmer sind unglaublich gut: Alle haben Holzfußböden, antike Details, Leinenbettwäsche und einen schönen Blick. Zimmer 304 birgt in einem Alkoven sogar einen Teil der uralten Palastmauer *und* bietet einen Blick über das Peristyl. 2009 sollte auch die Dachterrasse fertig sein – ein geradezu spektakulärer Ort für ein Frühstück und einen romantischen Sonnenuntergang.

Hotel Park (Karte S. 242; ☎ 406 400; www.hotelparksplit.hr; Hatzeov Perivoj 3; EZ Neben-/Hochsaison 113/137 €, DZ 143/189 €; P ⊠ ▢) Das Park ist seit Jahren eines der Top-Hotels in Split und erfreut sich weiterhin großer Beliebtheit. Das muss wohl an den guten, bequemen Zimmern, der zentralen Lage (hinter Bačvice), der fantastischen, von Palmen gesäumten Terrasse, dem Wellness-Zentrum und den umwerfenden Frühstücksbüfetts liegen. Im beliebten Hotelrestaurant Bruna (S. 252) lässt es sich gut speisen.

Art Hotel (Karte S. 242; ☎ 302 302; www.arthotel.hr; Ulica Slobode 41; EZ/DZ ab 119/160 €; P ⊠ ▢) Das

Hotel in einem renovierten Fabrikgebäude ist vom Typ her zwischen Boutique- und Geschäftshotels anzusiedeln: Es gibt elegante Betten, hübsche Zimmer, einen Fitnessraum und Aerobic-Kurse.

Le Meridien Grand Hotel Lav (außerhalb der Karte S. 242; ☎ 500 500; www.lemeridien.com; Grljevačka 2A; Zi. ab 120 €; P ⊠ ▢ ☎) Das tollste Hotel in Split: Der 5-Sterne-Koloss liegt 8 km südlich von Split bei Podstrana, bietet 800 m Hotelstrand, vier untereinander verbundene Gebäude und 381 wunderschön gestaltete Zimmer. Rot, Weiß und Schwarz dominieren, die Gäste genießen einen scheinbar endlosen Blick über das Meer, den endlos langen Pool, prächtige Gärten, einen neuen Yachthafen, eine Tauchbasis, ein umwerfend gutes Restaurant und den kostenlosen Eintritt zu Splits Kunstsammlungen. Das ist schwer zu toppen! Ein Tipp: Im Internet werden attraktive Wochenendtarife angeboten.

Hotel Vestibul Palace (Karte S. 244; ☎ 329 329; www.vestibulpalace.com; Iza Vestibula 4; EZ Neben-/Hochsaison 120/160 €, DZ 140/390 €; ⊠ ▢) Das schickste Hotel im Diokletianpalast. Alle sieben Zimmer haben freigelegte uralte Mauern, viel Leder und Holz.

ESSEN
Günstig

Burek Bar (Karte S. 244; Domaldova 13) Die unweit der Hauptpost gelegene Bar serviert ein gutes Frühstück oder Mittagessen mit *burek* (Teigblätter mit Fleisch- oder Käsefüllung) und Joghurt für etwa 12 Kn.

Black Cat (Karte S. 244; ☎ 490 284; Segvićeva 1; Hauptgerichte ab 20 Kn) Wer statt kroatischem Essen ein Verlangen nach Tacos, Quesadillas oder anderen mexikanischen Köstlichkeiten verspürt, ist in diesem kleinen Bistro genau richtig. Es liegt nur fünf Minuten zu Fuß von Meer und dem Busbahnhof entfernt. Vegetarier finden hier eine reichliche Auswahl, und der Koch zaubert ausgezeichnete hausgemachte Desserts auf den Tisch. Die kleine überdachte Terrasse wird im Winter beheizt.

Galija (Karte S. 244; Tončićeva 12; Pizzen ab 26 Kn) Das Galija ist schon seit mehreren Jahrzehnten Splits beliebteste Pizzeria. Hierher gehen die Einheimischen, wenn sie ein schlichtes, aber gutes Mittag- oder Abendessen zu sich nehmen wollen. Anschließend entspannen alle auf Holzbänken, vor sich mehrere leere Weinkaraffen und die Reste einer *Quattro Stagioni* oder *Margherita...*

Kod Joze (Karte S. 244; ☎ 347 397; Sredmanuška 4; Hauptgerichte ab 40 Kn) Ein harter Kern Einheimischer hält diese schlichte *konoba* (so heißen die einfachen Familienlokale) am Leben. Alles ist hier sehr dalmatinisch – Schinken, Käse und die grünen Tagliatelle mit Meeresfrüchten aus der Adria.

Makrovega (Karte S. 242; ☎ 394 440; www. makrovega.hr; Leština 2; Hauptgerichte ab 40 Kn; ☺ Mo–Fr 9–19, Sa 9–16 Uhr; ☒) Was für einen Unterschied doch ein Jahrzehnt ausmacht! In Kroatien waren Veganer und Vegetarier noch vor ein paar Jahren eine unbekannte Spezies und gezwungen, sich mit der Kartoffelbeilage des Lammbratens zu begnügen. Das ist jetzt vorbei. Das Makrovega ist ein fleischfreies Refugium mit sauberen, großzügigen (und rauchfreien) Räumen. Das leckere Büffet und die À-la-carte-Menüs wechseln zwischen makrobiotisch und vegetarisch. Zur Auswahl stehen z. B. Wildreis mit Gemüse, Erbsen- und Minzsuppe und ausgezeichnete Kuchen.

Buffet Fife (Karte S. 242; ☎ 345 223; Trumbićeva Obala 11; Hauptgerichte um 40 Kn) Dragomirs Gäste sind eine interessante Mischung aus Seeleuten und Eigenbrötlern, die wegen der einfachen Hausmannskost – z. B. *pašticada* (Schmorbraten vom Rind mit Wein, getrockneten Pflaumen und Gewürzen) – und seiner ganz speziellen barschen, aber liebenswürdigen Gastfreundschaft vorbeischauen.

LP Tipp Konoba Trattoria Bajamont (Karte S. 244; ☎ 091 253 7441; Bajamontijeva 3; Hauptgerichte ab 50 Kn) Dies ist vielleicht Splits charaktervollste Konoba – und das ist durchaus wörtlich gemeint. Durch die vielen einheimischen speziellen Charaktere, die in diesem winzigen Lokal innerhalb der Palastmauern abhängen, ist es eines der authentischsten Lokale der Stadt. Es besteht aus lediglich einem Zimmer mit vier oder fünf Tischen auf der einen und einer viel genutzten Theke auf der anderen Seite. Ein Schild über der Tür gibt es nicht; das Menü wird mit Filzstift aufgeschrieben und am Eingang in eine Ecke aufgestellt. Das Essen ist ausgezeichnet: Zur Auswahl stehen meistens Gerichte wie kleine gebratene Fische, schwarzes Risotto, Oktopus-Salat und *brujet*. Der Fisch- und/oder Meeresfrüchteeintopf mit Wein, Zwiebeln und Gewürzen wird mit Polenta serviert und heißt anderswo in Kroatien *brodet*. Die Gerichte werden täglich mit frischen Zutaten zubereitet. Die Stammkunden bringen schon mal eine Gitarre mit; dann wird feucht-fröhlich mitgesungen.

Mittelteuer

Restaurant Boban (Karte S. 242; ☎ 543 300; Hektorovićeva 49; Hauptgerichte ab 60 Kn) Seit 1973 ist dies das beliebteste Restaurant in Split. Wer die frischen Meeresfrüchte und den saftigen Fisch, der scharf angebraten und mit einfallsreichen Soßen serviert wird, probiert, dem ist sofort klar, warum. Die Besitzerfamilie im Viertel Firule bemüht sich, innovative Gerichte anzubieten und seinen guten Ruf zu halten.

Šperun (Karte S. 244; ☎ 346 999; Šperun 3; Hauptgerichte ab 70 Kn) Ein putziges kleines Restaurant mit rustikaler Einrichtung und freigelegten Steinmauern. Bei Ausländern ist das Lokal beliebt – vielleicht, weil die Kellner scheinbar jede erdenkliche Sprache sprechen. Die Karte ist klassisch dalmatinisch – mit gutem *brujet*, frischen Muscheln in einer Tomaten-/Petersiliensoße und gegrilltem Thunfisch mit Kapern. Büfett und Tageskarte sind ebenfalls zu empfehlen.

Bekan (Karte S. 242; ☎ 389 400; Ivana Zajca 1; Hauptgerichte ab 70 Kn) Das Bekan serviert eine Palette an Meeresfrüchten, die auf dalmatinische Art zubereitet werden. Billig ist der Laden zwar nicht (Ausnahme: Spaghetti mit Meeresfrüchten für 52 Kn), dafür werden Gerichte wie herzhafte Krabben mit *buzara* – einer Soße aus Tomaten, Weißwein, Zwiebeln und Semmelbröseln – auf einer luftigen Terrasse mit Meerblick serviert.

Restaurant Šumica (Karte S. 242; ☎ 389 897; Put Firula 6; Hauptgerichte ab 70 Kn) Die beste Adresse für alle, die sich etwas Gutes gönnen wollen. Die hausgemachte Pasta wird mit Lachs oder anderem Fisch und einfallsreichen Soßen kombiniert. Die gegrillten Scampi sind ein Traum, kosten aber auch 380 Kn pro Kilo. Als Vorspeise wird ein Teller mit hausgemachter Fischpastete und Brot serviert. Die Gäste sitzen auf einer Außenterrasse unter Pinien mit Blick aufs Meer.

Konoba Hvaranin (Karte S. 244; ☎ 091 767 5891; Ban Mladenova 9; Hauptgerichte ab 70 Kn) Das Familienunternehmen (Vater, Mutter, Sohn), das Splits Journalisten und Schriftsteller beköstigt, ist seit langem das Lokal der Wahl für die kreativen Köpfe der Stadt. Mama und Papa kochen großartige Fisch- und Meeresfrüchtegerichte, backen ihr eigenes Brot und dünsten die hausgemachte Tomatensoße. Die Stammgäste vergöttern die traditionellen Gerichte wie *Pašticada* und *Risottos*. Besonders zu empfehlen: eine *rožata*, die kroatische Variante der Crème brûlée – sie kommt hausgemacht und frisch auf den Tisch.

Teuer

Noštromo (Karte S. 244; ☎ 091 405 6666; www. restoran-nostromo.hr; Kraj Sv Marije 10; Hauptgerichte ab 80 Kn) Neben dem Fischmarkt gelegen, ist das Noštromo eines der schicksten Restaurants in Split. Die Einheimischen lieben es, da hier Fisch zubereitet wird, der täglich frisch vom Markt kommt, und weil Tradition hier alles bedeutet. Es gibt keine kulinarischen Überraschungen, nur frisches, gut zubereitetes und toll präsentiertes Essen, ergänzt durch hervorragende Weine.

Bruna (Karte S. 242; ☎ 406 425; Hatzeov Perivoj 3; Hauptgerichte ab 80 Kn) Das Restaurant des Hotel Park (S. 250) hat seit 30 Jahren denselben Chefkoch und einen gleichbleibend guten Ruf. Hier werden nur saisonale Produkte verarbeitet: Je nach Jahreszeit gibt es daher Gerichte mit Trüffeln, wildem Spargel oder Pilzen.

Selbstversorger

Der riesige **Supermarkt** (Karte S. 244; Svačićeva 1) bietet eine breite Palette an Aufschnitt und Käse und auch ansonsten fast alles, was für ein gutes Picknick so gebraucht wird.

AUSGEHEN

Das Nachtleben von Split ist klasse, vor allem im Frühling und Sommer, wenn die Auswahl groß ist. Von den Palastmauern hallt Freitag- und Samstagabend die laute Musik wider. Man kann die ganze Nacht damit verbringen, in den verwinkelten Gassen umherzubummeln und neue Adressen auszukundschaften. Da innerhalb des Palastes auch Leute wohnen, schließen die Bars gegen 1 Uhr. Die Amüsiermeile von Bačvice bietet eine Vielzahl von Freiluft-Bars und -Clubs, die bis in die frühen Morgenstunden geöffnet haben. Für einen Kaffee untertags bieten sich die Riva oder einer der Plätze innerhalb der Palastmauern an.

Buža (Karte S. 244; Priora Petra 7) Jede dalmatinische Stadt hat ein Lokal namens „Buža" (wörtlich: „Loch"). Meist ähneln sie sich auch – die sind schlicht, schnörkellos und freundlich. Splits Buža befindet sich in einem kleinen Innenhof des Palastes und spielt schnellen und langsamen Rock'n'Roll.

Teak Caffe (Karte S. 244; Majstora Jurja 11) Das an einem geschäftigen Platz gelegene Teak wird gerne auf einen Kaffee und ein Schwätzchen untertags besucht. Auch abends ist viel los; hier trifft man zahlreiche Einheimische.

Le Porta (Karte S. 244; Majstora Jurja) Neben dem Teak Caffe befindet sich Le Porta, das für seine Cocktails berühmt ist. Auf demselben Platz – der Majstora Jurja – gibt's noch das Kala, das Dante, die Whisky Bar und das Na Kantunu. Wenn es abends richtig voll wird, vermischt sich alles: also gut merken, welche Bedienung man hat!

Galerija (Karte S. 244; Dominisova 9) Parallel zur Majstora Jurja liegt die Dominisova – eine weitere Straße voller Szenekneipen. Das Galerija ist ruhiger als die anderen, und eher für schmusende Liebespaare oder Freunde gedacht, die sich treffen wollen, ohne dass ohrenbetäubende Musik jegliche Unterhaltung zerstört. Die Einrichtung ist schicker Oma-Stil, mit hübschen geblümten Sofas und Sesseln, Gemälden an den Wänden und kleinen Lämpchen überall. Es lohnt, eine der vielen Teesorten auszuprobieren.

Mosquito Bar (Karte S. 244; Dominisova) Wer im Galerija genug Tee getrunken hat, sollte sich in diese Bar nebenan begeben. Hier kann man auf der großen Terrasse sitzend gut einen Cocktail schlürfen, Musik hören und mit den Splićani abhängen.

Ghetto Club (Karte S. 244; ☎ 346 879; Dosud 10) Splits unkonventionellste Bar befindet sich in einem intimen Innenhof zwischen Blumenbeeten und einem plätschernden Springbrunnen. Die Atmosphäre ist genau so gut wie die Musik.

Luxor Bar (Karte S. 244; Kraj Sv Ivana 11) Im Innenhof der Kathedrale einen Kaffee trinken, ist einerseits ziemlich touristisch, andererseits aber einfach klasse. Auf den Stufen liegen Kissen bereit, auf der einen Seite erhebt sich Svetog Duje, auf der anderen der Säulenvorbau des Peristyl; überall werden Fotoapparate gezückt, und die Einheimischen gehen ihren normalen Geschäften nach.

Red Room (Karte S. 244; ☎ 459 231; Carrarina Poljana 4) Tropische Farben, eine Bar, die mit Leopardenmuster ausgestattet ist, und die DJ-Musik ziehen junge Splićani zu Hunderten regelmäßig ins Red Room. Der Laden hat bis Mitternacht geöffnet – er ist eine nette Adresse vor dem Clubbesuch.

Café Puls (Karte S. 244; Mihovilova Širina) und **Café Shook** (Karte S. 244; Mihovilova Širina) lassen sich am späten Freitag- oder Samstagabend kaum auseinander halten. Dann sind die Dutzend Stufen, die diese beiden Bars verbinden, voller junger Leute. Die Cafés sind kaum zu übersehen, wenn man den Palast von der Riva aus betritt. Seit zehn Jahren sind sie schon beliebte Treffpunkte, um Leute zu beobachten und um Cocktails zu schlürfen.

UNTERHALTUNG
Kinos
Kino Bačvice (Karte S. 242; ☎ 091 500 214; Bačvice bb) Die nächtliche Unterhaltungsmeile von Bačvice ist der ideale Platz für das Open-Air-Kino, das im Sommer allabendlich seine Filme zeigt.

Nachtclubs
Wenn die Bars um 1 Uhr schließen, geht's in den Vorort Bačvice zum Clubbing unter Sternen. Die besten Informationen zu den Clubs der Stadt bietet die Website www.clubbing-scene.com und die Publikationen *Splitski Navigator* und *Scena*. Beide sind in den Touristeninformationen erhältlich. Außerdem liegen in verschiedenen Bars Flyer aus.

Obojena Svjetlost (außerhalb der Karte S. 242; ☎ 358 280; Šetalište Ivana Meštrovića 35) Jede Menge Musik (Live und mit DJ), eine breite Terrasse zum Wasser und viel Platz innen: Das Obojena Svjetlost (Farbiges Licht) zählt zu den besten Nachtclubs von Split und liegt am Kasuni-Strand. Von hier aus lässt sich der Sonnenaufgang beobachten, während man sich die Füße im Wasser kühlt.

Master's (Karte S. 242; ☎ 536 983; Osječka) Splits beliebtester Club; hierhin zieht es die meisten bekannten DJs – von daher ist das Master's auch der Nachtclub für ernsthafte Clubber. Wenn bekannte Leute auflegen, kostet der Eintritt 60 Kn.

Tropic Club Ecuador (Karte S. 242; Bačvice bb) Palmen und fruchtige Cocktails, House-Musik vom DJ, das Rauschen der Adria, am Strand unter Sternen abhängen – lauter gute Zutaten für einen Superabend.

Jungla (außerhalb der Karte S. 242; ☎ 091 571 3099; Šetalište Ivana Meštrovića bb) Jungla war eine Zeitlang weniger in, hat sich zum Glück aber wieder gefangen. Es bietet gute Elektro-Nächte für ein junges, fröhliches Publikum.

O'Hara's (Karte S. 242; ☎ 098 364 262; Cvjetna Zenta 3; ☼ Juni–Sept.) Auf der Terrasse zum Meer hin lässt es sich im Sommer schön unterm Sternenhimmel tanzen. Eine gute Adresse für Fans von House-Musik.

Puls 2 (Karte S. 244; Buvinina 1) Hip und elegant – in dieser Bar pulsiert es in den Sommer-

nächten. Freitagabend gibt es Live-Musik; samstags ist Diskoabend.

Theater
Kroatisches Nationaltheater (Karte S. 244; ☎ 515 999; Trg Gaje Bulata) Im Winter stehen Theater und Ballet auf dem Programm. Die besten Plätze kosten um die 60 Kn; in der Regel sind am Tag der Vorstellung noch Karten erhältlich. Erbaut wurde das Theater 1891, 1979 wurde es originalgetreu renoviert: Ein Theaterbesuch lohnt sich deshalb allein schon wegen der Architektur.

SHOPPEN
Wer ohnehin schon einkaufssüchtig ist, der kann in Split schwelgen, denn hier gibt es die meisten Schuhgeschäfte in ganz Kroatien. Innerhalb der Mauern des Diokletianpalastes finden sich unzählige Geschäfte – kleine Boutiquen ebenso wie international bekannte Ketten. Die Einheimischen gehen allerdings genauso gerne in Marmontova einkaufen.

Die Diokletiangewölbe (Karte S. 244) sind ein Teil des Palastgewölbes (S. 247). Hier werden auf einem Markt handgemachter Schmuck, Nachbildungen römischer Büsten, silberne Zigarettenetuis, Kerzenständer, hölzerne Segelschiffe, Lederwaren und vieles mehr verkauft. Die Preise sind bezahlbar, sodass sich vielleicht das ideale (und leichte) Mitbringsel für zu Hause findet.

Oberhalb der Obala Lazareta findet täglich ein Markt statt (Karte S. 244), hier kauft man Obst, Gemüse, Schuhe, Süßes, Bekleidung, Blumen, Souvenirs, … Was hier nicht angeboten wird, wird man wahrscheinlich auch nirgendwo sonst in Split finden.

Zlatna Vrata (Karte S. 244; ☎ 360 122; Carrarina Poljana 1) Liebhaber von Antiquitäten und Ramsch werden von den Sachen im Zlatna Vrata begeistert sein. Mit ein bisschen Wühlen lassen sich alte jugoslawische Uhren, antike Töpferei, klassische Telefone aus der sozialistischen Zeit und wer weiß was noch finden.

AN- & WEITERREISE
Auto
Wer in Split ein Auto mieten will, hat folgende Auswahl:

Budget Rent-a-Car (Karte S. 242; ☎ 345 700; www.budget.hr; Hotel Marjan, Obala Kneza Branimira 8)
Dollar Thrifty (Karte S. 242; ☎ 339 000; Hotel Marjan, Obala Kneza Branimira 8)
ITR (Karte S. 244; ☎ 343 070; Obala Lazareta 2)

Bus

Es ist empfehlenswert, Bustickets mit Sitzplatzreservierung im Voraus zu kaufen. Vom **Busbahnhof** (Karte S. 244; ☎ 060 327 327; www.ak-split. hr, auf Kroatisch) neben dem Hafen fahren Busse u. a. zu folgenden Reisezielen:

Ziel	Preis (Kn)	Fahrtzeit (Std.)	Tägliche Verbindungen
Dubrovnik	105–166	4½	12
Makarska	60	11½	12
Međugorje*	120	3	5
Mostar*	120	2–4	4
Pula	331	10	1
Rijeka	250–380	7½	10
Sarajevo*	200	7	11
Zadar	120	3	8
Zagreb	195	5–9	27

*Bosnien & Herzegowina

Die Buslinie 37 zum Flughafen und nach Trogir (15 Kn, halbstündlich) hält auch in Solin; die Busse fahren von einem örtlichen Busbahnhof auf der Domovinskog Rata (1 km nordöstlich der Stadtmitte) ab. Schneller und bequemer geht es mit Intercity-Bussen, die Richtung Norden nach Zadar oder Rijeka fahren.

Wichtig: Die Busse von Split nach Dubrovnik fahren ein kurzes Stück über bosnisches Staatsgebiet; Fahrgäste sollten daher ihren Pass für den Grenzübertritt bereithalten.

FÄHRE

Die Reederei **Jadrolinija** (Karte S. 242; ☎ 338 333, 355 399; Gat Sv Duje bb) im großen Fährterminal gegenüber vom Busbahnhof betreibt die Fähren zwischen Rijeka und Dubrovnik. Die Fähren legen auch in Stari Grad auf Hvar (92 Kn, 1½ Std.) und in Korčula (102 Kn, 5 Std.) an. Die lokale Autofähre ist jedoch billiger (38 Kn, 1½ Std.). Ein schnelles Passagierschiff, die **Krilo** (www.krilo.hr), fährt im Juni und August täglich (Sept.–Juni 4- bis 5-mal wöchentl.) nach Hvar-Stadt (40 Kn, 1 Std.) und von dort weiter nach Korčula. Eine andere Passagierfähre (22 Kn, 2 Std.) fährt nach Vela Luka (27 Kn, 3¼ Std.).

Fährpläne und Tickets für alle Fährlinien von Split nach Italien hat **Jadroagent** (Karte S. 242; ☎ 338 335) im Fährterminal. Bei **SNAV** (Karte S. 242; ☎ 322 252; ☯ Mo–Fr 9–19, Sa 9–16 Uhr), dessen Büro auch im Fährenterminal zu finden ist, kann man die vierstündige Fahrt nach Ancona

und Pescara in Italien buchen. Für weitere Informationen zu Schiffsverbindungen nach Italien siehe S. 341.

Die Passagierschiffe legen am Kai Obala Lazareta (Karte S. 244) und die Autofähren am Kai Gat Sv Duje (Karte S. 242) ab. Tickets verkauft das Hauptbüro von Jadrolinija im großen Fährterminal gegenüber vom Busbahnhof. Das Büro vertreibt auch die Tickets aller anderen Autofähren, die von den umliegenden Kais ablegen. Alternativ gibt es aber noch zwei Ticketschalter in der Nähe der Kais (Karte S. 244). Im Sommer müssen die Autofähren in der Regel mindestens einen Tag im Voraus reserviert werden, die Autofahrer sollten mehrere Stunden vor Abfahrt am Kai sein. In der Nebensaison ist es selten ein Problem, eine Fahrkarte zu bekommen – für die Monate Juli und August sollte man aber so früh wie möglich reservieren.

Flugzeug

Croatia Airlines (Karte S. 244; ☎ 362 997; www.croatiaairlines.hr; Obala Hrvatskog Narodnog Preporoda 9; ☯ Mo–Fr 8–20, Sa 9–12 Uhr) fliegt bis zu viermal täglich zwischen Split und Zagreb (1 Std.). Dazu kommt ein Flug pro Tag nach Dubrovnik.

Easyjet (www.easyjet.com) fliegt Split inzwischen auch an, was die Sache preisgünstiger macht.

Der Flughafen zwischen Trogir und Kaštela liegt 25 km westlich der Stadt.

Zug

Täglich fahren zwei Schnellzüge zwischen dem **Bahnhof** (Karte S. 244; ☎ 338 525; www.hznet. hr; Obala Kneza Domagoja 9) in Split und Zagreb (175 Kn, 6 Std.); dazu kommt noch ein Nachtzug (168 Kn, 8½ Std.). Montags bis samstags gibt es jeweils sechs Verbindungen zwischen Sibenik und Split (60 Kn, 2 Std.), sonntags sind es nur vier. Außerdem fahren täglich vier Züge von Split nach Zadar (82 Kn, 4½ Std.).

UNTERWEGS VOR ORT
Bus

Lokalbusse verbinden die Stadtmitte und den Hafen mit den Vororten. Das Ein-Zonen-Ticket für eine Fahrt innerhalb des Zentrums kostet 9 Kn; Busse fahren zwischen 5.30 und 23.30 Uhr im 15-Minuten-Takt.

Vom/Zum Flughafen

Der Bus zum Flughafen Split (30 Kn) fährt von der Obala Lazareta 3 etwa 90 Min. vor dem Abflug ab. Die Alternative ist die Buslinie 36 ab der Bushaltestelle Domovinskog Rata (15 Kn, 50 Min.).

Busse von Croatia Airlines stehen bei jedem Croatia-Airlines-Flug bereit, Passagiere anderer Fluglinien dürfen mitfahren. Die Taxifahrt kostet ca. 125 Kn.

RUND UM SPLIT
Šolta

Die wunderschöne, bewaldete Insel ist nur 59 km² groß. Sie ist der Zufluchtsort der Einwohner von Split, wenn es in der Stadt zu heiß und schwül wird. Einziger Hafen der Insel ist Rogač, dort legen die aus Split kommenden Fähren vor der **Touristeninformation** (☎/ Fax 654 491; www.solta.hr; Juli & Aug. Mo–Sa 8–19 Uhr, Sept.–Juni Mo–Fr 8–15 Uhr) und am Rande einer großen Bucht an.

Ein schattiger Weg führt um die Bucht herum zu weiteren kleinen Buchten mit Felsstränden, eine andere recht schmale Straße führt bergauf zu einem Markt. **Nečujam** liegt 7 km von Rogač entfernt an einem geschwungenen Strand. Dort gibt es ein Hotel, eine Snackbar und eine Außendusche. In Stomorska steht

der einzige Geldautomat der Insel, besser ist es, genügend Bargeld mitzubringen.

Täglich pendeln drei bis fünf Autofähren zwischen Split und Rogač (28 Kn, 1 Std.).

Solin (Salona)

Die Ruinen der antiken Stadt Solin (das römische Salona) liegen zwischen Weingärten am Fuß der Bergkette nordöstlich von Split. Solin zählt zu den bedeutendsten archäologischen Fundstätten des Landes.

Heute ist Solin von lärmenden Schnellstraßen und Industrieanlagen umgeben. Schon 119 v. Chr. wird es als wichtige Siedlung eines illyrischen Stammes erwähnt. Die Römer eroberten den Ort 78 v. Chr., unter der Herrschaft von Augustus wurde es Verwaltungszentrum der römischen Provinz Dalmatien.

Als Kaiser Diokletian Ende des 3. Jhs. seinen Palast in Split bauen ließ, war die Nähe zu Salona ein ausschlaggebender Grund für die Wahl des Standortes: die Stadt war nämlich sein Geburtsort. Solin wurde im 6. Jh. in das Oströmische Reich eingegliedert, die Slawen und Awaren machten es aber bei einem Heereszug 614 dem Erdboden gleich.

SPLIT & MITTELDALMATIEN

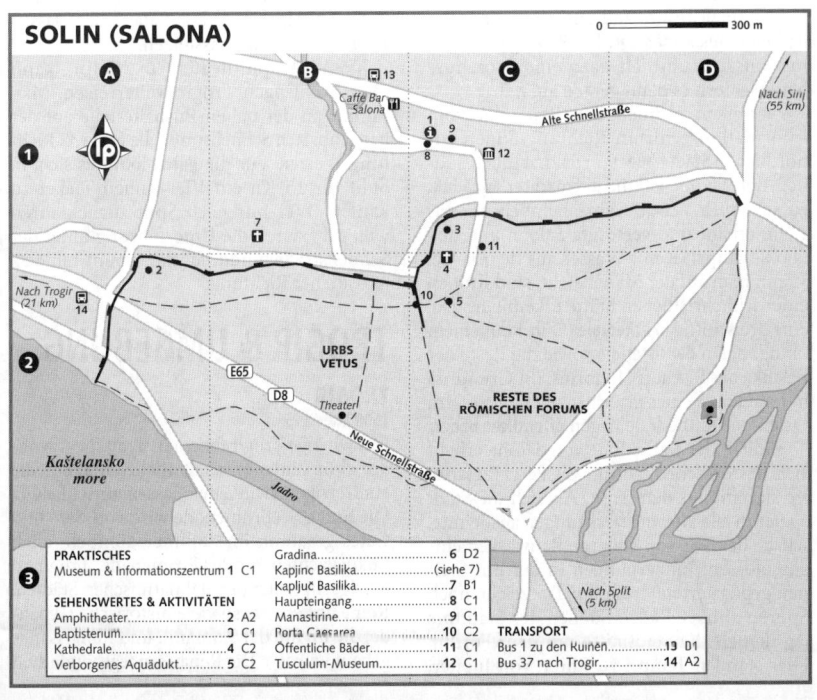

SOLIN (SALONA)

0 ———— 300 m

PRAKTISCHES			Gradina................................6 D2		TRANSPORT	
Museum & Informationszentrum 1 C1			Kapjinc Basilika...............(siehe 7)		Bus 1 zu den Ruinen..........13 D1	
			Kapljuč Basilika...................7 B1		Bus 37 nach Trogir.............14 A2	
SEHENSWERTES & AKTIVITÄTEN			Haupteingang.......................8 C1			
Amphitheater..........................2 A2			Manastirine.........................9 C1			
Baptisterium..........................3 C1			Porta Caesarea....................10 C1			
Kathedrale.............................4 C2			Öffentliche Bäder.................11 C1			
Verborgenes Aquädukt...........5 C2			Tusculum-Museum...............12 C1			

Die Bewohner flohen nach Split und auf die benachbarten Inseln, in der Folgezeit verfiel Solin.

SEHENSWERTES
Ein guter Startpunkt für die Besichtigung der Stadt ist der Haupteingang in der Nähe der Caffe Bar Salona. Dort befindet sich ein kleines **Museum & Informationszentrum** (☎ 211 538; Eintritt 10 Kn; ☺ Juni–Sept. Mo–Sa 9–18 Uhr, Okt.–Mai Mo–Fr 9–13 Uhr). Die Nekropole **Manastirine** (der eingezäunte Bereich hinter dem Parkplatz) war die Grabstätte früher christlicher Märtyrer, die vor der Legalisierung des christlichen Glaubens für ihren Glauben starben. Die freigelegten Reste der **Kapljuč-Basilika** – einer der ersten christlichen Friedhöfe in Salona und der Ort, an der Friedhofsbasiliken errichtet wurden, – und die **Kapjinc-Basilika** aus dem 5. Jh., die sich darin befindet, sind die größten Sehenswürdigkeiten von Solin. Der Bereich lag damals allerdings außerhalb der antiken Stadt. Das **Tusculum Museum**, von dem aus man auf die Manastirine schaut, ist ein archäologisches Museum und zeigt interessante Skulpturen in den Wänden und im Garten.

Der Manastirine- und Tusculum-Komplex ist Teil eines **Archäologischen Parks**. Das Informationszentrum hält dazu eine Broschüre bereit, sofern es dann gerade auf hat.

Zypressen säumen den Pfad, der vom Informationszentrum Richtung Süden zur nördlichen **Stadtmauer** von Salona führt. Südlich der Mauer ist ein **überdachter Aquädukt** zu sehen. Er wurde wahrscheinlich um das 1. Jh. erbaut und versorgte Salona und den Diokletianpalast mit Wasser aus dem Jadro. Wenn man auf der Mauer steht, sind Ruinen einer frühchristlichen Stätte erkennbar, u. a. eine dreischiffige **Kathedrale** (5. Jh.) mit einem oktogonalen **Baptisterium** sowie die Reste der Basilika des Bischofs Honorius. Ihr Grundriss hat die Form eines griechischen Kreuzes. Im Osten der Kathedrale liegen **öffentliche Bäder**.

Südlich der Kathedrale von Salona erhebt sich das östliche Stadttor, die **Porta Caesarea**, sie stammt aus dem 1. Jh. Als sich die Stadt später in alle Himmelsrichtungen ausdehnte, wurde das Tor von anderen Bauwerken eingeschlossen. Einkerbungen in der mit Steinen gepflasterten Straße am Tor zeigen noch Spuren antiker Räder. Südlich des Stadttors lag damals die Stadtmitte mit dem Forum. Hier standen Tempel zu Ehren von Jupiter, Juno und Minerva – keiner dieser Tempel blieb erhalten.

Am westlichen Ende von Salona erhob sich im 2. Jh. ein riesiges **Amphitheater**, das von den Venezianern im 17. Jh. zerstört wurde. Sie wollten damit verhindern, dass es den türkischen Angreifern als Unterschlupf diente. Zu römischer Zeit konnten hier 18 000 Zuschauer die Spiele verfolgen – allein schon diese Zahl gibt einen Eindruck von der Größe und Bedeutung des römischen Salona. Im 4. Jh. wohnten hier rund 50 000 Menschen.

In der südöstlichen Ecke liegt **Gradina**, eine mittelalterliche Festung, die um die Überreste einer rechteckigen frühchristlichen Kirche gebaut wurde.

AN- & WEITERREISE
Die Ruinen sind von Split aus mit der Stadtbuslinie 1 (15 Kn) leicht erreichbar. Der Bus fährt alle halbe Stunde vom Trg Gaje Bulata direkt zur Caffe Bar Salona (auf der linken Seite nach der gelben Bushaltestelle Ausschau halten). Außerdem fahren die meisten Busse Richtung Sinj (15 Kn, 10-mal tgl.) vom Hauptbusbahnhof nach Solin. Auch die Fahrer der Buslinie 37, die von Splits lokalem Busbahnhof auf der Domovinskog Rata abfährt, lassen Fahrgäste in Solin aussteigen.

Vom Amphitheater in Solin kann man leicht nach Trogir weiterreisen. Man nimmt an der nahen Bushaltestelle auf der benachbarten Schnellstraße die Linie 37 Richtung Westen. Für die Fahrt lohnt es sich, in Split für 15 Kn ein Vier-Zonen-Ticket zu kaufen. Wer nur nach Split zurückfahren will, geht durch die Unterführung unter der Schnellstraße hindurch und nimmt Linie 37 in östlicher Richtung.

TROGIR & UMGEBUNG

TROGIR
1600 Ew.

Das winzige Trogir (ehemals Trau) liegt wunderschön hinter mittelalterlichen Mauern, die ein Gewirr verwinkelter Gassen umschließen. Die breite Seepromenade wird von Bars und Cafés gesäumt, im Sommer dümpeln auch Luxusyachten vor der Promenade. Trogir ist einzigartig unter den dalmatinischen Städten: Keine andere hat so viele historische Gebäude, die im Stil der Romanik und Renaissance gebaut wurden. Die Renaissancegebäude sind

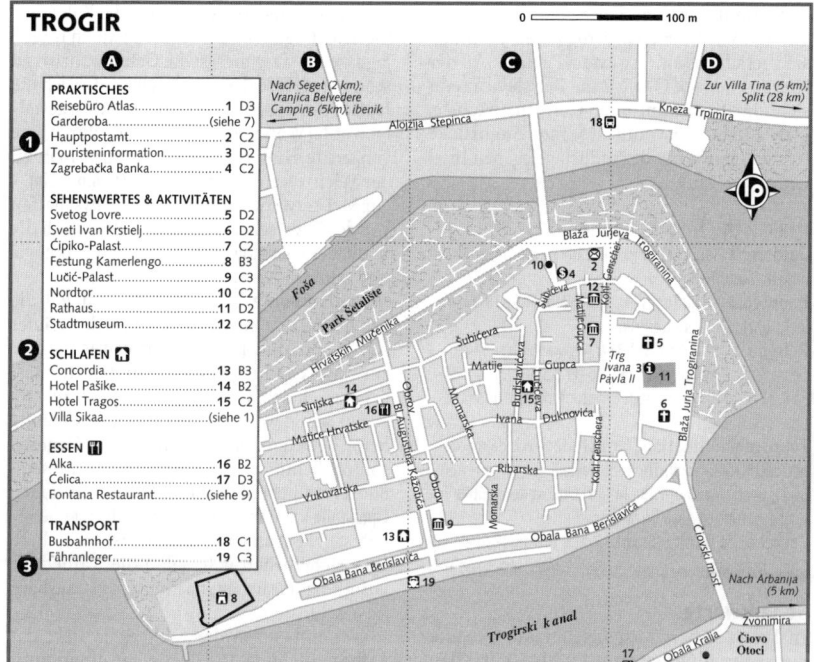

TROGIR

PRAKTISCHES
Reisebüro Atlas.............................1 D3
Garderoba............................(siehe 7)
Hauptpostamt..............................2 C2
Touristeninformation..................3 D2
Zagrebačka Banka.......................4 C2

SEHENSWERTES & AKTIVITÄTEN
Svetog Lovre.................................5 D2
Sveti Ivan Krstielj.........................6 D2
Čipiko-Palast.................................7 C2
Festung Kamerlengo.....................8 B3
Lučić-Palast...................................9 C3
Nordtor.......................................10 C2
Rathaus.......................................11 D2
Stadtmuseum..............................12 C2

SCHLAFEN
Concordia....................................13 B3
Hotel Pašike................................14 B2
Hotel Tragos................................15 C2
Villa Sikaa.............................(siehe 1)

ESSEN
Alka...16 B2
Ćelica..17 D3
Fontana Restaurant.............(siehe 9)

TRANSPORT
Busbahnhof.................................18 C1
Fähranleger.................................19 C3

Nach Seget (2 km);
Vranjica Belvedere
Camping (5km); Ibenik

Zur Villa Tina (5 km);
Split (28 km)

Nach Arbanija
(5 km)

Trogirski kanal

SPLIT &
MITTELDALMATIEN

ein Erbe der venezianischen Herrschaft. Zusammen mit der prächtigen Kathedrale wurde die Altstadt von Trogir 1997 in die Unesco-Liste des Weltkulturerbes aufgenommen.

Trogir lässt sich von Split aus bequem im Rahmen eines Tagesausflugs besuchen, ist aber auch ein entspannender Ort, um dort ein paar Tage zu verbringen und von dort aus einige benachbarte Inseln zu besuchen.

Geschichte

Mit den hohen Bergen im Norden, dem Meer im Süden und den schützenden Stadtmauern war Trogir (unter den Römern: Tragurion) ein attraktiver Ort zum Wohnen. Die frühen Kroaten hatten die alte illyrische Stadt im 7. Jh. besiedelt. Aufgrund seiner guten Verteidigungsmöglichkeiten behielt Trogir seine Unabhängigkeit auch während der kroatischen und byzantinischen Herrschaft. Handel und der Bergbau in der Umgebung waren die wirtschaftlichen Säulen der Stadt. Im 13. Jh. florierte die Bildhauerei und die Architektur – sie waren sichtbarer Ausdruck einer lebendigen, dynamischen Kultur. Als Venedig 1409 Dalmatien erwarb, weigerte

sich Trogir, die neuen Regenten anzuerkennen. Die Venezianer zwangen die Bewohner durch Beschuss ihrer Stadt zur Aufgabe. Während das restliche Dalmatien unter der venezianischen Herrschaft stagnierte, brachte Trogir weiterhin große Künstler hervor, die die Schönheit der Stadt noch steigerten.

Orientierung

Die Altstadt von Trogir konzentriert sich auf einer winzigen Insel im Meeresarm zwischen der Insel Čiovo und dem Festland, die Küstenschnellstraße ist nicht weit weg. Viele Sehenswürdigkeiten lassen sich auf einem 15-minütigen Spaziergang rund um die Insel besichtigen. Der nächste Strand liegt 4 km entfernt beim Hotel Medena.

Der Kern der Altstadt ist vom Festland durch einen kleinen Wasserlauf (Foša) getrennt und liegt nur ein paar Minuten zu Fuß vom Busbahnhof entfernt. Nach Überqueren der kleinen Brücke am Busbahnhof geht man durch das Nordtor. Biegt man am Ende des Platzes links (nach Osten) ab, kommt man zur Hauptstraße Gradska ulica (die ein paar Jahre lang nach Ex-Bundeskanzler Kohl und Ex-

Außenminister Genscher benannt war). Trogirs schönste Sehenswürdigkeiten befinden sich geradeaus am Trg Ivana Pavla II. An der Uferpromenade Obala Bana Berislavića reiht sich ein Restaurant oder Café ans nächste. Die Altstadt ist durch eine Zugbrücke (Čiovski most) mit der südlich gelegenen Insel Čiovo verbunden.

Praktische Informationen

Garderoba (Tag 13 Kn; ☿ 9–22 Uhr) Gepäckaufbewahrung im Busbahnhof.
Hauptpost (Kralja Tomislava 9; ☿ Mo–Fr 9–18, Sa 9–14 Uhr) Mit Telefonzentrum.
Reisebüro Atlas (☎ 881 374; www.atlas-trogir.hr; Obala Kralja Zvonimira 10; ☿ Mo–Fr 8.30–19, Sa 8.30 bis16 Uhr) Vermittelt Privatunterkünfte und organisiert Ausflüge.
Touristeninformation (☎ 881 412; www.dalmacija. net/destination/trogir; Trg Ivana Pavla II 1; ☿ Juni–Aug. 8–21, Sept.–Mai Mo–Fr 9–14 Uhr) Eine weitere gute Infoquelle; vermittelt auch Privatunterkünfte.
Zagrebačka Banka (Gradska Vrata) Hat draußen einen Geldautomaten.

Sehenswertes

In Trogir stehen noch viele intakte Gebäude aus seiner Blütezeit vom 13. bis 15. Jh.; dass die Stadt recht klein ist, spielt da keine Rolle. Die Altstadt betritt man durch das Nordtor, das im Stil der Renaissance errichtet wurde. Über ihm schwebt die Statue des hl. Ivan Orsini, dem Schutzpatron der Stadt. Wenn man die Gradska (vorher: Kohl-Genscher) hinunter geht, kommt man zum **Stadtmuseum** (Gradski Muzej; ☎ 881 406; Kohl-Genscher/Gradska 49; Eintritt 10 Kn; ☿ Juni–Sept., Mo–Sa 9–13, 17–21 Uhr, Okt.–Mai Mo–Fr 9–14, Sa 9–12 Uhr). Es befindet sich im ehemaligen Garanjin-Fanfogna-Palast. In fünf Räumen werden Bücher, Dokumente und historische Kleidung aus der langen Geschichte Trogirs ausgestellt.

Glanzstück der Stadt ist die dreischiffige venezianische **Katedrala Svetog Lovre** (St.-Laurentius-Kathedrale; ☎ 881 426; Trg Ivana Pavla II; Eintritt 15 Kn; ☿ Juni–Aug. 8–12, 16–19 Uhr, Sept.–Mai 8–12 Uhr). Sie wurde zwischen dem 13. und 15. Jh. errichtet und ist eines der schönsten Gebäude Kroatiens. Bemerkenswert ist das **romanische Portal** (1240) von Meister Radovan. Die Seiten des Portals zeigen Löwenfiguren (das Symbol Venedigs), auf denen Adam und Eva stehen. Bei ihnen handelt es sich um die erste Darstellung nackter Figuren in der dalmatinischen Bildhauerei. Die äußeren Pilaster zeigen Heilige,

in den mittleren Szenen werden die Kalendermonate dargestellt, die kleinen Säulen tragen Jagdszenen. Darüber ist die Geburt Christi zu sehen. Am Ende des Portikus befindet sich die **Taufkapelle**, die 1464 von Andrija Aleši gestaltet wurde. Wenn man das Gebäude durch eine versteckte Hintertür betritt, kommt man zu der reich verzierten **Kapelle Sveti Ivan Ursini** – ein Meisterwerk der Renaissance. Erschaffen wurde sie zwischen 1461 und 1497 durch die Bildhauer Niccolòa Fiorentino, Ivan Duknović und Andrija Aleši.

In der **Sakristei** befinden sich Gemälde, die den hl. Hieronymus und Johannes den Täufer zeigen. Ein Muss ist die **Schatzkammer**, die u. a. ein Triptychon aus Elfenbein und mittelalterliche, reich bebilderte Manuskripte birgt.

Ein Schild weist auf eine korrekte Kleidung beim Betreten der Kathedrale hin: Generell sollten Schultern und Arme bedeckt sein, Shorts sind ebenfalls tabu. Den 47 m hohen **Campanile** kann man besteigen (sofern er geöffnet ist): die Aussicht von oben ist traumhaft. Wer sichergehen will, sollte die Kathedrale vormittags besuchen, nachmittags ist sie häufig geschlossen.

Gegenüber von der Kathedrale steht das **Rathaus** aus dem 15. Jh. Es hat einen gotischen Innenhof, der mit Wappen und einem steinernen Kopf geschmückt ist. Neben der Kathedrale befindet sich der **Čipiko-Palast**. Das aus Stein gearbeitete Triforium ist das Werk von Firentinac und Aleši.

Südöstlich der Kathedrale fällt der Blick auf das prächtig gestaltete Portal der Kirche **Sveti Ivan Krstitelj** (Kirche Johannes des Täufers), das die Beweinung Christi darstellt. Die kirchliche Sammlung zeigt Gemälde und Statuen aus dem 14. bis 17. Jh.

Entlang der Seepromenade fallen Innenhof und Portal des **Lučić-Palastes** aus der Renaissance auf, er liegt gleich neben dem Fontana Restaurant. Wer zum Westende der Insel geht, stößt auf die **Festung Kamerlengo**, die dem Idealbild einer mittelalterlichen Festung entspricht. Ursprünglich war die Festung aus dem 15. Jh. mit der Stadtmauer verbunden. Am westlichen Ende der Insel steht ein eleganter Rundpavillon (Gloriette), den der französische Marschall Marmont während der napoleonischen Besetzung Dalmatiens errichten ließ. Hier pflegte er zu sitzen und inmitten der Wellen Karten zu spielen. Damals war der westliche Teil der Insel noch eine Lagune; die malariaverseuchten Sümpfe wurden erst im

20. Jh. trockengelegt. Die Festung wird heute im Sommer als **Freiluftkino** genutzt. Die Filme beginnen um 21 Uhr.

Festivals & Events

Alljährlich richtet Trogir von Mitte Juni bis Mitte August ein **Sommer-Musikfestival** aus, bei dem Klassik- und Folkkonzerte in Kirchen und auf Plätzen abgehalten werden. Plakate, die für die Konzerte werben, hängen in der ganzen Stadt.

Schlafen

Das Reisebüro Atlas (S. 258) kann Privatunterkünfte (DZ/Studios ab 220/440 Kn) sowie Drei- und Vierzimmer-Apartments vermitteln. Unter www.trogir-online.com stehen die entsprechenden Angebote.

Seget (☎/Fax 880 394; www.kamp-seget.hr; Hrvatskih Žrtava 121, Seget Donji; Erw. Neben-/Hochsaison 24/33 Kn, Stellplatz 80/115 Kn; ☼ Mitte April–Okt.) Seget liegt näher bei Trogir (2 km) als beim Campingplatz Vranjica und ist auch kleiner. Es gibt einen kleinen Kiesstrand und einen zementierten Anleger zum Schwimmen, außerdem Tennisplätze, Fahrräder und die Möglichkeit zum Windsurfen und weiteren sportlichen Aktivitäten.

Vranjica Belvedere Camping (☎ 894 141; www.vranjica-belvedere.hr; Seget Vranjica, Seget Donji; Erw. Neben-/Hochsaison 4/5 €; ☼ Mitte April–Okt.) Der Campingplatz liegt unweit der Schnellstraße nach Zadar, 5 km westlich von Trogir. Zu den angebotenen Aktivitäten zählen Tennis, Radfahren, Windsurfen, Wasserski, Segeln und Reiten. Die Buslinie 24 fährt vom Busbahnhof dorthin.

Villa Tina (☎ 888 305; www.vila-tina.hr; Arbanija; DZ Neben-/Hochsaison 30/46; ℗ ✖) Wer relaxen und schwimmen möchte, ist hier absolut richtig. Die geschmackvollen Zimmer sind großzügig und hell eingerichtet. Die Villa Tina liegt etwa 5 km östlich von Trogir, direkt an der Küste und in Strandnähe. Der Ausblick von der Terrasse hilft beim Entspannen.

Concordia (☎ 885 400; www.concordia-hotel.net; Obala Bana Berislavića 22; EZ Neben-/Hochsaison 400/450 Kn, DZ 550/680 Kn; ℗ ✖) Das Concordia liegt direkt am Wasser; der Service ist sehr angenehm. Die etwas in die Jahre gekommenen Zimmer sind sauber, aber schlicht; der Seeblick aus manchen Zimmern entschädigt etwas für die triste Einrichtung.

Hotel Tragos (☎ 884 729; www.tragos.hr; Budislavićeva 3; EZ Neben-/Hochsaison 450/600 Kn, DZ 600/800 Kn; ☼ Nov.–Feb. geschl.; ✖ ▢) Das mittelalterliche Wohnhaus ist vorzüglich restauriert worden. Alle Zimmer sind elegant und wunderschön eingerichtet, mit Satelliten-TV, Minibar und Internetzugang. Auch wer nicht hier nächtigt, sollte das Hotelrestaurant wegen seiner hervorragend zubereiteten Hausmannskost aufsuchen (Hauptgerichte ab 80 Kn).

Villa Sikaa (☎ 881 223; www.vila-sikaa-r.com; Obala Kralja Zvonimira 10; EZ Neben-/Hochsaison 520/600 Kn, DZ 550/650 Kn; ✖ ▢) Villa Sikaa liegt auf der Insel Čiovo und bietet schöne Zimmer mit tollem Blick auf die Altstadt. Die sieben großen Zimmer haben alle ein großes Bad, Doppelverglasung und Satelliten-TV. Manche bieten zusätzlich noch eine Sauna und eine Massagedusche.

LP Tipp **Hotel Pašike** (☎ 885 185; www.hotelpasike.com; Sinjska bb; EZ Neben-/Hochsaison 550/600 Kn, DZ 700/800 Kn; ✖ ▢) Das schönste Hotel von Trogir (und fast schon Dalmatiens) liegt in einem Haus aus dem 15. Jh., die acht Zimmer sind mit Möbeln aus dem 19. Jh. eingerichtet. Kräftige Wandfarben bilden einen schönen Kontrast zu den massigen Betten aus Walnussholz und Schmiedeeisen (und den antiken, gestrickten Überwürfen). Die professionellen, freundlichen Mitarbeiter tragen traditionelle Kleidung. In jedem Zimmer gibt es Satelliten-TV und WLAN; die kleine Dachterrasse mit zwei Tischen ist wunderschön. Gäste werden mit einem starken Glas *rakija* (Weinbrand), Champagner und Zitrone begrüßt, versüßt durch *rafioli*, den traditionellen Mandelkuchen aus Trogir. Reservierungen sind notwendig. Wer im Oktober oder zwischen November und April hier übernachtet, bekommt 20–30 % Preisnachlass. Das Restaurant ist ebenfalls gut.

Essen

Ćelica (☎ 882 344; Obala Kralja Zvonimira; Hauptgerichte 65–100 Kn) Das schwimmende Restaurant sorgt für eine nette Atmosphäre auf dem Kanal. Die Karte ist natürlich auf Fisch spezialisiert.

Fontana Restaurant (☎ 884 881; Obrov 1; Hauptgerichte um 80 Kn) Wenn die Einheimischen ausgehen wollen, dann ist das Fontana mit seiner großen Terrasse am Wasser meist die erste Wahl. Auf der Karte findet sich fast alles von preiswerten Pizzen und Omeletts bis hin zu teurerem gegrillten Fisch und Fleisch. Schwerpunkt der Küche ist jedoch Fisch.

Alka (☎ 881 856, Bl Augustina Kažotića 15; Hauptgerichte um 80 Kn) Das Alka mit seiner Außenterrasse ist ebenfalls sehr beliebt. Die Preise ähneln dem des Fontana.

An- & Weiterreise

Intercity-Busse von Zadar Richtung Süden (130 km) und von Split Richtung Norden (28 km) halten in Trogir. Per Bus von Trogir nach Zadar zu kommen, kann schwierig werden, da die Busse aus Split oft schon bei ihrer Ankunft in Trogir voll besetzt sind.

Der Stadtbus 37 von Split fährt tagsüber alle halbe Stunde, auf dem Weg nach Trogir hält er unterwegs am Flughafen Split. Der Bus fährt aber vom örtlichen Busbahnhof ab und ist länger als der Intercity-Bus unterwegs. Das Vier-Zonen-Ticket kann für beide Richtungen (Split bzw. Zadar) beim Fahrer gekauft werden.

Wöchentlich fährt eine Fähre von Split (11 Kn) nach Trogir, sie legt vor dem Hotel Concordia an.

RUND UM TROGIR

Es gibt zwar einige Strände westlich von Trogir, doch die wesentlich schöneren liegen auf den Inseln Drvenik Mali und Drvenik Veli, die schnell mit einer Personenfähre erreichbar sind (sie legen am Fähranleger vor dem Hotel Concordia ab). Beide Inseln haben nur wenige Einwohner und sind entsprechend einsam. Außerdem gibt es einen schönen Festungsbereich mit sieben Häfen und verschiedenen Burgen, die der dalmatinische Adel dort vor über 500 Jahren errichten ließ.

Drvenik Mali & Drvenik Veli

Die kleinere Insel, Drvenik Mali, hat Olivenbäume, 56 Einwohner und einen Sandstrand, der sich um die Bucht Vela Rina zieht. **Drvenik Veli** bietet ebenfalls abgeschiedene Buchten und Olivenhaine, aber auch ein paar kulturelle Highlights: Die Kirche des hl. Georg wurde im 16. Jh. errichtet, hat ein barockes Mobiliar und ein venezianisches Altarteil. Außerhalb des Dorfes Drvenik Veli steht die unvollendete **Kirche des hl. Nikolaus** aus dem 18. Jh. – der damalige Baumeister hat aus unbekannten Gründen nur die monumentale Vorderseite fertiggestellt.

Eine **Jadrolinija-Fähre** (www.jadrolinija.hr) von Trogir bringt die Fahrgäste zu den Inseln. Eine Strecke kostet 13 Kn; nach Drvenik Veli dauert die Fahrt eine Stunde, nach Drvenik Mali 20 Minuten länger. Pro Tag fahren drei Fähren (Mo–Sa 9, 15 und 20.30 Uhr ab

Trogir; Rückfahrt 6, 12 und 19 Uhr; So 9, 18 und 21 Uhr ab Trogir, Rückfahrt 7, 16 und 19.20 Uhr). Der aktuelle Fahrplan ist über die Webseite der Reederei Jadrolinija oder bei der Touristeninformation erhältlich: Vor allem in der Nebensaison sollte man sich unbedingt vorab informieren. Wer mehr Zeit auf den Inseln verbringen möchte, kann über die Touristeninformation in Trogir Privatunterkünfte buchen.

Kaštela

Wenn man sicher bauen will, dann gibt es nichts Besseres als ein Gebirge im Rücken und vor sich das Meer. Zumindest dachte das der dalmatinische Adel, als er sah, wie die Türken im 15. und 16. Jh. in Europa einmarschierten. Der 20 km lange Küstenabschnitt zwischen Trogir und Split wird landseitig durch den langen, niedrigen Kozjak-Höhenrücken geschützt und war damals der perfekte Ort, um sich in einer gut befestigten Burg sicher zu fühlen. Eine reiche Familie nach der anderen zog deshalb von Split an die Kaštela-Bucht, um sich dort einen Familiensitz bauen zu lassen. Glücklicherweise drangen die Türken nie so weit vor, sodass die Burgen bis heute erhalten blieben.

Als **Kaštela-Bucht** bezeichnet man die sieben kleinen Häfen vor diesen befestigten Küstenburgen. Ihr Besuch ist ein reizvoller Tagesausflug von Split oder Trogir. Beginnend im Westen (von Trogir aus gesehen), kommt zunächst **Kaštel Štafilić** in Sicht. Die Burg auf einem Inselchen ist nur durch eine Zugbrücke mit dem Festland verbunden. Im nahen Ort steht eine Renaissancekirche. Dann kommt **Kaštel Novi** (1512 erbaut), gefolgt von **Kaštel Stari**, der ältesten Burg in der Bucht (1476). Ein Kreuzgang mit Arkaden steht im Burginnern. Es folgt die imposanteste Burg: **Kaštel Lukšić**. Sie wurde 1487 im Übergang von der Renaissance zum Barock erbaut. Inzwischen beherbergt sie städtische Verwaltungsbüros, ein kleines Museum und die Touristeninformation der Region. Hier spielte auch die komplizierte Geschichte von einem unglücklichen Liebespaar, das hier heiratete und hier begraben liegt. Weiter ostwärts geht es zum **Kaštel Kambelovac**, die einzige von ortsansässigen Adligen erbaute Burg, dann folgt **Kaštel Gomilica**. Die Burg wurde von Benediktinernonnen erbaut und ist von seichten Sandstränden umgeben. Den Schluss bildet **Kaštel Sućurac**. Von hier führt ein Weg am Friedhof vorbei hoch zur Schutzhütte bei Putalj (480 m). Sie ist Ausgangspunkt für eine Wanderung über den Höhenrücken des Kozjak.

Infos zu Unterkünften in Kaštela erhält man in der **Touristeninformation** (☎ 227 933; www.dalmacija.net/kastela.htm; Kaštela Lukšić; ☺ Juli & Aug. Mo–Sa 8–19, So 8–13 Uhr, Sept.–Juni Mo–Fr 9–17 Uhr).

Buslinie 37 von Split nach Trogir (15 Kn, alle 30 Min.) hält in allen Orten entlang der Bucht von Kaštela. Alternativ gibt es die schnelleren, aber weniger häufig fahrenden Kaštela-Busse: Vier fahren pro Tag nach Kaštel Novi und Kaštel Štafilić (6, 12, 14, 16 Uhr) und sieben nach Kaštel Stari (6, 7, 12, 13, 14, 15, 16 Uhr). Die Busse fahren vom Hauptbusbahnhof auf der Obala Kneza Domagoja ab.

MAKARSKA RIVIERA

Die Makarska Riviera ist ein 50 km langer Küstenabschnitt am Fuß des Biokovo-Gebirges, wo eine Ansammlung von Klippen und Kämmen einen dramatischen Hintergrund für eine Reihe wunderschöner Kiesstrände bildet. Die Berge schützen den Küstenstreifen vor rauen Winden – entsprechend mediterran sieht die Landschaft mit ihren Pinienwäldern, Olivenhainen, Feigen- und sonstigen Obstbäumen aus.

MAKARSKA
15 000 Ew.

Makarska ist eine attraktive Hafenstadt; der Ortskern mit seinen Häusern aus Kalkstein wird bei Sonnenuntergang in orange-pfirsichfarbenes Licht getaucht. Aktivurlauber finden hier ausreichend Betätigung – beim Wandern, Klettern, Windsurfen oder Schwimmen. Die Lage mit dem wunderbaren Biokovo-Massiv im Hintergrund ist spektakulär, sein höchster Gipfel ist der Sveti Jure (1762 m). Auf dem langen Kiesstrand der Stadt ist immer viel los, man trifft sich zum Beach-Volleyball oder sonstigen Strandvergnügen, dazwischen tummeln sich fröhlich spielende Kinder. Makarska ist ein Lieblingsziel der Urlauber aus dem benachbarten Bosnien- Herzegowina, die im Juli und August zu Scharen hier einfallen. In der Hauptsaison geht es dann sehr lebhaft zu. Wer in Strandbars abhängen möchte, Beach-Volleyball spielen und sich mit Gleichgesinnten am Strand sonnen will, dem wird Makarska gefallen. Deutlich ruhiger wird das dann in der Nebensaison.

Als größte Stadt der Region besitzt Makarska eine sehr gute Verkehrsanbindung. Daher eignet sich die Stadt auch als Ausgangspunkt für Erkundungsfahrten entlang der Küste und ins benachbarte Bosnien & Herzegowina. Fast schon ein Muss ist die Besteigung des Biokovo.

Geschichte

Makarskas Name geht auf die römischen Siedlung Muccurum zurück, die wahrscheinlich im Dorf Makar rund 2 km nördlich von Makarska lag. Ausgrabungen auf der Halbinsel Sveti Petar zeigen jedoch, dass es eine weitere Siedlung namens Inaronia an der Küste gab. Sie diente als Zwischenstopp an der Straße von Solin (Salona) zur wichtigen Handelsstadt Narona weiter südlich. Beide Siedlungen sollen 548 durch die Truppen des ostgotischen Königs Totila zerstört worden sein.

Die Region wurde im 7. Jh. von zugewanderten Slawen besiedelt, die sich später sehr erfolgreich als Piraten betätigten und den Schiffsverkehr der Venezianer empfindlich störten. Die venezianischen Kriegsschiffe, die 887 in Makarska eintrafen, wurden vernichtend geschlagen.

Nach dem Sieg waren die Venezianer gezwungen, für das Vorbeisegeln an der Siedlung zu zahlen. Im 11. Jh. fiel Makarska unter die Regentschaft der kroatisch-ungarischen Könige, 1324 dann an den bosnischen Herrscher Kotromanić. 1499 wurde die Stadt von den Osmanen erobert, die mit den Venezianern um die Herrschaft über die Adriaküste stritten. Während der 150 Jahre langen türkischen Besatzungszeit wurde Maskara ein wichtiger Hafen für den Handel mit Salz, das aus Bosnien und Herzegowina zum Weitertransport an die Küste transportiert wurde. Die Venezianer übernahmen die Stadt 1646 und blieben Herren bis 1797.

Der Handel florierte, der Adel baute sich barocke Villen östlich und westlich der Stadt. Auf die Venezianer folgten die Österreicher, dann mit einem Interim die Franzosen und daraufhin erneut die Österreicher. Nach dem Ersten Weltkrieg wurde die Stadt Teil des Königreichs der Serben, Kroaten und Slowenen.

Orientierung

Makarska liegt an einer großen Bucht, die vom Kap Osejava im Südosten und der Halbinsel Sveti Petar im Nordwesten begrenzt wird.

Der Busbahnhof befindet auf der Ante Starčevića, rund 300 m oberhalb des Altstadtzentrums. Die Straße Kralja Zvonimira führt vom Busbahnhof bergab zur Obala Kralja Tomislava, sie ist die Hauptpromenade der Stadt mit Reisebüros, Geschäften und Restaurants.

Der lange Kiesstrand beginnt am Park Sveti Peta (am Anfang der Obala Kralja Tomislava) und zieht sich Richtung Nordwesten um die Bucht. Hier stehen auch die meisten der großen Hotels. Die südöstliche Seite der Stadt ist felsiger, bietet aber gute Schwimmmöglichkeiten. Auf den Felsen finden sich oft FKK-Anhänger.

Praktische Informationen

Entlang der Obala Kralja Tomislava gibt es viele Banken und Geldautomaten. Die Reisebüros in der Straße tauschen Geld um.

Biokovo Active Holidays (☎ 679 655; www.biokovo. net; Kralja Petra Krešimira IV 7b; ☽ Mo–Fr 9–19, Sa 9 –14 Uhr) Eine gute Infoquelle über das Biokovo-Massiv; organisiert Wander-, Rafting- und Kajaktouren.

Garderoba (Tag 15 Kn; ☽ 6–22 Uhr) Gepäckaufbewahrung am Busbahnhof.

Internet Club Master (☎ 612 466; Jadranska 1; Std. 30 Kn; ☽ 9–22 Uhr) Internetzugang; hinter dem Hotel Biokovo.

Mariva Turist (☎ 616 010; www.marivaturist.hr; Obala Kralja Tomislava 15a; ☽ Mo–Fr 9–19.30, Sa 9–15 Uhr) Hier kann man Geld wechseln und Ausflüge buchen. Vermittelt Privatunterkünfte entlang der ganzen Makarska-Küste, inkl. Brela.

Postamt (Trg 4 Svibnja 533; ☽ Mo–Fr 9–19, Sa 9 bis 14 Uhr) Hier kann man Währungen tauschen, telefonieren oder mit der MasterCard Geld abheben.

Reisebüro Atlas (☎ 617 038; www.atlas-croatia.com; Kačićev Trg 8; ☽ Mo–Fr 9–19, Sa 9–14 Uhr) Am anderen Ende der Stadt; vermittelt Privatunterkünfte.

Touristeninformation (☎/Fax 612 002; www. makarska-info.hr; Obala Kralja Tomislava 16; ☽ Juni bis Sept. 7–21 Uhr, Okt.–Mai Mo–Fr 7–14 Uhr) Verlegt einen nützlichen Stadtführer mit Karte, der hier und in den anderen Reisebüros erhältlich ist.

Turist Biro (☎ 611 688; www.turistbiro-makarska.com; Obala Kralja Tomislava 2; ☽ Mo–Fr 9–19, Sa 9–16 Uhr) Vermittelt Privatunterkünfte und nimmt Buchungen von Exkursionen entgegen.

Zagrebačka Banka (Trg Tina Ujevića 1) Hat einen Geldautomaten.

Sehenswertes

Makarska ist eher für seine schöne Natur als für kulturelle Höhepunkte bekannt. Aber soll-

AUF SCHIENEN NACH MOSTAR

Eine tolle Möglichkeit, den Massen zu entgehen und mal was anderes zu machen, ist eine Zugfahrt von Ploče nach Mostar in Bosnien-Herzegowina. Der Zug ist ein langsames, schnaubendes Gefährt, das Ploče zweimal am Tag verlässt (29 Kn, 70 Min., 6 und 17 Uhr). Die Fahrt geht durch die tolle dalmatinische und herzegowinische Landschaft, oftmals am oberen Flusslauf der Neretva entlang. Alle Busse nach Dubrovnik, die in Makarska halten, fahren durch Ploče (ca. 50 Kn). Personen aus der EU benötigen kein Visum für die Einreise nach Bosnien-Herzegowina. Personen anderer Nationalitäten sollten sich bei ihrer Botschaft erkundigen.

te es mal regnen, lohnt sich der Besuch des **Stadtmuseums** (Gradski Muzej; ☎ 612 302; Obala Kralja Tomislava 17; Eintritt frei; ☽ Mo–Fr 7–15, Sa 9–12 Uhr). Es dokumentiert die Stadtgeschichte anhand von Fotos und alten Steinen.

Interessanter ist da schon das **Franziskanerkloster** (Franjevački Samostan; Franjevački Put 1; ☽ nur während der Messe). Es wurde 1400 erbaut und 1540 und nochmals 1614 restauriert. Im Kreuzgang der einschiffigen Kirche wird eine **Muschelsammlung** (☎ 611 256; Eintritt 15 Kn; ☎ 11–12 Uhr) gezeigt, wertvoll ist auch das Gemälde Mariä Himmelfahrt des flämischen Künstlers Pieter de Coster (1760).

Die **Crkva Svetog Marka** (Kirche des hl. Markus; ☎ 611 365; Kačićev Trg; ☽ nur während der Messe) aus dem 18. Jh. hat einen barocken Silberaltar (1818) und einen venezianischen Marmoraltar, der etliche Jahre früher datiert.

Aktivitäten

Die Wege und Pfade, die das Kalksteinmassiv Biokovo durchziehen, üben auf alle Wanderer eine geradezu unwiderstehliche Anziehungskraft aus. Dieser Abschnitt des Dinarischen Küstengebirges, der sich hinter der Stadt erhebt, ist ein ausgezeichnetes Wandergebiet und wird vom **Naturpark (Park Prirode) Biokovo** (☎ 616 924; Trg Tina Ujevića 1; Eintritt Erw./Stud. 30/ 15 Kn; ☽ April–Mitte Mai & Okt.–Mitte Nov. 8–16 Uhr, Mitte Mai–Sept. 7–20 Uhr) verwaltet und geschützt.

Wer auf eigene Faust unterwegs ist (sprich nicht mit einer organisierten Wandergruppe), muss den Park am Anfang der „Biokovo-Straße" betreten und dort den Eintritts bezahlen. Da die Biokovo-Straße die einzige Straße ist, die den Berg hinaufführt, ist sie nicht zu verfehlen.

Der **Vošac** (1422 m) ist von der Stadt aus gesehen der nächstgelegene Gipfel – von Makarska aus sind es nur 2,5 km dorthin. Von der Crkva Svetog Marka auf dem Kačićev trg folgt man dem Put Makra (entweder zu Fuß oder mit dem Auto), dabei die Beschilderung zum Dorf Makar beachten. Von Markar führt dann ein Wanderweg zum Vošac (3 Std.). Von seinem Gipfel können trainierte Wanderer weiter einem gut markierten Pfad zum **Sveti Jure** (4 Std.) folgen. Er ist mit 1762 m der höchste Gipfel des Massivs. Von hier hat man einen spektakulären Ausblick auf die kroatische Küste sowie – bei guter Sicht – auf die italienische Küste auf der anderen Seite der Adria.

Viel Wasser, Sonnenschutz, ein Hut oder eine Mütze und Regenzeug sind unentbehrlich. Oben auf dem Berg ist es immer deutlich kälter als am Meer.

Für **Kletterer** bietet der Touristenort Makarska auf dem Osejava, etwas östlich der Bergmitte (direkt hinter Šetalište Fra Jure Radića) ein gutes Klettergebiet, das vor allem in den Sommermonaten sehr beliebt (und entsprechend besucht) ist.

Ein anderes beliebtes Wanderziel ist der **Botanische Garten** beim Dorf Kotišina. Von Makar führt ein beschilderter Weg dorthin, der unter einer Reihe hoher Gipfel verläuft. Leider ist der Garten – früher eine örtliche Attraktion – inzwischen ziemlich heruntergekommen.

Biokovo Active Holidays (S. 262) bietet ausgezeichnete Infos zum Biokovo-Massiv – nicht nur zum Wandern. Tauchinteressierte können sich an **More Sub** (☎ 611 727; Hotel Dalmacija, Kralja Krešimira bb) wenden.

Geführte Touren

Biokovo Active Holidays (S. 262) bieten begleitete Wanderungen und Fahrten ins Biokovo-Massiv – sowohl für Geübte als auch für weniger Trainierte. Wer will, kann sich mit dem Minibus einen Teil der Strecke hochfahren lassen und dann eine kurze Wanderung zum Sveti Jure unternehmen, oder alternativ 5½ Stunden durch Schwarzkiefernwälder und grüne Weiden wandern. Frühmorgens fahren Busse der Agentur Wanderer zum Sonnenaufgang über Makarska in die Berge.

Schlafen

Die Hotels in Makarska unterscheiden sich nicht groß, es fehlen etwas ausgefallene Unterkünfte. Bequeme Betten und ein schöner Blick sind jedoch in den gehobenen Häusern Standard.

Alle auf S. 262 genannten Reisebüros vermitteln Privatunterkünfte; ein Doppelzimmer kostet 200–300 Kn. Es gibt eine große Auswahl sowohl im Zentrum als auch weiter außerhalb.

Baško Polje (☎ 612 329; Erw./Zelt 40/60 Kn; ☺ Mai–Okt.) Das wunderschöne Autocamp zwischen mächtigen Pinien liegt zwischen Makarska und Baška Voda am Strand und trotzdem in Stadtnähe.

Hotel Makarska (☎/Fax 616 622; www.makarska-hotel.com; Potok 17; EZ Neben-/Hochsaison 42/47 €, DZ 70/78 €; Ⓟ ☒) Hier fühlt man sich ein bisschen, als wäre man privat bei einer gastfreundlichen einheimischen Familie. Die Betreiber sind aufgeschlossen und bieten ihren Gästen bequeme Zimmer mit flauschigem Bettzeug, Satelliten-TV und Minibar. Das Hotel liegt in der Stadt, nur 200 m vom Strand entfernt.

Hotel Dalmacija (☎ 615 777; www.hoteli-makarska.hr; Kralja Krešimira bb; EZ Neben-/Hochsaison 49/72 €, DZ 987 144 €; Ⓟ ☒ ☒) Das Riesengebäude mit

---

RAFTING AUF DEM FLUSS CETINA

Die Cetina ist der längste Fluss in Mitteldalmatien und erstreckt sich ab dem gleichnamigen Dorf über 105 km. Sie fließt durch das Dinarische Gebirge, durch die Felder von Sinj und nimmt an Geschwindigkeit zu, bis sie sich bei Omiš in ein Kraftwerk ergießt. Es ist landschaftlich eine außergewöhnlich schöne Strecke, das ruhige blaue Wasser von hohen, dicht bewachsenen Felswänden eingerahmt wird. Rafting ist von Frühling bis Herbst möglich, aber die Stromschnellen können nach schweren Regenfällen ziemlich schnell werden. Für Ungeübte ist daher der Sommer die bessere Jahreszeit. Es dauert meist drei bis vier Stunden, die Cetina einmal hinunterzufahren. Wer eine Tour möchte, sollte sich an **Biokovo Active Holidays** (☎ 679 655; www.biokovo.net; Kralja Petra Krešimira IV 7b, Makarska; ☺ Mo–Fr 9–19, Sa 9–14 Uhr) wenden, die Firma organisiert Rafting-, Canyoning- oder Kanutouren auf der Cetina (Tag 54 €).

190 Zimmern hat einen abgeschlossenen hoteleigenen Privatstrand. Wie zu erwarten, ist es nicht das heimeligste Hotel am Ort, aber viele schätzen sein Angebot und die Ausstattung. Die Zimmer sind bequem, wenn auch sehr neutral eingerichtet.

Hotel Biokovo (☎ 615 244; www.hotelbiokovo.hr; Obala Kralja Tomislava bb; EZ Neben-/Hochsaison 60/96 €, DZ 90/134 €; P ⊠) Das schicke Hotel Biokovo gilt als eines der besseren Hotels der Stadt. Die Zimmer sind geräumig (alle haben Balkon) und die Betten bequem. Dazu kommt die zentrale Lage an der Promenade. Die Zimmer mit Seeblick bieten auch einen ausgezeichneten Blick auf die Stadt und das sommerliche Treiben. Glücklicherweise hält die Doppelverglasung den nächtlichen Lärm aus den Zimmern fern.

Hotel Meteor (☎ 602 600; www.hoteli-makarska.hr; Šetalište Donja Luka 1; EZ Neben-/Hochsaison 62/86 €, DZ 120/164 €; P ⊠ ⊠) Das 3-Sterne-Hotel 400 m westlich der Stadtmitte liegt an einem Kiesstrand und ist das luxuriöseste der Stadt. Jedes der 280 Zimmer ist voll klimatisiert und hat einen Balkon mit Blick auf's Wasser. Es gibt Innen- und Außenpools, Geschäfte und Tennisplätze. Die Preise fallen in der Nebensaison nur geringfügig.

Hotel Porin (☎ 613 744; www.hotel-porin.hr; Marineta 2; DZ Neben-/Hochsaison 90/117 €; P ⊠) Eine gute Wahl in der Stadtmitte. Die schallisolierten Zimmer bieten gute Betten und Satelliten-TV, dafür nur wenig Gemütlichkeit oder nette Wohnaccesoires. Der Preis reduziert sich um 10 % bei mehr als zwei Übernachtungen.

Essen

Pizzeria Lungo Mare (☎ 615 244; Obala Kralja Tomislava bb; Pizzen ab 30 Kn) Die Pizzeria neben dem Hotel Biokovo tischt herzhafte Pizzen auf und hat eine gemütliche Außenterrasse.

Riva (☎ 616 829; Obala Kralja Tomislava 6; Hauptgerichte 40–90 Kn) Ein sehr schönes Restaurant in einem ruhigen begrünten Innenhof abseits der Hauptstraße. Das Essen ist gut, mit der üblichen Auswahl an Fisch, Meeresfrüchten und Fleisch. Bei manchen Pastagerichten wird nicht gerade an Sahne gespart; wer leichter essen möchte, sollte ein Risotto oder eine Fisch- bzw. Meeresfrüchte-Platte bestellen.

Susvid (☎ 612 732; Kačićev Trg; Gerichte ab 45 Kn) Das Susvid liegt direkt auf dem Marktplatz und ist sehr beliebt. Es bezeichnet sich als Lokal für „gesunde Kost", was vielleicht einfach bedeutet, dass Genuss gut für die Gesundheit ist.

Die vegetarischen Gerichte und der Fisch sind aber unbestritten ausgezeichnet zubereitet.

Ivo (☎ 611 257; Starčevića 41; Hauptgerichte um 60 Kn) Etwas abseits von der Flaniermeile und dem Strand gelegen, ist das Ivo eine echte Entdeckung. Die Fisch- und Fleischgerichte werden ausgezeichnet zubereitet und gewürzt.

Wer picknicken möchte, findet alle Zutaten auf dem Obst- und Gemüsemarkt neben der Markuskirche oder im **Supermarkt** (Obala Kralja Tomislava 14).

Unterhaltung

Grotta (☎ 091 569 4657; Sveti Petar bb) Die beliebte Disko verbirgt sich in einer Höhle auf der Halbinsel Sveti Petar, kurz hinter dem Hafen. Einheimische DJs legen hier auf, ab und zu spielen auch Jazz-, Blues- und Rockbands.

Deep Night Bar (Osejava bb) Wie steht es in Makarska mit Höhlen? Hier ist noch eine erwähnenswerte am anderen Ende der Stadt zu nennen: Die Szene trifft sich im Gewölbe, um Cocktails zu schlürfen, während ein DJ im Hintergrund die neuesten Scheiben auflegt.

An- & Weiterreise

Im Sommer fahren drei bis fünf Fähren täglich von Makarska nach Sumartin auf Brač (30 Kn, 30 Min.), im Winter sind es zwei. Der **Ticketschalter von Jadrolinija** (☎ 338 333; Obala Kralja Tomislava) befindet sich in der Nähe des Hotels Biokovo.

Vom **Busbahnhof** (☎ 612 333; Ante Starčevića 30) fahren täglich 10 Busse nach Dubrovnik (129 Kn, 3 Std.), 11 nach Split (64 Kn, 1¼ Std.), 3 nach Rijeka (307 Kn, 9 Std.) und 10 nach Zagreb (110–142 Kn, 8 Std.). Außerdem fährt täglich ein Bus nach Mostar (100 Kn, 3 Std.) und Sarajevo (160 Kn, 6 Std.) in Bosnien-Herzegowina.

BRELA

Der winzige Ort 14 km nordwestlich von Makarska liegt am längsten und schönsten Küstenabschnitt Dalmatiens. Auf 6 km ziehen sich Kiesstrände um die Buchten, deren Anhöhen dicht mit Pinien bewachsen und größtenteils von hässlichen touristischen Anlagen verschont geblieben sind. Das Meer ist kristallklar und die Sonnenuntergänge fantastisch. Eine schattige Promenade mit Bars und Cafés folgt dem Verlauf der Wasserlinie. Wer mal eine Woche am Strand liegen und sich hundertprozentig entspannen möchte, ist in Brela goldrichtig.

ORIENTIERUNG

Die Bushaltestelle (ohne Gepäckaufbewahrung) liegt hinter dem Hotel Soline, von dort ist man (bergab) schnell auf der Hafenstraße Obala Kneza Domagoja und in der Stadtmitte. Strände und Buchten liegen an beiden Enden der Stadt. Westlich des Zentrums erstreckt sich ein 4 km langer Küstenabschnitt. Der schönste Strand ist die **Punta Rata**, kleine Kiesel bilden eine Unterlage, und er liegt 300 m südwestlich des Stadtzentrums.

Praktische Informationen

Reisebüro Bonavia (☎ 619 019; www.bonavia-agen cy.hr; Obala Kneza Domagoja 18; ⏰ Mo–Fr 8.30–18.30, Sa 9–16 Uhr) Vermittelt Privatunterkünfte, tauscht die gängigen Währungen in Kuna sowie umgekehrt und nimmt Buchungen für Ausflüge entgegen.

Touristinformation (☎ 618 455, 618 337; www.brela. hr; Trg Alojzija Stepinca bb; ⏰ Mitte Juni–Mitte Sept. 8–21 Uhr, Mitte Sept.–Mitte Juni Mo–Fr 8–14 Uhr) Bietet einen Stadtplan sowie eine Radkarte für die Region. Draußen steht ein Geldautomat.

Schlafen

Die nächste Zeltmöglichkeit bietet der Campingplatz Baško Polje (S. 263). Privatunterkünfte kosten ab 100/190 Kn pro Einzelzimmer/Doppelzimmer.

In Brela gibt es keine billigen Hotels, aber viele der Privatunterkünfte, die die Touristeninformation und die Reisebüros vermitteln, sind eigentlich kleine Pensionen. Die vier großen Hotels gehören zur Kette **Blue Sun Hotels** (☎ 603 190; www.bluesunhotels.com).

Hotel Berulia (☎ 603 599; Frankopanska bb; EZ 257–684 Kn, DZ 514–1236 Kn; ℗ ✗ ☕) Das 4-Sterne-Hotel liegt etwa 300 m östlich der Stadtmitte und hat geräumige, wenn auch sehr neutral eingerichtete Zimmer. Es ist etwas privater als die anderen Blue-Sun-Hotels, aber nicht so luxuriös wie das Hotel Soline, der zweite 4-Sterne-Tempel der Stadt.

Hotel Marina (☎ 608 608; EZ Neben-/Hochsaison 287/625 Kn, DZ 442/1088 Kn; ℗ ✗) Das Marina ist das günstigste der Blue-Sun-Hotels, mit einfachen, aber bequemen Zimmern. Eine grüne Wand aus Pinien trennt das Hotel vom Superstrand Brela.

Hotel Soline (☎ 603 207; EZ Neben-/Hochsaison 316/750 Kn, DZ 544/1368 Kn; ℗ ✗ ☕) Ein 4-Sterne-Luxushotel mit schicken, geräumigen Zimmern und Blick auf den Strand. Es gibt ein Wellness-Zentrum und für die Wintermonate ein Hallenbad. Das Soline liegt recht zentral.

Essen & Trinken

Konoba Feral (☎ 618 909; Obala Domagoja 30; Hauptgerichte ab 40 Kn) Jeder dalmatische Ort hat seine Konoba, so auch Brela. Das Lokal ist gemütlich mit Holztischen eingerichtet und kocht und gute Meeresfrüchte- und Fischgerichte. Geangelter Kalmar (280 Kn pro kg) wird hier lecker mit Knoblauch und Petersilie gegrillt. Dazu noch ein sommerlicher Salat und ein regionaler Weißwein – ein himmlisches Essen!

LP Tipp **Southern Comfort Beach Bar** (Ikovac Beach) Neben den Stränden verbirgt sich in Brela auch eine der besten Strandbars des Landes. Das Southern Comfort mixt Mordscocktails (die Margaritas sind himmlisch), spielt gute Musik, bietet bequeme Sitze am Meer und Fackelbeleuchtung in der Nacht und ist fast rund um die Uhr geöffnet. Der Weg dorthin führt am Hotel Berulia vorbei Richtung Baska Voda. Die Bar liegt 200 m weiter – und lässt sich an den Fackeln leicht erkennen.

An- & Weiterreise

Alle Busse zwischen Makarska und Split halten in Brela, das somit ein gutes Tagesausflugziel aus beiden Richtungen ist.

VIS

5000 Ew.

Von allen kroatischen Inseln ist Vis die rätselhafteste – sogar für die Einheimischen. Sie liegt weiter vom Festland entfernt als die anderen Hauptinseln Mitteldalmatiens und war über einen längeren Zeitraum ein Stützpunkt der ehemaligen jugoslawischen Armee. Deshalb durfte sie ab den 1960er-Jahren bis 1989 nicht von ausländischen Besuchern und Zivilisten betreten werden. Diese Isolierung bewahrte die Inseln vor einer touristischen Erschließung bzw. einer ganz allgemeinen Erschließung. Um Arbeit zu finden, mussten alle Erwerbssuchenden aus Vis wegziehen – viele Jahre lang lebten deshalb extrem wenige Leute auf der Insel.

Aber wie bei vielen anderen verarmten Inseln im ganzen Mittelmeerraum, kehrte sich der einstige Nachteil (hier in Form von fehlender Entwicklung und Modernisierung) in einen Vorteil um: Sowohl ausländische als auch einheimische Reisende strömen heute begeistert nach Vis – auf der Suche nach Authentizität, Natur, Ruhe und gastronomischen Genüssen. Auf Vis werden einige der bekanntesten Weine Kroatiens – der *vugava* (weiß) und der *plavac* (rot) – produziert, es gibt unglaublich viele Weinberge. Da auch die Fischerei floriert, mangelt es auch nicht an superfrischem Fisch.

Auf Vis gibt es zwei kleine Städte, die jeweils an großen Buchten liegen: Vis-Stadt im Nordosten und Komiža im Südwesten. Entlang der zerklüfteten Küstenlinie wechseln sich tolle Buchten, Höhlen und ein paar Sandstrände ab. Die antiken Zeugnisse der Inselgeschichte, die im Archäologischen Museum und rund um die Stadt Vis zu sehen sind, bieten zusätzlich einen faszinierenden Einblick in den komplexen Charakter dieser winzigen Insel.

Geschichte

Erstmals wurde Vis (das antike Issa) im neolithischen Zeitalter besiedelt. Dann kamen die Illyrer, die sich im 1. Jt. v. Chr. auf der Insel niederließen. 390 v. Chr. entstand eine griechische Kolonie auf Issa. Von hier aus regierte der griechische Herrscher Dionysius der Ältere über seine Besitztümer an der Adria. Die Insel wurde schließlich ein mächtiger Stadtstaat und gründete eigene Kolonien auf Korčula und bei Trogir und Stobreč. Während der illyrischen Kriege verbündete sich Vis mit Rom. Dennoch verlor es seine Unabhängigkeit und wurde ab 47 v. Chr. Teil des Römischen Reichs. Im 10. Jh. war Vis von slawischen Stämmen besiedelt; 1420 wurde die Insel zusammen mit anderen dalmatinischen Städten an Venedig verkauft. Auf der Flucht vor Piraten zog die Bevölkerung von der Küste ins Hinterland. Mit dem Fall des venezianischen Reiches 1797 kam Vis dann unter die Regentschaft von Österreich, Frankreich, Großbritannien und erneut Österreich.

Während des Zweiten Weltkriegs gehörte die Insel zu Italien und war ein Streitpunkt unter den Großmächten, die um die Kontrolle dieses strategisch bedeutenden Außenpostens kämpften.

Auch für Titos Partisanen war Vis ein wichtiger Stützpunkt: er etablierte sein Hauptquartier in einer Höhle im Berg Hum, von wo aus er die militärischen und diplomatischen Aktionen mit den alliierten Streitmächten koordinierte. Hier machte Tito angeblich auch seinen berühmt gewordenen isolationistischen Ausspruch: „Das Fremde wollen wir nicht, das Unsere geben wir nicht."

An- & Weiterreise

Die Stadt Vis ist am besten mit der täglichen Autofähre von Split aus erreichbar. Da der Fahrplan sich nach den Bedürfnissen der arbeitenden Inselbevölkerung richtet, sind Tagesausflüge außerhalb der Sommersaison im Prinzip nicht möglich. Im Juli und August gibt es aber Fähren (47 Kn, 2 Std. 20 Min.), die freitags, samstags und sonntags um 9 Uhr abfahren und in Vis um 18 Uhr wieder ablegen. An den anderen Tagen verlässt die Fähre Split um 9.30 Uhr, fährt aber nachmittags nicht mehr zurück.

Das örtliche **Jadrolinija-Büro** (☎ 711 032; www.jadrolinija.hr; Šetalište Stare Isse; ☑ Mo–Fr 8.30–19, Sa 9 bis 12 Uhr) befindet sich in Vis-Stadt. Für Verbindungen nach Italien siehe S. 341.

Der einzige Inselbus verbindet die Stadt Vis mit Komiža. Der Bus steht bei der Ankunft der Jadrolinija-Fähren in Vis-Stadt bereit und fährt dann nach Komiža. Im Juli und August klappt die Verbindung recht gut, außerhalb der Hauptsaison muss man sich auf längere Wartezeiten einstellen.

VIS (STADT)

Die antike Stadt Vis, die älteste Siedlung der Insel, liegt auf der nordöstlichen Seite an einer breiten, hufeisenförmigen Bucht. Ein kurzer Spaziergang führt zu den Resten eines griechischen Friedhofs, eines römischen Bads und einer englischen Festung.

Die Fährenankunft bringt kurzfristig Leben in die ansonsten friedliche Stadt mit ihren Küstenpromenaden und zerfallenden Gebäuden aus dem 17. Jh.

Orientierung

Die Stadt liegt auf dem Südhang des Gradina-Hügels. Die zwei Siedlungen Luka (an der nordwestlichen Seite der Bucht) und Kut (im Südosten) sind heute zu einer Stadt verschmolzen. Die Fähre legt in Luka an, eine Promenade führt den Hafen entlang nach Kut. Die meisten Strände liegen an dieser Promenade, die antiken Ruinen und einen weiteren Strand vor dem Hotel Issa erreicht man nach einem kurzen Spaziergang Richtung Norden entlang der Küste.

Praktische Informationen

Geld kann man in der Bank, der Post oder in jedem Reisebüro wechseln.

Bilba (☎ 717 475; Radojevića Prolaz 1; Std. 20 Kn; ☑ Mo–Sa 8–22 Uhr) Internetzugang.

HVB Splitska Banka (Obala Svetog Jurja 34) Hat einen Geldautomaten.

Ionios (☎ 711 532; Fax 711 356; Obala Svetog Jurja 36; ⏰ Mo–Fr 8.30–19 Uhr, Sa 9–12 Uhr) Das Reisebüro vermittelt Privatunterkünfte, wechselt Geld, vermietet Autos, Fahrräder und Roller und organisiert Ausflüge.

Krankenhaus (☎ 711 633; Poljana Sv Duha 10)

Postamt (Obala Svetog Jurja 25; ⏰ Mo–Fr 9–18, Sa 9–12 Uhr)

Touristeninformation (☎ 711 017; www.tz-vis.hr; Šetalište Stare Isse 2; ⏰ Juli & Aug. 8–13, 18–20 Uhr, Sept.–Juni Mo–Fr 8–12 Uhr) Direkt neben dem Jadrolinija-Fähranleger.

Sehenswertes & Aktivitäten

Das **Archäologische Museum** (Arheološki Muzej; ☎ 711 729; Gospina Batarija, Šetalište Viški Boj 12; Erw./Kind 10/5 Kn; ⏰ Juni–Aug. Di–So 9–13 & 17–19 Uhr, Sept.–Mai Di–So 9–13 Uhr) zeigt viele archäologische Exponate, hat aber auch eine ansehnliche ethnografische Sammlung zu Themen wie Inselfischerei, Weinerzeugung, Schiffsbau und Zeitgeschichte. Das zweite Stockwerk beherbergt die landesweit umfangreichste Sammlung hellenistischer Artefakte, u. a. griechische Keramik, Schmuck und Skulpturen. Der zauberhafte Bronzekopf einer griechischen Göttin aus dem 4. Jh. wird Aphrodite oder Artemis zugeschrieben. Eine Broschüre gibt einen Überblick über die Exponate, erläutert die Geschichte von Vis und enthält eine nützliche Karte, die die Lage der Ruinen rund um Vis skizziert.

Geht man von der Anlegestelle etwa 100 m in Richtung Norden, stößt man hinter dem Tennisplatz auf die Überreste eines **griechischen Friedhofs** und einer **griechischer Mauer**. Ein paar Meter weiter die Küstenstraße entlang folgen hinter einem Zaun die Überreste eines **römischen Bads** – diese Stätte wird noch erforscht. In ihrer vierjährigen Regentschaft über die Insel während der napoleonischen Kriege (1811–15) errichteten die Briten mehrere **Festungen** auf Hügeln rund um die Bucht; das Bauwerk an der nördlichen Seite sticht am meisten hervor.

Wegen der malerischen **Küstenstraßen** mit dramatischen Felsen und Serpentinenkurven lohnt es sich, für einen Tag einen fahrbaren Untersatz zu mieten. Roller/Mountainbikes kosten pro Tag (12 Std.) 300/100 Kn bzw. pro halbem Tag (6 Std.) 200/50 Kn. Vermietet werden sie vom Reisebüro Ionios (S. 268) in Vis-Stadt und dem Reisebüro Darlić & Darlić (S. 268) in Komiža.

Die Gewässer um Vis sind ein ausgezeichnetes **Tauchrevier**: Fische gibt es in Hülle und Fülle, außerdem lockt das **Wrack** eines italienischen Schiffs aus der Seeschlacht zwischen Österreich und Italien (1866). Sowohl die **Tauchbasis Dodoro** (☎ 711 913; www.dodoro-diving.com; Trg Klapavica 1, Vis-Stadt) als auch die **Tauchbasis Issa** (☎ 091 201 2731; www.scubadiving.hr; Hotel Biševo, Komiža) bieten verschiedene Tauchexkursionen an.

Geführte Touren

Die Insel und ihre Umgebung lassen sich am besten vom Boot aus würdigen. Die Reisebüros Ionios (S. 268) und Darlić & Darlić (S. 268) bieten beide Bootsfahrten an, die zur Blauen Grotte (S. 268), zur Grünen Grotte und zu anderen sehenswerten Orten führen.

Schlafen

In Vis gibt es keine Campingplätze und nur wenige Hotels. Es dürfte aber kein Problem sein, eine Privatunterkunft zu finden – sei es ein Zimmer oder eine Ferienwohnung. **Navigator** (☎ 717 786; www.navigator.hr; Šetalište Stare Isse; ⏰ 8–22.30 Uhr) vermittelt Privatunterkünfte. Der Preis pro Person für ein Zimmer mit Gemeinschaftsbad liegt bei 150–200 Kn, für ein kleines Einzimmer-Apartment mit Kochzeile und eigenem Bad bei 350–400 Kn.

Hotel Tamaris (☎ 711 350; www.vis-hoteli.hr; Svetog Jurja 30; EZ Neben-/Hochsaison 36/62 €, DZ 54/110 €; **P** **✿**) Der Preis für die 54 bequemen Zimmer mit Klimaanlage, Telefon und TV in einem schönen alten Gebäude sind in Ordnung. Das Hotel liegt nur etwa 100 m südöstlich des Fährenanlegers.

Hotel Paula (☎ 711 362; www.hotelpaula.com; Petra Hektorovića; Zi. pro Pers. Neben-/Hochsaison 359/572 Kn; **P** **✿**) Das Paula ist ein zauberhaftes originelles kleines Hotel. Jedes Zimmer ist anders gestaltet, einige haben sogar eine Kochnische. Das Hotel im Familienbetrieb liegt in Kut, dem alten Teil von Vis im südöstlichen Teil der Bucht. Zum Hotel gehören ein ausgezeichnetes Fischrestaurant und eine Weinlokal.

LP Tipp **Kuća Visoka** (☎ 382 67 89 60 59; www.thisisvis.com; Haus Neben-/Hochsaison 85/130 €; **P**) Hier hat man ein ganzes Haus für sich allein. Das Kuća Visoka, ein renoviertes Steinhaus, ist in britischem Besitz und bietet u. a. Holzbalken, vier Stockwerke, drei geschmackvolle, luftige und helle Schlafzimmer, zwei Bäder, eine tolle Küche im Erdgeschoss, ein großzügiges Wohnzimmer, eine Veranda und ein DVD-/HiFi-Zimmer. Es eignet sich wunderbar für einen längeren Aufenthalt; man kann es ohnehin erst ab einer Mindestaufenthaltsdauer von vier Tagen mieten.

Essen

Restaurant Val (☎ 711 763; Don Cvjetka Marasovića 1; Hauptgerichte ab 50 Kn) Das Val (Welle) befindet sich in einem alten Steinhaus, von der schattigen Terrasse blickt man auf das Meer. Die saisonale Karte hat einen italienischen Einschlag. Besonders zu empfehlen: wilder Spargel im Frühling, Wildschwein und Pilze im Winter und ganz viel Fisch und frische, bunte Gemüseteller im Sommer.

Villa Kaliopa (☎ 711 755; V Nazora 32; Hauptgerichte ab 65 Kn) Das gehobene Restaurant befindet sich in den exotischen Gärten der Villa Gariboldi aus dem 16. Jh., und es ist bei Seglern beliebt. Palmen, Bambus und klassische Statuen sorgen dafür, dass die dalmatinischen Spezialitäten im richtigen Ambiente genossen werden können. Das Lokal ist nicht ganz billig, es gibt aber auch bezahlbare Gerichte.

KOMIŽA

Komiža liegt an einer Bucht an der Westküste. Die zauberhafte kleine Stadt am Fuße des Hum hat einladende Sand- und Kiesstrände an der Ostseite des Ortes. Schmale Gassen mit goldgelben Häusern aus dem 17. und 18. Jh. ziehen sich vom Hafen den Berg hoch. Der Hafen wird schon mindestens seit dem 12. Jh. von Fischern angesteuert. Östlich der Stadt steht eine Kirche aus dem 17. Jh., die an der Stelle eines Benediktinerklosters gebaut wurde. Am Ende des Hauptkais erhebt sich die Zitadelle im Stil der Renaissance (1585).

Der Bus aus Vis hält am Stadtrand neben dem Postamt, ein paar Blocks von der Zitadelle entfernt. Geht man ganz um den Hafen herum, kommt man zur städtischen **Touristeninformation** (☎/Fax 713 455; www.tz-komiza.hr; Riva 1; ☽ Juli & Aug. 8–19 Uhr, Sept.–Juni Mo–Fr 9–12 Uhr).

Schlafen & Essen

Darlić & Darlić (☎ 713 760; www.darlic-travel.hr; Riva Svetog Mikule 13) Das Reisebüro neben der Touristeninformation vermittelt auch Privatunterkünfte.

Villa Nonna (☎ 098 380 046; www.villa-nonna.com; Ribarska 50; DZ Neben-/Hochsaison 35/70 €; ☒) Im schönen alten Stadthaus werden sieben renovierte Apartments vermietet, jeweils mit Holzböden, Küchen und z. T. mit Balkon. Die Besitzer vermieten außerdem ein wunderschönes altes

Haus – die Casa Nono – mit einem schönen Garten und Kochmöglichkeiten. Dort können 6–9 Personen übernachten (Tag 80–200 €).

Hotel Biševo (☎ 713 095; modra.spilja@st.t-com.hr; Ribarska 72; EZ/DZ ab 370/610 Kn; ☒) Die Ausstattung ist bescheiden; dafür liegt das Hotel direkt am Strand. Wen möglich, sollte man eines der renovierten Zimmer nehmen.

Bako (☎ 713 008; Gundulićeva 1; Hauptgerichte ab 50 Kn; ☽ Juni–Sept. Abendessen) Das Bako hat eine tolle Strandterrasse und serviert ausgezeichnetes Essen. Zu empfehlen ist der Hummer-*brodet* (Eintopf mit Polenta) und die regionale *pogača* (selbst gemachtes Brot mit Fischfüllung). Innen ist alles aus kühlendem Stein, ein Fischteich und eine Sammlung griechischer und römischer Amphoren sorgen für ein besonderes Ambiente.

Konoba Jastožera (☎ 713 859; Gundulićeva 6; Hauptgerichte ab 100 Kn) Fischiges gibt es hier in Perfektion, und Fleischgerichte komplettieren die Karte des einzigartigen Restaurants, in dem die Gäste auf Holzplanken über dem Wasser speisen.

RUND UM KOMIŽA
Biševo

Das winzige Inselchen Biševo bietet im Prinzip nur Rebstöcke, Pinien und die spektakuläre **Blaue Grotte** (Modra Špilja). Zwischen 11 und 12 Uhr scheinen die Sonnenstrahlen durch eine Unterwasseröffnung in die Höhle und tauchen sie in ein außerirdisch wirkendes blaues Licht. Im kristallklaren blauen Wasser schimmern die Felsen bis in eine Tiefe von 16 m silbern und rosa. Der einzige Nachteil: Außerhalb der Sommermonate und wenn der *juga* (Südwind) bläst, sind die Wellen oft zu hoch, um in die Höhle einzufahren. Während der Hauptsaison im Juli und August kann es schon mal unangenehm voll werden, dann stauen sich die Boote vor der Höhle. Außerhalb der Hochsaison können gute Schwimmer bei der Höhle schwimmen.

Von Komiža nach Biševo fährt regelmäßig ein Schiff (30 Kn). Im Juli und August legt es täglich um 8 Uhr ab und kehrt um 18 Uhr zurück. Alternativ lässt sich der Ausflug über eines der Reisebüros buchen. Sie vermieten auch Boote, mit denen man selbst dorthin fahren kann (Eintritt 20 Kn).

LP Tipp **Natural Holiday** (☎ 098 173 1673; www.bisevo.org; Salbunara Bay; Bungalows Woche Neben-/Hochsaison 466/728 €) ist eine der besten Unterkünfte in diesem Teil Kroatiens. Der umweltfreundliche

Luxuscampingplatz hat keine Zelte, sondern vermietet eine Art Bungalows, die die Besitzer als „Hütten" bezeichnen. Im Prinzip sind sie wie Beduinenzelte gebaut, allerdings mit superbequemen Betten, einem Außenbereich und eigenem Bad (mit 50 l Wasser pro Hütte) ausgestattet. Je nach Vorliebe kommt man leicht ins Gespräch, kann aber auch für sich allein bleiben. Es gibt eine Gemeinschaftsküche; die Stunden vergehen beim Schwimmen oder bei der Inselerkundung wie im Flug. Besser geht's nicht.

BRAČ

13 824 Ew.

Zwei Dinge haben Brač berühmt gemacht: der glänzende weiße Kalkstein, aus dem der Diokletianpalast in Split und das Weiße Haus in Washington DC erbaut wurden, und Zlatni Rat, der lange Kiesstrand bei Bol, der sich in die Adria hineinzieht und 90 % aller Werbeposter Kroatiens schmückt. Auf der größten Insel Mitteldalmatiens befinden sich zwei Städte, ein paar verschlafene Dörfer und eine mediterrane Landschaft mit steilen Klippen, tiefblauem Gewässer und Pinienwäldern. Im Inneren der Insel sieht man überall Steinhaufen, die Frauen über Jahrhunderte in Schwerstarbeit zusammengetragen haben, um die Bewirtschaftung des Bodens für Weinberge, Olivenhaien, Feigen, Mandeln und Sauerkirschen überhaupt möglich zu machen.

Aufgrund der harten Lebensbedingungen auf der Insel zogen viele Arbeitssuchende von der Insel auf das Festland, sodass das Inselinnere nahezu unbewohnt ist. Es macht viel Spaß, mit dem Auto herumzufahren und die steinernen Dörfer auf Brač zu erkunden. Die beiden Hauptorte Supetar und Bol sind sehr unterschiedlich: Supetar wirkt wie eine Durchgangsstation, während das luxuriöse Bol in seinem exklusiven Ambiente schwelgt.

Geschichte

In der Kopačina-Höhle bei Supetar wurden zwar Überreste einer neolithischen Siedlung gefunden, die ersten überlieferten Siedler waren jedoch die Illyrer, die in Škrip eine Festung bauten, um sich gegen die griechischen Invasoren zu schützen. Die Römer kamen 167 v. Chr. und begannen, die Steinbrüche bei Škrip zu nutzen und Sommervillen rund um die Insel zu bauen. Slawen besiedelten die Insel im 9. Jh. – sie zogen aber aus Furcht

vor den berüchtigten dalmatinischen Piraten ins Hinterland der Insel. Während der vier Jahrhunderte langen venezianischen Herrschaft (1420–1797) wurden die Dörfer in der Inselmitte durch die Pest stark dezimiert. Die Bewohner zogen in die „gesünderen" Ortschaften an der Küste und hauchten den Ortschaften Supetar, Bol, Sumartin und Milna wieder neues Leben ein. Nach einer kurzen Zeit unter napoleonischer Herrschaft ging die Insel an Österreich über. Der Weinanbau expandierte, bis die Reblausepidemie zu Beginn des 20. Jhs. die Weinstöcke der Insel vernichtete.

Immer mehr Einheimische wanderten aus – vor allem nach Nord- und Südamerika (und dort vor allem nach Chile).

Während des Zweiten Weltkriegs erlebten die Bewohner die Hölle, als deutsche und italienische Truppen die Inseldörfer brandschatzten und die Bewohner gefangen nahmen und/oder ermordeten.

Obwohl der Tourismus Mitte der 1990er-Jahre einbrach, hat er sich inzwischen wieder erholt: über die Sommermonate ist die Insel nun wieder voll.

An- & Weiterreise
FÄHRE

Im Sommer pendelt die Autofähre 13-mal täglich zwischen Split und Supetar (30 Kn, 1 Std.), während des restlichen Jahres siebenmal am Tag. Die Anlegestelle liegt mitten in der Stadt, nur ein paar Schritte vom Busbahnhof entfernt. Fahrkarten gibt es bei **Jadrolinija** (☎ 631 357; www.jadrolinija.hr; Hrvatskih Velikana bb, Supetar), das sein Büro rund 50 östlich des Hafens hat.

Im Sommer verkehrt ein Jadrolinija-Katamaran zwischen Split und Bol (50 Kn, 50 Min.) und fährt von dort nach Jelsa auf Hvar weiter. Außerdem pendeln im Sommer drei bis fünf Autofähren pro Tag zwischen Makarska und Sumartin (30 Kn, 30 Min.), im Winter nur zwei. Im Sumartin muss man gegebenenfalls ein bis zwei Stunden auf eine Busverbindung nach Supetar warten (Buszeiten s. S. 270).

FLUGZEUG

Der **Flughafen** (☎ 631 370; www.airport-brac.hr) auf Brač liegt 14 km nordöstlich von Bol bzw. 32 km südöstlich von Supetar. Von April bis Oktober gibt es einmal pro Woche einen Flieger von Zagreb. Vom Flughafen kommt man

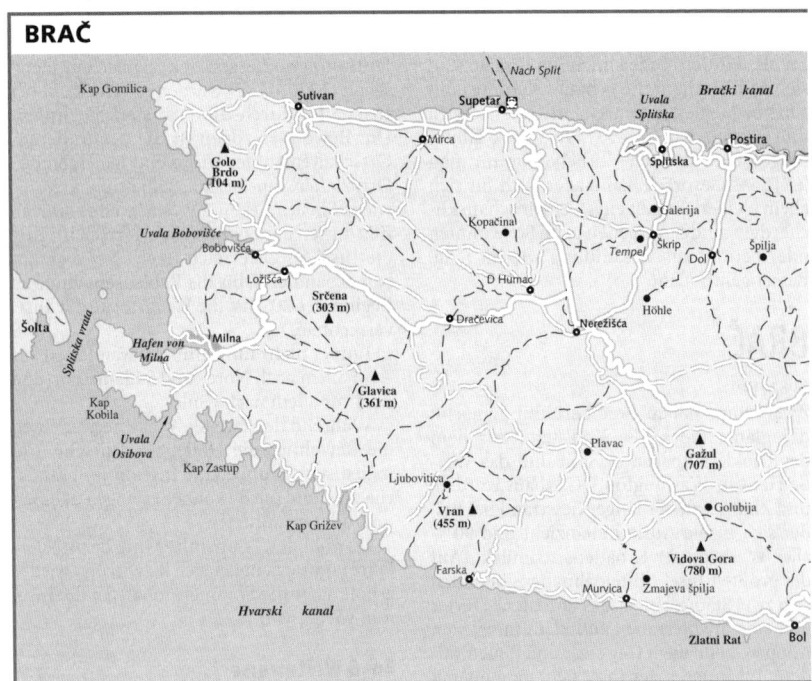

BRAČ

allerdings nur per **Taxi** (☎ 098 522 4379, 098 781 377) nach Supetar (Kosten: ca. 300 Kn).

Unterwegs vor Ort
Öffentliche Verkehrsmittel zu den Sehenswürdigkeiten der Insel sind rar. Daher ist ein eigenes Auto schon sehr nützlich, vor allem, wenn man in kurzer Zeit mehrere Orte besuchen möchte. Autos können vor Ort in Reisebüros gemietet oder mit der Fähre vom Festland mitgebracht werden.

Supetar ist die Drehscheibe des Inselbusverkehrs. Von montags bis samstags verbinden mehrere Busse pro Tag Supetar und Bol (40 Min., ab Supetar 5, 10.25, 12.40, 15.15 Uhr; ab Bol 6, 11.20 und 16.35 Uhr), sonntags fahren nur zwei Busse. Vier Busse pro Tag (1½ Std., So 2-mal tgl.) fahren von Sumartin nach Supetar. Abfahrt in Sumartin ist um 5.45, 7.55, 12.50 und 15.50 Uhr.

SUPETAR
Supetar ist keine echte Schönheit und wirkt mehr wie eine Durchgangsstation als wie ein richtiger Wohnort. Allerdings ist es eine bedeutende Verkehrsdrehscheibe. Wer sich

die Mühe macht, entdeckt bei einem kurzen Spaziergang durch die Stadt einige schöne Straßen aus Stein und eine hübsche Kirche mit Kirchplatz.

Die Kiesstrände sind vom Ortszentrum schnell zu Fuß erreichbar, es gibt auch ein paar schöne Restaurants.

Orientierung
In Supetar findet man sich sehr leicht zurecht, da sich die meisten Büros, Geschäfte und Reisebüros entlang der Hauptstraße konzentrieren, die vom Hafen grob in Ost-West-Richtung verläuft. Die Straße wechselt des Öfteren ihren Namen. Am Hafen heißt sie Porat, weiter östlich dann Hrvatskih Velikana und Vlačica und in westlicher Richtung später Put Vele Luke.

An der Küste liegen fünf Felsstrände. Vrilo liegt rund 100 m östlich der Stadtmitte. In westlicher Richtung kommt man zunächst zum Vlačica-Strand, anschließend zum Banj-Strand, der von Pinien gesäumt wird. Der nächste Strand ist Bili Rat mit einem Wassersportzentrum. Über das Kap St. Nikolaus geht es zum Strand Vela Luka.

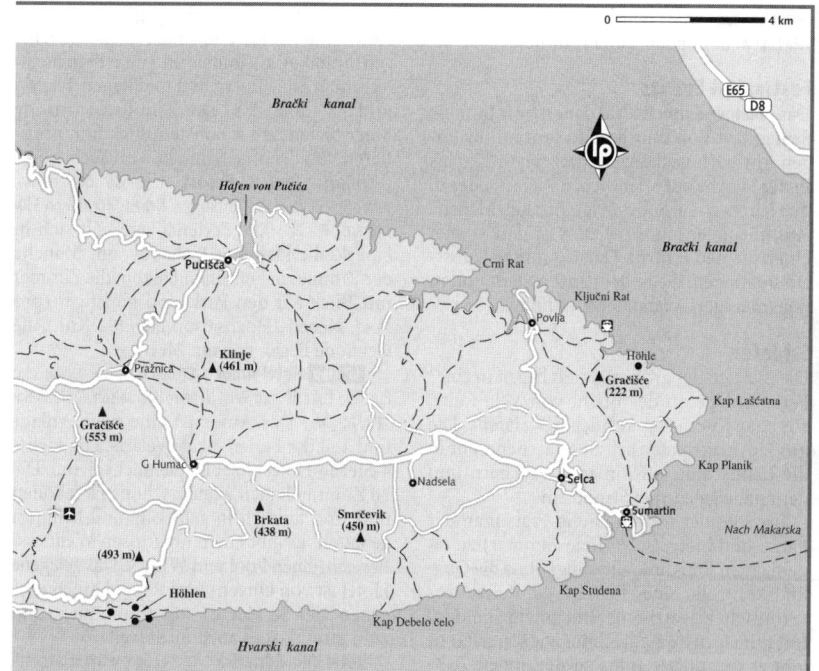

Der Busbahnhof (er hat nicht einmal eine Gepäckaufbewahrung) liegt neben dem Büro der Reederei Jadrolinija.

Praktische Informationen

Vor der Privredna Banka Zagreb (am Hafen) steht ein Geldautomat, ein weiterer vor dem Jadrolinija-Büro.

Atlas (☎ /Fax 631 105; Porat 10; ⊙ Mo–Fr 8.30–19, Sa 9–12 Uhr) Das Reisebüro beim Hafen lagert Post für American-Express-Kunden.

Hauptpost (Vlačica 13; ⊙ Mo–Fr 9–18, Sa 9–14 Uhr) Hier kann man Währungen tauschen oder mit MasterCard Geld abheben.

Krankenhaus (☎ 640 000; Mladena Vojdonovića)

Maestral (☎ 631 258; www.travel.maestral.hr; Kovačića 3; ⊙ Mo–Fr 8.30–19, Sa 9–13 Uhr) Vermittelt Privatunterkünfte.

Supetar Travel (☎ 631 520; Bračka 2; ⊙ Mo–Fr 8.30–19, Sa 9–12 Uhr) Vermittelt Privatunterkünfte, nimmt Hotelreservierungen vor und übernimmt auch den Umtausch von Kuna in Euro oder Dollar und umgekehrt.

Touristeninformation (☎ /Fax 630 551; www. supetar.hr; Porat 1; ⊙ Juli & Aug. 8–22 Uhr, Sept.–Juni Mo–Fr 8–16 Uhr) Nur ein paar Schritte östlich des Hafens. Bietet die ganze Palette an Broschüren zu allen Aktivitäten und Sehenswürdigkeiten in Supetar, außerdem aktuelle Fahrpläne für Busse und Fähren.

Sehenswertes & Aktivitäten

Die barocke **Kirche Mariä Verkündigung** (⊙ nur während der Messe) westlich des Hafens wurde 1733 erbaut. Von außen wirkt die Kirche bis auf die halbkreisförmige Eingangstreppe sehr schlicht. Innen ist das Gotteshaus jedoch in kühlen, minzfarbenen Pastelltönen gehalten und besitzt interessante Bilder (u. a. eines von der Verkündigung Mariä aus der Schule des venizianischen Rokokomalers Giambattista Pittoni).

Der Friedhof liegt an der Spitze des Kaps St. Nikolaus. Unübersehbar ist das monumentale **Mausoleum der Familie Petrinović**. Der aus Split stammende Bildhauer Toma Rosandić baute byzantinische Elemente in das beeindruckende Bauwerk ein, das die ganze Spitze des Kaps dominiert.

Überall, wo Felsküste ist, lohnt es sich zu tauchen. Das beste **Tauchrevier** der Insel liegt vor der Südwestküste zwischen Bol und Milna. Dadurch ist Bol eigentlich der bessere Standort für Taucher, aber man kann auch im

Hotel Kaktus (☎ 631 133; www.watermanresorts.com; Put Vele Luke 4) in Supetar unterkommen.

Festivals & Events

Das **Sommer-Kulturfestival** dauert von Juni bis September. Volksmusik- und Tanzaufführungen sowie Klassikkonzerte werden mehrmals in der Woche auf öffentlichen Plätzen oder in den Kirchen von Supetar veranstaltet. Manche Aufführungen sind kostenlos, andere kosten einen kleinen Eintritt. Dazu kommen Kunstausstellungen, die in der ganzen Stadt und in regelmäßigen Abständen stattfinden.

Schlafen

Die meisten der großen Hotels liegen in einer Ferienanlage an der Bucht von Vela Luka, ein paar Kilometer westlich des Hafens. Die große Anlage passt sich überraschend gut in die Landschaft mit Pinien, Sträuchern und dem nahe gelegenen Strand ein.

Im Sommer warten häufig Frauen an der Fähre und bieten *sobe* (freie Zimmer) zu einem guten Preis an – allerdings ohne die Qualitätskontrolle eines Reisebüros. Reisebüros vermitteln Privatzimmer mit gutem Standard (oft mit eigenem Bad). Unter www.supetar.hr gibt es detaillierte Infos zu den freien Zimmern und Ferienhäusern.

BUDGETUNTERKÜNFTE

Camping Supetar (☎ 630 088; www.camp-supetar.com; Erw. Neben-/Hochsaison 20/22 Kn) Ein mittelgroßes Autocamp rund 300 m östlich der Stadt mit Zugang zu einem kleinen Felsstrand.

Pansion Opačak (☎ 630 018; Šibnja 15; pro Pers. Neben-/Hochsaison 120/146 Kn; ✗) Schlichter als die Pension Palute (und ohne TV), aber ebenfalls nett und ein Familienbetrieb. Das Frühstück kostet 45 Kn extra.

Pansion Palute (☎/Fax 631 541; palute@st.t-com.hr; Put Pašika 16; pro Pers. 160 Kn; ✗) Die kleine Familienpension hat das ganze Jahr über geöffnet und bietet saubere und ordentliche Zimmer mit Holzböden, TV und Balkon sowie einen redseligen Besitzer. Die hausgemachte Marmelade zum Frühstück ist köstlich. Zur Pension zweigt am Ende der Put Vele Luke (15 Min.) die 1 Svibnja ab. Die Pension steht an der Ecke.

MITTEL- & SPITZENKLASSEHOTELS

Hotel Villa Britanida (☎ 631 038; www.supetar.hr/britanida; Hrvatskih Velikana 26; pro Pers. Neben-/Hochsaison 41/55 €) Das kleine Hotel mit Restaurant liegt am östlichen Ende der Stadt, gegenüber vom Autocamp Babura und einem schmalen, felsigen Strand. Alle Zimmer sind hübsch in mediterranem Stil eingerichtet und haben Telefon und Satelliten-TV. Die Zimmer Richtung Meer bieten den schönsten Blick und profitieren von der angenehm kühlen Seebrise.

Velaris Tourist Resort (☎ 606 606; www.velarishr; Put Vele Luke 10; pro Pers. Neben-/Hochsaison 330/540 Kn; P ✗) Die Ferienanlage teilt sich in eine Reihe kleinerer Gebäude auf. Manche der Zimmer haben einen Balkon; die Zimmer mit Blick auf den Park sind günstiger (pro Pers. Neben-/Hochsaison 285/482 Kn). Alle Gebäude liegen nah am Meer.

LP Tipp **Hotel Amor** (☎ 606 606; www.velaris.hr; Put Vele Luke 10; pro Pers. Neben-/Hochsaison 365/585 Kn; P ✗ ☎) Das Amor ist eine neue Anlage und Teil der Ferienanlage Velaris. Das kleine 4-Sterne-Hotel bietet Bequemlichkeit pur. Die 50 Zimmer haben wunderschöne Holzböden und sind farblich in gelb, oliv und hellgrün gehalten. Es gibt einen luxuriösen Wellness-Bereich, einen Pool und WLAN. Das gelegene Hotel ist von Oliven- und Pinienhainen umgeben, der Service ist superfreundlich, und zum Strand ist es auch nicht weit.

Hotel Villa Adriatica (☎ 343 806; www.villaadriatica.com; Put Vele Luke 31; pro Pers. Neben-/Hochsaison 365/610 Kn; P ✗ ☎)Das hübsche Hotel mit Palmen und Garten liegt nur 100 m vom Strand entfernt. Die kunstvoll eingerichteten Zimmer haben alle Balkone; das Hotelrestaurant tischt leckere vegetarische Platten auf. Das Preis-Leistungs-Verhältnis ist allerdings nicht so gut wie beim Hotel Amor, obwohl es zentraler zum Ortszentrum gelegen ist.

Hotel Kaktus (☎ 631 133; www.watermanresorts.com; Put Vele Luke 4; EZ Neben-/Hochsaison 54–121 €, DZ 92 bis 158 €; P ✗ ☎) Luxuriös und ganz in jungfräulichem Weiß gehalten, mit Wellness-Bereich und Innen- und Außenpools: Luxus in seiner reinsten Form!

Essen

Bistro Palute (☎ 631 730; Gerichte 32–47 Kn) Das Bistro am Hafen neben dem Reisebüro Atlas hat sich auf Fleischgerichte vom Grill spezialisiert, serviert aber auch leckeren Fisch. Die Atmosphäre ist entspannt.

Restaurant Punta (☎ 631 507; Punta 1; Hauptgerichte ab 50 Kn) Das Restaurant hat eine tolle Lage mit einer Strandterrasse mit Blick auf das Wasser. Zur Wahl stehen ausgezeichnete Gerichte mit Fisch und Meeresfrüchten, aber auch Fleischgerichte oder Pizzen. Beim Essen können die Gäste entspannt die Wellen und die Windsurfer beobachten.

LP Tipp **Vinotoka** (☎ 630 969; Jobova 6; Hauptgerichte 60 Kn) Eines der besten Lokale der Stadt: Es befindet sich in einem renovierten traditionellen Steinhaus, die Einrichtung ist schlicht und greift nautische Themen auf. Das Essen ist ausgezeichnet, besonders zu empfehlen: *brodet* mit Fisch oder Sepia – einer der leckersten weit und breit. Am besten trinkt man dazu einen regionalen Weißwein. Frischer Fisch beginnt preislich bei 350 Kn pro Kilo.

Unterhaltung

Summer Club Luna (www.summerclubluna.hr; Sv Roka; Eintritt 40 Kn; ⊙ Juli–Okt.) Der Club ist ein neuer Sommerclub, vor dem man unter freiem (Sternen-)Himmel tanzen kann. Das beliebte **XXL** (☎ 630 699; Put Vele Luke) gibt es dagegen schon länger. Es liegt recht zentral am Strand.

RUND UM SUPETAR

Das Dorf **Škrip** ist die älteste Siedlung der Insel und liegt 8 km südöstlich von Supetar. Die Festung war ursprünglich ein Zufluchtsort der Illyrer, im 2. Jh. wurde sie dann von den Römern in Beschlag genommen. Ihnen folgten die Bewohner der antiken Stadt Solin, die im 7. Jh. vor barbarischen Eindringlingen auf der Flucht waren, danach kamen die ersten Slawen. Reste der **illyrischen Mauer** sind hinter der Zitadelle in der südöstlichen Ecke erkennbar. Das am besten erhaltene römische Monument der Insel ist das Mausoleum am Fuße des **Radojkovic-Wehrturms**. Als Festung während der venezianisch-türkischen Kriege erbaut, beherbergt der Wehrturm jetzt das Inselmuseum. Sarkophage aus dem frühen Christentum befinden sich in der Nähe des Kastells **Cerinic**. In einem benachbarten Steinbruch findet man ein Herkulesrelief aus dem 3. oder 4. Jh. Von Supetar aus kann man morgens mit dem Bus dorthin fahren, am frühen Nachmittag fährt wieder ein Bus zurück.

Der Hafenort **Milna** (20 km südwestlich von Supetar) ist ein wunderschönes, intaktes Fischerdorf. Die Ortschaft aus dem 17. Jh. liegt am Rand eines tiefen Naturhafens, der bereits von Kaiser Diokletian auf dem Weg nach Split genutzt wurde.

Viele Pfade und Wege ziehen sich um den Hafen, der von meist menschenleeren Buchten und felsigen Stränden gesäumt wird. Sehenswert ist auch die **Kirche Mariä Verkündi-**gung (18. Jh.) mit einer barocken Front und einem Altargemälde aus dem frühen 18. Jh.

Das **Illyrian Resort** (☎ /Fax 636 566; www.illyrian-resort.hr; Apt. Neben-/Hochsaison 68/125 €; [P] [X] [X]) liegt direkt am Milna-Strand und bietet einen außergewöhnlich hohen Standard an Modernität, Stil und Komfort. Als Alternative zum Faulenzen am Pool werden jede Menge Wassersportarten angeboten.

Milna ist gut im Rahmen eines Tagesausflugs von Supetar besuchbar: Morgens fährt der Bus in die Stadt und nachmittags wieder nach Supetar zurück. Im Sommer hält außerdem das Tragflügelboot von Bol auf dem Weg nach Split in Milna.

BOL
1480 Ew.

Die Altstadt von Bol ist schlichtweg schön – mit kleinen Steinhäusern und gewundenen Straßen, die von rosa und lila Geranien gesäumt werden. Das eigentliche Highlight ist jedoch der berühmte Strand Zlatni Rat, der in einer markanten, einer Mondsichel ähnlichen Form in die Adria ragt und in den Sommermonaten Heerscharen von Schwimmern und Windsurfern anzieht. Eine lange, von Pinien gesäumte Küstenpromenade, an der sich die meisten Hotels befinden, verbindet Altstadt und Strand. Im Sommer ist hier richtig viel los: Bol zählt zu den Lieblingsferienzielen der Kroaten.

Orientierung

Die Stadtmitte wurde zur Fußgängerzone erklärt, sie beginnt östlich des Busbahnhofs. Zlatni Rat liegt 2 km westlich der Stadt, dazwischen befinden sich noch die Strände Borak und Potočine. Dahinter liegen mehrere Hotelanlagen, u. a. die Hotels Borak, Elaphusa und Bretanide.

Praktische Informationen

Vor beiden Banken steht ein Geldautomat. Im Hafengebiet bestehen mehrere Möglichkeiten zum Umtausch von Währung; in der Post kann man mit MasterCard Geld abheben und Kuna ein- oder zurücktauschen.

Bol Tours (☎ 635 693; www.boltours.com; Obala Vladimira Nazora 18; ⊙ Mo–Fr 9–18.30, Sa 9–12 Uhr) Nimmt Buchungen für Ausflüge entgegen und vermittelt Privatunterkünfte.

HVB Splitska Banka (Riva Frane Radića)

Interactiv (☎ 092 134 327; Rudina 6; Std. 30 Kn; ⊙ Mai–Nov. 10–13 & 16.30–19 Uhr) Ein Dutzend

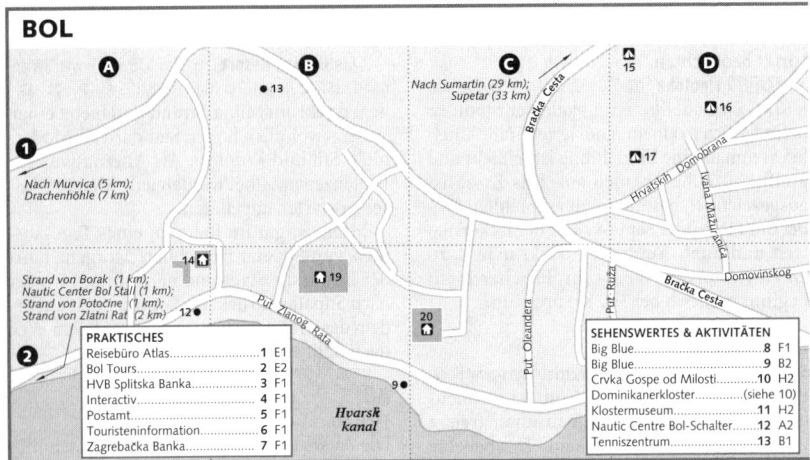

BOL

PRAKTISCHES
Reisebüro Atlas..................1	E1
Bol Tours...........................2	E2
HVB Splitska Banka............3	F1
Interactivy.........................4	F1
Postamt.............................5	F1
Touristeninformation...........6	F1
Zagrebačka Banka...............7	F1

SEHENSWERTES & AKTIVITÄTEN
Big Blue.............................8	F1
Big Blue.............................9	B2
Crkva Gospe od Milosti......10	H2
Dominikanerkloster........(siehe 10)	
Klostermuseum..................11	H2
Nautic Centre Bol-Schalter..12	A2
Tenniszentrum...................13	B1

schnelle Computer. Der einzige Ort, auf der Insel seine E-Mails abzufragen.

Postamt (Uz Pjacu 5; Mo–Fr 8.30–17.30, Sa 9–14 Uhr) Bietet die Möglichkeit zu telefonieren.

Reisebüro Atlas (635 233; Fax 635 707; Rudina 12; Mo–Fr 8.30–19, Sa 9–12 Uhr) Das Reisebüro vermietet Boote, Roller oder Fahrräder und vermittelt auch private Unterkünfte.

Touristeninformation (635 638; www.bol.hr; Porat Boskih Pomoraca; Juli & Aug. 8.30–22 Uhr, Sept.–Juni Mo–Sa 8.30–14 & 17–20, So 9–12 Uhr) Eine gute Infoquelle für alle Veranstaltungen in der Stadt.

Zagrebačka Banka (Uz Pjacu 4)

Sehenswertes

Die meisten Leute kommen wegen **Zlatni Rat**, sie wollen hier Sonne tanken und/oder windsurfen. Der Strand ragt westlich der Stadt etwa 500 m sichel- oder zungenförmig ins Meer. Er ist ein wunderschöner Strand und besteht aus glatten weißen Kieselsteinen. Die Form seiner Spitze ändert sich je nach Wind und Wellen. Pinien spenden Schatten und felsige Klippen ragen steil hinter dem Strand empor. Landschaftlich ist dies sicherlich einer der schönsten Orte in Dalmatien – in der Hochsaison wird es allerdings recht voll.

Östlich der Stadtmitte erheben sich auf der Halbinsel Glavica das **Dominikanerkloster** (Dominikanski Samostan; 635 132; Anđelka Rabadana 4; Messe) und die **Crkva Gospe od Milosti** (Kirche der Barmherzigen Jungfrau; 635 132; Anđelka Rabadana 4; Messe). Kloster und Kirche wurden 1475 an der Stelle eines Bischofspalastes aus dem 12. Jh. erbaut. Die spätgotische Kirche birgt eine

Altarrückwand aus dem späten 16. Jh. sowie Deckengemälde des kroatischen Barockmalers Tripo Kikolija. Die Kirche ist z. T. mit Grabsteinen gepflastert, manche von ihnen tragen die Initialen verschiedener Mönchsorden oder Inschriften in glagolitischer Schrift.

Das benachbarte **Klostermuseum** (635 132; Anđelka Rabadana 4; Eintritt 10 Kn; April–Okt. 10–12, 17–20 Uhr) zeigt u. a. prähistorische Funde aus der Kopačina-Höhle sowie eine Sammlung antiker Münzen, Amphoren und Kirchengewänder. Glanzstück der Sammlung ist das Altargemälde *Madonna mit Kind und Heiligen*, das Tintoretto zugeschrieben wird. Das Museum besitzt davon noch die Originalrechnung über 270 venezianische Dukaten.

Die **Drachenhöhle**, eine weitere Sehenswürdigkeit, kann zu Fuß besichtigt werden. Äußerst ungewöhnliche Reliefs, die ein fantasievoller Mönch im 15. Jh. angefertigt haben soll, zieren ihre Wände. Gemeißelte Engel, Tiere und ein Drache mit weit geöffnetem Maul präsentieren sich als eine fantasievolle Mischung christlicher und kroatisch-heidnischer Symbole. Zur Höhle läuft man zunächst 5 km ins westlich gelegene Dorf Murvica und von dort eine weitere Stunde bis zum Eingang. Die Höhle ist nicht öffentlich zugänglich, die Touristeninformation bietet aber ab und zu eine Führung an (100 Kn).

Aktivitäten

Bol ist ohne Zweifel die Hochburg der **Windsurfer** in Kroatien. Die Szene trifft sich am Potočine-Strand, westlich der Stadt. Obwohl

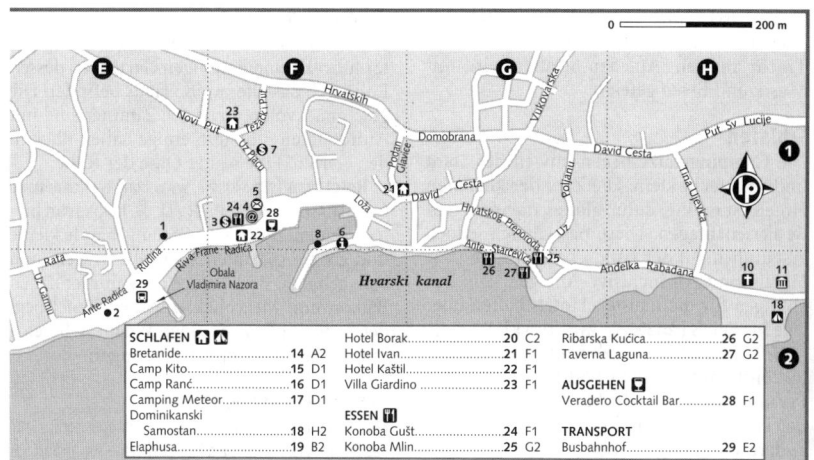

der *maestral* (ein starker, zuverlässig wehender Westwind) von April bis Oktober weht, sind die besten Wochen zum Windsurfen diejenigen Ende Mai/Anfang Juni bzw. Ende Juli/Anfang August. Der Wind frischt am frühen Nachmittag am stärksten auf und flaut gegen Ende des Tages wieder ab.

Big Blue (☎ /Fax 635 614; www.big-blue-sport.hr) ist ein großer Laden, der Surfbretter verleiht (halber Tag 50 €) und Anfängerkurse anbietet (8 Std. 150 €). Er liegt neben der Touristeninformation.

Eine andere Firma namens **Big Blue** (☎ 306 222; www.big-bluediving.hr; Hotel Borak, Zlatni Rat) bietet ebenfalls Tauchgänge an (ab 45 €). Die beiden Big Blues gehörten ursprünglich zusammen, haben sich jedoch getrennt und benutzen zur allgemeinen Verwirrung beide weiterhin denselben Namen. Es gibt hier zwar keine Wracks zu erkunden, aber Korallenriffe in 40 m Tiefe und eine große Höhle. In der Hauptsaison fahren regelmäßig Boote auf's Meer. Das Hotel Borak Big Blue vermietet auch **Mountainbikes** (Std./halber Tag 3/8 €) und **Kajaks** (Std./halber Tag 4/10 €).

Das **Tenniszentrum** (☎ 635 222; Zlatni Rat; Std. Neben-/Hochsaison 40/60 Kn) an der Straße nach Murvica bietet Aschenplätze auf Profiniveau. Je nach Uhrzeit sind auch Trainerstunden möglich (1–2 Pers. 1 Std. 90/130 Kn). Schläger und Bälle kann man mieten.

Das **Nautic Center Bol** (☎ 098 361 651; www.nautic-center-bol.com; Potočine-Strand; Tag ab 60 €) vermietet Boote. Tagsüber befindet sich der Stand des Bootsverleihers gegenüber vom Hotel Breta-

nide, abends am Hafen, wo man sich mehr Kundschaft erwartet.

Wer wandern möchte, kann in gut zwei Stunden **Vidova Gora** („Veitsberg", 780 m), den höchsten Gipfel sämtlicher kroatischer Inseln, erklimmen. Die örtliche Touristeninformation bietet ein paar Ratschläge zu diesem Wanderweg.

Festivals & Events

Im Juli und August wird das **Sommer-Kulturfestival** in Bol veranstaltet. Tänzer und Musiker aus dem ganzen Land treten in Kirchen und unter freiem Himmel auf.

Schutzpatronin von Bol ist Unsere Liebe Frau vom Berg Karmel, an ihrem **Festtag**

TOP FIVE: MITTELDALMATINISCHE STRÄNDE

■ Zlatni Rat (S. 274) – der berühmte ins Meer ragende Strand ist in fast jeder Kroatienwerbung abgebildet

■ Brela (S. 264) – eine Kette sandiger Buchten wird von Palmen gesäumt

■ Pakleni-Islands (S. 281) – felsige Inseln in der Nähe von Hvar mit FKK-Buchten

■ Šolta (S. 255) – ruhige, felsige Buchten unweit des lauten Split

■ Milna-Bucht (S. 273) – meist menschenleere Strände auf der viel besuchten Insel Brač

(5. August) findet eine Prozession statt, bei der die Einheimischen ihre traditionelle Tracht anlegen. Auf den Straßen wird mit Musik und Essen gefeiert.

Schlafen

Die Campingplätze liegen unweit der Stadt und sind recht klein. Die Zahl der kleineren Hotels ist gering, dafür gibt es mehrere große Ferienanlagen. Diese passen sich jedoch erstaunlich gut der Landschaft ein. Ein paar Hotels sind All-inclusive-Anlagen. Die Buchungen für die meisten Hotels laufen über **Blue Sun Hotels** (☎ 306 206; www.bluesunhotels.com).

Bol Tours (S. 274) vermittelt Privatunterkünfte mit eigenem Bad für 150 Kn pro Person. Ein Vier-Bett-Apartment kostet in der Hauptsaison rund 600 Kn; es gibt auch andere Wohnungsgrößen.

BUDGETUNTERKÜNFTE

Die Campingplätze in Bol sind klein und gemütlich. Westlich der Stadt (in der Nähe der großen Hotels) liegen **Camping Meteor** (☎ 635 630; Hrvatskih Domobrana; Erw./Stellplatz 42/45 Kn; ☽ Mai–Okt.), **Camp Ranč** (☎ 635 635; Hrvatskih Domobrana; Erw./Stellplatz 45/35 Kn; ☽ Mai–Okt.) hinter einem Restaurant gleichen Namens und **Camp Kito** (☎ 635 551; kamp_kito@inet.hr; Bračka Cesta; Erw./Stellplatz 53/30 Kn; ☽ Mitte April–Mitte Sept.). Alle sind gepflegt und malerisch gelegen.

Ein weiterer Campingplatz – **Dominikanski Samostan** (☎ 635 132; Anđelka Rabadana; Erw./Stellplatz 40/44 Kn; ☽ Mai–Okt.) – liegt östlich der Stadt in der Nähe des Dominikanerklosters. Die Touristeninformation weiß noch weitere Adressen.

MITTELKLASSEHOTELS

Hotel Borak (☎ 635 210; www.bluesunhotels.com; Zlatni Rat; Zi. pro Pers. Halbpension Neben-/Hochsaison 37/90 €; P ☒ ☄) Das 4-Sterne-Hotel, das unweit Zlatni Rat und seinem Sportangebot liegt, lässt aufgrund seiner Größe Individualität vermissen. Es ist jedoch ein bequemes Hotel, um sich nach dem Windsurfen, Tauchen, Mountainbiken, Kajakfahren oder Schwimmen zu zu entspannen.

Hotel Kaštil (☎ 635 995; www.kastil.hr; Riva Frane Radića 1; EZ Neben-/Hochsaison 330/710 Kn, DZ 480/1040 Kn; P ☒) Das schöne Hotel liegt sehr zentral, alle Zimmer haben Meerblick. Die Einrichtung ist in Karmesinrot gehalten, die Badezimmer granitfarben, und in allen Zimmern hängen Gemälde.

Villa Giardino (☎ 635 286; villa.giardino@st.t-com.hr; Novi Put 2; DZ Neben-/Hochsaison 89/98 €; P) Ein Eisentor führt zu einem üppigen Garten, an dessen Ende sich das alte, weiße Haus befindet. Die geschmackvoll renovierten Zimmer sind mit Antiquitäten möbliert, einige haben Blick in den Garten. Eine wahre Oase der Ruhe.

Hotel Ivan (☎ 640 888; www.hotel-ivan.com; David Cesta 11a; Apt. ab 850 Kn; P ☒ ☄ ☄) Das Ivan bietet in einem renovierten Steingebäude kleine und große Apartments, die alle in weiß und blau gehalten sind. Einige der Zimmer haben Balkon und Meerblick; vor dem Hotel liegt der Pool. Es gibt auch einen Wellness-Bereich mit Dutzenden von Anwendungen.

SPITZENKLASSEHOTELS

Elaphusa (☎ 635 210; www.bluesunhotels.com; Zlatni Rat; Zi. pro Pers. Halbpension Neben-/Hochsaison ab 50/65 €; P ☒ ☄ ☄) Das 4-Sterne-Hotel ist so riesig und so glänzend, dass es den Eindruck vermittelt, man befände sich auf einem Kreuzfahrtschiff. Glatte Oberflächen, Glaswände, Salzwasserpools, große Konferenzsäle und elegante Zimmer tragen zu diesem Eindruck bei. Wer elegant und glitzernd übernachten will, ist hier absolut richtig.

Bretanide (☎ 740 140; www.bretanide.com; Zlatni Rat; EZ Neben-/Hochsaison 66–121 €, DZ 96–160 €; P ☒ ☄) Das 3-Sterne-Hotel Bretanide liegt am nächsten zum Zlatni Rat und bietet ein umfangreiches Sport- und Wellness-Programm. Einige Schönheits- und Gesundheitsanwendungen kosten extra. Doch bereits nach dem Basisprogramm fühlt man sich schön und wohl.

Essen

Zwischen den Restaurants herrscht eine ziemliche Konkurrenz – entsprechend hoch ist der allgemeine Standard. Die Küche ist kreativ und der Fisch frisch.

Konoba Gušt (☎ 635 911; Riva Frane Radića 14; Hauptgerichte 48–90 Kn) Das Restaurant serviert gutes Tavernenessen in einem Ambiente aus poliertem Holz, alten Fotos und Nippes. Fisch und Fleisch werden einfach, aber gut zubereitet. Empfehlenswert: gebratener Tintenfisch mit Gemüse und Kartoffeln.

Konoba Mlin (☎ 635 376; Ante Starčevića 11; Hauptgerichte ab 50 Kn; ☽ Juni–Nov. 17–24 Uhr) Ein sommerliches Lokal neben einer Mühle aus dem 19. Jh. mit einer wunderschön begrünten Terrasse oberhalb der Wasserlinie. Der Chefkoch brät die Meeresfrüchte auf lokale Art und Weise.

Taverna Laguna (☎ 635 692; Ante Starčevića 9; Hauptgerichte ab 65 Kn) Die romantische Lage neben einer ruhigen Lagune würde dieses Restaurant auch dann auszeichnen, auch wenn das Essen nur Mittelmaß wäre. Aber die Pasta- und Meeresfrüchtegerichte sind überdurchschnittlich gut.

Ribarska Kućica (☎ 635 033; www.ribarska-kucica. com; Ante Starčevića bb; Hauptgerichte ab 90 Kn; ☺ Juni bis Nov.) Langusten gibt es hier zuhauf in diesem Restaurant am Meer. Man sitzt unter Sonnenschirmen aus Stroh oberhalb des Wassers und schlägt sich den Bauch mit köstlichen Meeresfrüchten voll.

Unterhaltung

Veradero Cocktail Bar (Riva Frane Radića; Cocktails 45–55 Kn; ☺ Mai–Nov.) Eine Freiluft-Cocktailbar am Meer. Tagsüber werden hier Kaffee und frisch gepresster Orangensaft getrunken, abends wird dann auf schicke Cocktails und DJ-Musik umgestellt. Die Korbstühle und -sofas laden zum Relaxen ein.

SUMARTIN

Sumartin ist ein ruhiger kleiner Hafen mit ein paar felsigen Stränden, aber wenig Angebot. Wer jedoch Abwechslung von den gut besuchten Stränden in Bol und Supetar sucht, wird hier die gewünschte Ruhe finden. Der Busbahnhof liegt im Stadtzentrum neben dem Fähranleger. Privatzimmer findet man über die *Sobe*-Schilder.

Wer von Makarska anreist, geht auf Brač in Sumartin an Land. Für Informationen zu den Fährverbindungen zwischen den beiden Städten s. Fähren (S. 269) bzw. Unterwegs vor Ort (S. 270); dort werden auch die Buszeiten zwischen Sumartin und Supetar genannt.

HVAR

11 459 Ew.

Hvar vereint die meisten Superlative Kroatiens auf sich: die luxuriöseste Insel, der sonnigste Platz des Landes (2724 Sonnenstunden pro Jahr) und – zusammen mit Dubrovnik – die beliebteste Urlaubsdestination Kroatiens. Hvar-Stadt, der Hauptort der Insel, definiert sich durch Luxushotels, elegante Restaurants, Szenebars und schicke Leute von den Segelyachten. Stari Grad und Jelsa sind die kulturellen und historischen Mittelpunkte der Insel, hier geht es ruhiger und gepflegter zu.

Die Insel ist bekannt für ihre üppige grüne Vegetation und die lilafarbenen Lavendelfelder, außerdem wachsen hier mediterrane Pflanzen wie Rosmarin und Zistrose. Einige der Top-Luxushotels verwenden Hautpflegeprodukte, die aus diesen wunderbar duftenden Pflanzen gewonnen werden.

Geschichte

Die Insel wurde zuerst von den Illyrern besiedelt, die im 4. Jh. v. Chr. zahlreiche Kämpfe gegen griechische Eindringlinge führten. Die Griechen gewannen und gründeten die Kolonie Faros an der Stelle des heutigen Stari Grad. Die Römer eroberten die Insel schließlich 219 v. Chr. Die Insel war für sie eher unbedeutend, entsprechend wenig Spuren hinterließen sie. Nach dem Fall des Römischen Reiches wurde Hvar von Byzanz regiert. Im 7. und 8. Jh. besiedelten slawische Stämme die Insel, im 11. Jh. wurde sie unter König Petar Krešimir ein Teil Kroatiens. Nach mehreren Jahrhunderten, in denen Venedig, Byzanz und die kroatisch-ungarischen Könige die Insel regierten, entschied sich Hvar 1331 für die mächtigsten Herrscher: Von Venedig erhofften sie sich Schutz vor den berüchtigten Piraten von Omiš. Die Insel unternahm später mehrmals ernsthafte Versuche, sich von Venedig loszusagen, die Streitkräfte der Seerepublik waren den Kämpfern von Hvar aber hoffnungslos überlegen.

An- & Weiterreise

Die örtliche Autofähre von Split läuft dreimal täglich Stari Grad an (42 Kn, 1½ Std.; Juli/Aug. 5-mal tgl.). Das Passagierschiff **Krilo** (www.krilo.hr) pendelt in den Sommermonaten fünfmal täglich zwischen Split und Hvar-Stadt (22 Kn, 1 Std.) und fährt weiter nach Korčula (33 Kn, 1½ Std.). Fahrkarten verkaufen **Split Tours** (Karte S. 242; ☎ 352 553; www.splittours.hr; Gat Sv Duje bb) in Split, **Marko Polo Tours** (Karte S. 314; ☎ 715 400; www.korcula.com; Biline 5) in Korčula und **Pelegrini Tours** (Karte S. 278; ☎ /Fax 742 250; www.pelegrini-hvar. hr; Riva bb) auf Hvar.

Die Pendlerfähre von Drvenik auf dem Festland nach Sućuraj (13 Kn, 25 Min.) auf der Spitze der Insel Hvar fährt mindestens 10-mal am Tag (in der Nebensaison seltener). Das **Jadrolinija-Büro** (☎ 741 132; www.jadrolinija.hr) der kroatischen Personenschiffahrt befindet sich neben der Anlegestelle in Stari Grad.

Außer den örtlichen Fähren zwischen Split und Hvar gibt es in der Sommersaison

HVAR

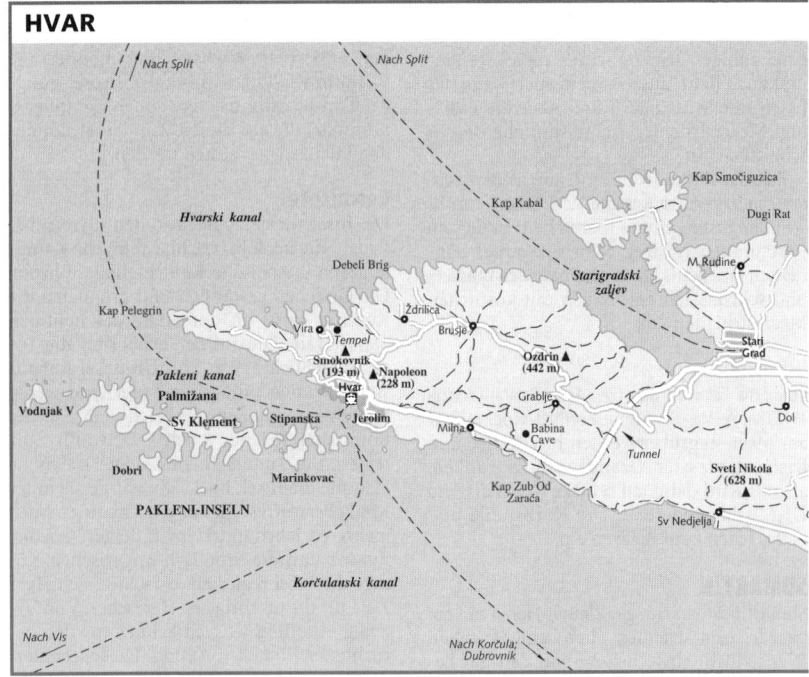

auch Verbindungen nach Italien (S. 341). Die Jadrolinija-Fähren, die Rijeka und Dubrovnik verbinden, laufen auch Hvar an – und zwar zweimal wöchentlich im Winter und viermal wöchentlich zwischen Juni und Anfang September. Die Fähren legen in Stari Grad an, bevor sie nach Korčula weiterfahren.

Unterwegs vor Ort

Die Busse verkehren in Abstimmung mit den Fahrplänen der in Stari Grad anlegenden Fähren, von dort fahren sie die Fahrgäste weiter nach Hvar (15 Kn. 50 Min.) und Jelsa. In den Sommermonaten verkehren täglich sechs Busse zwischen Stari Grad und Hvar. Sonntags und in der Nebensaison sind weniger unterwegs. Eine Taxifahrt kostet 150 bis 200 Kn. **Radio Taxi Tihi** (☎ 098 338 824) hat günstigere Tarife, wenn mehrere Fahrgäste sich einen der Minivans teilen.

Wer von Stari Grad nach Hvar fährt, sollte wissen, dass es dorthin zwei Wege gibt: die landschaftliche schönere Straße ist sehr schmal und schlängelt sich durch die Berge im Inselinneren, die moderne Straße (2960) fährt den direkteren Weg.

HVAR (STADT)

Hvar ist Drehscheibe der Insel und der am stärksten besuchte Ort: Um die 30 000 Leute zieht es in der Hauptsaison pro Tag hierher. Es überrascht immer wieder, dass sie alle in diese kleine Stadt an der Bucht passen, wo Stadtmauern aus dem 13. Jh. wunderschön verzierte gotische Paläste und autofreie Marmorstraßen umschließen. Aber es klappt.

Besucher schlendern den Hauptplatz entlang, erkunden die Sehenswürdigkeiten der gewundenen steinernen Straßen, gehen an den vielen Stränden schwimmen oder verschwinden zwecks FKK-Baden hinüber zu den Pakleni-Inseln.

Aber die Hauptbeschäftigung ist es, nachts auszugehen. Es gibt hier einige gute Restaurants und ein paar ausgezeichnete Hotels. Da die Stadt eine Vorliebe für eine gut betuchte Klientel hat, sind die Preise teilweise fast schon astronomisch hoch.

Wer auf kleinerem Fuß lebt, sollte sich jedoch nicht abschrecken lassen: Es gibt Privatunterkünfte und ein paar Hostels, die sich an eine jüngere, bunt gemischte Kundschaft wenden.

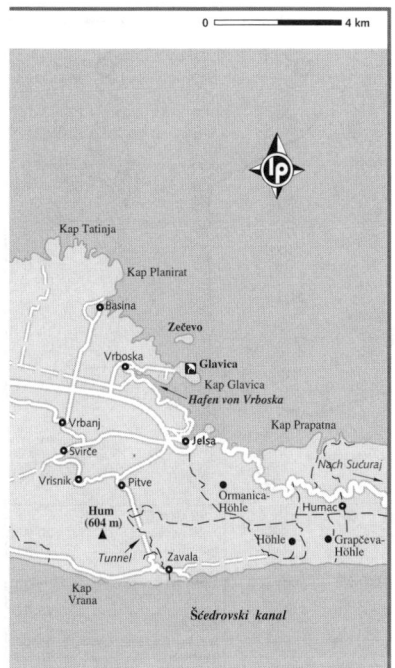

0 —————— 4 km

Kap Tatinja

Kap Planirat

Basina

Zečevo

Vrboska — Glavica
Kap Glavica
Hafen von Vrboska

Vrbanj — Jelsa
Svirče — Kap Prapatna
Vrisnik — Pitve — *Nach Sućuraj*
Ormanica-Höhle
Hum (604 m) — Humac
Tunnel — Zavala — Höhle — Grapčeva-Höhle
Kap Vrana
Šćedrovski kanal

Orientierung

Hvar ist eine so kleine, überschaubare Stadt, dass es noch nicht einmal Straßennamen gibt. Die Hauptstraße ist die lange Seepromenade, an ihr liegen kleine, felsige Strände, Sehenswürdigkeiten, Hotels, Bars und ein paar Restaurants. Der Marktplatz heißt Trg Svetog Stjepana; die Bushaltestelle befindet sich ganz in der Nähe.

Auf dem nördlichen Hang oberhalb des Platzes und innerhalb der alten Mauern stößt man auf Überreste von Palästen, die einst Adelsfamilien aus Hvar gehörten. Vom Busbahnhof bis zum Hafen ist die Stadt für den Autoverkehr gesperrt, so wird die mittelalterliche Ruhe bewahrt.

Praktische Informationen

Fontana Tours (☎ 742 133; www.happyhvar.com; Riva 16) Vermittelt Privatunterkünfte, organisiert Ausflüge und vermietet Ferienunterkünfte.

Garderoba (Tag 15 Kn; ☺ 7–24 Uhr) Die Gepäckaufbewahrung befindet sich in den Toiletten neben dem Busbahnhof.

HVB Splitska Banka (Riva) Hat einen Geldautomaten.

Internet Leon (☎ 741 824; Riva; Std. 42 Kn;

☺ Mo–Fr 8.30–22, Sa & So 9–16 Uhr) Internetzugang neben dem Hotel Palace.

Klinik (☎ 741 300; Sv Katarine) Die Klinik liegt 700 m von der Stadtmitte entfernt, am Hotel Pharos vorbei.

Pelegrini Tours (☎ /Fax 742 250; www.pelegrini-hvar. hr; Riva bb; ☺ Mo–Sa 8.30–19, So 9–12 Uhr) Vermittelt ebenfalls Privatunterkünfte.

Postamt (Riva; ☺ Mo–Sa 8.30–19, So 9–12 Uhr) Hier kann man telefonieren.

Privredna Banka (Fabrika) Wechselt Geld.

Reisebüro Atlas (☎ 741 670; www.atlas-croatia.com; ☺ Mo–Fr 8.30–19, Sa 9–12 Uhr) Das Reisebüro auf der Westseite des Hafens vermittelt Privatunterkünfte und bucht Ausflüge.

Touristeninformation (☎ /Fax 742 977; www.tzhvar. hr; ☺ Juni–Sept. Mo–Sa 8–13 & 17–21, So 9–12 Uhr, Okt.–Mai Mo–Sa 8–14 Uhr) Auf dem Trg Svetog Stjepana.

Sehenswertes

Auf die Öffnungszeiten der Museen und Kirchen sollte man nicht allzu viel geben, denn sie sind unzuverlässig. Die unten angegebenen Zeiten gelten für die Sommersaison (Juni–Sept.), die Woche zwischen Weihnachten und Neujahr und die Karwoche. In der Nebensaison von Oktober bis Mai sind die Sehenswürdigkeiten nur vormittags geöffnet.

In der Stadtmitte liegt der größte Platz, der **Trg Svetog Stjepana.** Dafür wurde extra ein Meeresarm, der damals in die Insel hineinragte, aufgefüllt. Mit seinen 4500 m² ist er einer der größten Plätze Dalmatiens. Die Stadt entwickelte sich im 13. Jh. zunächst nördlich des Platzes, erst im 15. Jh. dehnte sie sich auch südlich des Platzes aus. Der **Brunnen** auf der Nordseite wurde 1520 errichtet und hat ein schmiedeeisernes Gitter von 1780.

Auf der Südseite des Platzes steht das **Arsenal.** Es ersetzte 1611 ein von den Türken zerstörtes Gebäude. Venezianische Dokumente erwähnen es als „das schönste und praktischste Bauwerk in ganz Dalmatien", denn das Arsenal wurde als Werkstatt für die Reparatur und Bestückung von Kriegsgaleeren verwendet. Die Nordseite wurde früher als Lebensmittellager genutzt. 1612 wurde im 1. Stock ein **Renaissance-Theater** errichtet – es soll das erste Theater in Europa gewesen sein, das Adeligen und Bürgerlichen offen stand. Das Theater blieb über die Jahrhunderte hinweg ein regionales kulturelles Zentrum. Bis 2008 wurden noch Stücke aufgeführt, dann wurde beschlossen, dass das alte Gebäude für größere Besucherzahlen zu baufällig sei. Seither wird es gründlich renoviert.

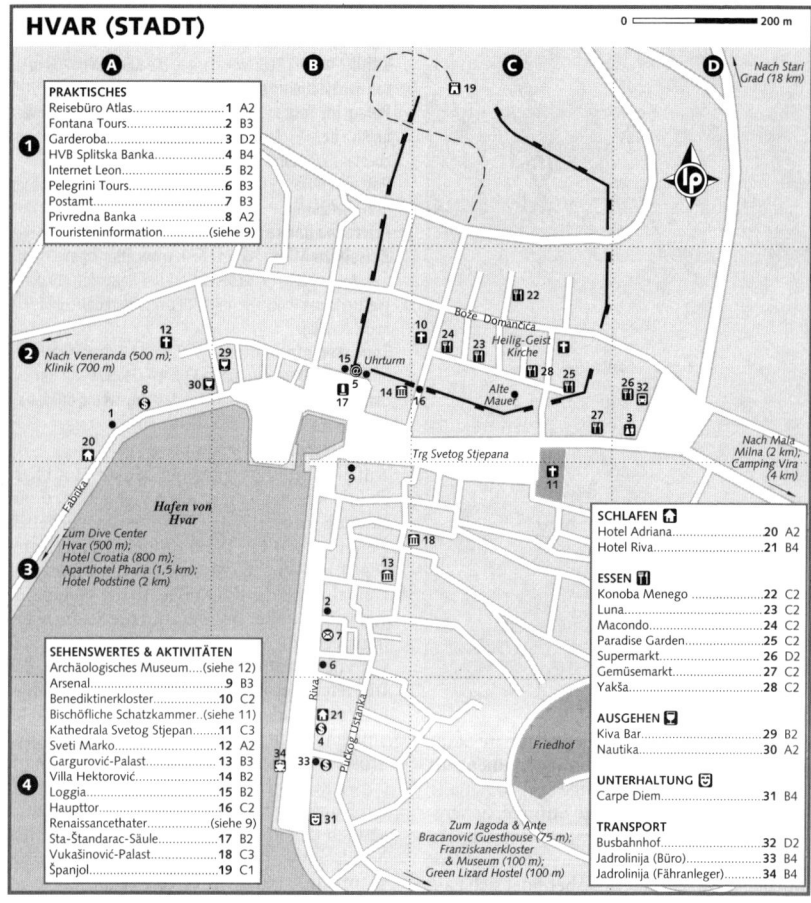

HVAR (STADT)

0 ———— 200 m

Nach Stari Grad (18 km)

Nach Veneranda (500 m);
Klinik (700 m)

Uhrturm

Böže Domančića

Heilig-Geist Kirche

Alte Mauer

Trg Svetog Stjepana

Nach Mala
Milna (2 km);
Camping Vira
(4 km)

Hafen von
Hvar

Zum Dive Center
Hvar (500 m);
Hotel Croatia (800 m);
Aparthotel Pharia (1,5 km);
Hotel Podstine (2 km)

Fabrika

Riva

Put uz Lozu

Friedhof

Zum Jagoda & Ante
Bracanović Guesthouse (75 m);
Franziskanerkloster
& Museum (100 m);
Green Lizard Hostel (100 m)

Ein weiteres Wahrzeichen der Stadt ist die **Katedrala Svetog Stjepana** (Kathedrale des hl. Stefan; Trg Svetog Stjepana; 2-mal tgl., 30 Min. vor der Messe), die den Platz eindrucksvoll abrundet. Die vier Geschosse des Glockenturms sind nach oben zu immer reicher verziert. Die Kathedrale wurde im 16. und 17. Jh. in der Blütezeit der dalmatinischen Renaissance erbaut. Vorher stand hier eine Kathedrale, die von den Türken zerstört wurde. Teile der älteren Kathedrale sind noch im Hauptschiff und im geschnitzten Chorgestühl aus dem 15. Jh. erkennbar. Der Großteil des Innenraums datiert jedoch aus dem 16. und 17. Jh.

Die **Bischöfliche Schatzkammer** (Riznica; 741 269; Eintritt 15 Kn; 9–12, 17–19 Uhr) liegt hinter dem Turm und neben der Kathedrale. Hier wird der Kirchenschatz gezeigt: Silbergefäße, bestickte Messgewänder, zahlreiche Madonnen, einige Ikonen aus dem 13. Jh. und ein Sarkophag mit aufwendig geschnitztem Sargdeckel.

Nordwestlich des Platzes steht die unvollendete gotische **Villa Hektorović**. Geht man ein paar Stufen hoch, kommt ein **Benediktinerkloster** (741 052; Eintritt 10 Kn; 10–12, 17–19 Uhr) in Sicht. Es enthält eine Nachbildung eines Renaissancehauses und eine Sammlung von Spitze, die von Nonnen aus den Fasern getrockneter Agavenblätter hergestellt wurde. Vom Kloster ist es nicht weit zum Hotel Palace, vor dem die **Loggia** aus dem 15. Jh. steht. Vom **Štandarac**, einer Säule aus dem 18. Jh., wurden im Mittelalter die Entscheidungen der

Regierung verkündet. Die Sveti Marka führt weiter zu den Ruinen der Dominikanerklosterkirche **Sveti Marko**, die im 16. Jh. von den Türken zerstört wurde.

Die erhaltene Apsis beherbergt ein kleines **Archäologisches Museum** (☎ 741 009; Eintritt 10 Kn; ☺ Juni–Sept. 10–12 Uhr), das steinzeitliches Werkzeug und Keramik zeigt.

Das **Haupttor** im Nordwesten des Platzes führt zu einem undurchschaubaren Netz an winzigen Gassen mit kleinen Palästen, Kirchen und alten Häusern. Von dort aus führt ein Weg durch den Park zur Zitadelle der **Festung Španjol** (☎ 718 936; Eintritt 15 Kn; ☺ Juni–Aug. 8–24 Uhr), die an der Stelle eines mittelalterlichen Schlosses zum Schutz der Stadt vor den Türken errichtet wurde. Die Venezianer verstärkten sie 1557, im 19. Jh. wurde sie dann von den Österreichern restauriert und um einen Trakt mit Soldatenquartieren erweitert. Innen zeigt eine Mini-Ausstellung antike Amphoren, die auf dem Meeresgrund gefunden wurden. Der Blick von oben über den Hafen ist umwerfend.

Zurück in der Stadt lohnen noch das **Franziskanerkloster und Museum** (☎ 741 193; Eintritt 15 Kn; ☺ 10–12, 17–19 Uhr) aus dem 15. Jh. einen Besuch. Vom Kloster schaut man auf eine schattige Bucht. Der elegante **Glockenturm** aus dem 16. Jh. wurde von einer bekannten Steinmetzfamilie aus Korčula errichtet. Der Kreuzgang im Stil der Renaissance führt zu einem **Refektorium** mit einer Ausstellung. Dort werden Spitzenarbeiten, Münzen, Seekarten und wertvolle Dokumente (z. B. eine Ausgabe des *Atlas* von Ptolemäus von 1524) präsentiert. Unübersehbar ist auch das Gemälde *Das Abendmahl* des venezianischen Künstlers Matteo Ingoli: Es wurde im 16. Jh. gemalt und ist 8 m lang und 2,5 m hoch. Die Zypresse im **Garten des Kreuzgangs** soll über 300 Jahres alt sein. Die benachbarte **Kirche Unserer Lieben Frau der Nächstenliebe** enthält weitere beeindruckende Gemälde. Hierzu gehören die drei Polptychen von Francesco da Santacroce (1583), die den Höhepunkt seiner Schaffenskraft dokumentieren, und die *Kreuzigung* von Leandro Bassano auf dem Altar.

Unterhalb des Altars liegt das Grab von Hanibal Lučić. Der Schriftsteller des 16. Jhs. schrieb das erste nicht-religiöse Theaterstück Kroatiens: *Die Sklavin*. Das Renaissancerelief oberhalb des Portals, *Madonna mit Kind*, ist ein Kleinod, das von Nikola Firentinac 1470 geschaffen wurde.

Bei einem Bummel durch die alten Straßen des Inselstädtchens kommt man auch zum **Vukašinović-Palast** mit seinen sieben Balkonen und einem monumentalen Eingang, ein weiterer Adelspalast am Wegesrand ist der **Gargurović-Palast** aus dem 15. Jh.

Aktivitäten

Das **Dive Center Hvar** (☎ 742 490; www.ivecenter-hvar. com) vor dem Hotel Amfora ist eine große Tauchbasis. Sie bietet Lehrgänge zum Erwerb eines Tauchscheins, Tauchgänge und alle möglichen Wassersportarten an (Bananenbootfahren, Schnorcheln, Wasserski), dazu kommen spezielle Pakete für Hotels. Motorroller vermietet **Pelegrini Tours** (☎ /Fax 742 250; www.pelegrini-hvar.hr; Riva bb) für 250–300 Kn.

Schwimmer finden Buchten in der Nähe der Hotels Amfora und Dalmacija. Die meisten Badelustigen machen sich jedoch zu den **Pakleni-Inseln** (Pakleni Otoci) auf. Ihr Name geht auf Paklina (Pech) zurück: Mit Pech wurden früher Boote und Schiffe kalfatert. In der Hauptsaison fahren Wassertaxis (15 Kn, 30 Min.) regelmäßig vor dem Arsenal ab. Sie legen an den Inseln **Jerolim** und **Stipanska** an, die bei FKK-Urlaubern beliebt sind (Textilfreiheit ist dort aber kein Muss!), und fahren dann weiter nach **Ždrilica** und dem Sandstrand von **Palmižana**.

Geführte Touren

Die Reisebüros Atlas (S. 279) und Pelegrini Tours (S. 279) veranstalten Inselführungen, Ausflüge zu den umliegenden Inseln und interessante Raftingtouren.

Festivals & Events

Hvars **Sommer-Musikfestival** bietet Klassikkonzerte im Franziskanerkloster sowie ab und zu Konzerte auf dem Gelände des Campingplatzes Camping Vira.

Schlafen

Da Hvar eines der beliebtesten Reiseziele an der Adria ist, darf man nicht mit Schnäppchenpreisen rechnen. Die meisten Hotels in Hvar werden von **Sunčani Hvar Hotels** (☎ 750 750; www.suncanihvar.hr) gemanagt und viele davon wurden mittlerweile komplett umgestaltet. Zimmer sind im Juli und August Mangelware, auch wenn viele Häuser umoder neu gebaut worden sind, um der Urlauberflut Herr zu werden. Die Reisebüros können bei der Zimmersuche helfen (S. 279).

Wer ohne Reservierung anreist, kann auf die Privatzimmer hoffen, die am Fähranleger von Frauen angeboten werden (in der Stadt hängen viele *Sobe*-Schilder). Wichtig: Wer am Hafen ein Zimmer oder Apartment mietet, sollte darauf achten, dass am Haus ein blaues Sobe-Schild hängt. Wenn nicht, dann ist die Vermietung ungenehmigt. Bei Problemen genießt man als Gast bei solchen Vermietern keinerlei rechtlichen Schutz. Ganz hilfreich kann auch die Visitenkarte des Vermieters sein: im Netz der namenlosen Altstadtstraßen hat sich schon mancher verlaufen. Die Preise sollten im Zentrum nicht höher als 250/400 Kn pro Einzel-/Doppelzimmer mit eigenem Bad liegen. Außerhalb der Hauptsaison lassen sich auch günstigere Preise aushandeln.

BUDGETUNTERKÜNFTE
Camping Vira (☎ 741 803; www.suncanihvar.hr; pro Pers. Neben-/Hochsaison 6/8 €) Der Campingplatz liegt an einer schönen bewaldeten Bucht und ist einer der besten in ganz Dalmatien. Der Strand ist fantastisch, es gibt ein schönes Café und Restaurant sowie einen Volleyballplatz. Er gehört zu Sunčani Hvar und hat daher den zu erwartenden hohen Standard: Alles ist sehr gepflegt und von guter Qualität.

Mala Milna (☎ 745 027; Erw./Stellplatz 66/100 Kn; ☺ Mai–Sept.) Der stadtnächste Campingplatz befindet sich 2 km südöstlich der Altstadt. Er liegt klein, aber wunderschön an der Milna-Bucht. Ein eigener fahrbarer Untersatz ist sinnvoll, da Busse nur selten dorthin fahren.

Pension Jagoda & Ante Bracanović (☎ 741 416, 091 520 3796; www.geocities.com/virgilye/hvar-jagoda.html; Poviše Škole; EZ Neben-/Hochsaison 100/120 Kn, DZ 190/220 Kn) Die Familie Bracanović hat ein traditionelles Steinhaus zu einer kleinen Pension umgebaut. Die Zimmer haben Balkon, eigene Bäder und Zugang zur Küche. Die Familie kümmert sich rührend um ihre Gäste und bietet ihnen ein hervorragendes Preis-Leistungs-Verhältnis.

Green Lizard Hostel (☎ 742 560; www.greenlizard. hr; Lučića bb; B 110 Kn, DZ pro Pers. 135 Kn; ☺ April–Nov.) Das private Hostel füllt eine wichtige Lücke bei den günstigen Übernachtungsmöglichkeiten auf Hvar. Die Zimmer sind einfach, aber blitzsauber; es gibt eine Gemeinschaftsküche und ein paar Doppelzimmer mit bzw. ohne eigenem Bad.

MITTELKLASSEHOTELS
Hotel Croatia (☎ 742 400; www.hotelcroatia.net; Majerovica bb; pro Pers. Neben-/Hochsaison 245/575 Kn; P) Das mittelgroße, aber weitläufig angelegte Gebäude aus den 1930-Jahren liegt inmitten eines wunderschönen, ruhigen Gartens und nur ein paar Schritte vom Meer entfernt. Die Zimmer sind schlicht, viele haben Balkon mit Blick auf Garten und Meer.

Aparthotel Pharia (☎ 778 080; www.orvas-hotels. com; Majerovica bb; EZ Neben-/Hochsaison 280/460 Kn, DZ 506/844 Kn, Apt. 595/992 Kn; P ☼) Diese blitzblanke Anlage liegt nur 50 m vom Wasser entfernt in einer ruhigen Gegend etwas westlich der Stadtmitte. Alle Zimmer und Apartments haben Balkone, manche davon mit Seeblick. Besser kann man es bei einem kleinen Hotel nicht treffen.

SPITZENKLASSEHOTELS
Hotel Podstine (☎ 740 400; www.podstine.com; EZ Neben-/Hochsaison 550–2050 Kn, DZ 600–2150 Kn; ☼) Das Hotel im Familienbetrieb (es gehört tatsächlich nicht zum Sunčani-Hvar-Imperium) mit Privatstrand liegt 2 km südwestlich der Stadtmitte an der abgeschiedenen Podstine-Bucht. Sowohl das Hotelgelände als auch die Zimmer sind ansprechend gestaltet. Das Hotel bietet seinen Gästen einen regelmäßigen Shuttleservice in die Stadt und zurück und vermietet Fahrräder, Roller und Motorboote. Die günstigsten Zimmer haben allerdings keinen Meerblick.

Hotel Riva (☎ 750 750; www.suncanihvar.hr; Riva bb; EZ Neben-/Hochsaison 176/380 €, DZ 187/391; ☼ ▯) Das älteste Luxushotel in Hvar-Stadt kann auf eine ansehnliche Erfolgsbilanz zurückblicken. Die Zimmer des 100 Jahre alten Hotels Riva sind in den Wilhelminischen Farben schwarz, rot und weiß gehalten, mit Glaswänden zwischen Schlafzimmer und Bad. In jedem Zimmer hängen große Schwarz-Weiß-Poster von Filmstars an den Wänden. Die Lage direkt am Hafen ist ideal, um den Yachten beim An- und Ablegen zuzuschauen.

LP Tipp **Hotel Adriana** (☎ 750 200; www.suncanihvar.hr; Fabrika bb; pro Pers. ab 300 €; ☼ ▯ ▣) Im Juni 2007 eröffnet, ist es das einzige Hotel in Kroatien, das in die Liste der „Leading Small Hotels of the World" aufgenommen wurde. Das lässt erkennen, welcher Standard hier zu erwarten ist. Die Zimmer blicken alle auf's Meer und die mittelalterliche Stadt. Es gibt einen großen Wellness-Bereich, auf der Dachterrasse einen tollen beheizten Außenpool nebst Bar, WLAN, ein schickes Restaurant, Ausflüge, und überhaupt alles, was das anspruchsvolle Urlauberherz so begehrt.

Essen

Hvars Gastronomie ist gut, allerdings ist es wie bei den Hotels: Die Restaurants zielen oft auf eher betuchte Gäste ab.

Paradise Garden (☎ 741 310; Hauptgerichte ab 50 Kn) Das Lokal liegt ein paar Stufen hoch auf der nördlichen Seite der Kathedrale. Die Köche bereiten wunderbare Spaghetti mit Meeresfrüchten zu, es gibt aber auch die übliche ausgezeichnete Palette an gegrilltem oder gebratenem Fisch. Die Tische stehen im Freien in einem geschlossenen Patio.

Konoba Menego (☎ 742 036; Hauptgerichte ab 70 Kn) Das Lokal an der Treppe und der steilen Straße oberhalb der Heilig-Geist-Kirche hat ein einfaches, recht authentisch wirkendes rustikales Ambiente. Die Einrichtung besteht aus Hvarer Antiquitäten, die Bedienung trägt traditionelle Kleidung, der Service ist diskret, aber informativ. Mariniertes Fleisch, Käse und Gemüse werden auf traditionelle dalmatinische Art zubereitet. Zu empfehlen: die Nachspeisen mit Käse und Feigen und dem hiesigen Wein.

Luna (☎ 741 400; Hauptgerichte ab 70 Kn) Mit seinen hell gestrichenen Wänden und der „Himmelsleiter" (etwas zum Schmunzeln), die zur Dachterrasse führt, ist das Luna ein etwas verrücktes Lokal. Das macht es zu einer erfrischenden Abwechslung zu den sonstigen traditionellen und gehobenen Restaurants in Hvar. Die Karte ist gut, es fehlen weder Gnocchi mit Trüffeln noch Pasta mit Meeresfrüchten und Wein.

Yakša (☎ 277 0770; www.yaksahvar.com; Hauptgerichte ab 80 Kn) In dieses Spitzenrestaurant kommen viele nicht nur wegen des Essens, sondern auch wegen seines Rufs als das Lokal in Hvar, in das man zum „sehen und gesehen werden" pilgert. Der Garten nach hinten ist sehr schön angelegt und das Essen erstklassig. Hummer (250 Kn) zählt eindeutig zu den Favoriten unter den Gästen.

Macondo (☎ 741 851; Hauptgerichte ab 90 Kn) In einer schmalen Gasse oberhalb des Marktplatzes werden im Macondo wunderbare Fischgerichte zubereitet. Die kalte Fischplatte umfasst zwei Fischpasteten, Tintenfischsalat und gesalzene Sardellen. Sie kann als köstliche Vorspeise oder als ein gutes, leichtes Hauptgericht bestellt werden.

Selbstversorger können alles Notwendige im Supermarkt neben dem Busbahnhof und die frischen vegetarischen Zutaten beim Gemüsemarkt nebenan einkaufen.

Ausgehen & Unterhaltung

Das Nachtleben in Hvar konzentriert sich auf die Hafengegend, die Szene gehört zu den besten an der Adriaküste.

Nautika (Fabrika) Hier werden die neuesten Cocktails gemixt, dazu läuft nonstop Musik zum Tanzen, und zwar alles von Techno bis Hip Hop. Wer sich in Hvars Nachtleben stürzen will, muss hier einfach vorbeischauen.

Kiva Bar (Fabrika) Liegt etwas die Straße hoch. Wunderbar zum Abhängen und für einen schnellen Plausch zwischen den Songs.

Carpe Diem (☎ 742 369; www.carpe-diem-hvar.com; Riva) Weiter braucht man nicht suchen, denn das Carpe Diem ist die Mutter aller Küstenclubs in Kroatien. Ob nun ein Frühstück für die Abgekämpften oder Cocktails spätabends für die Nachteulen – es gibt keine Tageszeit, zu der dieser schicke Schuppen nicht gut besucht ist. Die Musik ist cool, die Getränke reichhaltig, und es wird viel in Bikinis auf den Tischen getanzt.

Veneranda (☻ ab 21.30 Uhr) Befindet sich in einer ehemaligen Festung auf dem Hügel oberhalb des Hotels Delfin. Hier spielen abwechselnd bekannte DJs und Live-Bands, während die Gäste auf einer Tanzfläche schwofen, die von einem Pool umgeben ist.

Shoppen

Lavendel, Lavendel und noch mehr Lavendel – in kleinen Flaschen, großen Flaschen, Flakons oder Wäschesäckchen. Je nach Jahreszeit reihen sich bis zu 50 Lavendelstände entlang des Hafens. Die Luft ist dann geschwängert vom Duft der Pflanze. Verschiedene Pflanzenöle, Tinkturen, Hautcremes und Salben werden ebenfalls angeboten.

STARI GRAD

In Stari Grad (wörtlich: Altstadt) an der Nordküste der Insel geht es ruhiger, kultivierter und deutlich alkoholärmer zu als in der schicken und mondänen Schwesterstadt. Wem der Sinn nicht nach pulsierendem Nachtleben und Tausenden von Besuchern, die sich in der Hauptsaison durch die Straßen von Hvar-Stadt zwängen, steht, sollte sich nach Stari Grad begeben und die Insel an einem etwas gemütlicheren Ort genießen.

Geschichte

Einige Straßenschilder verweisen nicht auf Stari Grad, sondern auf Faros: So lautet der zweite Name der Stadt. Er erinnert an die griechische Kolonie, die 385 v. Chr. hier gegründet wurde. Die Einheimischen widersetzten sich damals vehement der griechischen Machtübernahme, aber die griechische Marine von Issa (dem heutigen Vis) schlug die Inselbevölkerung von Hvar in einer der ältesten, historisch überlieferten Seeschlachten. Die Römer übernahmen die Stadt 219 v. Chr. von den Griechen und verwüsteten sie. Später wurde Stari Grad von Slawen besiedelt und war ein wichtiges politisches und kulturelles Zentrum der Insel, bis der Bischof 1278 seinen Sitz nach Hvar (Stadt) verlegte.

Die Stadt verdiente ihr Geld u. a. mit der Seefahrt und dem Schiffsbau. Im 16. Jh. baute sich der Dichter Petar Hektorović hier eine Villa, die heute eine der Hauptsehenswürdigkeiten von Stari Grad ist.

Orientierung

Die meisten Fähren, die die Insel mit dem Festland verbinden, geben Stari Grad als Fährhafen an, in Wirklichkeit liegt die Stadt allerdings ein paar Kilometer nordöstlich des Fähranlegers. Stari Grad zieht sich entlang einer hufeisenförmigen Bucht; die Altstadt befindet sich auf der südlichen Seite. Der Busbahnhof (ohne Gepäckaufbewahrung) liegt am Anfang der Bucht. Die Nordseite nehmen Wohnhäuser, ein kleiner Pinienwald und die weitläufige Hotelanlage Helios ein.

Praktische Informationen

HVB Splitska Banka (Riva 12) Geldautomaten.

Postamt (Trg Tvrdalj; ☾ Mo–Fr 9–18, Sa 9–12 Uhr) Auf dem Marktplatz.

Touristeninformation (☎ /Fax 765 763; www.starigrad-faros.hr; Noa Riva 2; ☾ Mitte Juni–Mitte Sept. 8 bis 22 Uhr, Mitte Sept.–Mitte Juni Mo–Fr 8–14 Uhr) Veröffentlicht eine gute Karte. Draußen stehen Geldautomaten.

Sehenswertes

Tvrdalj (☎ 765 068; Trg Tvrdalj; Eintritt 10 Kn; ☾ Juni–Sept. 10–12 Uhr) ist Petar Hektorovićs befestigte Burg aus dem 16. Jh. Der lauschige Fischteich spiegelt die Liebe des Dichters zu Fischen und Anglern wider. Sein Gedicht *Angeln und Anglergespräche* (1555) ist eine Hommage an sein Lieblingshobby. In der Burg sind Zitate aus seinen Werken in Lateinisch und Kroatisch an die Wände geschrieben.

Eine weitere Attraktion der Stadt ist das alte **Dominikanerkloster** (Dominikanski Samostan; Eintritt 10 Kn; ☾ Juni–Sept. 10–12, 18–20 Uhr). Es wurde 1482 gegründet, 1571 von den Türken beschädigt

und später mit einem Turm befestigt. Neben der Bibliothek und einer Reihe von archäologischen Funden im Klostermuseum lohnt noch der Blick in die Kirche aus dem 19. Jh.: Sie wartet mit dem Bild *Die Grablegung Christi* auf, das Tintoretto zugeschrieben wird, sowie zwei Gemälde von Gianbattista Crespi.

Schlafen

Nur **Mistraltours** (☎ /Fax 765 281; Grofa Vranjicanija 2) in der Nähe des Busbahnhofs vermittelt Privatunterkünfte. Einzel- bzw. Doppelzimmer mit Bad kosten in der Hochsaison im Juli und August 150/250 Kn.

Kamp Jurjevac (☎ 765 843; Predraga Bogdanića; Erw./Stellplatz 37/80 Kn; ☾ Juni–Sept.) Liegt unweit des Hafens östlich der Stadt, in der Nähe der Badebuchten.

Helios (☎ 765 865; www.hoteli-helios.hr; DZ Neben-/Hochsaison 35/60 €, DZ 50/90 €; **P**) Das moderne 2-Sterne-Hotel ist Teil einer großen Anlage, die den nördlichen Teil der Stadt in Beschlag genommen hat. Es werden auch Ferienwohnungen vermietet.

Andere Hotels innerhalb des Helios Komplexes sind das 3-Sterne-Hotel **Arkada** (☎ 765 555; EZ Neben-/Hochsaison 45/70 €, DZ 65/105 €) und das Hotel **Lavanda** (☎ 306 330; EZ Neben-/Hochsaison 45/70 €, DZ 70/110 €).

JELSA

Die Kleinstadt Jelsa ist Hafen und Ferienort zugleich und liegt 27 km östlich von Hvar-Stadt. Um den Ort wachsen dichte Pinienwälder und hohe Pappeln. Hier gibt es zwar keine Renaissancegebäude wie in Hvar-Stadt, die kleinen Straßen und Plätze sind jedoch hübsch. Unweit von Jelsa bieten sich Sandstrände und Buchten zum Schwimmen an. Die Hotelzimmer sind billiger als in Hvar-Stadt – Jelsa ist inzwischen der zweitbeliebteste Ort der Insel.

Geschichte

Jelsa war im 14. Jh. der Hafen der Ortschaft Pitve im Inselinneren und entwickelte sich damals um die Pfarrkirche Sveti Fabijana i Sebastijana und die Kirche Sveti Ivan. Im 16. Jh. wurde eine Festung oberhalb der Häuser errichtet, um sie besser vor den Türken zu schützen. Im 19. Jh. war Jelsa bereits ein wohlhabendes Fischerdorf.

Mitte des 19. Jhs. wurden die Sümpfe entlang der Küste trocken gelegt, was eine Ausdehnung der Ortschaft erst möglich machte.

1868 eröffnete man in der Stadtbibliothek den ersten öffentlichen Lesesaal der dalmatinischen Inseln, 1881 war die Bibliothek Mittelpunkt und Treff des berühmten kroatischen Literatenzirkels Matica Hrvatska.

Orientierung

Jelsa zieht sich um eine Bucht, an deren Ende jeweils mehrere große Hotels stehen. Die Altstadt beginnt am Hafen. Eine Promenade führt vom westlichen Ende der Bucht den Hügel auf der östlichen Seite hinauf und dann zu einer sandigen Bucht. Der Busbahnhof befindet sich am Rande der Hauptstraße, die in den Ort führt (Straßennamen braucht hier niemand). Auf dem Weg in den Ort liegt auch das Postamt.

Praktische Informationen

Geld wechseln die Reisebüros. Die Privredna Banka auf dem Marktplatz hat einen Geldautomaten.

HVB Splitska Banka (Trg Tome Gamulina) An der Ostseite des Hafens.

Reisebüro Atlas (☎ 761 038; www.atlas-croatia.com; Riva bb; ☼ Mo–Fr 9–19, Sa 9–12 Uhr) Reisebüro am Hafen. Vermittelt Privatunterkünfte.

Touristeninformation(☎ 761 918; www.jelsa-online. com; Riva bb; ☼ Mo–Sa 7.30–12 & 18.30–20.30, So 9–12 Uhr) Gegenüber vom Reisbüro Atlas ein paar Schritte den Kai entlang. Vermittelt auch Privatunterkünfte.

Sehenswertes & Aktivitäten

Wenn man 30 Minuten vor der Messe in die Kirche **Sveti Fabijana i Sebastijana** (☼ nur während der Messe) geht, kann man noch einen Blick auf den Barockaltar des Holzschnitzers Antonio Porri aus dem 17. Jh. werfen. Die Holzfigur der Jungfrau Maria wurde von Bewohnern des Dorfes Čitluk (bei Sinj) mitgebracht, als diese im 16. Jh vor den Türken fliehen mussten.

Zusätzlich zum **Sandstrand** in der Nähe des Hotels Mina bieten sich die FKK-Strände auf **Zečevo** und **Glavice** an, Wassertaxis (25 Kn)

fahren täglich dorthin. Wer motorisiert ist, kann über den Berg zu den Buchten bei Zavala fahren. Die kurvenreiche Straße sorgt für einen ordentlichen Nervenkitzel, bietet aber wenigstenstens Beifahrern fantastische Ausblicke und führt durch das winzige Dorf Pitve, bevor sie die abgeschiedenen Buchten im Norden der Insel Hvar erreicht.

Das Reisebüro **Island** (☎ 761 404; www.hvar-jelsa. net) an der Straße nach Mina verleiht Roller für 240 Kn pro Tag, Motorräder kosten 300 Kn.

Wer tauchen will, wendet sich am besten an **Dive Center Jelsa** (☎ /Fax 761 822; www.tauchinjelsa. de; Hotel Jadran).

Geführte Touren

Das Reisebüro Atlas (s. linke Spalte) bietet im Prinzip das gleiche Programm wie das Büro in Hvar-Stadt (s. S. 279); die Preise variieren aber teilweise.

Schlafen

Das Reisebüro Atlas vermittelt Privatunterkünfte für 120 Kn pro Person in der Hauptsaison.

Grebišće (☎ 761 191; www.grebisce.hr; Erw. Neben-/ Hochsaison 4,40/4,60 €; ☼ April–Sept.) Der Campingplatz 5 km östlich vom Hotel Mina hat Zugang zu einem Strand. Auf dem Gelände stehen auch ein paar Bungalows für bis zu vier Personen (je nach Saison 75–90 €).

Pension Murvica (☎ /Fax 761 405; www.murvica.net; Zi. pro Pers. Neben-/Hochsaison 25/30 €; ⧈) Die hübsche kleine Pension liegt auf einer Parallelstraße zur Hauptstraße, die in den Ort führt. Die bequemen Apartments sind hübsch eingerichtet. Das schattige Terrassenrestaurant serviert leckere Gerichte.

Hotel Hvar (☎ 761 122; www.dalmacia-holiday.com; DZ Neben-/Hochsaison 65–175 €) Das Hvar gehört zu einer recht großen Anlage mit drei Hotels. Es hat 206 ansprechende Zimmer, davon einige mit Ausblick auf die blaue Adria. Außerdem ist es von dort nicht weit zum Strand.

Dubrovnik & Süddalmatien

Was lässt sich über Dubrovnik noch groß sagen, was nicht schon längst gesagt worden wäre? Byrons „Perle der Adria" wird endlos zitiert, und Bernard Shaws „Paradies auf Erden" ist schon zum geflügelten Wort geworden. Dubrovnik ist jedenfalls eine Stadt, bei der es den meisten Menschen zunächst einmal ob ihrer Schönheit die Sprache verschlägt. Dass das kein Geheimnis ist, zeigt sich vor Ort unübersehbar: Fast schon zu viele kennen inzwischen die herrliche Stadt, und so drängen sich das ganze Jahr über die Touristen in Scharen über die Hauptstraße – staunend, mit großen Augen und sprachlos vor Begeisterung. Dubrovnik ist sicher eines der beliebtesten Touristenziele der Welt.

Die Stadt bietet sich jedoch auch perfekt als Standort für Erkundungen in der Umgebung an, die zwar nicht so berühmt, aber genauso herrlich ist. Es gibt diverse bewaldete Inseln, darunter Korčula (die größte), von der die zwei hervorragenden Weißweine *Pošip* und *Grk* stammen. Mehrere unbewohnte Inseln sind Miniaturparadiese, ganz zu schweigen vom idyllischen Nationalpark auf Mljet. Die gebirgige Halbinsel Pelješac ist berühmt für ihre Rotweine *Postup* und *Dingač*, die schon legendär guten Meeresfrüchte aus Ston sowie die bezaubernden Gärten von Trsteno.

Die sonnenverwöhnte und immer von einer milden Brise gekühlte dalmatinische Küste erstreckt sich von Ploče im Norden bis zur montenegrinischen Grenze im Süden. Von der Insel Korčula einmal abgesehen, entspricht die Provinz im Großen und Ganzen der alten unabhängigen Republik Ragusa (Dubrovnik).

Dass Dubrovnik so attraktiv ist, hat natürlich Auswirkungen auf die gesamte Region, und so sind außerhalb der Stadtmauern unzählige Hotels entstanden – die „Riviera von Dubrovnik", wie das Gebiet nun werbewirksam genannt wird. Im Gegensatz zu anderen Küstenabschnitten gibt es hier keine Touristenhochburgen und auch keine reinen Feriensiedlungen. Massentourismus ist hier noch unbekannt, und so ist und bleibt Dubrovnik für den Einzelreisenden ein überaus lohnendes Ziel.

HIGHLIGHTS

- Die hübscheste und zugleich touristischste Sehenswürdigkeit besuchen: Die historischen Stadtmauern von **Dubrovnik** (S. 287) bieten den schönsten Blick auf die alte Stadt

- Im **Bužas** (S. 303) in Dubrovnik einen Drink genießen und dabei den Blick über die Adria schweifen lassen

- Den Menschenmassen bei einem Sonnenbad in **Lokrum** (S. 305) entfliehen

- Ein paar Tage auf **Mljet** (S. 306) verbringen – es ist das grünste Paradies Kroatiens

- Die Austern in **Ston** (S. 320) probieren

VORWAHL: 020

DUBROVNIK

45 800 Ew.

Egal, ob jemand zum ersten Mal nach Dubrovnik kommt oder dieser herrlichen Stadt zum wiederholten Mal einen Besuch abstattet: Die Schönheit lässt keinen unbeeindruckt. Selbst die Einwohner von Dubrovnik können sich nicht an den mit Marmor gepflasterten Straßen und Barockgebäuden sattsehen. Und auch ein Spaziergang auf den alten Stadtmauern begeistert jedes Mal von neuem. Die alten Stadtmauern schützten fünf Jahrhunderte lang die blühende Republik; heute genießt man von oben einen herrlichen Blick über die friedliche Adria, die sich schimmernd vor einem ausbreitet.

Die Bombenangriffe auf Dubrovnik 1991 schockierten die Welt, doch hat die Stadt inzwischen zu ihrer alten Lebendigkeit zurückgefunden – sie trägt ganz wesentlich zum Reiz der Stadt bei und bezaubert die Gäste wie eh und je.

Für alle, die sich gerne verwöhnen lassen, bietet die Stadt einige Nobelhotels und schöne Strände für ein erfrischendes Bad. Geschichtsinteressierte haben Gelegenheit, dem Aufstieg und Niedergang Dubrovniks als Wirtschaftsmacht in diversen Museen nachzuspüren, die vor Artefakten und Kunstwerken schier überquellen. Musikliebhaber freuen sich über das Symphonieorchester und die Konzertsaison mit vielen hochkarätigen Veranstaltungen. Ob es nun der lockere mediterrane Lebensstil, das Zusammenspiel von Licht und Stein, die frische Brise vom Meer oder die bemerkenswerte Geschichte ist – Dubrovnik hat etwas Magisches. Kein Wunder also, dass die Stadt zu einem der faszinierendsten Urlaubsziele in Europa zählt.

GESCHICHTE

Die Geschichte Dubrovniks beginnt im 7. Jh. mit einem Angriff nicht näher bezeichneter Barbaren, der die römische Stadt Epidaurum (das heutige Cavtat) auslöschte. Die Einwohner flohen an den sichersten Ort, den sich finden ließ: eine felsige Insel, die vom Festland durch einen schmalen Kanal getrennt war. Da weitere Invasionen der Barbaren drohten, mussten dringend Stadtmauern errichtet werden. Im 9. Jh. war die Stadt dann bereits mit einer ausreichend starken Wehranlage versehen und konnte der Belagerung durch die Sarazenen 15 Monate lang trotzen.

Ragusa bekam Hilfe durch das mächtige Byzanz, unter dessen Schutz es vom 7. bis zum 12. Jh. stand. Unterdessen war auf dem Festland eine weitere Siedlung entstanden, die sich von Zaton im Norden bis nach Cavtat im Süden erstreckte: Dubrovnik. Die Stadt wurde nach den *dubrava* (Steineichen) benannt, die in dieser Gegend weit verbreitet waren. Die beiden Siedlungen verschmolzen im 12. Jh. zu einer Stadt. Der Kanal, der die beiden Orte trennte, wurde kurzerhand zugemauert – die Geburtsstunde der heutigen Placa.

Gegen Ende des 12. Jhs. hatte sich Dubrovnik zu einem bedeutenden Industriezentrum an der Küste entwickelt und fungierte als Bindeglied zwischen dem Mittelmeer und den Balkanstaaten. Aus dem Binnenland wurden Vieh, Milchprodukte, Wachs, Honig, Bauholz, Kohle, Silber, Blei und Kupfer sowie Sklaven exportiert, aus der Stadt Dubrovnik stammten Produkte wie Salz, Tuch, Wein, Öl und Fisch.

1205 geriet Dubrovnik unter die Herrschaft der Seerepublik Venedig. Erst 1358 konnte es sich von dieser Vorherrschaft befreien. Auch wenn Dubrovnik die Autorität der kroatisch-ungarischen Könige anerkannte und Tribut leistete, konnte es sich im Wesentlichen doch ungestört der Tätigkeit widmen, auf die es sich am besten verstand: Geld verdienen.

Im 15. Jh. hatte die Republica Ragusina (Republik Ragusa) ihre Grenzen über die Stadtmauern hinweg erweitert: Der gesamte Küstenstreifen von Ston nach Cavtat fiel nun in ihr Territorium, außerdem die Insel Lastovo, die Halbinsel Pelješac und die Insel Mljet. Die Republik war zu einer Macht avanciert, die es nicht zu unterschätzen galt. Die Stadt wandte sich dem Seehandel zu und gründete eine eigene Flotte. Die Schiffe wurden bis nach Ägypten, Syrien, Sizilien, Spanien, Frankreich und später in die Türkei entsandt. Aufgrund gewitzter Diplomatie unterhielt die Stadt zu allen Staaten gute Beziehungen – sogar zum Osmanischen Reich, dem Dubrovnik dann im 16. Jh. Tributzahlungen leistete.

Jahrhunderte herrschte Frieden und Wohlstand, sodass auch Wissenschaft und Literatur blühten. Marin Držić (1508–67) gilt als herausragender Schriftsteller der Renaissance, sein bekanntestes Werk ist die Komödie *Dundo Maroje*. Ivan Gundulić (1589–1638) war ebenfalls ein bekannter Dichter und Dramatiker, das epische Gedicht *Osman* ist sein bekanntestes Werk. Auf dem Gebiet der

SÜDDALMATIEN

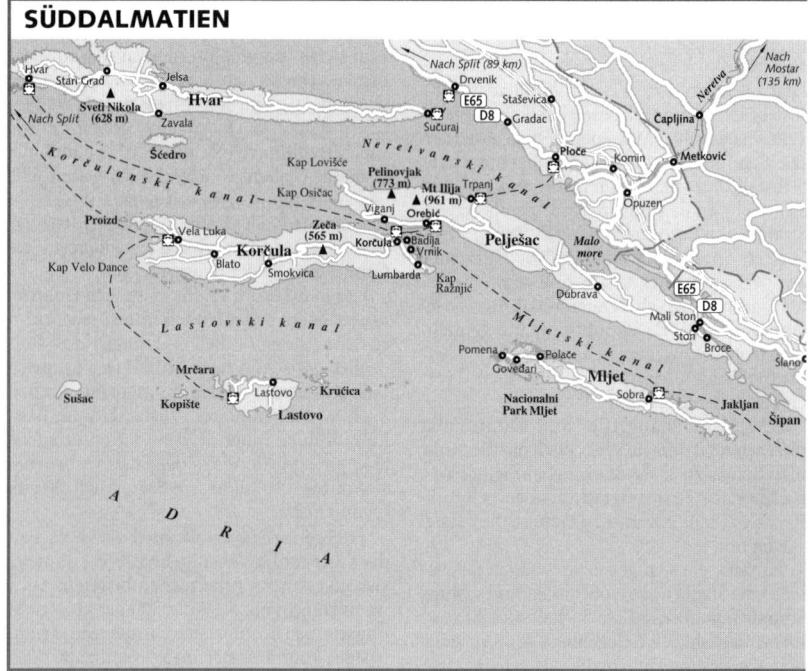

Wissenschaften brachte Dubrovnik Ruđer Bošković (1711–87) hervor, er machte sich in der theoretischen Physik einen Namen, schrieb aber auch enorme Wälzer über Optik, Geografie, Trigonometrie und Astronomie. Komponisten, Dichter und Maler ließen Dubrovnik zu einem bedeutenden Kulturzentrum an der Adria werden.

Leider wurde ein Großteil der Renaissance-Architektur und Kunst 1667 durch ein Erdbeben zerstört, bei dem 5000 Menschen ums Leben kamen. Die Stadt lag in Schutt und Asche, nur der Sponza-Palast und der Rektorenpalast überdauerten die Katastrophe. Die Stadt wurde anschließend einheitlich im Stil des Barock wiederaufgebaut, mit bescheidenen Wohnhäusern und Geschäften im Erdgeschoss. Das besagte Erdbeben markiert auch den beginnenden wirtschaftlichen Niedergang der Stadt, bedingt durch die Öffnung neuer Handelswege gen Osten und dem Aufstieg rivalisierender Seemächte in Westeuropa.

Den letzten Schlag versetzte schließlich Napoleon der Stadt, als er mit seinen Truppen 1808 in Dubrovnik einfiel und das Ende der Republik proklamierte. Der Wiener Kongress sprach Dubrovnik 1815 Österreich zu; die Stadt konnte ihren Status als Seehafen behalten, doch machten sich zunehmend gesellschaftliche Probleme bemerkbar. Bis 1918 blieb Dubrovnik Teil der österreichisch-ungarischen Monarchie. Anschließend widmete es sich immer stärker dem Aufbau seiner Tourismusindustrie.

Schließlich geriet die Stadt in die Kriegswirren des ehemaligen Jugoslawiens. An die 2000 Bomben hagelten 1991 und 1992 auf Dubrovnik nieder, die beträchtliche Schäden verursachten. Sämtliche Gebäude sind jedoch inzwischen restauriert worden.

ORIENTIERUNG

Die Stadt erstreckt sich rund 6 km von der Mündung des Flusses Rijeka im Westen bis zum Kap Sveti Jakov im Osten und umfasst auch die Halbinsel Lapad. In der grünen Vorstadt mit felsigen Stränden finden sich die meisten Hotels und die Jugendherberge. Die von Mauern umgebene Altstadt liegt südöstlich von Lapad am Fuß des Berges Srđ, und zwar auf halbem Weg zwischen dem Hafen Gruž und dem Kap Sveti Jakov. Die gesamte

Altstadt ist autofrei und wird durch die weitläufige Placa (oder: Stradun) geteilt.

Das Pile-Tor bietet den westlichen Zugang zur Altstadt; dort ist auch die Endhaltestelle der Busse aus Lapad und Gruž. Das Osttor ist das Ploče-Tor. Von dort führt die Frana Supila zum städtischen Strand und zu diversen Luxushotels. Der Jadrolinija-Fährterminal und der Busbahnhof liegen nur ein paar hundert Meter voneinander entfernt im Hafen Gruž, rund 2 km nordwestlich der Altstadt. Wer vom Busbahnhof in die Altstadt will, nimmt die Buslinien 1a, 1b, 3 oder 8. Nach Lapad fährt die Buslinie 7.

Zur Stadt gehören noch die Elafitischen Inseln Šipan, Lopud, Koločep, Olipe, Tajan und Jakljan.

PRAKTISCHE INFORMATIONEN
Buchläden
Algebra (Karte S. 292; ☎ 323 217; Placa 9; ☺ Mo–Sa 9.30–20 Uhr) Verkauft Bücher und Andenken, außerdem Führer über die Stadt und die Region.
Algoritam (Karte S. 292; ☎ 322 044; www.algoritam. hr; Placa 8; ☺ Mo–Fr 9–20.30, Sa 9–15 Uhr) Hat eine gute Auswahl an fremdsprachigen Büchern.

Geld
Geld tauscht jede Post und jedes Reisebüro um. In der Stadt gibt es diverse Geldautomaten, weitere stehen am Fährhafen sowie am Busbahnhof.

Gepäckaufbewahrung
Garderoba (Tag 15 Kn; ☺ 5.30–21 Uhr) Direkt im Busbahnhof.

Internetzugang
Dubrovnik Internet Centar (Karte S. 290; ☎ 311 017; Dubrovačkih Branitelja 7; Std. 20 Kn; ☺ 9–21 Uhr)
Netcafé (Karte S. 292; ☎ 321 125; www.netcafe.hr; Prijeko 21; Std. 30 Kn; ☺ 9–23 Uhr) Das supernette Café bietet flotte Internetverbindungen und auch sonst einen guten Service: Brennen von CDs und DVDs, WLAN, Ausdruck und Überspielen von Fotos etc.

Medizinische Versorgung
Krankenhaus (Karte S. 290; ☎ 431 777; Dr Roka Mišetića)

Post
Post (Filiale) (Karte S. 290; Dubrovačkih Branitelja 2; ☺ Mo–Sa 9–18 Uhr)
Postamt Lapad & Telefonzentrum (Karte S. 290; Šetalište Kralja Zvonimira 21; ☺ Mo–Sa 9–18 Uhr) Die pošta auf der Halbinsel Lapad.
Hauptpost (Karte S. 292; Ecke Široka & Od Puča; ☺ Mo–Sa 9–18 Uhr) In der Altstadt.

Reisebüros
OK Travel & Trade (Karte S. 290; ☎ 418 950; okt-t@ du.t-com.hr; Obala Stjepana Radića 32; ☺ Mo–Sa 9–18, So 9–13 Uhr) In der Nähe des Jadrolinija-Fährterminals.
Reisebüro Atlas (www.atlas-croatia.com; ☺ Mo–Sa 9–18, So 9–13 Uhr) Hafen Gruž (Karte S. 290; ☎ 418 001; Obala Papa Ivana Pavla II 1); Pile-Tor (Karte S. 290; ☎ 442 574; Sv Đurđa 1) Das Reisebüro liegt günstig und ist sehr tüchtig in Bezug auf allgemeine Informationen, Ausflüge sowie das Finden eines Privatzimmers.

Touristeninformation
Touristeninformation (www.tzdubrovnik.hr; ☺ Juni–Sept. 8–20 Uhr, Okt.–Mai Mo–Fr 8–15, Sa 9 bis 14 Uhr) Busbahnhof (Karte S. 290; ☎ 417 581; Obala Pape Ivana Pavla II 44a); Hafen Gruž (Karte S. 290; ☎ 417 983; Obala Stjepana Radića 27); Lapad (Karte S. 290; ☎ 437 460; Šetalište Kralja Zvonimira 25); Altstadt (Karte S. 292; ☎ 323 587; Široka 1); Altstadt 2 (Karte S. 292; ☎ 323 887; Ulica Svetog Dominika 7); Pile-Tor (Karte S. 292; ☎ 427 591; Dubrovačkih Branitelja 7) Stadtpläne, Landkarten, Informationen und der unverzichtbare Führer *Dubrovnik Riviera* sind hier erhältlich.

DUBROVNIK

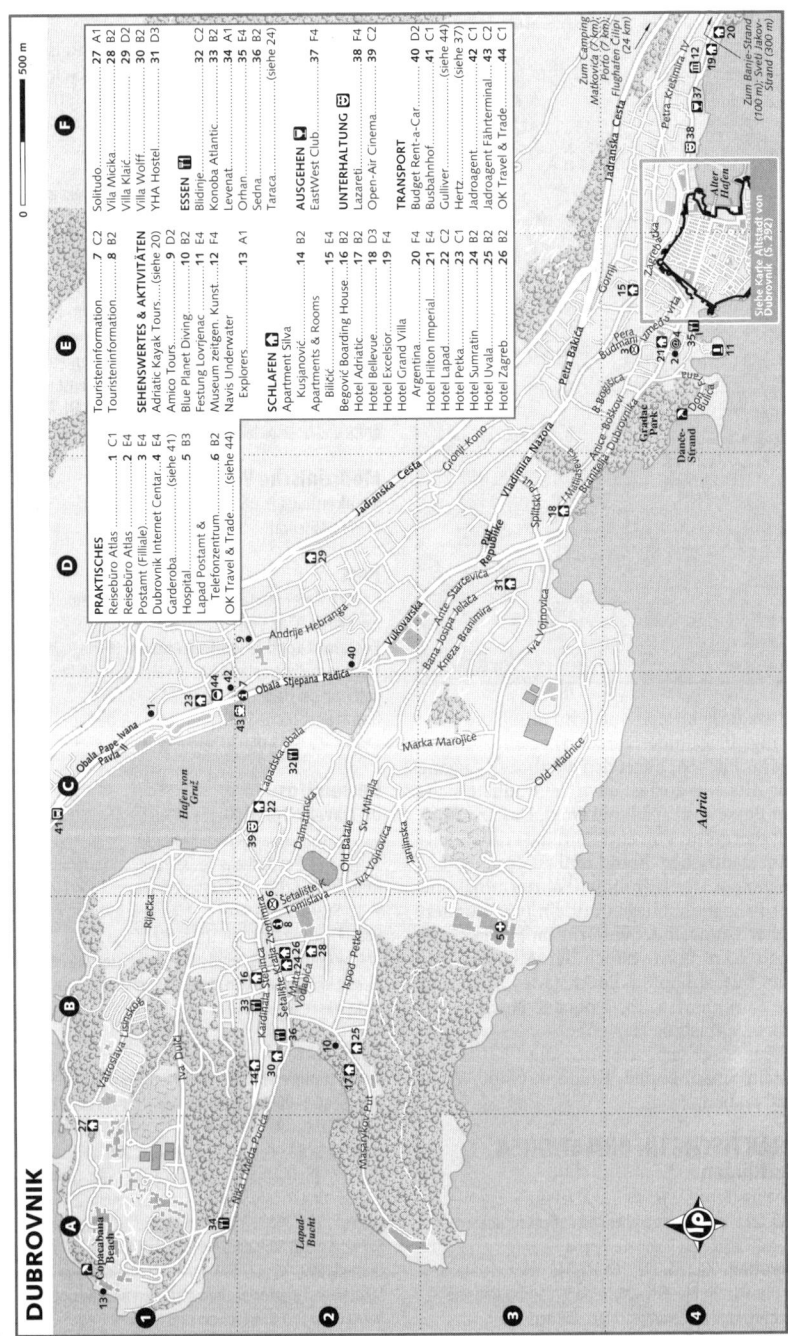

PRAKTISCHES	
Reisebüro Atlas	1 C1
Reisebüro Atlas	2 E4
Postamt (Filiale)	3 E4
Dubrovnik Internet Centar	4 E4
Garderoba	(siehe 41)
Hospital	5 B3
Lapad Postamt & Telefonzentrum	6 B2
OK Travel & Trade	(siehe 44)

SEHENSWERTES & AKTIVITÄTEN	
Touristeninformation	7 C2
Touristeninformation	8 B2
Adriatic Kayak Tours	(siehe 20)
Amico Tours	9 D2
Blue Planet Diving	10 D2
Festung Lovrjenac	11 E4
Museum zeigen: Kunst	12 F4
Navis Underwater Explorers	13 A1

SCHLAFEN	
Apartment Silva Kusjanovic	14 B2
Apartments & Rooms Biličić	15 E4
Begovic Boarding House	16 B2
Hotel Adriatic	17 B2
Hotel Bellevue	18 D3
Hotel Excelsior	19 F4
Hotel Grand Villa Argentina	20 F4
Hotel Hilton Imperial	21 C1
Hotel Lapad	22 C2
Hotel Petka	23 C1
Hotel Sumratin	24 B2
Hotel Uvala	25 B2
Hotel Zagreb	26 B2

Solitudo	27 A1
Vila Micika	28 B2
Villa Klaić	29 D2
Villa Wolff	30 B2
YHA Hostel	31 D3

ESSEN	
Blidinje	32 C2
Konoba Atlantic	33 B2
Levenat	34 A1
Orhan	35 E4
Sedra	36 B2
Taraca	(siehe 24)

AUSGEHEN	
EastWest Club	37 F4

UNTERHALTUNG	
Lazareti	38 F4
Open-Air Cinema	39 C2

TRANSPORT	
Budget Rent-a-Car	40 D2
Busbahnhof	41 C1
Gulliver	(siehe 37)
Hertz	42 C1
Jadroagent	(siehe 37)
Jadroagent Fährterminal	43 C2
OK Travel & Trade	44 C1

Siehe Karte Altstadt von Dubrovnik (S. 292)

Zum Camping Matkovica (7 km); Porto; Flughafen Čilipi (24 km)

Zum Banje-Strand (100 m); Sveti Jakov-Strand (300 m)

DUBROVNIK & SÜDDALMATIEN

DUBROVNIK: ZERSTÖRUNG & WIEDERAUFBAU

Viele werden sich noch an die Berichterstattung im Fernsehen erinnern, als auf Dubrovnik ein unglaublicher Bombenhagel niederging. Auch wenn inzwischen einige Zeit ins Land gegangen ist, bleibt vielen Einheimischen das Jahr, als in Dubrovnik Krieg herrschte, unvergessen. Diverse Gedenkplaketten in der Altstadt erinnern an die schweren Zeiten.

Die Bomben vernichteten 68 % der 824 historischen Gebäude in der Altstadt, zwei von drei Häusern hatten ein Loch im Ziegeldach. Die Fassaden der Gebäude sowie die gepflasterten Straßen und Plätze bekamen 314 direkte Treffer ab, die herrliche Stadtmauer 111. Neun historische Palais wurden komplett ein Raub der Flammen; der Sponza-Palast, der Rektorenpalast, die St. Blasiuskirche, das Franziskanerkloster sowie der Ameling- und Onofrio-Brunnen erlitten schwere Schäden. Insgesamt belief sich der Schaden auf schätzungsweise 10 Mio. US$. Rasch wurde der Beschluss gefasst, die Reparaturarbeiten und den Wiederaufbau mit traditionellen Techniken durchzuführen und dabei nach Möglichkeit ausschließlich traditionelle Materialien zu verwenden.

Seitdem erstrahlt Dubrovnik wieder in seiner alten Pracht – oder zumindest fast. Die imposanten Stadtmauern sind wieder intakt, die mit Marmor gepflasterten Straßen schimmern im alten Glanz, und berühmte Monumente wie der Onofrio-Brunnen aus dem 15. Jh. und der Uhrturm wurden liebevoll restauriert. Die Schäden am Sponza-Palast, am Rektorenpalast, an der St. Blasiuskirche, an der Kathedrale sowie an verschiedenen Bürgerhäusern aus dem 17. Jh. wurden mit Hilfe eines internationalen Teams besonders ausgebildeter Steinmetze repariert.

SEHENSWERTES

Die Altstadt

Die Altstadt von Dubrovnik ist nicht übermäßig groß und hat einen für die Orientierung praktischen gitterförmigen Straßengrundriss. Es bietet sich somit an, das Zentrum zu Fuß zu besichtigen.

Die einzelnen Sehenswürdigkeiten wurden in diesem Buch so angeordnet, dass jeder in seinem eigenen Tempo die Stadt nach Lust und Laune erkunden kann.

PILE-TOR

Der nahe liegende Ausgangspunkt für eine Stadtbesichtigung als Fußgänger ist das wunderschöne Stadttor (Karte S. 292), das 1537 errichtet wurde. Wer am Eingang die Zugbrücke überquert, sollte sich vor Augen halten, dass diese Brücke früher jeden Abend hochgezogen, das Tor abgesperrt und der Schlüssel dem Prinzen übergeben wurde. Die Stadtmauern von Dubrovnik sind fast 2 km lang. Die Statue des hl. Blasius, des Schutzpatrons der Stadt, steht in einer Nische über dem Renaissancebogen des Pile-Tors.

Nach dem äußeren Tor folgt das innere Tor von 1460, gleich darauf bietet sich ein herrlicher Blick auf die enge Hauptstraße, die **Placa** oder **Stradun** – sie ist die Flaniermeile der Stadt. Die Placa erstreckt sich bis zum Ende der Altstadt und verbreitert sich am östlichen Ende zum **Luža-Platz**, auf dem früher der Markt abgehalten wurde.

ONOFRIO-BRUNNEN

Eines der bekanntesten Wahrzeichen von Dubrovnik ist der **Onofrio-Brunnen** (Karte S. 292). Er wurde 1438 als Teil der städtischen Wasserversorgung errichtet; das Wasser wurde damals von einem Brunnen 12 km in die Stadt geleitet. Ursprünglich war der Brunnen mit einer Skulptur geschmückt, doch das Erdbeben von 1667 verursachte so schlimme Schäden, dass nur 16 Masken erhalten geblieben sind, aus denen jetzt das Wasser ins Becken sprudelt.

ERLÖSERKIRCHE

Die **Kirche** (Crkva Svetog Spasa; Karte S. 292; Placa) wurde von 1520 bis 1528 erbaut und ist eines der wenigen Gebäude, die das Erdbeben von 1667 überstanden. In dem Gotteshaus aus der Renaissancezeit finden gelegentlich Ausstellungen und Konzerte statt.

FRANZISKANERKLOSTER & MUSEUM

Über der Tür von **Franziskanerkloster & Museum** (Muzej Franjevačkog Samostana; Karte S. 292; ☎ 321 410; Placa 2; Erw./erm. 20/10 Kn; 🕑 9–18 Uhr) beeindruckt eine Pietà von Petar und Leonard Andrijić von 1498. Leider blieb von der reich verzierten Kirche nach dem Erdbeben nur das Portal erhalten. In der Klosteranlage lohnt der **Kreuzgang** (Mitte 14. Jh.) einen Blick – er zählt zu den schönsten Baudenkmälern Dalmatiens aus der Zeit der Spätromanik. Jedes Kapitell über den Doppelsäulen beeindruckt durch

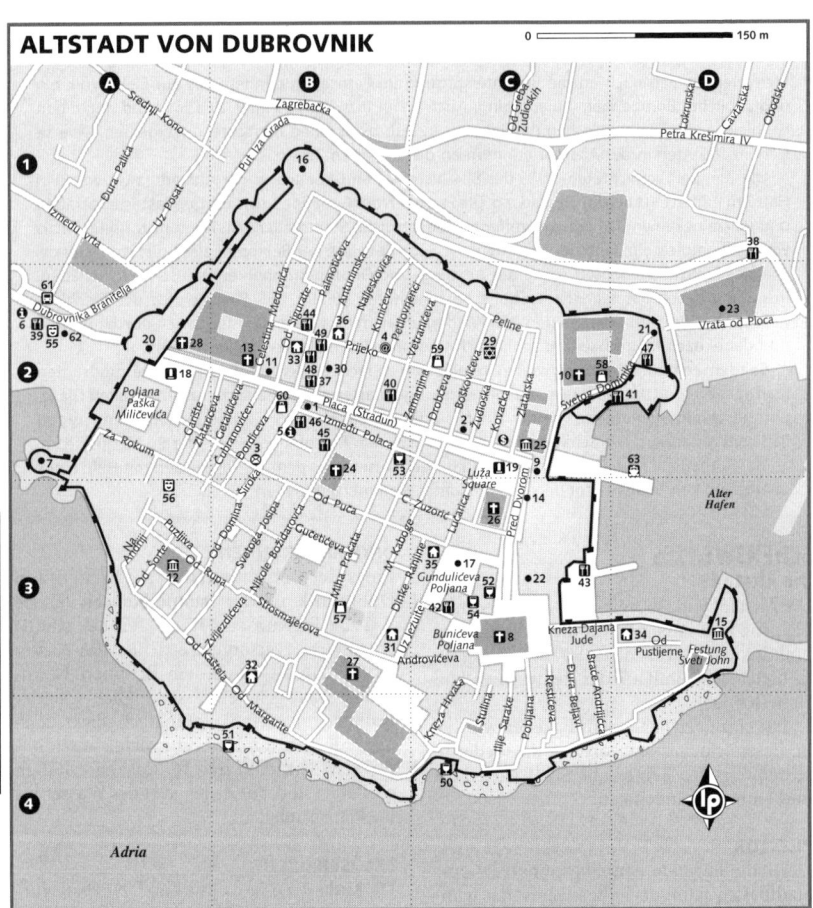

ALTSTADT VON DUBROVNIK

eine andere Darstellung – zu sehen sind Köpfe, Tiere und Blumenornamente.

Im Inneren kann die drittälteste Apotheke Europas besichtigt werden: sie ist seit 1391 in Betrieb und war wohl die erste, die öffentlich Kunden bediente. Einen Blick lohnt auch noch das Klostermuseum mit einer Sammlung von Reliquien, liturgischen Objekten, Gemälden, Goldarbeiten, pharmazeutischen Geräten und Büchern aus dem Bereich der Medizin.

WAR PHOTO LIMITED
Zu den besseren Fotogalerien, die man im Lauf seines Lebens so zu sehen bekommt, zählt sicher **War Photo Limited** (Karte S. 292; ☎ 326 166; www.warphotoltd.com; Antuninska 6; Eintritt 30 Kn; ☺ Mai–Sept. 9–21 Uhr, Okt. & April Di–Sa 10–16, So

10–14 Uhr). Präsentiert werden Wechselausstellungen, die der Galeriebesitzer und ehemalige Fotojournalist Wade Goddard zusammenstellt. Die Galerie zeigt vom Frühjahr bis zum Herbst bis zu drei Ausstellungen, die sich aus unterschiedlichen Perspektiven mit dem Thema Krieg beschäftigen. 2008 waren die ebenso beeindruckenden wie verstörenden Bilder von Ron Haviv zu sehen: die Ausstellung „Blut & Honig" zeigte Bilder vom Krieg in Jugoslawien. Eine weitere Ausstellung mit Arbeiten von Bruce Connew war Myanmar („Unterwegs zu einem Hinterhalt" und „Kindersoldat") gewidmet. Dazu kommen viele weitere Fotoarbeiten international renommierter und prämierter Fotografen. Sehr empfehlenswert!

DUBROVNIK & SÜDDALMATIEN

SERBISCH-ORTHODOXE KIRCHE & MUSEUM

Die **Serbisch-Orthodoxe Kirche & Museum** (Muzej Pravoslavne Crkve; Karte S. 292; ☎ 323 283; Od Puča 8; Erw./erm. 10/5 Kn; ⏱ Mo–Sa 9–14 Uhr) wurde 1877 errichtet und zeigt eine faszinierende Ikonensammlung aus dem 15. bis 19. Jh. Neben Porträts der heiligen Familie aus Kreta, Italien, Russland und Slowenien sind auch mehrere Porträts des illustren kroatischen Malers Vlaho Bukovac zu sehen.

ETHNOGRAFISCHES MUSEUM

Das im Rupe-Getreidespeicher aus dem 16. Jh. untergebrachte **Ethnografische Museum** (Etnografski Muzej; Karte S. 292; ☎ 323 013; Od Rupa; Erw./Stud. 35/15 Kn; ⏱ So–Fr 9–14 Uhr) zeigt Exponate zu den Themen Landwirtschaft und lokales Brauchtum.

SYNAGOGE

Die älteste sephardische und Europas zweitälteste **Synagoge** (Sinagoga; Karte S. 292; ☎ 321 028; Žudioska 5; Eintritt 10 Kn; ⏱ Juni–Sept. 10–20 Uhr, Okt.–Mai Mo–Fr 9–15 Uhr) stammt aus dem 15. Jh. Heute hat hier ein Museum seine Räumlichkeiten. Zu sehen sind Kultgegenstände und eine Dokumentation über die jüdische Bevölkerung sowie Relikte aus dem Zweiten Weltkrieg.

ORLANDO-SÄULE

Die Orlando-Säule (Rolandsäule; Karte S. 292) ist ein beliebter Treffpunkt der Stadt. Früher wurden hier Edikte und Schuldsprüche erlassen und Feste gefeiert. Der Unterarm des mittelalterlichen Ritters von 1417 diente einst als offizielle Maßeinheit der Republik – die Elle von Dubrovnik ist 51,1 cm lang.

UHRTURM

Der Uhrturm (Karte S. 292) prägt das Bild des Luža-Platzes und setzt am Ende der Placa einen eleganten Akzent. Der Turm wurde 1444 errichtet und mehrmals restauriert, zuletzt 1929. Bekannt ist er für seine beiden Bronzefiguren im Glockenturm, die die Stunde schlagen.

SPONZA-PALAST

Der **Sponza-Palast** (Karte S. 292) aus dem 16. Jh. war als Zollamt gebaut worden und diente dann als Münze, Schatzhaus und Bank. Heute sind dort die **Staatsarchive** (Državni Arhiv u Dubrovniku; ☎ 321 032; Eintritt 15 Kn; ⏱ Mo–Fr 8–15, Sa 8–13 Uhr) untergebracht. Die Sammlung von fast 1000 Jahre alten Manuskripten hat einen unbezahlbaren Wert. Das edle Bauwerk präsentiert sich in einer Mischung aus Stilelementen der Gotik und Renaissance. Der Renaissance-

Portikus ruht auf sechs Säulen, im ersten Stock beeindrucken spätgotische Fenster. Die Fenster des zweiten Stockwerks sind dann im Stil der Renaissance gehalten. Eine Nische zeigt die Statue des hl. Vlaho. Innen liegt der **Gedenkraum der Verteidiger Dubrovniks** (☻ Mo–Fr 10–22, Sa 8–13 Uhr) – eine ergreifende Sammlung von Porträts junger Leute, die zwischen 1991 und 1995 bei der Verteidigung ihrer Stadt ums Leben kamen.

KLEINER ONOFRIO-BRUNNEN

Der **Brunnen** (Karte S. 292) am Luža-Platz gehört zum gleichen Wasserprojekt wie sein größeres Pendant im Westen. Er wurde errichtet, um den auf dem Platz stattfindenden Markt mit Wasser zu versorgen.

ST. BLASIUSKIRCHE

Die imposante **Kirche** (Crkva Svetog Vlahe; Karte S. 292; Luža-Platz; ☻ Mo–Sa morgens & am Spätnachmittag während der Messe) zählt zu den bekanntesten Gebäuden Dubrovniks. Die Kirche entstand 1715 als Ersatz für ein Gotteshaus, das dem Erdbeben zum Opfer gefallen war und wurde in Anlehnung an die Mauritiuskirche in Venedig im barocken Stil erbaut. Die reich geschmückte Fassade steht in starkem Kontrast zu den nüchternen Wohngebäuden der Umgebung. Im Kirchenraum sind vor allem die Marmoraltäre und eine Statue des Stadtpatrons (hl. Blasius) mit Silberauflage erwähnenswert: Er hält ein maßstabsgetreues Modell der Stadt Dubrovnik aus der Zeit vor dem großen Erdbeben in der Hand.

REKTORENPALAST

Der **Rektorenpalast** (Karte S. 292; ☎ 321 437; Pred Dvorom 3; Erw./Stud. 35/15 Kn, Audioguide 30 Kn; ☻ 9 bis 18 Uhr) mit Elementen aus Gotik und Renaissance stammt aus dem späten 15. Jh. und weist schöne Ornamente auf. Der Palast wurde mehrmals umgebaut, beeindruckt aber trotzdem durch seine einheitliche Bauweise. Sehenswert sind die schön gemeißelten Kapitelle und das Treppenhaus im Atrium, in dem im Sommer oft Konzerte (S. 296) stattfinden. Hier befindet sich auch eine Statue von Miho Pracat, der sein Vermögen der Republik vermachte und als einziger normalsterblicher Bürgerlicher in der tausendjährigen Republik mit einer Statue (1638) geehrt wurde. Seine Hinterlassenschaft muss also ganz erheblich gewesen sein. Der Palast wurde für den Rektor gebaut, der Dubrovnik regierte; er enthält sein Amtszimmer, seine Privatgemächer, öffentliche Säle und Amtsstuben. Zu den Eigenheiten des politischen Systems der Republik Ragusa gehörte, dass der jeweils gewählte Rektor das Gebäude während seiner einmonatigen Amtszeit ohne Genehmigung des Senats nicht mehr verlassen durfte. Heute wird das Gebäude als **Museum** genutzt und beeindruckt mit seinen kunstvoll restaurierten Räumen, Porträts, Wappen und Münzen aus der glanzvollen Stadtgeschichte.

KATHEDRALE MARIÄ HIMMELFAHRT

Die Kirche entstand an der Stelle, an der zuvor eine Basilika aus dem 7. Jh. aufragte, und wurde im 12. Jh. erweitert. Die **Kathedrale Mariä Himmelfahrt** (Stolna Crkva Velike Gospe; Karte S. 292; Poljana M Držića; ☻ morgens & am Spätnachmittag Messe) soll angeblich vom englischen König Richard Löwenherz gestiftet worden sein, der bei der Insel Lokrum Schiffbruch erlitt, jedoch gerettet wurde. Nachdem die frühere Kathedrale durch das Erdbeben 1667 zerstört worden war, nahmen die Arbeiten an der neuen Kathedrale ihren Anfang. Sie wurde schließlich 1713 in reinem Barockstil vollendet. Die Kathedrale ist für ihre schönen Altäre bekannt, und zwar vor allem für den Nepomuk-Altar aus violettem Marmor. Im **Schatzhaus** (Riznica; ☎ 411 715; Erw./Kind 10/5 Kn; ☻ Mo–Sa 8–17.30, So 11–17.30 Uhr) befinden sich die Relikte des hl. Blasius sowie 138 Reliquienschreine aus Gold und Silber, die Goldschmiede aus Dubrovnik vom 11. bis 17. Jh. in ihren Werkstätten fertigten. Von den religiösen Gemälden ist die Himmelfahrt Mariens, ein mehrfarbiges Tryptichon aus der Werkstatt von Tizian, besonders erwähnenswert.

ST. IGNATIUS & UMGEBUNG

Die Kirche **St. Ignatius** (Crkva Svetog Ignacija; Karte S. 292; Uz Jezuite; ☻ Messe am späteren Abend) wurde im gleichen Stil wie die Kathedrale erbaut und 1725 vollendet. Die Fresken zeigen Szenen aus dem Leben des hl. Ignatius, dem Begründer des Jesuitenordens. An die Kirche grenzt das **Jesuitenkolleg**. Es steht am Ende einer breiten Treppe, die zum Gunduličeva Poljana, einem lebhaften **Markt** (Karte S. 292; ☻ 6 bis 13 Uhr) führt; er wird jeden Morgen abgehalten. Das Denkmal in der Mitte des Marktplatzes stellt einen berühmten Dichter von Dubrovnik: Ivan Gundulić dar. Die Reliefs am Sockel zeigen einige Szenen aus seinem epischen Gedicht *Osman*.

DOMINIKANERKLOSTER & MUSEUM

Wer nun zum Sponza-Palast zurückkehrt und über die Ulica Svetog Dominika zum Ploče-Tor spaziert, stößt dort auf das **Dominikanerkloster & Museum** (Muzej Dominikanskog Samostana; Karte S. 292; ☎ 322 200; bei der Ulica Svetog Dominika 4; Erw./Kind 20/10 Kn; ☿ 9–17 Uhr). Die Anlage ist ein architektonisches Kleinod im Übergangsstil von der Gotik zur Renaissance und birgt eine Fülle herrlicher Gemälde. Das Kloster entstand zeitgleich wie die Stadtmauer, also im 14. Jh. Kein Wunder, dass das Bauwerk eher einer Festung gleicht als einem Gotteshaus! Im Innern befindet sich ein schöner Kreuzgang (15. Jh.), den einheimische Künstler nach dem Entwurf des florentinischen Architekten Massa di Bartolomeo gestalteten. In der großen, einschiffigen Kirche beeindruckt das Altargemälde von Vlaho Bukovac. Im Ostflügel ist die imposante Kunstsammlung des Klosters zu Hause, sie umfasst unter anderem Gemälde der bedeutendsten Künstler Dubrovniks aus dem 15. und 16. Jh. Sehenswert sind besonders die Werke von Nikola Božidarević, Dobrić Dobričević und Mihajlo Hamzić.

Stadtmauer & Festungen

Ein Besuch von Dubrovnik wäre ohne einen gemütlichen Spaziergang auf der mächtigen **Stadtmauer** (Gradske Zidine; Karte S. 292; Erw./Kind 50/20 Kn; ☿ April–Okt. 9–9.30 Uhr, Nov.–März 10–15.30 Uhr) unvollständig. Sie zählt zu den schönsten auf der Welt – ihr verdankt Dubrovnik schließlich auch einen Großteil seines Ruhms. Die Stadtmauer wurde vom 13. bis zum 16. Jh. errichtet und blieb bis heute vollständig erhalten.

Der erste Mauergürtel rund um die Stadt entstand im 13. Jh. In der Mitte des 14. Jhs. wurden die 1,5 m dicken Mauern dann mit 15 viereckigen Forts befestigt. Als im 15. Jh. die Gefahr eines Türkenangriffs drohte, wurden die bestehenden Forts weiter verstärkt sowie neue ergänzt. Die gesamte Altstadt ist heute von einer 2 km langen und bis zu 25 m hohen Wehrmauer umgeben. Auf der Landseite sind die Mauern dicker (bis zu 6 m), an der Seite zum Meer hin sind es 1,5–3 m. Der **Minčeta-Rundturm** (Karte S. 292) schützt den nördlichen Stadtrand vor einer Invasion vom Festland her, während im Westen die **Festung Lovrjenac** (Karte S. 290) Angreifer vom Land und vom Meer abwehrt. Das Pile-Tor wird durch den **Bokar-Turm** (Karte S. 292) gesichert, und die **Festung Revelin** (Karte S. 292) wacht über den östlichen Zugang zur Stadt.

Der Blick über Dubrovnik und das Meer ist grandios – ein Spaziergang auf den Stadtmauern ist sicher der Höhepunkt einer jeden Stadtbesichtigung. Der Zugang liegt direkt links neben dem Pile-Tor, wenn man in die Stadt hereinkommt. Während der Sommerfestspiele werden auf der Terrasse der Festung Lovrjenac Theaterstücke aufgeführt – unter anderem Stücke von Shakespeare.

Das **Schifffahrtsmuseum** (Karte S. 292; ☎ 323 904; Erw./Kind 35/15 Kn; ☿ 9–18 Uhr) im Fort St. Johann spürt der Geschichte der Seefahrt in Dubrovnik anhand von Schiffsmodellen, Gerätschaften und Gemälden nach.

Im Osten der Altstadt
MUSEUM FÜR MODERNE KUNST

Das **Museum für Moderne Kunst** (Karte S. 290; ☎ 426 590; Frana Supila 23; Eintritt frei; ☿ Di–So 10–19 Uhr) ist für Leute interessant, die ein Faible für zeitgenössische Kunst aus Kroatien haben, vor allem für Arbeiten des Malers Vlaho Bukovac.

AKTIVITÄTEN
Schwimmen

Bei den vielen Mauern und Häfen ist es gar nicht so einfach, in Dubrovnik eine Stelle zu finden, wo man richtig schön schwimmen kann. Es gibt zwar mehrere Stadtstrände, aber die meisten Leute sind verwöhnt und fahren dann doch lieber mit dem Boot zu den Elafitischen Inseln (S. 305).

Der **Banje-Strand** (Karte S. 290) ist der Hauptstrand der Stadt. Er erstreckt sich hinter den Lazareti (Quarantänelager; S. 303) aus dem 17. Jh. am Ploče-Tor. Viele mieten sich einen Liegestuhl und einen Sonnenschirm beim EastWest Club gleich in der Nähe, aber man kann auch sein Handtuch am Strand ausbreiten. Ein weiterer Strand ist **Sveti Jakov** (Karte S. 290); er lässt sich in 20 Minuten zu Fuß von Vlaho Bukovac erreichen, die Alternative sind die Buslinien 5 oder 8 von Frana Supila am nördlichen Rand der Altstadt. Der Strand mit Duschen, Bar und Restaurant ist angenehm: Hier geht es ruhiger zu und es wird nicht so drängend voll.

Hinter dem Pile-Tor bieten sich der Kiesstrand **Šulići** (Karte S. 290) und der felsige **Danče-Strand** (Karte S. 290) an. Außerdem gibt es noch zwei winzige **Buchten** – eine direkt neben dem Restaurant Orhan (S. 301), die andere zwei Minuten vom Restaurant entfernt weiter unten an den schmalen Straßen am Strand.

Eine weitere gute Stelle zum Schwimmen befindet sich unterhalb der beiden Buža-Bars (S. 303), allerdings außerhalb der Stadtmauern. Über ein paar Treppen kommt man gut ins Wasser und auch wieder heraus. Zwischen den Felsen wurden ein paar Liegeflächen zementiert, sodass auch Sonnenanbeter auf ihre Kosten kommen. Das Ambiente ist recht malerisch. Schatten gibt es allerdings keinen, man sollte sich also eine Sonnencreme mit hohem Lichtschutzfaktor einstecken.

An der **Lapad-Bucht** (Karte S. 290) finden sich jede Menge Hotels mit Stränden, die problemlos besucht werden können. Der größte öffentliche Strand gehört zum Hotel Kompas. Ein kleines Stück weiter kommt der **Copacabana-Strand** (Karte S. 290) auf der Halbinsel Babin Kuk mit seichtem Wasser und Rutschen für die Kids. FKK-Fans ziehen weiter nach **Cava** (Karte S. 290), das beim Copacabana-Strand ausgeschildert ist.

Tauchen & Boot fahren

Das Meer rund um Dubrovnik bietet hervorragende Bedingungen zum Tauchen.

Navis Underwater Explorers (Karte S. 290; ☎ 099 350 2773; www.navisdubrovnik.com; Copacabana-Strand) hat die ganze Palette im Angebot – verschiedene Tauchgänge, Kurse und auch Geräteservice. Das wichtigste Tauchrevier befindet sich am Schiffswrack *Taranto*. **Blue Planet Diving** (Karte S. 290; ☎ 091 899 973; www.blueplanetdiving.com; Masarykov Put 20) hat sein Büro im Hotel Dubrovnik Palace und bietet das Gleiche.

Erfahrene Kajakfahrer, aber auch Anfänger, die einfach einmal etwas Neues ausprobieren wollen, sind bei **Adriatic Kayak Tours** (Karte S. 290; ☎ 091 722 0413; www.adriatickayaktours.com; Zrinsko Frankopanska 6) richtig. Der Veranstalter bietet für jeden die passende Tour: Zum Programm gehören u. a. mehrtägige Ausflüge zur Insel Lokrum und zu den Elafitischen Inseln. Es besteht aber auch die Möglichkeit, zum Raften zu gehen oder die Kotor-Bucht in Montenegro mit dem Kajak zu erkunden. Das Hauptbüro befindet sich beim Hafen Gruž, im Sommermonaten gibt es noch ein weiteres Büro am Banje-Strand, das ebenfalls Buchungen entgegen nimmt.

GEFÜHRTE TOUREN

Dubrovnik Walks (☎ 095 806 4526; www.dubrovnikwalks. com) bietet täglich eineinhalbstündige Spaziergänge mit einem Führer durch die Altstadt an, und zwar um 10 Uhr und um 17 Uhr

(90 Kn, auch auf Deutsch; anfragen). Außerdem kann man täglich um 9.30 Uhr und 15.30 Uhr eineinhalb Stunden mit einem Führer über die Stadtmauer spazieren und sich dabei die Forts anschauen (140 Kn; ebenfalls in mehreren Sprachen). Der Treffpunkt liegt vor dem Latino Club Fuego (S. 303), eine Anmeldung ist nicht notwendig. Das Kombiticket für beide Touren kostet 200 Kn.

Amico Tours (Karte S. 290; ☎ 418 248; www.amico-tours.com; Od Skara 1) bietet Tagesausflüge nach Mostar und Međugorje (390 Kn), Montenegro (390 Kn), Albanien (990 Kn), Korčula und Pelješac (390 Kn) sowie zu den Elafitischen Inseln (250 Kn). Wer sich gern sportlich betätigt, kann an diversen ganztägigen Kajak- oder Rafting-Ausflügen teilnehmen oder auch eine Jeepsafari machen (jeweils 590 Kn).

FESTIVALS & EVENTS

Die **Sommerfestspiele Dubrovnik** (Karte S. 292; ☎ 326 100; www.dubrovnik-festival.hr; Od Sigurate 1) zählen zu den hochkarätigsten Veranstaltungen des Landes; sie werden seit 1950 veranstaltet. Im Juli und August finden fünf Wochen lang Theater-, Konzert- und Tanzveranstaltungen auf diversen Freilichtbühnen in der ganzen Stadt statt. Die Eröffnungsfeier mit Feuerwerk und dem Konzert einer Band steigt am Luža-Platz. Neben den besten Künstlern des Landes und regionalen Folkloregruppen lassen sich auch einige internationale Größen sehen. Es werden Theaterstücke von Marin Držić, Shakespeare, Molière und griechische Tragödien gezeigt. Die Eintrittskarten kosten 50 bis 300 Kn und sind im Festspielbüro an der Placa oder eine Stunde vor der Vorstellungsbeginn am Ort erhältlich (auch Online-Reservierungen sind möglich).

Das **Libertas Film Festival** (www.libertasfilmfestival. com) findet vom 29. Juni bis 4. Juli statt. Die Filme werden unter freiem Himmel in der Altstadt gezeigt. Das Programm ist auf der Website nachzulesen.

Das **St.-Blasius-Fest** (3. Feb.) wird mit historischen Aufführungen und Prozessionen in der ganzen Stadt begangen. Der **Karneval** ist ebenfalls ein beliebtes Fest und wird zur Begrüßung des Frühlings im Februar gebührend gefeiert.

SCHLAFEN

Die meisten Hotels in Dubrovnik konzentrieren sich in der Gegend von Lapad und Ploče, es gibt aber auch einige wirklich tolle (und teure) Quartiere in der Altstadt. Die exklusiveren Ferienanlagen liegen im Osten der Stadt.

Privatzimmer

Wer nicht so viel Geld ausgeben will, sollte sich ein Privatzimmer nehmen. Aber Achtung vor den Anbietern am Busbahnhof oder am Fährhafen Jadrolinija: Manche halten ihre Versprechen, aber oft werden die Kunden übers Ohr gehauen. Grundsätzlich sollte man sich vorab informieren, wo sich die Unterkunft befindet, sonst läuft man Gefahr, womöglich ewig weit von der Altstadt entfernt zu wohnen. Falls die hier aufgeführten Quartiere alle ausgebucht sind, empfiehlt sich die Buchung über ein Reisebüros (S. 292) oder die Touristeninformation (S. 313). Wer dennoch ein Zimmer oder ein Apartment von einem Anbieter am Busbahnhof mietet, sollte darauf achten, dass am Haus ein blaues Schild mit *sobe* (Zimmer zu vermieten) angebracht ist. Wenn nicht, werden die Zimmer illegal vermietet, und es gibt keinerlei rechtliche Handhabe, falls Probleme auftreten.

In der Hochsaison kostet ein Zimmer 200–220 Kn. Für ein Apartment muss mit 500 Kn gerechnet werden. Vor allem im Sommer empfiehlt es sich, zu reservieren.

Begović Boarding House (Karte S. 290; ☎ 435 191; http://begovic-boarding-house.com; Primorska 17; B Neben-/Hochsaison 14–19 €, EZ 25–32 €, DZ 32–40 €; 💻) Die Pension ist sehr begehrt, vor allem wegen der Gastfreundlichkeit der Familie Begović. Die Zimmer sind einfach, aber gemütlich eingerichtet, es gibt eine Gemeinschaftsterrasse und einen Garten. Die Lage mitten im Geschehen von Lapad über seine vielen Angebote ein weiteres Plus. Zu Fuß ist die Altstadt in 20 bis 25 Minuten erreichbar. Die Besitzer holen die Gäste kostenlos am Busbahnhof ab, bei Bedarf und nach vorheriger Vereinbarung sogar am Flughafen. Das Frühstück ist nicht im Preis inbegriffen, kann aber gegen einen Aufpreis in der Pension eingenommen werden. Außerdem gibt es einen kostenlosen Internetzugang. Die Familie organisiert auch Angelausflüge mit Picknick (250 Kn) – eine herrliche Art, den Tag zu verbringen.

Apartments Silva Kusjanović (Karte S. 290; ☎ 435 071, 098 244 639; antonia_du@hotmail.com; Kardinala Stepinca 62; pro Pers. 100 Kn) Die supernette Silvia vermietet vier große Wohnungen mit vier bis acht Betten. Alle haben eine Terrasse mit schöner Aussicht, auch Grillen ist möglich.

Apartments & Rooms Biličić (Karte S. 292; ☎ 417 152; www.geocities.com/apartments_bilicic; Privežna 2; EZ Neben-/Hochsaison 18–25 €, DZ 36–50 €, Apt. 50–100 €; 💟) Das Quartier ist eines der wenigen in der Nähe der Altstadt und wirklich sehr zu empfehlen. Die Zimmer sind hell, sauber und angenehm, bieten TV und einen Blick in den schönen Garten, wo man sich in der Freiluftküche sein Frühstück zubereiten kann. Die zu den Zimmern gehörenden Bäder liegen auf der anderen Seite der Eingangshalle. Ein Apartment für vier Personen ist ebenfalls vorhanden. Bis zum Pile-Tor sind es zu Fuß gerade einmal 15 Minuten. Die nette Besitzerin Marija ist gut informiert, was wann und wo läuft.

Rooms Vicelić (Karte S. 292; ☎ 098 979 0843; www.dubrovnik-online.com/rooms_vicelic; Antuninska 9 & 10; Zi. Neben-/Hochsaison 50–80 €) Die beiden Häuser befinden sich in schöner Lage in der Altstadt am Ende einer schmalen Gasse mit Treppen. Die Zimmer sind teilweise modern, teilweise aber auch ein bisschen abgewohnt, jedoch alle nett eingerichtet. Die meisten Zimmer in Haus Nr. haben hohe Decken und eine nüchterne moderne Ausstattung mit guten Betten, TV, eigener Dusche, Toilette und Küchenzeile. Die Zimmer in Haus Nr. 10 bieten einen eher in die Jahre gekommenen Schick. Eines der Zimmer im Erdgeschoss hat lediglich ein Bad im Obergeschoss, keine richtigen Fenster und Betonbalken, an denen man sich den Kopf anstößt. Für alle Zimmer gibt es eine Gemeinschaftsküchenzeile und eine Sitzecke mit zwei Plätzen.

Villa Klaić (Karte S. 290; ☎ 411 144; www.hostelworld.com/hosteldetails.php/VillaKlaic-Dubrovnik-14432; Šumetska 11; DZ ab 200 €; 💟 🆒) Viele der Leute, die Privatzimmer vermieten, sind nett, aber kaum einer ist so klug, interessant und pfiffig wie Milo Klaić, der Besitzer der Villa Klaić. Die Villa ist vermutlich die einzige günstige Unterkunft in Dubrovnik, die ihre Gäste mit einem Pool im Freien verwöhnt. Sie liegt hoch über der Innenstadt, aber zur Altstadt sind es trotzdem nur 10 Gehminuten. Alle Zimmer haben ein anständiges Bad. Das Zimmer 7 bietet eine Art Flokatiteppich und eine sehr große Dusche gleich beim Pool.

Camping

Solitudo (Karte S. 290; ☎ 448 200; www.camping-adriatic.com; pro Pers./Stellplatz 49/55 Kn; 🕑 Mitte Mai–Mitte Okt.) Der hübsche, frisch hergerichtete Zeltplatz liegt am Kap Lapad in Laufweite zum Strand.

Camping Matkovića (außerhalb der Karte S. 290; ☎ 485 867; Mlini; Erw./Stellplatz 40/50 Kn; ☼ Mai–Okt.) Der Zeltplatz befindet sich in der Nähe von **Porto** (außerhalb der Karte S. 290; ☎ 487 078; Mlini; Erw./Stellplatz 45/55 Kn; ☼ Mai–Okt.), 7 km südlich von Dubrovnik. Beide Plätze sind klein und liegen in der Nähe einer ruhigen Bucht. Es empfiehlt sich, vorher anzurufen. Zum Platz fahren die Buslinien 10 oder 16 (Richtung Srebreno), beide Linien halten jeweils unweit des Eingangs der beiden Campingplätze.

Altstadt & Umgebung

LP Tipp **Fresh Sheets** (Karte S. 292; ☎ 091 799 2086; beds@igotfresh.com; Sv Šimuna 15; pro Pers. 25 €; ☐) Jon und Sanja vom Fresh (S. 300) schmeißen den Laden. Das nagelneue Fresh Sheets bietet ein Doppelzimmer und vier unterschiedlich gestaltete Apartments – mit den klangvollen Namen Lavendel, Regenwald, Sonnenschein und Himmel. In jedem können zwei bis vier Personen übernachten. Die Einrichtung reicht von bunt gestrichenen Wänden und farbenfrohen Bettüberwürfen bis hin zu luftigklaren, in Weiß gehaltenem Räumlichkeiten. Hier ist immer viel los, denn es kommen vor allem Backpacker und Leute, die gern Partys feiern. Die Lage ist super – zum Buža-Strand (S. 303) ist es nicht weit. Der Internetzugang ist gratis, es gibt WLAN, und wenn die Bar mit französischer Küche offen ist, sogar noch einen kostenlosen Shake pro Tag.

Apartments Amoret (Karte S. 292; ☎ 091 530 4910; www.dubrovnik-amoret.com; Dinke Ranjine 5 & Restićeva 2; Apt. 50–120 €; ☒) In zwei alten Stadthäusern (Amoret 1 und Amoret 2) aus dem 16. Jh. befinden sich sechs künstlerisch ausgestaltete Apartments. Jedes hat seinen eigenen Charakter, aber alle sind sehr liebevoll hergerichtet und somit sicher die zauberhafteste Bleibe, die man in Dubrovnik finden kann.

LP Tipp **Karmen Apartments** (Karte S. 292; ☎ 323 433, 098 619 282; www.karmendu.com; Bandureva 1; Apt. 55–145 €; ☒) Die Apartments unter der Leitung von Marc van Bloemen sind sicher einer der besten Tipp in der Stadt. Der Engländer lebt seit seinem 11. Lebensjahr in Dubrovnik und kann so gut wie jede Frage beantworten. Die Wohnungen liegen mitten in Dubrovnik in einem alten Steinhaus. Die vier Apartments sind wunderschön mit Originalkunstwerken und recycelten Materialien gestaltet; alle sind das Werk von Marcs künstlerisch veranlagter Mutter. Es gibt kleinere Apartments für ein oder zwei Personen, jedoch auch zwei grö-

ßere, in denen drei oder vier Leute wohnen können. Das Apartment Nr. 1 bietet einen schönen Blick auf den Hafen. Es empfiehlt sich, rechtzeitig zu reservieren, denn in der Regel sind bis Juni alle Zimmer weg.

Hotel Stari Grad (Karte S. 292; ☎ 322 244; www.hotelstarigrad.com; Palmotićeva; EZ Neben-/Hauptsaison 650–1180 Kn, DZ 920–1580 Kn; ☒) Im Herzen der Altstadt in einem liebevoll restaurierten alten Gemäuer zu wohnen, ist eine Erfahrung, die ihresgleichen sucht. Die acht Zimmer sind elegant und geschmackvoll möbliert – einfach und doch luxuriös. Von der Dachterrasse, die zum Frühstücken einlädt, bietet sich ein herrlicher Blick über die Stadt. Im Sommer empfiehlt es sich, im Voraus zu buchen. Wer nur eine Nacht bleibt, muss einen Zuschlag von 10 % zahlen.

Pucić Palace (Karte S. 292; ☎ 326 222; www.thepucicpalace.com; Od Puča 1; EZ Neben-/Hochsaison 206 bis 315 €, DZ 290–505 €; ℗ ☒) Das 5-Sterne-Hotel im Herzen der Altstadt ist in einem alten Palais untergebracht und sicher die exklusivste und spektakulärste Adresse in Dubrovnik. Es hat nur 19 Zimmer, alle sind edel mit italienischen Mosaiken, ägyptischer Baumwolle und Barockbetten ausgestattet. Gut betuchte Hochzeitspaare lassen sich in der winzigen Kapelle auf der Terrasse trauen. Das Dachrestaurant Defne (S. 301) zählt zu den edelsten der Stadt; im Café Royal unten kann man sich sein Frühstück à la Carte bestellen.

Hotel Hilton Imperial (Karte S. 290; ☎ 320 320; www.hilton.com; Marjana Blazića 2; DZ ab 2250 €; ℗ ☒ ☐ ☒) Das luxuriöse und renovierte Hilton ist das ehemalige Hotel Imperial aus dem 19. Jh. Das Hotel am Pile-Tor war während der k.u.k.-Zeit der Stadt das beste Hotel der Stadt. Heute präsentiert es sich mit einer freundlichen Atmosphäre und in fröhlich-mediterranen Farben. Geschäftsleute schätzen die Konferenzräume, den Sekretariatsservice und die audiovisuellen Geräte, wer zum Vergnügen hier ist, nutzt den Fitnessraum, das Hallenbad und das Hotel-Restaurant Porat.

LP Tipp **Hotel Bellevue** (Karte S. 290; ☎ 330 000; www.hotel-bellevue.hr; Petra Čingrije 7; DZ ab 250 €; ☒ ☐ ☒) Das Hotel liegt gerade einmal fünf Gehminuten vom Pile-Tor entfernt und hat eine tolle Lage auf einer Klippe mit Blick übers weite Meer und einer hübschen Bucht zu Füßen. Die Zimmer sind wunderschön gestaltet, vom Balkon fällt der Blick aufs Meer und die Bucht. Das Frühstück, das auf dem Balkon serviert wird, schmeckt herrlich. Das Bellevue wurde Sommer 2008 wiedereröffnet und ist im höheren Preissegment sicher eine der besten Adressen der Stadt. Das dazugehörige Restaurant Vapor ist ebenfalls vom Feinsten. Fisch, Fleisch und saisonale Produkte sind hervorragend; auf der Speisekarte finden sich zahlreiche Weine aus Kroatien.

Lapad

Die meisten der erschwinglichen Hotels liegen in Lapad, aber auch dort gibt's natürlich ein paar Luxusherbergen. Es ist recht angenehm, dort zu logieren, denn man wohnt abseits der Touristenmassen, die die Altstadt bevölkern. Der Charme des Viertels beruht auch auf der guten Mischung aus Touristen und Einheimischen, die am Wochenende hier mit ihren Kindern unterwegs sind. Man hat schnell das Gefühl, irgendwie dazu zu gehören. Die Hauptstraße heißt Šetalište Kralja Tomislava; die von Bäumen gesäumte Šetalište Kralja Zvonimira ist inzwischen eine Fußgängerzone und lädt zu einem Bummel entlang der Kioske und Terrassencafés ein. Nika i Meda Pucića heißt ein Fußweg, der an den Klippen entlangführt. Er wird von Kiefern beschattet und von zahlreichen Bars und Cafés gesäumt. Am Sonntag ist er die wichtigste Flaniermeile der Stadt.

Ein Spaziergang an den Ufern der Adria geht am Hotel Kompas vorbei zu mehreren schönen Flecken, wo man sich auf den Felsen aalen oder im Meer schwimmen kann. Nach rund 1 km ist das Hotel Neptune erreicht, an das sich mehrere Hotels für Pauschalreisende anschließen. Buslinie 6 verkehrt vom Pile-Tor zur Bushaltestelle in Lapad in der Nähe der Post, aber in 20 Minuten lässt sich die Strecke auch locker zu Fuß bewältigen.

YHA Hostel (Karte S. 290; ☎ 423 241; dubrovnik@hfhs. hr; Vinka Sagrestana 3; pro Pers. Neben-/Hochsaison 85–120 Kn) Das Hostel hat an für sich fürs Auge nicht viel zu bieten, ist aber sauber und garantiert – wie Backpacker berichten – jede Menge Spaß. Wer sich sein Bett aussuchen kann (selten!), sollte eines im Schlafsaal 31 oder 32 wählen. Für die beiden Säle spricht die „geheime" Dachterrasse mit schöner Aussicht. Das Frühstück ist im Preis inbegriffen. Zur Jugendherberge führt die Vinka Sagrestana, die an der Bana Josipa Jelačića 17 abzweigt.

Vila Micika (Karte S. 290; ☎ 437 332; www.vilamicika. hr; Mata Vodapića; EZ Neben-/Hochsaison 150–210 Kn, DZ 300–420 Kn; Ⓟ) Die Vila Micika ist ein einfaches, aber gut geführtes Haus. Die Zimmer

sind in Pastelltönen gestrichen und bieten alle TV und ein modernes Bad. Die Terrasse im Freien ist hübsch, und bis zu den Stränden von Lapad sind es gerade einmal 200 m. Ein paar Wermutstropfen gibt es dann aber doch: Das Frühstück ist nicht im Preis inbegriffen (8 €/Pers.), und wer weniger als drei Tage bleibt, muss 30 % Aufschlag zahlen. Zudem kostet die Klimaanlage 73 Kn extra.

Hotel Adriatic (Karte S. 290; ☎ 437 302; www.hotel imaestral.com; Masarykov Put 9; EZ Neben-/Hochsaison 40 bis 80 €, DZ 68–140 €) Das große Hotel bietet einfache Zimmer und liegt unweit des Strands. Die Zimmer mit Meerblick sind teurer und oft ziemlich laut.

Hotel Sumratin (Karte S. 290; ☎ 438 930; www.ho-tels-sumratin.com; Šetalište Kralja Zvonimira 31; EZ Neben-/ Hochsaison 290–460 Kn, DZ 460–760 Kn; Ⓟ) Von der Rezeption im Stil des Sozialismus (groß, hell erleuchtet und in dunklem Holz gehalten) gelangt man zu den anständigen Zimmern mit Terrakotta-Boden und breiten Betten. Viele haben sogar einen kleinen Balkon. Das Sumratin liegt günstig an der Haupteinkaufsstraße von Lapad in der Nähe der Strände.

LP Tipp **Hotel Zagreb** (Karte S. 290; ☎ 430 930; www. hotels-sumratin.com; Šetalište Kralja Zvonimira 27; EZ Neben-/ Hochsaison 400–660 Kn, DZ 700–1060 Kn; ⓧ) Das Zagreb steht unter der gleichen Leitung wie das Sumratin, ist aber schicker. Es befindet sich in einem hübschen, lachsfarbenen Gebäude aus dem 19. Jh. Die Zimmer sind geräumig und die Betten bequem. Es gibt TV mit Flachbildschirm, Gemälde mit Meeresmotiven, und große, cremefarbene Bäder.

Hotel Uvala (Karte S. 290; ☎ 433 580; www.hotel imaestral.com; Masarykov Put 6; DZ 120–170 €; Ⓟ ⓧ ⓡ) Das neu renovierte 4-Sterne-Hotel bietet eine hübsche Rezeption, einen Pool drinnen und einen im Freien sowie einen Wellness-Bereich. Der Service ist freundlich, und das Hotel liegt praktischerweise nah am Strand. Leider machen die Zimmer mit ihrer tristen braun-weißen Farbe einen etwas angegammelten Eindruck.

Hotel Lapad (Karte S. 290; ☎ 432 922; www.hotel-lapad.hr; Lapadska Obala 37; DZ ab 130 €; ☽ Juni–Mitte Okt.; ⓧ ⓡ) Das 2008 renovierte Hotel präsentiert sich innen als hübsches altes Kalksteingebäude mit ausgefallenen modernen Zimmern: Hier dominieren spitze Winkel, geschwungene Linien und modernes Mobiliar. Zugang zum Strand hat das Hotel nicht, aber es fährt täglich ein Boot zu einem entlegenen Strand bei Zaton (gegen eine kleine Gebühr).

LP Tipp **Villa Wolff** (Karte S. 290; ☎ 438 710; www.
villa-wolff.hr; Nika i Meda Pucića 1; EZ Neben-/Hochsaison
1533–1879 Kn, DZ 1606–1898 Kn; P ⏰ 🖥) Die Villa
Wolff ist ein tolles Boutique-Hotel direkt an
der Uferpromenade. Es bietet sechs Zimmer,
die alle wunderbar ausgestattet, hell und luftig
sind. Die Suiten haben einen eigenen Balkon,
und im üppig wuchernden Garten können die
Gäste ein Sonnenbad nehmen. Der Service ist
persönlich und nett.

Hafen Gruž

Hotel Petka (Karte S. 290; ☎ 410 500; www.hotelpetka.
com; Obala Stjepana Radića 38; EZ Neben-/Hochsaison 55 bis
106 €, DZ 80–144 €; P ⏰) Das Hotel Petka befindet sich gegenüber vom Fährhafen Jadrolinija.
Es hat 104 Zimmer, die sich vor allem an den
Bedürfnissen von Geschäftsleuten orientieren
(TV, Telefon und Minibar). Wer morgens in
der Früh die Fähre erwischen muss, wird die
Nähe zum Ableger zu schätzen wissen.

Ploče

Die besten Luxusherbergen liegen östlich der
Altstadt an der Frana Supila in Laufweite des
Zentrums.

Hotel Grand Villa Argentina (Karte S. 290; ☎ 440
555; www.gva.hr; Frana Supila 14; DZ ab 200 €; P ⏰ 🐾)
Zum großen Hotel gehören zwei Villen: die
Villa Orsula und die erst vor kurzem erbaute
Villa Sheherezade. Letztere präsentiert sich im
Stil von Tausend-und-einer Nacht mit Gold
und Purpur, jeder Menge Ornamenten und
Schnitzereien. Die Villa Orsula gibt sich eher
klassisch, ist aber dennoch üppig geschmückt.
Im Haupthotel befinden sich Luxussuiten,
aber auch moderne Zimmer mit gutem Service, einige haben Meerblick. Es gibt einen
Pool draußen sowie ein Hallenbad, aber die
schönste Badegelegenheit bieten die Felsen
neben dem Hotel.

Hotel Excelsior (Karte S. 290; ☎ 353 353; www.
hotel-excelsior.hr; Frana Supila 12; EZ/DZ ab 1640/1890 Kn;
P ⏰ 🐾) Das Excelsior ist wohl das größte
und extravaganteste Haus in Dubrovnik. Es
wurde vor kurzem renoviert – 10 Mio € hat
der Spaß gekostet. Als das legendäre Hotel
2008 wieder seine Pforten öffnete, waren alle begeistert. Wie im Hotel Argentina, gibt
es nun eine Villa im Boutique-Stil: die Villa
Odak. Die Zimmer sind hier traumhaft schön
– was im Übrigen auch für das Haupthaus
gilt. Die Gäste können sich über den Pool im
Freien, das Hallenbad und eine Terrasse im
Schatten von Palmen freuen.

ESSEN
Altstadt & Umgebung

Wer in der Altstadt zum Essen gehen möchte, sollte seine Wahl sorgfältig treffen. Viele
Lokale gehen davon aus, dass sich der Gast eh
bloß einen Tag in der Stadt aufhält und nicht
mehr wiederkommt – was ja für die Passagiere
der Kreuzfahrtschiffe durchaus auch zutrifft.
Anstatt nach einem Restaurant an der Stradun
Ausschau zu halten, sollte man lieber durch
die Seitenstraßen streifen, denn dort findet
sich eine Fülle guter Lokale, in denen man
einen schnellen Happen essen oder gemütlich
schlemmen kann. Auch wer in der Prijeko
zum Essen geht, sollte auf der Hut sein, denn
die Gerichte sind häufig überteuert.

Smuuti Bar (Karte S. 292; ☎ 091 896 7509; Palmotićeva
5; Smoothies 18–25 Kn) Hier ist richtig, wer seine Smoothies zum Frühstück und einen
Riesenbecher Kaffee (zum Spottpreis von
10 Kn) schätzt. Das Lokal ist eine Art Schwester
vom Nishta, das sich vor allem an Frühstücks-
gäste wendet. Das Personal ist nett und spricht
oft auch Deutsch.

Buffet Skola (Karte S. 292; ☎ 321 096; Antuninska 1;
Snacks ab 20 Kn) Wer auf der Besichtigungstour
etwas für den schnellen Hunger braucht, ist
hier genau richtig: Frischer Käse, Tomaten
und Schinken aus Kroatien zählen zu den Zutaten, mit denen die hausgemachten Baguette
belegt werden.

Fresh (Karte S. 292; ☎ 091 896 7509; www.igotfresh.
com; Vetranićeva 4; Wraps ab 20 Kn) Das Lokal ist ein
Mekka für Backpacker, die sich hier auf einen
Smoothie treffen, ihre Wraps und andere gesunde Gerichte verspeisen. Abends trifft man
sich bei Musik (S. 303) auf einen Drink.

Nishta (Karte S. 292; ☎ 091 896 7509; Prijeko 30; Hauptgerichte ab 30 Kn) Als das 100 % vegetarische Restaurant in Dubrovnik eröffnete – dergleichen
hatte es hier noch nie gegeben! –, fragten die
Einheimischen perplex, was der Wirt denn
überhaupt auf den Tisch bringen wolle. „Alles außer Fleisch", lautete die Auskunft, und
daraus schlossen die Einheimischen, dass es
in dem Fall dann wohl nichts zu essen gäbe.
Daher rührt jedenfalls der Name des Lokals: Nishta bedeutet auf Kroatisch „nichts".
Typisch Balkan, wird da so mancher denken. Wem jedenfalls der Sinn nach einem
erfrischenden Gazpacho, einer wärmenden
Miso-Suppe, Thai-Curry-Gerichten, Gemüse und Nudeln sowie allen möglichen anderen fleischlosen Köstlichkeiten steht, ist hier
genau richtig.

DUBROVNIK &
SÜDDALMATIEN

Pizzeria Baracuda (Karte S. 292; ☎ 323 160; Nikole Božidarevića 10; Hauptgerichte ab 35 Kn) Die nette Pizzeria unweit der orthodoxen Kirche bietet Tische im ruhigen Hof und ist in Dubrovnik schon lange beliebt. Eine perfekte italienische Pizza sollte man hier nicht erwarten, aber dafür sind die Portionen groß und preiswert, und mit einem kühlen Bier neben dem Teller ist die Sache geritzt.

Kamenice (Karte S. 292; ☎ 421 499; Gundulićeva Poljana 8; Hauptgerichte ab 40 Kn) Das Restaurant gibt es schon seit den 1970er-Jahren, und verändert hat sich seither kaum etwas. Weder die sozialistisch angehauchten uniformartigen Klamotten, die das Personal trägt, noch das schlichte Ambiente und die riesigen Portionen Muscheln, gegrillter oder gebratener Tintenfisch, Sardellen vom Blech oder *kamenice* (Austern). Und die Eigentümer haben – was kaum zu glauben ist – noch keine Notwendigkeit gesehen, die Preise heraufzusetzen. Die Terrasse liegt an einem der hübschesten Plätze von Dubrovnik.

LP Tipp **Lokanda Peskarija** (Karte S. 292; ☎ 324 750; Ribarnica bb; Hauptgerichte ab 40 Kn) Das Restaurant am Alten Hafen liegt direkt neben dem Fischmarkt und ist sicher eines der besten Speiselokale von Dubrovnik. Es stellt den Gast in jeder Hinsicht zufrieden: Die Qualität der Meeresfrüchtegerichte ist gleichbleibend gut, die Preise sind in Ordnung und die Lage ist perschön. Die Einheimischen wetteifern mit den Touristen, um in den Genuss von Babytintenfisch, einem Risotto oder Muscheln zu kommen. Zu empfehlen ist ein Glas *Dingač* oder *rožata*, die kroatische Variante der Crème brûlée, während man zusieht, wie die Boote im Wasser dümpeln.

dub (Karte S. 292; ☎ 426 319; www.dub-loungebar.hr; Brsalje 1; Frühstück ab 50 Kn) Wem der Sinn nach einem üppigen Frühstück auf einer luftigen Terrasse mit Blick auf die Stadtmauer und das Pile-Tor steht, sollte das Dub besuchen. Das Frühstück gibt es in der Variante für Vegetarier, aber auch als üppige Variation mit Fleisch, Eiern und natürlich immer mit Salat, frischen Säften sowie Kaffee oder Tee – allerdings nur bis 12 Uhr. Die Sessel und Sofas sind sehr bequem, manch einer kommt daher auch nur am Nachmittag auf einen kleinen Happen oder am Abend für einen Cocktail.

Orhan (Karte S. 290; ☎ 414 183; Od Tabakarije 1; Hauptgerichte ab 50 Kn) Das Orhan liegt wunderschön an einer felsigen Bucht mit Blick auf die Stadtmauern. Spezialität des Hauses sind Fisch und Meeresfrüchte. In den letzten Jahren haben sich die Köche allerdings zu sehr auf ihren Lorbeeren ausgeruht, das Essen lässt etwas zu wünschen übrig. Man sollte sich also lieber etwas Simples bestellen und sich über die schöne Aussicht freuen.

Revelin (Karte S. 292; ☎ 322 164; Ulica Svetog Dominika bb; Hauptgerichte ab 60 Kn) Nur wenige Lokale in Dubrovnik liegen so traumhaft und sind trotzdem so preiswert wie das Revelin, ein Restaurant mit Bar im Sommer und einer Bar mit Club im Winter. Von der Terrasse unter einer alten Pinie am Ploče-Tor bietet sich ein schöner Blick über den Hafen. Auf den Tisch kommen leckere Pastagerichte – Tagliatelle mit Flusskrebs und pikanter Tomatensoße – und Fleischgerichte wie Kalbsmedaillons und Lammschlegel.

Wanda (Karte S. 292; ☎ 098 944 9317; www.wandarestaurant.com; Prijeko 8; Hauptgerichte ab 70 Kn) Das Lokal rettet den Ruf der Gastronomie in der Prijeko. Hier fühlen sich all jene Gäste wohl, die zuverlässig gut im gehobenen Preissegment speisen möchten. Die Speisekarte gibt sich italienisch mit leckeren Gerichten wie mit Krabben gefüllte Zucchini, Osso Bucco und Safranrisotto, es gibt aber auch einen extravaganten Krabbeneintopf, Hummer, Krebse, Muscheln und Fisch. Die Zutaten werden je nach Jahreszeit gewählt, sind frisch und kommen aus der Region. Das Ambiente ist elegant, aber trotzdem entspannt.

Defne (Karte S. 292; ☎ 326 200; Od Puča 1; Hauptgerichte ab 70 Kn) Das Restaurant in der obersten Etage des Palais Pucić (S. 298) zählt zu den nobelsten der Stadt. Der türkische Küchenchef garantiert, dass immer ein paar leckere Kebabs auf der Speisekarte stehen – und zwar Edelkebabs mit frischer Minze und Lavendelsoße, um nur zwei Beispiele zu nennen. Nummer eins sind jedoch Fische und Meeresfrüchte aus Dalmatien. Das Tintenfisch-Carpaccio als Vorspeise ist ein Gedicht, es wird mit schwarzen *tagliolini* und Trüffeln gereicht – ein himmlisches Vergnügen für jeden Gourmet! Auch der Hummer mit weißem Risotto ist ein gastronomisches Erlebnis. Und die Weinkarte lässt sicher keine Wünsche offen.

Proto (Karte S. 292; ☎ 323 234; www.esculap-teo.hr; Široka 1; Hauptgerichte ab 80 Kn) Das Pronto ist ebenso elegant wie seine Schwester, das noble Nautika. Einfache, frische Zutaten sorgen für ein Geschmackserlebnis, bei dem Minimalismus Trumpf ist. Der Fisch ist vom Feinsten – die Fischsuppe sollte sich keiner entgehen lassen –, und der Hummer ist das reinste Fest für den Gaumen. Die Soßen sind leicht und runden die Gerichte harmonisch ab. Unbedingt rechtzeitig reservieren.

Gil's (Karte S. 292; ☎ 322 222; www.gilsdubrovnik. com; Ulica Svetog Dominika bb; Hauptgerichte ab 120 Kn) Superedel, superteuer und superschick – so lässt sich das Gil's, ein russisch-französisches Restaurant, wohl am besten beschreiben. Im Klartext heißt das: russische Knete, französischer Geschmack. Somit zielt das Restaurant auf die betuchtesten Touristen (und die Einheimischen) in Dubrovnik ab, die gern Sevruga-Kaviar (360 Kn), Muschel *panna cotta*, exquisites schwarzes Trüffel-Risotto mit Kalbsglacé, rohen, in feine Streifen geschnittenen Thunfisch, schwarze Ravioli mit Hummersoße und andere Köstlichkeiten lieben. Der Weinkeller ist mit 6000 sorgfältig ausgewählten Flaschen der ganze Stolz des Weinchefs, und das Ambiente ist das nobelste von ganz Dubrovnik: Das Gil's liegt innerhalb der Stadtmauern mit Blick auf den Hafen. Auch eine herrliche Terrasse (oben) fehlt nicht. Wer also das nötige Kleingeld hat, sollte hier einen Tisch bestellen.

Selbstversorger können sich am **Markt** (Karte S. 292; Gundulićeva Poljana; ☎ 6–13 Uhr) jeden Morgen mit frischen Lebensmitteln aus der Region eindecken.

Lapad

An der Haupteinkaufsstraße von Lapad, der Šetalište Kralja Tomislava, finden sich Unmengen Cafés, Bars und Restaurants. Einige sind Touristenfallen, es lohnt sich von daher, zunächst einmal einen Blick auf die Speisekarte zu werfen. Aber die meisten sind dann doch ganz in Ordnung und auch bei den Einheimischen beliebt.

Sedna (Karte S. 290; ☎ 352 000; www.hotel-kompas. hr; Petra Čingrije 7; Pizza ab 26 Kn, Omelett 30–35 Kn) Die Bar mit Pizzeria des Hotel Kompas ist eine nette Adresse, um zu frühstücken, zu Mittag oder zu Abend zu essen. Es gibt Plätze auf der Terrasse mit Blick auf den Strand und die Lapad-Bucht.

Konoba Atlantic (Karte S. 290; ☎ 435 726; Kardinala Stepinca 42; Hauptgerichte ab 45 Kn) Die Tische im Freien sind nicht gerade idyllisch, denn gleich nebenan befindet sich eine Bushaltestelle, von der Touristengruppen zum Shoppen herüberdrängen. Mehr Spaß macht es deshalb, sich drinnen einen Platz zu suchen, um sich die leckeren hausgemachten Pastas, die vegetarische Lasagne oder die Gnocchi mit Kaninchensoße schmecken zu lassen.

LP Tipp **Levanat** (Karte S. 290; ☎ 435 352; Nika i Meda Pucića 15; Hauptgerichte 45–120 Kn) Das Lokal ist sicher eines der am schönsten gelegenen in der ganzen Stadt. Von einem mit Pinien bestandenen Hügel zwischen der Lapad-Bucht und Babin Kuk schweift der Blick übers Meer. Das Essen ist innovativ und lecker, so zum Beispiel die Meeresfrüchte und die extravaganten Soßen, die frischen Zutaten und köstlichen Gerichte für Vegetarier.

Taraca (Karte S. 290; Šetalište Kralja Zvonimira; Hauptgerichte ab 50 Kn; ☼ Juni–Sept.) Im Hof unter dem Hotel Sumratin liegt dieses Restaurant im Schatten von Pinien. Hier kommt Gegrilltes in allen Variationen – Fleisch, Fisch und Gemüse – auf den Tisch. Die Gäste sitzen auf Plastikstühlen, die Kinder tollen herum, und alle genießen die entspannte Stimmung.

Blidinje (Karte S. 290; ☎ 358 794; Lapadska Obala 21; Hauptgerichte ab 70 Kn) Das Lokal wird vor allem von Einheimischen besucht, Touristen verirren sich eher selten hierher. Dabei bietet das Blidinje von seiner Terrasse einen sagenhaften Blick auf den Hafen Gruž. Die Speisekarte ist vor allem für Fleischliebhaber interessant, man sollte sich nicht die Gelegenheit entgehen lassen und das Lamm oder Kalbfleisch kosten, das im Steinofen langsam unter der Glut gegart wird. Aber unbedingt mindestens zwei Stunden vorher anrufen und die Bestellung aufgeben! Dann steht bei einem guten Rotwein einem gemütlichen Abend nichts mehr im Weg.

Ploče

Chihuahua Cantina Mexicana (Karte S. 292; ☎ 424 445; Hvarska 6; Hauptgerichte ab 30 Kn) Ganz egal, wie lecker die regionale Küche ist: Manchmal hat man einfach Lust auf Empanadas. In diesem Lokal geht es hoch her, die jungen Gäste kommen wegen der Quesadillas, Tacos und Enchiladas, und eine Flasche kühles Corona ist auch nicht übel.

AUSGEHEN

Der Sommer in Dubrovnik ist eine tolle Sache. Man sitzt unter einem grandiosen Sternenhimmel, kippt ein Bierchen, schlürft einen Cocktail oder nippt an seinem Wein, alle haben sich fein herausgeputzt und sind bereit, so richtig einen draufzumachen. Die meisten Besucher lockt es in die Altstadt,

Lapad ist eher etwas für Familien und bietet ruhigere Vergnügungen.

Troubadur (Karte S. 292; ☎ 412 154; Bunićeva Poljana 2) Ein Drink in dieser legendären Kneipe von Dubrovnik gehört zum Pflichtprogramm. Im Sommer finden hier fast jeden Abend Jazzkonzerte statt – oft (aber nicht immer) spielen Mark (der Besitzer) und seine Jazzband. Die Stimmung ist super; jeder von Rang und Namen in der Stadt lässt sich hier irgendwann mal blicken.

LP Tipp **Buža** (Karte S. 292; Ilije Sarake) Auch diese Kneipe ist ein Muss. Das Buža (wörtlich: „Loch") nahm ihren Anfang als einfache Kneipe vor den Mauern der Stadt mit Blick aufs offene Meer. Die Getränke gab's damals in Plastikbechern – lediglich ein weißer Metallzaun und eine Strohmatte trennten die Gäste von den Elementen. Insgesamt hat sich seither nicht viel verändert, es gibt inzwischen allerdings richtige Gläser. Jedenfalls ist die Kneipe zu einer Attraktion geworden – mit entsprechend gestiegenen Preisen. Wie man hinkommt? Immer den Schildern an der Stadtmauer mit der Aufschrift „kalte Drinks" folgen.

LP Tipp **Buža II** (Karte S. 292; Crijevićeva 9) Das Lokal ist die etwas „normalere" Variante des ursprünglichen Buža. Es ist weniger hip, und an den Felsen kann man gut schwimmen. Der Tag vergeht hier wie im Flug.

Fresh (Karte S. 292; ☎ 091 896 7509; www.igotfresh. com; Vetranićeva 4; Cocktails ab 35 Kn) Abends pilgern alle Backpacker in Dubrovnik ins Fresh, denn dann weichen die Smoothies und Wraps den Cocktails, diversen Biersorten (oft bekommt man zwei für den Preis von einem), Musik und einer tollen Partystimmung.

Karaka Irish Bar (Karte S. 292; ☎ 324 014; Između Polača 7) Die grüne Insel ist hier gut vertreten in Form von irischem Bier vom Fass, irischer Musik am Abend und einer Happy Hour von 15–19 Uhr. Internationale Sportveranstaltungen sind über Satelliten-TV zu sehen.

EastWest Club (Karte 262; ☎ 412 220; Frana Supila bb) Untertags kann man sich im Lokal am Banje-Strand einen Liegestuhl und einen Sonnenschirm leihen, außerdem werden die Sonnenanbeter und Schwimmer, die sich hier entspannen und Flüssigkeit tanken, mit den entsprechenden kalten Getränken versorgt. Wenn die Schatten dann länger werden, macht die Cocktailbar auf, und ein lässig-schickes Volk bewundert den Sonnenuntergang bei einem köstlichen Longdrink.

Hemingway Cocktail Bar (Karte S. 292; Pred Dvorom) Das Lokal gegenüber vom Rektorenpalast ist sehr beliebt. Es bietet die wohl längste Liste an Cocktails in ganz Dubrovnik – da wäre der alte Ernest Hemingway bestimmt stolz! Aufgestyles Jungvolk hängt hier herum, und am Wochenende wird es am späten Abend brechend voll.

UNTERHALTUNG
Nachtclubs
Latino Club Fuego (Karte S. 292; Pile Brsalje 11) Seinem Namen zum Trotz ist das Musikangebot zum Tanzen breit – es reicht von Techno bis Pop. Das Ambiente ist recht lässig: kein finster dreinschauender Türsteher und auch keine Vorschriften hinsichtlich Klamotten.

Lazareti (Karte S. 290; ☎ 324 633; Frana Supila 8) Im besten Kunst- und Musikzentrum von Dubrovnik finden Kinoabende, Clubnächte, Live-Musik, jede Menge Konzerte und so ziemlich alles statt, was in dieser Stadt Spaß macht.

Kinos
Sloboda Cinema (Karte S. 292; ☎ 321 425; Uhrturm) Das Sloboda ist das am zentralsten gelegene Kino von Dubrovnik. Was jeweils am Abend läuft, verraten die Plakate am Eingang.

Freiluft-Kino (Karte S. 290; Kumičića, Lapad) Jeden Abend im Juli und August werden nach Sonnenuntergang (21 oder 21.30 Uhr) Filme gezeigt. Gleiches gilt für das Za Rokom in der Altstadt (S. 292).

Lazareti (Karte S. 290; ☎ 324 633; Frana Supila 8) Eine Gruppe Filmfans zeigt hier das ganze Jahr über kostenlose Filmkunst. Die internationalen und einheimischen Produktionen werden auf die Wände des Lazareti-Komplexes aus dem 19. Jh. projiziert.

Live-Musik
St. Blasiuskirche (Karte S. 292; Luža Platz; Eintritt frei) Folklore-Shows unter freiem Himmel finden vor der Kirche sonntags um 11 Uhr statt, und zwar im Mai, Juni und September.

Dubrovnik Orchestra (☎ 417 101) Das Orchester gibt regelmäßig Konzerte im Innenhof des Rektorenpalastes sowie an verschiedenen anderen Örtlichkeiten in der Stadt.

Dubrovnik String Quartet (Karte S. 292; Erlöserkirche, Placa) Das Quartett konzertiert den ganzen Herbst über montagabends in der Erlöserkirche. In der Stadt weisen Plakate auf die Veranstaltungen hin, aber auch die Touristeninformation hält Infos bereit.

SPRITZTOUREN ÜBER DIE GRENZEN

Von Dubrovnik lassen sich die schönen Städte Kotor, Herceg Novi und Budva in Montenegro problemlos mit dem Bus erreichen. Alle drei locken mit ihrer wunderbaren Altstadt, den mit Marmor gepflasterten Straßen sowie einer attraktiven Architektur.

Kotor liegt an einem der größten Fjorde Europas, der Bucht von Kotor. Wer diese Region in aller Ruhe erkunden möchte, sollte sich ein Auto mieten. Jeden Vormittag um 11 Uhr startet ein Bus zum Grenzübergang nach Montenegro.

Von dort geht es mit einem anderen Bus weiter nach Herceg Novi (80 KN, 2 Std.), Kotor (120 KN, 2½ Std.) und Bar (150 KN, 3 Std.), unterwegs wird in Budva ein Stopp eingelegt. Bürger aus EU-Ländern und der Schweiz benötigen kein Visum, um nach Montenegro einzureisen (bis max. 30 Tage Aufenthalt). Der Pass muss noch drei bis sechs Monate gültig sein. Über die aktuellen Bestimmungen informiert die Botschaft.

Es gibt auch Busse nach Mostar (s. unten) – eine gute Gelegenheit, einen Blick auf die berühmte alte Brücke dort zu werfen und seinen Fuß auf den Boden von Bosnien-Herzegowina zu setzen. Auf eigene Faust mit öffentlichen Verkehrsmitteln für nur einen Tag dorthin zu fahren, ist schwierig. Von daher empfehlen sich die von Amico Tours (S. 296) organisierten Tagesausflüge.

SHOPPEN

Überall auf der Stradun gibt es zahlreiche Andenkenläden, in denen Ringelhemden, Anker und sonstiger Krimskrams, der mit dem Meer und der Schifffahrt zu tun hat, verkauft wird.

Maria (Karte S. 292; ☎ 321 330; www.maria-dubrovnik.hr; Ulica Svetog Dominika bb) Es empfiehlt sich, tief durchzuatmen, bevor man das Geschäft betritt, denn beim Anblick von Miu-Miu-Ledertaschen, Lackschuhen von Alexander McQueen und tollen Marni-Kleidern kriegt man schnell weiche Knie. Die Preise haben natürlich internationalen Standard, und der Service ist freundlich – eine angenehme Überraschung.

Sheriff & Cherry (Karte S. 292; ☎ 324 888; www.sheriff-andcherry.com; Đorđićeva 4; ☺ Mo–Fr 10–17, Sa 10–15 Uhr) Das Geschäft mit der Hauptniederlassung in Zagreb zählt zu den wenigen wirklich schicken Boutiquen der Stadt. Zu haben sind alle bedeutenden Markennamen wie beispielsweise Paul & Joe, Cheap Mondays, Anya Hindmarch und Dries Van Noten, um nur einige zu nennen.

Photo Gallery Carmel (Karte S. 292; ☎ 091 577 7157; www.phototgallerycarmel.com; Zamanjina 10; ☺ Mo–Sa 9–16 Uhr) Die erst vor kurzer Zeit neu eröffnete Fotogalerie zeigt eindrucksvolle Arbeiten von sowohl einheimischen als auch international recht bekannten Künstlern. Es sind Drucke erhältlich.

Djardin (Karte S. 292; ☎ 324 744; Miha Pracata 8; ☺ Mo–Fr 9.30–18, Sa 9–12.30 Uhr) Das glitzernde Juweliergeschäft verlässt keiner, der daran Interesse hat, so schnell.

AN- & WEITERREISE

Bus

Täglich fahren Busse von Dubrovnik zu folgenden Zielen:

Ziel	Preis (Kn)	Fahrtzeit (Std.)	Tgl. Verbindungen
Korčula	95	3	1
Mostar*	100	3	2
Orebić	80	2½	1
Rijeka	400	13	2
Sarajevo*	200	5	1
Split	120	4½	14
Zadar	250	8	7
Zagreb	250	11	7–8

*Bosnien-Herzegowina

Internationale Busse siehe S. 339. Im Sommer wird es in der Hochsaison und am Wochenende oft voll in den Bussen, die am **Busbahnhof** (Karte S. 290; ☎ 060 305 070; Obala Pape Ivana Pavla II 44a) in Dubrovnik abfahren. Es empfiehlt sich deshalb, die Fahrkarte rechtzeitig vor der Abfahrt des Busses zu kaufen.

Busse von Split nach Dubrovnik fahren kurzzeitig durch Bosnien, für den Grenzübertritt innerhalb des Fahrzeugs sollte man seinen Pass griffbereit halten.

Flugzeug

Croatia Airlines (Karte S. 292; ☎ 413 777; www.croatiaairlines.hr; Brsalje 9; ☺ Mo–Fr 8–16, Sa 9–12 Uhr) fliegt täglich von Frankfurt, Düsseldorf, München, Wien und Zürich nach Dubrovnik (DBV) sowie nach Zagreb. Preiswerte Charterflüge von vielen Flughäfen in Deutschland, Österreich und der Schweiz bietet Tuifly; die aktuellen Angebote sind der Website zu entnehmen (www.tuifly.com).

Schiff

Neben **Jadrolinija** (Karte S. 290; ☎ 418 000; www.jadrolinija.hr; Hafen Gruž), einer Reederei, deren Fähren Richtung Norden nach Hvar, Split, Zadar und Rijeka fahren, gibt es noch eine lokale Fähre, die ganzjährig von Dubrovnik nach Sobra und Polače auf Mljet (50 Kn, 2½ Std.) fährt. Im Sommer verkehren zwei Fähren am Tag. Zu den Elafitischen Inseln Koločep, Lopud und Šipan fahren ganzjährig täglich mehrere Fähren.

Außerdem fahren von Dubrovnik Fähren nach Bari in Süditalien, und zwar im Sommer sechs Mal pro Woche (346–477 Kn, 9 Std., Fr–Mi 23 Uhr) und in den Wintermonaten zwei Mal wöchentlich (Fr 15.30, Mo 23 Uhr).

Jadroagent (Karte S. 290; ☎ 419 000; Obala Stjepana Radića 32) bucht Fahrkarten für die Fähren und hält Informationen bereit. Weitere internationale Verbindungen siehe S. 324

UNTERWEGS VOR ORT
Auto

Die gesamte Altstadt ist Fußgängerzone, das Auto ist also vor allem für Abstecher nach Lapad und in die Umgebung nützlich. Im Sommer sind die Straßen, die zur Altstadt hinführen, oft total verstopft. Folgende Mietwagenfirmen bieten ihre Dienste an:

Budget Rent-a-Car (Karte S. 290; ☎ 418 998; www.budget.hr; Obala Stjepana Radića 24)

Gulliver (Karte S. 290; ☎ 313 313; Obala Stjepana Radića 31)

Hertz (Karte S. 290; ☎ 425 000; www.hertz.hr; Frana Supila 9)

OK Travel & Trade (Karte S. 290; ☎ 418 950; okt-t@du.t-com.hr; Obala Stjepana Radića 32) Nicht weit vom Fährhafen Jadrolinija.

Bus

Busse verkehren in Dubrovnik häufig und sind generell pünktlich. Sie sind eine gute Alternative für Leute, die keinen Nerv haben, sich mit dem immer schlimmeren Verkehr und den Parkplatzproblemen herumzuschlagen. Der Fahrpreis beträgt 10 Kn, wenn man das Ticket beim Fahrer kauft, und 8 Kn am Kiosk (*tisak*). Fahrpläne sind im Bahnhof erhältlich oder unter www.libertasdubrovnik.hr.

Vom/Zum Flughafen

Der internationale Flughafen Čilipi liegt 24 km südöstlich von Dubrovnik. Die Flughafenbusse von Croatia Airlines (30 Kn) fahren jeweils 1½ Stunden vor Abflug am Busbahnhof ab. Ein Taxi kostet rund 220 Kn.

RUND UM DUBROVNIK

Dubrovnik ist ein idealer Standort für Tagesausflüge in die Umgebung. So kann man zum Beispiel zu den Elafitischen Inseln fahren und dort den Tag mit Sonnenbaden vertrödeln. Oder man fährt zu den wunderschönen Inseln Korčula und Mljet, um gut zu essen, den leckeren Wein zu trinken und den Duft der Trsteno-Gärten auf sich wirken zu lassen. Cavtat bietet sich als ruhigere Alternative zu Dubrovnik an und lädt zum Sightseeing, Schwimmen und Schlemmen ein.

INSEL LOKRUM

Eine Fähre schippert im Sommer im 30-Minuten-Takt zur vegetationsreichen Insel Lokrum (hin und zurück 80 Kn), die als Nationalpark unter dem Schutz der Unesco steht. Die Insel ist wunderschön und beschaulich und lockt viele Gäste an, die dem Trubel von Dubrovnik entrinnen wollen. Aber Achtung: Übernachtungsmöglichkeiten gibt es keine! Der felsige **FKK-Strand** ist ein Eldorado für Leute, die gern die Hüllen fallen lassen, sehenswert sind der **Botanische Garten** und die Ruinen des mittelalterlichen **Benediktinerklosters**. Die vielen Felsen laden zu einem Sprung ins Wasser ein – ein himmlisches Vergnügen!

Für einen Snack empfiehlt sich das **Lacroma** (Snacks ab 20 Kn), eine Bar, die zwei Minuten vom Hafen entfernt ein Stück bergauf liegt. In der Bar spielt oft jemand Gitarre, es ist ein nettes Plätzchen, um bei einem Kaffee auf das Boot zu warten. Wer richtig Hunger hat, sollte die **Konoba Lokrum** (Hauptgerichte ab 50 Kn), das Restaurant des Benediktinerklosters inmitten der alten Ruinen, besuchen. Es bietet die Mischung an Meeresfrüchte-, Fleisch-, Pastagerichten und Risottos.

ELAFITISCHE INSELN

Ein Tagesausflug zu einer der Inseln im Nordwesten Dubrovniks ist genau das Richtige, um den Menschenmassen im Sommer zu entfliehen. Die beliebtesten Inseln sind **Koločep**, **Lopud** und **Šipan**; sie lassen sich mit der täglich

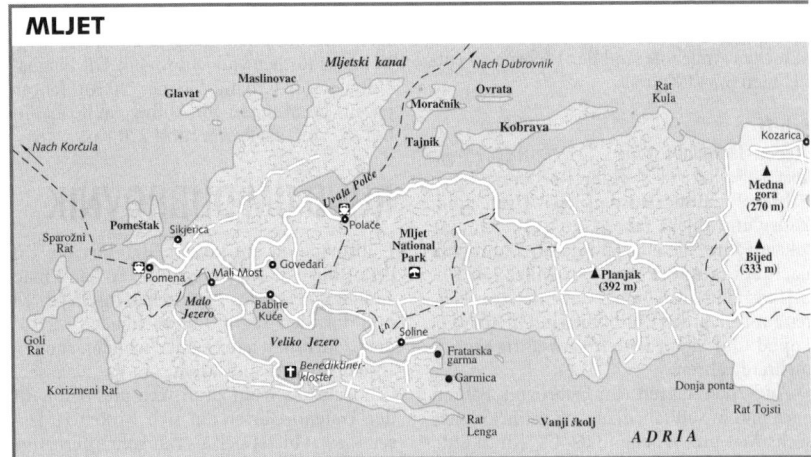

MLJET

fahrenden Autofähre der Reederei Jadrolinija (www.jadrolinija.hr) problemlos erreichen. Von Dubrovnik kann man am Samstagmorgen das Schnellboot nach Koločep (11 Kn, 20 Min.), Lopud (11 Kn, 35 Min.) oder nach Šipan (16,50 Kn, 1¼ Std.) nehmen. Eine Möglichkeit, alle drei Inseln an einem Tag kennenzulernen, bietet die Tour „Drei Inseln & ein Fischpicknick" von Amico Tours (S. 296).

Koločep ist die Dubrovnik am nächsten gelegene Insel; es leben dort nur 150 Personen. Sie bietet mehrere Sand- und Kiesstrände, Steilklippen und Meereshöhlen, außerdem jahrhundertealte Kiefernwälder, Olivenhaine sowie Orangen- und Zitronengärten.

Lopud liegt 25 Minuten weiter entfernt und kann mit diversen interessanten Kirchen und Klöstern aus dem 16. Jh. aufwarten – eine Zeit, als die Anwohner wahre Heldentaten in der Seefahrt vollbrachten. Das Dorf Lopud besteht aus Steinhäusern inmitten von exotischen Gärten. Wer Lust hat, kann zum herrlichen Sandstrand **Šunj** laufen. Die dortige kleine Bar grillt Sardinen und anderen Fisch. Die Insel ist für Autos komplett gesperrt.

Šipan ist die größte der Inseln und war früher bei den Adeligen von Dubrovnik sehr beliebt; sie bauten sich hier im 15. Jh. ihre Häuser. Das Boot kommt in **Šipanska Luka** im Nordwesten der Insel an. Dort liegen auch die Reste einer römischen Villa und eines gotischen Palastes aus dem 15. Jh. Das **Kod Marka** (☎ 758 007; Šipanska Luka; Hauptgerichte ab 50 Kn) empfiehlt sich wegen der hervorragend zubereiteten Meeresfrüchte.

INSEL MLJET
1237 Ew.

Von allen Adria-Inseln ist Mljet die hübscheste. Ein Großteil der Insel ist mit Wald bedeckt, den Rest teilen sich Felder, Weingärten und kleine Dörfer. Die Nordwesthälfte umfasst den **Nationalpark Mljet.** Die üppige Vegetation und die sanften Buchten sind völlig unberührt, es gibt keine Gebäude, Feriensiedlungen oder sonstige touristischen Einrichtungen. Der Nationalpark ist eine Oase der Ruhe, die Insel soll einer Legende nach schon Odysseus sieben Jahre lang verzaubert haben.

Geschichte

Die alten Griechen nannten die Insel „Melita" (Honig), da in den Wäldern so viele Bienen lebten. Angeblich sollen griechische Seeleute auf die Insel gekommen sein, um vor Stürmen Schutz zu suchen und in den Quellen Süßwasser zu bunkern. Damals war die Insel von den Illyrern bewohnt, die auf den Bergen Festungen errichteten und mit dem Festland Handel trieben. Sie wurden von den Römern 35 v. Chr. erobert, die dann die Siedlung um Polače ausbauten: Paläste, Bäder sowie Quartiere für die Bedienstete kamen hinzu.

Die Insel geriet im 6. Jh. unter die Herrschaft der Byzantiner. Im 7. Jh. wurde sie nach Invasionen von den Slawen und Awaren unterworfen. Mehrere Jahrhunderte lang wurde die Insel dann vom Festland aus regiert, bis Mljet im 13. Jh. schließlich dem Benediktinerorden übergeben wurde, der mitten im Veliko Jezero (einem der beiden Seen der Insel) ein

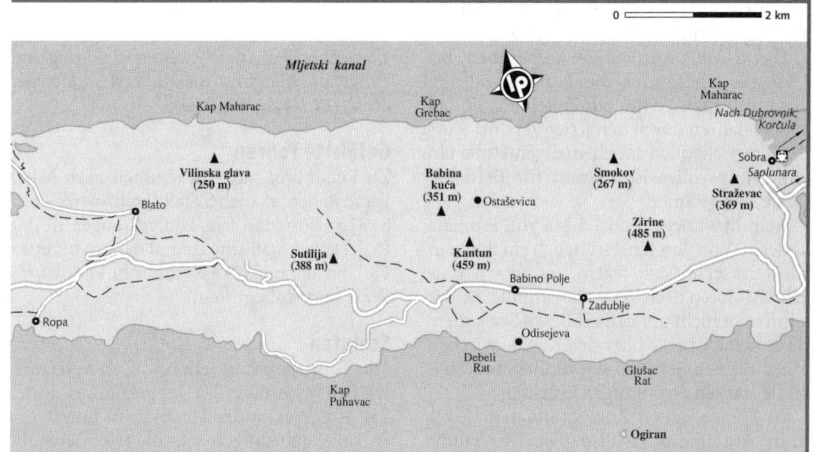

Kloster errichtete. Dubrovnik annektierte die Insel 1410 dann offiziell.

Die Geschicke von Mljet waren von da an zwar eng mit Dubrovnik verbunden, doch am Alltag der Inselbewohner änderte sich wenig: Sie verdienten ihren Lebensunterhalt in der Landwirtschaft, in der Viehzucht, dem Weinbau und der Seefahrt. Von der Seefahrt einmal abgesehen, stellen diese Aktivitäten bis heute die Grundlage der Inselwirtschaft dar. Mit der Gründung des Nationalparks 1960 hielt auch der Tourismus auf Mljet Einzug. Die Anwohner sind jedoch froh, wenn sich die Zahl der Besucher in überschaubaren Mengen hält: Ruhe und Beschaulichkeit sind ihnen wichtiger.

Orientierung & Praktische Informationen

Die Insel ist 37 km lang und durchschnittlich 3 km breit. Die wichtigsten Hafenorte sind Pomena und Polače, zwei winzige Weiler, die rund 5 km voneinander entfernt liegen. Die Ausflugsschiffe von Korčula und die Katamarane von Dubrovnik kommen in der Hochsaison in Polače an. Dort finden Neuankömmlinge auch eine gute Landkarte zur ersten Orientierung. Pomena hat auch das einzige richtige Hotel der Insel, das Hotel Odisej. Die Jadrolinija-Fähren steuern nur Sobra an.

Goveđari, der Zugang zum Nationalpark, liegt zwischen Pomena und Polače. Der Eintritt zum Besuch des 54 km² großen **Nationalparks** (Erw./erm. 90/30 Kn) schließt den Bus- und Bootstransfer zum Benediktinerkloster mit ein. Wer auf der Insel übernachtet, muss den Eintritt nur einmal bezahlen.

Die **Touristeninformation** (☎ 744 186; www.mljet. hr; ☼ Juni–Sept. Mo–Sa 8–20, So 8–13 Uhr, Okt.–Mai Mo–Fr 8–13 & 17–20 Uhr) befindet sich in Polače. Einen Geldautomaten gibt es dort praktischerweise auch gleich. Ein weiterer befindet sich im Hotel Odisej in Pomena.

Das Verwaltungszentrum der Insel ist Babino Polje, 18 km östlich von Polače, wo sich eine weitere **Touristeninformation** (☎ /Fax 745 125; www.mljet.hr; ☼ Mo–Fr 9–17 Uhr) und eine Post befinden.

Sehenswertes

Die beiden Hauptattraktionen der Insel sind der **Malo Jezero** und der **Veliko Jezero**. Die beiden Seen im Westen sind durch einen Kanal verbunden. Da der Veliko Jezero durch den Soline-Kanal außerdem eine Verbindung zum Meer hat, machen sich in beiden Seen die Gezeiten bemerkbar.

In der Mitte des Veliko jezero liegt die Klosterinsel mit dem **Benediktinerkloster.** Das Kloster stammt eigentlich aus dem 12. Jh., wurde aber mehrmals umgebaut, sodass der romanische Bau heute auch Renaissance- und Barockelemente aufweist. Zur Anlage gehört die **Marienkirche** (Crka Svete Marije) aus der gleichen Epoche. Neben dem Bau der Klosteranlage kümmerten sich die Mönche auch um den Kanal zwischen den beiden Seen, sie vertieften und erweiterten ihn. Auf diese Weise konnten sie das einströmende Meerwasser zum Betreiben des Mahlwerks einer Mühle am Zugang zum Veliko jezero nutzen.

Das Kloster wurde 1869 aufgegeben, bis 1941 beherbergte es die Forstverwaltung der Insel, später dann ein Hotel, das in den 1990er-Jahren durch den Krieg zerstört wurde. Inzwischen hat im ehemaligen Hotel ein stimmungsvolles Restaurant für betuchte Gäste seine Räume.

Mali Most liegt rund 1,5 km von Pomena entfernt. Von dort fährt stündlich ein Boot zur Klosterinsel im Malo Jezero, und zwar jeweils zehn Minuten nach der vollen Stunde. Leider kann man nicht um den größeren See laufen, da es keine Brücke über den Kanal zwischen Meer und See gibt. Wer schwimmen will, sollte die starken Strömungen beachten.

In Polače stehen Ruinen aus dem 1. bis 6. Jh. Am eindrucksvollsten ist der **römische Palast**, der vermutlich aus dem 5. Jh. stammt. Er hat einen rechteckigen Grundriss mit zwei polygonalen Türmen an den beiden vorderen Ecken. Auf dem Hügel über der Stadt sind die Ruinen einer spätantiken **Festung** erkennbar, im Nordwesten des Dorfes stehen Reste einer **frühchristlichen Basilika** sowie einer Kirche, die aus dem 5. Jahrhundert stammt.

Aktivitäten

Eine tolle Möglichkeit, den Nationalpark zu erkunden, bietet das Fahrrad. Räder verleihen ein **Privatunternehmen** (☎ 098 428 074) in Mali Most, das Hotel Odisej von Pomena und ein Verleiher im Hafen von Polače. Der Preis liegt bei 20/100 Kn pro Stunde/Tag. Wer vorhat, die 5 km von Pomena nach Polače zu radeln, sollte sich im Klaren sein, dass zwischen den beiden Orten ein recht steiler Berg aufragt. Der Radweg am See entlang ist einfacher und sehr malerisch, verbindet aber nicht die beiden Ortschaften. Man kann sich auch einen **Mini Brum** (☎ 745 084), ein kleines, batteriebetriebenes Elektroauto, mieten; diese Vehikel stehen in Sobra, Polače und Pomena bereit. Fünf Stunden kosten ab 260 Kn aufwärts.

Eine weitere Alternative sind die **Paddelboote**, mit denen man zum Kloster hinüberrudern kann. Aber Achtung: Ein paar Muskeln sind dafür nötig!

Die Insel bietet auch einige recht ungewöhnliche Reviere zum **Tauchen**. Im relativ seichten Wasser liegt das Wrack eines römischen Schiffes aus dem 3. Jh. Die Überreste des Schiffs – einschließlich der Amphoren – sind im Lauf der Zeit mit einer Kalkschicht

überzogen worden, was sie vor Plünderungen bewahrt hat. Weitere Ziele sind ein deutsches Torpedoboot aus dem Zweiten Weltkrieg und einige alte Mauern. Auskunft erteilt **Kronmar Diving** (☎ 744 022; Hotel Odisej).

Geführte Touren

Zu Reisebüros, die Exkursionen nach Mljet veranstalten, s. auch S. 289 (Dubrovnik) und S. 313 (Korčula). Die Touren fangen in der Regel gegen 8.30 Uhr an und dauern bis etwa 18 Uhr; die Eintrittsgebühr zum Park ist im Preis sogar inbegriffen.

Schlafen

Die Touristeninformation in Polače vermittelt Privatquartiere; das Doppelzimmer kostet 250 Kn. Wer in der Hochsaison unterwegs ist, sollte unbedingt rechtzeitig reservieren. In Pomena sieht man mehr *sobe*-Schilder (Zimmer frei) als in Polače, in Sobra praktisch gar keine. Einige der nachfolgend aufgeführten Restaurants vermieten ebenfalls Zimmer.

Im Nationalpark ist es verboten zu zelten, ein Stück außerhalb sind aber zwei Campingplätze vorhanden.

Marina (☎ 745 071; Ropa; pro Pers./Stellplatz 25/47 Kn; ⊗ Juni–Sept.) Kleiner Campingplatz in Ropa, etwa 1 km vom Park entfernt.

Camping Mungos (☎ 745 300; Babino Polje; pro Pers./Stellplatz 30/62 Kn; ⊗ Mai–Sept.) Der Campingplatz bietet nicht viel Schatten, liegt aber günstig. Es ist nicht weit zum Strand und zur hübschen Odysseusgrotte (Odisejeva pećina).

Stermasi (☎ 098 939 0362; Saplunara; Apt. Neben-/Hochsaison 30–45 €; 🅿) Wer seine Ruhe haben und sich selbst versorgen will, ist hier genau richtig. In den sieben gut ausgestatteten, hellen Apartments können zwei bis vier Personen übernachten; zwei Apartments haben eine eigene Terrasse, die anderen Balkone. Saplunara ist relativ abgelegen, aber hier an der Ostseite der Insel kommen die Gäste dafür in den Genuss des einzigen Sandstrands auf Mljet. Zur Anlage gehört ein hervorragendes Restaurant (S. 309).

Soline 6 (☎ 744 024; www.soline6.com; Soline; DZ Neben-/Hochsaison 45–75 €) Das Hotel ist die einzige Übernachtungsmöglichkeit im Park, bietet aber nur Toiletten ohne Spülung, Solarheizung und Biokompostierung. Strom ist nicht vorhanden.

Hotel Odisej (☎ 744 022; www.hotelodisej.hr; Pomena; EZ Neben-/Hochsaison 354–599 Kn, DZ 436–820 Kn; 🅿) Das moderne Gebäude in Pomena ist das einzige konventionelle Hotel auf der Insel. Es bietet anständige Zimmer und Angebote zur Freizeitgestaltung.

Essen

Die Restaurants auf Mljet servieren Fisch und leckere Meeresfrüchte, aber auch Zicklein und Lamm. Viele Gerichte werden im Steinofen unter der Glut zubereitet. Fangfrischer Fisch kostet rund 300 Kn pro Kilo. Ein Tipp für Leute mit eigenem Boot: Wer im entsprechenden Restaurant einkehrt, darf dort an der Mole kostenlos anlegen.

LP Tipp **Stermasi** (☎ 098 939 0362; Saplunara; Hauptgerichte ab 50 Kn) Am besten ist es, im Stermasi zwei Stunden vorher anzurufen und dann zum Mittag- oder Abendessen nach Saplunara loszuziehen – ein Gaumenschmaus, den man sein ganzes Leben nicht vergisst. Der Tintenfisch und das Zicklein aus dem Steinofen (200 Kn bzw. 260 Kn) sind so lecker, saftig und aromatisch wie sonst nur selten. Aber man kann auch einfach unangemeldet vorbeischauen und dann Spaghetti mit Hummer bestellen (280 Kn) oder das Wildschwein mit Gnocchi probieren.

Melita (☎ 744 145; www.mljet-restoranmelita.com; Marieninsel, Veliko Jezero; Hauptgerichte ab 60 Kn) Auf der ganzen Insel gibt es keinen romantischeren (und touristischeren) Flecken! Das Restaurant gehört zur Kirche auf der kleinen Insel mitten im großen See. Die Speisekarte bietet die üblichen Gerichte – Fisch, Meeresfrüchte und Fleisch –, lohnend ist der Besuch aber vor allem wegen der einzigartigen Atmosphäre.

Triton (☎ 745 131; Sršenovićl 43, Babino Polje; Hauptgerichte ab 70 Kn) Noch ein Lokal, um Fleisch aus dem Steinofen zu essen. Das Triton hat sich vor allem auf Zicklein spezialisiert, aber es gibt auch Kalbfleisch. Keinesfalls sollte man den selbst gebrannten Schnaps auslassen (aber Achtung beim Autofahren, das Zeug hat es in sich!).

Mali Raj (☎ 744 115; Babine Kuće 3, Goveđari; Hauptgerichte ab 80 Kn) Das Mali Raj ist schlicht und einfach. Auch hier lohnen sich die Steinofengerichte (einen Tag vorher bestellen), außerdem Fisch und Meeresfrüchte – und das alles in hübscher Umgebung am Meer. Das Lokal befindet sich in der Goveđari, nicht weit vom Hafen entfernt.

An- & Weiterreise

Die Fähren der Reederei Jadrolinija halten nur in Sobra (32 Kn, 2 Std.), aber der **Katamaran**

Melita (☎ 313 119; www.gv-line.hr; Vukovarska 34, Dubrovnik) fährt im Sommer nach einem Halt in Sobra (50 Kn) nach Polače (70 Kn) weiter. Abfahrt ist in Dubrovnik täglich um 9.45 Uhr, zurück geht es in Polače um 16.55 Uhr – ideale Zeiten also für einen Tagesausflug. Ausflugsboote von Korčula fahren in der Hochsaison auch den Hafen Polače an.

Fahrkarten für die Fähren sind in der **Touristeninformation** (Karte S. 290; ☎ 417 983; Obala Stjepana Radića 27, Dubrovnik) im Hafen Gruž oder an Bord erhältlich. Da die Schiffe schnell voll sind, sollte man die Tickets rechtzeitig kaufen.

Von Sobra verkehrt ein Bus nach Pomena (1½ Std.). Von Polače kann man entweder mit dem Rad fahren oder zu Fuß nach Pomena gehen.

CAVTAT
1930 Ew.

Ohne den kleinen Ort Cavtat gäbe es kein Dubrovnik! Oder zumindest nicht das Dubrovnik, wie alle es kennen und lieben. Die Anwohner dieser ursprünglich griechischen Siedlung flohen vor den Slawen und ließen sich dann in Dubrovnik nieder; die Stadt wurde 614 gegründet.

Doch auch Cavtat ist interessant. Hier geht es ursprünglicher zu als in Dubrovnik – der Ort wird nicht ständig von einer Welle Touristen überrollt. Cavtat hat seinen ganz eigenen Reiz: Es zieht sich an einem hübschen Hafen entlang, an diverse Strände grenzen und ist dadurch auch ein netter Ort zum Übernachten.

Geschichte

Cavtat war ursprünglich eine griechische Siedlung und hieß damals Epidaurus. Um 228 v. Chr. wurde es römische Kolonie und dann im 7. Jh. von Slawen zerstört. Im Mittelalter gehörte der Ort fast durchgehend zur Republik Dubrovnik und profitierte vom Kultur- und Wirtschaftsleben der Hauptstadt. Als berühmtester Sohn der Stadt gilt der Maler Vlaho Bukovac (1855–1922), einer der Vorreiter der kroatischen Moderne.

Orientierung & Praktische Informationen

Die Altstadt befindet sich am Hafen; mehrere gigantische Ferienanlagen liegen am östlichen Ende am schönsten Strand der Stadt.

Post (Kneza Domagoja 4; ☉ Mo–Sa 9–18 Uhr) In der Nähe vom Busbahnhof.

Reisebüro Atlas (☎ 479 031; www.atlas-croatia.hr; Trumbićev put 2; ⏰ Mo–Sa 9–18, So 9–13 Uhr) Bucht Exkursionen und hilft in Sachen Privatzimmer weiter.

Teuta (☎ 479 778; Trumbićev put 3) Wer Geld wechseln oder einen Ausflug buchen will oder nur ein Privatzimmer sucht, ist hier richtig. Auch ein Internetzugang ist vorhanden.

Touristeninformation (☎ 479 025; www.tzcavtat-konavle.hr; Tiha 3; ⏰ Juli & Aug. 8–18 Uhr, Sept.–Juni Mo–Fr 8–15, Sa & So 9–12 Uhr)

Sehenswertes

Die Stadt hat einige Sehenswürdigkeiten zu bieten, die sich wirklich lohnen. Der **Rektorenpalast** (☎ 478 556; Obala Ante Starčevića 18; Erw./Stud. 10/5 Kn; ⏰ Mo–Fr 9–13 Uhr) aus der Zeit der Renaissance liegt nicht weit vom Busbahnhof entfernt. Dort befindet sich eine sehr gut bestückte Bibliothek, die im 19. Jh. dem Rechtsanwalt und Historiker Baltazar Bogišić gehörte; gezeigt werden außerdem Lithografien und eine kleinere archäologische Sammlung. Nebenan ragt die barocke **St. Nikolaus Kirche** (Crkva Svetog Nikole; Eintritt 5 Kn; ⏰ 10–13 Uhr) mit ihren Holzaltären auf.

Das **Geburtshaus von Vlaho Bukovac** (Rodna Kuća Vlahe Bukovca; ☎ 478 646; Bukovca 5; Eintritt 20 Kn; ⏰ Di–So 10–13 & 16–20 Uhr), dem berühmtesten Sohn der Stadt, steht am nördlichen Ende der Obala Ante Starčevića. Die Architektur aus dem frühen 19. Jh. bietet einen würdigen Rahmen für die Erinnerungsstücke und Gemälde des berühmtesten kroatischen Malers. Nebenan beeindruckt das **Kloster Maria Schnee** (Samostan Snježne Gospe; Bukovca), es birgt einige schöne Gemälde aus der Frührenaissance.

Vom Kloster führt ein Pfad zum Friedhof mit dem **Mausoleum** (Eintritt 5 Kn; ⏰ 10–12 Uhr) der Familie Račić, ein Werk von Ivan Meštrović. Das kunstvolle Monument reflektiert die Religiosität und Spiritualität des Künstlers.

Schlafen & Essen

Wer ein Privatzimmer sucht, sollte es bei Atlas (s. oben) oder bei einem anderen Reisebüro in der Innenstadt probieren.

Villa Kvaternik (☎ 479 800; www.hotelvillakvaternik.com; Kvaternikova 3; Zi. Neben-/Hochsaison 85–178 €, Suite 127–193 €; ⏰) Fünf stilvolle Zimmer und eine Suite machen das Hotel zu einem der schönsten Quartiere in Cavtat. Das Hotel ist eine Villa aus dem 15. Jh. mitten in der Stadt.

Hotel Cavtat (☎ 478 246; www.iberostar.com; Tiha bb; EZ/DZ 640/910 Kn; ⏰ ⏰) Das Cavtat liegt im Zentrum und bietet 94 Zimmer mit Blick auf den Strand. Die in warmen Tönen gehaltenen Zimmer sind in sehr gutem Zustand und haben Satelliten-TV.

Restaurant Kolona (☎ 478 269; Put Tihe 2; Hauptgerichte 60–110 Kn) Hier sitzen die Gäste auf einer begrünten Terrasse und bekommen den frischsten Fisch der Stadt serviert. Auf der Zunge zergehen die Muscheln mit *buzara*, einer Soße aus Tomaten, Weißwein und Kräutern.

Leut (☎ 478 477; Trumbićev put 13; Hauptgerichte ab 60 Kn) und **Galija** (☎ 478 566; Vuličelićeva 1; Hauptgerichte ab 60 Kn) sind die besten Restaurants des Ortes und stolz auf ihre innovative Küche mit exquisiten Meeresfrüchten und Fisch. Im Galija schmecken die leckeren, preislich akzeptablen Pastagerichte. Es empfiehlt sich, einen Tisch zu reservieren.

An- & Weiterreise

Der Bus 10 fährt vom Busbahnhof in Dubrovnik stündlich nach Cavtat (15 Kn, 45 Min.). Als Alternative bietet sich das Boot (hin & zurück 80 Kn, 3-mal tgl.) vom Anleger in Lokrum an, er liegt nicht weit vom Ploče-Tor entfernt.

TRSTENO

Gerade einmal 13 km nordwestlich von Dubrovnik liegt Trsteno, ein grünes Paradies, in dem früher die Aristokratie von Dubrovnik ihre Gärten hatte. Trsteno machte im 16. Jh. Furore, als die Adligen Wert auf Gärten in der Stadt wie auch in Trsteno legten. Ivan Gučetić, ein Adeliger aus Dubrovnik, pflanzte die ersten Setzlinge in seinem Garten – der Anfang des Gartentrends in Trsteno. Im Gegensatz zu den Gärten in Dubrovnik blieben die Gärten von Trsteno allerdings erhalten.

Die Nachfahren von Ivan Gučetić hegten und pflegten ihren Garten jahrhundertelang, bis das Areal dann von der (ehemals jugoslawischen, heute kroatischen) Akademie der Wissenschaften übernommen wurde, die es zu einem **Arboretum** (☎ 751 019; Eintritt 12 Kn; ⏰ Juni–Sept. 8–20 Uhr, Okt.–Mai 8–17 Uhr) umbauten. Der Garten ist wunderschön mit geometrischen Formen im Stil der Renaissance angelegt. Mediterrane Pflanzen und Büsche (lila Lavendel, grüner Rosmarin, pinkfarbene Bougainvilleen) dominieren, der betörende Duft der Zitrusbäume in den Obstgärten liegt in der Luft. Der Garten ist jedoch nur in Teilen durchgestaltet – einige Bereiche sind wunderbar wild und ursprünglich geblieben.

Nicht zu übersehen ist auch ein abgebranntes Areal: Hier führte der Abwurf einer jugoslawischen Bombe 1991 im Sommer 2000 zu einem Brand. Eine der größten Attraktionen sind die beiden **Platanen** am Eingang: Beide sind rund 600 Jahre alt, an die 50 m hoch und bringen es auf einen Durchmesser von rund 12 m.

Man kann am Campingplatz übernachten, dem **Autocamp Trsteno** (☎ 751 060; www.trsteno.hr/camping.htm; pro Pers./Zelt 25/20 Kn). Er ist gut ausgestattet und hat auch eine hübsche Bar. Der kleine Strand ist recht steinig, aber wer ein bisschen die Gegend auskundschaftet, findet hübsche Buchten.

Wie man nach Trsteno kommt? Man nimmt einen der Busse (40 Min., 12-mal tgl.), die vom Busbahnhof in Dubrovnik in Richtung Split fahren. Sie halten gleich am Eingang bei den Platanen.

INSEL KORČULA

17 038 Ew.

Korčula bietet jede Menge Weingärten, Olivenhaine, kleine Dörfer und Weiler. Da die Insel so dicht bewaldet ist, wurde sie von den ursprünglich griechischen Siedlern Korkyra Melaina (Steineichen) genannt. Die wichtigste Siedlung ist Korčula-Stadt: Ihre hübschen Straßen sind mit Marmor gepflastert und werden von imposanten Gebäuden flankiert. Entlang der steilen Südküste trifft man immer wieder auf verschwiegene Buchten und kleine Strände, die Nordküste ist flacher und hat mehrere Naturhäfen. Bis heute wird auf der Insel die alte Kultur gepflegt. Die Leute halten Jahrhunderte alte religiöse Zeremonien am Leben, der Tourismus sorgt dafür, dass auch die Volkstänze und die Musik ihr Publikum haben.

Weinkenner kommen auf Korčula bei den Weinproben voll auf ihre Kosten; bekannt ist vor allem der Süßwein, der aus der grk-Traube rund um Lumbarda gekeltert wird.

Korčula wird von der Halbinsel Pelješac durch einen schmalen Kanal getrennt und ist die sechstgrößte Insel der Adria. Sie ist 47 km lang und 5–8 km breit.

Geschichte

Eine Höhle aus dem Neolithikum (Vela Špilja) bei Vela Luka im Westen der Insel ist ein Hinweis auf die prähistorische Besiedelung der Insel. Die Griechen ließen sich im 6. Jh. v. Chr. auf der Insel nieder, ihre bedeutendste Siedlung befand sich etwa im 3. Jh. v. Chr. in der Gegend des heutigen Lumbarda. Die Römer eroberten die Insel im 1. Jh., ihnen folgten im 7. Jh. die Slawen. Die Venezianer lösten sie im Jahr 1000 ab, ihnen folgten die Ungarn. Kurz gehörte die Insel zur Republik Dubrovnik, bis sie 1420 wieder an Venedig fiel und bis 1797 auch venezianisch blieb. Während der Herrschaftszeit der Seerepublik wurde die Insel für ihren Stein berühmt, der von einheimischen Kunsthandwerkern für den Export in den Steinbrüchen gewonnen und aufbereitet wurde. Auch der Schiffsbau florierte, obwohl die Venezianer natürlich versuchten, die Konkurrenz zu den eigenen Werften zu unterbinden. Nachdem Napoleon 1797 Dalmatien erobert hatte, erlebte Korčula das gleiche Schicksal wie Dalmatien: Die Insel fiel in die Hände von Frankreich, Österreich-Ungarn und England, bis sie schließlich 1921 ein Teil von Jugoslawien wurde.

An- & Weiterreise

BUS

Täglich fährt ein Bus nach Dubrovnik (87 Kn, 3 Std.) und Zagreb (195 Kn, 12 Std.). Da der Bus nach Dubrovnik im Sommer oft sehr voll wird, empfiehlt es sich, möglichst frühzeitig zu reservieren.

FÄHRE

Die Insel hat zwei wichtige Häfen – Korčula (Stadt) und Vela Luka. Alle Jadrolinija-Fähren von Split nach Dubrovnik machen in Korčula Halt. Jadrolinija betreibt von Juni bis September täglich ein Passagierschiff von Split nach Vela Luka (27 Kn, 2 Std.), das in Hvar hält. Außerdem gibt es noch das Schnellboot **Krilo** (www.krilo.hr), das auf dem Weg von Split nach Korčula (55 Kn, 2¾ Std.) auch in Hvar anlegt. Im Sommer fährt die *Krilo* jeden Tag von Oktober bis Mai drei- bis fünfmal die Woche. Die *Krilo* legt im Hafen Prigradica bei Blato ab. Wer weitere Informationen benötigt, setzt sich mit **Marco Polo Tours** (Karte S. 314; ☎ 715 400; www.korcula.com; Biline 5) in Korčula oder mit **Split Tours** (Karte S. 242; ☎ 352 553; www.splittours.hr; Gat Sv Duje bb) in Split in Verbindung.

Zwischen Split und Vela Luka (35 Kn, 3 Std.) verkehrt jeden Nachmittag eine Autofähre, die an fast allen Tagen auch in Hvar hält (Achtung: Autos können dort nicht die Fähre verlassen). Sechs Busse täglich verbinden Korčula-Stadt mit Vela Luka (28 Kn, 1 Std.),

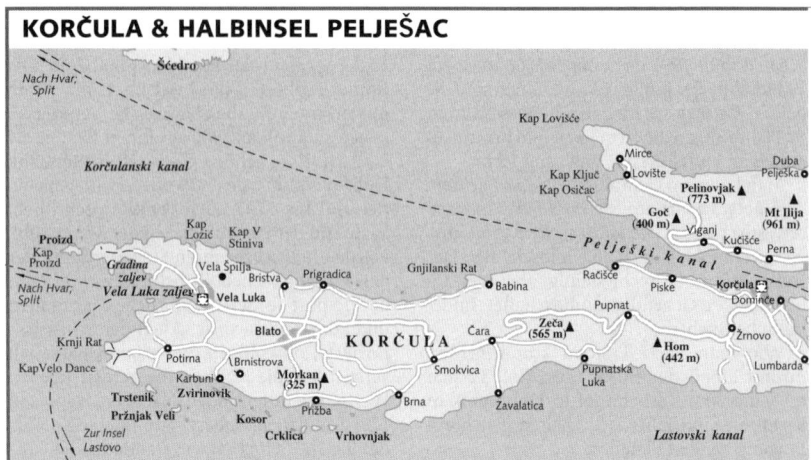

KORČULA & HALBINSEL PELJEŠAC

die Busse ab Vela Luka fahren am Wochenende allerdings seltener.

Eine Alternative ist die Fahrt mit der Autofähre von Ploče nach Trpanj (103 Kn, 30 Min., 3- oder 4-mal tgl.) und dann die Überquerung der Halbinsel Pelješac mit dem eigenen Auto. In Orebić geht es dann auf die Fähre nach Dominče (58 Kn, 15 Min.). Die genannten Preise gelten für Auto und Fahrer.

Von Orebić legt eine Personenfähre (15 Kn, 15 Min., Mo–Fr, ganzjährig mind. 4-mal tgl.) ab. Sie hält in der Nähe des Hotels Korčula unterhalb der Türme von Korčula-Stadt. Am Wochenende hat man Anschluss per Bus von Lumbarda, sonntags nur zum Morgenbus, der aus Korčula-Stadt.

KORČULA-STADT
3000 Ew.
Familien schätzen die schöne Stadt wegen ihrer beschaulichen Atmosphäre. Entlang der mit Marmor gepflasterten Straßen stehen zahlreiche Gebäude aus der Zeit der Renaissance und Gotik. Die Straßen wurden im Fischgrätmuster angelegt – ein großartiges Konzept, das gleichermaßen der Sicherheit wie auch dem Komfort der Bürger diente: Die nach Westen verlaufenden Straßenzüge wurden gerade angelegt, damit der starke Westwind *maestral* eine kühle Brise durch die Straßen schicken kann. Alle Straßen gen Osten haben eine leichte Biegung, um die Wirkung des kalten Nordwestwindes *bura* zu minimieren. Die Straßen fächern sich nach

Norden hin auf, sodass sich die Türme und Mauern im Fall einer Verteidigung mühelos erreichen ließen, und zwar vor allem der nördliche Abschnitt zum Pelješki kanal hin. Die Stadt besitzt einen Hafen, über der runde Wehrtürme aufragen, viele Häuser sind mit roten Ziegeln gedeckt.

Überall stehen Palmen, mehrere Strände liegen in Laufweite. Da der Ort bei Familien so beliebt ist, suchen sich viele Backpacker einen entlegenen Strand weiter außerhalb, um dort die Ruhe zu genießen. Korčula-Stadt ist ein guter Standort für Tagesausflüge nach Lumbarda, zur Mini-Insel Badija, nach Orebić auf der Halbinsel Pelješac und zur Insel Mljet.

Geschichte
Alten Dokumenten ist zu entnehmen, dass an dieser Stelle bereits im 13. Jh. eine von einer Mauer geschützte Stadt existierte. Die Stadt in ihrer heutigen Form wurde jedoch erst im 15. Jh. errichtet. Zu dieser Zeit erlebte die Steinmetzkunst auf der Insel gerade eine Blüte, und so kamen die Gebäude und Straßenzüge zu ihrem schönen, charakteristischen Aussehen. Im 16. Jh. wurden die Fassaden der Gebäude zudem mit dekorativen Elementen wie Schmucksäulen und Wappen verziert. Sie verliehen dem ursprünglich gotischen Zentrum sein Renaissancegepräge. Im 17. und 18. Jh. begann man, südlich der Altstadt zu bauen, denn die Gefahr einer Invasion war nicht mehr so groß, und es bestand keine Notwendigkeit mehr, sich hinter dicken Mauern zu verschanzen. Die schmalen Straßen und

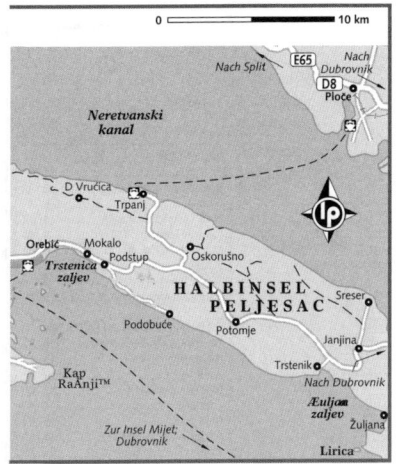

Steingebäude in der „neuen" Vorstadt lock-
ten Kaufleute und Kunsthandwerker an – bis
zum heutigen Tag spielt sich hier ein Großteil
des Handels ab.

Orientierung

Wenn es die Windverhältnisse zulassen,
lässt die große Jadrolinija-Autofähre ihre
Passagiere an der Stadtmauer der Altstadt
im östlichen Hafen von Korčula aussteigen,
ansonsten legen sie im Westhafen vor dem
Hotel Korčula und der Touristeninformation
an. Die Passagierschiffe nach Orebić gehen
ebenfalls im Westhafen vor Anker. Der Busbahnhof (keine Gepäckaufbewahrung) liegt
im Süden der Stadt hinter dem Yachthafen;
dahinter folgen die größeren Hotels.

Viele Besucher fahren zu den Stränden von
Orebić, aber das Wasser der Stadt ist so sauber, dass man auch hier überall baden kann.
Neben dem Großen Fürstentor befindet sich
eine kleine Bucht, an der Promenade Sveti
Nikole südwestlich der Stadt und den Hotels
liegen einige Felsstrände.

Praktische Informationen

In der HVB Splitska Banka gibt es einen
Geldautomaten. Hier, in der Post oder
in einem der Reisebüros kann man auch
Geld wechseln.

Eterno (☎ 716 538; www.eternotravel.com; Put Sv
Nikole bb; ☺ Mo–Fr 9–22, Sa & So 9–16 Uhr) Das
freundliche Reisebüro vermittelt Privatzimmer, organisiert
Ausflüge und bietet außerdem noch einen schnellen Internetzugang (Std. 25 Kn).

Kantun Tours (☎ 715 622; www.kantun-tours.com;
Plokata 19 Travnja bb; ☺ Mo–Fr 9–19, Sa 9–18, So 9 bis
13 Uhr) Vermittelt Privatzimmer, veranstaltet Ausflüge und
bietet einen Zugang zum Internet (Std. 25 Kn).

Krankenhaus (☎ 711 137; Kalac bb) Es liegt etwa 1 km
hinter dem Hotel Marko Polo.

Marko Polo Tours (☎ 715 400; www.korcula.com;
Biline 5; ☺ Mo–Fr 9–21, Sa & So 9–18 Uhr) Organisiert
Privatunterkünfte und Exkursionen.

Post (☺ Mo–Fr 7.30–19, Sa 8–12 Uhr) Das Gebäude
liegt versteckt an den Treppen in die Altstadt; man kann
hier auch telefonieren.

Reisebüro Atlas (☎ 711 231; ☺ Mo–Fr 9–18, Sa
9–16 Uhr) Von diesen Reisebüros sind in der Stadt gleich
mehrere vorhanden, alle haben eine einheitliche Telefonnummer. Atlas fungiert als Repräsentanz von American
Express, organisiert Exkursionen und ist bei der Suche nach
einem Privatzimmer behilflich.

Tino's Internet (☎ 091 509 1182; Tri Sulara; Std.
30 Kn; ☺ Mo–Sa 9–10, So 9–16 Uhr) Tino's hat noch
eine Zweigstelle am ACI Yachthafen, die ebenfalls recht
lang geöffnet ist.

Touristeninformation (☎ 715 701; www.korcula.net;
Obala Franje Tuđmana bb; ☺ Juni–Sept. Mo–Sa 8 bis
15 & 15–21, So 8–15 Uhr, Okt.– Mai Mo–Sa 8–13 &
15–21 Uhr) Jede Menge super Infos am westlichen Hafen.

Sehenswertes

Die Mauern und Türme sind das Wahrzeichen der Stadt und beeindrucken vor allem
bei der Anfahrt vom Meer. Am Westhafen
weist eine lateinische Inschrift von 1592 am
Turm des westlichen Seetors darauf hin, dass
Korčula nach dem Fall Trojas gegründet
wurde. Gleich in der Nähe ragen die koni-
sche **Große Fürstenturm** (1483) und der **Kleine
Fürstenturm** (1449) auf, sie schützten früher
den Hafen und den Gouverneurspalast, der
neben dem Rathaus stand.

Das südliche Landtor in die Altstadt war
der **Veliki-Revelin-Turm**. Er wurde im 14. Jh. gebaut und später erweitert und ist mit Wappen
des venezianischen Dogen und der Fürsten
von Korčula verziert. Ursprünglich befand
sich hier eine Zugbrücke aus Holz, sie wurde
im 18. Jh. durch eine weitläufige Steintreppe
ersetzt, die dem Eingang nun etwas Prunkvol-
les verleiht. Die einzig erhaltenen Reste der
Stadtmauer verlaufen vom Turm in Richtung
Westen.

Weitere Sehenswürdigkeiten finden sich
rund um den **Kathedralplatz** (Trg Svetog Marka), den die wunderschöne **Markus-Kathed-
rale** (Katedrala Svetog Marka; Trg Sv Marka Statuta 1214;
☺ Juli-Aug. 9–21 Uhr, Sept.–Juni nur während der Messe)

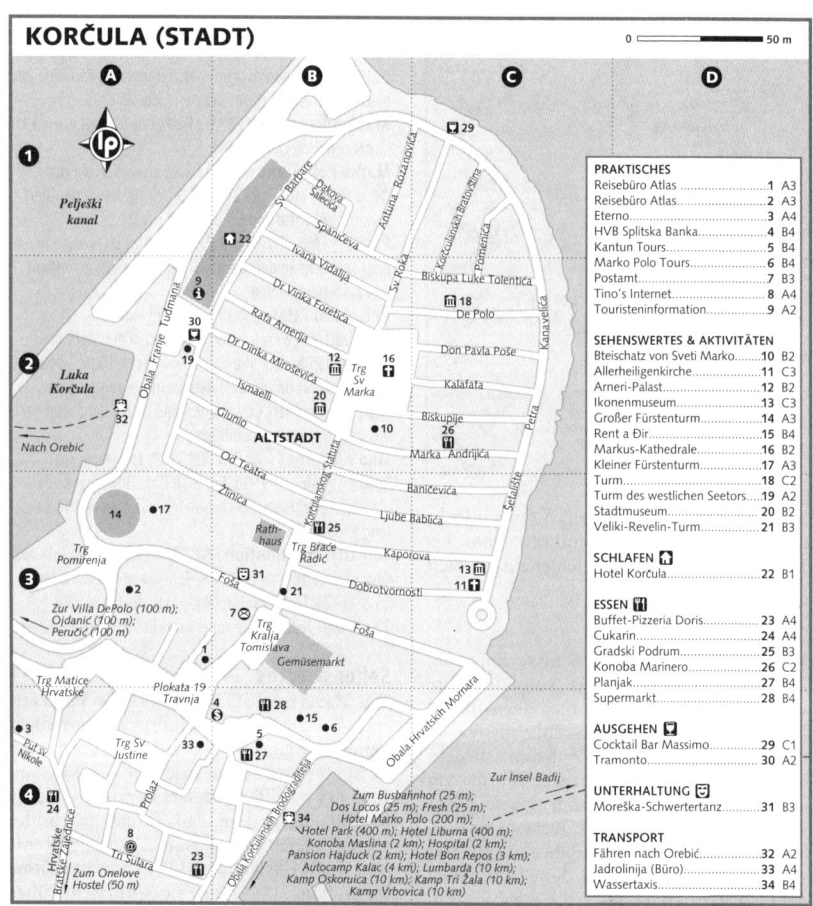

KORČULA (STADT)

0 — 50 m

Pelješki kanal

Luka Korčula

Nach Orebić

ALTSTADT

Zur Villa DePolo (100 m);
Ojdanić (100 m);
Peručić (100 m)

Trg Pomirenja

Trg Matice Hrvatske

Plokata 19 Travnja

Trg Sv Justine

Put sv Nikole

Zum Onelove Hostel (50 m)

Gemüsemarkt

Trg Kralja Tomislava

Zur Insel Badij

Zum Busbahnhof (25 m);
Dos Locos (25 m); Fresh (25 m);
Hotel Marko Polo (200 m);
Hotel Park (400 m); Hotel Liburna (400 m);
Konoba Maslina (2 km); Hospital (2 km);
Pansion Hajduck (2 km); Hotel Bon Repos (3 km);
Autocamp Kalac (4 km); Lumbarda (10 km);
Kamp Oskorušica (10 km); Kamp Tri Žala (10 km);
Kamp Vrbovica (10 km)

DUBROVNIK & SÜDDALMATIEN

---

beherrscht. Die Kirche aus dem 15. Jh. wurde von italienischen und einheimischen Künstlern im Stil der Gotik und Renaissance aus dem heimischen Kalkstein errichtet. Über dem Portal ist das dreieckige Giebelfeld mit einer Meeresjungfrau, einem Elefanten und anderen Skulpturen geschmückt. Der **Glockenturm** ragt hoch über der Stadt auf und hat oben eine Balustrade und eine schmucke Kuppel – ein Werk von Marko Andrijić aus Korčula.

Innen stehen im **Baptisterium** moderne Skulpturen, darunter eine Pietà von Ivan Meštrović. Der Altarbaldachin stammt ebenfalls von Andrijić, dahinter zeigt das Altargemälde die *Drei Heiligen* von Tintoretto. Es wird noch ein weiteres Gemälde Tintoretto oder seiner Schule zugeschrieben, nämlich *Die*

Verkündigung am Barockaltar des hl. Antonius. Bemerkenswert sind außerdem eine Bronzefigur des hl. Blasius von Meštrović unweit vom Altar im nördlichen Seitenschiff sowie ein Gemälde des venezianischen Künstlers Jacopo Bassano in der Apsis des südlichen Seitenschiffes der Kirche.

Der **Abteischatz von Sveti Marko** (☎ 711 049; Statuta 1214; Eintritt 15 Kn; Mai–Nov. Mo–Sa 9–20 Uhr) im Bischofspalast aus dem 14. Jh. neben der Kathedrale lohnt ebenfalls einen Blick. Hinter dem Vorraum mit einer Ikonensammlung folgt ein Saal mit einer hervorragenden Sammlung von dalmatinischen Gemälden aus dem 15. und 16. Jh. Am beeindruckendsten ist *Die Jungfrau* von Blaž Trogiranin. Außerdem werden noch liturgische Objekte, Schmuck,

---

SÄBELTÄNZE

Zu den farbenfrohsten Bräuchen der Insel Korčula zählt der Moriskentanz oder Säbeltanz, der hier seit dem 15. Jh. aufgeführt wird. Der Tanz ist vermutlich spanischen Ursprungs, doch ist Korčula der einzige Ort auf der Welt, wo er noch gepflegt wird. Der Tanz erzählt die Geschichte von zwei Königen – vom weißen König (in einem roten Gewand) und dem schwarzen König, die beide um eine Prinzessin kämpfen, die vom schwarzen König entführt wurde. Am Anfang erklärt die Prinzessin mit einigen einführenden Worten ihre Liebe zum weißen König. Da der schwarze König sie nicht freigeben will, zücken die Armeen der beiden Könige die Säbel und „kämpfen" in einem kunstvollen Tanz zu den Klängen eines Orchesters um die Prinzessin. Die Einwohner führen den Tanz bis heute mit Begeisterung auf, und zwar im Juli und August jeden Montag- und Donnerstagabend am Südtor (manchmal auch im Juni und Sept.). Früher wurde er ausschließlich am 29. Juli, dem Korčula-Tag, aufgeführt.

Kumpanija-Tänze werden auf der Insel regelmäßig in Pupnat, Smokvica, Blato und Čara gezeigt. Auch bei diesem Tanz geht es um einen „Kampf" zwischen zwei feindlichen Armeen, der dann mit dem Hissen einer riesigen Flagge seinen Höhepunkt findet. Begleitet werden die Tänzer von den Klängen der Trommeln und der *mišnice*, einem traditionellen Instrument, das an einen Dudelsack erinnert.

Möbel und alte historische Dokumente von Korčula gezeigt.

Das **Stadtmuseum** (Gradski Muzej; ☎ 711 420; Statuta 1214; Eintritt 15 Kn; ☼ Juni–Aug. tgl. 9–21 Uhr, Sept.–Mai Mo–Sa 9–13 Uhr) ist im Palais Gabriellis aus dem 16. Jh. untergebracht. Es erläutert die Geschichte und Kultur von Korčula. Den Anfang macht eine Tafel, die die Anwesenheit der Griechen im 3. Jh. v. Chr. auf der Insel belegt. Das Lapidarium zeigt die Entwicklung der Bildhauerei samt dem entsprechenden Werkzeug. Im Saal zum Thema Schiffsbau werden Modelle von hier gebauten Schiffen sowie Werkzeug ausgestellt. Außerdem gibt es eine archäologische Sammlung mit prähistorischen Objekten sowie eine Kunstsammlung mit Möbeln, Textilien und Porträts.

Bevor man den Platz verlässt, lohnt ein Blick auf den eleganten **Arneri-Palast** mit vielen Zierornamenten; er liegt neben dem Museum.

Angeblich soll Marco Polo 1254 auf Korčula geboren worden sein. Gegen ein kleines Entgelt kann man den **Turm** (Ulica De Polo; Eintritt 15 Kn; ☼ Juli & Aug. 9–21 Uhr) seines mutmaßlichen Hauses erklimmen. Es soll nach einer Renovierung als Museum öffnen.

Das **Ikonenmuseum** (Trg Svih Svetih; Eintritt 10 Kn; ☼ Mo–Sa 10–12, 17–19 Uhr) ist nicht sehr spektakulär, sehenswert sind aber einige byzantinische Ikonen auf Holz mit goldenem Hintergrund, außerdem die rituellen Objekte aus dem 17. und 18. Jh.

Wunderschön ist die herrliche alte Kirche **Svih Svetih** (Allerheiligenkirche) nebenan. In

der Barockkirche aus dem 18. Jh. beeindrucken neben zahlreichen sakralen Gemälden vor allem das Kreuzigungsgemälde aus dem 15. Jh. und eine Holzpietà aus dem späten 18. Jh von Georg Raphael Donner.

In der Hochsaison besteht die Möglichkeit, vom Jadrolinija-Hafen aus mit dem Wassertaxi zu verschiedenen Orten auf der Insel zu schippern. Ein nettes Ziel außerhalb ist auch die **Insel Badija** mit einem Franziskanerkloster aus dem 15. Jh. und einem FKK-Strand.

Aktivitäten

Fahrräder vermietet Kantun Tours (S. 313), Motorräder (24 Std. 200 Kn) oder Boote (Tag 540 Kn) **Rent a Dir** (☎ 711 908; www.korcula-rent.com; Biline 5). Wem der Sinn nach Strandaktivitäten steht, zieht los nach Orebić (S. 319).

Geführte Touren

Die auf S. 313 genannten Reisebüros bieten Touren über die Insel, einen Ausflug nach Mljet, Rafting und noch ein paar weitere Exkursionen an.

Festivals & Events

Die **Karwoche** wird auf Korčula in großem Stil begangen. Los geht es am Palmsonntag, die ganze Woche vor Ostern finden Prozessionen und andere Feierlichkeiten statt. Sie werden von den Bruderschaften organisiert, die dann ihre traditionelle Tracht tragen. Die Einwohner der Stadt singen mittelalterliche Weisen und Kirchenlieder, es werden Bibelszenen aufgeführt und die Stadttore gesegnet. Die feierlichste Prozession findet am Karfreitag statt, wenn die Bruderschaften durch die Straßen ziehen. Die Touristeninformation hat einen genauen Veranstaltungskalender, aber Achtung: Unbedingt diskret fotografieren, denn schließlich sollen die religiösen Gefühle der Menschen nicht verletzt werden.

Schlafen

CAMPINGPLÄTZE

Es gibt einen großen und mehrere kleinere Zeltplätze. Am größten ist das schöne **Autocamp Kalac** (☎ 711 182; Fax 711 146; pro Pers./Stellplatz 50/46 Kn; ☯ Juni–Sept.) hinter dem Hotel Bon Repos in einem dichten Kiefernhain unweit des Strands.

Rund 10 km westlich der Stadt befinden sich bei Račišće drei kleine Campingplätze. Dort ist man ungestörter, und die Strände sind auch leerer. Alle sind von Mitte Juni bis Mitte September geöffnet und kosten rund 90 Kn pro Person, inklusive Zelt und Auto:

Kamp Oskorušica (☎ 710 747)

Kamp Tri Žala (☎ 721 244; trizala@vip.hr)

Kamp Vrbovica (☎ 721 311)

HOSTELS

Onelove Hostel (☎ 716 755; www.korculabackpacker. com; Hrvatske Bratske Zajednice 6; B 100 Kn) Das Hostel unter südafrikanisch-kroatischer Leitung ist etwas für Hedonisten. Laut Auskunft von Backpackern bekommen hübsche Mädchen und trinkfeste Typen hier bevorzugt ein Bett. Hier läuft die Supersause mit viel Alkohol, Tanz und durchgefeierten Nächten. Hiermit ist jeder also vorgewarnt.

HOTELS

Das Angebot an Hotels ist auf Korčula breit und definiert sich durch viele Ferienanlagen, es gibt aber auch ein paar ordentliche Hotels. Möglicherweise ist zwischenzeitlich das eine oder andere renoviert worden. Die folgenden gehören alle zur Kette der **Korčula Hotels** (www. korcula-hotels.com).

Hotel Park (☎ 726 004; pro Pers. Neben-/Hochsaison 28–47 €; P) Einen Architekturwettbewerb wird der Betonkasten bestimmt nicht gewinnen, aber dafür gibt's einen hoteleigenen Strand; viele Zimmer haben Balkon und Meerblick.

Hotel Bon Repos (☎ 726 800; pro Pers. Neben-/Hochsaison 45–60 €; P ☯) Das Hotel liegt an der Stadt an der Straße nach Lumbarda. Die Anlage ist supergepflegt, hat einen Riesenpool und einen kleinen Strand. Der Hotelkomplex ist

so groß, dass viele herumirren, bis sie endlich die Rezeption gefunden haben. Die Zimmer sind recht gemütlich.

Hotel Korčula (☎ 711 078; Obala Franje Tuđmana 5; pro Pers. Neben-/Hochsaison 55–80 €; P ☯) Das Hotel am westlichen Hafen hat das meiste Flair. Auf der großzügigen Terrasse macht es Spaß, bei einem Kaffee die Zeit zu vertrödeln. Die eher mittelmäßigen Zimmer sind unterschiedlich groß; mit etwas Glück lässt sich eines mit Meerblick ergattern. Ein Lift ist keiner vorhanden; das Gepäck müssen die Gäste selbst aufs Zimmer schleppen.

Hotel Liburna (☎ 726 006; Put Od Luke 17; pro Pers. Neben-/Hochsaison 55–88 €; P ☯) Am betonierten Strand kann man surfen, es gibt einen Pool und Tennisplätze, die Zimmer sind jedoch ziemlich langweilig.

PRIVATZIMMER

Wer keinen Bock hat, in einem der großen Hotels einzuziehen, wird sich vermutlich in dem deutlich persönlicheren Gästehaus wohler fühlen. Die Reisebüros Atlas und Marko Polo Tours (s. S. 313) vermitteln Privatzimmer für etwa 250–350 Kn pro Doppelzimmer, schön und empfehlenswert sind auch die folgenden Quartiere:

Villa DePolo (☎ /Fax 711 621; tereza.depolo@du.t-com. hr; B Neben-/Hauptsaison 240–290 Kn; ☯) Das Gästehaus liegt in einem Wohnviertel unweit der Altstadt und 100 m westlich des Busbahnhofs. Es bietet vier moderne, saubere Zimmer, von denen einige Meerblick haben. Wer nur eine Nacht bleibt, muss einen Zuschlag von 30 % zahlen.

Pansion Hajduk (☎ 711 267; olga.zec.@du.t-com. hr; B ab 40 €; ☯ ☯) Die Pension liegt ein paar Kilometer außerhalb der Stadt entfernt an der Straße nach Lumbarda. Die Gäste werden herzlich willkommen geheißen, die Zimmer haben Klimaanlage und TV; sogar ein Pool ist vorhanden. Wer zu Fuß kommt, geht vom Hotel Marko Polo noch 1 km weiter am Feuerwehrhaus vorbei, dann erscheint die Pension auf der rechten Seite. Das dazugehörige Restaurant ist ebenfalls gut.

Weitere Gästehäuser in der Nähe, die vergleichbar viel kosten, sind das **Peručić** (☎ / Fax 715 938; tonci.perucic@du.t-com.hr) mit tollen Balkonen und das gemütliche **Ojdanić** (☎ /Fax 711 708; roko-taxi@du.t-com.hr). Der Boss vom Ojdanić, Ratko Ojdanić, besitzt ein eigenes Wassertaxi und hat viel Erfahrung in Bezug auf Angelausflüge rund um die Insel.

Essen

Lebensmittel für den täglichen Bedarf oder auch für ein Picknick verkauft der Supermarkt.

Cukarin (☎ 711 055; Hrvatske Bratske Zajednice; Kuchen ab 10 Kn) Korčulas Kuchen- und Gebäckspezialitäten wie etwa *cukarini* (Biscuit), *klajun* (Walnusspastete), *amareta* (runder Kuchen mit Mandeln) und *harubica* (Johannisbeerbrot) sollte sich niemand entgehen lassen! Hier wird alles selbst gebacken – kein Wunder, dass die Käuferschlangen am Morgen ewig lang sind.

Fresh (☎ 091 799 2086; www.igotfresh.com; 1 Kod Kina Liburne; Snacks ab 20 Kn) Das Lokal liegt direkt gegenüber vom Busbahnhof und ist ideal für einen Smoothie am Morgen, Wraps zu Mittag und Bier und Cocktails am Abend. Es hat die gleiche Leitung wie das Fresh in Dubrovnik (S. 300).

Buffet-Pizzeria Doris (☎ 711 596; Tri Sulara; Hauptgerichte ab 35 Kn) Einfache, aber leckere Gerichte werden in den Innenräumen und auf der schattigen Terrasse serviert. Die Gemüseplatte vom Grill ist vor allem bei den Vegetariern sehr beliebt.

Planjak (☎ 711 015; Plokata 19 Travnja; Hauptgerichte ab 50 Kn) Das Planjak ist für seine Grillplatte und die Balkangerichte beliebt, sie werden auf einer überdachten Terrasse serviert.

Konoba Marinero (☎ 711 170; Marka Andrijića; Hauptgerichte ab 50 Kn) Direkt im Herzen der mittelalterlichen Altstadt befindet sich der nette, gemütliche Familienbetrieb Marinero. Die Söhne gehen zum Fischen, die Eltern bereiten den Fang nach traditionellen Rezepten zu.

Konoba Maslina (☎ 711 720; Lumbarajska cesta bb; Hauptgerichte ab 50 Kn) Es lohnt sich, zur Maslinia zu bummeln: Die Hausmannskost schmeckt hervorragend. Zu den Favoriten zählt eine Suppe aus unterschiedlichen Bohnen. Das Lokal liegt hinter dem Hotel Marko Polo an der Straße nach Lumbarda, wer will, kann sich in der Stadt abholen und dorthin auch wieder zurückbringen lassen.

Gradski Podrum (☎ 711 222; Kaporova; Hauptgerichte ab 70 Kn) Das Restaurant im Südtor bringt Fisch à la Korčula (gedünstet mit Kartoffeln und frischer Tomatensoße) auf den Tisch. Die Pasta- und Meeresfrüchtegerichte sind preislich in Ordnung.

Ausgehen

Cocktail Bar Massimo (☎ 718 878; Šetalište Petra Kanavelića) Alles ist hier original, zumindest das steht schon mal fest. Die Bar befindet sich in einem Türmchen und ist nur über eine Leiter erreichbar. Die Getränke werden mit einem Flaschenzug hinaufgeschafft. Der Blick auf die Kathedrale ist hübsch.

Fresh (☎ 091 799 2086; www.igotfresh.com; 1 Kod Kina Liburne; Snacks ab 20 Kn) Abends entwickelt sich in dem kleinen Lokal so etwas wie Partystimmung auf, denn dann ist Happy Hour, und es gibt zwei Drinks für den Preis von einem.

Tramonto (☎ 098 192 1048; Ismaelli 12) Der Sonnenuntergang lässt sich in dieser Bar mit Terrasse bei einem Cocktail besonders schön genießen. Das Lokal ist bei Einheimischen, Touristen und den Seglern gleichermaßen beliebt. Bei entspannter Musik geht es locker und leger zu.

Dos Locos (☎ 091 528 8971; Šetalište Frana Kršinića 14) Das ist sicher die verrückteste Kneipe der Stadt – und der Treff der Jugend. Die Musik ist laut, Musikvideos werden an die Wand des Nebengebäudes projiziert. Wo die Kneipe liegt? Direkt hinter dem Busbahnhof.

Unterhaltung

So ziemlich jeder, der im Sommer nach Korčula kommt, landet irgendwann einmal beim Moreška-Schwertertanz (s. Kasten S. 315), der im Juli und August montags und donnerstags am Tor zur Altstadt aufgeführt wird. Die Eintrittskarten kosten 100 Kn und können vor Ort oder in einem der Reisebüros gekauft werden.

Wer die Hin- und Rückreise organisieren kann, sollte sich in den Dörfern Pupnat, Smokvica, Blato und Čara auch die Kumpanija-Tänze anschauen, eine nette Abendunterhaltung. Aber, wie gesagt, es gibt keine Busse dorthin.

An- & Weiterreise

Informationen, wie man nach Korčula-Stadt kommt und von dort weiterreisen kann, finden sich auf S. 311. Ein **Jadrolinija-Büro** (☎ 715 410) liegt rund 25 m unterhalb vom Westhafen.

LUMBARDA

Lumbarda ist ein fröhliches Dorf, das sich im Südosten der Insel Korčula um einen Hafen zieht und von Weingärten und Buchten eingerahmt wird. Auf dem sandigen Boden wachsen die Reben besonders gut. Kein Wunder also, dass der Wein der *grk-Traube* so berühmt ist. Die Griechen besiedelten die Insel, bevor die Römer kamen. Im 16. Jh. erbauten die Adeligen aus Korčula hier ihre Sommerhäuser – bis heute gilt der Ort als Refugium für alle, die der Hektik der Stadt entfliehen wollen.

Die Stadtstrände sind klein und sandig, ein weiterer schöner Strand (Plaza Pržina) liegt hinter den Weingärten und dem Supermarkt.

Praktische Informationen

Die Post findet man neben der **Touristeninformation** (☎ /Fax 712 005; www.lumbarda.hr; ⊙ Mitte Juni–Juli 8–12, 16–20 Uhr, Juli–Mitte Sept. 8–22 Uhr, Mitte Sept.–Okt. 8–12, 16–20 Uhr, Okt.–Mitte Juni Mo–Fr 8 bis 14 Uhr), die auch Privatquartiere vermittelt. Vom Busbahnhof aus findet man sie ein Stück die Straße hinauf.

Schlafen & Essen

Es gibt mehrere kleine, preiswerte Zeltplätze. Von Busbahnhof geht es ein Stück bergauf, und schon ist man da.

Pansion Marinka (☎ 712 007, 098 344 712; marinka.milina-bire@du.t-com.hr; DZ Neben-/Hochsaison 150 bis 230 Kn) Der Bauernhof mit Weinkeller ist bewirtschaftet. Er liegt in herrlicher Umgebung in Laufweite zum Strand. Die Besitzer stellen hervorragende Weine und Liköre her, räuchern den selbst gefangenen Fisch und erklären ihren Gästen mit Vergnügen, wie das alles funktioniert. Natürlich sind auch alle eingeladen, nach Lust und Laune mitzumachen. Mit Recht preisen die Besitzer ihren Bauernhof als eine Bleibe, „in der man alle seine Probleme vergisst.“

Hotel Borik (☎ 712 215; www.hotelborik.hr; EZ/DZ 300/570 Kn) Das Hotel liegt abseits der Hauptstraße auf einem Hügel mitten in der Stadt und ist vollkommen ruhig! Die Zimmer sind einfach.

More (☎ 712 068; Hauptgerichte ab 70 Kn) Das More ist ein reizendes Restaurant am Meer mit einer von Weinreben überwucherten Terrasse und einer Küche, in der der beste Hummer auf der ganzen Insel gekocht wird – zusammen mit anderen Meeresfrüchten.

An- & Weiterreise

In Korčula-Stadt warten Wassertaxis am Hafen Jadrolinija auf Fahrgäste nach Lumbarda. Je nach Anzahl der Mitfahrenden sind dafür um die 50 Kn zu bezahlen. Busse nach Lumbarda (10 Kn, 15 Min.) verkehren stündlich bis zum Nachmittag, am Sonntag allerdings nicht. Der Bus hält in der Innenstadt.

VELA LUKA

Vela Luka am Westende von Korčula ist eine einfache, nüchterne Hafenstadt, die touristisch nicht viel zu bieten hat. Wer dennoch bleiben möchte, sollte sich im Klaren sein, dass in Stadtnähe keine Strände vorhanden sind. Es besteht jedoch die Möglichkeit, mit einem kleinen Boot zu den idyllischen Inseln Proizd und Osjak zu schippern.

Die Stadt liegt zwischen Hügeln, die mit Olivenbäumen bestanden sind. Kein Wunder also, dass die meisten Anwohner in der Herstellung und Vermarktung des berühmten Öls tätig sind. Da die Stadt einen großen, geschützten Hafen hat, läuft auch die Fisch verarbeitende Industrie bestens.

Orientierung & Praktische Informationen

Ein Großteil der Stadt und so ziemlich der ganze Handel ballen sich rund um den geschäftigen Hafen.

Reisebüro Atlas (☎ 812 078; www.atlas-velaluka.com; Obala 3; ⊙ Mo–Fr 9–18, Sa 9–12 Uhr) Das Reisebüro befindet sich am Kai unweit des Busbahnhofs und vermittelt auch Privatzimmer.

Touristeninformation (☎ /Fax 813 619; www.tzvelaluka.hr; Ulica 41; ⊙ Juni–Sept. Mo–Sa 8–21 Uhr, Okt.– Mai 8–15 Uhr) Wer von Korčula-Stadt kommt, findet die Information gleich am Eingang zur Stadt.

Sehenswertes & Aktivitäten

In Vela Luka gibt es nicht viel zu sehen, aber wer Zeit hat, sollte sich die **Vela Špilja** (Eintritt 5 Kn) anschauen: Die Höhle aus der Jungsteinzeit ist so groß, dass sie sich als Behausung anbietet. Sie ist ausgeschildert, der Blick auf Stadt und Hafen sehr schön. Die Öffnungszeiten der Höhle variieren allerdings stark, deshalb empfiehlt es sich, vorher bei der Touristeninformation nachzufragen.

Wer einen Strandtag plant, sollte auf die vorgelagerten Inseln **Proizd** und **Osjak** übersetzen. Das Meer erscheint dort unglaublich blau und der Stein sehr weiß – ein Fest für die Sinne! Die größere Insel Osjak ist für ihren Wald bekannt. Auf jeden Fall braucht man viel Sonnencreme, denn es gibt auf beiden Inseln kaum Schatten. Und das Beste: die günstigen Lokale kochen allesamt gut. Im Juli und August setzen morgens Boote zu den Inseln über und holen die Gäste am Nachmittag wieder ab.

Die Bucht **Gradina** (5 km nordwestlich von Vela Luka) ist ebenfalls sehr schön und friedlich und hat einige Strände. Nach Gradina fahren keine Busse.

Schlafen & Essen

Camp Mindel (☎ 813 600; www.mindel.hr; pro Erw./ Stellplatz 25/40 Kn; ☼ Mai–Sept.) Öffentliche Busse fahren nicht zu diesem Campingplatz, der 5 km westlich von Vela Luka liegt.

　Hotel Dalmacija (☎ /Fax 812 022; www.humhotels.hr; Obala bb; EZ/DZ 460/615 Kn) Das Hotel ist eines von vielen in Vela Luka, das sich unter der Leitung von Hum Hotels befindet. Die Zimmer sind in kühlen mediterranen Farben gehalten, das Hotel liegt am Meer.

　Pod Bore (☎ 813 069; Obala 5; Hauptgerichte ab 60 Kn) Das geräumige Restaurant mit einer Terrasse im Freien bietet einen schönen Blick über den Hafen, das Essen ist in Ordnung.

An- & Weiterreise

Nützliche Informationen, wie man nach Vela Luka kommt und von dort weiterreisen kann, siehe S. 318.

HALBINSEL PELJEŠAC

OREBIĆ
1489 Ew.

Orebić an der Südküste der Halbinsel Pelješac (Karte S. 312) liegt zwischen Korčula und Ploče und wirbt mit den besten Sandstränden Süddalmatiens. Die weitläufigen Buchten werden von Kiefern und Tamarinden gesäumt, bis nach Korčula hinüber sind es gerade einmal 2,5 km. Somit eignet sich der Ort hervorragend, um von Korčula aus einen Tagesausflug dorthin zu machen oder gleich in Orebić zu übernachten. Wer vom Faulenzen am Strand genug hat, kann tolle Wanderungen unternehmen, zum Beispiel auf den Berg Ilija (961 m). Kulturinteressierte finden diverse sehenswerte Kirchen und Museen. Da der Berg Ilija die Stadt vor dem kalten Nordwind schützt, wachsen die mediterranen Pflanzen hier sehr üppig. Die Temperaturen liegen meist ein paar Grad höher als in Korčula, entsprechend früher hält der Frühling hier Einzug, auch der Sommer dauert ein paar Wochen länger.

Geschichte

Orebić und die Halbinsel Pelješac kamen 1333 zu Dubrovnik; sie wurden damals Serbien abgekauft. Die Stadt hieß bis zum 16. Jh. Trstenica (wie die Ostbucht) und galt als bedeutendes Zentrum der Seefahrt. Sie ist nach einer Familie benannt, aus der viele Kapitäne hervorgingen. Diese errichteten 1658 eine Zitadelle zur Verteidigung vor den Türken. Viele der Häuser und exotischen Gärten der wohlhabenden Kapitäne sind bis heute ein Blickfang in Orebić und Umgebung. Den Höhepunkt der Seefahrt erlebte Orebić im 18. und 19. Jh. – als Sitz der größten Handelsgesellschaft der damaligen Zeit, der Associazione Marittima di Sabioncello. Nach dem Niedergang der Schifffahrt erlebte Orebićs desolate Wirtschaft durch den Tourismus einen allmählichen Aufschwung.

Orientierung & Praktische Informationen

Die Fähre von Korčula legt im Zentrum an, nur wenige Schritte von der Touristeninformation entfernt. Die Bushaltestelle (keine Gepäckaufbewahrung) liegt am Ende der Anlegestelle. Die Hauptgeschäftsstraße, die Bana Josipa Jelačića, verläuft parallel zum Hafen. Westlich vom Pier erstreckt sich ein Strand – der schönste und längste Strand liegt jedoch an der Trstenica-Bucht, rund 500 m östlich vom Pier an der Setalište Kneza Domagoja.

Orebić Tours (☎ 713 367; www.orebic-tours.hr; Bana Josipa Jelačića 84a; ☼ Mo–Fr 9–17.30, Sa 9–12 Uhr) Vermittelt Privatzimmer, wechselt Geld und bucht Ausflüge.

Postamt (Trg Mimbeli bb) Das Gebäude steht neben der Touristeninformation.

Touristeninformation (☎ /Fax 713 718; www.tz-orebic.com; Trg Mimbeli bb; ☼ Juli & Aug. 8–20 Uhr, Sept.–Juni Mo–Fr 8–13, 17–20 Uhr) Vermittelt wie Orebić Tours ebenfalls Privatquartiere, wechselt Geld und hat viele nützliche Informationen.

Sehenswertes & Aktivitäten

Das **Schifffahrtsmuseum** (☎ 713 009; Obala Pomoraca; Eintritt 10 Kn; ☼ Mo–Fr 10–12, 18–21, Sa 19–21 Uhr) neben der Touristeninformation ist interessant, aber sicher kein Muss. Zu sehen sind Gemälde von Booten, diverse Teile von Schiffen, Navigationshilfen und prähistorische Funde von der archäologischen Stätte bei Majsan.

　Orebić eignet sich perfekt zum **Wandern,** am besten nimmt man sich in der Touristeninformation eine Wanderkarte mit. Einer der Wege führt durch Kiefernwälder vom Hotel Bellevue zu einem stattlichen **Franziskanerkloster** (Eintritt 5 Kn; ☼ 8–12, 17–19 Uhr) aus dem 15. Jh., das 152 m über dem Meer liegt. Von hier oben konnten die Patrouillen ein Auge auf die venezianischen Schiffe haben und die Behörden über verdächtige Bewegungen an Bord und auf See in Kenntnis setzen. Das Dorf **Karmen** in der Nähe des Klosters bildet den Ausgangspunkt für einen Spaziergang zu den malerischen Bergdörfern sowie für die anspruchsvolle Besteigung des 961 m hohen **Sveti Ilija**. Er ist der höchste Berg des kahlen grauen Massivs, das sich über Orebić erhebt. Der Blick von oben über die ganze Küste ist atemberaubend.

Auf einem Berg östlich des Klosters steht neben einigen riesigen Zypressen die **Pfarrkirche Gospa od Karmena** (Unsere Liebe Frau von Karmen), sehenswert sind auch die **Barock-Loggia** und die **Burgruinen**.

Schlafen & Essen

Die Touristeninformation und Orebić Tours vermitteln Privatzimmer ab 150 Kn pro Person, außerdem sogenannte Studios und Ferienwohnungen.

Alle modernen Ferienanlagen liegen im Westen der Stadt und werden von **HTP Orebić** (www.orebic-htp.hr) verwaltet. Ein guter Campingplatz ist ebenfalls vorhanden.

Glavna Plaža (☎ 713 399; www.glavnaplaza.com; Trstenica; Erw./Stellplatz 25/50 Kn; ☼ April–Sept.) Der Campingplatz (ein Familienbetrieb) liegt am langen Sandstrand von Trstenica. Dort kann man für ein paar Luxustage auch Apartments mieten (375 Kn).

Hotel Bellevue (☎ /Fax 713 148; www.orebic-htp. hr; Svetog Križa 104; Zi. pro Pers. ab 400 Kn; ℗ ☒) Die Anlage an einem Strand mit vielen Felsen liegt am nächsten zur Stadt. Für die Gäste gibt es Tennisplätze sowie Wassersportmöglichkeiten am hoteleigenen Strand.

Restoran Amfora (☎ 713 719; Kneza Domagoja 6; Hauptgerichte 50 Kn) Das Restaurant ist ein Familienbetrieb und ein Favorit der Einheimischen, die wegen der fantastischen Meeresfrüchtegerichte hierher strömen.

An- & Weiterreise

Wer vom Festland kommt, kann täglich drei oder vier Fähren nehmen, im Sommer sogar sieben, sie fahren von Ploče nach Trpanj. Dort wartet dann der Bus nach Orebić. Busse von Korčula nach Dubrovnik, Zagreb und Sarajevo halten in Orebić. Informationen zu weiteren Bussen und Fähren siehe S. 311.

STON & MALI STON

740 Ew.

Die beiden Siedlungen Ston und Mali Ston liegen 59 km nordwestlich von Dubrovnik an

---

DER RICHTIGE WIND

Wer gern windsurft, sollte nach Viganj fahren, einem Dorf am Südwestende der Halbinsel Pelješac, gegenüber der Insel Korčula. Hier finden Surfer die besten Bedingungen in ganz Kroatien. Das Dorf ist allerdings winzig. Bis auf die enthusiastische Surfergemeinde verschlägt es kaum einmal Touristen hierher. Im Dorf haben sich inzwischen verschiedene Firmen angesiedelt, die Surferausrüstung verleihen, jede Menge Strandbars sorgen im Sommer für eine gute Stimmung. Wer ein Faible für Strandpartys hat, sollte das **Karmela 2** (☎ 719 097) ausprobieren.

---

einer Meerenge, die die Halbinsel Pelješac mit dem Festland verbindet. Ston gehörte einst zur Republik Dubrovnik und war damals ein wichtiger Salzproduzent. Aufgrund seiner wirtschaftlichen Bedeutung für die Republik Dubrovnik wurde 1333 eine 5,5 km lange Mauer um den Ort gebaut, sie ist die längste Wehranlage Europas. Die Mauern stehen bis heute und schützen die vielen schönen mittelalterlichen Gebäude in der Innenstadt. Mali Ston, ein kleines Dorf mit Hafen rund 1 km nordöstlich von Ston, wurde zusammen mit der Mauer als Bestandteil der Wehranlage errichtet und ist heute für seine Austernzucht bekannt. Sowohl Ston als auch Mali Ston sind ein Mekka für Feinschmecker: Hier kommen die besten Meeresfrüchte ganz Kroatiens auf den Tisch.

Orientierung & Praktische Informationen

Die Bushaltestelle liegt im Zentrum von Ston in der Nähe der Touristeninformation, der Bank und der Post. Die **Touristeninformation** (☎ /Fax 754 452; www.tzo-ston.hr; Peljestki put 1; ☼ Juli & Aug. Mo–Fr 7–13, 17–19 Uhr, Sept.–Juni Mo–Fr 7–15 Uhr) hält ein paar Broschüren bereit und vermittelt angemeldete Privatzimmer.

Sehenswertes & Aktivitäten

Die Hauptsehenswürdigkeit von Ston sind die **Wehrmauern** (Eintritt frei; ☼ 10 Uhr–Sonnenuntergang), die sich vom Ort den Hügel hinaufziehen. Die saubere Luft ermöglicht einen weiten Blick über die Halbinsel.

Der Ort hat keinen Strand, aber der Spaziergang zum Campingplatz Prapratno (4 km südwestlich der Stadt) ist nett. An der Bucht liegt ein **Kiesstrand**.

Schlafen & Essen

Alle hier aufgeführten Hotels haben ein hervorragendes Restaurant, darüber hinaus bieten sich unzählige weitere Möglichkeiten, in Meeresfrüchten zu schwelgen.

Camping Prapratno (☎ 754 000; Fax 754 344; Erw./ Stellplatz 28/48 Kn; 🐾) Der Campingplatz liegt direkt an der Bucht von Prapratno und hat Tennis- und Basketballplätze sowie gute Bademöglichkeiten am Strand der Anlage.

Vila Koruna (☎ 754 359; www.vila-koruna.hr; EZ/DZ 500/660 Kn; P 🐾) Das Hotel mit sechs Zimmern in einem alten Gebäude am Hafen von Mali Ston hat einen netten, persönlichen Service und gemütliche Zimmer mit TV und Telefon, im Keller gibt es ein Restaurant.

Ostrea (☎ 754 555; www.ostrea.hr; EZ/DZ mit Halbpension 800/1200 Kn; P 🐾 🖳) Die Zimmer im

Hotel am Hafen von Mali Ston sind schon erheblich feudaler und bieten ein modernes Bad, PC und Minibar.

LP Tipp **Kapetanova Kuća** (☎ 754 452; Hauptgerichte 75 Kn) Das Restaurant in der Nähe des Hotels Ostrea hat sich seit langem einen Namen wegen seiner hervorragenden Meeresfrüchtegerichte gemacht. Die Austern und andere Muscheln sind unschlagbar gut.

Bella Vista (☎ 753 110; Hauptgerichte 75 Kn) Das nette Lokal auf einer Klippe mit Blick über die Bucht von Prapratno bietet Meeresfrüchte vom Feinsten.

An- & Weiterreise

Von Dubrovnik nach Orebić verkehren drei Busse pro Tag; sie halten in Ston und Mali Ston (59 Kn, 1½ Std.). Der einzige Bus, der von Dubrovnik nach Korčula fährt, nimmt ebenfalls die Route über Mali Ston und Ston (67 Kn, 2 Std.).

DUBROVNIK & SÜDDALMATIEN

Allgemeine Informationen

AKTIVITÄTEN
Kajak fahren

Für jeden, der ein faltbares Seekajak mit in den Urlaub nimmt, gibt es an der kroatischen Küste unzählige Betätigungsmöglichkeiten, vor allem rund um die Kornaten und die Elafiti-Inseln. Auch Flusskajakfahrten sind jederzeit möglich, vor allem auf den vier Flüssen von Karlovac. Die in Zagreb ansässige Agentur **Huck Finn** (☎ 01-61 83 333; www.huck-finn.hr; Vukovarska 271) ist für See- und Flusskajakfahrer eine gute Kontaktadresse.

Klettern

Die Karstfelsen entlang der kroatischen Küste bieten beste Klettermöglichkeiten. Im Natio-

nalpark Paklenica (S. 219) gibt es die größte Auswahl an Kletterstrecken (fast 400) mit allen möglichen Schwierigkeitsgraden. Die besten Jahreszeiten zum Klettern sind Frühling, Sommer und Herbst, denn im Winter hat man zusätzlich noch gegen die strenge *bura* (einen kalten Nordostwind) zu kämpfen. Ein sehr beliebtes Kletterrevier sind die Felsen rund um Baška (S. 163) auf der Insel Krk, denn dort kann man diesen Sport das ganze Jahr über ausüben (im Sommer kann man das Kletterabenteuer sogar mit einem Strandurlaub verbinden).

Auch in Makarska (S. 262) kann man beides: klettern und am Strand sonnenbaden, allerdings nur im Sommer, weil im Winter eine heftige Bura weht.

Weitere hilfreiche Informationen gibt es bei der **Croatian Mountaineering Association** (☎ 01-48 24 142; www.plsavez.hr, auf Kroatisch; Kozaričeva 22, 10000 Zagreb).

Rafting

Das weitverzweigte Netz der kroatischen Flüsse bietet sich an für Rafting-Abenteuer. Zentrum für Rafting-Fans ist das im Landesinneren gelegene Karlovac (S. 102), weil es am Zusammenfluss von gleich vier Flüssen liegt. Die Kupa entspringt im Nationalpark Risnjak, während die Korana von den Plitwitzer Seen herüberkommt. Beide Flüsse sind am Frühlingsanfang und nach schweren Regenfällen am attraktivsten.

Die Dobra und die Mreznica mit ihren Wasserfällen können das ganze Jahr über befahren werden. Am malerischsten ist die in Küstennähe verlaufende Cetina (S. 264) mit ihren felsigen und dennoch vegetationsreichen Uferbänken. Den atemberaubenden Nationalpark Krka kann man am besten entlang des Krka erkunden (S. 235). Die Una bildet die Grenze zwischen Kroatien und Bosnien und ermöglicht abenteuerliche Wildwassertouren, wenn der Wasserspiegel hoch genug ist. Die Zrmanja führt leider nur im Frühling genügend Wasser für Raftingtouren, im Sommer reicht es dafür nicht. Der Schwierigkeitsgrad liegt auf den meisten Flüssen bei drei, lediglich auf der Dobra und Una erreicht er Stufe vier.

PRAKTISCH & KONKRET

▪ Weit verbreitete Tageszeitungen sind Večernji List, Jutarnji List, Slobodna Dalmacija und Feral Tribune. Am renommiertesten ist die regierungsoffizielle Tageszeitung Vjesnik. Die beliebtesten Wochenzeitungen sind Nacional und Globus. Seit 2006 erscheint eine kroatische Ausgabe von Metro.

▪ Der beliebteste Rundfunksender ist Narodni, ein rein kroatischer Musiksender. Der kroatische Rundfunk sendet viermal am Tag Nachrichten in englischer Sprache (8, 10, 14 und 23 Uhr), und zwar auf 88,9/91,3/99,3 MHz (Juni–Sept.).

▪ Restaurantrechnungen enthalten zwar schon das Bedienungsgeld, aber in der Regel rundet man den Betrag auf.

▪ Das Stromnetz arbeitet mit 220 V und 50 Hz. In Gebrauch sind zweipolige EU-Standardstecker.

▪ Es gilt das metrische System.

▪ Fernsehen basiert auf dem PAL-System.

Segeln

Am eindrucksvollsten erlebt man die kroatische Adriaküste vom Segelboot aus. Denn die langgezogenen, zerklüfteten Inseln vor der bergigen Küste von Istrien bis hinunter nach Dubrovnik sind ein Paradies für Segler. Hervorragende, tiefe Durchfahrtrinnen, zahlreiche Ankerplätze und stetige Winde locken Segler aus aller Welt an. Überall an der Küste kann man malerische kleine Häfen anlaufen und das Boot vertäuen.

Entlang der Küste liegen 40 Marinas mit unterschiedlicher Ausstattung. Jeder hier erwähnte Küstenort verfügt über eine Marina, seien es die kleine in Sali auf Dugi Otok oder die großen in Zadar, Split und Dubrovnik. Die meisten Marinas sind ganzjährig erreichbar, aber sicherheitshalber sollte man sich vorher erkundigen. Eine gute Adresse dafür ist die **Association of Nautical Tourism** (Udruženje Nautičkog Turizma; ☎ 051-209 147; Fax 051-216 033; Bulevar Oslobođenja 23, 51000 Rijeka), die für alle kroatischen Marinas zuständig ist. Eine Alternative ist **Adriatic Croatia International** (ACI; ☎ 051-271 288; www.aci-club.hr; M Tita 51, Opatija), die etwa die Hälfte der Marinas betreut.

Bis zu einer Länge von 3 m kann man jedes Boot ohne Formalitäten mieten, egal ob Ruder-, Motor- oder Segelboot. Für größere Boote benötigt man allerdings eine schriftliche Genehmigung des Hafenmeisters am Ausgangsort; das kann jeder international zugängliche Hafen sein. Und nicht vergessen, die Bootszulassung, den Segelschein, Versicherungsunterlagen und Geld mitzubringen.

Viele Segelfreunde möchten gern ein eigenes Segelboot mieten. Erfahrenen Seglern genügt das unbemannte Boot. Man kann aber auch ein Boot mit Skipper mieten, der das Steuer übernimmt. **Sunsail** (www.sunsail.com; deutsche Kontaktadressen auf der Homepage) ist ein international operierender Vermieter und Anbieter von Segeltörns ab Dubrovnik, den Kornaten und Kremik südlich von Šibenik.

Tauchen

Die vielfältige Unterwasserlandschaft vor der kroatischen Küste hat dort eine wachsende Taucherszene entstehen lassen. Von Istrien hinunter nach Dubrovnik gibt es kaum noch einen Küstenort ohne ein Tauchzentrum; meist werden sie von Deutschen betrieben. Und unter Wasser gibt es hier wirklich einiges zu entdecken, wobei Schiffswracks und Höhlen im Mittelpunkt des Interesses stehen. Das poröse Karstgestein der Küstenlandschaft hat

LINKS FÜR AKTIVURLAUBER

Adriatic Croatia International Club (www. aci-club.hr) Betreibt 21 Marinas.
Cro Challenge (www.crochallenge.com) Extremsport-Anbieter.
Croatian Aeronautical Federation (www. caf.hr) Fallschirmspringer-Club.
Huck Finn (www.huck-finn.hr) In Zagreb ansässiger Ausstatter für Kanu-, Kajak-, Rafting- und Wandertouren.
Outdoor (www.outdoor.hr) Für Abenteuerreisende, die es ins Freie treibt.
Riverfree (www.riverfree.hr; nur auf Kroatisch) Rafting- und Kanu-Club.

VERANTWORTUNGSVOLLES TAUCHEN IN KORALLENRIFFEN

Beim Tauchen sollte man die folgenden Ratschläge unbedingt beachten, damit das Ökosystem intakt und die Schönheit der Riffe auch für die Zukunft erhalten bleibt:

- Niemals in den Riffen den Anker benutzen und mit den Booten niemals auf Korallenstöcken aufsetzen.
- Keine lebenden Meeresorganismen berühren und keine Ausrüstungsgegenstände durch das Riff schleppen. Polypen können schon durch die leiseste Berührung zerstört werden. Im Notfall darf man allenfalls freiliegende Felsen oder tote Korallen berühren.
- Auch an die Taucherflossen denken! Selbst wenn man das Riff gar nicht berührt, können bereits die Flossenschläge empfindliche Organismen beschädigen. Und keinen Sand aufwirbeln, denn der erstickt die kleinen Lebewesen womöglich.
- Sehr vorsichtig und bewusst tauchen! Durch zu schnelles Abtauchen entsteht oft großer Schaden, weil Taucher dann gelegentlich unkontrolliert an die Riffe stoßen..
- Vorsicht in Unterwasserhöhlen. Höhlen sollte man so schnell wie möglich wieder verlassen, denn die Luftblasen der Atemluft sammeln sich möglicherweise unter der Decke, und Organismen, die dort leben, trocknen dann aus oder ersticken. Möchte man als Tauchergruppe kleine Höhlen erkunden, sollte man sich vielleicht am besten abwechseln.
- Das Sammeln oder auch das Kaufen von Korallen oder Muscheln sollte tabu sein, und archäologische Stätten wie Schiffswracks rührt man nicht an.
- Keinen Müll zurücklassen, auch solchen nicht, den man vielleicht zufällig unten vorgefunden hat. Vor allem Gegenstände aus Plastik können für Meerestiere gefährlich werden.
- Keine Fische füttern!
- Meerestiere stört man nicht, und unter keinen Umständen darf man auf dem Rücken von Wasserschildkröten reiten.

im Lauf der Jahrtausende vor der Küste eine unterseeische Höhlenlandschaft von faszinierender Mannigfaltigkeit entstehen lassen, vor allem rund um die Kornaten (S. 237). Mitten darin liegen etliche Schiffswracks, darunter die wohlbekannte *Baron Gautsch* bei Rovinj (S. 184). Bei Dubrovnik findet man sogar mit Amphoren beladene römische Galeeren aus dem 1. Jh. (S. 295). Um hier zu tauchen, benötigt man allerdings eine Sondergenehmigung, weil das Ganze unter Denkmalschutz steht. Auch ein Tauchausflug von der Insel Losinj (S. 147) aus hat allerlei Sehenswertes zu bieten, zu bestaunen sind antike Kaimauern, Höhlen und Wracks.

Die Meeresfauna ist hier zwar nicht so reichhaltig wie im Roten Meer oder in der Karibik, aber immerhin wimmelt es hier von Barschen, Aalen, Sardinen und Seeschlangen. Schwämme und Seefächer gibt es zuhauf, Korallenriffe findet man allerdings erst in Tiefen ab 40 m, weil die seichter liegenden Riffe mittlerweile schon ausgeplündert worden sind. Noch weitgehend unberührt ist die Unterwasserwelt rund um die Insel Vis

(S. 266) geblieben, weil die Inselgewässer lange Zeit militärisches Schutzgebiet waren und die umliegenden Gewässer deshalb nicht überfischt werden konnten. In den meisten der hier genannten Küsten- und Inselferienorte gibt es Taucher-Shops. Weitere Informationen unter:
Croatian Diving Federation (www.diving-hrs.hr, auf Kroatisch)
Pro Diving Croatia (www.diving.hr)

Wandern
In den steilen Schluchten und traumhaften Buchenwäldern des Nationalparks Paklenica (S. 219), nur 40 km nordöstlich von Zadar, kann man herrliche Wandertouren unternehmen. Von Zadar aus erreicht man mühelos im Stundenrhythmus mit dem Bus Starigrad, das Eingangstor zum Park. Dort gibt es auch Hotels, Privatunterkünfte und einen Campingplatz.

Auch der Nationalpark Risnjak (S. 143) bei Crni Lug, 12 km nordwestlich von Delnice zwischen Zagreb und Rijeka, ist ein lohnenswertes Wandergebiet. Wegen der häufigen

Schneefälle sollte man sich dorthin allerdings nur vom späten Frühling bis zum Frühherbst wagen. Ansonsten gibt es kein vorhersagbares Problem auf dem 2½-stündigen und 9 km langen Aufstieg von Bijela Vodica hinauf zum Veliki Risnjak (1528 m).

Um den eindrucksvollen Rundblick auf die umliegenden kargen Küstenberge zu genießen, kann man den Ilija (961 m) oberhalb von Orebić und gegenüber von Korčula oder den Sv. Jure (1762 m) im Biokovo-Gebirge oberhalb von Makarska (S. 262) hinaufsteigen.

Windsurfen

Obwohl es mittlerweile in fast allen Orten an der Küste Möglichkeiten und Ausrüstung zum Windsurfen gibt, zieht es die erfahrenen Windsurfer meist nach Bol (S. 273) auf der Insel Brač. Dort bläst von April bis Oktober der stetige und starke Mistral von Westen und fängt sich dort in der weit geschwungenen Bucht. Am besten geeignet zum Windsurfen sind die Zeiten Ende Mai/Anfang Juni und Ende Juli/Anfang August. Der Wind erreicht meistens am frühen Nachmittag seine größte Stärke und ebbt dann gegen Abend ab.

Ein weiterer Anziehungspunkt für Windsurfer ist Viganj (s. Kasten S. 320) auf der Halbinsel Pelješac, unweit von Orebić, wo es Surfschulen gibt und wo Surfwettkämpfe ausgetragen werden.

ALLEINREISENDE

Allein durch Kroatien zu reisen, ist ein zwiespältiges Vergnügen. Man kann zwar tun und lassen, was man will, aber dafür muss man auch bezahlen. Denn kaum eine Pension oder Privatunterkunft bietet Sonderpreise für Alleinreisende an, und man kann von Glück reden, wenn vom Preis eines Doppelzimmers ein paar Kune nachgelassen werden – und auch das nur außerhalb der Hauptsaison.

Wenn man andere Reisende treffen und mit Einheimischen zusammenkommen möchte, sollte man sich ein Zimmer fernab der großen Ferienhotels suchen, weil die zum größten Teil von Familien und Paaren belegt sind und es dort auch keine Berührungspunkte zum kroatischen Alltagsleben gibt. Besser ist ein Zimmer in einer Pension, wo man eher andere Alleinreisende trifft. Einheimische trifft man z. B. in Cafés und Bars im Stadtzentrum. Kontaktmöglichkeiten bieten auch die Internetcafés, deren Personal meistens hervorragend Englisch, gelegentlich auch Deutsch spricht.

Um das Essengehen allein zu vermeiden, sollten man am besten mittags ein Lokal aufsuchen, weil dann viele Alleinreisende das Gleiche tun.

BOTSCHAFTEN & KONSULATE

Die folgenden Botschaften und Konsulate befinden sich in Zagreb (Karte S. 82–83):
Deutschland (☎ 01-61 58 105; Avenija Grada Vukovara 64)
Österreich (☎ 01-483 4457; Jabukovac 39)
Schweiz (☎ 01-487 8800; Bogoviceva 3)

ERMÄSSIGUNGEN

Die meisten Museen, Galerien, Theater und Festivals gewähren Studenten einen Preisnachlass von bis zu 50 %. Am besten hat man eine International Student Identity Card (ISIC) dabei. Nichtstudierende unter 26 können eine International Youth Travel Card (IYTC) bekommen.

Beide Karten, die ISIC und die IYTC, beinhalten eine Grundversicherung bei Unfall und Krankheit. Außerdem haben Karteninhaber Zugang zu einer weltweit gültigen Hotline in medizinischen, rechtlichen oder finanziellen Notlagen.

Kroatien ist Mitglied der **European Youth Card Association** (www.euro26.hr), auf deren Karten Preisnachlässe in Geschäften, Restaurants und Bibliotheken gewährt werden. Die Karte kann an etwa 1400 Sehenswürdigkeiten in Kroatien eingesetzt werden.

STA Travel (www.statravel.com), eine internationale Jugendreiseagentur, bietet all die hier erwähnten Karten an. In Kroatien wendet man sich an **Dali Travel** (Karte S. 82-83; ☎ 01-48 47 472; travelsection@hfhs.hr; Dežmanova 9, 10000 Zagreb; ☺ Mo–Fr 9–17 Uhr).

ESSEN

Die in diesem Buch aufgeführten Restaurants sind nach Preisen sortiert: günstig (unter 80 Kn), mittelteuer (80 bis 150 Kn) und teuer (über 150 Kn). Die meisten kroatischen Restaurants liegen in der mittleren Preisklasse und bieten hervorragende Qualität.

Selbstversorger sollten bedenken, dass Lebensmittelläden in Kroatien nicht unbedingt preiswert sind. Frischprodukte sind preislich in Ordnung, aber alles, was in Flaschen oder Dosen gefüllt wurde, ist nicht billiger als anderswo in Westeuropa. Schmackhafte heimische Schinken, Aufschnitt und Käse können günstig sein. Vor allem in der Nebensaison kann man auch gut Fisch kaufen, im Sommer geht der beste Fisch gleich an die Restaurants. Weitere Informationen zur kroatischen Küche siehe S. 57.

FEIERTAGE & FERIEN

Die Kroaten nehmen ihre Feiertage sehr ernst. Kaufhäuser und Museen sind dann geschlossen, und Fährdienste werden deutlich eingeschränkt. An religiösen Feiertagen sind die Kirchen randvoll, was eine gute Gelegenheit bietet, die Kunstwerke innerhalb der sonst meist geschlossenen Kirchen zu würdigen. An Feiertagen, die in die milderen Monate fallen, kann man sich bei Straßenfesten mit Tanz und Musik vergnügen. Vor allem in der Karwoche und zu Ostern können Besucher die entsprechenden lokalen Feierlichkeiten hautnah miterleben. Beispielsweise werden in und rund um Dubrovnik Palm- und Olivenzweige mit Blumen geschmückt, gesegnet und am Palmsonntag zu Hause aufgehängt. Insbesondere in Hvar, Brač und auf den Korčula-Inseln wird die Karwoche mit Prozessionen begangen. In Zentralkroatien werden Osterfeuer (*kriijes*) entzündet, und zu Ostern werden bemalte Eier in der Familie und unter Freunden verschenkt.

Im Folgenden die kroatischen Feiertage:
Neujahrstag 1. Januar
Dreikönig (Epiphanie) 6. Januar
Ostermontag März/April
Tag der Arbeit 1. Mai
Fronleichnam Mai/Juni
Tag des antifaschistischen Widerstands 22. Juni; erinnert an den Beginn des antifaschistischen Widerstands der Partisanen 1941
Tag der Staatsgründung 25. Juni
Erntedankfest 5. August
Mariä Himmelfahrt 15. August
Tag der Unabhängigkeit 8. Oktober
Allerheiligen 1. November
Weihnachten 25./26. Dezember

FESTIVALS & EVENTS

Februar
Karneval In Rijeka, Samobor oder Zadar erlebt man das Faschingstreiben mit den schönsten Kostümen und Tanzdarbietungen.

März
Tage des kroatischen Films In Zagrebs Kinos werden Kurzfilme und animierte Filme mit anschließender Preisverleihung gezeigt.
Vukovar Puppet Spring Festival In der letzten Märzwoche wird Vukovar zur Stadt der Puppen mit Workshops, Aufführungen und Umzügen.

April
Zagreb FM Festival für Schwule Dieses Festival bietet Filme und Musik mit Themen für Schwule und findet in der letzten Aprilwoche statt.
Zagreb-Biennale zeitgenössischer Musik Alle zwei Jahre, jeweils in den ungeraden Jahren, ist Zagreb Veranstaltungsort für dieses namhafte Musikereignis. „Zeitgenössisch" ist hier nicht mit „Pop" gleichzusetzen.

Mai
Dance Week Festival (www.danceincroatia.com) In der letzten Maiwoche kommen viele Gruppen aus aller Welt nach Zagreb, die sich dem experimentellen Tanz verschrieben haben.

Juni
Festival of Animated Films In den Jahren mit gerader Zahl ehrt Zagreb bei diesem Festival herausragende Zeichentrickfilme.
International Children's Festival Dieses Festival in Sibenik präsentiert Puppen, Theateraufführungen und Workshops für Kinder.
International Festival of New Films Filme, Videos, Filmtechnik und Workshops für unabhängige experimentelle Filmemacher.

Juli
Dubrovnik Summer Festival (www.dubrovnik-festival. hr) Von Mitte Juli bis Mitte August treten in Dubrovnik ortsansässige und andere kroatische Interpreten der klassischen Musik auf.
International Folklore Festival Durchs Zagrebs Straßen fährt ein Wirbelwind der Farben und Klänge, wenn kostümierte Geigenspieler und Tänzer aus aller Welt in die Hauptstadt kommen.
Motovun Film Festival (www.motovunfilmfestival. com) Vermutlich Kroatiens glanzvollstes Filmfestival.
Poreč Annale Hier werden über Monate hinweg die Werke der besten jungen kroatischen Künstler ausgestellt.

September
Barockabende in Varaždin Barockmusik in der Barockstadt Varaždin.

FOTOS

Obwohl heute ja überwiegend mit Digitalkameras fotografiert wird, kann man in vielen Fotogeschäften und Souvenirläden noch Farbfilme von Kodak oder Fuji kaufen. Allerdings sind die Filme im Vergleich zu anderen Ländern ausgesprochen teuer, deshalb sollte man lieber genügend Material mitbringen.

Das Entwickeln von Negativen ist möglich, allerdings bekommt man in Kroatien nur Abzüge im Format 9 x13 cm. APS-Filme werden in Kroatien allerdings kaum verarbeitet.

Diafilme bekommt man überwiegend in größeren Städten und den bekannten Touristenzentren. Abzüge von Digitalfotos sind in Zagreb und in Fotogeschäften anderer großer Städte möglich.

Wer in den heißen Sommermonate in Kroatien mit Film fotografieren möchte, sollte das Material kühl und trocken aufbewahren – und beim Fotografieren bedenken, dass das intensive Sonnenlicht nicht unbedingt gute Farben liefert.

Auch in Kroatien sollte man selbstverständlich beim Fotografieren höflich bleiben und Menschen immer um Erlaubnis fragen, bevor man sie aufnimmt. Bei militärischen Anlagen besteht ohnehin Fotografierverbot, und auch mit heimlichen Nacktfotos an einem FKK-Strand macht sich niemand Freunde.

FRAUEN UNTERWEGS

Für Frauen ist es in Kroatien eher ungefährlich. Es kommt zwar gelegentlich vor, dass alleinreisende Frauen belästigt werden, besonders in großen Küstenstädten, aber das ist wohl wirklich die Ausnahme.

Man sollte bei Verabredungen mit unbekannten Männern allerdings sehr vorsichtig sein, da Klagen gegen Vergewaltigungen bei einem solchen Date von den Behörden nicht sehr ernst genommen werden.

Kroatische Frauen legen viel Wert auf Körperpflege und versuchen, sich so modisch wie möglich zu kleiden. Sonnenbaden „oben ohne" wird zwar geduldet, aber dazu sollte man besser einen der zahlreichen FKK-Strände aufsuchen.

GEFAHREN & ÄRGERNISSE

Die Gefahr, Opfer von Übergriffen oder von Diebstahl zu werden, ist in Kroatien im Allgemeinen gering. Die Risiken sind anderer Art: Während der Balkankriege in den 1990er-Jahren wurden allein im östlichen Slawonien rund um Osijek und im Hinterland nördlich von Zadar mehr als eine Million Landminen verlegt. Die kroatische Regierung investiert zwar in die Räumung dieser Minen, das ist eine sehr langwierige Angelegenheit. Im Allgemeinen sind die noch immer verminten Zonen gut mit Warnhinweisen beschildert und oft mit gelbem Band markiert, aber dennoch sollte man in unsicheren Gebieten die Wege nicht verlassen, ohne vorher einen Ortskundigen zu befragen, vor allem nicht im Umfeld von verlassenen Ruinen.

Kroatien leidet gottseidank nicht gerade unter Mückenplagen und anderen stechenden Insekten, aber in Ostslawonien sollte man sich vor Moskitos ebenso schützen wie vor Seeigeln an der gesamten kroatischen Küste.

GELD

Kroatien verwendet als Zahlungsmittel den Kuna (Kn). Diese Währung kursiert in Banknoten im Wert von 500, 200, 100, 50, 20, 10 und 5 Kuna, auf denen Bilder kroatischer Nationalhelden wie Stjepan Radić and Ban Josip Jelačić prangen.

Ein Kuna entspricht 100 Lipa. Es gibt silberfarbene 50- und 20-Lipa-Münzen und bronzefarbene 10-Lipa-Münzen.

Der Kuna ist mit einem festen Wechselkurs an den Euro gekoppelt. Um die Devisenreserven zu steigern, erhöht die kroatische Regierung im Sommer den Wechselkurs, weil dann die Touristen ins Land kommen. Am günstigsten ist der Wechselkurs zwischen Mitte September und Mitte Juni. Ansonsten ändert sich der Wechselkurs von Jahr zu Jahr nur unwesentlich.

Die Preise für Unterkünfte und internationale Fähren werden in Euro und nicht in Kuna angegeben, obwohl man in Kuna bezahlt. In diesem Reiseführer sind die Preise für Hotels, Privatunterkünfte und Campingplätze entweder in Kuna oder in Euro angegeben, je nachdem, in welcher Währung die Einrichtung selbst ihre Preise nennt. Weitere Angaben dazu auf S. 17 und auf der vorderen Umschlagklappe.

Bargeld

Geld wechseln kann man in Kroatien an zahlreichen Stellen und zu relativ ähnlichen Kursen. Man braucht nur bei den diversen Touristeninformationen oder in Reisbüros nach den entsprechenden Adressen zu fragen. Auch Postämter wechseln Geld und haben relativ lange Öffnungszeiten.

Die meisten Wechselstuben und Banken berechnen für den Umtausch eine Gebühr von 1–1,5 %. Reiseschecks werden fast nur von Banken eingelöst. Wichtig zu wissen: Kune kann man nur bei Banken gegen Vorlage eines Belegs in eine westliche Währung zurücktauschen.

ALLGEMEINE INFORMATIONEN

Geldautomaten

Geldautomaten findet man fast überall in Kroatien. Akzeptiert werden Karten von Cirrus, Plus, Diners Club und Maestro. Bei der Privredna Banka sind Barauszahlungen auch mit American-Express-Kreditkarten möglich. Die anderen Geldautomaten nehmen zwar ebenfalls Kreditkarten an, aber das oft zu sehr hohen Gebühren. In den Postämtern kann man mit einer MasterCard oder einer Cirrus-Karte Bargeld abheben, häufig auch schon mit den Karten von Diners Club.

Kreditkarten

Kreditkarten (Visa, MasterCard, Diners Club, American Express) werden in fast allen Hotels akzeptiert, aber so gut wie niemals in Privatunterkünften. Auch kleinere Restaurants und Läden akzeptieren normalerweise keine Karten.

Die Besitzer von American-Express-Karten können sich an Atlas-Reisebüros in Dubrovnik, Opatija, Pula, Poreč, Split, Zadar und in der Hauptstadt Zagreb wenden und dort einen besonderen Service in Anspruch nehmen. Zumindest teilweise übernehmen auch die Privredna-Bankfilialen den bequemen Amex-Service.

Die Kontaktadressen für die wichtigsten Kreditkartenanbieter in Zagreb:
American Express (☎ 01-61 24 422; www.american-express.hr; Lastovska 23)
Diners Club (☎ 01-48 02 222; www.diners.hr; Praška 5)
Eurocard/MasterCard (☎ 01-37 89 620; www.zaba.hr; Zagrebačka Banka, Samoborska 145)
Visa (☎ 01-46 47 133; www.splitskabanka.hr; Splitska Banka, Tuškanova 28)

Steuern & Erstattungen

Urlauber, die in einem Geschäft für mehr als 500 Kn einkaufen, haben Anspruch auf Rückerstattung der Mehrwertsteuer, die bei 22 % des Kaufpreises liegt. Um diese Rückerstattung zu ermöglichen, muss der Geschäftsinhaber ein *Poreski ček*, das dafür notwendige Formular, ausstellen, das man dann bei der Ausreise beim Zoll vorlegt. Von zu Hause schickt man dann eine abgestempelte Kopie an das betreffende Geschäft in Kroatien, das den Betrag anschließend der Kreditkarte gutschreiben lässt. Es gibt aber auch einen Service namens Global Refund System, bei dem schon am Flughafen der Betrag bar ausgezahlt wird; sogar einige Postämter, etwa in Zagreb, Osijek, Dubrovnik, Split und Korčula,

bieten diesen Service an. Weitere Infos unter www.posta.hr.

INTERNETZUGANG

Internetcafés werden in den einzelnen Regionalkapiteln unter der Rubrik „Praktische Informationen" aufgeführt; der Internetzugang kostet dort ca. 30 Kn pro Stunde. Auch die Touristeninformationen sollten technisch auf dem neuesten Stand sein. In kleineren Städten lässt das Touristenbüro Besucher, die freundlich darum bitten, manchmal schnell die E-Mails abrufen. Auch öffentliche Bibliotheken besitzen normalerweise einen Internetzugang, aber deren Öffnungszeiten sind oft stark eingeschränkt. Die meisten Urlauber nutzen also Internetcafés und ggf. E-Mail-Portale wie z.B. **Yahoo** (www.yahoo.com) oder **Hotmail** (www.hotmail.com). Wer seine Mails nicht über das Internet abrufen kann, muss den Namen seiner Eingangs- und Ausgangsserver (POP oder IMAP), den Namen des Accounts und das Passwort parat haben.

Gehobene Hotels und Hotels für Geschäftsreisende sind in der Regel mit einem WLAN-Zugang ausgerüstet. Manche privaten Gästehäuser haben ebenfalls WLAN, aber darauf sollte man sich besser nicht verlassen.

Eine Auswahl nützlicher Websites über Kroatien steht auf S. 21.

KARTEN & STADTPLÄNE

Im RV Verlag gibt es die Karte Slowenien – Kroatien – Bosnien und Herzegowina im Maßstab 1:300 000. Auch Länderkarten im Maßstab 1:800 000 sind im Verlagsprogramm von RV enthalten.

Außerdem sinnvoll: *Hrvatska, Slovenija, Bosna i Hercegovina* (1:600 000) von Naklada Naprijed aus Zagreb. Regionale Touristeninformationsstellen bieten häufig gute regionale Autokarten mit dem aktuellen Straßenverlauf an. Außer für Zagreb, Split, Zadar, Rijeka und Dubrovnik gibt es leider nur wenige gute Stadtpläne. Hilfreich sind die von den örtlichen Touristinformationsstellen herausgegebenen Karten.

KINDER

Ein gelungener Urlaub mit kleineren Kindern erfordert einige Planungen. Stress vermeidet man am besten, wenn man nicht zu viel Programm in die verfügbare Zeit hineinstopft. Kinder können durchaus in die Planung einbezogen werden; wichtig ist auf jeden Fall ein ausgewogenes Verhältnis zwischen Strand- und Museumsbesuchen, Zoos und Spielplätzen. Dazu hält der Lonely Planet *Travel with Children* eine ganze Menge Tipps bereit.

In Kroatien werden viele Preisnachlässe für Kinder gewährt – z. B. in Hotels oder Museen. Als Altersgrenze für solche Ermäßigungen gelten in der Regel neun Jahre. Meist verfügen die Hotels zwar über Kinderbetten, aber nur in begrenzter Anzahl. Besser geeignet für den Familienurlaub sind daher oft Apartments. Für den gleichen Preis wie für ein Hotelzimmer hat man deutlich mehr Platz zur Verfügung, und in der Küche kann man problemlos Kindermahlzeiten zubereiten.

Wegwerfwindeln gibt es überall zu kaufen, vor allem amerikanische Pampers und deutsche Windeln der Marke Linostar. Gute Bezugsquellen sind Supermärkte wie *Konzum* oder die auch in Kroatien vertretene Drogeriekette dm. Nur wenige Restaurants oder öffentliche Toiletten verfügen allerdings über spezielle Wickelräume. Elektrische Geräte zum Sterilisieren von Babyfläschchen und Saugern sind teuer und schwer aufzutreiben. Stillen in der Öffentlichkeit ist nicht üblich, wird aber toleriert, wenn es diskret geschieht.

Kinder lieben Strände. Diese sollten aber mit Bedacht ausgewählt werden, denn viele „Strände" sind steinig und fallen im Wasser stellenweise steil ab. Sicherer sind die kinderfreundlichen Sandstrände bei Baška auf der Insel Krk, bei Brela an der Makarska-Küste, der Copacabana-Strand nahe Dubrovnik, die Strände rund um Orebić und der schmale Kiesstrand auf Crveni Otok nahe Rovinj.

KLIMATABELLEN

Das Klima schwankt zwischen mediterranem Klima an der Adria und kontinentalem Klima im Landesinneren (s. Klimatabellen). Die sonnigen Küstengebiete haben heiße, trockene Sommer und milde, regenreiche Winter, während das Landesinnere im Sommer warm und im Winter sehr kalt ist.

Im Frühling und Frühsommer sorgt der *maestral* (Mistral) an der Küste für kühle Temperaturen. Dieser Wind beginnt im Allgemeinen morgens um 9 Uhr und frischt am frühen Nachmittag weiter auf, um dann am späten Nachmittag wieder abzuflauen. Er weht stark und stetig und trägt so zu idealem Segelwetter bei.

Der Winter wird von zwei Winden geprägt. Der von Südosten wehende *sirocco*

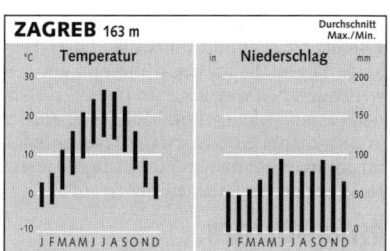

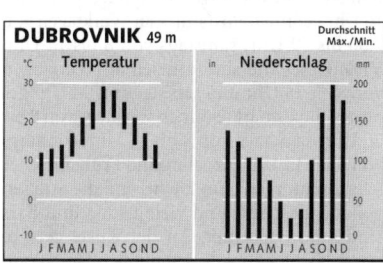

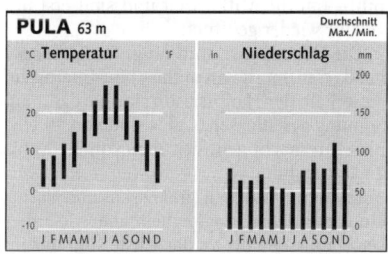

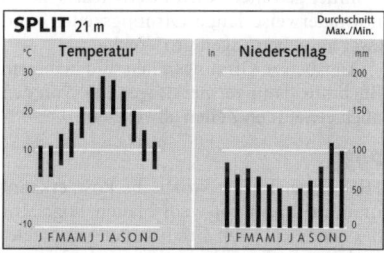

(Schirokko) aus der Sahara bringt warme, feuchte Luft zum Festland und führt oft eine dicke Wolkendecke mit sich. Dieser Wind weht sehr konstant, was besonders die Segelfreunde erfreut. Die von Nordosten wehende *bura* fegt in kräftigen Stürmen vom Inland zur Küste, bringt trockene Luft und bläst die Wolken weg.

Sonnenanbeter sollten wissen, dass die Insel Hvar mit 2715 Sonnenstunden im Jahr gesegnet ist, gefolgt von Split (2697), der Insel Korčula (2671) und Dubrovnik (2584). Fehlende Regenfälle an der Küste und auf den weiter draußen vorgelagerten Inseln haben in der Vergangenheit schon häufiger zu ernster Wasserknappheit geführt. Die Trockenzeiten im Sommer können bis zu 100 Tage dauern. Infos zur besten Reisezeit stehen auf S. 17.

ÖFFNUNGSZEITEN

Banken sind montags bis freitags von 8 bis 16 Uhr geöffnet, Postämter an Werktagen von 7.30 bis 19 Uhr, samstags von 8 bis 12 Uhr. Viele Geschäfte sind offiziell an Werktagen von 8 bis 19 Uhr und samstags bis 14 Uhr geöffnet. Supermärkte öffnen werktags von 8 bis 20 Uhr, samstags von 8 bis 18 Uhr, sonntags von 8 bis 13 Uhr. Kroaten sind Frühaufsteher – schon morgens um 7 Uhr sind die Straßen voller Menschen, und viele Läden und Bars sind schon geöffnet. An der Küste geht es etwas lässiger zu – dort schließen Läden und Büros um die Mittagszeit und sind erst um 16 Uhr wieder geöffnet.

Die Restaurants sind lang, fast durchgehend offen, meist von mittags bis Mitternacht, außerhalb der Hauptsaison sind sie dafür am Sonntag geschlossen. Cafés sind von 10 Uhr bis Mitternacht geöffnet, Bars von 9 Uhr bis 24 Uhr früh.

In Zagreb und Split sind Diskos und Nachtclubs ganzjährig zugänglich, aber viele dieser Etablissements an der Küste sind nur im Sommer geöffnet. Auch Internetcafés haben normalerweise lange Öffnungszeiten, und zwar an sieben Tagen pro Woche.

Angaben zu Öffnungszeiten sind in diesem Buch nur dann vermerkt, wenn sie von den oben genannten Zeiten abweichen.

POST

HPT Hrvatska, die kroatische Post, erkennt man an ihrem rot-weiß-blauen Logo. Ihr Service reicht vom Briefmarken- und Telefonkartenverkauf bis zum Faxversand. Wenn der Weg zum nächsten Postamt zu weit ist, einfach nach dem nächsten *tisak* (Zeitungsladen) Ausschau halten – auch dort gibt es *pismo* (Briefmarken); Briefe und Karten gehören in die gelben Briefkästen an der Straße. Postkarten und Briefe brauchen in der Regel etwa fünf Tage, um ihren Empfänger in Europa zu erreichen.

Im Inlandsverkehr kostet ein Brief bis zu 20 g 2,80 Kn, bis zu 100 g 5 Kn, Postkar-

ten 1,80 Kn. Bei Auslandspost beträgt der Grundpreis 3,50 Kn für eine Postkarte, 5 Kn für einen Brief bis zu 20 g, 15 Kn bis zu 100 g. Hinzu kommt ein Luftpostzuschlag in 20-g-Schritten: 2 Kn werden jeweils für Ziele in Europa verlangt.

Besitzer einer Amex-Karte oder von Amex-Reiseschecks können ihre Post an die Filialen des Atlas-Reisebüros in Dubrovnik, Opatija, Poreč, Pula, Split, Zadar und Zagreb schicken lassen. Dort wird Post bis zu zwei Monate lang aufbewahrt.

RECHTSFRAGEN

Obwohl Ärger mit der Polizei recht unwahrscheinlich ist, sollte man doch sicherheitshalber stets den Reisepass oder Personalausweis bei sich tragen. Im Fall einer Verhaftung besteht Anspruch darauf, die eigene Botschaft oder ein zuständiges Konsulat zu kontaktieren. Das Konsulat kann auch kroatische Anwälte vermitteln, zahlen muss man dafür aber selbst.

REISEN MIT BEHINDERUNG

Angesichts vieler verwundeter Kriegsveteranen wird Behinderten auf Reisen in Kroatien heute mehr Aufmerksamkeit geschenkt als früher. So sind zum Beispiel die Toiletten an Busbahnhöfen, in Bahnhöfen, Flughäfen und öffentlichen Einrichtungen und Gebäuden in der Regel für Rollstuhlfahrer zugänglich. Das gilt auch für die großen Hotels, aber nicht für die Privatunterkünfte. Auch die Bahn- und Busbahnhöfe in Zagreb, Zadar, Rijeka, Split und Dubrovnik sind für Rollstuhlfahrer eingerichtet, nicht jedoch nicht die Rampen der Fähren von Jadrolinija.

Weitere Informationen zu Reisen für Behinderte bei **Savez Organizacija Invalida Hrvatske** (☎ /Fax 01-48 29 394; Savska 3, 10000 Zagreb).

SCHWULE & LESBEN

Homosexualität ist in Kroatien seit 1977 legalisiert und geduldet, aber Homosexuelle werden nicht unbedingt mit offenen Armen empfangen. Öffentliche Liebesbekundungen zwischen Gleichgeschlechtlichen können besonders abseits der großen Städte feindselige Reaktionen hervorrufen. Schwulenclubs gibt es außerhalb von Zagreb nur wenige, aber in vielen größeren Diskos findet man zumindest ein gemischtes Publikum. Auch Gay-Raves sind in größeren Städten mittlerweile durchaus üblich.

An der Küste zieht es Schwule nach Rovinj, Hvar, Split und Dubrovnik, und dort besonders an die FKK-Strände. In Zagreb findet in der letzten Aprilwoche das **Queer Zagreb FM Festival** (www.queerzagreb.org) statt, und am letzten Samstag im Juni ist der Gay Pride Zagreb Day. In diesem Buch wird in den jeweiligen Kapiteln auf schwulenfreundliche Orte und Lokale hingewiesen.

Die meisten kroatischen Websites der Schwulenszene sind nur auf Kroatisch gehalten, aber einen guten Einstieg bietet http://travel.gay.hr. Außerdem gibt es **LORI** (www.lori.hr, nur auf Kroatisch), die Lesben-Organisation mit Sitz in Rijeka.

SHOPPEN

Das wichtigste Erzeugnis des kroatischen Kunsthandwerks sind die Spitzen von der Insel Pag, wo sie schon seit Jahrhunderten hergestellt werden. Manchmal sind sie zwar auch in Souvenirläden in Zagreb und Dubrovnik erhältlich, aber die besten und schönsten geklöppelten Spitzen gibt es bei den Frauen auf Pag selbst, die sie herstellen. Auch Stickarbeiten gibt es in vielen Souvenirläden. Kroatische Stickarbeiten erkennt man an ihren leuchtend roten geometrischen Mustern auf weißem Untergrund, meist auf Tischdecken, Kopfkissenbezügen und Blusen.

Lavendel und andere wohlriechende Kräuter, die in Parfüms oder in Duftkissen eingearbeitet werden, eignen sich als hübsche und preiswerte Mitbringsel. Es gibt sie auf den dalmatinischen Inseln, vor allem auf Hvar, wo Lavendel angebaut wird.

Die Insel Brač ist bekannt für ihre hervorragenden Steinarbeiten. Überall auf der Insel kann man Aschenbecher, Vasen, Kerzenhalter und andere kleine, wenngleich schwere zu Gewicht schlagende Mitbringsel aus dem Brač-Stein kaufen.

Lokale Leckerbissen, Wein oder Schnaps sind ebenfalls zum Mitnehmen geeignet – zum Beispiel Senf, *bermet* (Likör) aus Samobor oder schmackhafter hausgemachter Käse von der Insel Pag. *Cukarini* (süße Kekse) aus Korčula halten nur eine begrenzte Zeit, wenn sie nicht in Zellophan verpackt sind. Schnäpse aus kleinen Brennereien bewahren oft den Geruch und Geschmack ihres Ursprungsortes und halten deshalb oft die Erinnerung an den Urlaub noch eine Zeitlang lebendig.

Als Neuheit in der kroatischen Shopping-Landschaft der Städte gelten die aus dem Boden schießenden Juwelierläden. In der Regel werden sie von Emigranten aus dem Kosovo betrieben, die von dort eine jahrhundertelange Tradition als Silberschmiede mitgebracht haben. Sie verkaufen zwar auch Goldarbeiten, aber am besten und schönsten gearbeitet sind ihre filigranen silbernen Ohrringe, Armreifen und *objets d'art*.

TELEFON
Handys

Wer ein modernes 3-G-Handy besitzt, das nicht für die Nutzung durch andere Anbieter gesperrt wurde, besorgt sich am besten eine SIM-Karte für etwa 50 Kn, mit der man dann 20 Minuten telefonieren kann – die billigste ist die „Tomatenkarte". Im Telecom-Laden bekommt man auch ein Komplettpaket mit Handy und Telefonkarte für etwa 500 Kn; mit dieser Karte kann man oft 30 Minuten telefonieren. Handys auszuleihen ist in Kroatien nicht üblich.

Telefonkarten

Es gibt in Kroatien nur wenige Münztelefone, sodass eine Telefonkarte nötig ist, um öffentliche Fernsprecher benutzen zu können. Eine Karte kostet entweder 15 Kn (25 Einheiten), 30 Kn (50 Einheiten), 50 Kn (100 Einheiten) oder 100 Kn (200 Einheiten) und ist in Postämtern, Tabakläden und Zeitungskiosken erhältlich. An vielen öffentlichen Fernsprechern befindet sich links oben ein Druckknopf mit einem Flaggensymbol. Wenn man ihn drückt, erklingen Informationen auf Englisch. Ohne Telefonkarte kann man von jedem der Postämter aus telefonieren.

Wesentlich teurer sind Anrufe aus dem Hotelzimmer. Bei Ortsgesprächen oder Telefonaten innerhalb Kroatiens ist der Telefonzuschlag in kleineren Hotels noch relativ gering, aber in einem 4-Sterne-Hotel schlägt er ganz schön zu Buche. Privatunterkünfte schließen eine Telefonbenutzung nie ein, aber mit etwas Glück darf man vielleicht das Telefon des Vermieters für Ortsgespräche benutzen.

Ein Drei-Minuten-Telefonat ins europäische Ausland mit der Telefonkarte kostet etwa 12 Kn. Ein Ortsgespräch kostet zu jeder Tageszeit 0,80 Kn, billiger ist es an manchen Anschlüssen zwischen 19 und 7 Uhr.

Telefonvorwahl

Beim Anruf in Kroatien vom Ausland aus wählt man zunächst die internationale Vorwahl 00385, dann die Ortsvorwahl (ohne die 0) und die Teilnehmernummer.

Bei Telefonaten im Land wie üblich zuerst die Ortsvorwahl (mit der 0) wählen, die natürlich bei Ortsgessprächen entfällt. Anrufe mit der Vorwahl 060 sind entweder gebührenfrei oder recht teuer, also sollte man immer das Kleingedruckte lesen. Nummern, die mit 09 beginnen, sind Handy-Nummern, und die sind wesentlich teurer (etwa 6 Kn pro Minute).

TOURISTENINFORMATION

Das **Croatian National Tourist Board** (Karte S. 82-83; ☎ 01-45 56 455; www.htz.hr; Iblerov Trg 10, Importanne Gallerija, 10000 Zagreb) erteilt kompetent Auskunft. Bei den kommunalen Informationsstellen gibt es kostenlose Broschüren und Informationen zu örtlichen Events, manchmal sogar eine Privatzimmervermittlung. Die Adressen stehen in den jeweiligen Regionalkapiteln. Im Folgenden die Adressen der übergeordneten Regionalbüros:

Dubrovnik-Neretva (☎ 020-324 222; www.visit dubrovnik.hr; Cvijete Zuzorić 1/I, 20000 Dubrovnik)

Istrien (☎ 052-452 797; www.istra.com; Pionirska 1a, 52440 Poreč)

Krapina-Zagorje (☎ 049-233 653; tzkzz@kr.htnet.hr; Zagrebačka 6, 49217 Krapinske Toplice)

Osijek-Baranja (☎ 031-675 897; www.obz.hr; Sunčana 39, 31222 Bizovac)

Primorje-Gorski Kotar (Kvarner) (☎ 051-272 988; www.kvarner.hr; N Tesle 251410 Opatija)

Šibenik-Knin (☎ 022-219 072; www.sibenik-knin.com; Fra N Ružića bb, 22000 Šibenik)

Split-Dalmatien (☎ 021-490 032; www.dalmatia.hr; Prilaz Braće Kaliterna 10/I, 21000 Split)

Zadar (☎ 023-315 107; www.zadar.hr; Š Leopolda B Mandića 1, 23000 Zadar)

Zagreb (☎ 01-48 73 665; www.tzzz.hr; Preradovićeva 42, 10000 Zagreb)

Auskünfte sind auch bei kommerziellen Reisebüros wie **Atlas** (www.atlas-croatia.com) und **Generalturist** (www.generalturist.com) erhältlich, die teilweise Privatzimmer vermitteln, Besichtigungstouren organisieren usw. Dort liegen in der Regel auch die Fahrpläne der wichtigsten Fährschiffe aus.

Auskünfte im Ausland:

Deutschland Frankfurt (☎ 069-238 5350; kroatien-info@gmx.de; Kroatische Zentrale für Tourismus, Kaiserstraße 23, D-60311); München (☎ 089-22 33 44; kroatien-tourismus@t-online.de; Kroatische Zentrale für Tourismus, Rumfordstraße 7, D-80469)

UNTERKUNFT

In diesem Buch beziehen sich die Hinweise für preisgünstige Unterkünfte vor allem auf Campingplätze, Herbergen und einige Gasthäuser, die maximal 500 Kn für ein Doppelzimmer nehmen. Unterkünfte der mittleren Preisklasse kosten 500 bis 900 Kn, die obere Preisklasse beginnt bei 900 Kn und reicht bis zu stolzen 4000 Kn pro Doppelzimmer. Die Übersicht ist nach Preisen sortiert.

Entlang der Küste richten sich die Preise nach den Jahreszeiten und nach dem jeweiligen Ziel. Am billigsten ist es von November bis März. Mag sein, dass dann in einem Badeort nur ein oder zwei Hotels geöffnet sind, aber in diesem Fall bezahlt man für das Doppelzimmer in einem guten 3-Sterne-Hotel auch nur 350 Kn, für ein einfacheres Haus sogar nur 250 Kn.

Im Allgemeinen sind auch die Monate April, Mai und Oktober preiswert, etwas mehr kostet es im Juni und September. Im Juli und August zahlt man Spitzenpreise, vor allem im Zeitraum von Mitte Juli bis Mitte/Ende August.

Die hier angegebenen Preise beziehen sich sowohl auf die absolute Nebensaison als auch auf die Spitzenzeiten der Hochsaison. Vorsicht: Manche Unterkünfte schlagen bei weniger als drei Nächten 30 % und eine Art Kurtaxe von 7,50 Kn pro Nacht und Person auf. Die Preisangaben in diesem Buch berücksichtigen diese Taxe nicht. Generell sind die Übernachtungen in Dalmatien preiswerter als in Kvarner oder Istrien. Im Juli und August empfiehlt es sich, zu reservieren, ganz egal, wohin die Reise geht.

Der Reiseführer enthält auch die Telefonnummern der meisten Unterkünfte. Sobald die Reiseroute feststeht, sollte man herumtelefonieren, um sich nach Preisen und freien Zimmern zu erkundigen. An den meisten

---

UNTERKÜNFTE ONLINE-BUCHEN

Weitere Übernachtungsempfehlungen und Kommentare von Lonely Planet Autoren finden sich beim Online-Buchungsdienst unter www.lonelyplanet.com. Dort gibt es Insider-Auskünfte über die besten Nachtquartiere. Alle Informationen basieren auf gründlicher und unabhängiger Recherche. Und das Allerbeste: Es besteht die Möglichkeit, gleich online zu buchen!

Rezeptionen wird sowohl Deutsch als auch Englisch gesprochen.

In der Hochsaison ist es besonders schwierig, eine Unterkunftsbestätigung ohne Anzahlung zu bekommen. Dazu reicht allerdings in Hotels meist die Angabe der Kreditkartennummer. Einige Gästehäuser verlangen stattdessen Auslandsüberweisungen auf ein Bankkonto, solche Überweisungen sind aber leider gebührenpflichtig und alles andere als preiswert. Um solche Umstände zu vermeiden, empfiehlt sich eine Online-Buchung über eine Agentur oder die Buchung durch ein Reisebüro.

Camping

Entlang der kroatischen Küste verstreut liegen fast hundert Campingplätze. Die meisten davon sind nur von Mitte April bis Mitte September geöffnet, einige sogar von März bis Oktober. Im Frühling und Herbst ist es ratsam, telefonisch nachzufragen, ehe man sich auf die Reise macht. Auf entsprechende Angaben in irgendwelchen Broschüren oder selbst in diesem Buch sollte man sich nicht verlassen, weil es häufig zu kurzfristigen Änderungen kommt. Selbst lokale Touristeninformationsstellen liegen manchmal falsch.

In Istrien sind viele Campingplätze riesige „Autocamps" voller Caravans und mit Restaurants und Läden. In Dalmatien sind sie dagegen kleiner und werden oft von Familien betrieben. Auf einigen der größeren Campingplätze müssen Besucher mit bis zu 100 Kn pro Stellplatz rechnen, die meisten Plätze verlangen zwischen 40 und 60 Kn pro Person und Nacht. Manchmal ist darin der Preis für das Zelt inbegriffen, manchmal werden dafür zwischen 10 und 15 Kn zusätzlich verlangt.

Ein Caravan-Stellplatz kostet etwa 30 % mehr. Hinzu kommt dann ein Stromzuschlag, der entweder schon im Preis inbegriffen ist oder bis zu 15 Kn pro Übernachtung betragen kann. Außerdem wird eine Kurtaxe von etwa 7 Kn pro Person und Nacht erhoben, abhängig von Saison und Lage. Die Preisangaben in diesem Reiseführer gelten pro erwachsener Person und Stellplatz, Auto und Zelt sind darin also schon enthalten.

In letzter Zeit schießen zwar immer mehr kleine Campingplätze in Familienbesitz aus dem Boden, aber die meisten Plätze sind noch immer „Autocamps". Wer lieber in einer heimeligeren Atmosphäre campen möchte, sollte die örtlichen Touristeninformationsstellen darauf ansprechen – die sollten entsprechende Adressen kennen. Mit FKK gekennzeichnete Campingplätze sind – wenn einem FKK zusagt – in der Regel sehr zu empfehlen, weil sie durch ihre abgeschiedene Lage Ruhe und Frieden garantieren. Wichtig: Wildes Campen ist offiziell verboten. Genauere Informationen finden sich unter www.camping.hr.

Die Camping Card International (CCI; früher: Camping Carnet) ist ein internationaler Campingausweis, der beim Einchecken wie ein Reisepass oder Personalausweis benutzt werden kann; er beinhaltet gleichzeitig eine Haftpflichtversicherung. Deshalb bieten viele Campingplätze einen kleinen Rabatt (5 bis 10%), wenn man mit dieser Art von Ausweis eincheckt. CCIs werden von Automobilclubs und Camping-Clubs ausgestellt, in Deutschland z.B. vom Deutschen Camping-Club e.V., Mandlstr. 28, 80802 München, Tel. 089-38 01 42-0, www.camping-club.de.

Hotels

Der Tourismus in Kroatien (früher ein Teil Jugoslawiens) boomte in den 1970er- und 1980er-Jahren, als die meisten Hotels entlang der Küste gebaut wurden. Damals war geplant, die Küste für Pauschaltouristen zu erschließen und sie in „Touristensiedlungen" unterzubringen, meist weit außerhalb der Städte und in Strandnähe. Da alle diese Anlagen staatlich waren und dem gleichen Konzept folgen, wundert es nicht, dass sie alle nahezu gleich aussehen. Keines dieser Häuser in Istrien oder Kroatien wirkt irgendwie istrisch oder kroatisch; sie unterscheiden sich nicht von einem dalmatinischen oder gar einem spanischen Hotelkomplex.

Diese Planung hatte jedoch den Vorteil, dass die historischen Stadtkerne weitgehend erhalten geblieben sind und dass es dort kaum „Touristenfallen" gibt, die ansonsten überall entstehen, wo im Sommer Touristenscharen in die Städte einfallen. Der Nachteil ist allerdings ein Mangel an kleinen, familienbetriebenen Hotels, in deren Raumgestaltung sich Geschmack und Persönlichkeit der Besitzer widerspiegeln.

Wer es also lieber familiär haben möchte, sollte sich nach einer Privatunterkunft umsehen. Viele familienbetriebene Unterkünfte, die man über die lokalen Touristeninformationsstellen buchen kann, nennen sich *pensions* (Pensionen). Da sie in der Regel über jahrzehntelange Erfahrung im Umgang mit

Urlaubern verfügen, sind die *pensions* ausgesprochen empfehlenswert. Einige davon wurden in dieses Buch aufgenommen. Da aber jedes Jahr neue *pensions* eröffnet werden, sollte man sich am besten in den örtlichen Touristeninformationen erkundigen. Auf die Werbebroschüren allein sollte man sich besser nicht verlassen, weil dort meist nur die größeren Hotels verzeichnet sind.

In Zagreb und anderen großen Städten gibt es jeweils mindestens ein großes Hotel aus dem 19. Jh., als die Eisenbahn dort Einzug hielt. Während der k.u.k.-Monarchie war Opatija ein beliebtes Feriendomizil der Donaumonarchie und verfügt deshalb über einige elegante Hotels mit leider leicht verblichenem Glanz.

Heute verändern private Investoren und europäische Hotelketten das Gesicht der kroatischen Hotelszene der gehobenen Preisklasse. Mittlerweile gibt es entlang der Küste immer mehr generalüberholte Hotels mit Spitzenservice und vielen Annehmlichkeiten. Selbst die älteren Hotels sind sauber, gastfreundlich und effizient geführt. Die Doppelzimmer (und viele Einzelzimmer) sind geräumig, und nahezu alle Zimmer besitzen ein eigenes Bad. Die Mehrzahl der kroatischen Hotels liegt in der mittleren Preisklasse, also bei etwa 800 Kn für das Doppelzimmer an der Küste im Sommer; im Spätfrühling und Frühherbst kostet das Zimmer etwa 450 Kn. Für diesen Preis bekommt man ein sauberes, angenehmes, allerdings nicht sehr individuelles Zimmer mit Bad, Telefon und manchmal auch mit Satellitenfernsehen. Da bei Kurzaufenthalten normalerweise kein Aufschlag verlangt wird, sind Hotels möglicherweise sogar günstiger als Privatunterkünfte, wenn man nur einen oder zwei Tage bleibt. Apartments sind abgeschlossene Wohneinheiten mit Küche und Bad.

Die meisten Hotels bieten Halbpension an. In den abgelegenen „Touristensiedlungen" ist das sogar oft die einzige Möglichkeit, in der Umgebung etwas zu essen zu bekommen. Manchmal liegt der Preis für Halbpension nur geringfügig über dem Preis für Übernachtung mit Frühstück; dann lohnt sich Halbpension also allemal, selbst wenn man nur ein paar Mahlzeiten im Hotel einnehmen möchte. Außer in Luxushotels werden zumeist preiswerte Fleischgerichte serviert, erst seit einiger Zeit wird gelegentlich auch vegetarische Küche geboten.

Das Klassifizierungssystem für kroatische Hotels ist nicht unbedingt hilfreich. 1-Stern-Hotels sind selten, 2-Sterne-Hotels haben zwar ein Bad, aber kein Satellitenfernsehen, 5-Sterne-Häuser bieten ausgesprochen luxuriöse Zimmer und Einrichtungen wie Gymnastikräume, Sauna, Swimmingpool usw. Im Bereich dazwischen werden die Sterne nach oft sehr unklaren Kriterien vergeben, sie sagen also nicht viel über die Ausstattung eines Hotels aus. Vor allem der Unterschied zwischen einem 3- und einem 4-Sterne-Hotel ist relativ rätselhaft.

Jugendherbergen

Die **Croatian YHA** (Karte S. 82–83; ☎ 01-48 47 472; www.hfhs.hr; Dežmanova 9, Zagreb) unterhält Jugendherbergen in Rijeka, Dubrovnik, Punat, Zadar, Zagreb und Pula. Nichtmitglieder zahlen pro Person und Nacht eine zusätzliche Gebühr von 10 Kn, die durch einen Stempel bestätigt

---

STRASSENNAMEN

Besonders in Zagreb und Split dürfte manchem auffallen, dass die hier verwendeten Straßennamen oft nicht mit den Namen auf den Straßenschildern übereinstimmen. Das liegt daran, dass im Kroatischen ein Straßenname entweder im Nominativ oder im Genitiv verwendet wird. So wird beispielsweise aus Ulica Ljudevita Gaja (Straße von Ljudevita Gaja) die Gajeva ulica (Gajas Straße). Die letztgenannte Namensform steht am häufigsten auf den Straßenschildern und wird auch im Alltag gebraucht. Das Gleiche gilt für einen Platz (*trg*), der beispielsweise entweder als Trg Petra Preradovića oder als Preradovićev trg bezeichnet wird. Einige gebräuchliche Namen sind Trg Svetog Marka (Markov trg), Trg Josipa Jurja Strossmayera (Strossmayerov trg), Ulica Andrije Hebranga (Hebrangova), Ulica Pavla Radića (Radićeva), Ulica Augusta Šenoe (Šenoina), Ulica Nikole Tesle (Teslina) und Ulica Ivana Tkalčića (Tkalčićeva). Zu beachten ist auch, dass Trg Nikole Šubića Zrinjskog meistens abgekürzt wird: Trg Zrinjevac.

Wenn in Adressenangaben auf den Straßennamen ein bb folgt, ist dies die Abkürzung für *bez broja*, was bedeutet: ohne Hausnummer.

wird. Mit sechs Stempeln wird man automatisch Mitglied.

Die in diesem Buch genannten Preise gelten während der Hauptsaison im Juli und August, ansonsten liegen sie niedriger. Die Croation YHA informiert auch über private Jugendherbergen in Krk, Zadar, Dubrovnik und Zagreb.

Die meisten Jugendherbergen sind mittlerweile auch im Winter geöffnet, dann aber nicht immer mit Personal ausgestattet. Es ist daher ratsam, vorher anzurufen.

Privatunterkünfte

Am meisten für sein Geld bekommt man in Kroatien in einem Privatzimmer oder -apartment, oft innerhalb eines Wohnhauses oder daran angegliedert – ähnlich den Privatpensionen in anderen Ländern. Sie sind nicht nur billiger als ein Hotelzimmer, sondern der Service ist auch freundlicher und das Essen besser. Derartige Unterkünfte können sogar über Reisebüros gebucht werden, aber auch vor Ort direkt bei den Eigentümern selbst, die ihre Zimmer an der Bushaltestelle oder am Fährhafen anbieten. Man kann auch einfach an Haustüren klopfen, an denen *sobe* oder *zimmer* (Zimmer zu vermieten) steht.

Wer über ein Reisebüro bucht, kann sicher sein, dass die Unterkunft professionell kontrolliert wird. Außerdem kann man sich dann im Notfall an jemanden wenden, falls irgendetwas nicht in Ordnung gewesen sein sollte. Bei Kurzaufenthalten von weniger als vier Tagen verlangt das Reisebüro allerdings möglicherweise einen Aufpreis. Einige Büros bestehen sogar auf einer Mindestverweildauer von sieben Tagen während der Hauptsaison.

Falls man sich für die Anklopfmethode entscheidet, sollte man vormittags kommen, weil die Wohnungseigentümer nachmittags oft unterwegs sind. Es ist bequemer (und ein Vorteil bei den Preisverhandlungen), wenn man sein Gepäck in einer *garderoba* (Gepäckaufbewahrung) hinterlässt, ehe man sich auf die Suche macht.

Egal, ob man über eine Agentur oder direkt beim Eigentümer bucht – um den Preis kann gefeilscht werden, vor allem, wenn man eine Woche lang bleiben möchte. Während der Hauptsaison dürfte es allerdings entlang der Küste schwierig werden, ein freies Zimmer für nur eine Übernachtung zu ergattern. Einzelzimmer sind nur selten zu haben. Eine Dusche ist immer inklusive, im Gegensatz zum

AUFPASSEN BEI PRIVATZIMMERN

Falls man am Busbahnhof oder am Fähranleger direkt von den Eigentümern einer Unterkunft (meist sind es Frauen) angesprochen wird und gleich mit ihnen mitgehen möchte, sollte man sich vorab genau über die Lage des Hauses informieren, um am Ende nicht irgendwo weit außerhalb der Stadt übernachten zu müssen. Unbedingt klären sollte man auch sofort, ob der Preis pro Person oder pro Zimmer gilt. Dabei ist es wichtig, die genaue Aufenthaltsdauer und den genauen Abreisezeitpunkt anzugeben, um später einen eventuellen Aufpreis zu vermeiden. Landet man in einem Zimmer oder Apartment ohne ein blaues Schild mit der Aufschrift *sobe* oder *apartmani* am Haus, handelt es sich um eine illegale Vermietung (ohne Kurtaxe). Eigentümer solcher Häuser sind meist nicht willens, ihren vollen Namen oder die Telefonnummer anzugeben, sodass man bei auftretenden Schwierigkeiten keinerlei Regressansprüche stellen kann.

Frühstück – weshalb man sich sofort nach dem Preis dafür erkundigen sollte.

Soweit möglich, lohnt es sich, Halbpension bei einer Familie zu buchen. An der Küste besitzen die meisten Familien einen Garten, einen Weinberg und einen Zugang zum Meer.

Wer Glück hat, beginnt den Abend dann mit einem selbst gemachten Aperitif, bevor ein gartenfrischer Salat, selbstangebaute Kartoffeln und frischer Fisch vom Grill auf den Tisch kommen – und vielleicht folgt anschließend sogar selbst gekelterter Wein.

Auch Privatunterkünfte werden von den kroatischen Reisebüros nach einem Sterne-System klassifiziert. Drei Sterne heißt: teuer, aber mit eigenem Bad. Zwei Sterne bedeutet, dass man sich das Bad mit einem weiteren Mieter teilen muss, bei einem Stern nutzt man das Bad gemeinsam mit zwei weiteren Mietern oder dem Eigentümer selbst.

Preiswert sind auch Studios mit Kochgelegenheit, weil sie nur wenig mehr als ein Doppelzimmer kosten. Allerdings sollte man bedenken, dass selbst gekochte Gerichte in Kroatien nicht unbedingt billig sind. Für kleine Reisegruppen empfiehlt es sich aber auf jeden Fall, ein Apartment zu mieten. Telefonate sind nie im Preis inbegriffen, während Satellitenfernsehen sich allmählich durchsetzt.

ALLGEMEINE INFORMATIONEN

Die Übernachtungspreise werden normalerweise vom örtlichen Tourismusamt festgelegt und sind unabhängig von den Agenturen, wobei manche Anbieter die preiswerteste Kategorie gar nicht führen. Wieder andere vermitteln vorzugsweise nur Apartments. Bei legalen Unterkünften wird häufig eine vorgeschriebene Kurtaxe erhoben.

Die in diesem Buch angegebenen Preise beziehen sich auf einen viertägigen Aufenthalt während der Hauptsaison im Juli oder August. In den anderen Monaten liegen die Preise wesentlich niedriger.

VERSICHERUNG

Es ist sinnvoll, vor einer Kroatienfahrt eine Reiseversicherung abzuschließen, um bei Diebstahl, Verlust von Gepäck oder Krankheit abgesichert zu sein. Unbedingt zunächst die schon vorhandenen Versicherungsunterlagen daraufhin überprüfen, ob eine Reiseversicherung nicht doch schon darin enthalten ist. Manche Kreditkarten bieten z. B. einen begrenzten Unfallversicherungsschutz im Ausland. Ein gutes Reisebüro sollte in der Lage sein, seine Kunden entsprechend zu beraten. Es gibt allerdings eine Reihe von kompliziert formulierten Versicherungspolicen, bei denen man sehr genau auf die Fußfallen im Kleingedruckten achten sollte.

In manchen Verträgen sind „gefährliche Aktivitäten" nicht abgesichert, womit Tauchen, Motorradfahren und sogar bestimmte anspruchsvolle Wanderungen auf unmarkierten Wegen gemeint sein können. Manchmal sind auch vor Ort erworbene Motorradzulassungen nicht versicherungsfähig.

Vielleicht ist es einem lieber, wenn die Versicherung den Arzt oder das Krankenhaus direkt bezahlt und man die Kosten nicht selbst vorstrecken muss (was allerdings nicht bedeutet, dass sich ein Arzt vor Ort auch darauf einlässt). Im letzten Fall sollte man alle Unterlagen sorgfältig zusammenhalten.

Einige Versicherungsgesellschaften erwarten, dass man sich eine Behandlung vorher telefonisch bei der zuständigen Zentrale genehmigen lässt. Ein Krankentransport und ein Rückflug ins Heimatland sollten auf jeden Fall in der Versicherung mit enthalten sein.

Weltweiten Versicherungsschutz erhält man unter anderem bei www.lonelyplanet.com/ bookings. Dort können alle Vorfälle auch online abgewickelt werden.

Weitere Informationen zu diesem Thema finden sich auf S. 347 (Gesundheit) und S. 342 (Verkehrsmittel & -wege).

VISA

Als EU-Bürger oder Schweizer braucht man für Kroatien kein Visum, falls man sich nicht länger als 90 Tage im Land aufhält. Wer länger als 90 Tage bleiben möchte, überquert die Grenze nach Italien oder Österreich und kehrt dann wieder nach Kroatien zurück.

Die kroatischen Behörden verlangen zwar, dass sich alle ausländischen Besucher bei Ankunft und Ortswechsel innerhalb des Landes polizeilich registrieren lassen, aber das ist eher eine Formalität, um die sich in der Regel Angestellte von Hotels, Jugendherbergen, Campingplätzen oder die Privatvermieter kümmern. Zu diesem Zweck benötigen sie bis zum folgenden Tag den Pass bzw. Personalausweis.

Wohnt man privat bei Freunden oder Verwandten, sollte sich der Gastgeber darum kümmern.

ZEIT

In Kroatien gilt die Mitteleuropäische Zeit (MEZ). Ab Ende März gibt es die Sommerzeit, die Uhren werden dann, wie in den meisten anderen europäischen Staaten, eine Stunde vorgestellt. Ende September werden sie dann wieder eine Stunde zurückgestellt.

ZOLL

Reisende dürfen natürlich ihre persönlichen Gegenstände mit ins Land bringen, dazu noch 1 l Spirituosen, 1 l Wein, 500 g Kaffee, 200 Zigaretten und 50 ml Parfüm. Die Ein- oder Ausfuhr der Landeswährung Kuna ist auf 15 000 Kn pro Person begrenzt. Campingausrüstung, Boote und elektrische Geräte sollten bei der Einreise deklariert werden. Weitere Informationen zu Steuern und Rückerstattungen siehe S. 328.

Es gibt keinerlei Quarantänebestimmungen für mitgeführte Tiere, man sollte jedoch einen aktuellen Impfausweis dabei haben. Andernfalls muss das Tier von einem ortsansässigen Tierarzt untersucht werden, der jedoch vielleicht nicht sofort greifbar ist.

Verkehrsmittel & -wege

AN- & WEITERREISE

Nach Kroatien zu reisen wird immer einfacher, besonders im Sommer. Von Süddeutschland aus kann man mit dem Auto eine Spritztour dorthin machen.

Zahlreiche preisgünstige Busunternehmen bieten Fahrten nach Kroatien an, und immer mehr Reedereien bringen Heerscharen von Urlaubern an die Küste. Flüge, Rundreisen und Bahntickets lassen sich problemlos online buchen, z.B. bei: www.lonelyplanet.com/bookings.

EINREISE

Die kroatische Wirtschaft ist stark vom Tourismus abhängig – das weiß auch die kroatische Regierung und ermöglicht den Urlaubern eine einfache Einreise, die ähnlich problemlos wie innerhalb der EU vonstatten geht.

Einreisedokumente

Für die Einreise benötigen EU-Bürger und Schweizer einen gültigen Personalausweis (Aufenthalt bis 30 Tage) oder Reisepass (Aufenthalt bis 90 Tage), die Dokumente müssen bei der Ausreise noch gültig sein.

Kinder unter 16 Jahren brauchen einen Kinderreisepass (oder Kinderpass) mit Lichtbild oder müssen im Reisepass der Eltern namentlich miteingetragen sein.

Es empfiehlt sich, von den Reisedokumenten eine Fotokopie zu machen und sie getrennt von den Originalen aufzubewahren. Sollte der Reisepass verloren gehen oder gestohlen werden, ist es wesentlich leichter, bei der zuständigen Botschaft oder dem Konsulat ein Duplikat zu bekommen. Siehe auch S. 326 zum Thema Visa.

FLUGZEUG

Flughäfen & Fluglinien

Wichtige Flughäfen in Kroatien:

Dubrovnik (Flughafencode: DBV; ☎ 020-773 377; www.airport-dubrovnik.hr)

Pula (Flughafencode: PUY; ☎ 052-530 105; www.airport-pula.com)

Rijeka (Flughafencode: RJK; ☎ 051-842 132; www.rijeka-airport.hr)

Split (Flughafencode: SPU; ☎ 021-203 506; www.split-airport.hr)

Zadar (Flughafencode: ZAD; ☎ 023-313 311; www.zadar-airport.hr)

Zagreb (Flughafencode: ZAG; ☎ 01-62 65 222; www.zagreb-airport.hr)

Direktflüge gibt es u. a. zwischen Dubrovnik und Hannover, Frankfurt/Main, Köln/Bonn, Stuttgart, München und Zürich-Kloten. Pula ist u. a. ab Zürich-Kloten direkt erreichbar, Rijeka ab Hannover, Köln/Bonn, Leipzig, Stuttgart und München.

Nach Split gibt es u. a. Direktflüge ab Berlin-Tempelhof, Berlin/Schönefeld, Frankfurt, Hamburg, Köln/Bonn, München, Salzburg,

---

DIE DINGE ÄNDERN SICH ...

Die Informationen in diesem Kapitel unterliegen immer wieder Veränderungen. Am besten ist es, direkt bei der Fluggesellschaft oder in einem Reisebüro nachzufragen, welche Bedingungen mit einem bestimmten Ticket verbunden sind und welche Sicherheitsbestimmungen im internationalen Reiseverkehr gerade gelten (unter Umständen kann man das Ticket dort auch gleich besorgen). Achtung beim Ticketkauf! Die Angaben in diesem Kapitel können nur Anhaltspunkte geben und können die eigene sorgfältige Recherche nicht ersetzen.

VERKEHRSMITTEL & -WEGE

KLIMAWANDEL & REISEN

Der Klimawandel stellt eine ernste Bedrohung für unsere Ökosysteme dar. Zu diesem Problem tragen Flugreisen immer stärker bei. Lonely Planet sieht im Reisen grundsätzlich einen Gewinn, ist sich aber der Tatsache bewusst, dass jeder seinen Teil dazu beitragen muss, um die globale Erwärmung zu verringern.

Fliegen & Klimawandel

Fast jede Art der motorisierten Fortbewegung erzeugt CO_2 (die Hauptursache für die globale Erwärmung), doch Flugzeuge sind mit Abstand die schlimmsten Klimakiller – nicht nur wegen der großen Entfernungen und der entsprechend großen CO_2-Mengen, sondern auch weil sie diese Treibhausgase direkt in hohen Schichten der Atmosphäre freisetzen. Die Zahlen sind erschreckend: Zwei Personen, die von Europa in die USA und wieder zurück fliegen, erhöhen den Treibhauseffekt in demselben Maße wie ein durchschnittlicher Haushalt in einem ganzen Jahr.

Emissionsausgleich

Die englische Website www.climatecare.org und die deutsche Internetseite www.atmosfair.de bieten sogenannte CO_2-Rechner. Damit kann jeder ermitteln, wie viel Treibhausgase seine Reise produziert. Das Programm errechnet den zum Ausgleich erforderlichen Betrag, mit dem der Reisende nachhaltige Projekte zur Reduzierung der globalen Erwärmung unterstützen kann, beispielsweise Projekte in Indien, Honduras, Kasachstan und Uganda.

Lonely Planet unterstützt gemeinsam mit Rough Guides und anderen Partnern aus der Reisebranche das CO_2-Ausgleichs-Programm von climatecare.org. Alle Reisen von Mitarbeitern und Autoren von Lonely Planet werden ausgeglichen.

Weitere Informationen zum Thema gibt's auf www.lonelyplanet.com.

Stuttgart, Wien und Zürich-Kloten. Zagreb ist mit allen europäischen Hauptstädten auf direktem Weg verbunden, dazu kommen Direktflüge u. a. ab Hamburg, Köln/Bonn und Stuttgart.

Croatia Airlines (Code: OU; Karte S. 82–83; ☎ 01-48 19 633; www.croatiaairlines.hr; Zrinjevac 17, Zagreb; Mo–Fr 8–20 Uhr, Sa 9–12 Uhr) ist die nationale Fluggesellschaft. Sie fliegt täglich von Frankfurt/M., Wien und Zürich und mehrmals die Woche von Hamburg, München und Stuttgart in die kroatische Hauptstadt. Von Zagreb werden einige Inlandsflüge nach Dubrovnik, Pula, Rijeka, Split und Zadar angeboten. Alle Inlandsflüge führen über Zagreb. Im Folgenden werden alle wichtigen Fluglinien genannt, die Kroatien bedienen (die Telefonnummern beziehen sich jeweils auf Zagreb):

Austrian Airlines (Code: OS; ☎ 01-62 65 900; www.aua.com) Regelmäßige Flüge nach Zagreb, Split und Dubrovnik.

Croatia Airlines (Code: OU; ☎ 01-48 19 633; www.croatiaairlines.hr)

Easyjet (Code: EZY; www.easyjet.com) Flüge nach Rijeka und Split

Germanwings (Code: GWI; www.germanwings.com) Flüge von Köln/Bonn nach Zagreb, Dubrovnik und Split; von Berlin/Schönefeld, Stuttgart und Hamburg nach Split

und Zagreb und von Köln/Bonn (ab Mai 2007) und Stuttgart (März 2007) nach Zadar.

TUI (Code: X3; www.tuifly.com) Flüge nach Dubrovnik und Rijeka.

Lufthansa (Code: LH; ☎ 01-48 73 121; www.lufthansa.com) Regelmäßige Flüge nach Zagreb, Split und Dubrovnik.

Ryanair (Code: RYR; www.ryanair.com) Fliegt nach Pula und Zadar.

Sonderwünsche

Wenn sie rechtzeitig davon informiert werden, sind viele Fluggesellschaften bereit, bestimmte Sonderwünsche zu erfüllen, wie zum Beispiel die Bereitstellung eines Rollstuhls am Flughafen oder ein vegetarisches Essen an Bord. Kinder unter zwei Jahren erhalten 90 % Preisermäßigung und dürfen bei manchen Fluglinien sogar kostenlos mitfliegen, wenn sie keinen Sitzplatz brauchen. In diesem Fall haben sie aber auch keinen Anspruch auf eigenes Gepäck. Sogar Babykörbe, Babynahrung und Windeln stellen die meisten Fluglinien zur Verfügung, falls Entsprechendes vorab angefordert wird. Kinder zwischen zwei und zwölf Jahren zahlen in der Regel die Hälfte oder zwei Drittel des Flugpreises, wenn sie einen eigenen Sitzplatz brauchen, haben dann aber auch Anrecht auf eigenes Gepäck.

Auf der englischsprachigen Website www. allgohere.com findet man Hinweise auf spezielle Angebote verschiedener Airlines für Menschen mit Behinderungen.

Tickets

Mit etwas Zeitaufwand (Anrufe bei Reisebüros, Internetrecherche oder Lektüre der Reisebeilagen in den Tageszeitungen) findet man problemlos einen günstigen Flug. Wer auf ein Billigticket spekuliert, sollte frühzeitig auf Suche gehen, da die Anzahl der Sitzplätze beschränkt ist.

Studenten und alle Reisenden unter 26 Jahren (in manchen Ländern liegt die Grenze bei 30 Jahren) bekommen Sonderkonditionen, sei es durch Vorlage eines Personalausweises oder durch einen gültigen internationalen Studentenausweis.

Die günstigsten Konditionen bietet das Internet, in dem die Fluggesellschaften teilweise sensationelle Angebote machen: manche versteigern sogar Flugtickets oder reduzieren die Preise drastisch, um ihre Kunden von den Vorteilen einer elektronischen Buchung zu überzeugen.

Da viele namhafte Reisebüros eine eigene Website haben, lassen sich die Preise leicht über das Internet vergleichen. Mehrere Online-Agenturen arbeitet inzwischen sogar ausschließlich über das Internet.

Online-Buchungen sind am vorteilhaftesten, wenn das Hin- oder Rückreiseticket für einen festen Termin gebucht wird. Für den Gang ins Reisebüro spricht die persönliche Hilfe, die Mitarbeiter kennen Sondertarife und die besten und bequemsten Verbindungen, helfen beim Abschluss einer Reiseversicherung und bei speziellen Wünschen wie einer vegetarischen Mahlzeit im Flieger oder einem Rollstuhl am Flughafen.

Wer nach einer Buchung seine Reiseroute ändern will oder eine Rückerstattung wünscht, sollte sich an das zuständige Reisebüro oder den Veranstalter wenden, bei dem das Ticket gekauft wurde: Die Fluglinien erstatten das Geld nur dem Reisebüro oder dem Reiseveranstalter zurück, der es dann weiterleitet.

AUF DEM LANDWEG
Auto & Motorrad

Wer mit dem Auto aus Deutschland oder West- und Innerösterreich anreist, wird in der Regel über München und Salzburg auf der Tauernautobahn nach Villach und dann über den Karawanken-Tunnel (Grenze Österreich-Slowenien) weiter nach Slowenien und Kroatien reisen. Die Alternative für Istrien ist die Anreise über Salzburg und Villach nach Udine und Triest. Von dort kann man über den italienisch-slowenischen Grenzübergang Rabuiese (Škofije) weiter nach Koper und auf die istrische Halbinsel fahren oder über Kozina und Rupa nach Rijeka weiterreisen. Reisende aus der Schweiz reisen über den St.-Gotthard-Tunnel und Chiasso nach Triest und von dort weiter nach Rijeka bzw. nach Istrien. Autofahrer aus dem Osten Österreichs können auch über Wien, Graz und Maribor nach Zagreb fahren und dort die Autobahn zur Küste nehmen.

Die Automobilclubs Deutschlands (ADAC; www.adac.de), Österreichs (OEAMTC; www. oeamtc.at) und der Schweiz (ACS; www.acs. ch) bieten ihren Mitgliedern eine kostenlose Tourenplanung an. Zwischen Slowenien und Kroatien bestehen insgesamt 29 Grenzübergänge – zu viele, um sie hier alle zu nennen. Mindestens ebenso viele gibt es zu den Nachbarländern Bosnien und Herzegowina, Serbien und Montenegro.

Die bekanntesten Ziele in Bosnien und Herzegowina wie etwa Sarajevo, Mostar und Međugorje sind von Zagreb, Split, Osijek und Dubrovnik aus bequem erreichbar. Wichtige Grenzübergänge zwischen Kroatien und Ungarn sind Goričan (zwischen Nagykanizsa und Varaždin), Gola (23 km östlich von Koprivnica), Terezino Polje (gegenüber von Barcs) und Donji Miholjac (7 km südlich von Harkány).

Informationen zum Reisen mit Auto oder Motorrad stehen auf S. 341.

Bosnien und Herzegowina
BUS

Es gibt tägliche Verbindungen von Sarajevo (18 €, 5 Std., tgl.), Međugorje (18 €, 3 Std. 2-mal tgl.) und Mostar (15 €, 3 Std., 2-mal tgl.) zur Südspitze Kroatiens nach Dubrovnik; weitere Verbindungen von Sarajevo nach Split (19 €, 7 Std., 5-mal tgl.) mit Zwischenaufenthalt in Mostar, sowie von Sarajevo nach Zagreb (18 €, 8 Std., 3-mal tgl.) und in die Hafenstadt Rijeka (35 €, 10 Std., tgl.).

ZUG

Von Sarajevo fährt täglich morgens ein Zug nach Zagreb (260 Kn, 8 Std.) und einer nach Osijek (113 Kn, 8½ Std.). Ebenfalls

VERKEHRSMITTEL & -WEGE

täglich sind Ploče via Mostar, Sarajevo und Banja Luka mit Zagreb verbunden (310 Kn, 10 Std.).

Deutschland
BUS
Wegen der vielen Deutschen, die in Kroatien Urlaub machen und der vielen kroatischen Arbeitnehmer in Deutschland sind die Busverbindungen zwischen beiden Ländern hervorragend ausgebaut.

Alle Busreisen werden von der **Deutsche Touring GmbH** (☎ 069-79 03 50; www.deutsche-touring.de; Am Römerhof 17, Frankfurt) organisiert, die Fahrpreise sind günstiger als mit dem Zug. Es gibt zwar in ganz Kroatien kein eigenes Büro der Deutschen Touring GmbH, die Tickets werden aber von zahlreichen kroatischen Reisebüros und Busunternehmen verkauft.

Regelmäßig gibt es Busverbindungen zwischen Zagreb und Berlin, Dortmund, Frankfurt/Main, Köln, Mannheim, München, Nürnberg und Stuttgart.

Von Berlin aus starten die Busse viermal wöchentlich, von anderen deutschen Städten sogar täglich.

Einmal wöchentlich fährt ein Bus von Frankfurt, zweimal die Woche Busse von München nach Istrien.

Die dalmatinische Küste wird von allen größeren deutschen Städten aus täglich angefahren, zweimal wöchentlich fährt ein Bus von Berlin dorthin.

ZUG
Von München aus fahren dreimal täglich Züge über Salzburg und Ljubljana nach Zagreb (88 €, 9 Std.). In Richtung Süden ist eine Reservierung notwendig, in Richtung Norden nicht.

Die Homepage der Deutschen Bahn (www.bahn.de) informiert über die genauen und aktuellen Fahrpläne.

Italien
BUS
Triest hat sehr gute Busverbindungen zu den istrischen Küstenorten. Dreimal täglich fahren Busse nach Rijeka (96 Kn, 2–3 Std.), nach Rovinj (177–195 Kn, 3½ Std., 1-mal tlg.), Poreč (170–210 Kn, 2¼ Std., 1-mal tgl.) und Pula (170–230 Kn, 3¾ Std., 4-mal tgl.). Sonntags fahren die Busse seltener.

Auch nach Dalmatien (64 €, 15 Std.) fährt täglich ein Bus um 5.30 Uhr mit Zwischen-

stopp in Rijeka (60 Kn, 2½ Std.), Zadar (120–140 Kn, 7½ Std.), Split (195 Kn, 10½ Std.) und Dubrovnik (250 Kn, 15 Std.).

Von Padua fährt ein Bus sechsmal die Woche (Mo–Sa) über Venedig und Triest nach Poreč (25 €, 2½ Std.), Rovinj (27 €, 3 Std.) und Pula (29 €, 3¼ Std.). Fahrpläne findet man unter www.saf.ud.it.

ZUG
Zwischen Venedig und Zagreb (60 €, 6½ bis 7½ Std.) gibt es ebenfalls zweimal täglich eine Direktverbindung sowie einige weitere über Ljubljana.

Fahrpläne von Trenitalia finden sich auf der Homepage www.trenitalia.it.

Montenegro
BUS
Für Reisende ist die Grenze zwischen Kroatien und Montenegro offen. Von Kotor nach Dubrovnik verkehrt täglich ein Bus, er fährt von Bar bis Herceg Novi (120 Kn, 2½ Std.) in Montengro.

Österreich
BUS
Die Agentur Eurolines (www.eurolines.at) organisiert Busreisen von Wien nach Zagreb (35 €, 6 Std., 2-mal tgl.), Rijeka (53 €, 8¼ Std., 2-mal wöchentl.), Split (56 €, 15 Std., wöchentl.) und Zadar (45 €, 13 Std., wöchentl.). Ihre Vertretung in der Schweiz ist die Firma Eggmann + Frey (www.alsa-eggmann.ch).

ZUG
Es gibt zwischen Wien und Zagreb täglich zwei Tages- und zwei Nachtverbindungen (69 €, 6½–13 Std.), drei Züge fahren weiter bis Rijeka (79 €, 11½–16½ Std.). Genaue Fahrpläne lassen sich über die Homepage der Österreichischen Bahn (www.oebb.at) abrufen.

Ungarn
BUS
Von Budapest aus gibt es zwei tägliche Euroline-Busverbindungen nach Osijek (125–160 Kn, 2½ Std.) via Mohaćs (1½ Std.).

ZUG
Viermal täglich fahren Züge zwischen Zagreb und Budapest (60 €, 5½–7½ Std.).

Serbien

BUS

Sechsmal täglich fährt ein Bus zwischen Zagreb und Belgrad (20 €, 6 Std.). Im Grenzort Bajakovo steigen die Fahrgäste in einen serbischen Bus um.

ZUG

Fünfmal täglich besteht eine Zugverbindung zwischen Zagreb und der serbischen Hauptstadt Belgrad (25 €, 7 Std.).

Slowenien

BUS

Auch zwischen Slowenien und Istrien bestehen gute Verbindungen, zum Beispiel an Werktagen eine tägliche Busverbindung zwischen Rovinj und Koper (87 Kn, 3 Std.) mit Halt in Piran, Poreč und Portorož (41 Kn, 1½ Std.). Ebenfalls eine tägliche Busverbindung gibt es von Rovinj nach Ljubljana (94 Kn, 5½ Std.) sowie Busverbindungen von Ljubljana nach Zagreb (110 Kn, 3 Std., 2-mal tgl.), Rijeka (84 Kn, 2½ Std., 1-mal tgl.) und Split (310 Kn, 10½ Std., 1-mal tgl.).

ZUG

Zwischen Zagreb und Ljubljana (16 €, 2¼ Std.) verkehren täglich elf Züge, zwischen Rijeka und Ljubljana (93 €, 3 Std.) täglich vier Züge.

ÜBERS MEER

Linenschiffe zahlreicher Reedereien verbinden Kroatien mit Italien und Slowenien. Hat man eine Reise mit Kabine gebucht, ist das Frühstück in der Regel im Preis inbegriffen, ansonsten kostet es rund 3,50 €. Wer Kroatien auf dem Seeweg verlässt, braucht keine Hafengebühr zu zahlen. In Split liegen alle Büros der Reedereien auf dem Gelände des Fährterminals.

Jadrolinija (☎ Ancona 071-20 71 465, Bari 080-52 75 439, Rijeka 051-211 444; www.jadrolinija.hr) ist Kroatiens staatliche Reederei; sie betreibt Autofähren von Ancona nach Split (346–477 Kn je nach Saison, 10 Std., 3- bis 7-mal pro Woche) und nach Zadar (325–448 Kn, 7 Std., 3- bis 4-mal pro Woche), eine Linie von Bari nach Dubrovnik (346–477 Kn, 9 Std., 2- bis 6-mal pro Woche), eine ganzjährig verkehrende Fähre von Pescara nach Split (346–477 Kn, 10 Std., 2-mal pro Woche) und eine Sommerfähre von Pescara nach Hvar (346–477 Kn, 9 Std, 1-mal in der Woche). Die angegebenen Preise gelten für einen Sitzplatz an Deck, ein Auto kostet 50 % mehr. Liegen und Kabinen sind teurer. Weitere Infos dazu stehen auf der Website.

Split Tours (☎ Ancona 071-20 40 90, Split 021-352 553; www.splittours.hr) betreibt die Blue-Line-Autofähren zwischen Ancona und Zadar oder Split und fährt für den gleichen Preis wie die Jadrolinija weiter bis nach Stari Grad (Hvar). Im Sommer verbinden diese Fähren auch Ancona mit Vis.

SNAV (☎ Ancona 071-20 76 116, Neapel 081-76 12 348, Split 021-322 252; www.snav.com) betreibt eine Express-Autofähre von Split nach Pescara (36–90 €, 4¾ Std., tgl.) und Ancona (36–90€, 4½ Std., 3- bis 7-mal pro Woche) sowie von Pescara nach Hvar (36–90 €, 3¼ Std., tgl.).

Sanmar (www.sanmar.it) bietet die gleiche Route für einen ähnlichen Preis an.

Venezia Lines (☎ 041-52 22 568; www.venezialines. com; Santa Croce 518/A, Venedig 30135) schickt ein-, zwei- oder dreimal wöchentlich (je nach Zielort und Jahreszeit) Passagierschiffe von Venedig nach Pula (Neben- bis Hauptsaison 50–55 €, 3 Std.), Rovinj (48–53 €, 3¾ Std.) und Poreč (48–53 €, 2½ Std.). Die Reederei steuert auch andere Ziele in Istrien an, außerdem verkehren Fähren von Rimini und Ravenna aus.

Emilia Romagna Lines (www.emiliaromagnalines.it) ist eine weitere Reederei, die im Sommer Passagierschiffe von Italien nach Kroatien fahren lässt (14. April bis 30. September). Die Route verläuft von Cesenatico mit Zwischenstopp in Rimini und Pesaro nach Rovinj (Neben- bis Hochsaison 57–62 €, 3¼ Std.), Lošinj (62 bis 72 €, 4 Std.), Zadar (72–82 €, 4½ Std.) und Hvar (71–82 €, 5½ Std.).

Am besten wendet man sich vor Ort an **Jadroagent** (☎ 052-210 431; jadroagent-pula@pu.t-com. hr; Riva 14) in Pula und an **Istra-Line** (☎ 052-451 067; www.istraline.hr; Šetalište 2) in Poreč, um Auskünfte, Fahrpläne und Tickets für die Fähren zwischen Italien und Kroatien zu bekommen.

UNTERWEGS VOR ORT

AUTO & MOTORRAD

Kroatien hat in jüngster Zeit viel Geld in seine Verkehrsinfrastruktur investiert, ganzer Stolz ist die neue Autobahn A1 zwischen Zagreb und Split. In den nächsten Jahren soll sie weiter nach Dubrovnik verlängert werden. Inzwischen gibt es auch eine Autobahn von Rijeka nach Zagreb (A6). Durch die

VERKEHRSMITTEL & -WEGE

istrische Autobahn A9 zwischen Umag und Pula hat sich die Fahrtzeit von und nach Italien beträchtlich verkürzt. Alle genannten Strecken sind zwar in hervorragendem Zustand, aber auf manchen Streckenabschnitten sind die Raststätten noch im Bau, die Abstände zwischen einzelnen Raststätten sind dort also sehr groß.

Die spektakuläre Küstenstraße (Jadranska Magistrale) von Italien nach Albanien schlängelt sich an den steilen Hängen des Küstengebirges entlang – oft fällt das Land steil zur Adria hin ab, eine Kurve folgt oft der anderen. Die Küstenstraße führt bis Vitaljina, das 56 km südöstlich von Dubrovnik liegt, dann kommt die Grenze nach Montenegro.

Kroatienurlauber brauchen lediglich einen gültigen nationalen Führerschein, um ein Fahrzeug zu mieten. Der kroatische Automobilclub **Hrvatski Autoklub** (HAK; Karte S. 82–83; ☎ 01-46 40 800; www.hak.hr; Draškovićeva 25, Zagreb) bietet einen guten Service im Falle einer Panne. Hilfreich ist auch der **HAK-Straßendienst** (Vučna Služba; ☎ 987).

Die Tankstellen sind im Allgemeinen von 7 bis 19 Uhr geöffnet, im Sommer häufig sogar bis 22 Uhr. Zur Auswahl stehen Eurosuper 95, Super 98, Normalbenzin und Diesel. Aktuelle Benzinpreise nennt die Internetseite www.ina. hr; zum Zeitpunkt der Recherche kostete 1 l Benzin rund 9,65 Kn.

Auf allen Autobahnen, beim Učka-Tunnel zwischen Rijeka und Istrien, bei der Brücke zur Insel Krk und auf der Straße von Rijeka nach Delnice wird Maut erhoben. Weitere Informationen zur Straßenlage und den jeweiligen Mautgebühren finden sich auf der Homepage der kroatischen Autobahngesellschaft HAC: www.hac.hr.

Der Rundfunksender HR2 sendet von Juli bis Mitte September stündlich Verkehrsinformationen in englischer Sprache.

Kaskoversicherung

Eine Kasko-Versicherung ist auch bei Mietwagen gesetzlich vorgeschrieben, jeder Fahrer sollte sich aber persönlich vergewissern, ob seine Versicherungspolice auch wirklich einen

---

REISEN OHNE FLUGZEUG

Wie man ohne Flugzeug beispielsweise von München nach Zagreb kommt, wird unter dem Stichwort „Croatia" auf der Seite www. seat61.com erklärt. Hier erfährt man, wie man am besten per Bus und Bahn nach Zagreb gelangt (inkl. Preise und Abfahrtszeiten).

---

vollen Versicherungsschutz im Schadensfall beinhaltet (*collison damage waiver*/CDW) oder ob es einen Selbstbehalt gibt.

Fehlt der Versicherungsschutz, haftet der Fahrer für Schäden am Unfallfahrzeug, die Schadensummen beginnen bei etwa 2000 Kn.

Mietwagen

Autofahrer müssen mindestens 21 Jahre alt sein und eine der gängigen Kreditkarten besitzen. Lokale Mietwagenfirmen sind zwar meistens billiger, haben aber den Nachteil, dass der Wagen wieder vor Ort abgegeben werden muss.

Bei den großen Mietwagenfirmen muss der Anmietort nicht mit dem Rückgabeort übereinstimmen, da die Firmen überall in den größeren Städten Filialen haben.

Zu den gängigen großen Mietwagenfirmen mit einer Vertretung in der Hauptstadt Zagreb zählen:

Avis (Karte S. 82–83; ☎ 01-46 73 603; www.avis.com.hr; Hotel Sheraton, Kneza Borne 2, Zagreb)

Budget Rent-a-Car (Karte S. 82–83; ☎ 01-45 54 936; www.budget.hr; Hotel Sheraton, Kneza Borne 2, Zagreb)

Hertz (Karte S. 82–83; ☎ 01-48 46 777; www.hertz.hr; Vukotinovićeva 1, Zagreb)

In manchen Fällen ist es am günstigsten, den Mietwagen vorab im Heimatland zu mieten. Reiseveranstalter bieten oft Pauschalangebote an, die sowohl den Flug nach Kroatien als auch den Mietwagen vor Ort einschließen (ab 2 Pers.). Bei italienischen Mietwagen fehlt oft ein Versicherungsschutz für Kroatien.

Die kroatischen Grenzbeamten wissen das und verweigern deshalb die Einreise, wenn der Versicherungsschutz im Versicherungsschein fehlt.

Viele Mietwagenfirmen in Triest und Venedig kennen das Problem und füllen die Papiere entsprechend korrekt aus. Wenn das nicht der Fall ist, muss sich der Fahrer um eine Zusatzversicherung kümmern.

ABREISESTEUER

In italienischen Häfen wird eine Einschiffungssteuer von 4 € erhoben, die jedoch bereits im Ticketpreis enthalten ist.

Verkehrsregeln

In Kroatien gilt Rechtsverkehr und Anschnallpflicht, auch tagsüber muss mit Licht gefahren werden. Wenn nicht anders ausgeschildert, liegt die Geschwindigkeitsbegrenzung in geschlossenen Ortschaften bei 50 km/h, auf Landstraßen bei 80 km/h und auf Autobahnen bei 130 km/h. Auf allen kurvenreichen zweispurigen Schnellstraßen in Kroatien dürfen weder Militärkonvois noch Autoschlangen (die sich hinter einem langsam fahrenden Schwerfahrzeug gebildet haben) überholt werden.

Als Reaktion auf die hohen Unfallraten auf den kroatischen Straßen hat die Regierung eine rigide 0-Promille-Regelung erlassen. Also Hände weg von Alkohol oder anderen Drogen am Steuer!

BUS

Das Busnetz ist gut ausgebaut, die Fahrpreise erschwinglich. Jede Busgesellschaft hat ihr eigenes Preissystem, deshalb sind die angegebenen Preise nur Richtwerte und gelten jeweils für eine einfache Fahrt. Gepäck im Stauraum kostet zusätzlich 7 Kn pro Gepäckstück (einschließlich Versicherung). Im Folgenden werden einige Fahrpreise für viel befahrene Strecken genannt. An den Busbahnhöfen findet man die aktuellen Fahrpläne und Fahrpreise.

Strecke	Fahrpreis (Kn)	Fahrzeit (Std.)	Tägliche Verbindungen
Dubrovnik–Rijeka	400	12	2
Dubrovnik–Split	120	4½	14
Dubrovnik–Zadar	250	8	7
Zagreb–Dubrovnik	250	11	79
Zagreb–Korčula	224	12	1
Zagreb–Pula	130-230	7	9
Zagreb–Split	195	5-9	27

Sofern vorhanden, werden Telefonnummern und Websites in den jeweiligen Regionalkapiteln genannt. Die folgenden Busunternehmen sind die größten im Land:

Autotrans (☎ 051-660 360; www.autotrans.hr) in Rijeka. Verbindungen nach Istrien, Zagreb, Varaždin und in die Region Kvarner.

Brioni Pula (☎ 052-502 997; www.brioni.hr) in Pula. Verbindungen nach Istrien, Triest, Padua, Split und Zagreb.

Contus (☎ 023-315 315; www.contus.hr) in Zadar. Verbindungen nach Split und Zagreb.

Croatiabus (☎ 01-23 31 566; www.croatiabus.hr) Verbindet Zagreb mit Städten in Zagorje und Istrien.

An großen Busbahnhöfen werden die Tickets am Fahrkartenschalter und nicht im Bus selbst verkauft. Im Sommer ist es sehr ratsam, im Voraus zu reservieren, um wirklich einen sicheren Platz zu bekommen. Fahrpläne über den verschiedenen Fahrkartenschaltern am Busbahnhof geben Auskunft darüber, an welchem Schalter man die Tickets für den gewünschten Bus bekommt. Auf den Busfahrplänen bedeutet *vozi svaki dan* „täglich" und *ne vozi nedjeljom i blagdanom* „nicht an Sonn- und Feiertagen".

Dank der Nachtbusse spart man sich zwar eine Übernachtung, bringt sich aber auch um einen erholsamen Schlaf, da während der gesamten Fahrt das Licht brennt und ständig Musik läuft. Beschwerden beim Fahrer sind zwecklos. Alle zwei Stunden wird eine kurze oder auch eine längere Essenspause eingelegt. Die Fahrgäste sind selbst dafür verantwortlich, rechtzeitig wieder am Bus zu sein, er fährt sonst ohne sie weiter.

FÄHRE
Küstenfähren

Das ganze Jahr über verkehren die Autofähren der Jadrolinija-Reederei vor der Küste zwischen Bari, Rijeka und Dubrovnik. Sie legen in Split und Hvar, Korčula und Mljet mehrfach pro Woche an. Im Winter fahren die Schiffe allerdings weniger häufig.

Der landschaftlich schönste Küstenabschnitt liegt zwischen Split und Dubrovnik, sämtliche Jadrolinija-Fähren fahren hier tagsüber entlang. Fähren sind weit komfortabler als Busse, dafür aber auch teurer. Von Rijeka nach Dubrovnik kostet ein Platz an Deck in der Nebensaison 190 Kn, in der Hauptsaison 228 Kn, wobei letztere von Ende Juni bis Ende August geht.

Bei der Buchung einer Rückfahrt gibt es 20 % Rabatt. Kabinen sollten eine Woche vor Reiseantritt reserviert werden, während Plätze an Deck eigentlich immer verfügbar sind. Fahrkarten muss man im Voraus im Reisebüro oder direkt an einem Jadrolinija-Schalter erwerben, da sie an Bord nicht zu haben sind. Autofahrer sollten mindestens zwei Stunden vor der Abfahrt am Hafen einchecken.

Im Bordrestaurant der Jadrolinija-Schiffe zahlt man für ein Festpreismenü mittlerer Qualität etwa 100 Kn. Die Cafeteria serviert dagegen nur Schinken- und Käsebrote für 30 Kn. Kaffee ist dort preiswert, Wein und

VERKEHRSMITTEL & -WEGE

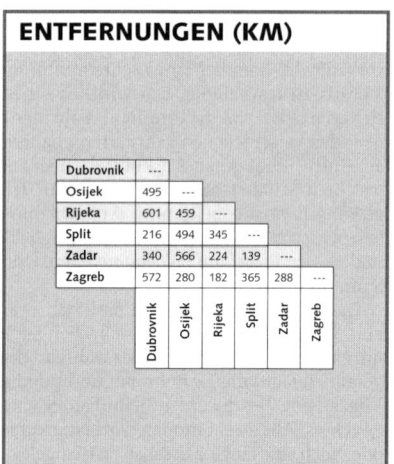

ENTFERNUNGEN (KM)

	Dubrovnik	Osijek	Rijeka	Split	Zadar	Zagreb
Dubrovnik	---					
Osijek	495	---				
Rijeka	601	459	---			
Split	216	494	345	---		
Zadar	340	566	224	139	---	
Zagreb	572	280	182	365	288	---

Spirituosen sind allerdings eher teuer. Das Frühstück im Restaurant kostet etwa 30 Kn, ist jedoch bereits im Kabinenpreis enthalten. Aber besten orientiert man sich an den Kroaten: Die nehmen sich ihr Essen und ihre Getränke von Zuhause mit.

Inselfähren

Die Inselfähren sorgen für die Verbindungen zwischen den größeren Inseln und zum Festland. Die Zahl der Fähren vom Festland zu den Inseln ist allerdings höher als die der Fähren zwischen den Inseln.

Zwischen Oktober und April wird die Zahl der Fahrten stark reduziert. Die Tickets müssen grundsätzlich noch am Schalter an Land gekauft werden.

Die Mitnahme eines Fahrrads kostet ebenfalls etwas. Der Fahrpreis für ein Auto variiert mit der Größe, liegt aber mindestens viermal so hoch wie der Preis für eine Fahrt ohne Auto. Im Sommer füllen sich die Fähren zu den Inseln recht schnell, deshalb ist es besonders wichtig, als Autofahrer so früh wie möglich zu buchen. Manche Fähren fahren nur einige Male am Tag – ist die Fähre voll, heißt es auf die nächste warten.

Selbst mit einer Reservierung sollte man einige Stunden vor Abfahrt am Hafen sein (die genauen Zeiten bekommt man beim Ticketkauf mitgeteilt). Auf einigen der kürzeren Strecken wie von Jablanac nach Mišnjak oder von Drvenik nach Sućuraj fahren die Fähren nonstop, in diesen Fällen entfällt die Reservierung.

Wenn der betreffende Hafenort kein eigenes Jadrolinija-Büro hat, werden die Fahrkarten an einem Ticketschalter am Fähranleger verkauft, die Schalter öffnen meist 30 Minuten vor der Abfahrt.

Wer im Hochsommer zu einer der viel besuchten Insel übersetzen will, sollte ein bis zwei Stunden vor der Abfahrt im Hafen sein, auch mit einer Reservierung und einem bezahlten Ticket! Fußgänger oder Radfahrer sollten normalerweise keine Probleme haben, auf den Autofähren mitgenommen zu werden.

Auf den Inselfähren werden nur Getränke und Snacks verkauft.

Im Hochsommer kommen zusätzliche reine Passagierfähren zum Einsatz, sie sind schneller und komfortabler, aber auch teurer als die Autofähren. Fähren, die die Häfen Split und Dubrovnik anlaufen, halten auch in Hvar, Brač und Vis.

FAHRRAD

Fahrräder sind ein gutes Fortbewegungsmittel für die Insel, die Räder lassen sich auf den Inseln und in den Küstenorten problemlos ausleihen. Auf den relativ flachen Inseln Pag, Mljet und Mali Lošinj fällt das Radfahren leicht, die anderen Inseln sind hügeliger und kurvenreicher, haben aber auch die entsprechend spektakuläreren Ausblicke.

Einige Touristeninformationen – vor allem die in den küstennahen Regionen Istrien und Kvarner – haben Routenkarten ausgearbeitet und nennen Fahrradverleiher, die an Ort und Stelle ein Fahrrad anbieten.

Wer an der Küste oder im Landesinneren unterwegs ist, sollte auf den stark befahrenen Landstraßen sehr vorsichtig fahren, es gibt (leider) keine Radwege.

FLUGZEUG

Croatia Airlines (Code OU; Karte S. 82-83; ☎ 01-48 19 633; www.croatiaairlines.hr; Zrinjevac 17, Zagreb) ist die einzige Fluggesellschaft, die kroatische Inlandsflüge anbietet. Die Flugpreise sind saisonabhängig. Preisgünstiger ist es, wenn im Voraus gebucht wird. Senioren, Kinder unter 12 und Passagiere unter 26 erhalten Ermäßigungen. Es gibt tägliche Flugverbindungen zwischen Zagreb und Dubrovnik, Pula, Split und Zadar. Zusätzlich zu den üblichen Sicherheitsmaßnahmen müssen auf allen innerkroatischen Flügen sämtliche Batterien aus Gepäckstücken entfernt werden.

GEFÜHRTE TOUREN

Atlas (www.atlas-croatia.com; Dubrovnik, Hafen Gruž **Karte S.** 290; ☎ 020-418 001; Obala Papa Ivana Pavla II 1; Dubrovnik, Pile-Tor **Karte S.** 290; ☎ 020-442 574; Sv Đurđa 1) bietet ein breites Spektrum an Busausflügen, kombinierten Flug-und-Auto-Angeboten und „Abenteuerausflügen". Zu Letzterem zählen Vogelbeobachtungen, Kanufahrten, Höhlenbesuche, Tauchgänge, Angelfahrten, Wanderungen, Ausritte, Segeltörns, Seekajaktouren und Wildwasserrafting.

Die deutsche Agentur **Inselhüpfen** (☎ 7531-942 3630; www.island-hopping.de) kombiniert Radund Schiffsreisen (teilweise auch Wanderund Radreisen) durch Süddalmatien, Istrien und zu den Inseln der Kvarner Bucht. Die Gäste schlafen dabei auf den Schiffen (s. Bildergalerie auf der Homepage), jeden Tag wird woanders gewandert oder geradelt.

Katarina Line (☎ 051-272 110; www.katarina-line. hr; Maršala Tita 75, 51410 Opatija) veranstaltet unterhaltsame Wochentörns auf einem attraktiven Holzschiff von Opatija nach Split, Mljet, Dubrovnik, Hvar, Brač, Korčula, Zadar und zu den Kornaten.

NAHVERKEHR

Zagreb und Osijek haben ein gut ausgebautes Straßenbahnnetz, das durch Busse ergänzt wird, überall sonst fahren ausschließlich Busse. In größeren Städten wie Dubrovnik, Rijeka, Split und Zadar fahren die Busse im 20-Minuten-Takt, sonntags in größeren Abständen. Ein Fahrschein kostet normalerweise etwa 8 Kn, am *tisak* (Zeitungskiosk) gekauft sogar noch etwas weniger. Die kleinen mittelalterlichen Küstenstädte sind generell autofrei, von den Altstädten fahren die Busse unregelmäßig in die Außenbezirke.

Auch auf den Inseln fahren die Busse unregelmäßig, da die meisten Inselbewohner ein eigenes Fahrzeug besitzen. Die Busse orientieren sich ausschließlich an den Bedürfnissen der arbeitenden Einheimischen und nicht an denen der Urlauber!

So ist man in der Regel auf ein Fahrrad, einen Mietwagen, Mietroller oder ein Motoroder Segelboot als zusätzliches Fortbewegungsmittel angewiesen.

TRAMPEN

Trampen ist auch in Kroatien nicht zu empfehlen und mit einem relativ hohen Risiko verbunden. Wer es nicht lassen will oder kann, sollte immer nur in Begleitung trampen und jemand anderen über sein Fahrziel in Kenntnis setzen.

Trampen auf dem Festland ist ein Glücksspiel, leichter ist es da schon an der Küste oder auf den Inseln. Dort sind die (meist kleinen) Autos der Einheimischen oft aber schon voll. Urlauber halten nur selten an.

ZUG

Zagreb ist die Drehscheibe des nur schwach entwickelten kroatischen Eisenbahnnetzes. Entlang der Küste fehlen Zugstrecken komplett, nur wenige Küstenstädte haben Verbindungen nach Zagreb.

Touristisch interessant sind vor allem die Verbindungen von Zagreb nach Rijeka und Pula, von Zagreb nach Zadar, Šibenik und Split, von Zagreb nach Varaždin und Koprivnica und die Verbindung Zagreb–Osijek.

Das Eisenbahnnetz wird derzeit modernisiert, vor kurzem wurde der Neigetechnikzug zwischen Zagreb und Split eingeweiht – durch die Expressstrecke reduziert sich die Fahrtzeit um ein Drittel.

Die Züge fahren zwar seltener als die Busse, sind aber dafür komfortabler. Inlandszüge sind entweder Express- oder Nahverkehrszüge. In den Expresszügen gibt es Raucherund Nichtraucherabteile sowie eine 1. und 2. Klasse. Sie sind teurer als die Nahverkehrszüge und sollten reserviert werden. In den Nahverkehrszügen gibt es nur eine 2. Klasse und keine Reservierungsmöglichkeit.

Die in diesem Buch angegebenen Fahrpreise gelten für unreservierte Plätze in der 2. Klasse.

Auf den nationalen Strecken gibt es keine Liegewagenplätze, einzig auf der Strecke Zagreb–Split fahren die Nachtzüge mit Schlafwagen. Der Gepäcktransport ist kostenlos, viele Bahnhöfe haben eine Gepäckaufbewahrung (Gepäckstück ca. 15 Kn), beim Abholen muss ein Ausweis vorgezeigt werden.

EU-Bürger mit einem InterRail-Pass können in Kroatien kostenlos die Bahn benutzen. Der Preis für den Pass lohnt sich aber angesichts des dünnen Eisenbahnnetzes nur in Einzelfällen.

Informationen über Fahrpläne, Fahrpreise und Serviceleistungen erhält man bei der **Kroatischen Eisenbahn** (Hrvatske Željeznice; ☎ 060 333 444; www.hznet.hr, auch auf Deutsch).

Im Folgenden einige kroatische Begriffe, die das Bahnfahren erleichtern:

brzi – Schnellzug

VERKEHRSMITTEL & -WEGE

dolazak – Ankunft
ne vozi nedjeljom i blagdanom – kein Zug an Sonn- und Feiertagen
polazak – Abfahrt
poslovni – Zug für Berufspendler

presjedanje – Umsteigen
putnički – Nahverkehrszug/Economy-Class
rezerviranje mjesta obvezatno – Sitzplatzreservierung erforderlich
svakodnevno – täglich

Gesundheit

Ob man während der Reise gesund bleibt, hängt auch von der richtigen Vorbereitung und vom Umgang mit Krankheiten im Reiseland selbst ab. Die ärztliche Versorgung in Kroatien ist gut, und auch Ausländern ist zumindest eine Versorgung in Notfällen garantiert.

VOR DER REISE

Vorbeugung ist immer wichtig, um unterwegs keine unangenehme Überraschung zu erleben. Ein wenig Planung vor der Abreise, vor allem bei Vorerkrankungen, spart jede Menge Ärger: Also auf jeden Fall vor der Reise die Zähne kontrollieren lassen, eine Ersatzbrille oder Ersatz-Kontaktlinsen einpacken und an eine Kopie der Brillenverordnung denken.

Medikamente sollten in der Originalverpackung mitgenommen werden. Ein Schreiben des behandelnden Arztes mit der Diagnose und Angaben zur Medikation kann hilfreich sein. Wer Spritzen mitführt, sollte unbedingt

eine ärztliche Bestätigung der medizinischen Notwendigkeit bei sich tragen.

EMPFOHLENE IMPFUNGEN

Die Weltgesundheitsorganisation empfiehlt generell allen Reisenden unabhängig vom Zielort Impfschutz gegen Diphtherie, Tetanus, Masern, Mumps, Röteln, Kinderlähmung und Hepatitis B. Wer eine entsprechende Impfung nachholen möchte, sollte etwa sechs Wochen vor Reiseantritt einen Arzt aufsuchen. Das deutsche Auswärtige Amt rät zu den üblichen Impfungen (Diphtherie, Tetanus, Hepatitis A und B), bei längeren Aufenthalten im Freien auch zur Impfung gegen Tollwut und Frühsommer-Meningo-Encephalitis (FSME).

INFOS IM INTERNET

Aktuelle Hinweise zur Lage in Kroatien bietet die Homepage des Auswärtigen Amtes in Berlin. Nützlich sind auch die Angaben der Weltgesundheitsorganisation WHO unter www.who.int/ith.

www.ageconcern.org.uk Englischsprachige Reisetipps für Senioren.

www.auswaertiges-amt.de Länderinformationen, darunter auch aktuelle Angaben zu eventuellen Gesundheitsrisiken.

www.bmaa.gv.at Ähnliche Hinweise des Wiener Außenministeriums.

www.fitfortravel.scot.nhs.uk Englischsprachige Hinweise für medizinische Laien.

www.mariestopes.org.uk Tipps speziell für Frauen (in Englisch).

www.mdtravelhealth.com Medizinische Hinweise für alle Länder, die täglich auf den neuesten Stand gebracht werden (auf Englisch).

VERSICHERUNG

Bei Bürgern der EU ist die Notfallversorgung sichergestellt, allerdings kein Krankentransport in die Heimat. Wer besser abgesichert sein möchte, schließt eine Reisekrankenversicherung ab, die beispielsweise auch den Rücktransport im Notfall umfassen sollte. Privat Versicherte sollten vor der Reise prüfen, welche Auslandsleistungen durch ihre Versicherung abgedeckt sind und was vor Ort zu beachten ist. Auch die gesetzlichen

Generell ist es sinnvoll, sich vor einer Auslandsreise die speziellen reisemedizinischen Hinweise auf einer amtlichen Website der eigenen Regierung anzuschauen, beispielsweise auf der Homepage des Außenministeriums:
Deutschland www.auswaertiges-amt.de
Österreich www2.bmaa.gv.at
Schweiz www.eda.admin.ch

GESUNDHEIT

Versicherungen übernehmen medizinische Behandlungen; erforderlich ist für deutsche Urlauber beispielsweise ein Auslandskrankenschein D/HR-111.

IN KROATIEN

DURCHFALLERKRANKUNGEN

Wer Durchfall hat, sollte viel trinken, am besten Getränke mit Mineralstoffen. Bei häufigerem Stuhlgang sollte ein Medikament gegen Durchfall eingenommen werden (z. B. Imodium); falls eine bakterielle Infektion die Ursache ist, empfiehlt sich zusätzlich ein Antibiotikum. Ist der Durchfall blutig, hält er länger als 72 Stunden an oder begleiten ihn Fieber, Schüttelfrost oder starke Bauchschmerzen, muss unbedingt ein Arzt konsultiert werden.

GESUNDHEITSRISIKEN

Hitzekollaps und Hitzschlag

Ein Hitzekollaps tritt infolge eines zu großen Flüssigkeitsverlustes auf, wenn Flüssigkeit und Salze nicht rasch ersetzt werden. Symptome, auf die man achten sollte, sind Kopfschmerzen, Schwindelgefühle und Müdigkeit. Dehydrierung tritt schon ein, wenn man sich durstig fühlt – man sollte immer so viel trinken, dass der Urin hell bleibt. Zur Behandlung viel Wasser und/oder Fruchtsaft trinken und den Körper mit kaltem Wasser und Fächeln kühlen. Um den Verlust an Salzen auszugleichen, sollte man den Getränken auch Salz hinzufügen.

Ein echter Hitzschlag ist lebensgefährlich; er entsteht, wenn der Körper keine Wärme mehr abgeben kann. Kennzeichen sind Verwirrtheit, eine erhöhte Körpertemperatur, hyperaktives Verhalten und schließlich Bewusstlosigkeit. Bei Hitzschlag den Betroffenen sofort an einen kühlen Ort bringen, Luft zufächeln und den Körper nach Möglichkeit mit Wasser abkühlen (z. B. mit kalten Wickeln). Die Zufuhr von Flüssigkeit und Elektrolyten ist überlebenswichtig; bei Hitzschlag sollte unbedingt ein Arzt hinzugezogen werden.

Schlangenbisse

Am leichtesten vermeidet man Schlangenbisse, wenn man nicht barfuß umherläuft und mit der Hand nicht in kleine Höhlen oder Löcher greift. Übrigens wird nicht bei jedem Biss einer Giftschlange auch tatsächlich Gift injiziert; das geschieht nur etwa in der Hälfte der Fälle. Wichtig: Bei einem Schlangenbiss nicht gleich in Panik geraten; bei einem Biss in Arm oder Bein sollte das verletzte Körperteil mit einem Stab und einer Bandage fixiert und so wenig wie möglich bewegt werden. Allerdings sollte man keinen Druckverband anlegen, und man sollte die Bisswunde auch nicht durch Einschnitte vergrößern oder aussaugen. Am besten so schnell wie möglich einen Arzt hinzuziehen.

Seeigel

An steinigen Stränden sollte man sich vor Seeigeln in Acht nehmen. Stacheln, die sich in die Haut gebohrt haben, lassen sich am besten mit Olivenöl lockern. Werden sie nicht entfernt, besteht die Gefahr einer Infektion. Gummischuhe schützen den Fuß am besten vor dem unliebsamen Kontakt mit dem Meeresbewohner.

INFEKTIONEN

Meningitis, speziell die Frühsommer-Meningo-Encephalitis (FSME), wird durch Zeckenbisse übertragen. Es handelt sich um eine Form der Hirnhautentzündung, die sehr gefährlich verlaufen kann. In Teilen von Kroatien besteht Ansteckungsgefahr; deshalb sollten sich Reisende, die Kontakt mit Zecken nicht ausschließen können (z. B. Camper oder Wanderer), vor dem Urlaub impfen lassen.

MEDIZINISCHE VERSORGUNG & KOSTEN

Der medizinische Standard in Kroatien ist – zumal in den größeren Städten – ganz akzeptabel, und bei kleineren Problemen geben auch Apotheker gute Ratschläge. Sie können auch mit Empfehlungen weiterhelfen, wenn Sie wirklich einen Arzt benötigen wird. Der medizinische Standard in den Zahnarztpraxen des Landes ist hoch; trotzdem sollte man vor einer längeren Reise immer den eigenen Zahnarzt aufsuchen und die Zähne sicherheitshalber schon vorher untersuchen lassen.

MIT KINDERN REISEN

Wer mit Kindern unterwegs ist, sollte kleinere Erkrankungen eigenständig behandeln können, aber auch Bescheid darüber wissen, wann ein Arztbesuch angebracht ist.

Vor der Reise unbedingt überprüfen, ob der Impfschutz auf dem aktuellen Stand

GESUNDHEIT

ist; allerdings sind nicht alle Impfungen für Kinder unter einem Jahr geeignet.

Bei feuchtwarmem Wetter kann es bei scheinbar harmlosen Verletzungen leicht zu Infektionen kommen; Wunden also immer sauber und trocken halten.

Nicht wirklich sauberes Essen oder Wasser unbedingt meiden. Wenn das Kind sich erbricht oder Durchfall hat, muss der Verlust an Flüssigkeit, Mineralien, Metallen und Salzen ausgeglichen werden. Entsprechende Mittel, z. B. Elektrolytlösungen, am besten in der Reiseapotheke mitbringen.

Wegen der Tollwutgefahr sollten Kinder sich von Hunden und anderen Säugetieren fernhalten. Bisswunden, Kratzer, aber auch vorhandene Wunden, die z. B. von einem fremden Hund abgeleckt wurden, sollten sofort gereinigt werden. Bei Verdacht auf Tollwut bei einem Tier, mit dem das Kind in Kontakt gekommen ist, sollte der Betoffene sofort einen Arzt aufsuchen.

Wer mit Kindern unterwegs ist, sollte aber auch das ausreichende Maß an Gelassenheit mitbringen, um keine zimperlichen Hypochonder heranzuzüchten.

GESUNDHEIT

Sprache

Kroatisch gehört zum westlichen Zweig der südslawischen Sprachfamilie, so wie Serbisch, Bosniakisch und Slowenisch.

Der Austritt Kroatiens aus dem jugoslawischen Staatsverband 1991 hatte auch sprachpolitische Folgen. Dass die Landessprache heute als „Kroatisch" und nicht mehr als „Serbokroatisch" bezeichnet wird, bedeutet nicht, dass sie sich nun wesentlich vom Serbischen oder Bosniakischen unterscheidet. Die drei Sprachen sind sich untereinander so ähnlich, dass sie sprachwissenschaftlich gesehen nur als Dialekte gesehen werden, die in Wortschatz und Aussprache nicht allzu verschieden sind.

Der Abschnitt über Essen und Trinken sowie Lokale auf S. 57 enthält das in diesem Bereich gehörige Vokabular.

AUSSPRACHE

Die kroatische Rechtschreibung ist phonetisch eindeutig, d. h. jeder Buchstabe steht für genau einen Laut und wird immer gleich ausgesprochen. Hinsichtlich der Betonung in mehrsilbigen Wörtern gibt es leider keine festen Regeln. Allerdings wird die letzte Silbe fast nie, d. h. nur in sehr wenigen Fremdwörtern betont, und in den meisten Fällen liegt der Akzent auf der ersten Silbe. Der Unterschied zwischen langen und kurzen Silben ist sehr geringfügig – lang gedehnte oder extrem kurze Silben gibt

es also nicht. Im folgenden Sprachführer werden betonte Silben (in der Wiedergabe der Aussprache) kursiv dargestellt.

Die Kroaten schreiben mit lateinischen Buchstaben (im Unterschied zu den Serben, die sowohl das lateinische als auch das kyrillische Alphabet benutzen), und die weitaus meisten Buchstaben werden wie im Deutschen oder zumindest sehr ähnlich ausgesprochen. Die folgende Liste führt auf, welche Besonderheiten zu beachten sind und wie die Buchstaben in den Aussprachehilfen umschrieben werden.

c	tz	wie das „z" in „Zeit"
ć	tch	ein Laut zwischen „tch" und „tsch", etwa wie im Hamburger Dialekt bei „tja" und „tschüss"
č	tsch	wie das „tsch" in „Tscheche"
đ	dch	ein Laut zwischen „dch" und „dsch", vergleichbar mit dem „j" in „Jiu-Jitsu"
dž	dsch	wie das „j" in „joggen"
h	h	auch am Silbenende immer deutlich ausgesprochen (es gibt in der Schreibung kein Dehnungs-„h")
j	j	wie in „ja"
l	l	wie im Englischen, also etwas weiter hinten im Gaumen als im Deutschen, wie in „Football"
lj	lj	die beiden Buchstaben sind fast zu einem Laut zusammengezogen, etwa wie das „lli" in „Million" (schnell gesprochen)
nj	nj	die beiden Buchstaben fast zu einem Laut zusammengezogen, etwa wie das „gn" in „Kompagnie"
r	r	gerolltes Zungenspitzen-„r", wie im Spanischen oder wie in „brrr"
s	ß	immer stimmlos wie das „s" in „Haus" (nicht wie in „sein")
š	sch	wie das „sch" in „Schall"
v	w	immer wie in „Vase" (nie wie in „Vater")
z	s	stimmhaftes „s" wie in „sein", auch am Wortende
ž	zh	wie das „j" in „Journalist"

Vokale werden immer offen ausgesprochen, nicht abgedumpft, also wie in „man", „jetzt", „mit", „Kopf", „um".

FRAGEWÖRTER

Wer?	*Tko?*	tko
Was?	*Što?*	schto
Was ist das?	*Što je?*	schto je
Wann?	*Kad? Kada?*	kad, *ka*·da
Wo?	*Gdje?*	gdje
Welcher?	*Koji?*	*ko*·ji
Welche?	*Koja?*	*ko*·ja
Welches?	*Koje?*	*ko*·je
Warum?	*Zašto?*	*sa*·schto
Wie?	*Kako?*	*ka*·ko
Wie viel?	*Koliko?*	ko *li*·ko

GESUNDHEIT

Ich bin krank.
Ja sam bolestan/ ja ßam *bo*·le·ßtan/
bolesna. (m/w) *bo*·le·ßna

Hier tut es mir weh.
Boli me ovdje. *bo*·li me *ow*·dje

Ich habe ...
Ja imam ... ja *i*·mam ...

Asthma	*astmu*	*aßt*·mu
Diabetes	*dijabetes*	di·ja·*be*·teß
Epilepsie	*epilepsiju*	e·pi·*lep*·ßi·ju

Ich bin allergisch gegen ...
Ja sam alergičan/alergična na ... (m/w)
ja ßam a·*ler*·gi·tschan/a·*ler*·gitsch·na na ...

Antibiotika	*antibiotike*	an·ti·bi·o·ti·ke
Penizillin	*penicilin*	pe·ni·*lzi*·lin
Bienen	*pčele*	ptsche·le
Nüsse	*razne orahe*	*ras*·ne o·ra·he
Antiseptikum	*antiseptik*	an·ti·*ßep*·tik
Aspirin	*aspirin*	aß·*pi*·rin
Kondome	*kondomi*	kon·*do*·mi
Verhütungs-	*sredstva za*	*ßredß*·twa sa
mittel	*kontracepciju*	kon·tra·*tzep*·tzi·ju
Durchfall	*proljev*	*pro*·ljew
Arznei	*lijek*	li·*jek*
Übelkeit	*mučnina*	mutsch·*ni*·na
Sonnencreme	*krema za*	*kre*·ma sa
	sunčanje	*ßun*·tscha·nje
Tampons	*tamponi*	tam·*po*·ni

KONVERSATION & NÜTZLICHES

Hallo.	*Bog.*	bog
Tschüss.	*Zbogom.*	*sbo*·gom
Bis bald.	*Doviđenja.*	do vi *dchen*·ja
Ja.	*Da.*	da
Nein.	*Ne.*	ne
Bitte.	*Molim.*	*mo*·lim
Danke.	*Hvala.*	*hwa*·la
Gern geschehen.	*Nema na čemu.*	*ne*·ma na *tsche*·mu
Entschuldigung.	*Oprostite.*	o·*pro*·ßti·te
Es tut mir leid.	*Žao mi je.*	*zha*·o mi je

Moment.	*Trenutak.*	tre·*nu*·tak

Woher sind Sie?
Odakle ste? o·*da*·kle ßte

Wie heißen Sie?
Kako se zovete? *ka*·ko ße *so*·we·te

Wie heißt du?
Kako se zoveš? *ka*·ko ße *so*·wesch

Ich heiße ...
Zovem se ... *so*·wem ße ...

Ich bin aus ...
Ja sam iz ... ja ßam is ...

Ich mag ... (nicht) ...
Ja (ne) volim ... ja (ne) *wo*·lim ...

MIT KINDERN REISEN

Ist Kindern der Eintritt erlaubt?
Da li je dozvoljen pristup djeci?
da li je *do*·swo·ljen *pri*·ßtup *dje*·tzi

Stört es Sie, wenn ich hier stille?
Da li vam smeta ako ovdje dojim?
da li wam *ßme*·ta *a*·ko *ow*·dje *do*·jim

Haben Sie (ein/eine/einen) ...?
Imate li ...?
i·ma·te li ...

Wickelraum
sobu za previjanje beba
ßo·bu sa pre·*wi*·ja·nje *be*·ba

Kindersitz fürs Auto
sjedalo za dijete *ßje*·da·lo sa di·*je*·te

Kinderbetreuung
usluge čuvanja djece u·*ßlu*·ge *tschu*·wa·nja *dje*·tse

Kindermenü
dječji jelovnik *djetsch*·ji *je*·low·nik

(Wegwerf-)Windeln
pelene (za jednokratnu upotrebu)
pe·le·ne (sa *jed*·no·krat·nu u·po·tre·bu)

(deutschsprachigen) Babysitter
dadilju (koja govori njemački)
da·di·lju (*ko*·ja *go*·wo·ri *nje*·matsch·ki)

Hochstuhl für Kleinkinder
visoku stolicu za bebe
wi·ßo·ku *ßto*·li·tzu sa *be*·be

Säuglingsmilchnahrung
formulu za bebe *for*·mu·lu sa *be*·be

Töpfchen
tutu *tu*·tu

Kinderbuggy
dječju kolicu *djetsch*·ju *ko*·li·tzu

PAPIERKRAM

Name	*ime*	*i*·me
Staatsangehörigkeit		
	nacionalnost	na·tzi·o·*nal*·noßt
Geburtsdatum	*datum rođenja*	*da*·tum ro·*dche*·nja
Geburtsort	*mjesto rođenja*	*mje*·ßto ro·*dche*·nja

Geschlecht	spol	ßpol
Pass	putovnica	pu·tow·ni·tza
Visum	viza	wi·sa

SHOPPEN & SERVICE

Ich sehe mich nur um.
Ja samo razgledam.
ja ßa·mo ras·gle·dam
Ich möchte gern (einen Adapterstecker) kaufen.
Želim kupiti (utikač za konverter).
zhe·lim ku·pi·ti (u·ti·katsch sa kon·wer·ter)
Darf ich es mir ansehen?
Mogu li to pogledati?
mo·gu li to po·gle·da·ti

Wie viel kostet es? Koliko košta?	ko·li·ko kosch·ta
Das ist billig. To je jeftino.	to je jef·ti·no
Das ist zu teuer. To je preskupo.	to je pre·ßku·po
Es gefällt mir. Sviđa mi se.	ßwi·dcha mi ße
Ich nehme es. Uzeću ovo.	u·se·tchu o·wo

Akzeptieren Sie ...?
Da li prihvaćate ...?
da li pri·hwa·tcha·te ...

Kreditkarten	kreditne	kre·dit·ne
	kartice	kar·ti·tze
Reiseschecks	putničke	put·nitsch·ke
	čekove	tsche·ko·we
mehr	više	wi·sche
genug	dosta	do·sta
weniger	manje	man·je
größerer	veći	we·tchi
größere	veća	we·tcha
größeres	veće	we·tche
kleinerer	manji	man·ji
kleinere	manja	man·ja
kleineres	manje	man·je

Wo ist ...?	Gdje je ...?	gdje je ...
eine Bank	banka	ban·ka
die Kirche	crkva	tzrk·wa
das Stadt-zentrum	centar grada	tzen·tar gra·da
die Botschaft	ambasada	am·ba·ßa·da
das Krankenhaus	bolnica	bol·ni·tza
die Markthalle	tržnica	trzh·ni·tza
das Museum	muzej	mu·sej
die Polizei	policija	po·li·tzi·ja
das Postamt	pošta	posch·ta
ein öffentliches Telefon	javni telefon	jaw·ni te·le·fon
eine öffent-liche Toilette	javni zahod	jaw·ni sa·hod
die Touristen-information	turistički biro	tu·riß·titsch·ki bi·ro

UHRZEIT & DATUM

Wie spät ist es?
Koliko je sati?   ko·li·ko je ßa·ti
Es ist (ein) Uhr.
(Jedan) je sat.   (je·dan) je ßat
Es ist (zehn) Uhr.
(Deset) je sati.   (de·ßet) je ßa·ti
morgens
ujutro   u·ju·tro
nachmittags
poslijepodne, popodne   po·ßli·je·pod·ne, po·pod·ne
abends
navečer   na·we·tscher

heute	danas	da·naß
morgen	sutra	ßu·tra
gestern	jučer	ju·tscher
Montag	ponedjeljak	po·ne·dje·ljak
Dienstag	utorak	u·to·rak
Mittwoch	srijeda	ßri·je·da
Donnerstag	četvrtak	tschet·wr·tak
Freitag	petak	pe·tak
Samstag	subota	ßu·bo·ta
Sonntag	nedjelja	ne·dje·lja
Januar	siječanj	ßi·je·tschanj
Februar	veljača	we·lja·tscha
März	ožujak	o·zhu·jak
April	travanj	tra·wanj
Mai	svibanj	ßwi·banj
Juni	lipanj	li·panj
Juli	srpanj	ßr·panj
August	kolovoz	ko·lo·wos
September	rujan	ru·jan
Oktober	listopad	li·ßto·pad
November	studeni	ßtu·de·ni
Dezember	prosinac	pro·ßi·natz

UNTERKUNFT

Ich suche ein/eine/einen ...
Tražim ...   tra·zhim ...
   Campingplatz
   kamp   kamp
   Privatzimmer
   privatni smještaj   pri·wat·ni ßmjesch·taj
   Jugendherberge
   prenoćište za mladež   pre·no·tchisch·te sa mla·dezh
Wo gibt es ein (günstiges) Hotel?
*Gdje se nalazi (jeftin)   gdje se na·la·si (jef·tin)
hotel?*   ho·tel
Wie ist die Adresse?
Koja je adresa?   ko·ja je a·dre·ßa
Könnten Sie das aufschreiben?
Možete li to napisati?   mo·zhe·te li to na·pi·ßa·ti
Haben Sie Zimmer frei?
*Imate li slobodnih   i·ma·te li ßlo·bod·nih
soba?*   ßo·ba

RESERVIERUNGEN

(für schriftliche und telefonische Anfragen)

ab .../von ... an   *od ... od ...*
bis ...   *do ... do ...*
Datum   *datum   da·*tum
Kreditkarte   *kreditna karta   kre·*dit·na *kar·*ta
  Nummer   *broj   broj*
  Ablaufdatum
  rok važenja   rok *wa·*zhen·ja
Ich möchte ... reservieren.
  Želim rezervirati ...   *zhe·*lim re·ser·*wi·*ra·ti ...
Auf den Namen ...   *Na ime ...*   na *i·*me ...
Bitte bestätigen Sie mir Verfügbarkeit und Preis.
  Molim potvrdite ima li slobodnih soba i cijenu.
  *mo·*lim pot·*wr·*di·te *i·*ma li ßlo·*bod·*nih
  *ßo·*ba i *tzije·*nu

Haben Sie ein ...?
Imate li ...?   *i·*ma·te li ...
  Bett
  krevet   *kre·*wet
  Einzelzimmer
  jednokrevetnu sobu   *jed·*no·kre·wet·nu *ßo·*bu
  Doppelzimmer/Zweibettzimmer
  dvokrevetnu sobu   *dwo·*kre·wet·nu *ßo·*bu
  Zimmer mit Bad
  sobu sa kupaonicom   *ßo·*bu ßa ku·pa·*o·*ni·tzom
Wie viel kostet ...?
Koliko košta ...?   ko·*li·*kosch ta ...
  pro Nacht
  za noć   sa notch
  pro Person
  po osobi   po *o·*ßo·bi
Kann ich es ansehen?
  Mogu li je vidjeti?   *mo·*gu li je *wi·*dje·ti
Wo ist das Badezimmer?
  Gdje je kupaonica?   gdje je ku·pa·*o·*ni·tza
Wo ist die Toilette?
  Gdje je toalet?   gdje je to·a·*let*
Ich reise heute ab.
  Ja odlazim danas.   ja *od·*la·sim *da·*naß
Wir reisen heute ab.
  Mi odlazimo danas.   mi *od·*la·si·mo *da·*naß

VERKEHRSMITTEL & -WEGE
Öffentliche Verkehrsmittel
Um wie viel Uhr fährt der/die/das ... ab?
U koliko sati kreće ...?
u ko·*li·*ko *ßa·*ti kre·tche ...
Um wie viel Uhr kommt der/die/das ... an?
U koliko sati stiže ...?
u ko·*li·*ko *ßa·*ti ßti·zhe ...

Schiff	*brod*	brod
Bus	*autobus*	au·*to·*buß
Flugzeug	*avion*	a·*wi·*on
Zug	*vlak*	wlak
Straßenbahn	*tramvaj*	tram·waj

Ich hätte gern ein Ticket ...
Želio/Željela bih jednu ... kartu. (m/w)
*zhe·*li·o/zhe·lje·la bih *jed·*nu ... *kar·*tu

einfache Fahrt	*jednosmjernu*	*jed·*no·ßmjer·nu
Hin- und Rück-	*povratnu*	po·wrat·nu
fahrt		
1. Klasse	*prvorazrednu*	pr·wo·*ras·*red·nu
2. Klasse	*drugorazrednu*	dru·go·*ras·*red·nu

Ich möchte gern nach ...
Želim da idem u ...   *zhe·*lim da *i·*dem u ...
Der Zug hat Verspätung.
Vlak kasni.   wlak *kaß·*ni
Der Zug ist gestrichen.
Vlak je otkazan.   wlak je ot·*ka·*san

der erste	*prvi*	*pr·*wi
der letzte	*posljednji*	po·*ßljed·*nji
der nächste	*sljedeći*	slje·de·tschi
Gleisnummer	*broj perona*	broj pe·*ro·*na
Fahrkarten-	*putnička*	put·nitsch·ka
schalter	*blagajna*	bla·gaj·na
Fahrplan	*vozni red,*	wos·ni red,
	red vožnje	red wozh·nje
Haltepunkt	*željeznička*	zhe·ljes·nitsch·ka
	postaja	poß·ta·ja

Autofahren
Ich würde gerne ein/einen ... mieten.
Želio/Željela bih iznajmiti ... (m/w)
*zhe·*li·o/zhe·lje·la bih is·*naj·*mi·ti ...

Fahrrad	*bicikl*	bi·*tzi·*kl
Auto	*automobil*	au·to·*mo·*bil
Geländewage▪	*džip („Jeep")*	dschip
Motorrad	*motocikl*	mo·to·*tzi·*kl

Ist das die Straße nach ...?
Je li ovo cesta za ...?
je li *o·*wo tze·ßta sa ...
Wo ist eine Tankstelle?
Gdje je benzinska stanica?
gdyje je *ben·*sin·ßka ßta·ni·tza

STRASSENSCHILDER

Opasno	Gefahr, Gefährlich
Obilaznica	Umgehungsstraße
Obilazak	Umleitung
Ulaz	Einfahrt
Izlaz	Ausfahrt
Ulaz Zabranjen	Einfahrt verboten
Zabranjeno Preticanje	Überholen verboten
Zabranjeno Parkiranje	Parken verboten
Jedan Pravac	Einbahnstraße
Uspori	Langsamer fahren
Putarina, Cestarina	Mautstelle

Bitte volltanken.
Pun rezervoar molim.
pun re·ser·*woar* mo·lim

Ich brauche ... Liter.
Trebam ... litara.
tre·bam ... *li*·ta·ra

Diesel
dizel gorivo
di·sel *go*·ri·wo

Benzin
benzin
ben·sin

(Wie lang) Kann ich hier parken?
(Koliko dugo) Mogu ovdje parkirati?
(ko·*li*·ko *du*·go) mo·gu *ow*·dje par·*ki*·ra·ti

Wo zahlt man?
Gdje se plaća?
Gdje ße *pla*·tcha

Ich brauche einen Mechaniker.
Trebam automehaničara.
tre·bam *au*·to·me·*ha*·ni·tscha·ra

Das Auto/Motorrad hat (in ...) eine Panne gehabt.
Automobil/Motocikl se pokvario (u...)
au·to·*mo*·bil/mo·to·*tzi*·kl ße po·*kwa*·ri·o (u ...)

Das Auto/Motorrad springt nicht an.
Automobil/Motocikl neće upaliti.
au·to·*mo*·bil/mo·to·*tzi*·kl *ne*·tche u·*pa*·li·ti

Ich habe einen Platten.
Imam probušenu gumu.
i·mam *pro*·bu·sche·nu *gu*·mu

Mir ist das Benzin ausgegangen.
Nestalo mi je benzina.
ne·ßta·lo mi je ben·*si*·na

Ich hatte einen Unfall.
Imao/Imala sam prometnu nezgodu. (m/w)
i·ma·o/*i*·ma·la ßam *pro*·met·nu *nes*·go·du

VERSTÄNDIGUNG

Sprechen Sie Deutsch (Englisch)?
Govorite li njemački (engleski)?
go·wo·ri·te li *nje*·matsch·ki (*en*·gle·ßki)

Sprichst du Deutsch (Englisch)?
Govoriš li njemački (engleski)?
go·wo·risch li *nje*·matsch·ki (*en*·gle·ßki)

Spricht hier jemand Deutsch (Englisch)?
Da li itko govori njemački (engleski)?
da li *it*·ko go·wo·ri *nje*·matsch·ki (*en*·gle·ßki)

Wie heißt das auf Kroatisch?
Kako se ovo zove na hrvatskom?
ka·ko ße o·wo *so*·we na *hr*·wat·ßkom

Was heißt ...?
Što znači ...?
schto *sna*·tschi ...

Ich verstehe (nicht).
Ja (ne) razumijem.
ja (ne) ra·*su*·mi·jem

Könnten Sie das aufschreiben, bitte?
Možete li to napisati, molim vas?
mo·zhe·te li to na·*pi*·ßa·ti *mo*·lim waß

Können Sie es mir (auf der Karte) zeigen?
Možete li mi to pokazati (na karti)?
mo·zhe·te li mi to po·*ka*·sa·ti (na *kar*·ti)

WEGWEISER

Wo ist ...?
Gdje je ...?   gdje je ...

Gehen Sie geradeaus.
Idite ravno naprijed.   *i*·di·te *raw*·no na·pri·jed

Biegen Sie links ab.
Skrenite lijevo.   ßkre·ni·te li·*je*·wo

Biegen Sie rechts ab.
Skrenite desno.   ßkre·ni·te *deß*·no

an der Ecke
na uglu   na *u*·glu

an der Ampel
na semaforu   na ße·ma·*fo*·ru

SCHILDER

Ulaz	Eingang
Izlaz	Ausgang
Otvoreno	Geöffnet
Zatvoreno	Geschlossen
Zabranjeno	Ausfahrt
Zahodi	Toiletten/WC
Muškarci	Herren
Žene	Damen

---

hinter	*iza*	*i*·sa
vor	*ispred*	*i*·ßpred
weit entfernt	*daleko*	*da*·le·ko
(von)	*(od)*	*(od)*
in der Nähe von	*blizu*	*bli*·su
neben	*pored*	*po*·red
gegenüber	*nasuprot*	*na*·ßu·prot
Strand	*plaža*	*pla*·zha

Brücke	*most*	moßt
Burg, Schloss	*zamak*	sa·mak
Dom	*katedrala*	ka·te·dra·la
Kirche	*crkva*	tzr·kwa
Insel	*otok*	o·tok
See	*jezero*	je·se·ro
Hauptplatz	*glavni trg*	glaw·ni trg
Altstadt	*stari grad*	ßta·ri grad
Palast	*palača*	pa·la·tscha
Kai	*kej*	kej
Flussufer	*riječna obala*	ri·jetsch·na o·ba·la
Ruinen	*ruševine*	ru·sche·wi·ne
Meer	*more*	mo·re
Platz	*trg*	trg
Turm	*kula*	ku·la

NOTFÄLLE

Hilfe!
Upomoć!
u *po*·motch
Es ist ein Unfall geschehen!
Desila se nezgoda!
de·ßi·la ße *nes*·go·da
Ich habe mich verlaufen.
Izgubio/Izgubila sam se. (m/w)
is·*gu*·bi·o/is·*gu*·bi·la ßam ße
Lassen Sie mich in Ruhe!!
Ostavite me na miru!
aw·sta·vee·te me na *mee*·roo
Rufen Sie einen Arzt!
Zovite liječnika!
so·wi·te li·*jetsch*·ni·ka
Rufen Sie die Polizei an!
Zovite policiju!
so·wi·te po·*li*·tzi·ju

ZAHLEN

0	*nula*	nu·la
1	*jedan*	je·dan
2	*dva*	dwa
3	*tri*	tri
4	*četiri*	tsche·ti·ri
5	*pet*	pet
6	*šest*	scheßt
7	*sedam*	ße·dam
8	*osam*	o·ßam
9	*devet*	de·wet
10	*deset*	de·ßet
11	*jedanaest*	je·da·na·eßt
12	*dvanaest*	dwa·na·eßt
13	*trinaest*	tri·na·eßt
14	*četrnaest*	tsche·tr·na·eßt
15	*petnaest*	pet·na·eßt

16	*šesnaest*	scheß·na·eßt
17	*sedamnaest*	ße·dam·na·eßt
18	*osamnaest*	o·ßam·na·eßt
19	*devetnaest*	de·wet·na·eßt
20	*dvadeset*	dwa·de·ßet
21	*dvadeset jedan*	dwa·de·ßet je·dan/
22	*dvadeset dva*	dwa·de·ßet dwa/
30	*trideset*	tri·de·ßet
40	*četrdeset*	tsche·tr·de·ßet
50	*pedeset*	pe·de·ßet
60	*šezdeset*	sches·de·ßet
70	*sedamdeset*	ße·dam·de·ßet
80	*osamdeset*	o·ßam·de·ßet
90	*devedeset*	de·we·de·ßet
100		*sto* ßto
1000		*tisuću* ti·su·tchu

Glossar

Amphore (Einzahl), **Amphoren** (Mehrzahl) – antiker Krug mit zwei Henkeln zur Aufbewahrung und zum Transport von Flüssigkeiten
Apsis – ausgebaute Nische am Ende eines Kirchenschiffs, in der meist ein Altar steht
Autocamps – riesige Campingplätze mit Restaurants, Läden und sehr vielen Stellplätzen für Wohnwagen
Awaren – zentralasiatisches Reitervolk, das sich im 6. Jh. im heutigen Ungarn ansiedelte und bis zum 9. Jh. Byzanz vom westlichen Balkan verdrängte

Ban – Statthalter oder Vizekönig in Ungarn und Kroatien, im ungarischen Kroatien (bis 1918) auch Regierungschef
bb – in einer Adresse nach dem Straßennamen die Abkürzung für *bez broja* (ohne Hausnummer)
brek – istrischer Trüffelhund
brzi – Schnellzug
bura – kalter Nordostwind an der Adriaküste

cesta – Landstraße
citura – Zither
crkva – Kirche

dnevna karta – Tagesticket
dolazak – Ankunft
dom – Haus, Wohnheim
drmeš – schneller polkaartiger Paartanz, bei dem die Paare kleine Gruppen bilden
dubrava – Wald, Hain

fortica – Festung; auch *tvrđava*
fumaioli – Schornsteine

galerija – Galerie
garderoba – Gepäckaufbewahrung, Garderobe
Glagolica – von den griechischen Missionaren Konstantinos (Kyrillos) und Methodios entwickelte Schrift für die Sprache der Slawen
gora – Berg
gostionica – Gasthaus, einfaches Restaurant
grad – Stadt

HAK – Hrvatski Autoklub; Kroatischer Automobilclub
Hauptschiff – zentraler Teil eines Kirchenbaus, flankiert von den Seitenschiffen; auch Mittelschiff
HDZ – Hrvatska Demokratska Zajednica; Kroatische Demokratische Gemeinschaft

Illyrer – Bewohner der westlichen Balkanhalbinsel in der

Antike, von den Römern seit dem 2. Jh. v. Chr. nach und nach unterworfen
impulsi – Einheiten auf einer Telefonkarte

jezero – See (Binnengewässer)
jugo – warmer feuchter Südwind

Karst – trockener, poröser Kalkstein- und Dolomitfelsboden mit unterirdischer Entwässerung
karta – Fahrkarte, Ticket
kavana – Café
kazalište – Theater
kino – Kino
klapa – bis zu zehnstimmiger dalmatinischer Chorgesang ohne Instrumentalbegleitung (hervorgegangen aus dem kirchlichen Chorgesang)
kolo – lebhafter slawischer Rundtanz, bei dem die Runde abwechselnd aus Männern und Frauen zusammengesetzt ist, begleitet von Geigenmusik nach Art der Roma
konoba – Kneipe; ursprünglich kleines Speiselokal, oft in einem Keller; heute meist einfaches, als Familienbetrieb geführtes Gasthaus, gelegentlich aber auch ein anspruchsvolleres Restaurant

maestral – frischer, kühler Meerwind aus westlichen Richtungen
malen – klein
malo – etwas, ein wenig
Maquis – Gestrüpp aus dichtem immergrünem Buschwerk und kleinen Bäumen, typisch für die Mittelmeerregion; auch Macchia
mišnjica – dudelsackähnliches Blasinstrument auf der Insel Korčula
Mittelschiff – zentraler Teil eines Kirchenbaus, flankiert von den Seitenschiffen; auch Hauptschiff
morčić – italienisch *moretto*; Darstellung eines Mohren mit buntem Turban, traditionelle Symbolfigur der Stadt Rijeka, dort oft als Motiv auf Broschen, Anhängern und Souvenirs zu finden
moretto – italienischer Name des *morčić* von Rijeka
muzej – Museum

NDH – Nezavisna Država Hrvatska; Unabhängiger Staat Kroatien (1941–45)

obala – Ufer, Küste
odlazak – Abfahrt, Abreise; auch *polazak*
otok (Einzahl), **otoci** (Mehrzahl) – Insel

pansion – Pension; auch *penzion*

pećina – Höhle, Grotte
penzion – Pension
pismo – Brief
pivnica – Kneipe, Bierkeller
plaža – Strand
pleter – Flechtbandornament, in Kroatien ursprünglich auf frühmittelalterlichen Schmuckgegenständen, in der Vorromanik auch in Kirchen
polazak – Abfahrt, Abreise; auch *odlazak*
polje – Feld
Polje – durch Bodenabsenkung entstandenes wannenartiges Becken in Karstgebieten, häufig für den Ackerbau genutzt
poskočica – Paartanz, bei dem nach Ansage verschiedene Figuren vorgeführt werden
poslovni – Zug im Berufsverkehr
potok – Bach
put – Weg, Straße, Pfad
putnički – Personenzug

restauracija – Restaurant
restoran – Restaurant
rijeka – Fluss
ris – Luchs

sabor –Parlament

samoposluživanje – Selbstbedienung
šetalište – Fußweg, Promenade
slastičarna – Konditorei
sobe – Zimmer (Mehrzahl); auf einem Hinweisschild in der Regel mit der Bedeutung „Zimmer frei"
sveta – die heilige ..., St.
svete – der heiligen ... (Genitiv)
sveti – der heilige ..., St.
svetog – des heiligen ... (Genitiv)

tamburica – vier- bis sechssaitiges mandolinenähnliches Saiteninstrument
tisak – Presse; Aufschrift auf Zeitungsständen
toplice – Thermalbad
trg – Platz (in einer Stadt), Marktplatz
Turbofolk – mit modernen Rhythmen versetzte, schnelle Version serbischer Folkloremusik
turistička zajednica – Fremdenverkehrsverein
tvrđava – Festung; auch *fortica*

ulica – Straße (innerorts)
uvala – Bucht, Talsenke

velik – groß
vlak – Zug
vrh – Gipfel, Spitze

Die Autoren

VESNA MARIĆ
Hauptautorin, Einleitung und Schluss, Zagreb, Norddalmatien, Split & Mitteldalmatien, Dubrovnik & Süddalmatien

Als Vesna in Bosnien und Herzegowina zur Welt kam, gehörte ihre Heimat noch zu Jugoslawien, und so empfindet sie auch Kroatien bis heute eigentlich nicht als „Ausland". Schon immer hat sie die Strände von Dalmatien geliebt, die Kiefernwälder, die kroatischen Speisen und den guten Wein. Für die Arbeit an diesem Reiseführer hat sie das Land aber noch einmal ganz neu für sich entdeckt und sich dabei sehr gründlich in Zadar und Zagreb umgesehen. Die Recherchearbeiten für dieses Buch waren für sie ein echtes Vergnügen.

ANJA MUTIĆ
Essen & Trinken, Hrvatsko Zagorje, Slavonien, Kvarner Region, Istrien

Anja hat ihre kroatische Heimat schon vor mehr als 16 Jahren verlassen. Sie ist damals durch mehrere Kontinente gereist und hat sich schließlich vor zehn Jahren in New York niedergelassen. Ihre Liebe zu Kroatien hat sie deshalb aber nicht verloren; sie kehrt sehr regelmäßig nach Hause zurück, sei es nun beruflich oder einfach privat, und bei jedem ihrer Besuch entdeckt sie dort etwas Neues – einen Naturpark zum Beispiel, ein abgelegenes Dorf oder eine Insel. Anja freut sich darüber, dass die Schönheit Kroatiens mittlerweile in aller Welt gerühmt wird; trotzdem sehnt sie sich manchmal ganz heimlich nach den Tagen zurück, als man sich in Hvar noch einfach ohne weiteres in ein Café mit Seeblick setzen konnte, ohne auf einen freien Tisch warten zu müssen.

BEITRÄGE VON …

Will Gourlay hat das Kapitel über die Geschichte des Landes verfasst. Seine ersten *ćevapčići* hat Will Mitte der 1970er-Jahre auf einem Kindergeburtstag im jugoslawischen Konsulat von Melbourne gegessen. Rund 25 Jahre musste er auf die nächsten warten – die hat er sich dann auf dem Dolac-Markt in Zagreb gegönnt. Seither hat er sich auf alles spezialisiert, was mit dem Balkan zusammenhängt; Kroatien und die Nachbarländer hat er immer wieder bereist, manchmal allein, manchmal mit der Familie im Schlepptau. Will ist reisesüchtig, aber er hat auch Geschichte und Redaktionswesen studiert und einige Jahre lang als Redakteur für Lonely Planet gearbeitet. Mittlerweile plant er allerdings, diesen Job aufzugeben und mit seiner Familie und den Koffern voller Bücher auf die kroatische Insel Lopud überzusiedeln.

DIE AUTOREN VON LONELY PLANET

Warum unsere Reiseführer die besten der Welt sind? Ganz einfach: Unsere Autoren sind unabhängige und leidenschaftliche Globetrotter. Sie recherchieren nicht einfach nur übers Internet oder Telefon, und sie lassen sich nicht mit Werbegeschenken für positive Berichterstattung schmieren. Sie reisen weit, zu touristischen Highlights und entlegenen Orten. Sie besuchen persönlich Tausende von Hotels, Restaurants, Cafés, Bars, Galerien, Schlösser, Museen und mehr – und schildern ihre Eindrücke gnadenlos ehrlich, ohne Schönfärberei.

Weitere Infos gibt's auf www.lonelyplanet.com im Autorenbereich.

Hinter den Kulissen

ÜBER DIESES BUCH

Dies ist die 2. deutsche Auflage von *Kroatien*, basierend auf der mittlerweile 5. englischen Auflage von *Croatia*. Für die 5. englische Auflage zeichneten Vesna Marić und Anja Mutić verantwortlich; beide stammen gebürtig vom Balkan, was ihnen die Recherche sehr erleichtert hat. Das Kapitel zur Gesundheit basiert auf einem Beitrag von Dr. Caroline Evans. Die ersten vier Auflagen hatte Jeanne Oliver geschrieben. Die Gesamtverantwortung für dieses Buch liegt beim Lonely Planet Büro in Melbourne.

Leitender Redakteur Will Gourlay
Redaktionelle Koordination Michelle Bennett, Pete Cruttenden
Koordination der Kartografie Ross Butler
Layout-Koordination Cara Smith
Redaktion Helen Christinis, Katie Lynch
Kartografie Mark Griffiths, Shahara Ahmed
Layout Laura Jane
Kartografie-Assistenz Fatima Basic, Andy Rojas, Tom Webster
Coverdesign Pepi Bluck

Projektleitung Rachel Imeson
Sprache Quentin Frayne

Ein besonderer Dank geht an Jennifer Garrett, Lisa Knights, Michelle Lewis, Darren O'Connell, Trent Paton und Branislava Vladisavljevic.

DANK DER AUTOREN

VESNA MARIĆ

Ein herzliches *hvala* geht an Maja Gilja, meine Mutter, an Toni und Marina Ćavar, Ružica, Stipe, Ante, Dana und Loreta Barać. Danken möchte ich auch Kristina Hajduka sowie Janica und Matej. Dankbar bin ich aber auch Gabriel und all den vielen Reisenden, mit denen ich unterwegs gesprochen habe. Nicht vergessen möchte ich natürlich auch meine Mitautoren Anja Mutić und William Gourlay.

ANJA MUTIĆ

Hvala mojim prekrasnim roditeljima – meiner Mutter für das leckere Essen und ihre ansteckende Fröhlichkeit, meinem Vater für die vielen Fahrten

DIE LONELY PLANET STORY

Am Küchentisch fing alles an – nachdem Tony und Maureen Wheeler 1972 eine lange, abenteuerliche Reise durch Europa, Asien und Australien unternommen hatten, trugen sie all ihre Informationen und Notizen zusammen. So entstand der erste Lonely Planet Reiseführer *Across Asia on the Cheap*.

Der Reiseführer wurde von Travellern geradezu verschlungen. Ermutigt durch ihren Erfolg, veröffentlichten die Wheelers weitere Bücher über Südostasien, Indien und andere Länder. Die Nachfrage war so ungeheuerlich groß, dass die Wheelers ihr Untenehmen erweiterten. Über die Jahre deckten sie mit ihrer Reiseliteratur den ganzen Globus ab, und sie dehnten ihre Berichterstattung auf die virtuelle Welt von lonelyplanet.com und das Lonely Planet Messageboard Thorn Tree aus.

Lonely Planet wurde ein immer beliebterer Reisebuchverlag und Tony und Maureen konnten sich vor Aufträgen kaum mehr retten. Doch erst 2007 fanden sie einen verlässlichen Partner, bei dem sie sich sicher sein konnten, dass er dem Prinzip abenteuerlustiger, aber umweltbewusster Reisen treu blieb. Im Oktober dieses Jahres erwarb BBC Worldwide 75% der Anteile von Lonely Planet, mit dem Versprechen, die Grundsätze unabhängiges Reisen, vertrauenswürdige Auskünfte und redaktionelle Unabhängigkeit aufrechtzuerhalten.

Heute hat Lonely Planet Büros in Melbourne (Australien), London und Oakland (USA) mit über 500 Mitarbeitern und 300 Autoren. Tony und Maureen engagieren sich immer noch aktiv bei Lonely Planet. Sie reisen mehr als je zuvor und in ihrer Freizeit widmen sie sich wohltätigen Projekten. Das Unternehmen wird nach wie vor von der Philosophie von *Across Asia on the Cheap* getragen: „Wichtig ist, dass du dich entscheidest zu gehen, dann hast du den härtesten Teil geschafft. Also, los geht's!"

und seine Unterstützung. *Gracias* an die Familie in Barcelona, besonders an meinen Neffen Biel für seine herrliche Aussprache des Kroatischen. *Obrigada* Hoji, weil ich vorher, nachher und auch während der Arbeit dort sein durfte. Ein großer Dank gebührt meinen Freunden in Kroatien, die mir viele Tipps gegeben und unzählige Kontakte hergestellt haben; mit ihren Namen könnte ich mühelos mehrere Seiten füllen. Danken möchte ich aber auch meinem Redakteur William Gourlay, der mich immer mit Begeisterung unterstützt hat. Und schließlich will ich auch meine verstorbene Großmutter Mira nicht vergessen, die immer noch über meine Wege wacht.

WILL GOURLAY

Dank sagen möchte ich vor allem Vesna und Anja, mit denen die Zusammenarbeit immer sehr vergnüglich war. Ein spezielles *hvala ljepa* an Claire, Bridget und Tommy, die besten Reisegefährten, die ich jemals auf dem Balkan hatte. *Sretan put!*

WIR FREUEN UNS ÜBER EIN FEEDBACK

Post von Travellern zu bekommen ist für uns ungemein hilfreich – Kritik und Anregungen halten uns auf dem Laufenden und helfen, unsere Bücher zu verbessern. Unser reiseerfahrenes Team liest alle Zuschriften genau durch, um zu erfahren, was an unseren Reiseführern gut und was schlecht ist. Wir können solche Post zwar nicht individuell beantworten, aber jedes Feedback wird garantiert schnurstracks an die jeweiligen Autoren weitergeleitet, rechtzeitig vor der nächsten Nachauflage.

Wer uns schreiben will, erreicht uns über www.lonelyplanet.de/kontakt.

Hinweis: Da wir Beiträge möglicherweise in Lonely Planet Produkten (Reiseführer, Websites, digitale Medien) veröffentlichen, ggf. auch in gekürzter Form, bitten wir um Mitteilung, falls ein Kommentar nicht veröffentlicht oder ein Name nicht genannt werden soll. Wer Näheres über unsere Datenschutzpolitik wissen will, erfährt das unter www.lonelyplanet.com/privacy.

DANK VON LONELY PLANET

Wir danken allen Reisenden, die uns nach Gebrauch der vorhergehenden Auflage Tipps, Ratschläge und interessante Berichte geschickt haben:

Chiara Abbati, Carol Abel, Declan Alcock, Dvora Baruch, Tad Boniecki, Brian Bowman, Rory Cox, Claire Daley, Monica Davis, Rob Den Exter, Brian Fawcus, Gary Fine, Kate Goldman, Noni Gove, Renata Gukovas, Douglas Hagan, Rachel Harper, Andrew Hedges, Steve Hilton, Anita Hodak, T&B Horn, Neville Horner, Joanna Jeans, Alma Jenkins, Louise Jones, Stefan Kanduymski, Jerome Kenyon, Mirian Kesseler, Hrvoje Korbar, Andrew Lampitt, Kaung Chiau Lew, Chresten Lyng, Mikael Lypinski, Sarah Marshall, Kay McKenzie, Susan Metcalf, Vanessa Mikulic, Marie Miller, Sean Murray, Sinead Murray, Pamela Nelson, Jo & Paul Noakes, Eleanor O'Brien, Liis Parre, W Patson, Suzanne Quartermain, Rebecca Rosen, Ophelia Rubinich, Adam Russell, Virginia Ryan, Oliver Selwyn, Eva Sharpe, Bill Smith, Ed Smith, Mia Šoški, Cathy Spinage, Lisa Spratling, Robert Szabo, Cristy Tapia, Ruby Tuke, Maurice Van Dael, Loeki Vereijken, Stacey Vos, Kylie Webster, Jonathan Wheatley, David Whyman, James Woodward und Philippa Woon.

QUELLENNACHWEIS

Globus auf Seite 1: ©Mountain High Maps 1993 Digital Wisdom, Inc.

Abbildungen im Innenteil: S. 76, S. 79 (Nr. 6), S. 80 (Nr. 1) Andrew Burke; S. 74 Jon Davison; S. 75 (Nr. 1), S. 77 (Nr. 2) Tim Hughes; S. 73, S. 78 Holger Leue; S. 77 (Nr. 3), S. 79 (Nr. 3) Martin Moos; S. 75 (Nr. 6) Witold Skrypazak; S. 80 (Nr. 2) Jochen Tack

Register

000 Kartenseiten
000 Abbildungen

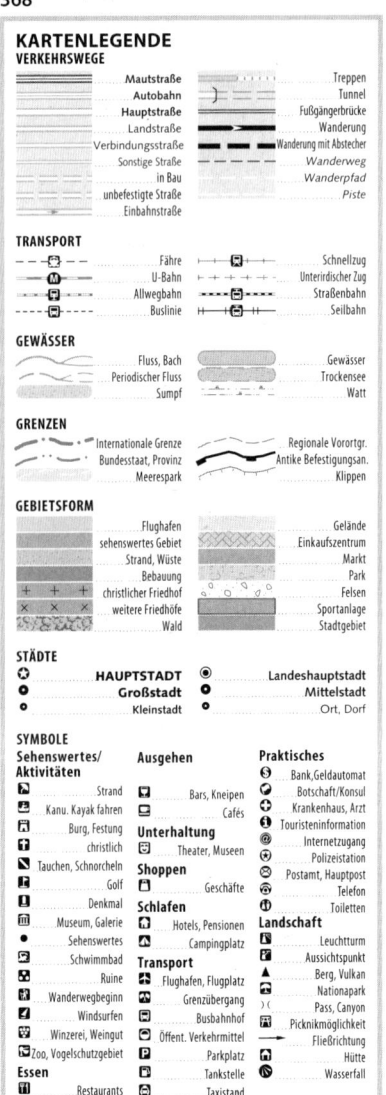

KARTENLEGENDE

VERKEHRSWEGE

Mautstraße	Treppen
Autobahn	Tunnel
Hauptstraße	Fußgängerbrücke
Landstraße	Wanderung
Verbindungsstraße	Wanderung mit Abstecher
Sonstige Straße	Wanderweg
in Bau	Wanderpfad
unbefestigte Straße	Piste
Einbahnstraße	

TRANSPORT

Fähre	Schnellzug
U-Bahn	Unterirdischer Zug
Allwegbahn	Straßenbahn
Buslinie	Seilbahn

GEWÄSSER

Fluss, Bach	Gewässer
Periodischer Fluss	Trockensee
Sumpf	Watt

GRENZEN

Internationale Grenze	Regionale Vorortgr.
Bundesstaat, Provinz	Antike Befestigungsan.
Meerespark	Klippen

GEBIETSFORM

Flughafen	Gelände
sehenswertes Gebiet	Einkaufszentrum
Strand, Wüste	Markt
Bebauung	Park
christlicher Friedhof	Felsen
weitere Friedhöfe	Sportanlage
Wald	Stadtgebiet

STÄDTE

HAUPTSTADT	Landeshauptstadt
Großstadt	Mittelstadt
Kleinstadt	Ort, Dorf

SYMBOLE

Sehenswertes/ Aktivitäten

- Strand
- Kanu, Kayak fahren
- Burg, Festung
- christlich
- Tauchen, Schnorcheln
- Golf
- Denkmal
- Museum, Galerie
- Sehenswertes
- Schwimmbad
- Ruine
- Wanderwegbeginn
- Windsurfen
- Winzerei, Weingut
- Zoo, Vogelschutzgebiet

Essen

- Restaurants

Ausgehen

- Bars, Kneipen
- Cafés

Unterhaltung

- Theater, Museen

Shoppen

- Geschäfte

Transport

- Flughafen, Flugplatz
- Grenzübergang
- Busbahnhof
- Öffent. Verkehrmittel
- Parkplatz
- Tankstelle
- Taxistand

Schlafen

- Hotels, Pensionen
- Campingplatz

Praktisches

- Bank, Geldautomat
- Botschaft/Konsul
- Krankenhaus, Arzt
- Touristeninformation
- Internetzugang
- Polizeistation
- Postamt, Hauptpost
- Telefon
- Toiletten

Landschaft

- Leuchtturm
- Aussichtspunkt
- Berg, Vulkan
- Nationapark
- Pass, Canyon
- Picknikmöglichkeit
- Fließrichtung
- Hütte
- Wasserfall

Lonely Planet Publications,
Locked Bag 1, Footscray,
Melbourne, Victoria 3011,
Australia

Verlag der deutschen Ausgabe:
MAIRDUMONT, Marco-Polo-Str. 1, 73760 Ostfildern,
www.mairdumont.com, lonelyplanet@mairdumont.com

Chefredakteurin deutsche Ausgabe: Birgit Borowski
Übersetzung: Marion Gieseke, Guido Meister, Sigrid Krafft, Dr.
Annegret Pago, Jutta Ressel M.A., Daniela Schetar, Cristoforo
Schweeger, Beatrix Thunich, Dr. Heinz Vestner, Karin Weidlich

Redaktion: CLP Carlo Lauer & Partner, Aschheim
Technischer Support: CDN Media, München

Kroatien

2. deutsche Auflage September 2009, übersetzt von *Croatia 5th
edition*, März 2009 Lonely Planet Publications Pty
Deutsche Ausgabe © Lonely Planet Publications Pty, September 2009
Fotos © wie angegeben

Printed in China

Titelfoto: Blick auf die Stadt Korčula auf der gleichnamigen Insel
vor der Südküste Dalmatiens (Rainer Jahns)